L'accord exclusif d'élection de for à travers la Convention de La Haye de 2005

Logiques Juridiques

Fondée par Gérard Marcou

Dirigée par Jean-Claude Némery et Thomas Perroud

Le droit n'est pas seulement un savoir, il est d'abord un ensemble de rapports et pratiques que l'on rencontre dans presque toutes les formes de sociétés. C'est pourquoi il a toujours donné lieu à la fois à une littérature de juristes professionnels, produisant le savoir juridique, et à une littérature sur le droit, produite par des philosophes, des sociologues ou des économistes notamment.

Parce que le domaine du droit s'étend sans cesse et rend de plus en plus souvent nécessaire le recours au savoir juridique spécialisé, même dans des matières où il n'avait jadis qu'une importance secondaire, les ouvrages juridiques à caractère professionnel ou pédagogique dominent l'édition, et ils tendent à réduire la recherche en droit à sa seule dimension positive. À l'inverse de cette tendance, la collection « Logiques juridiques » des éditions L'Harmattan est ouverte à toutes les approches du droit. Tout en publiant aussi des ouvrages à vocation professionnelle ou pédagogique, elle se fixe avant tout pour but de contribuer à la publication et à la diffusion des recherches en droit, ainsi qu'au dialogue scientifique sur le droit. Comme son nom l'indique, elle se veut plurielle.

Dernières parutions

Romain FEYDEL, *La société en commandite spéciale. Essai en droit luxembourgeois,* 2022.

Cristina Elena POPA TACHE, *Vers un droit de l'âme et des bioénergies du vivant*, 2022.

Sabine NDZENGUE AMOA, *Le permis de construire dans le droit de l'urbanisme,* 2022.

Demba MBOW, *Le secret dans l'arbitrage international, Approche critique,* 2021.

Benoît GRÉMARE, *De l'arme nucléaire française. Essai sur la constitutionnalisation de la force de frappe,* 2021.

Gladys TREZENEM, *La dignité de la personne humaine et le juge administratif,* 2021.

Chryssi PAPANIKOLAOU, *Le principe de l'Etat social, Étude sur les limites de l'activité législative en droit comparé français et hellénique*, 2021.

Yves Gabriel DJEYA KAMDOM, *La responsabilité des ordonnateurs des crédits publics dans le système financier contemporain. Étude des droits camerounais et français,* 2021.

Laurie Marguet, *Le droit de la procréation en France et en Allemagne. Etude sur la normalisation de la vie*, 2021.

Zohra MCHIRGUI

L'accord exclusif d'élection de for à travers la Convention de La Haye de 2005

Préface de Gilles Cuniberti

L'Harmattan

5-7, rue de l'École-Polytechnique – 75005 Paris
www.editions-harmattan.fr
ISBN : 978-2-343-24484-6
EAN : 9782343244846

Remerciements

Mes remerciements vont tout d'abord à Monsieur le Professeur Gilles Cuniberti, pour l'attention et la bienveillance avec lesquelles il a dirigé mon travail.

Sa patience et ses encouragements continus m'ont permis d'avancer avec des pas plus sûrs et ses observations m'ont aidé à perfectionner mon travail. Qu'il veuille bien trouver ici l'expression de ma plus sincère reconnaissance et de mon profond respect.

Mes remerciements vont ensuite à Madame la Professeure Séverine Menetrey qui tout au long de mon parcours n'a pas cessé de m'encourager.

Je remercie également l'ensemble du personnel du Luxembourg Learning centre ainsi que le personnel de la bibliothèque de l'institut Max Planck de Luxembourg pour leur grande aide et disponibilité.

Je remercie enfin mes parents pour le soutien qu'ils m'ont apporté tout au long de ces années.

Liste des principales abréviations

Aff.	Affaire
al.	alinéa
Am. J. Comp. L.	American Journal of Comparative Law
Art.	Article
art. préc.	article précité
ATF	Arrêt du Tribunal fédéral suisse
BGH	Bundesgerichtshof
Bull. civ.	Bulletin des arrêts de la Cour de cassation, Chambres civiles
Cass. 1re civ.	Première chambre civile de la Cour de cassation
Cass. Com.	Chambre commerciale de la Cour de cassation
Cass. Soc.	Chambre sociale de la Cour de cassation
CJCE	Cour de justice des Communautés européennes
CJUE	Cour de justice de l'Union européenne
CNUDCI	Commission des Nations Unies pour le droit du commerce international
C.c.Q	Code civil du Québec
Contra	solution ou opinion contraire
CPC	Code de procédure civile
D.	Recueil Dalloz
éd.	édition
fasc.	fascicule
Gaz. Pal.	Gazette du Palais
IBA.	International Bar Association
Ibid.	Ibidem
ICLQ	International & Comparative Law Quarterly
IPRax.	Praxis des internationalen Privat - und Verfahrensrechts
J.-C. Int.	Jurisclasseur de droit international
JCP	Jurisclasseur périodique (Semaine juridique)

JDI	Journal du droit international (Clunet)
JOCE	Journal officiel des Communautés européennes
JOUE	Journal officiel de l'Union européenne
J. Private Int. L.	Journal of private international Law
LQR	Law quarterly Review
N.I.P.R	Nederlands Internationaal Privaatrecht
not.	notamment
obs.	observations
op. cit.	opere citato
p.	page (s)
préc.	précité (e)
RCADI	Recueil des cours de l'Académie de droit international de La Haye
Rev. arb.	Revue de l'arbitrage
Rev. crit. DIP	Revue critique de droit international privé
RIDE	Revue internationale de droit économique
Riv. dir. Internaz	Rivista Di Diritto Internazionale
Riv. dir. interna: Priv.	Rivista di diritto internazionale privato e
e proc.	processuale
RSDIE	Revue Suisse de droit international et européen
RTD com.	Revue trimestrielle de droit commercial
Trav. com. fr. D	Travaux du comité français de droit international privé
Yearbook Pr. Int. L.	Yearbook of private international law

Ouvrages cités sous le seul nom de leur(s) auteur(s)

Audit (B.), d'Avout (L.), *Droit international privé*, 8e éd, LGDJ, 2018.
Brand (R A.), Herrup (P M.), *The 2005 Hague Convention on Choice of Courts Agreements Commentary and Documents*, Cambridge University Press, Cambridge, 2008
Bureau (D.), Muir Watt (H.), *Droit international privé*, Tome I-II, 4e éd, PUF, 2017
Gaudemet-Tallon (H.), Ancel (M.-E.), *Compétence et exécution des jugements en Europe*, 6e éd, LGDJ, 2018
Mayer (P.), Heuzé (H.), Remy (B.), *Droit international privé*, 12e éd, LGDJ, 2019
Niboyet (M.-L.), de Geouffre de la Pradelle (G.), *Droit international privé*, 6e éd, LGDJ, 2017

Résumé

L'accord exclusif d'élection de for en tant que mode d'attribution de compétence dans les litiges commerciaux internationaux fait partie de l'économie du contrat international. Il constitue une composante indispensable de l'autonomie des parties en tant que principe gouvernant les rapports commerciaux internationaux. À cet égard, la promotion du commerce et des investissements internationaux nécessite l'élaboration d'un régime international apportant la sécurité et assurant l'efficacité des accords exclusifs d'élection de for. Tel est l'objectif proclamé par les rédacteurs de la Convention de La Haye sur les accords d'élection de for. L'analyse des dispositions de la Convention révèle que cette efficacité prônée par cet instrument est mitigée. Ce constat se vérifie tant au niveau de la validité de l'accord qu'au niveau de ses effets.

S'agissant de la validité de l'accord d'élection de for, l'édiction d'une règle de conflit régissant la validité substantielle de l'accord et applicable de manière uniforme quel que soit le tribunal saisi semble assurer a priori l'objectif de prévisibilité que procure cet accord aux parties. Cependant, cette règle soulève des difficultés de mise en œuvre susceptibles d'en réduire la portée. L'importation de cette règle dans le régime européen des accords d'élection de for soulève des problèmes analogues. Quant à la forme de l'accord, le libéralisme de la Convention, conjugué à la brièveté des dispositions, livre les tribunaux des États contractants à eux-mêmes face aux difficultés qui peuvent surgir concernant la forme de certaines clauses attributives de juridiction comme les clauses par référence. Dans une approche comparée avec le régime européen, les règles d'interprétation adoptées dans ce cadre peuvent fournir un outil d'interprétation pour les tribunaux des États membres de l'Union européenne et permettre en définitive de forger des règles analogues dans le cadre de l'interprétation du texte de la Convention.

S'agissant des effets de l'accord, l'efficacité de l'accord exclusif d'élection de for est envisagée du point de vue de son effet dérogatoire. À cet égard, le principe édicté par la Convention est l'obligation pour le juge saisi mais non élu de décliner sa compétence. Cependant, d'une part, ce principe est largement édulcoré par des exceptions et, d'autre part, la Convention reconnaît au juge saisi en dépit de l'accord et même en cas de saisine parallèle du juge élu, le pouvoir de se prononcer sur la validité de l'accord. Ce schéma diffère du régime européen qui, notamment en cas de procédures parallèles, adopte un régime plus performant. En revanche, le silence du règlement européen sur l'efficacité des accords exclusifs au profit des tribunaux d'États tiers peut trouver un remède dans la Convention de La Haye.

Préface

La thèse de Mme Zohra Mchirgui est la première monographie en langue française consacrée à la Convention de La Haye du 30 juin 2005 sur les accords d'élection de for. Bien que n'étant en vigueur que dans un petit nombre d'États (Union Européenne, Mexique, Singapore, Royaume-Uni, Monténégro), l'importance de cette convention ne saurait être sous-estimée. Elle régira en effet, à terme, les clauses attributives de juridiction incluses dans des contrats entre parties résidant dans l'Union européenne et parties résidant dans de nombreux États tiers. Or, la majorité des contrats du commerce international comporte soit une clause attributive, soit une clause compromissoire.

La Convention de 2005 comporte deux séries de règles. Les premières sont des règles de compétence directe imposant au tribunal élu de retenir sa compétence et exigeant que les autres tribunaux (non élus) déclinent leur compétence. Les secondes imposent la reconnaissance et l'exécution des jugements rendus par le juge élu. À l'heure du Brexit et de l'établissement des tribunaux commerciaux internationaux, ce sont essentiellement ces dernières règles qui ont été mises en avant. Les juridictions londoniennes et singapouriennes tiennent à rassurer leur clientèle sur l'exécutabilité de leurs jugements hors de leurs frontières, et ont ratifié la Convention à cette fin. Les professions juridiques de ces États souhaitent en effet formuler un argument « marketing » simple, voire simpliste, selon lequel la ratification de la Convention garantirait la circulation des jugements de ces États dans le reste du monde*. La situation est infiniment plus complexe, la Convention prévoyant un nombre significatif de cas de refus de reconnaissance, qui se retrouvent d'ailleurs dans le droit commun des jugements étrangers de nombreux États.

Les règles de compétence directe établies par la Convention seront donc au moins aussi importantes. C'est à l'étude de ces règles que Mme Mchirgui a consacré son étude. Son projet a été de les analyser sous un angle comparatif afin d'en mesurer l'efficacité. L'ouvrage se concentre sur les règles relatives à la validité et à l'effet des accords d'élection de for (obligation pour le juge non élu de décliner sa compétence) et identifie un certain nombre de limites à leur mise en œuvre. Mme Mchirgui conclut cependant que, malgré un bilan était important d'atteindre un consensus, même si les compromis nécessaires à cet égard se sont traduits par des défaillances dues en grande partie à une impossibilité d'atteindre une solution optimale acceptable par des États ne relevant pas d'une même tradition juridique.

*V. notre étude "Signalling the Enforceability of the Forum's Judgments Abroad", *Riv. Dir. Int. Priv. e Proc.* 2020, p. 33 et s.

Par-delà cette évaluation de la Convention, Mme Mchirgui offre une analyse approfondie de règles dont le sens et l'application n'apparaitront pas comme évidents pour nombre de lecteurs francophones. Parmi de nombreux exemples, on citera la faculté offerte au juge non élu de retenir sa compétence lorsque « donner effet à l'accord aboutirait à une injustice manifeste » ou « serait contraire à l'ordre public de l'État du tribunal saisi » (art. 6, c), de la Convention). Concernant le concept d'injustice manifeste, Mme Mchirgui propose de manière convaincante que la notion soit limitée à l'injustice procédurale, et plus précisément aux violations du droit d'accès à la justice. Concernant l'utilisation du concept d'ordre public, la difficulté vient de sa confrontation non pas avec une norme étrangère (loi étrangère dans le cadre de la mise en œuvre de la règle de conflit de lois, jugement étranger), mais avec une clause contractuelle, la clause attributive de juridiction. Mme Mchirgui soutient à nouveau de manière convaincante que le concept de contrariété à l'ordre public doit être compris comme renvoyant à la probabilité de non-application, par le juge élu, de normes aboutissant à des résultats équivalents à ceux protégés par les lois de police du juge non élu.

Naturellement, les propositions de Mme Mchirgui n'emporteront pas forcément toutes l'adhésion du lecteur. L'auteur de cette préface est favorable à l'admission du renvoi dans la cadre de l'appréciation de la validité substantielle de l'accord d'élection de for, solution, que Mme Mchirgui critique fortement. Mais c'est le propre des travaux de qualité que de susciter le débat. L'étude de Mme Mchirgui en fait indéniablement partie.

Gilles Cuniberti
Professeur à l'université de Luxembourg

Introduction

I. « Au seuil du procès civil international, les parties jouissent d'une certaine marge de liberté qu'elles doivent exercer à bon escient pour éviter les multiples chausse-trappes que leur tend l'enchevêtrement des sources du droit judiciaire international. Choisir la bonne juridiction est la première étape du procès civil international[1] ».

La liberté dont disposent les parties en la matière s'exerce généralement en souscrivant des clauses relatives à la compétence. Ces clauses devraient être le moyen le plus sûr de réduire l'insécurité inhérente à la disparité des règles de compétence judiciaire et de prévenir l'éclosion d'un conflit de procédures dont le règlement est toujours délicat en matière internationale[2].

Certes, pendant longtemps, reconnaître aux parties le pouvoir de convenir de l'autorité appelée à résoudre un litige éventuel ou déjà né entre eux, n'a pas été vu d'un bon œil, en maints pays[3]. Ainsi, aux États-Unis et jusqu'à l'arrêt *The Bremen*[4] de le Cour suprême fédérale, les juridictions américaines, qu'il s'agisse des juridictions des États ou des juridictions fédérales[5], refusaient de tenir compte des clauses attributives de juridiction. Les arguments développés à l'appui de cette position étaient au nombre de trois. D'abord, les parties n'auraient pas le droit par un simple accord de « déposséder » une juridiction de sa compétence (*to oust a court of jurisdiction*). Ensuite, ces clauses permettraient un regrettable « *forum shopping* ». Enfin, elles seraient contraires à la politique publique de l'État (*the public policy*)[6]. Toutefois, cette conception a reculé à mesure que s'affirmait l'utilité des clauses attributives de juridiction ou accords d'élection de for dans les relations internationales[7].

---

1 M.-L. Niboyet, G. de Geouffre de la Pradelle, n°414, p. 311.

2 *Ibid*, n°420, p. 315.

3 B. Audit, L. d'Avout, n°478, p.403-404.

4 *The Bremen v. Zapata off-Shore Co*, 407 US 1 (1972).

5 V. par exemple *Carbon Black Export v. The SS Monrosa*, 254 F. 2d 297 (5th Cir. 1958).

6 H. Gaudemet-Tallon, D. Tallon, note sous Cour suprême des États-Unis, 12 juin 1972, *The Bremen c/ Zapata Off-Shore Co*, *Rev. crit. DIP* 1973.530, p.540.

7 Dans l'affaire *The Bremen* le juge *Warren Burger* a affirmé que « The expansion of American business and industry will hardly be encouraged if notwithstanding solemn contracts, we insist on a parochial concept that all disputes must be resolved under our laws and in our courts…we cannot

Ainsi, aux États-Unis, dans l'arrêt *The Bremen*, la Cour suprême a mis l'accent sur le fait que les nécessités du commerce international commandent que les clauses attributives de juridiction à un tribunal étranger soient présumées valables et reçoivent effet, sauf exception.

Remédiant aux incertitudes de la compétence internationale et évitant en cas de litige de voir les parties entamer chacune une procédure dans des pays différents, le libre choix d'un for étatique par les parties dans les contrats internationaux est désormais largement admis dans le droit commun de la plupart des États du monde[8].

La faveur reconnue à ces clauses s'est notamment traduite dans les textes européens à partir de la Convention de Bruxelles de 1968[9] (et depuis dans la Convention de Lugano[10] et dans le Règlement Bruxelles I[11] devenu Règlement Bruxelles Ibis[12]).

Récemment s'est ajoutée la Convention de La Haye du 30 juin 2005 sur les accords d'élection de for[13] dont l'objet premier est également d'assurer en matière internationale l'efficacité entre les États contractants d'un accord d'élection de for valable en vertu de ses dispositions ainsi que de garantir l'exécution du jugement qui en découle. La Convention de La Haye se présente ainsi comme un arsenal qui s'ajoute parfois aux moyens dont disposent déjà les États, mais a le mérite d'être un instrument à vocation mondiale en la matière. Adoptée au sein de la Conférence de La Haye de droit international privé, cette Convention est entrée en vigueur le 1er octobre 2015 à la suite de l'adhésion du Mexique et de l'Union européenne.

Cependant, le libéralisme va plus loin encore car les États admettent non seulement que les parties aient recours aux organes d'un autre État mais également à la justice privée. Il s'agit du recours à l'arbitrage. Ici encore, la politique des États consiste à encourager l'essor de l'arbitrage international, d'abord en le dotant d'un régime juridique extrêmement favorable, et ensuite en étendant le champ de l'arbitrabilité des litiges[14]. Cette faveur à l'arbitrage est renforcée par l'existence de nombreux instruments internationaux dont le

---

have trade and commerce in world markets and international waters exclusively on our terms, governed by our laws, and resolved in our courts".

[8] Notamment, en France depuis Cass. civ., 19 févr. 1930, *Mardelé*, *Rev. crit. DIP* 1931.514, note Niboyet.

[9] Convention de Bruxelles de 1968 concernant la compétence judiciaire et l'exécution des décisions en matière civile et commerciale signée le 27 septembre 1968.

[10] Convention concernant la compétence judiciaire, la reconnaissance et l'exécution des décisions en matière civile et commerciale signée à Lugano le 30 octobre 2007.

[11] Règlement (CE) n° 44/2001 du Conseil du 22 décembre 2000 concernant la compétence judiciaire, la reconnaissance et l'exécution des décisions en matière civile et commerciale.

[12] Règlement (UE) n° 1215/2012 du parlement européen et du conseil du 12 décembre 2012 concernant la compétence judiciaire, la reconnaissance et l'exécution des décisions en matière civile et commerciale (refonte).

[13] V. Annexe, p. 416.

[14] D. Bureau, H. Muir Watt, n°143, p. 179.

plus important est la Convention de New York du 10 juin 1958 pour la reconnaissance et l'exécution des sentences arbitrales étrangères ratifiée jusqu'à présent par 160 États, ce qui en fait un instrument presque universel. Principalement destinée à favoriser l'exécution des sentences arbitrales, elle contient aussi des dispositions sur les conventions d'arbitrage.

L'adoption d'une convention mondiale sur les accords d'élection de for soulève la question des enjeux d'une telle Convention (**§ 1**). À cet égard, les rapporteurs de la Convention ont souligné dans leur rapport explicatif que par l'adoption de la Convention de La Haye, on espère que celle-ci fera pour les accords d'élection de for ce que la Convention de New York pour la reconnaissance et l'exécution des sentences arbitrales étrangères a fait pour les conventions d'arbitrage[15].

Une comparaison avec la Convention de New York permet de révéler les similitudes entre les deux instruments mais également les différences qui peuvent avoir un impact sur l'essor de la Convention de La Haye (**§ 2**).

Un aperçu sur l'historique de la Convention de La Haye est essentiel afin de bien comprendre que bien qu'elle soit le fruit d'un échec, elle demeure une réussite dans le domaine de la compétence judiciaire au plan mondial (**§ 3**).

Enfin, la Convention porte sur de nombreuses questions, nous devrons en ignorer certaines et nous concentrer sur d'autres (**§ 4**).

§ 1 - Les enjeux d'une convention internationale sur les accords d'élection de for

II. À la lumière de la coexistence des clauses attributives de juridiction désignant les juges d'un pays donné avec des conventions d'arbitrage qui permettent le choix d'un tribunal non étatique largement affranchi des contraintes des systèmes juridiques nationaux, la question se pose de savoir si la Convention de La Haye permettra de rétablir l'équilibre entre le procès judiciaire et l'arbitrage en tant que modes de règlement des différends internationaux.

Le débat sur la question de savoir si la meilleure méthode de règlement des litiges internationaux est l'arbitrage ou le procès judiciaire a suscité l'intérêt de nombreux auteurs mais n'a pas abouti à des conclusions claires. Certes, peu affirmeraient encore que l'arbitrage est « une panacée universelle » dans les relations commerciales internationales[16]. Ce qui n'est pas discutable, en

---

[15] M. Dogauchi, T. C. Hartley, *Convention du 30 juin 2005 sur les accords d'élection de for, Rapport explicatif,* Actes et documents de la vingtième session, édités par le bureau permanent de la conférence, Tome III, Élection de for, Intersentia/ Anvers-Oxford-Portland, 2010, p. 784, spéc. n°1, p. 790.

[16] *Kulukundis Shipping Co. v. Amtorg Trading Corp.*, 126 F. 2d 978, 978, 987 n. 32 (1942) ("The more enthusiastic of those sponsors have thought of arbitration as a universal panacea. We doubt whether it will cure corns or bring general beatitude. Few panaceas work as well as advertised.

revanche, c'est que sans la Convention de La Haye sur les accords d'élection de for, l'arbitrage bénéficie de l'avantage décisif de la Convention de New York de 1958 sur la reconnaissance et l'exécution des sentences arbitrales étrangères qui prévoit un ensemble de règles permettant l'exécution des conventions d'arbitrage ainsi que des sentences qui en résultent dans ses 160 États contractants[17].

Le déséquilibre des règles internationales dû au fait que l'exécution des sentences arbitrales est assurée par le biais de la Convention de New York alors que ce mécanisme uniforme est absent pour les jugements était l'un des facteurs primordiaux ayant mené à l'adoption de la Convention de La Haye de 2005.

L'impact de la Convention sera important tant au moment de la planification de la transaction qu'au moment du règlement d'un litige. Les avantages et les inconvénients de chacun des deux modes d'attribution de compétence sont des questions qui devraient être prises en compte par les avocats d'affaires qui rédigent les contrats commerciaux internationaux afin de mettre leurs clients respectifs dans la meilleure position possible au cas où un litige survient[18].

Aussi longtemps que la Convention de New York permettait l'exécution à la fois de la convention d'arbitrage et la sentence qui en résultait et qu'aucun traité correspondant ne présentait des règles similaires pour les clauses attributives de juridiction et les jugements qui en résultent, l'arbitrage offrait un avantage spécifique. Ceci présente un motif solide pour une ratification large de la Convention de La Haye de 2005 sur les accords d'élection de for. Avec la Convention de La Haye en place, les clauses d'attribution de compétence dans les contrats commerciaux internationaux peuvent être conçues en ayant en vue les avantages et les inconvénients à la fois de l'arbitrage et du procès judiciaire et le choix peut être fait sur une base plus équilibrée.

Un autre élément intervient de nos jours dans le paysage juridique dans le monde et permet d'ajuster l'équilibre entre les conventions d'arbitrage et les clauses attributives de juridiction, mais il permet également de mettre en exergue l'importance potentielle que peut avoir la Convention de La Haye dans la mise en œuvre de ce nouveau paysage.

On sait que traditionnellement, le droit international privé règlemente la reconnaissance et l'exécution des jugements étrangers dans le for. En revanche, il ne se préoccupe pas généralement de la reconnaissance et de l'exécution des jugements rendus par les tribunaux du for dans d'autres pays. La raison en est qu'en vertu du droit international public, les États n'ont pas

---

Almost always those who propose one think solely of the disadvantages of an older method which they criticize, forget its advantages, and disregard evils which may attend the reform").

[17] R A. Brand, P M. Herrup, p. 215-216.

[18] *Ibid.*, p. 216.

le pouvoir de règlementer l'exécution de leurs propres jugements à l'étranger. Par conséquent, les États se souciant du sort de leurs jugements à l'étranger ont essentiellement la possibilité de conclure des traités avec d'autres États afin de prévoir l'exécution réciproque de leurs jugements. Cependant, jusqu'à récemment, les États n'ont pas témoigné d'une volonté déterminée à conclure de tels traités. Selon M. Cuniberti, la plus importante raison est simplement que pour la majorité des États, assurer l'exécution des jugements nationaux à l'étranger n'était pas une priorité[19]. Or, ces dernières années, un changement radical s'est produit. Dans le monde, le procès judiciaire commence à être perçu comme un commerce. Un certain nombre d'États ont établi de nouveaux tribunaux ou de nouvelles chambres ou divisions au sein de leurs tribunaux afin d'attirer le commerce judiciaire. L'essor des tribunaux commerciaux internationaux a été largement analysé et il n'est nul besoin de rappeler les nouveaux tribunaux commerciaux internationaux récemment établis en Asie, au Moyen-Orient et en Europe continentale[20]. Alors que ces tribunaux ont des objectifs différents, ils ont en commun le besoin de se faire connaitre des utilisateurs potentiels. À cet effet, plusieurs ont conclu que le caractère exécutoire de leurs jugements à l'étranger constitue une dimension essentielle de leur potentiel commercial[21].

Des jugements non susceptibles d'être exécutés ne sont pas utiles pour leurs créanciers et en définitive remettent en cause la légitimité du tribunal ayant rendu de tels jugements. On peut certes affirmer que contrairement aux sentences arbitrales, les jugements sont généralement exécutés dans le for et pourraient ne pas avoir besoin par conséquent d'être exécutés à l'étranger. Ceci est un avantage important pour les tribunaux établis dans les principaux centres financiers tel que Londres où les débiteurs détiendront souvent des actifs saisissables.

Néanmoins, la question du caractère exécutoire du jugement à l'étranger sera essentielle pour les tribunaux visant à être élus comme fors neutres par les parties à un litige. Il faut rappeler que la neutralité du tribunal a été l'avantage principal de l'arbitrage sur le procès judiciaire et probablement la raison principale du succès de l'arbitrage commercial international durant les dernières décennies[22]. Par conséquent, l'arbitrage est un concurrent manifeste de ces tribunaux commerciaux internationaux visant à attirer des litiges commerciaux internationaux n'ayant aucun lien avec eux. Cependant, sans l'applicabilité de la Convention de La Haye, l'arbitrage aura un avantage

---

[19] G. Cuniberti, « Signalling the enforceability of the forum's judgments abroad », Riv. dir. internaz. Priv. e proc, 2020, n° 1, p. 33-54.
[20] V. not. X. Kramer & J. Sorabji (éd.), *International Business Courts: A European and Global Perspective*, Eleven International Publishing, 2019.
[21] G. Cuniberti, « Signalling the enforceability of the forum's judgments abroad », art. préc.
[22] V. not. N. Blackaby, C. Partasides, A. Redfern & M. Hunter, *Redfern & Hunter on International Commercial Arbitration*, 6e éd., OUP, 2015, para 1.99.

fondamental sur les tribunaux commerciaux internationaux. Il s'agit de la Convention de New York de 1958. Cet avantage explique aussi pourquoi la question de l'exécution des jugements à l'étranger est devenue essentielle. Par conséquent, pour les États favorisant le développement des tribunaux commerciaux internationaux, l'alternative évidente à la Convention de New York sera la Convention de La Haye de 2005. En prévoyant des dispositions sur la reconnaissance et l'exécution des jugements découlant des accords exclusifs d'élection de for dans les relations internationales, cette convention offre a priori un équivalent à la Convention de New York. C'est ainsi que la ratification de la Convention de La Haye par le Singapour a été concomitante à la création d'un tribunal commercial international. Par cette ratification, « the Singapour international commercial court » offrait un indice du caractère exécutoire potentiel de ses jugements[23].

Cette approche comparative avec les conventions d'arbitrage, conjuguée à l'expansion des tribunaux commerciaux internationaux modifient les données juridiques en permettant aux parties un choix plus équilibré entre les deux modes de résolution des litiges dont il convient aux parties elles-mêmes d'évaluer la pertinence d'y recourir dans leurs transactions commerciales internationales. Elles révèlent, en outre, la pertinence d'un régime mondial régissant les clauses attributives de juridiction.

Cependant, la question demeure de savoir si la Convention de La Haye pourrait aspirer au succès qu'a la Convention de New York en ce qui concerne les conventions d'arbitrage. À cet égard, il y a lieu d'analyser si la Convention de La Haye s'aligne sur le modèle de la Convention de New York dans sa règlementation générale des clauses attributives de juridiction. D'où l'intérêt d'établir une comparaison sommaire entre les dispositions des deux conventions.

§ 2 – Le modèle de la Convention de New York

III. L'autonomie des parties est consacrée tant par la Convention de New York que par la Convention de La Haye. Cependant, cette autonomie est encadrée dans les deux conventions. C'est cet encadrement qui permet de mettre en exergue les différences et similitudes entre ces deux instruments. Il permettra en outre de porter un jugement de valeur sur la pertinence de la

---

[23] C'est le 5 janvier 2015 que Singapour a lancé son tribunal commercial international et c'est le 25 mars 2015 qu'il a signé la Convention de La Haye. La ratification a eu lieu le 2 juin 2016 ; V. A Chong & M. Yip, « Singapore as a centre for international commercial litigation : party autonomy to the fore », J. Private Int. L, 2019, Vol. 15, No. 1, p. 97; P. Sooksripaisarnkit, « The Hague Convention on choice of court agreements, should the European Union's footsteps be followed?", in S R. Garimella, S. Jolly (éd), Private International Law South Asian States' practice, Springer, 2017, p. 39, spéc. p. 54.

Convention de La Haye en tant qu'instrument de règlementation des accords d'attribution de compétence.

La comparaison de ces règles se fera, d'une part, du point de vue des parties à la transaction commerciale internationale et, d'autre part, du point de vue des États contractants et la manière dont ces derniers peuvent choisir de modifier l'application de ces règles à travers un système des déclarations.

Pour les parties à une transaction commerciale internationale, il y a certes des similitudes entre les deux conventions. En effet, tant la Convention de New York que la Convention de La Haye instaurent un régime règlementant l'exécution de l'accord d'attribution de compétence[24] ainsi que la reconnaissance et l'exécution de la sentence ou du jugement qui en découle[25]. Par conséquent, avoir les deux conventions en vigueur éliminerait la distorsion dans le processus de décision contractuel motivé uniquement par la présence d'un régime d'exécution uniforme seulement pour les conventions d'arbitrage.

Cependant, certaines distinctions peuvent affecter le choix du type de clause de résolution des litiges. La première différence est dans le champ d'application des deux conventions. L'article 1 de la Convention de La Haye limite le champ d'application de la convention aux situations internationales impliquant des accords exclusifs d'élection de for conclus en matière civile ou commerciale et l'article 2 de la Convention exclut les contrats conclus avec un consommateur ainsi que les contrats de travail. En outre, la Convention prévoit une liste assez large de matières exclues de son champ[26]. La Convention de New York ne contient pas un tel catalogue d'exclusions et s'applique à tous les accords d'arbitrage « au sujet d'un rapport de droit déterminé, contractuel ou non contractuel, portant sur une question susceptible d'être réglée par voie d'arbitrage[27]». D'une part, cela pourrait signifier selon certains auteurs que les matières exclues du champ de la Convention de La Haye relèvent du champ de la Convention de New York[28]. D'autre part, les exclusions particulières dans la Convention de La Haye peuvent vraisemblablement fournir dès le départ en quelque sorte une plus grande sécurité juridique que la Convention de New York. Cette dernière exige la référence au droit national des États appropriés pour déterminer si une question est arbitrable[29].

Une deuxième différence a trait à la reconnaissance de l'accord d'attribution de compétence. En effet, la validité substantielle de l'accord (permettant la non-reconnaissance d'une convention d'arbitrage si elle est

---

[24] Art. II (1) de la Convention de New York et Art. 5 de la Convention de La Haye.
[25] Art. III de la Convention de New York et Art. 8 de la Convention de La Haye.
[26] Art. 2 (2) de la Convention de La Haye de 2005.
[27] Art. II (1) de la Convention de New York de 1958.
[28] R A. Brand, P M. Herrup, p. 218-219.
[29] *Ibid.*, p. 219.

caduque, inopérante ou non susceptible d'être appliquée) est la seule limite à la reconnaissance d'une convention d'arbitrage en vertu de l'article II (3). En revanche, la Convention de La Haye prévoit dans son article 6 une liste plus large d'exceptions en vertu desquelles un tribunal saisi mais non élu peut refuser de se dessaisir au profit du tribunal élu. En effet, outre la validité substantielle de l'accord, la Convention de La Haye prévoit l'injustice manifeste, la contrariété à l'ordre public du tribunal saisi non élu, lorsque l'accord ne peut raisonnablement pas être mis en œuvre et si le tribunal élu a décidé de ne pas connaitre de l'affaire[30].

Si la Convention de La Haye prévoit plus de limitations à l'autonomie des parties lorsqu'il s'agit de l'exécution de l'accord d'élection de for, les rapporteurs de la Convention[31] appuyés par l'avis de certains auteurs[32] estiment que les hypothèses dans lesquelles certains de ces motifs du refus de dessaisissement[33] seront mis en œuvre devraient demeurer exceptionnelles et limitées[34].

Il y a lieu de rappeler que le débat ardu auquel a donné lieu l'article 6 reflète le souci des rédacteurs de la Convention de trouver le juste équilibre entre l'autonomie des parties et les intérêts des États. Par conséquent, la question de savoir si cette liste plus large d'exceptions constituera une différence significative par rapport à la Convention de New York dépendra de l'attitude des tribunaux des États contractants dans la mise en œuvre de ces exceptions. Notamment, deux directives devraient guider les tribunaux dans le maniement de ces exceptions. D'une part, le caractère exceptionnel qui caractérise certaines de ces exceptions tel que rappelé par les rapporteurs de la Convention et, d'autre part, l'interprétation stricte de certaines de ces exceptions en fonction de l'objectif poursuivi à travers leur édiction. Ainsi, par exemple, de l'exception de la contrariété manifeste à l'ordre public du tribunal saisi mais non élu ou de celle d'injustice manifeste.

Il faut encore souligner que l'absence d'instances assurant une interprétation uniforme des dispositions de la Convention à l'instar de la Cour de justice de l'Union européenne pourrait entrainer une efficacité plus limitée des accords d'élection de for face à la multiplicité des exceptions prévues.

Quant aux motifs de non-reconnaissance du jugement ou de la sentence qui résulte de la clause attributive de compétence, les deux conventions contiennent en premier lieu une règle générale exigeant la reconnaissance et l'exécution du jugement ou de la sentence rendu par le tribunal élu[35]. S'agissant plus précisément des motifs de non-reconnaissance, ils sont

---

30 Sur ces exceptions, v. infra, n°178 et s.
31 M. Dogauchi, T. C. Hartley, *op. cit.*, n°148.
32 R A. Brand, P M. Herrup, p. 219.
33 Not. Art. 6 (c) et (d).
34 M. Dogauchi, T. C. Hartley, *op. cit.*, n°148.
35 Art. III de la Convention de New York ; Art. 8 (1) de la Convention de La Haye.

généralement similaires. La Convention de New York permet la non reconnaissance au constat de l'incapacité de l'une des parties à la convention, lorsque la procédure a commencé sans notification appropriée, lorsque le différend ne relève pas du champ de la convention d'arbitrage conclu, lorsque la procédure arbitrale est inappropriée, si la sentence n'est pas encore obligatoire ou a été annulée ou suspendue dans le pays dans lequel elle a été rendue, lorsque l'objet du différend n'est pas susceptible d'être réglé par arbitrage ou lorsque la reconnaissance ou l'exécution de la sentence serait contraire à l'ordre public du pays où la reconnaissance est requise[36]. Quant à la Convention de La Haye, les motifs de non-reconnaissance du jugement rendu en vertu de l'accord d'élection de for englobent la constatation que l'accord était nul en vertu du droit du tribunal élu, que l'une des parties à l'accord n'a pas la capacité de conclure l'accord en vertu du droit du tribunal requis, que la procédure a eu lieu sans notification appropriée, que le jugement résulte d'une fraude à la procédure, que la reconnaissance serait manifestement contraire à l'ordre public du tribunal requis et que la préférence devrait être donnée à un jugement local incompatible ou à un jugement antérieur incompatible émanant d'un autre État[37].

Cette similarité entre les deux conventions quant aux motifs de non-reconnaissance permet de valoriser la Convention de La Haye en tant qu'instrument de règlementation parallèle de la reconnaissance des décisions résultant des clauses attributives de juridiction. L'uniformisation et la limitation des motifs de non-reconnaissance, à l'instar de la Convention de New York, offrent aux parties un outil permettant d'évaluer le caractère exécutoire des jugements obtenus en vertu des accords conclus.

Mais c'est aussi du point de vue des États contractants qu'une distinction entre la Convention de New York et celle de La Haye mérite d'être mise en exergue. En effet, pour les États contractants potentiels, il y a plus de possibilités de faire varier les termes de la Convention de La Haye à travers le système des déclarations. Ces déclarations peuvent restreindre l'autonomie des parties comme elles peuvent en élargir l'étendue. Par conséquent, la manière dont les États contractants pourraient user de ces déclarations aura un impact certain sur la valeur de la Convention. À cet égard, la Convention de New York permet une seule déclaration en vertu de laquelle un État contractant pourra déclarer qu'il appliquera la convention à la reconnaissance et l'exécution des sentences prononcées seulement sur le territoire d'un autre État contractant[38].

---

[36] Art. V de la Convention de New York.
[37] Art. 8 de la Convention de La Haye.
[38] Art. X (1) de la Convention de New York.

En revanche, la Convention de La Haye contient trois déclarations importantes qui peuvent limiter l'application de la Convention[39] et une au contraire élargissant son champ d'application[40].

L'article 19 de la Convention de La Haye permet à un État contractant de déclarer que ses tribunaux peuvent refuser de connaître des litiges auxquels un accord exclusif d'élection de for s'applique s'il n'existe aucun lien, autre que le lieu du tribunal élu, entre cet État et les parties ou le litige. Cette déclaration peut traduire les choix politiques d'un État. Alors qu'elle permet particulièrement à un État de réduire la disponibilité de ses tribunaux pour les litiges commerciaux internationaux, les États choisissant de ne pas exercer une telle déclaration peuvent en fait encourager le recours à leurs tribunaux. Ils créent ainsi du commerce pour leur communauté juridique, même lorsque la transaction en cause n'a aucun autre lien avec le for élu[41].

L'article 20 de la Convention permet à un État contractant de déclarer que ses tribunaux peuvent refuser de reconnaître ou d'exécuter des jugements d'autres États contractants pour les affaires complètement internes à l'État requis.

Une troisième limite au fonctionnement de la Convention découle de l'article 21 qui permet à un État contractant de déclarer qu'il n'appliquera pas la convention à des litiges concernant une matière particulière. Cette limitation possible par voie de déclaration pourrait être pertinente au stade de la planification d'une transaction par les parties. Par ailleurs, la Convention a délimité de manière stricte le recours à ce type de déclaration en exigeant, d'une part de l'État déclarant la démonstration de l'existence d'un intérêt important à ne pas appliquer la Convention à une matière particulière et surtout, d'autre part, la soumission de cette déclaration à la condition de l'application réciproque de sorte que les autres États contractants refuseront d'honorer l'accord exclusif d'élection de for désignant les tribunaux de l'État déclarant dans les litiges relatifs à une telle matière exclue. En effet, cet élément de réciprocité est destiné à décourager les États d'user de ce genre de déclarations.

Une dernière déclaration possible permet aux États contractants d'élargir le champ d'application de la Convention de sorte que les dispositions de la convention concernant la reconnaissance et l'exécution des jugements s'appliqueront aussi aux jugements d'États contractants fondés sur un accord non exclusif d'élection de for[42]. L'exercice par les États de cette déclaration permettra d'étendre considérablement la valeur de la Convention[43].

---

[39] Art. 19, 20 et 21.

[40] Art. 22.

[41] R A. Brand, « Arbitration or Litigation? », art. préc., p. 16-17.

[42] Art. 22.

[43] À ce jour aucune déclaration conformément à l'article 22 n'a été faite par les États contractants.

En définitive, la comparaison entre la Convention de New York et la Convention de La Haye révèle des différences qui seront certainement importantes dans la prise de décision tant par les États que par les parties. D'une part, pour les États, ces décisions interviendront au stade de la ratification ou de l'adhésion pour déterminer le champ d'application attribué à la convention à travers la possibilité d'exercice des déclarations prévues. La principale question dans ce contexte sera comment les États eux-mêmes veulent placer des limitations à l'autonomie des parties. D'autre part, pour les parties, il y a une distinction claire entre la Convention de New York et la Convention de La Haye. En particulier, la multiplication des exceptions à l'obligation du juge non élu de se dessaisir peut réduire la prévisibilité que procurent en principe les accords d'élection de for aux parties. À cet égard, il appartient aux tribunaux des États contractants d'adopter une interprétation restrictive de certaines de ces exceptions afin de préserver l'objectif d'efficacité des accords d'élection de for. Quant au stade de la reconnaissance et de l'exécution des décisions découlant de l'accord attributif de compétence, on peut soutenir que ce qui est important ce sont moins les différences que les similitudes. En effet, ces similitudes donnent le potentiel à la Convention de La Haye, si elle entre en vigueur dans un nombre considérable d'États, de créer des règles de jeu plus équitables dans le choix de la clause d'attribution de compétence la mieux adaptée aux besoins spécifiques des parties plutôt que de choisir l'arbitrage simplement car il a l'avantage de la Convention de New York.

Aussi est-il opportun de rappeler le contexte historique de la Convention de La Haye afin de mieux comprendre la problématique que pose l'efficacité de l'accord exclusif d'élection de for à travers la Convention de La Haye.

§ 3 - Le contexte historique de la Convention de La Haye

IV. Fruit de l'échec d'un projet de convention plus large sur les jugements, la Convention de La Haye de 2005 sur les accords exclusifs d'élection de for a été décrite par un auteur comme un papillon auquel a donné lieu la laide chenille, la Convention de La Haye sur les jugements[44]. La pertinence de cette métaphore devrait néanmoins être examinée à la loupe.

Il y a lieu de rappeler qu'en 1969, la Conférence de La Haye de droit international privé a conclu à la fois une convention sur la reconnaissance et l'exécution des jugements en matière civile et commerciale et une convention sur la reconnaissance des divorces et des séparations de corps. La première de ces deux conventions est entrée en vigueur le 1er février 1970 avec seulement trois États parties qui sont Chypre, les Pays-Bas et le Portugal, mais aucun

[44] P. Beaumont, « Hague choice of court agreements Convention 2005: Background, Negotiations, Analysis and Current status », J. Private Int. L., 2009, vol. 5 N°1, p.125.

État n'a déposé les accords bilatéraux nécessaires à rendre la convention opérationnelle. Quant à la Convention sur la reconnaissance des divorces et des séparations de corps, elle est entrée en vigueur le 1er juin 1970 avec seulement vingt États (principalement européens). Pour leur part, les États-Unis n'ont ratifié aucune de ces conventions et ne sont actuellement partie à aucun traité spécifiquement focalisé sur la reconnaissance des jugements.

Pour sa part, la Communauté européenne a créé en 1968 son propre cadre juridique concernant à la fois la question de la compétence internationale et l'exécution des jugements. La Convention de Bruxelles de 1968 était destinée à procurer l'uniformité dans le cadre européen. Cependant, la Convention de Bruxelles n'a pas été jugée comme constituant un fondement adapté pour un système mondial de reconnaissance des jugements. En effet, certains États en dehors de la Communauté européenne ont exprimé de sérieuses réserves quant aux dispositions de fond de la Convention de Bruxelles. En plus, la Convention de Bruxelles n'autorisait pas l'adhésion d'États non européens. Avec le remplacement de la Convention de Bruxelles par le Règlement Bruxelles I, entré en vigueur en mars 2002, une telle possibilité devenait exclue. En tant que législation interne de la Communauté européenne, le Règlement Bruxelles I ne pourrait vraisemblablement pas être le moyen d'une harmonisation mondiale[45].

Quant à la Convention de Lugano qui reflète les dispositions de la Convention de Bruxelles mais inclut les États membres de l'association européenne de libre-échange comme États contractants, elle est ouverte à l'adhésion d'autres États qui ont été invités à adhérer sur demande d'un État contractant adressée à l'État dépositaire. Cependant, un tel État tiers ne peut être invité à adhérer à la Convention de Lugano que si les États contractants existants ont unanimement donné leur accord à la participation de cet État[46].

Dans ce contexte juridique mondial, en mai 1992, Edwin Williamson, à l'époque conseiller juridique du département d'État des États-Unis, a envoyé une lettre au secrétaire général de la Conférence de La Haye de droit international privé proposant que la conférence engage la négociation d'une convention multilatérale sur la reconnaissance et l'exécution des jugements.

La question a été examinée par un groupe de travail à la Conférence de La Haye en octobre 1992 lequel a reconnu à l'unanimité l'opportunité d'essayer de négocier multilatéralement dans le cadre de la Conférence de La Haye une convention sur la reconnaissance et l'exécution des jugements. Néanmoins, la 17e session de la Conférence de La Haye a décidé en mai 1993 d'étudier encore la question dans le cadre d'une commission spéciale.

La commission spéciale de juin 1994 établie par la Conférence a estimé qu'il serait « avantageux de rédiger une convention portant sur la compétence

---

[45] R A. Brand, P M. Herrup, p. 5-6.

[46] Art. 62 (1) (b) de la Convention de Lugano du 16 septembre 1988 concernant la compétence judiciaire et l'exécution des décisions en matière civile et commerciale.

ainsi que sur la reconnaissance et l'exécution des jugements étrangers en matières civiles et commerciales » et a recommandé que cette question soit incluse dans l'agenda du futur travail de la Conférence dans sa 18e session[47].

En juin 1995, la commission spéciale sur les affaires générales et la politique de la conférence a recommandé à la 18e session de la Conférence de La Haye que la proposition d'une convention sur les jugements soit adoptée comme un des travaux de cette session. Ainsi, dans le cadre de l'acte final de sa 18e session tenue en octobre 1996, la Conférence de La Haye a décidé d'inclure la question d'une telle convention dans l'agenda de sa 19e session.

Il faut préciser que dès le début du processus (précisément avant la réunion de la commission spéciale de juin 1994), les États-Unis ont soumis un rapport préparé par le Professeur Arthur Von Mehren proposant la négociation d'une « convention mixte ». Une telle convention s'écarterait des conventions précédentes en créant une structure hybride. En effet, les Conventions telles que celles antérieures de La Haye sont décrites comme des conventions simples car elles se limitent aux règles applicables à la reconnaissance des jugements étrangers. Elles s'opposent de ce fait aux « conventions doubles » telle que la Convention de Bruxelles et de Lugano. Ce dernier type de convention prévoit à la fois des règles de compétence directe ainsi que des règles relatives à la reconnaissance et à l'exécution des jugements étrangers. Le but de telles conventions est de résoudre la question de la vérification de la compétence du juge étranger en harmonisant les règles de compétence directes des États parties.

Quant à la Convention mixte telle que proposée par Professeur Von Mehren[48], elle aurait contenu certaines caractéristiques de la Convention double en prévoyant des règles à la fois de compétence, de reconnaissance et d'exécution des jugements. Il y aurait à la fois une liste de chefs de compétence que tous les États contractants devraient appliquer et une liste de chefs de compétence interdits. Les jugements fondés sur la première liste seront aptes à être reconnus et exécutés alors que la reconnaissance est exclue pour les jugements obtenus en vertu de la deuxième liste. Cependant, à la différence de l'approche de la Convention double, les listes de chefs de compétence prévus ne sont pas exclusives et donc tout chef de compétence qui n'est pas inclus dans l'une des deux listes prévues pourrait exister en dehors de la structure de la Convention. En outre, un jugement rendu sur la base d'un chef de compétence en dehors de ces listes ne serait pas en mesure d'être reconnu ou exécuté en vertu de la Convention. Il sera en revanche

---

47 Conclusions de la Commission spéciale de juin 1994 sur la question de la reconnaissance et de l'exécution des jugements étrangers en matière civile et commerciale, conférence de La Haye de droit international privé, Doc. Prél. No 2 (déc1995).

48 A. T. von Mehren, «La rédaction d'une convention universellement acceptable sur la compétence judiciaire internationale et les effets des jugements étrangers : Le projet de la Conférence de La Haye peut-il aboutir ? », *Rev. crit. DIP* 2001.85.

soumis à l'examen du tribunal requis conformément aux règles applicables en vertu de son droit national.

Les négociations formelles sur une nouvelle Convention de La Haye ont commencé en juin 1997 avec une réunion de deux semaines de la commission spéciale sur la compétence internationale et les effets des jugements étrangers en matière civile et commerciale. La session suivante de la commission spéciale a été tenue en mars 1998, mais ce n'est qu'à la réunion de novembre 1998 que le premier document contenant un projet de dispositions de la Convention a été émis par le comité de rédaction. Ce document contenait la première rédaction de dispositions ayant trait aux questions relatives au champ d'application de la Convention, les chefs de compétence requis, les questions provisoires, les chefs de compétence interdits, la litispendance, le déclin de compétence, les règles de reconnaissance, l'aide judiciaire et les dommages et intérêts. Le document a été examiné plus avant pendant deux semaines en juin ensuite pendant une semaine en octobre 1999 durant laquelle le texte d'un avant-projet de convention a été élaboré.

Une conférence diplomatique a été envisagée à l'origine pour l'automne 2000. Cependant, à la suite d'une lettre de Jeffrey Kovar, conseiller juridique en droit international privé au Département d'État des États-Unis, indiquant des problèmes de fond concernant le texte de l'avant-projet de convention, il a été décidé de retarder la conférence diplomatique et de modifier les règles procédurales en vertu desquelles le projet serait examiné. Ainsi, la décision a été prise de diviser la Conférence en deux parties et de faire fonctionner au moins la première partie selon le processus du consensus plutôt que la règle antérieure de la majorité. La première partie de la conférence a été tenue en juin 2001 et a donné lieu à un nouveau texte. Ce texte provisoire ressemble beaucoup au texte de 1999 mais avec beaucoup plus de dispositions entre crochets, de notes de bas de page ainsi que des explications de diverses positions.

Il faut rappeler que les négociations antérieures à 2001 étaient menées par un vote à la majorité tel qu'exigé par le statut de la Conférence de La Haye. Cependant, avec les délégations individuelles des États membres de l'Union européenne votant sur des articles particuliers durant le processus de négociation, l'avant-projet de Convention ainsi que le texte provisoire ressemblaient beaucoup aux Conventions de Bruxelles et de Lugano en vigueur à cette époque au sein des États membres de l'Union européenne.

En dépit de la modification du processus de vote de la majorité au consensus, les problèmes à surmonter pour atteindre une convention mondiale conforme au texte de 1999 ou à celui de 2001 étaient importants.

Certes, plusieurs obstacles qui finalement empêchaient l'adoption d'une convention globale sur la compétence et l'exécution des jugements n'étaient pas apparents au début des négociations mais survenaient plus tard tels que l'émergence de l'internet et du commerce électronique, le rôle de plus en plus important du consommateur et l'intégration rapide de la Communauté européenne[49].

En outre, certaines des difficultés qui tourmentaient la Conférence de La Haye reflétaient celles qui existaient au sein de l'Union européenne telle que l'adaptation à la fois de l'approche de droit civil et celle du *common law* quant à la question de la compétence et l'exécution des jugements. Or, alors que l'Union européenne a des objectifs politiques communs et une Cour de justice afin de résoudre de telles difficultés, la Conférence de La Haye manque à la fois de valeurs de fond communs et d'un tribunal pour décider lorsque le consensus est impossible. Tous ces facteurs ont rendu la rédaction d'un traité global sur la compétence et l'exécution des jugements finalement impossible[50].

Par conséquent, le 24 avril 2002, la commission I de la dix-neuvième session de la Conférence de La Haye a mis en place un groupe de travail informel afin d'examiner la possibilité de rédaction d'une convention sur certaines dispositions en matière de compétence au sujet desquelles un consensus important existe. Dans ce contexte, le point de départ était le domaine de la compétence fondée sur l'accord des parties. En d'autres termes, les clauses attributives de juridiction ainsi que les jugements qui en résultent.

On a estimé qu'une telle Convention sur les accords d'élection de for aura un impact positif non pas seulement sur le plan du règlement des litiges mais également sur le plan de la planification des transactions internationales car en vertu d'une telle Convention, les parties peuvent compter sur leurs propres accords exclusifs d'élection de for ainsi que sur les jugements qui en résultent. Aussi bien les accords que les jugements qui en résultent seront exécutés au moins dans les États parties à la Convention[51].

Ainsi, le groupe de travail s'est réuni trois fois et en mars 2003 a élaboré un projet de texte d'une Convention sur les accords d'élection de for. Ensuite, à l'issue d'une réunion de la commission spéciale sur les affaires générales et la politique de la conférence tenue en avril 2003, il a été décidé de faire circuler le projet de texte de la Convention entre les États membres. Ce processus a mené à une nouvelle réunion de la commission spéciale en avril 2004. Il a par la suite donné lieu en juin 2005 à la Conférence diplomatique organisée comme la Commission II de la vingtième session de la Conférence de La Haye de droit international privé. Au cours de cette conférence diplomatique la Convention de La Haye sur les accords d'élection de for a été achevée.

Avec la signature de l'acte final comprenant la Convention de La Haye sur les accords d'élection de for le 30 juin 2005, celle-ci devenait ouverte à la

---

[49] L. E. Teitz, "The Hague Choice of Court Convention: Validating Party autonomy and Providing an Alternative to Arbitration", Am. J. Comp. L., 2005, vol. 53, p. 543, spéc. p. 545-546.
[50] *Ibid.*, p. 546.
[51] *Ibid.*

signature et à la ratification des États. En même temps, des amendements au statut de la conférence ont été adoptés dans l'acte final et approuvés le 30 septembre 2006 dont notamment la possibilité d'admettre comme membre de la conférence toute organisation régionale d'intégration économique qui a soumis une demande d'admission au secrétaire général[52].

Après l'adhésion du Mexique à la Convention de La Haye le 1er octobre 2007, celle-ci a été signée le 1er avril 2009 par l'Union européenne. L'instrument d'approbation de la convention fut déposé auprès du ministère des affaires étrangères du Royaume des Pays-Bas, dépositaire de la Convention. Par cette approbation, la Convention de La Haye est entrée en vigueur depuis le 1er octobre 2015 au sein de l'Union européenne et au Mexique. À l'heure actuelle, d'autres États ont adhéré à la convention. Il s'agit du Singapour[53], du Monténégro[54], du Danemark[55], du Royaume-Uni de Grande-Bretagne et d'Irlande du nord[56].

La Convention de La Haye, tout en ayant l'atout d'être une convention mondiale, coexiste parfois avec d'autres régimes juridiques régionales ou de droit commun. Cette pluralité de régimes donne toute son importance à la problématique à laquelle on se propose de répondre dans notre étude. Elle permet également de cerner le champ de notre étude.

§ 4 - Champ de l'étude

V. Notre étude met l'accent sur l'accord des parties en tant que modalité de désignation du tribunal compétent. On s'interrogera sur l'étendue du renforcement de ce mode d'attribution de compétence fondé sur l'autonomie de la volonté des parties opéré par la Convention de La Haye. La prévisibilité et la sécurité juridique que procurent les accords d'élection de for sont largement tributaires sur un plan mondial de la règlementation édictée par la Convention de La Haye.

Notre étude se limitera aux aspects qui garantissent l'objectif escompté par les parties à travers ce mode d'attribution de compétence. Il s'agit essentiellement de permettre aux parties de déterminer le tribunal compétent pour connaître de leurs litiges éventuels et donc de remédier aux incertitudes de la compétence internationale dans le monde.

---

52 La version révisée du statut de la Conférence de La Haye est entrée en vigueur le 1 juillet 2007.

53 Le 2 juin 2016.

54 Le 18 avril 2018.

55 Le 30 mai 2018. Pour des raisons institutionnelles, l'Union européenne ne représente pas le Danemark qui a ratifié de manière indépendante la Convention.

56 Le 28 septembre 2020. Bien que la Convention s'applique déjà au Royaume-Uni du fait de la ratification de celle-ci par l'Union européenne, le Royaume-Uni ratifia la Convention de manière indépendante. L'objectif de cette ratification indépendante est d'assurer que la Convention continuera à s'appliquer le jour du *Brexit*.

Un accord d'élection de for efficace est la condition sine qua non de tout effet que pourra produire ultérieurement une décision prise en vertu de cet accord. De ce fait, notre réflexion se limitera à l'accord des parties en tant que tel et elle ne s'étendra pas à l'efficacité des décisions prises en vertu de cet accord, une fois reconnu efficace. Par conséquent, la question de la reconnaissance et de l'exécution des décisions ne sera pas envisagée.

Par ailleurs, l'analyse de l'efficacité de l'accord d'élection de for a pour point de départ la double nature contractuelle et procédurale de cet accord. En effet, d'une part, en raison de son caractère contractuel, la clause attributive de juridiction est soumise à des conditions de validité. D'autre part, du fait de son caractère processuel, la clause attributive de juridiction suppose une règlementation minutieuse de son effet juridictionnel. Certes, l'accord d'élection de for produit deux effets majeurs. Il s'agit de l'effet de prorogation de compétence au profit du tribunal élu et de l'effet dérogatoire au regard de tous les autres tribunaux si l'accord est exclusif. Notre analyse se limitera à cet effet dérogatoire et ceci pour deux raisons. La première est que la garantie de l'exclusivité de la compétence telle qu'elle découle de l'accord des parties est un aspect primordial de l'efficacité d'un tel accord. Or, cet aspect dépend dans une large mesure de l'effet dérogatoire que produit cet accord à l'égard de tous les tribunaux autres que celui élu. En outre, c'est au niveau de ces tribunaux éventuellement saisis au mépris de l'accord que l'efficacité de l'accord à travers la Convention de La Haye semble mitigée. L'édiction par la Convention de La Haye d'exceptions à la règle du dessaisissement du tribunal saisi autre que celui élu invite à une analyse minutieuse de ces dernières afin de relever les risques qu'elles emportent mais également afin d'essayer de délimiter leur domaine réel. La deuxième raison de cette délimitation a trait au fait que l'efficacité de l'accord d'élection de for dépend dans une large mesure du pouvoir prioritaire conféré au juge élu pour se prononcer sur la validité et l'effet de l'accord d'élection de for. Or, le choix législatif des rédacteurs de la Convention a été au contraire d'investir aussi bien le tribunal élu que les autres tribunaux du pouvoir de se prononcer sur la validité et l'effet de l'accord. La possibilité pour le tribunal non élu de se prononcer sur l'effet et la validité de l'accord et corrélativement l'absence d'une priorité pour le tribunal élu pour se prononcer sur cette question constitue le deuxième point important dans l'évaluation de l'efficacité de l'accord d'élection de for.

Notre étude est à la croisée de plusieurs disciplines, notamment le droit des contrats, le droit international privé, la procédure civile mais aussi le droit comparé. À cet égard, il y a lieu de remarquer que notre approche du sujet sera essentiellement une approche comparée à la lumière de la coexistence de plusieurs régimes juridiques régissant les accords d'élection de for à côté du régime de la Convention de La Haye[57]. Principalement, notre analyse comparée se fera à la lumière du régime européen des accords d'élection de for tel qu'il découle du Règlement Bruxelles Ibis. Ce choix est motivé par deux raisons. D'une part, l'adhésion de l'Union européenne à la Convention de La Haye rend cette comparaison judicieuse afin d'évaluer le régime d'efficacité des accords d'élection de for prévu par la Convention de La Haye par rapport à celui instauré dans le cadre européen. D'autre part, la question de l'articulation et de l'interaction entre le régime de la Convention et celui du règlement européen se posera. Or, cette articulation ainsi que cette interaction auront un impact certain sur l'efficacité des accords d'élection de for.

Notre analyse comparative ne se limitera pas au droit judiciaire européen. En effet, sur certains points particuliers, le droit commun de certains États fournira aussi des outils de réflexion sur certains volets de l'efficacité de l'accord d'élection de for dans le cadre de la Convention de La Haye. Ainsi, à titre d'exemple, l'analyse du droit allemand, français, américain, anglais mais aussi australien permettra d'éclairer les dispositions de la Convention sur certaines questions cruciales pour l'efficacité de l'accord. Il en est ainsi du jeu de l'ordre public en tant qu'exception à l'obligation du dessaisissement du tribunal saisi et non élu. Cette notion d'ordre public utilisée par la Convention dans le cadre des exceptions à l'obligation du dessaisissement du juge non élu trouve un écho dans la jurisprudence de certains États. L'analyse de cette jurisprudence permettra à l'interprète de mieux cerner la notion dans le cadre de la Convention, notamment la relation établie entre cette notion et les lois de police ou les lois internationalement impératives peut être décelée à partir d'un examen de la jurisprudence de certains États dans leur application de leur droit commun ou européen.

En outre, la Convention use parfois de termes ambigus qui laissent l'interprète perplexe quant à leur signification exacte. Ces termes peuvent aussi être générateurs de confusion avec certaines notions utilisées dans le droit commun de certains États. Il en est ainsi de la notion d'injustice manifeste qui ouvre aussi la voie au refus du dessaisissement du juge saisi mais non élu en présence d'un accord exclusif d'élection de for. Cette notion, dont les contours ne sont pas définis de manière claire par la Convention, a des applications dans le droit de certains États, particulièrement dans la mise en œuvre de la doctrine du *forum non conveniens* ou l'exigence du caractère raisonnable de l'accord dans la jurisprudence de la Cour suprême des États-Unis. Ce rapprochement avec les notions utilisées dans les systèmes de droit commun de certains États permettra de déceler les particularités de cette notion afin d'essayer d'en délimiter les contours mais également de la

[57] Sur les mérites de l'approche comparée, V. R A. Brand, « Comparative method and International litigation », Journal of dispute resolution, 2020, n°2, p. 273.

distinguer de certains mécanismes utilisés dans le droit de certains États dont la doctrine du *forum non conveniens* des systèmes de common law.

Ainsi, notre approche comparée convoquera une panoplie de droits dans un essai d'évaluation de l'efficacité des accords d'élection de for dans le cadre de la Convention de La Haye. Elle permettra en définitive de répondre à la question de la contribution de la Convention de La Haye à l'efficacité de l'accord d'élection de for.

À cet égard, on s'attachera à montrer qu'il s'agit d'une efficacité mitigée. Cette efficacité mitigée sera mise en exergue à travers l'examen de la validité de l'accord exclusif d'élection de for d'une part (**PARTIE I**) et des effets de l'accord exclusif d'élection de for d'autre part (**PARTIE II**).

Mais avant d'entamer cette étude, il importe de délimiter le champ d'application de la Convention de La Haye tant d'un point de vue matériel que spatial. Cette question fera l'objet d'un **TITRE PRÉLIMINAIRE.**

TITRE PRÉLIMINAIRE :

LE CHAMP D'APPLICATION DE LA CONVENTION DE LA HAYE

1. Le libre choix par les parties quant au for devant juger leurs litiges avait déjà été consacré par le texte de 1999 concernant l'avant-projet d'une convention universelle sur la compétence des tribunaux et l'exécution des décisions en matière civile et commerciale et en constituait en fait une clef de voûte. Le principe figurait en tête des chefs de compétence proposés et était à l'abri de la discrétion du juge et du jeu de la litispendance. La Convention de La Haye de 2005 a été construite sur ce fondement. Les rédacteurs de la Convention ont mis l'accent dans son préambule sur l'objectif d'instauration d'un régime juridique international apportant la sécurité et assurant l'efficacité des accords exclusifs d'élection de for entre les parties à des opérations commerciales[1].

L'autonomie des parties est consacrée par l'article 3 de la Convention selon lequel les parties peuvent désigner pour connaitre des litiges nés ou à naitre à l'occasion d'un rapport de droit déterminé, soit les tribunaux d'un État contractant, soit un ou plusieurs tribunaux particuliers d'un État contractant. Selon l'article 5, le tribunal élu doit connaitre du litige. Selon l'article 6 les tribunaux des autres États contractants ne doivent pas connaitre du litige, et l'article 8 prévoit que tous ces autres tribunaux doivent reconnaître et exécuter les décisions du juge élu. Ces trois principes sont évidemment assortis d'exceptions.

Cependant, une première lecture du texte de la Convention éveille des sentiments mitigés car l'intérêt réel du régime qu'elle promeut semble atténué par les limites draconiennes qui affectent son champ d'application. Il n'en demeure pas moins que la structure relativement simple qui caractérise la Convention devrait faciliter son application y compris dans ses relations avec des instruments régionaux notamment européens. Or, pour arriver à cette simplicité, il fallait opérer certaines limitations quant au champ d'application

[1] La Convention de La Haye du 30 juin 2005 sur les accords d'élection de for, annexe, p.416.

de la Convention[2]. Ce champ reflète en fait plusieurs défis de la diversité sur le plan juridique et socio-économique qui subsistent même dans ce domaine commercial relativement limité[3].

Par conséquent, les règles délimitant le champ d'application de la Convention traduisent au fond des préoccupations d'efficacité maximale aux dispositions de cette dernière. En effet, les États négociateurs ont cherché à restreindre le champ d'application de la Convention afin d'en exclure les questions susceptibles de faire surgir des dissensions irréductibles entre eux. Il était également indispensable de tenir compte de l'existence d'autres instruments internationaux applicables en matière d'élection de for dont il était nécessaire de ménager l'autorité en les faisant prévaloir dans certains cas sur la Convention.

Certes, en la forme, on a fait remarquer que la Convention ne fait pas preuve des mêmes qualités que l'ensemble des textes précédemment issus de la Conférence de La Haye[4]. Le manque de clarté est un défaut récurrent de la Convention[5]. Cette observation se manifeste notamment au niveau du champ d'application de la Convention. En effet, « les limites dans lesquelles la Convention trouve à s'appliquer n'apparaissent pas d'emblée parfaitement limpides, tant les dispositions qui les concernent sont nombreuses, rédigées de manière alambiquée et éparpillées à des endroits divers de la Convention[6]». Ainsi, les dispositions sur le champ d'application de la Convention doivent être recherchées dans divers chapitres. Est pertinent, en premier lieu, le chapitre I qui comporte de longues dispositions sur le champ d'application matériel, complété par l'article 21. Le champ d'application spatial est traité à la fois dans le chapitre I et le chapitre IV. Par ailleurs, on doit rechercher les dispositions sur le champ d'application temporel à la fois dans le chapitre IV et le chapitre III.

2. Le champ d'application temporel ne soulève pas de difficultés particulières car, en définitive, la solution retenue paraît conforme aux règles

---

[2] M. H. Van Loon, « Quelques aspects de la mondialisation dans le domaine des conflits de juridictions », Trav. com. fr. DIP, 2004-2006, p. 227, spéc. p.232.

[3] *Ibid.*

[4] B. Audit, « observations sur le Convention de La Haye du 30 juin 2005 relative aux accords d'élection de for », *Vers de nouveaux équilibres entre ordres juridiques : Liber Amicorum Hélène Gaudemet-Tallon,* Dalloz, 2008, p. 171, spéc. p.173-174.

[5] L. Usunier, « La Convention de La Haye du 30 juin 2005 sur les accords d'élection de for Beaucoup de bruit pour rien ? », *Rev. crit. DIP* 2010. 37, spéc. p.41. Dans le même sens, v. not. D. Bureau, H. Muir-Watt, n°874, p. 349 ; B. Audit, « Observations sur la Convention de La Haye », art. préc., p. 173-174 (soulignant que des dispositions ayant le même objet sont séparées l'une de l'autre, voire placées dans des parties différentes de la Convention) ; C. Kessedjian, « La Convention de La Haye du 30 juin 2005 sur l'élection de for », *JDI* 2006. 813, spéc. p. 821, note 28 (soulignant la rédaction sous forme négative de plusieurs dispositions de la Convention ce qui n'en rend pas la lecture et la compréhension particulièrement aisée).

[6] L. Usunier, « La Convention de La Haye du 30 juin 2005 sur les accords d'élection de for », art. préc., p. 41.

classiques du droit transitoire en matière contractuelle puisqu'elle consiste globalement à appliquer la Convention aux accords conclus après son entrée en vigueur.

C'est l'article 16 de la Convention qui détermine le champ d'application temporel de celle-ci. Il découle de cette disposition que la Convention comporte deux règles différentes selon que l'application dans le temps de la Convention est posée devant le tribunal élu ou devant un autre tribunal, appelé « tribunal saisi » par le texte[7]. Cette différenciation a fait l'objet de critiques. On a notamment fait valoir qu'elle n'est pas conceptuellement nécessaire. Étant donné que le but de la Convention est de permettre à l'autonomie de la volonté, telle qu'exprimée dans un accord d'élection de for de développer ses effets, ce but et les moyens que l'on met en œuvre pour y parvenir ne sont pas différents selon que la question se pose devant le tribunal élu par les parties ou devant un autre tribunal. Or, le parti pris par les négociateurs a été dans le sens contraire, en ce sens qu'ils ont décidé de traiter différemment les litiges selon que le tribunal saisi est celui désigné par l'accord ou un autre tribunal[8]. « Le choix effectué pour le champ d'application temporel ne fait qu'amplifier la conception binaire de la Convention[9] ».

S'agissant du tribunal élu, la Convention est applicable aux clauses d'élection de for conclues après son entrée en vigueur dans l'État du tribunal élu[10]. Cette règle correspond à une conception classique de l'application du droit dans le temps lorsque la matière est disponible, c'est-à-dire lorsqu'elle est ouverte à l'autonomie de la volonté. Seules les règles existantes au jour où la volonté des parties s'exprime peuvent avoir été prises en considération par ces dernières dans le champ contractuel. En revanche, la règle concernant le tribunal saisi autre que le tribunal élu est moins limpide. S'agissant de la notion de « l'État du tribunal saisi » au sens de cette disposition, il découle du rapport explicatif qu'elle couvre aussi bien l'État d'un juge saisi en violation de l'accord que l'État d'un juge requis d'accorder l'exequatur à la décision rendue par un juge élu[11].

Par ailleurs, lorsque la procédure se déroule dans un État autre que l'État du tribunal élu, l'article 16 (2) établit une règle supplémentaire selon laquelle la Convention ne s'applique pas si l'instance a été engagée avant l'entrée en vigueur de la Convention pour l'État du tribunal saisi. Cela signifie que

---

[7] Art. 16 (2) dispose » La présente Convention ne s'applique pas aux litiges engagés avant son entrée en vigueur pour l'État du tribunal saisi ».

[8] C. Kessedjian, « La Convention de La Haye du 30 juin 2005 », art. préc., p. 819.

[9] *Ibid.*

[10] Art. 16 (1) dispose « La présente Convention s'applique aux accords exclusifs d'élection de for conclus après son entrée en vigueur pour l'État du tribunal élu ».

[11] M. Dogauchi, T. C. Hartley, *Convention du 30 juin 2005 sur les accords d'élection de for, Rapport explicatif,* Actes et documents de la vingtième session, édités par le bureau permanent de la conférence, Tome III, Élection de for, Intersentia/ Anvers-Oxford-Portland, 2010, p. 787, spéc. n° 219, p. 838.

lorsqu'une procédure est engagée devant un tribunal autre que celui élu, la Convention ne sera applicable que si, à la fois, l'accord d'élection de for a été conclu après l'entrée en vigueur de la Convention pour l'État du tribunal élu et la procédure a été engagée après l'entrée en vigueur de la Convention pour l'État dans lequel la procédure a été engagée[12].

La question se pose quant à la date de l'engagement de la procédure. Le texte est muet sur ce point. On peut penser, toutefois, que la date devrait correspondre à la date de saisine du tribunal qui différera d'une juridiction à l'autre[13].

3. En revanche, afin de mettre en exergue les limites dans lesquelles l'autonomie de la volonté en matière juridictionnelle peut s'exercer au sein de la Convention, il importe d'examiner, d'une part, son champ d'application matériel (**Chapitre I**) et, d'autre part, son champ d'application spatial (**Chapitre II**).

---

[12] *Ibid.*

[13] En ce sens, v. not. C. Kessedjian, « La Convention de La Haye du 30 juin 2005 », art. préc., p. 819.

CHAPITRE I :

Le champ d'application matériel de la convention

4. La Convention est d'abord limitée d'un point de vue matériel aux accords d'élection de for. « Au stade de l'instance directe, elle s'applique uniquement lorsque le juge du for est, soit désigné dans un accord d'élection de for, soit saisi en dépit d'un tel accord au profit d'un autre for, afin de déterminer l'effet qu'il convient d'attribuer à cet accord. Au stade de l'instance indirecte[1], la Convention s'applique lorsque la décision étrangère dont l'exequatur est demandé a été rendue par un juge désigné dans un accord d'élection de for[2] ».

Cette première restriction au champ d'application de la Convention paraît acceptable au niveau des règles de compétence directe. En effet, « à la différence de la matière des conflits de lois dont l'unification est souhaitable pour assurer l'harmonie internationale des solutions, l'absence d'unification des règles de compétence directe paraît moins regrettable car une telle unification est quasiment dépourvue d'effet positif sur l'harmonie internationale des solutions[3] ». En effet, la doctrine estime que les différences entre les États dans la délimitation de la compétence internationale de leurs tribunaux n'est pas importante du moment que chaque État trace des limites raisonnables à la compétence de ses tribunaux. En revanche, l'uniformisation des conditions de reconnaissance et d'exécution des jugements étrangers peut se recommander de l'harmonie internationale des solutions car le justiciable aura sans doute besoin qu'une décision soit unanimement déclarée exécutoire ou qu'elle se heurte, au contraire, à un refus de reconnaissance, quel que soit l'État dans lequel l'exequatur est poursuivi[4].

Cependant, on a relevé que dans certaines matières particulières, l'harmonisation des règles de compétence directe revêt une importance certaine. Il en est ainsi des clauses d'élection de for. En effet, « la diversité

---

[1] Art. 8, § 1, de la Convention. Le texte ne s'applique donc pas lorsque le juge de l'État requis est confronté à une décision rendue en violation d'un accord d'élection de for, par un autre juge que celui désigné dans l'accord.

[2] L. Usunier, « La Convention de La Haye du 30 juin 2005 sur les accords d'élection de for », art. préc., p.42.

[3] *Ibid.*

[4] *Ibid.*, p. 42-43.

des règles applicables à la régularité de ces clauses et à leurs effets peut s'avérer regrettable, dans la mesure où elle risque de conduire à des conflits positifs ou négatifs de compétence si l'ordre juridique du juge élu tient la clause pour valable tandis que celui d'un autre juge, saisi au mépris de la clause, la considère comme nulle (ou inversement). Par conséquent, en cette matière, il paraît recommandable que tous les États appliquent exactement les mêmes règles[5] ».

L'évolution actuelle à l'échelle des travaux des États au sein de la Conférence de La Haye confirme l'approche précédemment exposée quant à l'aspiration d'unification des conflits de juridiction. En effet, contrairement à l'objectif initial des États d'une convention universelle sur la compétence et l'exécution des jugements étrangers, les États ont opté pour l'adoption d'une convention plus réaliste et utile. Il s'agit de l'adoption au sein de la Conférence de La Haye de la Convention sur la reconnaissance et l'exécution des jugements étrangers en matière civile et commerciale conclue le 2 juillet 2019[6].

Il semble donc a priori que le choix des auteurs de s'en tenir aux clauses d'élection de for est parfaitement défendable. Cependant, les limites apportées à l'objet d'ores et déjà bien circonscrit de la Convention ne s'arrêtent pas là. En effet, la Convention ne s'applique pas à tous les types d'accords d'élection de for. Pour qu'un accord d'élection de for puisse bénéficier du régime de la Convention de La Haye, deux éléments fondamentaux ayant trait au champ d'application matériel sont indiqués par l'article 1 de la Convention. D'une part, il faut qu'il s'agisse d'un « accord exclusif d'élection de for » **(Section I)**, d'autre part, cet accord doit être conclu « en matière civile ou commerciale »[7] **(Section II).**

SECTION I :
un accord exclusif d'élection de for

5. La volonté générale des États a porté d'emblée sur un instrument « minimal ». Compte tenu de l'expérience vécue avec les travaux antérieurs, il est en effet apparu préférable de partir avec une ambition prudente afin de parvenir à un texte susceptible de recueillir l'adhésion des États et des milieux professionnels concernés. Cela s'est manifesté particulièrement par la décision de limiter en principe la Convention aux accords *exclusifs* d'élection

---

[5] *Ibid.* p. 43-44.

[6] Cette Convention n'est pas encore en vigueur.

[7] L'article 1 (1) de la Convention dispose « la présente Convention s'applique, dans des situations internationales, aux accords exclusifs d'élection de for conclus en matière civile ou commerciale ».

de for[8]. Il y a lieu d'abord de cerner la notion (**§ 1**) avant d'apprécier l'opportunité de la limitation (**§ 2**).

§ 1 - La notion d'accord exclusif d'élection de for

6. Un accord exclusif d'élection de for est l'élément central dans la structure de la Convention. Il constitue notamment le critère initial pour l'application des règles fondamentales de compétence qui figurent aux article 5 et 6 de la Convention.

7. Cette notion est définie par l'article 3 (a) comme un « accord (…) qui désigne (…) soit les tribunaux d'un État contractant, soit un ou plusieurs tribunaux d'un État contractant ». Ne sont donc comprises dans le champ d'application de la Convention que les clauses qui désignent les juridictions d'un seul État contractant[9]. Sont donc en dehors du domaine de la Convention les accords donnant compétence au juge élu sans pour autant exclure la compétence de tout autre tribunal[10]. De même, toute clause qui donne le choix aux parties de saisir le tribunal de deux États différents, même si ce choix est limité à deux juridictions nommément désignées à l'exclusion de toute autre, n'est pas un accord exclusif d'élection de for au sens de la Convention[11].

La formulation de l'article 3 précité a été critiquée par M. Audit, qui a fait observer que cet article prend curieusement pour objet de définition « l'accord exclusif d'élection de for »[12] alors que le caractère exclusif ou non de l'accord est étranger à sa nature[13]. Selon M. Audit[14], « Il suffisait plutôt de disposer dans une disposition distincte qu'un accord d'élection de for est réputé exclusif sauf si les parties en ont convenu autrement… comme cela est fait à l'alinéa suivant[15] ». Certes, l'auteur admet que la Convention a pris le parti substantiel de ne viser que les accords désignant les tribunaux d'un seul État contractant (« ou certains tribunaux » d'un État contractant), à l'exclusion de ceux qui désigneraient les tribunaux de plus d'un État[16]. La compétence de tous les autres tribunaux doit être exclue. Mais dans ce cas, il aurait suffi de le préciser de cette manière et non par l'adjectif « exclusif » car celui-ci se trouve ainsi utilisé dans un sens différent (tribunaux d'un seul État) de celui

---

[8] A. Bucher, « La Convention de La Haye sur les accords d'élection de for », *RSDIE*, 2006, n°1, p. 29, spéc. p. 30.

[9] C. Kessedjian, « La Convention de La Haye du 30 juin 2005 », art. préc., p.815.

[10] L. Usunier, « La Convention de La Haye du 30 juin 2005 sur les accords d'élection de for », art. préc., p.44.

[11] C. Kessedjian, « La Convention de La Haye du 30 juin 2005 », art. préc., n°5, p. 815.

[12] Art. 3 (a).

[13] B. Audit, « Observations sur la Convention de La Haye », art. préc., p. 174.

[14] *Ibid.*

[15] Comme le faisait la Convention de 1965, Art. 5 al. 1.

[16] Sont par conséquent exclues du champ de la Convention les clauses qui désignent comme compétents les tribunaux de l'État du défendeur (ou du demandeur).

habituellement entendu et également consacré par la Convention (incompétence de tout for non désigné sauf stipulation contraire)[17]. Toutefois, en vertu d'une règle d'interprétation prévue par la Convention, la compétence est réputée être exclusive sauf stipulation expresse contraire des parties[18].

8. En se limitant aux accords exclusifs d'élection de for, la Convention a pu échapper à la nécessité d'introduire dans la Convention une solution au problème du conflit de procédures au niveau international qui est lui-même réglé différemment dans différents systèmes. Ainsi, dans les systèmes de tradition continentale, suivis également au Japon et en Amérique latine, ce conflit est résolu par le mécanisme de la litispendance fondé sur une priorité donnée à la première action en justice. Cette solution consacrée à l'article 29 du Règlement Bruxelles Ibis est sûre mais rigide, voire trop rigide, aux yeux des systèmes de *common law* qui préfèrent appliquer le mécanisme du *forum non conveniens*, mécanisme de souplesse, privilégiant le juge le plus approprié, qui dans le cas d'un conflit de procédures, n'est pas nécessairement le juge premier saisi[19]. Par ailleurs, « la nécessité d'une solution quelconque pour le problème des conflits de procédures n'était pas évidente, étant donné comme il l'avait été confirmé par une enquête menée par la chambre de commerce internationale que les accords exclusifs sont très répandus dans la pratique commerciale[20] ».

9. Néanmoins, cette limitation est tempérée par une règle d'interprétation autonome de la Convention en vertu de laquelle un accord d'élection de for est réputé exclusif à moins que les parties n'aient convenu expressément du contraire[21]. Si les parties veulent que l'accord d'élection de for ne soit pas exclusif, elles devront l'exprimer.

Cette règle, pour être bien classique en France, n'est pas pour autant généralement admise. En effet, de nombreuses juridictions partent de l'idée contraire, en ce sens qu'une clause est indicative à moins qu'elle ne précise expressément qu'elle est exclusive. Les tribunaux australiens, par exemple, n'ont pas hésité à accepter leur compétence devant un contrat commercial stipulant que « le présent contrat sera interprété conformément au droit d'Angleterre… et sera réputé impliquer une acceptation de la compétence de

[17] B. Audit, « observations sur le Convention de La Haye », art. préc., p.174.

[18] M. Dogauchi, T. C. Hartley, *op. cit.*, n°12.

[19] M. Dogauchi, T. C. Hartley, op. *cit.*, n°47-48 ; M. H. Van Loon, " Quelques aspects de la mondialisation ", art. Préc., p. 233 ; T. Kruger, « The 20th Session of The Hague Conference: A New Choice of Court Convention and the Issue of EC Membership », ICLQ 2006. 447, p.448; L. E. Teitz, "The Hague Choice of Court Convention: Validating Party autonomy and Providing an Alternative to Arbitration", Am. J. Comp. L., 2005, vol. 53, p. 543, spéc. p.555 ; L. Usunier, « La Convention de La Haye du 30 juin 2005 sur les accords d'élection de for», art. préc., p.44.

[20] M. H. Van Loon, " Quelques aspects de la mondialisation ", art. préc., p. 233.

[21] Art. 3 (b) dispose : " Un accord d'élection de for qui désigne les tribunaux d'un État contractant, ou un ou plusieurs tribunaux particuliers d'un État contractant, est réputé exclusif sauf si les parties sont convenues expressément du contraire ».

sa Haute Cour de justice pour trancher tout litige ou différend survenant en application de celui-ci »[22]. Aux États-Unis d'Amérique, une clause d'élection de for formulée de manière neutre est généralement considérée comme non-exclusive[23]. Ainsi, prenons l'exemple d'une clause d'élection de for entre une partie domiciliée en Californie et une autre domiciliée en Allemagne stipulant que « la Haute Cour de Londres est compétente pour tout litige découlant de leur contrat ». Si l'une des parties intente une action devant le tribunal californien, ce dernier examinera sa compétence. Il ne déclinera pas forcément sa compétence uniquement car la clause attribuait compétence à un tribunal à Londres. Si les parties ont voulu qu'aucun autre tribunal n'ait compétence, elles auraient dû rédiger leur clause différemment. Plus précisément, en stipulant que « la Haute Cour de Londres aura une compétence exclusive pour statuer sur tout litige découlant de leur contrat ». Au Japon, il semblerait qu'on n'applique aucune présomption dans l'un ou l'autre sens. Par conséquent, il est évident que si la question d'interprétation devient si prépondérante, les contrats en langues étrangères compliqueront encore les procédures[24].

Une autre difficulté provient de la question de la charge de la preuve de l'exclusivité de la clause. Il y avait donc, au niveau mondial, grand intérêt à clairement ériger le principe de l'exclusivité de la clause d'élection de for, sauf stipulation contraire expresse. Dans ce contexte, on a notamment mis l'accent sur le fait que l'utilisation du terme « réputé » plutôt que « présumé » était délibérée. Les rédacteurs de la Convention voulaient éviter le recours au droit local de la preuve, y compris la question de la nature de la présomption probante. La Convention crée une classification juridique de l'accord d'élection de for comme étant exclusif au sens de la Convention à moins que les parties ne conviennent expressément du contraire[25].

Le principe de l'exclusivité édicté par la Convention aura pour effet d'étendre le champ d'application matériel de celle-ci. Beaucoup plus de clauses formulées de manière générale relèveront grâce à ce principe du champ d'application matériel de la Convention[26], ce qui justifie l'adoption par la Convention de La Haye de cette approche. La Convention s'appliquera uniquement aux accords exclusifs d'élection de for mais un accord d'élection de for sans aucune précision sera réputé exclusif. À cet égard, il est intéressant de mentionner une décision de la Haute Cour de Shanghai en date du 20 avril 2017. Il s'agissait dans cette affaire d'un contrat de cautionnement conclu entre une banque commerciale à Taiwan et un citoyen chinois résident à

[22] M. H. Van Loon, " Quelques aspects de la mondialisation ", art. préc., p.233-234.
[23] R A. Brand, *Forum Non Conveniens History, Global Practice, and future Under the Hague Convention on Choice of Court Agreements*, Oxford University Press, Oxford, 2007, p. 190; T. Kruger, « The 20th Session of The Hague Conference", art. préc., p. 449.
[24] M. H. Van Loon, " Quelques aspects de la mondialisation ", art. préc., p. 233-234.
[25] R A. Brand, P M. Herrup, p. 42-43.
[26] T. Kruger, « The 20th Session of The Hague Conference", art. préc., p. 449.

Shanghai. Ce contrat contenait une clause attributive de juridiction formulée de manière générale au profit des tribunaux de Taiwan. Par conséquent, la clause ne contenait aucune précision quant à son caractère exclusif ou non. Or, le droit chinois ne contient aucune directive permettant de trancher la question de l'exclusivité de la clause. Certes, la République populaire de Chine a signé la Convention de La Haye sur les accords d'élection de for[27] mais cette Convention n'est pas encore ratifiée par cet État. Néanmoins, devant le vide juridique du droit chinois en la matière et même si la décision a été prononcée avant la signature par la Chine de la Convention, la Haute Cour de Shanghai s'est appuyée sur l'article 3 de la Convention pour conclure que la clause insérée dans le contrat litigieux devrait être considérée comme exclusive sauf si les parties ont stipulé le contraire. Par conséquent, elle a décliné sa compétence au profit des tribunaux de Taiwan[28]. Indépendamment du débat que peut susciter l'application d'une convention internationale non encore en vigueur dans l'État concerné, l'application anticipée de la Convention de La Haye témoigne que celle-ci fournit une solution au vide juridique dans certains systèmes quant à la question de l'exclusivité de l'accord d'élection de for. La solution de la Convention s'avère ainsi favorable à l'efficacité des accords d'élection de for. Comme le démontre la décision précitée, considérer l'accord comme exclusif sauf précision expresse contraire des parties permet de favoriser l'applicabilité des accords d'élection de for.

10. Une conséquence de la limitation de la Convention aux accords d'élection de for exclusifs est que les accords asymétriques ne relèvent pas de son champ d'application[29]. Un accord asymétrique est un accord rédigé afin d'être exclusif à l'égard des procédures engagées par l'une des parties mais pas à l'égard des procédures engagées par l'autre. Dans la pratique bancaire, notamment dans les contrats de prêts internationaux, il est courant de prévoir un accord d'élection de for asymétrique en vertu duquel les poursuites de l'emprunteur à l'encontre de la banque pourront être engagées exclusivement devant les tribunaux de l'État X tandis que la banque pourra poursuivre l'emprunteur à son gré devant les tribunaux de cet État X ou devant les tribunaux de tout autre État compétents selon leur propre droit. Ces accords ne sont pas exclusifs au sens de la Convention, même en ce qui concerne les seules actions de l'emprunteur contre la banque.

---

[27] La République populaire de chine a signé la Convention de La Haye sur les accords d'élection de for le 12 septembre 2017.

[28] S. Tang, « Chinese Courts made decision taking into account of Hague Choice of Court Convention", http://conflictoflaws.net, 14 November 2017.

[29] M. Dogauchi, T. C. Hartley, *op. cit.*, n°105-106; T. C. Hartley, *Choice-of-Court Agreements under the European and international instruments*, Oxford University Press, Oxford, 2013, n°7.42, p. 143-144; A. Bucher, « La Convention de La Haye ", art. préc., p.36 ; R. Fentiman, *International Commercial* Litigation, 2e éd, Oxford University Press, Oxford, 2015, n°2-32, p. 50 ; M. H. Van Loon, op. cit., p. 234.

Il n'en demeure pas moins que si la banque avait intenté en fait une action devant les tribunaux X désignés comme étant exclusivement compétents à l'égard de l'emprunteur (et en excluant en fait tout autre tribunal) l'accord en pratique est exclusif et il n'y a aucune raison que le détenteur du jugement final soit privé des avantages de la reconnaissance et de l'exécution en vertu de la Convention. Cette attitude vis à vis des accords asymétriques permettra par ailleurs d'étendre le domaine d'application du régime de faveur instauré au profit des accords d'élection de for. Néanmoins, le rapport explicatif exclut ce type d'accords du champ de la Convention en arguant du fait qu'il a été convenu par la session diplomatique que pour relever de la Convention, l'accord doit être exclusif quelle que soit la partie engageant la procédure de sorte que les accords asymétriques ne sont pas des accords exclusifs d'élection de for aux fins de la Convention[30].

11. Par ailleurs, l'accord étant exclusif par principe, on a pu se demander lors des négociations s'il était opportun d'inclure l'hypothèse de l'élection « des tribunaux d'un État » ou de « plusieurs tribunaux particuliers ». Le droit national contiendra les précisions utiles pour désigner le tribunal compétent, respectivement, dans l'hypothèse de la désignation de plusieurs tribunaux, pour rendre l'élection exclusive, en particulier par le biais d'un régime de litispendance. Dans ces conditions, il a paru préférable de ne pas exclure de telles clauses de la Convention. L'exclusivité est d'ailleurs confirmée par la précision supplémentaire selon laquelle l'élection d'un for implique « l'exclusion de la compétence de tout autre tribunal ».

12. Par rapport aux systèmes de droit non unifiés, il se pose la question de savoir comment identifier l'entité déterminante. Si l'État est pris comme référence, on pourrait éviter de traiter de manière inégale l'élection de deux tribunaux selon qu'ils se trouvent dans la même unité territoriale ou dans deux unités territoriales différentes dans le même État. Si, en revanche, chaque unité territoriale est déterminante, le choix par les parties de deux ou plusieurs tribunaux dans des unités différentes n'aurait pas le caractère d'exclusivité requis par la lettre (a) de l'article 3 et tomberait en dehors de la Convention. Cette seconde interprétation ne semble pas correspondre à l'intention des délégations. C'est pourquoi on admet qu'il convient de se référer de manière uniforme au territoire de l'État sans distinguer selon que celui-ci connaît ou non plusieurs systèmes de droit[31].

13. La limitation du champ d'application matériel de la Convention aux accords exclusifs d'élection de for a suscité des critiques au sein de la doctrine[32]. Ceci conduit à s'interroger sur l'opportunité de la limitation.

---

[30] M. Dogauchi, T. C. Hartley, *op. cit.*, n°105-106.

[31] A. Bucher, « La Convention de La Haye », art. préc., p. 36.

[32] R A. Brand, P M. Herrup, *op. cit.*, p. 44; C. Kessedjian, « La Convention de La Haye du 30 juin 2005 », art. préc., n°5, p. 815-816 ; L. Usunier, « La Convention de La Haye du 30 juin 2005 sur les accords d'élection de for », art. préc., p. 44-45.

§ 2 - L'opportunité de la limitation

14. La question de savoir s'il convenait de limiter les accords couverts par la Convention aux seuls accords exclusifs d'élection de for ainsi que celle de savoir comment définir l'exclusivité étaient des points de discussion difficiles au cours des négociations. Les difficultés sont nées à la fois de l'infinie variété des désignations possibles que pourraient contenir les accords d'élection de for ainsi que de la complexité des systèmes judiciaires multiples au sein d'un État contractant donné, tel que les tribunaux d'État et les tribunaux fédéraux aux États-Unis.

Les positions affirmées au cours des négociations couvraient un éventail de points de vue possibles. Par exemple, certains estimaient que la Convention devrait inclure dans son champ d'application, les accords désignant aussi bien les tribunaux des États contractants que ceux des États non-contractants. D'autres considéraient qu'en termes de politique juridique, la Convention devrait s'appliquer aux accords d'élection de for de façon générique. Le libellé final de l'article 3 (a) est une position de consensus avec une ambiguïté inévitable[33].

MM. Hartley et Dogauchi[34] ont notamment soulevé les difficultés que pose la mise en œuvre des règles de la Convention. Ainsi, l'article 5 (1) (qui impose au tribunal élu de connaître de l'affaire) ne pourrait pas s'appliquer sous sa forme actuelle aux accords non exclusifs d'élection de for car un tribunal autre que le tribunal élu pourrait avoir été saisi en premier, et il pourrait avoir également le droit de connaître de l'affaire si l'accord d'élection de for n'était pas exclusif. Cela soulèverait des questions de litispendance et de *forum non conveniens* difficiles à résoudre de manière satisfaisante. En outre, l'article 6 (qui interdit aux tribunaux autres que le tribunal élu de connaître de l'affaire) ne pourrait pas s'appliquer si l'accord d'élection de for n'était pas exclusif.

15. La solution de la Convention de cantonner en principe le champ de cette dernière aux accords exclusifs d'élection de for a été jugée regrettable par une partie de la doctrine[35]. On a par ailleurs essayé de démontrer que les difficultés soulevées quant à l'extension du champ de la Convention aux accords non exclusifs n'étaient pas insurmontables.

Ainsi, Mme. Kessedjian a souligné qu'il n'est pas rare dans la pratique des contrats internationaux que les parties ne veuillent pas choisir un tribunal plutôt qu'un autre mais souhaitent éliminer l'incertitude en limitant leur choix à deux tribunaux nommément désignés. Or, aucune justification conceptuelle ne permet d'expliquer le choix de politique législative des rédacteurs de la

---

[33] R A. Brand, P M. Herrup, *op. cit.*, p. 42.
[34] M. Dogauchi, T. C. Hartley, *op. cit.*, n° 47-48.
[35] L. Usunier, « La Convention de La Haye du 30 juin 2005 sur les accords d'élection de for », art. préc., p.44 ; C. Kessedjian, « La Convention de La Haye du 30 juin 2005 », art. préc., n°5, p. 815.

Convention[36]. À l'argument avancé par les rapporteurs MM. Hartley et Dogauchi, Mme. Kessedjian soutient que lorsque le choix des parties est fermé de manière précise, il est tout à fait possible d'appliquer la règle de l'article 5 de la Convention, quitte à l'accompagner d'une règle de litispendance très simple selon laquelle le tribunal premier saisi est considéré comme le tribunal élu. Cette règle de litispendance ne pose ici guère de difficulté puisque ce sont les parties elles-mêmes qui ont voulu donner compétence aux deux tribunaux entre lesquels la litispendance pourrait intervenir. Il ne s'agit donc pas d'une litispendance ouverte[37].

16. On a également fait valoir qu'il semble possible de trouver un compromis entre les systèmes de droit civil d'une part et les systèmes de *common law* d'autre part quant à la question du conflit de procédures[38]. À cet égard, on a évoqué la solution de compromis qui a été réalisée dans l'article 21 du projet antérieur de convention sur les jugements. Le point de départ dans ce dernier article est que le tribunal premier saisi serait compétent. Cependant, il est prévu une exception à cette règle en cas d'action déclaratoire. En outre, il est ajouté que cet article ne s'applique pas si le tribunal premier saisi, à la demande d'une partie, détermine que le tribunal saisi en second lieu est clairement plus approprié pour statuer sur le litige[39].

En définitive, il semble que les négociateurs avaient eu une certaine méfiance d'ouvrir la boîte de Pandore et se trouver devant tant de confrontations entre les systèmes juridiques que celles rencontrées pendant les négociations de la précédente Convention plus large sur les jugements. Par conséquent, une décision rapide de ne pas inclure les règles de litispendance dans la Convention sur les accords d'élection de for a été maintenue[40].

17. Cependant, afin d'atténuer certains des résultats formalistes et contre-intuitifs découlant de la limitation du champ d'application de la Convention aux accords exclusifs d'élection de for tels que définis dans l'article 3 (a), l'article 22[41] a été ajouté dans le chapitre IV, autorisant les États contractants

---

[36] C. Kessedjian, « La Convention de La Haye du 30 juin 2005 », art. préc., p.815.

[37] *Ibid.*, p. 816.

[38] T. Kruger, « The 20th Session of The Hague Conference», art. préc., p. 448.

[39] Résumé des résultats des discussions de la commission II de la première partie de la conférence diplomatique, 6-20 juin 2001, Texte provisoire préparé par le Bureau permanent des rapporteurs, http://www.hcch.net.

[40] T. Kruger, « The 20th Session of The Hague Conference», art. préc., p. 448.

[41] Art. 22 dispose : «1. Un État contractant peut déclarer que ses tribunaux reconnaîtront et exécuteront des jugements rendus par des tribunaux d'autres États contractants désignés dans un accord d'élection de for conclu entre deux ou plusieurs parties, qui est conforme aux exigences prévues à l'article 3, paragraphe c), et qui désigne, pour connaitre des litiges nés ou à naitre à l'occasion d'un rapport de droit déterminé, un tribunal ou des tribunaux d'un ou plusieurs États contractants (un accord non exclusif d'élection de for).

2. Lorsque la reconnaissance ou l'exécution d'un jugement rendu dans un État contractant ayant fait une telle déclaration est requise dans un autre État contractant ayant fait une telle déclaration, le jugement est reconnu et exécuté en vertu de la présente Convention, si :

à déclarer, sur la base de la réciprocité et sous réserve de certaines conditions, qu'ils reconnaîtront et exécuteront en vertu de la Convention les jugements rendus par les tribunaux d'autres États contractants désignés dans un accord non exclusif d'élection de for[42].

18. La disposition de l'article 22 est soumise au principe de réciprocité et ne sera applicable que si l'État d'origine et l'État requis ont tous deux fait cette déclaration. De ce fait, cette exigence va à l'encontre de la sécurité juridique des parties qui auront peut-être choisi de rédiger leur accord d'élection de for en fonction de cette déclaration mais sans pouvoir extrapoler l'attitude de l'État requis à une époque où elles ne sauront pas forcément où le jugement devra développer ses effets. C'est comme si les négociateurs voulaient, encore plus qu'ils ne l'ont fait dans les autres dispositions de la Convention, décourager les parties à rédiger des accords non exclusifs d'élection de for.

Cette impression se confirme en constatant que l'article 22 n'a pas pour but d'étendre purement et simplement le chapitre III de la Convention à ces jugements rendus en vertu d'accords non exclusifs d'élection de for mais ajoute aux dispositions du chapitre III quelques motifs de refus de reconnaissance spécifiques[43] tirés de l'existence d'une décision émanant d'un autre juge susceptible d'être saisi aux termes de l'accord ou d'une instance pendante devant un tel juge opposant les mêmes parties sur un litige ayant le même objet et la même cause, et exige encore que le juge de l'État d'origine ait été premier saisi de l'affaire[44]. Ces motifs de refus de reconnaissance confirment l'idée que la Convention se montre nettement moins favorable à la reconnaissance et à l'exécution des décisions rendues en vertu d'accords

---

a) le tribunal d'origine était désigné dans un accord non exclusif d'élection de for ;
b) il n'existe ni un jugement d'un autre tribunal devant lequel des procédures pourraient être engagées conformément à l'accord non exclusif d'élection de for, ni une procédure pendante entre les mêmes parties devant un tel autre tribunal ayant le même objet et la même cause ; et
c) le tribunal d'origine était le premier tribunal saisi ».

[42] R A. Brand, P M. Herrup, p. 44.

[43] Art. 22 (2) (b) et (c).

[44] Cette disposition énoncée par l'article 22 (2) (c) semble assez difficile à comprendre. Pourquoi exiger que le juge de l'État d'origine ait été le premier saisi de l'affaire lorsqu'aucune instance n'est pendante devant un autre juge compétent en vertu de l'accord et qu'aucune décision n'a été rendue par un autre juge compétent en vertu de l'accord ? Le rapport explicatif (n°251) indique que cette disposition est destinée à s'appliquer lorsqu'il existait une procédure devant l'autre tribunal mais qui n'a pas donné lieu à un jugement définitif et qui n'est plus pendante, par exemple, en cas de dessaisissement en vertu du principe de *forum non conveniens*. Si elle a donné lieu à un jugement définitif ou si elle est encore pendante, l'article 22 (2) (b) s'appliquera. Si ceci n'est pas le cas, l'article 22 (2) (c) exige en outre que le tribunal d'origine ait été le premier saisi. Donc dans cette dernière hypothèse, le juge de l'État requis ne sera obligé de donner effet à la décision rendue par le juge d'origine qu'à la condition que celui-ci ait été le premier saisi de l'affaire. Cette solution parait critiquable. On voit mal pourquoi il faudrait refuser l'*exequatur* à la décision rendue par l'un des juges élus, saisi en second lieu, lorsqu'un autre des juges élus, premier saisi, a décliné sa compétence parce qu'il s'estimait moins bien placé pour trancher le litige.

d'élection de for non exclusifs qu'à la circulation des décisions en vertu d'accords exclusifs[45].

19. En définitive, cette première restriction au champ d'application matériel de la Convention bien qu'elle semble abandonner les accords non exclusifs au droit commun des États souvent moins protecteur de la force obligatoire de l'élection de for, elle est tempérée par le principe d'exclusivité établi sauf stipulation expresse contraire des parties, ce qui permet d'étendre son champ d'application. Cette solution est aussi un gage d'une adhésion plus rapide des États, étant donnée l'évitement du clivage entre les traditions juridiques différentes des États qu'elle garantit.

20. Outre la limitation du champ d'application matériel de la Convention en principe aux seuls accords exclusifs d'élection de for, l'accord doit être conclu en matière civile ou commerciale.

SECTION II : Un accord conclu en matière civile ou commerciale

21. La détermination positive du champ matériel de la Convention est très difficile comme ce fut le cas pour d'autres Conventions telles que celles sur les notifications[46] et sur l'obtention des preuves[47]. L'article 1, alinéa 1 ne pouvait dès lors aller au-delà du concept classique de la « matière civile ou commerciale »[48].

22. Les rapporteurs de la Convention ont souligné dans leur rapport explicatif que comme d'autres concepts utilisés dans la Convention, le concept de « matière civile ou commerciale » a un sens autonome[49]. En outre, le champ d'application matériel de la Convention est délimité par une liste d'exclusions dont la longueur pourrait donner à penser que ce champ est en définitive assez étroit.

23. La signification de la notion de « matière civile ou commerciale » mérite d'être creusée **(§1)** avant de contempler les exclusions du champ d'application **(§ 2)**.

---

[45] L. Usunier, « La Convention de La Haye du 30 juin 2005 sur les accords d'élection de for », art. préc., p. 79-80.

[46] Convention de La Haye du 15 novembre 1965 relative à la signification et la notification à l'étranger des actes judiciaires et extrajudiciaire en matière civile et commerciale.

[47] Convention de La Haye du 18 mars 1970 sur l'obtention des preuves à l'étranger en matière civile ou commerciale.

[48] A. Bucher, « La Convention de La Haye », art. préc., p. 32.

[49] M. Dogauchi, T. C. Hartley, *op. cit.*, n°49.

§ 1 - La notion de matière civile ou commerciale

24. L'expression « matière civile ou commerciale » contenue dans l'article 1 (1) est un concept autonome dont le contenu ne dépend pas d'un droit national ou d'instruments internationaux précédents régionaux ou autres[50]. Le terme n'est pas explicitement défini dans la Convention. Il n'y a pas de consensus sur la question de savoir si l'utilisation de cette expression ou d'expressions similaires dans des Conventions précédentes de La Haye, détermine le sens à accorder à cette expression dans la présente Convention[51].

Cependant, il y a une bonne raison pour ce silence. En effet, bien qu'il y ait dans certains États un ensemble de règles applicables aux matières civiles ou commerciales et dans d'autres États une distinction est opérée entre les règles qui ne concernent que les matières civiles et celles applicables aux seules matières commerciales, la définition de ces termes n'est souvent ni précise ni apte à être formulée d'une manière suffisamment cohérente pour répondre aux exigences de base de la rigueur logique. Pire, il n'y a pas une identité d'usage ou de compréhension d'un État à l'autre. Par conséquent, quand un traité multilatéral est réalisé à travers un processus de consensus, il est parfois juste ce type d'ambiguïté qui peut recueillir l'accord nécessaire[52].

25. Malgré cette ambiguïté, certaines directives d'interprétation sont avancées par la doctrine et qui peuvent contribuer à donner un sens à cette expression autonome, « matière civile ou commerciale » aux fins de la présente Convention. D'abord, la définition de la Convention comprend à la fois les matières civiles et les matières commerciales, même si un système de droit donné traite ces matières à travers des corps de règles distincts. Ensuite, quand une personne y compris un État agit comme le fait une personne privée, cet agissement se trouve être civil ou commercial et donc relève du champ d'application de la Convention. À titre d'exemple, un litige découlant d'un contrat de construction d'un stade de sport ou de fourniture de tentes et d'aliments pour une réception devrait être considéré comme une matière civile ou commerciale. Enfin, au minimum, l'expression « matière civile ou commerciale » ne comprend pas les matières régies par le droit pénal. Il y a un accord général dans les droits nationaux tant de tradition civiliste que ceux du *common law* sur ce point. De même, le concept ne doit pas inclure les matières dans lesquelles seule une autorité publique peut agir car elle est

---

[50] M. Dogauchi, T. C. Hartley, *op. cit.*, n°49; R A. Brand, P M. Herrup, op. cit., p. 17; Contra, v. not. C. Thiele, « The Hague Convention on Choice-of-Court Agreements: Was It Worth the Effort? », in E. Gottschalk et al. (éd), Conflict of laws in a Globalized World, Cambridge University Press, 2007, p.70, l'auteur tout en soulignant l'absence de définition, suggère de recourir à la jurisprudence qui s'est développée sous l'empire du règlement de Bruxelles qui utilise une notion analogue.

[51] R A. Brand, P M. Herrup, p. 47.

[52] En ce sens, *Ibid.*

revêtue de la puissance publique telle que la collecte des impôts et des droits de douane. En outre, il ne devrait pas inclure la conduite d'une autorité publique agissant en tant que régulateur souverain, bien que celle-ci peut être classée comme étant une matière civile dans de nombreux pays du *common law*. Un avant-projet de la Convention antérieure plus générale a explicitement exclu du champ d'application de la Convention « les revenus, les droits de douane ou les matières administratives ». Une question devrait être considérée comme « civile ou commerciale » en vertu de la Convention si l'autorité publique s'est engagée dans une conduite qui généralement ne se distingue pas de celle disponible pour les personnes privées, si le préjudice allégué est subi par ou est du type qui peut être subi par des personnes privées et si la réparation demandée est du type disponible pour les personnes privées cherchant une réparation pour le même préjudice du fait de la même conduite[53].

26. Toutefois, certaines matières relevant clairement de la catégorie des matières civiles ou commerciales sont néanmoins exclues du champ d'application de la Convention.

§ 2 - Les exclusions du champ d'application

27. L'alinéa 1 de l'article 2 exclut du champ de la Convention les contrats conclus avec un consommateur ou entre consommateurs, ainsi que les contrats de travail[54]. Cela permettait d'écarter d'emblée tout conflit avec les régimes de protection qui n'acceptent la validité des clauses d'élection de for qu'à des conditions restrictives[55]. Par conséquent, la Convention s'applique principalement aux relations entre professionnels.

28. On s'est demandé si pareille exclusion doit s'appliquer également dans l'hypothèse de consommateurs qui déclarent faussement ne pas agir en cette qualité, notamment lors de la conclusion de contrats d'achat par la voie purement électronique. À cet égard, La commission spéciale avait décidé qu'il fallait s'en tenir à une notion strictement objective du consommateur, protégeant ainsi même celui qui sciemment ne dit pas la vérité au détriment du commerçant qui a fait confiance à la déclaration du consommateur et a cru de bonne foi à la validité de la clause d'élection de for. Cette option n'a pas été remise en discussion lors de la session diplomatique[56].

---

[53] R A. Brand, P M. Herrup, p. 47-48.

[54] M. Dogauchi, T. C. Hartley, *op. cit.*, n°50-51.

[55] En droit européen, v. not. Art. 19 en matière de contrats conclus par les consommateurs et Art. 23 en matière de contrats individuels de travail, du règlement (UE) N° 1215/2012 du parlement européen et du conseil du 12 décembre 2012 concernant la compétence judiciaire, la reconnaissance et l'exécution des décisions en matière civile et commerciale.

[56] A. Bucher, « La Convention de La Haye », art. préc., p. 33.

Par ailleurs, les clauses d'élection de for en matière d'assurance sont couvertes par la convention. Cependant, lorsque ces contrats engagent un consommateur, ils tombent sous l'exclusion de l'alinéa 1.

29. L'alinéa 2 de l'article 2 de la Convention porte principalement sur des matières à exclure du champ de la Convention si elles constituent l'objet du litige[57]. Outre l'arbitrage dont l'exclusion paraît évidente, « les matières rejetées en dehors du champ d'application de la Convention sont dans leur grande majorité des matières dans lesquelles la régularité des accords d'élection de for peut sembler douteuse soit qu'elles soient peu propices à ces accords en raison du caractère extracontractuel[58], voire extrapatrimonial[59] des droits en cause soit qu'elles présentent un caractère au moins partiellement d'ordre public[60] ou qu'elles impliquent la souveraineté d'un État [61] »[62].

Une attention particulière doit être accordée aux droits de propriété intellectuelle. En effet, le débat a porté sur la définition à donner au champ de l'exclusion en matière de propriété intellectuelle. M. Van Loon a soutenu que les alinéas (n) et (o) de l'article 2 (2) concernant l'exclusion des droits de propriété intellectuelle autres que les droits d'auteur et les droits voisins reposent sur trois principes. Le premier principe est que le contentieux portant sur la validité des droits de propriété intellectuelle autres que les droits d'auteur et droits voisins à titre d'objet principal du litige est exclu du champ d'application de la Convention. En effet, comme la délivrance d'un brevet ou d'une marque est un acte d'État, de nombreux systèmes juridiques y compris les instruments européens, prévoient que leurs tribunaux ont une compétence exclusive pour statuer, avec un effet *erga omnes*, sur la validité d'un brevet ou d'une marque. Il fallait donc exclure les accords d'élection de for portant sur

---

[57] A. Bucher, « La Convention de La Haye », art. préc., p. 33-34 ; C. Kessedjian, « La Convention de La Haye du 30 juin 2005 », art. préc., p.817-818 ; M. H. Van Loon, " Quelques aspects de la mondialisation ", art. préc., p. 234-235 ; C. Thiele, « The Hague Convention on Choice-of-Court Agreements : Was It Worth the Effort ? », art. préc., p.71-72 ; L. Usunier, « La Convention de La Haye du 30 juin 2005 sur les accords d'élection de for », art. préc., p. 46-47.

[58] Responsabilité délictuelle pour dommages aux biens tangibles (art.2 (2) (k) ; indemnisation des dommages corporels et moraux subis par des personnes physiques (art. 2 (2) (j).

[59] état et capacité des personnes physiques (art. 2 (2) (a); de manière générale le droit extrapatrimonial de la famille.

[60] Ordre public familial pour les régimes matrimoniaux et successions (art. 2 (2) (c) (d) ou les obligations alimentaires (art. 2 (2) (b) ou ordre public économique pour les procédures d'insolvabilité (art. 2 (2) (e) ou les entraves à la concurrence mais n'inclut pas la concurrence déloyale (art. 2 (2) (h).

[61] Matière réelle immobilière (art. 2 (2) (l) ; validité des personnes morales (art. 2 (2) (m) ; validité des inscriptions sur les registres publics art. 2 (2) (p) ; validité et contrefaçon des droits de propriété intellectuelle autres que les droits d'auteur et droits voisins sauf pour les actions en contrefaçon, si l'action est liée à la violation d'un contrat entre les parties relatif à un droit de propriété intellectuelle art. 2 (2) (o) ; dommages nucléaires art. 2 (2) (i) ; immunités des États et des organisations internationales art. 2 (6).

[62] L. Usunier, « La Convention de La Haye du 30 juin 2005 sur les accords d'élection de for », art. préc., p. 46-47.

la validité de ces droits du champ d'application de la convention. Il n'en demeure pas moins que la convention a fait beaucoup d'effort pour cantonner cette exclusion au seul cas où cette question de la validité se pose à titre principal. Cela se déduit clairement de l'article 2 (3)[63]. En revanche, les droits d'auteur et les droits voisins, tels que ceux des artistes interprètes, des producteurs d'enregistrements sonores et des organismes de diffusion, ne sont pas des droits déposés et leur validité donne rarement lieu à des contentieux. Le deuxième principe est que le contentieux contractuel portant sur des droits de propriété intellectuelle est inclus. La Convention s'applique donc aux accords d'élection de for portant sur les contrats de licence, de distribution, de *joint-venture*, d'agence, et de développement d'un droit de propriété intellectuelle y compris les litiges en matière de contrefaçon liés à des contrats. La formule est souple afin de ne pas préjuger de la nature - contractuelle ou délictuelle- de l'action. Si, par exemple dans un contrat de licence, le concédant poursuit le concessionnaire devant le tribunal élu pour avoir utilisé une marque d'une façon interdite par le contrat et que l'action est fondée sur une base délictuelle (afin d'obtenir des dommages et intérêts plus importants), cette action est couverte.

Le troisième principe est que les affaires de pure piraterie, dans lesquelles il n'existe pas de lien contractuel entre le titulaire du droit et le contrefacteur, sont exclues. Comme les pirates généralement ne conviennent pas d'accords d'élection de for, cette exclusion est peu surprenante[64].

D'autres exclusions sont justifiées par l'existence de conventions internationales dans la matière exclue. Ainsi, afin de ne pas toucher à ces conventions régissant des secteurs particuliers, ni d'envisager une application combinée, trop complexe en pratique, l'exclusion fut la voie la plus appropriée. Il en est ainsi de l'exclusion de toutes les formes de transport[65] et de diverses questions de droit maritime[66].

30. Au-delà de la liste des matières exclues par l'article 2 (2), les États parties à la Convention peuvent en vertu de l'article 21 déclarer qu'ils n'appliqueront pas la Convention à une matière particulière. Cette option permet aux États de préserver certains fors exclusifs qui ne sont pas considérés comme généralement admis[67] ou même d'en créer de nouveaux. Cependant, cette déclaration est soumise à la condition que l'État ait un « intérêt important » à ne pas appliquer la Convention à cette matière, que l'exclusion

---

[63] Les questions concernant la validité et la contrefaçon des droits de propriété intellectuelle autres que les droits d'auteur et droits voisins sont exclues seulement en tant qu'elles font l'objet du litige. Si, au contraire, elles sont présentées à titre de demandes préalable, elles peuvent être jugées par le juge qui statuera sur la demande contractuelle, mais cette partie de la décision fera l'objet d'une règle spéciale de reconnaissance et d'exécution (art. 10 de la Convention).

[64] M. H. Van Loon, « Quelques aspects de la mondialisation », art. préc., p.235.

[65] Art. 2 (2) (f).

[66] Art. 2 (2) (g).

[67] Par exemple les litiges portant sur l'amiante, importants pour le Canada.

soit proportionnée à cet intérêt et soit définie « de façon claire et précise ». La déclaration doit être formelle[68]. En outre, cette déclaration engage l'État déclarant et s'appliquera avant tout sur son territoire à n'importe quelle étape procédurale au cours de laquelle les tribunaux de cet État seront saisis et particulièrement s'ils jouent le rôle de tribunal requis, mais elle s'appliquera également dans tous les autres États contractants, chaque fois que le tribunal élu sera situé dans l'État ayant fait cette déclaration. Cette dernière extension est jugée nécessaire afin d'unifier les règles de validité de l'accord d'élection de for quel que soit le territoire sur lequel cette question est appréciée.

Cette dernière disposition était le prix à payer à la diversité des systèmes pour obtenir un consensus sur la validité matérielle de l'accord.

31. À la lumière de cette analyse de la longue liste des matières exclues du champ de la Convention, il apparaît que ces exclusions sont usuelles en matière civile et commerciale et laissent à la Convention le champ immense des opérations commerciales portant sur des biens ou des services[69]. Certes, il faut admettre que la possibilité offerte aux États d'étendre par déclaration la liste des exclusions paraît dangereuse. Néanmoins, dans la mesure où dans la matière visée par la déclaration, l'État déclarant ne bénéficiera plus de la garantie du respect des clauses d'élection de for conclues en faveur de ses juges apportée par la Convention, cela devrait limiter en principe la prolifération des déclarations[70].

32. Au sein de ces limites matérielles, les acteurs du commerce international peuvent prétendre au régime d'efficacité des accords d'élection de for établi par la Convention. Cependant, ce régime se déploie dans un champ spatial déterminé par la Convention elle-même qui tient compte notamment d'autres instruments concurrents en la matière.

---

[68] Art. 32.

[69] B. Audit, « observations sur le Convention de La Haye », art. préc., p.175.

[70] L. Usunier, « La Convention de La Haye du 30 juin 2005 sur les accords d'élection de for », art. préc., p. 47, note 36 ; C. Thiele, « The Hague Convention on Choice-of-Court Agreements : Was It Worth the Effort ? », art. préc., p.72-73.

CHAPITRE II :

Le champ d'application spatial de la convention

33. Le champ d'application spatial de la Convention doit être vu, d'une part, au travers de l'exigence de l'internationalité de la situation (**Section I**) et, d'autre part, au travers de l'exigence du rattachement du rapport de droit à un État contractant (**Section II**). Mais dans le cadre de cette dernière exigence, une attention particulière doit être accordée aux clauses de déconnexion avec les règles d'une organisation régionale d'intégration économique[1].

SECTION I :
L'exigence de l'internationalité de la situation

34. « Contrairement à la tradition au sein de la Conférence de La Haye, les négociateurs ont fait le choix de limiter l'application de la Convention aux « situations internationales » en vertu de son article 1.1 »[2]. « La portée de cette exigence est largement tributaire de la définition que l'on retient de la notion, extrêmement fuyante, d'internationalité »[3].

35. La définition de l'internationalité est fournie par le texte de la Convention[4]. Cette définition varie selon qu'il s'agit de l'application des règles de compétence ou des règles de reconnaissance et d'exécution.

Pour ce qui concerne l'accord d'élection de for lui-même (art. 1 (2)) et, donc, les dispositions du chapitre II de la Convention relatives à la compétence, la définition est négative[5]. La présomption joue en faveur de la

---

[1] D'autres clauses de déconnexion sont prévues par la Convention pour régler l'articulation de la Convention avec d'autres Conventions internationales concurremment applicables ne seront pas abordées ici vue que l'approche comparée adoptée dans la présente thèse se limite au règlement de Bruxelles.

[2] C. Kessedjian, « La Convention de La Haye du 30 juin 2005 », art. préc., n°16, p. 821.

[3] L. Usunier, « La Convention de La Haye du 30 juin 2005 sur les accords d'élection de for », art. préc., p. 48-49.

[4] Article 1 (2) et (3) de la Convention.

[5] L'article 1.2 dispose « une situation est internationale sauf si les parties résident dans le même État contractant et si les relations entre les parties et tous les autres éléments pertinents du litige quel que soit le lieu du tribunal élu sont liés uniquement à cet État ».

nature internationale de la situation. Toutefois, si les parties résident dans un même État et que tous les éléments du litige y sont situés également, la situation ne sera pas considérée comme internationale[6]. Par conséquent, la seule désignation d'un tribunal étranger ne confère pas l'internationalité nécessaire à l'application des dispositions sur la compétence au sein de la Convention.

Une situation est internationale sauf si les deux conditions suivantes sont réunies, d'une part, les parties résident dans le même État contractant et, d'autre part, les relations entre les parties et tous les autres éléments pertinents du litige (quel que soit le lieu du tribunal élu) ne sont liés qu'à cet État. Cela signifie que les règles de la Convention s'appliquent soit si les parties ne sont pas résidentes du même État, soit si un autre élément pertinent du litige (autre que la situation du tribunal élu) a un lien avec un autre État[7].

36. Il découle de cette définition de l'internationalité dans le cadre des règles de compétence que « la Convention rejette nettement l'idée selon laquelle la stipulation d'un accord d'élection de for en faveur d'un juge étranger dans un rapport contractuel par ailleurs purement interne suffirait à lui conférer un caractère international »[8]. Elle semble adopter une définition essentiellement objective de l'internationalité[9]. Cette définition a accueilli l'approbation de la doctrine[10]. On a fait valoir que « l'internationalité objective de la situation apparaît comme la raison d'être de l'autonomie accrue que l'on reconnaît aux parties en matière internationale. D'une part, les liens que présente la situation internationale avec de multiples ordres juridiques génèrent une incertitude quant au droit applicable, incertitude qu'il est bon de permettre aux parties de lever, spécialement en matière contractuelle. D'autre part, la « pluri localisation » de la situation internationale implique un lien moins étroit entre celle-ci et chacun des ordres juridiques avec lesquels elle présente un rattachement que le lien unissant une situation interne à son ordre juridique de rattachement. Ce lien relâché explique que les ordres juridiques tolèrent que la situation leur échappe »[11].

---

[6] C. Kessedjian, « La Convention de La Haye du 30 juin 2005 », art. préc., n°16, p. 821.

[7] M. Dogauchi, T. C. Hartley, *op. cit.*, n°41.

[8] L. Usunier, « La Convention de La Haye du 30 juin 2005 sur les accords d'élection de for », art. préc., p. 49.

[9] *Ibid.*

[10] *Ibid.*, p. 48-49 ; Dans le même sens, dans le cadre du règlement de Bruxelles, v. not. H. Gaudemet-Tallon, *Compétence et exécution des jugement en Europe*, 5e éd., LGDJ, 2015, n°133-134 ; P. Schlosser, « Rapport sur la Convention relative à l'adhésion du Royaume de Danemark, de l'Irlande et du Royaume-Uni de Grande-Bretagne et d'Irlande du Nord à la Convention concernant la compétence judiciaire et l'exécution des décisions en matière civile et commerciale (signée à Luxembourg le 9 octobre 1978) », JOCE C 59/71, 5 mars 1979, n° 174 ; P. Gothot, D. Holleaux, *La Convention de Bruxelles du 27 septembre 1968*, Jupiter, 1985, n° 167.

[11] L. Usunier, « La Convention de La Haye du 30 juin 2005 sur les accords d'élection de for », art. préc., p. 49-50.

37. Par conséquent, à travers l'exigence de l'internationalité, l'article 1 (2) tend clairement à exclure du champ d'application des règles de compétence de la Convention, les situations purement internes que les parties essayeront de soustraire de la compétence des tribunaux du for compétent par le simple choix d'un for étranger. Or, en dépit de la clarté de l'objectif poursuivi, la règle telle que formulée à l'article 1 (2) peut entrainer une certaine confusion. En effet, elle implique l'exclusion du caractère international seulement dans le cas où les parties sont résidentes dans le même État « contractant » et si tous les autres éléments pertinents du litige sont également liés à ce seul État « contractant ». Or, étant donné que la résidence des parties dans un État contractant n'est pas une condition qui déclenche l'applicabilité de la Convention, ceci implique a contrario que les cas impliquant des parties résidentes dans un même État non contractant et qui choisissent les tribunaux d'un État contractant relèveront du champ d'application international de la convention même lorsqu'il s'agit d'une situation purement interne à cet État. En pratique, cela veut dire, par exemple, que l'application de la Convention de La Haye est exclue en vertu de l'article 1 (2) dans le cas où un tribunal italien choisi par les parties est saisi en ce qui concerne une situation n'impliquant que le Mexique. Ce dernier étant un » État contractant ». Inversement, la Convention de La Haye s'applique en vertu de la même disposition dans le cas où le même tribunal italien est choisi par des parties domiciliées par exemple en Chine concernant un cas purement interne à la Chine, cette dernière n'étant pas un État contractant. La distinction entre une situation purement interne dans un État non contractant et celle dans un État contractant paraît incohérente, voire contradictoire. Afin de résoudre cette contradiction des termes du texte, il faut admettre que le lien à un seul État non contractant hormis le tribunal élu devrait être traité de manière similaire à la situation impliquant un seul État contractant, d'autant plus qu'il semble inapproprié d'un point de vue méthodologique de diviser la notion d'internationalité sur le fondement de la résidence des parties selon qu'elle est dans un État contractant ou non. Il faut donc adopter une interprétation qui préserve l'unité de la notion en dépit de la formulation maladroite du texte. Ainsi, une situation ne peut être qualifiée d'internationale au sens de l'article 1 (2) de la Convention si la résidence des parties est dans le même État qu'il s'agisse d'un État contractant ou non et si les relations entre les parties de même que tous les éléments pertinents du litige sont liés à cet État[12].

[12] En ce sens, v. not. F. Ragno, « The Brussels I Recast Regulation and The Hague Convention: Convergences and Divergences in Relation to the Enforcement of Choice-of-Court Agreements », In Cross-border Litigation in Europe: The Brussels I Recast Regulation as a panacea? Edited by F. Ferrari, F. Ragno, Wolters Kluwer, 2015, p. 225, spéc. p. 241-242; M. Weller, « Choice of forum agreements under the Brussels I recast and under The Hague Convention: coherences and clashes », J. Private Int. L., 2017, Vol 13, p. 91, spéc. p. 95.

38. On peut donc affirmer qu'en exigeant le caractère objectivement international de la situation, la Convention de La Haye se montre à juste titre exigeante et mesurée. Cependant, la position de la Convention semble plus libérale à d'autres égards. En effet, la définition négative de l'internationalité fait que celle-ci est considérée comme le principe. Par conséquent, d'une part, cela implique qu'il incombe à la partie qui nie ce caractère d'assumer la charge de la preuve et, d'autre part, le tribunal saisi devra procéder à des vérifications sur deux niveaux, l'une obligatoire et l'autre possible. La constatation obligatoire implique de vérifier si la résidence des parties est située dans un même État. Dans ce cadre, la Convention apporte des précisions quant à la définition de la résidence des personnes morales à l'article 4, §2. Cette définition facilite la caractérisation de l'internationalité du litige puisque l'article retient une définition alternative de la résidence qui résulte aussi bien du siège statutaire que de l'incorporation, de l'administration centrale ou du principal établissement de la personne dans un État donné.

Pour les personnes physiques, devant le silence de la Convention quant à la détermination à leur égard de la notion de résidence, la doctrine est partagée entre l'application du droit national à cette question[13] et le recours à la règle habituelle pour les Conventions de La Haye qui se réfère à la résidence habituelle[14].

C'est uniquement lorsque cette première vérification s'avère positive, en ce sens que les parties résident dans le même État que le tribunal devrait vérifier si le critère objectif de l'internationalité est rempli. Ce dernier requiert un élément dans le rapport entre les parties ou des éléments pertinents dans le litige qui ont un lien avec un autre État. À cet égard, aucune indication particulière n'est fournie par le texte de la Convention. Néanmoins, la formulation du texte suggère que le tribunal ne devrait pas accorder d'importance aux circonstances qui n'ont pas trait au rapport des parties en cause ainsi que celles qui ne revêtent aucune signification particulière quant au litige. Ainsi, par exemple, un contrat de vente de biens conclu à Vienne entre deux parties résidentes à Vienne et qui devrait être exécuté dans ce même État ne peut être réputé impliquer une situation internationale uniquement car les biens vendus avaient été fabriqués à l'étranger.

39. Par ailleurs, la Convention ne précise pas la date à laquelle il convient d'apprécier le caractère international de la situation. Le silence de la Convention s'explique par le fait qu'il était impossible de trouver un consensus. Les uns préféraient le moment de la conclusion de l'accord tandis que d'autres retenaient la date de l'ouverture de l'action, d'autres encore suggéraient une combinaison de ces deux critères applicables à titre alternatif

[13] R A. Brand, P M. Herrup, p. 50.
[14] C. Kessedjian, « La Convention de La Haye du 30 juin 2005 », art. préc., p. 822.

ou cumulatif[15]. Certes, l'hésitation est permise. D'un côté, la référence à la date de la conclusion de l'accord semble être conforme à l'objectif de sécurité juridique par rapport à l'accord d'élection de for[16], puisqu'au moment du contrat les parties sauront que leur accord relèvera du champ de la convention. En outre, cette référence coïncide avec l'analyse contractuelle de l'accord d'élection de for[17]. D'un autre côté, mettre l'accent sur le jour de l'introduction de l'action pour évaluer l'internationalité semble correspondre à la lettre du texte dans sa version anglaise qui utilise le terme « affaire » « case »[18]. Or, il est évident qu'une affaire a pour point de départ l'introduction d'une instance et donc semble impliquer que l'internationalité soit appréciée à ce moment.

Face à ces arguments pour asseoir l'une ou l'autre des lectures possibles des dispositions de la Convention, on peut soutenir que la politique des rédacteurs de la Convention qui vise à étendre autant que possible le champ de la Convention conduit à constater que la référence au seul moment de la conclusion de l'accord ne permet pas d'appréhender tous les cas internationaux et donc réduirait le champ de la Convention car il n'est pas rare qu'une situation qui était interne au moment de la conclusion de l'accord devienne internationale le jour où le litige naisse[19]. Par ailleurs, la définition négative de l'internationalité et qui en fait le principe témoigne de la faveur à la reconnaissance de l'internationalité. C'est pourquoi, il paraît plus judicieux de considérer qu'est internationale toute situation qui soit l'était originellement lors de la conclusion de l'accord soit devenant internationale par la suite, l'était au jour de l'introduction de l'instance[20].

40. Dans une perspective comparée et à la lumière des déclarations de la Commission européenne d'aligner le régime des accords d'élection de for dans le cadre du Règlement Bruxelles Ibis sur celui de la Convention de La Haye, on peut dire que la Convention de La Haye apporte des éclaircissements de taille au régime des accords d'élection de for quant à la notion d'internationalité de la situation.

---

[15] A. Bucher, « La Convention de La Haye », art. préc., p. 31 ; F. Ragno, « The Brussels I Recast Regulation and The Hague Convention", art. Préc., p. 240.

[16] Cet objectif est expressément formulé dans le préambule de la Convention « … Convaincus que cette coopération renforcée nécessite en particulier un régime juridique international apportant la sécurité et assurant l'efficacité des accords exclusifs d'élection de for entre les parties à des opérations commerciales et régissant la reconnaissance et l'exécution des jugements rendus dans le cadre de procédures fondées sur de tels accords… ».

[17] En ce sens, v. not. C. Kessedjian, « La Convention de La Haye du 30 juin 2005 », art. préc., p. 822. Toutefois Mme. Kessedjian admet que dans le silence de la Convention, on ne peut pas exclure que certains juges se situent à la date à laquelle ils sont saisis du litige.

[18] Art. 1 (2) « … For the purposes of Chapter II, a case is international unless… ».

[19] R A. Brand, P M. Herrup, p. 51.

[20] En ce sens, v. not. R A. Brand, P M. Herrup, *op. cit.*, p. 52; L. Usunier, « La Convention de La Haye du 30 Juin 2005 sur les accords d'élection de for », art. préc., p. 50 ; F. Ragno, « The Brussels I Recast Regulation and The Hague Convention", art. préc., p. 240.

En effet, l'article 25 du Règlement Bruxelles Ibis de même que ses prédécesseurs sont silencieux sur l'éventuelle exigence de l'internationalité de la situation litigieuse et en l'absence de prise de position claire par la Cour de justice de l'Union européenne, il y a une controverse sur ce point. La question était notamment de savoir si la relation juridique en cause devrait elle-même être internationale pour que la règlementation communautaire des clauses d'élection de for trouve à s'appliquer ou si la seule désignation d'un tribunal étranger confère l'internationalité nécessaire[21] ?

« Si le rapport Jenard n'était pas clair sur ce point[22], le rapport Schlosser s'était prononcé nettement pour la première opinion à laquelle se sont ralliés P. Gothot et D. Holleaux[23] ainsi que MM. B. Ancel et Y. Lequette[24]. Ces auteurs ont relevé que la défaveur avec laquelle les systèmes juridiques voient les clauses attributives de juridiction dans l'ordre interne oblige à exiger une situation internationale pour les admettre »[25].

En revanche, G. Droz avait soutenu l'opinion contraire. Il avait estimé que le choix d'un tribunal étranger confère à la clause un caractère international justifiant l'application de l'article 17 de la Convention de Bruxelles (Art. 25 du Règlement Bruxelles Ibis) quand bien même le rapport juridique en cause serait purement interne[26].

M. Weller affirme que l'hésitation est permise entre deux lectures possibles. D'une part, la cohérence du règlement avec la Convention de La Haye devrait être recherchée. Cette cohérence peut être réalisée par le recours à l'interprétation. À cette fin, l'auteur se réfère à l'article 3 (3) du Règlement Rome I[27] qui prévoit que « lorsque tous les autres éléments de la situation sont localisés, au moment de ce choix, dans un pays autre que celui dont la loi est choisie, le choix des parties ne porte pas atteinte à l'application des dispositions auxquelles la loi de cet autre pays ne permet pas de déroger par accord ». Cette disposition sur les limites à la clause de choix de la loi

---

[21] H. Gaudemet-Tallon, M.-E. Ancel, n°141, p. 188.

[22] V. pts 37 et 38 où M. Jenard évoque tour à tour le fait que la Convention ne joue que dans l'ordre international et la possibilité pour deux parties domiciliées dans le même État de proroger la compétence des tribunaux d'un autre État. Ces deux affirmations ne sont cependant pas contradictoires : simplement, lorsque les deux parties sont domiciliées dans le même État, il faut qu'existe un autre facteur d'internationalité (par exemple, le lieu d'exécution du contrat dans un autre État).

[23] P. Gothot, D. Holleaux, *La Convention de Bruxelles du 27 septembre 1968*, éd. Jupiter, 1985, n°167.

[24] B. Ancel, Y. Lequette, *Les Grands arrêts de la jurisprudence française de droit international privé*, 4e éd, Dalloz, Paris, 2001, n°72, spéc. p. 668-669.

[25] H. Gaudemet-Tallon, M.-E. Ancel, n°141, p. 188-189.

[26] G. A. L. Droz, *La compétence judiciaire et l'effet des jugements dans la Communauté économique européenne selon la Convention de Bruxelles du 27 septembre 1968*, Dalloz, 1972, n° 207.

[27] Règlement (CE) N° 593/2008 du parlement européen et du conseil du 17 juin 2008 sur la loi applicable aux obligations contractuelles (Rome I).

applicable exprime le principe général que lorsque l'internationalité est requise, le simple choix d'une loi étrangère et donc également d'un tribunal étranger dans un cas par ailleurs entièrement interne ne peut suffire à rendre la situation internationale. Le résultat serait que le champ d'application spatial du régime de Bruxelles quant aux clauses attributives de juridiction devrait être calqué sur le régime de la Convention de La Haye[28].

D'autre part, M. Weller soutient qu'on peut également avancer l'opinion contraire que le choix d'un tribunal étranger dans un cas par ailleurs purement interne devrait généralement être tenu pour suffisant pour créer un cas international. Ceci serait « la solution de Bruxelles ». Un argument à l'appui de cette opinion serait que l'accord des parties dans une convention attributive de juridiction est d'une qualité autre que celle de l'accord au niveau du choix de la loi car l'élection de for amène le procès tout entier devant le tribunal choisi et cette conséquence découragera les parties d'utiliser l'autonomie juridictionnelle pour des raisons autres que de compétence. En d'autres termes, le prix pour les arrangements de compétence est considérablement plus élevé que celui pour le choix de la loi. Ceci peut justifier la distinction entre une clause de pur choix de la loi qui ne pourrait suffire à rendre international un cas autrement interne et celle relative au choix d'un tribunal étranger. En outre, dans des cas extrêmes de contournement des objectifs de régulation de l'État aux tribunaux duquel la clause d'élection de for déroge, un contrôle de l'ordre public assurera qu'il n'y ait pas un usage disproportionné de l'autonomie de la volonté[29].

Pour sa part, Mme. H. Gaudemet-Tallon estime qu'il est préférable de s'en tenir à l'opinion qui exige le caractère objectivement international de la situation pour déclencher l'applicabilité de l'article 25 du Règlement Bruxelles Ibis[30].

Certes, la notion même d'internationalité n'est pas toujours facile à saisir. Ainsi, si la Cour de cassation française dans l'arrêt *Keller* du 4 octobre 2005 a exigé que la situation soit internationale au moment de la conclusion du contrat[31], on peut regretter que le critère de l'internationalité retenu n'ait pas été défini avec la même clarté. Il est en effet impossible de savoir si la Cour s'est fondée sur une appréciation juridique ou économique de l'internationalité laquelle selon MM. M.-L Niboyet et G. De Gouffre de La Pradelle aurait pu tout aussi bien conduire en l'espèce à la conclusion que l'opération présentait une dimension internationale, contrairement à ce qui fut

---

28 M. Weller, « Choice of forum agreements under the Brussels I recast and under The Hague Convention », art. préc., p. 96.

29 *Ibid.* p. 97.

30 H. Gaudemet-Tallon, M.-E. Ancel, n°141, p. 189.

31 Cass. civ. 1re 4 oct. 2005, *Keller*, *Rev. crit. DIP* 2006, 413, note M. Audit; *JDI* 2006, 169, note J-M Jacquet; D. 2006, 1501, note F. Jault-Seseke; Gaz. Pal. 24-25 mai 2006, p. 24, note M.-L. Niboyet.

jugé au motif inattendu que dans « la commune volonté des parties (…) la situation n'avait pas de caractère international »[32]. La référence faite à la « commune volonté des parties » pour dire qu'en l'espèce il n'y avait pas de situation internationale est contestable[33]. M. Audit, dans la note qu'il consacre à cet arrêt[34] fait remarquer que « (…) la référence à la volonté des parties est particulièrement inappropriée. La Cour de cassation autorise finalement les parties à qualifier par elles-mêmes la nature de la situation ou à tout le moins à transformer par la force de leur volonté une situation objectivement internationale en une situation interne ». Il paraît donc nécessaire d'exiger non seulement qu'existe une situation internationale mais encore que les critères retenus pour définir l'internationalité soient des critères objectifs. Actuellement et sous réserve d'une intervention de la Cour de justice de l'Union européenne en un sens différent, il est préférable de décider que l'article 25 n'intervient que si la situation est internationale et qu'une clause attributive de juridiction à un tribunal étranger ne suffit pas à elle seule à conférer cette internationalité[35]. L'entrée en vigueur de la Convention de La Haye au sein de l'Union européenne offre un argument supplémentaire à cette position. L'internationalité peut résulter de divers facteurs : domicile des parties dans différents États, lieu d'exécution des obligations, etc. Ainsi, récemment, la Cour de cassation a estimé que la domiciliation des parties sur le territoire d'États membres différents suffisait à établir le caractère international du contrat et donc pour que la condition d'internationalité soit remplie[36].

41. Un autre signe du libéralisme de la Convention sur la condition d'internationalité a trait à la définition de l'internationalité au stade de l'instance indirecte. Conformément à l'article 1 (3) « une situation est internationale, lorsque la reconnaissance ou l'exécution d'un jugement étranger est requise ». En d'autres termes, l'internationalité résulte du seul fait qu'un jugement étranger soit présenté au juge de l'État requis, sans que doive être vérifiée l'internationalité de la situation au stade de l'instance directe.

La formule n'exige donc pas l'internationalité du litige d'origine de sorte qu'elle rend la Convention formellement applicable en matière de reconnaissance à une décision rendue dans une situation interne à un État étranger par le tribunal de cet État désigné par les parties. Il ne s'agit pas là d'une inadvertance puisque le rapport préliminaire se prononce expressément dans ce sens, offrant pour justification le risque qu'un débiteur condamné par jugement ne déplace ses biens hors de l'État d'origine afin d'échapper à

---

[32] M. -L. Niboyet, G. De Geouffre De La Pradelle, *Droit international privé*, p. 326-327.
[33] En ce sens, v. H. Gaudemet-Tallon, M.-E. Ancel, n°141, p. 189.
[34] B. Audit, note sous Cass. civ. 1re, 4 oct. 2005, *Keller*, *Rev. crit. DIP* 2006, 413, spéc. p. 422.
[35] En ce sens, v. H. Gaudemet-Tallon, M.-E. Ancel, n°142, p. 190.
[36] Cass. 1re civ., 23 sept. 2014, n°12-26585, *JDI* 2015, n°2, note. A. Sinay-Cytermann.

l'exécution de la décision[37]. Cette justification fût critiquée[38] en arguant du fait que bien que l'on ne puisse qu'être favorable de manière générale à ce que les dettes soient honorées, on voit moins en quoi cette préoccupation relève d'une Convention sur les accords d'élection de for. Si l'on veut bien demeurer sur le terrain de ceux-ci, il n'existe pas de raison valable de favoriser la reconnaissance des décisions étrangères rendues par un for élu davantage que lorsque sa compétence reposait sur ses règles ordinaires de compétence. L'ordre international n'a pas d'intérêt particulier à la promotion des accords d'élection de for dans les ordres internes.

Certes, il faut admettre que cette double définition de l'internationalité altère la fermeté de l'exigence posée au stade de l'instance directe en la privant de sanction au stade de l'exequatur. En effet, le fait que le juge élu ait accepté de statuer sur un litige purement interne à un autre État ne pourra être sanctionné au stade de l'instance indirecte par un refus d'application du régime libéral de reconnaissance et d'exécution prévu par la Convention puisque l'État requis ne pourra contester l'internationalité de la situation qui résultera de la seule nationalité étrangère du jugement dont l'exéquatur est requis. Pour réparer cet effet pervers de la définition de l'internationalité au stade de l'exequatur, la Convention autorise les États dans son article 20[39] à formuler une déclaration selon laquelle ils pourront refuser de reconnaître une décision rendue dans un litige qui leur est entièrement rattaché. La nécessité d'une déclaration a été jugée surprenante alors que vraisemblablement peu d'États sont disposés à reconnaître une décision rendue par un tribunal étranger désigné par les parties dans une situation qui leur est interne[40].

42. Si l'internationalité de la situation est une condition raisonnable à l'applicabilité de la Convention, l'exigence du rattachement du rapport de droit à un État contractant soulève non seulement la question de son opportunité mais également celle de l'articulation de la Convention avec d'autres textes régionaux et internationaux en la matière. Une attention particulière devrait être accordée, dans ce contexte, à la clause de déconnexion autonome prévue pour les rapports avec une organisation régionale d'intégration économique telle que l'Union européenne.

---

[37] M. Dogauchi, T. C. Hartley, *op. cit.*, n°44-45.

[38] B. Audit, « observations sur le Convention de La Haye », art. préc.,. p.177.

[39] Art. 20 dispose « Un État peut déclarer que ses tribunaux peuvent refuser de reconnaître ou d'exécuter un jugement rendu par un tribunal d'un autre État contractant lorsque les parties avaient leur résidence dans l'État requis et que les relations entre les parties, ainsi que tous les autres éléments pertinents du litige, autres que le lieu du tribunal élu, étaient liés uniquement à l'État requis ».

[40] B. Audit, « observations sur le Convention de La Haye », art. préc., p.178 ; Rappr. L. Usunier, « La Convention de La Haye du 30 juin 2005 sur les accords d'élection de for », art. préc., p. 51.

Section II :
L'exigence du rattachement du rapport de droit à un état contractant

43. Il est nécessaire pour que la Convention s'applique que le rapport de droit en cause présente un certain rattachement avec un État contractant. Cependant, étant donné la coexistence du régime de la Convention avec d'autres instruments internationaux et régionaux en la matière, la Convention de La Haye a aménagé les hypothèses de conflit à travers des clauses de « déconnexion ». On se bornera à l'étude de la clause de « déconnexion » autonome avec les règles d'une organisation régionale d'intégration économique.

44. Seuls sont couverts par la Convention les accords qui désignent le ou les tribunaux d'un État contractant. Ainsi, au stade de l'instance directe, la Convention s'applique dès lors que le juge d'un État contractant est désigné dans l'accord[41]. Elle régit la validité et les effets de l'accord tant devant le juge élu que devant le juge éventuellement saisi au mépris de l'accord, sous la réserve évidente que le juge saisi soit lui-même aussi celui d'un État contractant.

Au stade de l'exequatur, la Convention s'applique aux seules décisions rendues par le juge élu d'un État contractant, sous réserve, là encore, que l'État requis soit lui-même un État contractant.

45. Cette règle est évidemment dictée par le souhait de réciprocité inhérent à toute Convention internationale. Cette subordination de l'application de la Convention à la condition de réciprocité a été diversement appréciée par les auteurs. On a notamment fait observer qu'outre le fait que ce concept de réciprocité paraît un peu suranné en ce qu'il favorise ce que l'on appelle la réciprocité négative, il ne favorise pas l'application de la Convention alors même qu'un petit nombre d'États y seraient parties. Or, le développement du droit a besoin d'une application aussi rapide que possible pour que se développe une pratique qui permettra aux opérateurs de mieux comprendre le fonctionnement du nouveau droit issu de la Convention. Par ailleurs, cette limitation entraine la nécessité pour les États de maintenir dans leurs systèmes juridiques au moins deux corps de règles[42] sur les accords d'élection de for, ce qui ne facilite pas la tâche des opérateurs[43].

Cette condition de réciprocité a aussi pu être jugée comme insuffisante dans la mesure où l'accession de nouveaux États à la Convention n'est pas subordonnée à l'approbation des autres, ce qui pourrait s'avérer dangereux si

---

[41] Art. 3 (a).

[42] Et pour les États européens trois corps de règles.

[43] C. Kessedjian, « La Convention de La Haye du 30 juin 2005 », art. préc., p.816.

le droit de l'État accédant n'offre pas de garanties sérieuses d'équité, étant donné qu'il ne s'agit pas seulement de s'abstenir de statuer lorsque la clause désigne un tribunal d'un État contractant mais de reconnaître les décisions rendues par cet État sur ce fondement. Certes, la Convention réserve-t-elle l'ordre public de l'État requis, de même tempère-t-elle l'obligation pour un tribunal non élu et saisi de s'abstenir de statuer sur le litige non seulement par la réserve de l'ordre public mais également en y associant la réserve selon laquelle « donner effet à l'accord aboutirait à une injustice manifeste »[44]. Cependant, on admet « qu'il sera sans doute difficile de justifier expressément le refus de donner effet à une clause par la méfiance qu'inspirent les juridictions de l'État désigné »[45].

46. Mme. Usunier estime que « l'idée des rédacteurs de la Convention est que l'application de celle-ci n'est utile que lorsqu'elle permet réellement d'assurer aux accords d'élection de for un traitement uniforme devant l'ensemble des juridictions appelées à en connaître. Dans cette perspective, il n'y a aucune raison d'obliger le juge d'un État contractant saisi en violation d'un accord à en apprécier la régularité et les effets en vertu des règles posées par la Convention si le juge élu est celui d'un État tiers à la Convention qui n'appréciera pas la régularité et les effets de l'accord en vertu des mêmes règles ». Néanmoins, ce raisonnement est jugé regrettable [46]car la solution sur laquelle repose la Convention est la référence au point de vue de l'ordre juridique du juge élu. Donc, même si la Convention n'est pas applicable devant ce dernier, le juge élu se référera au point de vue de son propre ordre juridique pour apprécier l'effet qu'il attribuera à la clause. Par conséquent, la réciprocité exigée par la Convention apparaît comme une limitation inutile à son application[47].

47. Par ailleurs, étant donné le nombre élevé d'instruments internationaux et régionaux régissant les accords d'élection de for, les conflits promettaient d'être fréquents. Or, eu égard à l'extrême difficulté des interrogations soulevées par les conflits de conventions et d'instruments régionaux et au manque d'uniformité des solutions retenues en la matière, il est apparu plus sage de prévoir un ensemble de dispositions réglant explicitement ces difficultés. L'article 26 de la Convention est consacré à cette délicate question.

---

[44] Art. 6 (c) dispose : « Tout tribunal d'un État contractant autre que celui du tribunal élu sursoit à statuer ou se dessaisit lorsqu'il est saisi d'un litige auquel un accord exclusif d'élection de for s'applique, sauf si :
c) donner effet à l'accord aboutirait à une injustice manifeste ou serait manifestement contraire à l'ordre public de l'État du tribunal saisi ».

[45] B. Audit, « observations sur le Convention de La Haye », art. préc., p.179.

[46] L. Usunier, « La Convention de La Haye du 30 juin 2005 sur les accords d'élection de for », art. préc., p. 52.

[47] En ce sens, v. L. Usunier, « La Convention de La Haye du 30 juin 2005 sur les accords d'élection de for », art. préc., p. 52 ; C. Kessedjian, « La Convention de La Haye du 30 juin 2005 », art. préc., p. 816.

L'articulation de la Convention avec d'autres instruments internationaux et régionaux est faite par le biais de clauses dites de « *déconnexion* » ou de « *céder le passage*[48] ». Ces clauses viennent préciser, en cas de conflit ouvert entre la Convention et l'un de ces instruments, si la Convention de La Haye prévaut ou cède devant l'instrument incompatible. Le texte règle de manière distincte l'articulation de la Convention avec les conventions internationales et celle avec les règles d'une organisation régionale d'intégration économique.

48. Nous nous bornerons à clarifier la clause de déconnexion autonome concernant les rapports avec les règles d'une organisation régionale d'intégration économique. Cette clause concerne essentiellement l'articulation entre la Convention de La Haye et le Règlement européen Bruxelles Ibis. Cependant, il y a lieu de préciser que la Convention établit d'abord une règle d'interprétation qui s'applique aussi bien pour les conventions internationales que pour les règles d'une organisation régionale d'intégration économique. Il s'agit en l'occurrence d'interpréter la Convention de façon à être autant que possible compatible avec les autres instruments internationaux en vigueur dans les États contractants[49]. Ainsi, lorsqu'une disposition de la Convention est raisonnablement susceptible de deux significations, la signification qui est la plus compatible avec l'autre traité doit être privilégiée[50]. Certes, cela ne signifie pas pour autant qu'une interprétation forcée devrait être adoptée afin de parvenir à la compatibilité.

Les clauses de déconnexion ne jouent qu'en cas d'incompatibilité entre la Convention et un instrument en vigueur dans l'État contractant. Les rapporteurs ont notamment indiqué dans leur rapport explicatif[51] que le problème des traités incompatibles ne se pose que si deux conditions sont réunies. La première est qu'il doit exister une incompatibilité réelle entre les deux traités. L'application des deux traités doit conduire à des résultats différents dans une situation concrète. Si cela ne se produit pas, les deux traités peuvent être appliqués. À cet égard, on a fait observer que dans certains cas, une incompatibilité apparente peut être résolue par l'interprétation. La seconde condition est que l'État du tribunal saisi doit être partie aux deux traités.

49. L'articulation de la Convention de La Haye avec les règles d'une organisation régionale d'intégration économique, tel que le Règlement Bruxelles Ibis dans le cadre de l'Union européenne, est régie par une clause

---

[48] L'expression « céder le passage » est utilisée par le rapport explicatif de la Convention, M. Dogauchi, T. C. Hartley, *op. cit.*, n°271 et s.

[49] Art. 26 (1) dispose : « La Convention doit être interprétée de façon qu'elle soit, autant que possible, compatible avec d'autres traités en vigueur pour les États contractants, conclus avant ou après cette Convention ».

[50] M. Dogauchi, T. C. Hartley, *op. cit.*, n°270.

[51] *Ibid.*, n°267-268.

de déconnexion autonome prévue à l'article 26 (6)[52]. Cette clause de déconnexion permet l'application, au sein d'une organisation régionale d'intégration économique ayant ratifié la Convention, des textes propres à celle-ci. Le principe sous-jacent est que lorsqu'une affaire est purement « régionale », en termes de résidence des parties, la Convention cède la primauté à l'instrument régional[53].

A priori, étant donné qu'il s'agit d'une clause autonome, on aurait pu s'attendre à ce que celle-ci vise à préserver mieux le jeu du Règlement Bruxelles Ibis que les clauses de déconnexion applicables aux conventions internationales car on sait que l'Union européenne a une conception très extensive de l'application du droit européen et est assez peu encline à voir l'application de son droit céder devant celle du droit international. Tel est le cas s'agissant de la reconnaissance et de l'exécution des jugements. En effet, l'article 26 (6) (b) se montre particulièrement favorable au Règlement Bruxelles Ibis qu'il fait prévaloir systématiquement sur la Convention lorsqu'est demandée la reconnaissance ou l'exécution d'un jugement d'un État membre dans un autre État membre, sans formuler de réserve tenant au caractère plus favorable à la reconnaissance du Règlement Bruxelles Ibis[54]. En revanche, la solution retenue à propos de l'instance directe semble difficilement réconciliable avec l'intention du législateur européen lors de la refonte du Règlement Bruxelles I qui était sans doute d'imposer l'application du Règlement à toute clause désignant les tribunaux d'un État membre et ainsi d'assurer l'évaluation de toute clause désignant les tribunaux européens selon les mêmes standards[55].

Avec l'entrée en vigueur de la Convention de La Haye au sein de l'Union européenne, en fonction de la localisation des parties, les clauses désignant les tribunaux des États membres seront appréciées soit sur le fondement de la Convention de La Haye, soit sur le fondement du Règlement Bruxelles Ibis. En effet, l'article 26 (6) (a) fait prévaloir la Convention sur le règlement dès lors que l'une des parties au moins réside dans un État contractant non-

---

[52] Art. 26 (6) dispose : « La présente Convention n'affecte pas l'application des règles d'une organisation régionale d'intégration économique partie à cette Convention, que ces règles aient été adoptées avant ou après cette Convention :
a) lorsqu'aucune des parties ne réside dans un État contractant qui n'est pas un État membre de l'organisation régionale d'intégration économique ;
b) en ce qui a trait à la reconnaissance ou l'exécution de jugements entre les États membres de l'organisation régionale d'intégration économique ».
[53] M. Dogauchi, T. C. Hartley, *op. cit.*, n°291.
[54] Art. 26 (6) (b) dispose : « La présente Convention n'affecte pas l'application des règles d'une organisation régionale d'intégration économique partie à cette Convention, que ces règles aient été adoptées avant ou après cette Convention :
En ce qui a trait à la reconnaissance ou l'exécution de jugements entre États membres de l'organisation régionale d'intégration économique ».
[55] S. Francq, « Les clauses d'élection de for dans le nouveau règlement Bruxelles I Bis », in Le nouveau règlement Bruxelles I bis (dir. E. Guinchard, 2014), p. 107, spéc. p.122-123.

membre de l'Union européenne[56]. Ce qui signifie concrètement qu'en cas d'incompatibilité le Règlement Bruxelles Ibis ne sera applicable qu'aux situations dans lesquelles soit les deux parties à la clause sont domiciliées dans l'Union, soit l'une des parties est domiciliée dans l'Union et l'autre dans un État tiers non contractant, soit les deux parties sont domiciliées dans des États tiers non contractants.

Certes, l'article 26 (6) (a) est porteur d'un important changement pour les tribunaux des États membres de l'Union européenne. Le principe reste l'application cumulative de la Convention et du règlement tandis que la déconnexion intervient en cas d'incompatibilité. Le règlement s'applique dans toute la mesure du possible aux accords d'élection de for soumis à la Convention de La Haye et ne cède que lorsque ses dispositions sont inconciliables avec celles de la Convention. Le législateur européen a expressément formulé le souhait d'aligner le régime européen des accords d'élection de for sur celui de la Convention de La Haye. Par conséquent, il appartient au juge européen à travers l'outil de l'interprétation d'assurer dans toute la mesure du possible la cohérence du régime des accords d'élection de for soulevés devant lui et sujets à cette dualité de régime. Dans ce contexte, on peut souligner, comme l'a déjà fait Mme. Kessedjian, qu'en matière d'arbitrage international, la Convention de New York de 1958 comprend une disposition fondamentale pour expliquer l'évolution du droit de l'arbitrage depuis 1958, il s'agit de la disposition de l'article VII qui permet aux États contractants de faire prévaloir sur les règles de la Convention celles issues de leur droit national ou de conventions bilatérales qui les lient à condition qu'elles soient « plus favorables »[57] que celles de la Convention de New York, c'est-à-dire qu'elles soient en faveur de l'arbitrage et de la libre circulation des sentences. Les dispositions de la Convention de New York constituent de ce fait un « minimum conventionnel ». Or, rien de semblable n'existe dans la Convention de La Haye[58]. Ceci est regrettable car une disposition équivalente à celle de l'article VII de la Convention de New York autorisant les États à faire mieux que la Convention permettra au juge, notamment dans l'hypothèse

[56] Art. 26 (6) (a) dispose : « La présente Convention n'affecte pas l'application des règles d'une organisation régionale d'intégration économique partie à cette Convention, que ces règles aient été adoptées avant ou après cette Convention :
a) lorsqu'aucune des parties ne réside dans un État contractant qui n'est pas un État membre de l'organisation régionale d'intégration économique ».

[57] Art. VII (1) de la Convention de New York pour la reconnaissance et l'exécution des sentences arbitrales étrangères de 1958 (entrée en vigueur le 7 juin 1959) dispose » Les dispositions de la présente Convention ne portent pas atteinte à la validité des accords multilatéraux ou bilatéraux conclus par les États contractants en matière de reconnaissance et d'exécution des sentences arbitrales et ne privent aucune partie intéressée du droit qu'elle pourrait avoir de se prévaloir d'une sentence arbitrale de la manière et dans la mesure admises par la législation ou les traités du pays où la sentence est invoquée ».

[58] C. Kessedjian, « La Convention de La Haye du 30 juin 2005 », art. préc., p. 814.

de conflit de dispositions de faire prévaloir le régime le plus favorable à l'efficacité des accords d'élection de for.

50. En définitive, si le champ d'application tant matériel que spatial est affecté de limitations importantes, celles-ci étaient le prix à payer à la diversité des systèmes pour obtenir un consensus sur un régime d'efficacité des accords d'élection de for. Or, la question se pose de savoir si le régime de validité établi par la Convention est un véritable gage d'une efficacité accrue de l'accord d'élection de for ?

PARTIE I :

LA VALIDITÉ DE L'ACCORD EXCLUSIF D'ÉLECTION DE FOR

51. L'examen de la validité de l'accord d'élection de for implique de mettre en lumière les règles établies par la Convention de La Haye qui permettent aux opérateurs du commerce international de conclure un accord d'élection de for valable.

L'analyse de ces règles permettra de déceler les améliorations possibles apportées par la Convention au régime d'efficacité des accords d'élection de for, mais également de mettre en exergue les lacunes et ambiguïtés véhiculées par cette dernière.

À cette fin, une approche comparée avec le régime des accords d'élection de for dans le cadre européen sera menée. Plus précisément, la comparaison avec l'instrument européen applicable en la matière à savoir le Règlement Bruxelles I bis, entré en vigueur le 10 janvier 2015[1], permettra de mesurer le degré d'efficacité apporté aux accords par la Convention. Certes, les deux instruments sont formellement indépendants, mais force est de constater que le législateur européen a pris en compte les dispositions de la Convention lors de la refonte du Règlement Bruxelles I[2] afin de renforcer l'efficacité de ces accords et d'assurer la cohérence entre le régime de Bruxelles et celui de la Convention de La Haye. La Commission européenne a d'ailleurs déclaré que sa proposition de refonte du Règlement Bruxelles I reflète les solutions établies dans la Convention de La Haye sur les accords d'élection de for[3]. Cette tentative de rapprochement entre les deux instruments a été notamment

[1] Règlement (UE) N° 1215/2012 du parlement européen et du conseil du 12 décembre 2012 concernant la compétence judiciaire, la reconnaissance et l'exécution des décisions en matière civile et commerciale (refonte), JOUE n° L 351/1 du 20 décembre 2012.

[2] Règlement (CE) N° 44/2001 du conseil du 22 décembre 2000 concernant la compétence judiciaire, la reconnaissance et l'exécution des décisions en matière civile et commerciale, JOCE n° L012 du 16 janvier 2001, p. 0001-0023.

[3] Commission européenne, 14 décembre 2010, proposition de règlement du parlement européen et du conseil concernant la compétence judiciaire, la reconnaissance et l'exécution des décisions en matière civile et commerciale (refonte), COM (2010) 748 final.

favorisée dans l'objectif de faciliter l'adhésion de l'Union européenne à la Convention, une telle adhésion s'est effectivement réalisée par la signature de la Convention le 1er avril 2009. Par la suite[4], l'instrument d'approbation de la Convention fut déposé auprès du ministère des affaires étrangères du Royaume des Pays-Bas dépositaire de la Convention (art. 27) de sorte que la Convention est désormais en vigueur depuis le 1er octobre 2015 au sein de l'Union européenne[5].

Cette approche comparée avec le Règlement européen Bruxelles Ibis permettra par ailleurs d'envisager l'interaction possible entre les deux régimes devant les tribunaux des États européens.

Mais, outre la règlementation européenne, le droit international privé commun de la majorité des États du monde admet désormais le libre choix d'un for étatique par les parties, notamment en France depuis l'arrêt *Mardelé* en 1930[6], aux États-Unis depuis l'arrêt *The Bremen* en 1972[7]. C'est pourquoi, dans une perspective d'évaluation de l'efficacité des accords à l'aune du régime établi par la Convention de La Haye, une analyse comparée du droit commun de certains États[8] permettra de mettre en exergue l'apport de la Convention et éventuellement les améliorations apportées par rapport au régime de droit commun.

52. Sur le fond, la ligne directrice de la Convention du 30 juin 2005 est la faveur aux accords d'élection de for[9]. Cependant, on ne peut passer sous silence le manque de clarté et la complexité de la Convention quant aux conditions de validité. La relative obscurité de la convention est liée à deux facteurs. Outre le fait que les conditions de régularité des clauses d'élection de for sont disséminées dans des dispositions éparses de la Convention, la question de la validité de ces clauses n'est jamais traitée en tant que telle mais en lien tantôt avec le champ d'application de la Convention tantôt avec les effets de l'accord. Ainsi, la nullité de l'accord d'élection de for étant présentée comme une exception à l'obligation pour l'ensemble des juges susceptibles d'être confrontés à l'accord de respecter la compétence qu'il confère au juge élu[10]. Cette obscurité n'est pas satisfaisante car il s'agit de dispositions clefs pour les parties désireuses de connaître avec certitude les exigences à satisfaire pour conclure un accord d'élection de for.

53. Cela étant dit, l'examen de la validité de l'accord exclusif d'élection de for tel qu'établie par la Convention permettra d'évaluer la pertinence des

---

[4] Le 11 juin 2015.

[5] D. Bureau, H. Muir Watt, n°858-3, p. 327.

[6] Cass. civ., 19 févr. 1930, *Mardelé*, précité.

[7] *The Bremen v. Zapata Off-Shore Co*, précité.

[8] Notamment français et allemand.

[9] L. Usunier, « La Convention de La Haye du 30 juin 2005 sur les accords d'élection de for », art. préc., p. 60.

[10] *Ibid.*, p. 61.

règles édictées en la matière. En outre, cet examen permet de mettre en lumière les difficultés que suscite la mise en œuvre de ces règles tant pour les acteurs du commerce international que pour le juge amené, en cas de contentieux, à se prononcer sur la validité d'un tel accord.

54. Il y a lieu d'examiner, d'une part, la validité au fond **(Titre I)** et, d'autre part, la validité en la forme (**Titre II**).

TITRE I :

LA VALIDITÉ AU FOND

55. Les règles fondamentales de prorogation et de dérogation de compétence dans la Convention de La Haye se trouvent dans les articles 5 et 6.

Comme l'article II de la Convention de New York et l'article 25 du Règlement Bruxelles Ibis, l'article 5 de la Convention de La Haye favorise l'autonomie des parties en affirmant que le for choisi par les parties est compétent.

De même, à l'instar de la Convention de New York, la Convention de La Haye prévoit qu'un tribunal saisi peut ne pas respecter la clause d'élection de for lorsque cette clause est nulle[1]. Dans la Convention de La Haye, la détermination de la validité substantielle est régie par une règle de conflit de lois édictée par la Convention dans son article 5[2]. Cette règle de conflit exige l'application du droit de l'État du tribunal choisi dans l'accord d'élection de for. Cette même règle s'applique que la question soit abordée par le tribunal élu[3], par un tribunal non élu[4] ou par le tribunal ayant à se prononcer sur la reconnaissance et l'exécution d'un jugement du tribunal élu[5].

Cette solution a suscité des réactions divergentes au sein de la doctrine, ce qui nous invite à évaluer ce choix de politique législative à l'aune de l'objectif poursuivi par la Convention qui est le renforcement de l'efficacité des accords d'élection de for.

Il y a lieu par ailleurs d'observer que l'adhésion de principe de la Convention à la méthode conflictuelle au niveau des règles de fond n'empêchait pas d'édicter un certain nombre de règles matérielles décisives pour la validité au fond de l'accord d'élection de for. Ainsi, une première règle matérielle a trait à l'exigence, à l'instar du droit européen[6], que l'accord

[1] L'article 6 de la Convention de La Haye prévoit d'autres bases pour la non-reconnaissance d'un accord d'élection de for qui vont au-delà des bases prévues dans la Convention de New York.

[2] De même que dans l'article 6 a) et 9 a) de la Convention.

[3] Article 5 (1).

[4] Article 6 (a).

[5] Article 9 (a).

[6] Art. 25 (1) du règlement Bruxelles Ibis dispose : « Si les parties, sans considération de leur domicile, sont convenues d'une juridiction ou de juridictions d'un État membre pour connaitre des différends nés ou à naitre à l'occasion d'un rapport de droit déterminé, ces juridictions sont

d'élection de for porte sur des litiges nés ou à naître à l'occasion « d'un rapport de droit déterminé »[7]. Cette précision limite l'étendue de l'accord d'élection de for qui ne pourrait être conclu pour toutes sortes de différends susceptibles de surgir entre les parties, quelle que soit l'activité qui les fasse naître. Cette exigence a pour fondement, selon certains, d'éviter que la partie qui se trouve dans une situation de plus grande puissance économique n'impose à la partie adverse un for général déterminé[8]. Une autre opinion dans la doctrine y voit plutôt une précaution tenant à l'exercice de l'autonomie de la volonté. En effet, les parties ne pouvant envisager sereinement de se lier par un accord d'élection de for que lorsqu'elles ont une conscience précise des droits et obligations qui pourront être soumis au tribunal élu, seule hypothèse apte à leur permettre de s'engager avec toute l'information nécessaire et à porter une saine appréciation sur les risques encourus[9].

56. Outre l'exigence d'un rapport de droit déterminé, une attention particulière doit être accordée à la question de l'impact du contrat principal sur la validité de l'accord d'élection de for. Dans ce contexte, la consécration au sein de la Convention de la règle matérielle de l'autonomie de la clause d'élection de for du contrat qui la contient mérite d'être élucidée.

57. À l'examen de l'autonomie de la clause d'élection de for **(Chapitre I)** succèdera la délimitation du domaine de la règle de conflit édictée **(Chapitre II)**. Enfin, des difficultés viendront d'un autre aspect de l'examen de la validité d'un accord donné, il s'agit de la mise en œuvre de la règle de conflit applicable **(Chapitre III)**.

---

compétentes, sauf si la validité de la convention attributive de juridiction est entachée de nullité quant au fond selon le droit de cet État membre… ».

[7] Art. 3 (a) dispose « Un « accord exclusif d'élection de for » signifie un accord conclu entre deux ou plusieurs parties, qui est conforme aux exigences prévues au paragraphe c), et qui désigne, pour connaitre des litiges nés ou à naitre à l'occasion d'un rapport de droit déterminé, soit les tribunaux d'un État contractant, soit un ou plusieurs tribunaux particuliers d'un État contractant, à l'exclusion de la compétence de tout autre tribunal ».

[8] En ce sens dans le cadre de la disposition analogue du droit européen, H. Gaudemet-Tallon, M.-E. Ancel, n°156, p. 207.

[9] C. Kessedjian, « La Convention de La Haye du 30 juin 2005 », art. préc., p. 826.

CHAPITRE I :

L'autonomie de la clause d'élection de for

58. Les parties élèvent parfois un contentieux artificiel sur la validité du contrat principal pour se soustraire à la compétence du juge élu. Le moyen efficace de lutter contre ces pratiques dilatoires consiste, comme en matière d'arbitrage[1], à poser un principe d'autonomie de la clause à l'égard du rapport de droit principal de sorte que l'invalidation de ce dernier n'affecte pas directement la validité de la clause[2]. Ce principe est consacré dans l'une des dispositions les plus importantes de la Convention à savoir l'article 3 (d) qui prévoit que « un accord exclusif d'élection de for faisant partie d'un contrat est considéré comme un accord distinct des autres clauses du contrat. La validité de l'accord exclusif d'élection de for ne peut être contestée au seul motif que le contrat n'est pas valable ». Une disposition analogue est insérée dans le Règlement Bruxelles Ibis concernant le régime européen des accords d'élection de for[3]. De même, en droit international privé commun français, par un arrêt du 8 juillet 2010, *Bluebell*[4], la première chambre civile de la Cour de cassation a posé le principe de l'autonomie de la clause attributive de juridiction par rapport au contrat principal dans lequel elle s'insère. L'inspiration du droit de l'arbitrage est certaine mais l'analogie avec le droit de l'arbitrage n'est pas totale. En effet, il est depuis longtemps admis, au

---

[1] En droit français, le principe de la séparabilité ou de l'indépendance de l'accord compromissoire avait été énoncé par l'arrêt *Gosset* (Cass. civ., 7 mai 1963, *Gosset*, *JCP* 1963, II, 13405, note. Goldman ; *Rev. crit.DIP* 1963, p. 615, note Motulsky ; *JDI* 1964, p.84, note Bredin) et est désormais consacré à l'article 1447 du code de procédure civile selon lequel : « La convention d'arbitrage est indépendante du contrat auquel elle se rapporte. Elle n'est pas affectée par l'inefficacité de celui-ci ». Le principe applicable à l'arbitrage interne, l'est expressément en matière internationale par renvoi à l'article 1447 opéré par l'article 1506.

[2] M-L. Niboyet, G. De Geouffre de la Pradelle, n°432, p. 323.

[3] Article 25.5 du règlement Bruxelles Ibis dispose : « Une convention attributive de juridiction faisant partie d'un contrat est considérée comme un accord distinct des autres clauses du contrat. La validité de la convention attributive de juridiction ne peut être contestée au seul motif que le contrat n'est pas valable ».

[4] Cass. civ. 1re, 8 juillet 2010, n° 07-17.788, *Sté Bluebell Trading Company c/ R. et a*, D. 2010. 1869, obs. X. Delpech ; D. 2010. 2333, obs. L. d'Avout ; *JDI* 2011. 107, note S. Sana-Chaillé de Néré.

moins en France et dans la plupart des pays qui ont une longue pratique de l'arbitrage du commerce international, qu'il existe deux sortes d'autonomie : l'autonomie matérielle et l'autonomie juridique. Cette dernière ne se retrouve pas dans la Convention[5].

59. L'autonomie matérielle est seule prise en considération dans la Convention. Plus encore, seule une petite partie de cette autonomie est actée : c'est la survie de la clause par rapport à la nullité éventuelle du contrat. En revanche, il n'est rien dit sur la survie de la clause lorsque le contrat est caduc, expiré, résilié ou l'hypothèse plus grave où c'est son existence qui est en cause. On ne comprend pas très bien pourquoi les négociateurs se sont arrêtés en si bonne voie.

60. Afin de jeter un regard critique sur le choix législatif au sein de la Convention en faveur seulement de l'autonomie matérielle, et donc l'exclusion de l'autonomie juridique (**Section II**), il y a lieu d'abord d'analyser la consécration de l'autonomie matérielle de la clause d'élection de for (**Section I**).

SECTION I :
La consécration de l'autonomie matérielle de la clause d'élection de for

61. L'analyse du choix législatif de la Convention en faveur de l'autonomie matérielle nécessite, d'une part, de mettre l'accent sur l'opportunité de l'autonomie matérielle pour l'efficacité de l'accord d'élection de for (**§ 1**), d'autre part, il importe de déterminer la portée de cette autonomie (§ 2).

§ 1 - Opportunité de l'autonomie matérielle

62. l'efficacité d'une clause attributive de juridiction est largement tributaire de son autonomie par rapport au contrat principal dans lequel elle figure généralement. « Comme toutes les clauses du contrat, la clause d'élection de for est, en effet, a priori affectée par la nullité du contrat si celle-ci est prononcée par le juge. Il suffit donc que le litige porte sur l'un des éléments de formation du contrat pour que cette clause soit potentiellement anéantie rétroactivement par la nullité du contrat. Comment alors fonder la compétence d'un juge sur une clause qui risque de disparaître rétroactivement laissant ainsi sans fondement la désignation même de ce juge[6] » ? Dans ce

[5] C. Kessedjian, « La Convention de La Haye du 30 juin 2005 », art. préc., p. 830 ; L. Usunier, « La Convention de La Haye du 30 juin 2005 sur les accords d'élection de for », art. préc., p. 62-63.
[6] S. Sana-Chaillé de Néré, note sous Cass. civ. 1re, 8 juillet 2010, précité, p.110.

contexte, on soutient que l'assimilation de la clause d'élection de for aux autres clauses du contrat fragilise cette clause. C'est pourquoi, la doctrine a essayé de relever les spécificités de la clause d'élection de for afin de justifier que lui soit reconnue une certaine autonomie par rapport au contrat principal. À cet égard, on a relevé que la caractéristique majeure de la clause d'élection de for tient à sa nature à la fois contractuelle et procédurale. En effet, en tant que clause du contrat, son efficacité est subordonnée à l'existence d'un consentement libre et éclairé des parties à son égard, mais son objet n'est pas lié aux obligations des parties. Il a trait à la question de la détermination du juge compétent en cas de litige découlant du contrat. La nature procédurale de la clause permet ainsi de distinguer cette dernière des autres clauses du contrat. Il n'en demeure pas moins qu'en dépit de cette spécificité, on s'est interrogé sur l'utilité de la clause qui pourrait justifier qu'on lui reconnaisse une efficacité au-delà même de la nullité du contrat qui la contient. Or, cette utilité est particulièrement avérée dans l'ordre international. En effet, cette clause permet notamment, d'assurer une certaine sécurité juridique dans ce domaine où elle fait défaut. À cet égard, on a mis l'accent sur le fait que la pluralité des juges potentiellement compétents pour connaître d'un litige international expose les parties, d'une part, à une incertitude quant à la juridiction qui tranchera effectivement le litige et, d'autre part, à une incertitude quant au droit applicable au fond. Cette incertitude est préjudiciable aux acteurs du commerce international qui en définitive se trouvent à la merci du choix exercé par l'initiateur du procès[7]. Or, « par l'insertion d'une clause de juridiction, les parties sécurisent leur relation et augmentent considérablement la prévisibilité des solutions, à condition toutefois que cette clause qui attribue compétence au juge de leur choix soit réellement efficace et ne soit pas anéantie au seul prétexte d'un défaut de formation du contrat principal. Par conséquent, reconnaître à cette clause une certaine autonomie par rapport au contrat principal est la condition de son efficacité puisque, à défaut, il suffit de soulever une question relative à la validité du contrat pour la tenir en échec »[8]

Les rédacteurs de la Convention ont pris en considération cet aspect important de l'efficacité des accords d'élection de for dans la mesure où son champ d'application renferme les accords d'élection de for dans le domaine du commerce international. L'autonomie matérielle de l'accord d'élection de for y est expressément consacrée en énonçant à l'article 3 (d) que « un accord exclusif d'élection de for faisant partie d'un contrat est considéré comme un accord distinct des autres clauses du contrat. La validité de l'accord exclusif d'élection de for ne peut être contestée au seul motif que le contrat n'est pas valable ». Le choix est à cet égard judicieux et il sera sans aucun doute

[7] *Ibid.*, p. 110-111.
[8] *Ibid.*, p. 111.

largement approuvé. Cette consécration de l'autonomie matérielle de l'accord d'élection de for correspond par ailleurs à l'état du droit européen en la matière. En effet, c'est d'abord la Cour de justice de l'Union européenne qui, dans son arrêt *Benincasa*[9] sous l'empire de la Convention de Bruxelles du 27 septembre 1968, prenait position sur la compétence du juge élu pour connaître de la nullité du contrat principal, consacrant l'autonomie matérielle de la clause attributive par rapport au contrat principal. Les arguments qui président à cette décision sont notamment de rendre compte de l'objet essentiellement procédural de la clause attributive de juridiction et d'en assurer l'efficacité en la soustrayant au sort des autres clauses contractuelles exposées à la nullité du contrat. La recherche de la sécurité juridique est là encore la raison majeure avancée pour défendre l'autonomie de la clause de juridiction. Cette autonomie fondée sur l'article 17 de la Convention de Bruxelles a été mise en œuvre par la Cour de cassation française de manière très explicite dans un arrêt du 19 mars 2002 à l'occasion duquel elle énonce que : « la juridiction d'un État contractant désignée par une clause conforme à la disposition précitée [l'article 17 de la Convention de Bruxelles] est exclusivement compétente même pour les actions tendant à contester la validité du contrat »[10].

C'est ensuite le législateur européen qui a entériné ce principe d'autonomie matérielle dans le Règlement Bruxelles I bis[11].

63. La consécration par la Convention de La Haye du principe de l'autonomie matérielle de l'accord d'élection de for mérite par ailleurs d'être précisée du point de vue de la portée qui peut lui être reconnue.

§ 2 - Portée du principe d'autonomie matérielle

64. La question se pose de savoir si l'autonomie de la clause d'élection de for ne joue que face à la nullité alléguée du contrat principal ou si elle joue de manière plus vaste face à la résolution du contrat ou à son inexistence par exemple. L'article 3 (d) de la Convention ne semble a priori envisager que la nullité puisqu'il parle de l'invalidité du contrat principal[12]. Cependant, plusieurs arguments militent en faveur de la reconnaissance d'une portée large au principe de l'autonomie matérielle de l'accord d'élection de for.

D'abord, l'autonomie matérielle est un premier pas dans la réalisation de la garantie de l'efficacité des accords d'élection de for. Or, il s'agit de l'objectif ultime du régime établi par la Convention de La Haye, ce qui

---

[9] CJCE, 3 juillet 1997, aff. C-269/95, *Benincasa*, Rec. 1997, I-3767, point 32 ; *JDI* 1998.586, note J.M. Bischoff.

[10] Cass. civ. 1re, 19 mars 2002, *JCP* 2002, II, 10199, note Guez.

[11] Art. 25 (5) du Règlement Bruxelles Ibis.

[12] Art. 3 (d) dispose : « … La validité de l'accord exclusif d'élection de for ne peut être contestée au seul motif que le contrat n'est pas valable ».

autorise de conférer une portée large à ce principe d'autonomie. L'accord d'élection de for ne résiste pas à la seule nullité du contrat, mais aussi aux autres formes d'inefficacité qui sont notamment la résolution, la caducité et l'inexistence.

Ensuite, étant donné, d'une part, la similitude entre le texte de la Convention et les dispositions communautaires en la matière et, d'autre part, l'adhésion de l'Union européenne à la Convention de La Haye, l'interprète pourra trouver dans la position de la Cour de justice un moyen d'interprétation utile des dispositions concernées de la Convention. En effet, la Cour de justice de l'Union européenne énonce dans l'arrêt *Benincasa*[13] que la juridiction désignée par une clause attributive de compétence est « exclusivement compétente lorsque l'action vise *notamment* à faire constater la nullité du contrat qui contient ladite clause »[14]. En utilisant l'adverbe « notamment », la Cour de justice de l'Union européenne indique explicitement que l'action en nullité n'est pas la seule à faire jouer le principe d'autonomie de la clause de juridiction[15].

Enfin, une approche comparée avec l'état du droit international privé commun français tel qu'il se dégage de l'arrêt *Bluebell*[16] peut fournir un argument supplémentaire pour adopter une interprétation large des dispositions de la Convention. Dans ce contexte, un alignement du droit conventionnel sur le droit commun (ici français) permettra d'assurer l'uniformité du régime des clauses attributives de juridiction qui restent, comme c'est le cas du droit français, soumises à une diversité de régimes selon qu'elles relèvent du droit commun, communautaire ou conventionnel. La Cour de cassation dans l'arrêt *Bluebell* choisit le terme générique d'inefficacité du contrat plutôt que celui de nullité, ce qui témoigne d'une volonté de donner au principe la portée la plus large : la clause attributive de juridiction ne résiste pas à la seule nullité du contrat, mais aussi aux autres formes d'inefficacité qui sont notamment la résolution, la caducité et l'inexistence. Certes, une hésitation peut être admise à propos de l'extension du principe à l'hypothèse de l'inexistence car dans une vision étroite une clause de juridiction incluse dans un contrat qui n'a jamais existé n'existe sans doute pas elle-même. Mais, outre le fait qu'il serait sans doute dommage de faire ici une différence sérieuse entre nullité et inexistence alors même que dans le cadre des droits qui connaissent ces deux notions, notamment le droit français, cette différence est en pratique très ténue, force est de constater qu'en matière de clause compromissoire, en droit français, l'autonomie est désormais admise face à l'inexistence du contrat comme face à sa nullité[17]. Il est donc peu probable

---

[13] CJCE, 3 juill. 1997, aff. C-269/ 95, *Benincasa*, précité.

[14] *Ibid.*, point 32.

[15] S. Sana-Chaillé de Néré, note sous Cass. civ. 1re, 8 juillet 2010, précité, p. 112.

[16] Cass. civ. 1re, 8 juillet 2010, précité.

[17] Cass. civ. 1re, 25 octobre 2005, D. 2005, p. 3052, obs. Clay.

qu'en adoptant expressément un concept plus large que celui de nullité, la Cour de cassation ait entendu en exclure l'inexistence du contrat[18]. L'arrêt devrait au contraire être interprété comme conférant au principe d'autonomie la portée la plus large.

Il découle de tous ces arguments que l'autonomie de la clause dans le cadre de la Convention de La Haye, à l'instar du régime de droit commun français et du droit européen, devrait s'étendre aux contestations sur l'existence, la caducité, la résiliation ou la résolution du contrat principal[19].

Cette autonomie matérielle avec la portée assez large qui lui est attribuée permet à la clause attributive de juridiction d'occuper une place originale dans le contrat puisqu'elle en est à la fois partie intégrante et partie autonome. Tout en étant incluse dans l'accord des parties, elle ne souffre pas pour autant de l'inefficacité alléguée du contrat. Elle bénéficie partant d'un statut spécifique qui est garant de sa propre efficacité.

65. S'agissant de l'autonomie juridique, celle-ci n'est pas reconnue par la Convention[20] puisque la méthode conflictuelle adoptée par la Convention conduit à rattacher la clause à un ordre juridique étatique déterminé.

SECTION II :
l'exclusion de l'autonomie juridique

66. Seule l'autonomie matérielle est consacrée par la Convention de La Haye. Il en est de même du règlement européen. De ce point de vue, la différence avec les clauses d'arbitrage demeure sensible. En effet, en matière d'arbitrage, la validité de la clause d'arbitrage international est indépendante par rapport au contrat principal dont la nullité ne l'affecte pas. Il s'agit précisément de l'autonomie matérielle, mais elle est aussi indépendante par rapport à toute loi nationale. Il s'agit du principe de l'autonomie juridique. Or, si l'autonomie matérielle de la clause attributive de juridiction est désormais acquise, sa validité au fond n'échappe pas à l'emprise des droits nationaux à travers la règle de conflit édictée en la matière.

À cet égard, l'état du droit issu de la Convention en la matière diffère de l'évolution de l'autonomie de la clause d'élection de for en droit commun français qui s'oriente vers une autonomie à la fois matérielle et juridique de l'accord d'élection de for (**§ 1**). En outre, la non-reconnaissance par la

---

[18] En ce sens, v. not. S. Sana-Chaillé de Néré, note sous Cass. civ. 1re, 8 juillet 2010, précité, p. 112-113.

[19] M-L. Niboyet, G. De Gouffre de la Pradelle, n° 432, p.323.

[20] B. Audit, « observations sur le Convention de La Haye », art. préc., p.173 et p. 184 ; A. Bucher, « La Convention de La Haye », art. préc., p. 38-40 ; C. Kessedjian, « La Convention de La Haye du 30 juin 2005 », art. préc., n°35, p. 830.

Convention de La Haye de l'autonomie juridique a été un choix controversé (**§ 2**).

§ 1 - L'évolution de l'autonomie de la clause d'élection de for en droit commun français

67. En droit international privé commun français, l'affirmation du principe d'autonomie de la clause attributive de juridiction par rapport au contrat principal (**A**) paraît se conjuguer avec l'orientation de la jurisprudence française vers l'élaboration de règles matérielles régissant la validité des clauses attributives de juridiction sans recherche de la loi applicable à ces dernières, autrement dit, vers une autonomie juridique de ces clauses (**B**). Par conséquent, cette évolution tend à assurer une autonomie à la fois matérielle et juridique de la clause qui s'apparente sans se confondre au régime des clauses compromissoires en matière d'arbitrage.

A - Principe d'autonomie de la clause attributive de juridiction par rapport au contrat principal

68. Le principe a fait l'objet d'une consécration jurisprudentielle explicite dans l'arrêt *Bluebell*[21]. Il s'agissait en l'espèce d'un litige opposant une société à sa banque à propos d'une convention de compte dont l'exécution semble s'être soldée par une dissipation presque totale des actifs. L'affaire est portée par la société Bluebell devant le tribunal de grande instance de Paris mais la banque soulève une exception d'incompétence au profit des juridictions monégasques sur le fondement d'une clause attributive de juridiction insérée dans le contrat. La cour d'appel de Paris accueille cette exception d'incompétence en dépit de la prétendue nullité de la convention de compte qui la contient. C'est ce qui provoque le pourvoi. Celui-ci avance un certain nombre d'arguments dont notamment que la nullité du contrat empêche la clause attributive de juridiction de produire effet. Pour la première fois, la Cour de cassation a énoncé un principe d'autonomie de la clause par rapport au contrat principal dans lequel elle s'insère et en a déduit que la nullité potentielle du contrat n'affecte pas la clause de désignation du juge compétent. Cet arrêt transpose à la clause attributive de juridiction le principe de séparabilité matérielle plus souvent dit d'autonomie de la clause compromissoire de longue date admis pour les conventions d'arbitrage[22]. La Cour juge que « *une clause attributive de compétence, en raison de son autonomie par rapport à la convention principale dans laquelle elle s'insère,*

---

[21] Cass. civ. 1re, 8 juillet 2010, n° 07-17.788, *Sté Bluebell Trading Company c/ R. et a*, précité.

[22] L. d'Avout, note sous Cass. civ. 1re, 8 juillet 2010, n° 07-17.788, *Sté Bluebell Trading Company c/ R. et a*, D. 2010.2333.

n'est pas affectée par l'inefficacité de cet acte ». En d'autres termes, même si le contrat litigieux est argué de nullité comme c'était le cas en l'espèce, la clause d'élection de for n'est pas rendue inefficace pour autant (en quelque sorte par anticipation) et joue son rôle normalement. Elle fonde donc la compétence du juge élu même si, in fine, ce juge peut être amené à prononcer la nullité du contrat qui la contient[23].

69. L'énoncé du principe d'autonomie matérielle de la clause d'élection de for est un pas important dans la construction du régime de validité de cette dernière. Cependant, ce pas doit être complété par d'autres réponses tout aussi indispensables à la sécurité juridique qui doit entourer la désignation anticipée du juge compétent. Une attention particulière doit être accordée à la détermination de la loi applicable à la validité de cette clause. Dans ce cadre, une évolution remarquable de la jurisprudence française permet de présager un alignement du régime des clauses attributives de juridiction sur celui des conventions d'arbitrage en ouvrant la voie à l'affirmation de l'autonomie juridique de ces clauses.

B - Vers une autonomie juridique

70. Il ne faudrait pas déduire de l'autonomie de la clause par rapport au contrat dans lequel elle s'insère que la clause d'élection de for est valable, en quelque sorte, par elle-même. Autrement dit, elle n'est pas un contrat sans loi inséré dans le contrat principal soumis, lui, à la lex contractus[24]. Même si la clause d'élection de for n'est pas affectée par l'inefficacité du contrat principal, elle n'en demeure pas moins soumise à des conditions de validité. La question est alors de savoir quelle loi détermine ces conditions.

71. L'arrêt *Compagnie de signaux et d'entreprises électriques* rendu le 17 décembre 1985[25] et autorisant les clauses attributives de juridiction dans l'ordre international aurait pu être l'occasion pour la Cour de cassation d'y répondre clairement. Tel n'était pas vraiment le cas car l'arrêt n'était, ni explicite (on ne sait pas précisément à quel titre le droit français est appliqué) ni complet (seule la question de la licéité est envisagée).

72. La jurisprudence postérieure à l'arrêt *Compagnie de signaux et d'entreprises électriques* paraissait maintenir une solution de nature conflictuelle quant à la détermination de la validité de la clause d'élection de for[26].

---

[23] S. Sana-Chaillé de Néré, note sous Cass. civ. 1re, 8 juillet 2010, n°07-17. 788, *Sté Bluebell Trading Company c/ R. et a, JDI* 2011. 107, spéc. p. 108.

[24] *Ibid.*, p. 114.

[25] Cass. civ. 1re, 17 déc. 1985, Compagnie de signaux et d'entreprises électriques, *Rev.crit. DIP* 1986. 537, note H. Gaudemet-Tallon ; D. 1986. Somm. p. 265, obs. B. Audit.

[26] Cass. civ. 1re, 3 décembre 1991, *Rev. crit. DIP* 1992. 340, note H. Gaudemet-Tallon.

Ainsi, l'arrêt de la Cour de cassation du 3 décembre 1991[27] a donné quelques indications sur cette épineuse question de la loi applicable à la clause attributive de juridiction. En l'espèce, une clause attributive de juridiction aux tribunaux indiens figurait dans un connaissement émis à Anvers par une société indienne, transporteur, à l'ordre d'une société belge agissant pour le compte d'une société française. La marchandise devant être transportée d'Anvers à Bombay, mais chargée « en pontée », elle est perdue en cours du voyage. Onze compagnies d'assurances françaises assignent alors en France la société indienne laquelle oppose la clause contenue dans le connaissement et attribuant compétence aux juridictions indiennes. L'exception d'incompétence est accueillie par les premiers juges, solution confirmée par la Cour d'appel de Paris le 8 novembre 1989. Les assureurs formaient alors un pourvoi. La question discutée était celle de l'acceptation de la clause par le chargeur. La Cour de Paris avait estimé que le connaissement étant soumis à la loi belge, c'était également la loi belge qui permettrait de dire si la clause attributive de juridiction avait été acceptée par le chargeur. Et la Cour d'appel avait jugé qu'en l'espèce « le connaissement ayant été, sinon signé au recto, du moins endossé par le chargeur, celui-ci devait être considéré, au regard du droit belge, comme ayant accepté la clause dont il n'avait pu ignorer l'existence en raison notamment de sa qualité de professionnel averti et du caractère usuel d'une telle clause dans les contrats de transport maritime ». Le pourvoi soutient, d'une part, que seule la loi française était compétente pour apprécier la validité de l'acceptation, « la loi française décidant seule si une clause peut fonder ou écarter la compétence des tribunaux français » et, d'autre part, qu'à supposer même que la loi belge eut été applicable, la Cour d'appel n'avait pas relevé concrètement les éléments permettant de déduire que le chargeur avait bien accepté la clause.

Dans cette affaire, la Cour de cassation prend soin de préciser, d'une part, que n'était pas en cause la licéité de la clause. Dissociant ainsi, licéité et validité de la clause, la Cour paraît implicitement admettre que la licéité (non contestée) relevait du droit du for, d'autre part, la Cour de cassation pense ne pas devoir soumettre systématiquement licéité et validité de la clause à la même loi.

La question posée étant la détermination de la loi applicable à l'acceptation de la clause par le chargeur, la Cour a énoncé que « la loi française n'avait pas, en tant que loi du for, vocation nécessaire ou exclusive à régir la validité en la forme ou au fond de la clause… ». Par conséquent, la Cour affirme que la lex fori n'a pas de vocation particulière pour régir la validité en la forme ou au fond de la prorogation conventionnelle de compétence. Reste que quant à la détermination positive de la loi applicable, la Cour de cassation se borne à constater que la clause était contenue dans un connaissement émis à l'étranger

[27] *Ibid.*

(Belgique), connaissement « soumis soit à sa loi propre, soit à la loi belge en tant que loi du lieu d'émission, soit à la loi indienne stipulée applicable au contrat de transport » et approuve la Cour d'appel d'avoir appliqué la loi belge « applicable aux conditions de forme du connaissement ». Ce faisant, la Cour de cassation ne décidait pas expressément de la loi qui régirait la validité au fond de la clause attributive de juridiction. En se bornant à indiquer que le connaissement pouvait être soumis à une loi propre ou à la loi belge du lieu d'émission, ou à la loi indienne régissant le contrat de transport, voudrait-elle dire que la validité au fond de la clause incluse dans un connaissement est nécessairement soumise à la loi du connaissement ? Cette lecture est possible mais n'est pas certaine[28]. La Cour paraît donc raisonner en termes de conflit de lois et soumet la validité en la forme de la clause à la règle *locus regit actum*, semblant par ailleurs se référer à la loi d'autonomie pour le fond[29].

73. Dans l'arrêt susmentionné, la Cour de cassation française indiquait clairement que les conditions de forme du connaissement relevaient de la loi belge et en déduisait le bien-fondé de l'application de la loi belge à la question de l'acceptation par le chargeur. Elle rangeait donc ce point dans la catégorie des règles de forme. Cette qualification est tout à fait concevable. En ce sens, savoir si le chargeur doit ou non avoir signé le connaissement peut être qualifié de question de forme. Toutefois, si on admet que la question n'est pas de savoir si le chargeur devait ou non signer le connaissement mais plutôt s'il a ou non consenti à la clause attributive de juridiction alors la qualification de règle de fond devrait l'emporter. L'hésitation est permise : l'exigence d'acceptation de la clause par le chargeur serait une règle de fond tandis que l'exigence de signature du connaissement serait une règle de forme[30]. En l'espèce, le débat était sans doute de peu de portée car la loi belge paraissait pouvoir être compétente qu'il s'agisse d'une question de fond (en tant que loi d'autonomie) ou d'une question de forme (en tant que loi du lieu d'émission du connaissement). Dans d'autres affaires, la loi peut être différente selon la qualification retenue et le débat ne peut pas être dépourvu de conséquences pratiques importantes.

74. Il semble toutefois que la jurisprudence[31] spécialement fournie en droit maritime en raison de la fréquence des clauses de juridiction dans cette matière s'oriente vers l'élaboration de règles matérielles définissant directement le régime des clauses attributives de juridiction sans recherche de loi applicable[32]. Pour la nullité d'une clause par référence aux conditions

---

[28] H. Gaudemet-Tallon, note sous Cass. civ. 1re, 3 décembre 1991, *Rev. crit. DIP* 1992. 340, spéc. p. 342-343.

[29] *Ibid.*, p. 344.

[30] H. Gaudemet-Tallon, note préc.,. p. 343.

[31] V. not. Cass. civ. 1re, 30 Juin 1992, D. 1994. 169, note Ph. Guez ; Cass. civ. 1re, 16 février 1999, *JCP* 1999. II. 10162, note B. Fillion-Dufouleur.

[32] M-L. Niboyet, G. De Geouffre de la Pradelle, n°431, p. 322-323.

générales de l'une des parties, la Cour de cassation dans un arrêt du 30 juin 1992 affirme que « la connaissance éventuelle par l'une des parties, à l'occasion d'opérations antérieures, des conditions générales de l'autre partie contenant une clause de juridiction ou la connaissance de l'existence d'une telle clause dans des documents étrangers à l'opération litigieuse ne suffit pas, même en cas de relations d'affaires suivies, à lui rendre opposable cette clause si le contrat n'y fait aucune référence, directement ou indirectement ; que c'est donc à juste titre que la Cour d'appel a encore écarté la clause de juridiction figurant de manière générale sur les documents commerciaux de la société Verdol »[33]. La Cour semble se prononcer sans effort manifeste de détermination de la loi applicable à la validité de la clause et la question de la validité de la clause semble désormais résolue selon des principes matériels définis par l'ordre juridique français sans même passer par le relais classique de la règle de conflit[34].

De même, dans un arrêt du 16 février 1999[35], la Cour de cassation approuvant la décision de la Cour d'appel a jugé que « la Cour d'appel, qui a relevé qu'une clause attributive de compétence aux juridictions tunisiennes était stipulée dans le « cahier des prescriptions générales » gouvernant les relations des parties et auquel se référaient les documents contractuels, en a justement déduit que la société française avait eu connaissance de cette clause et l'avait acceptée »[36]. La Cour de cassation confirme ainsi la position qu'elle avait prise dans l'arrêt précédemment cité[37]. En effet, bien que contenue dans

---

[33] Cass. civ. 1re, 30 juin 1992, D. 1994. 169, note Ph. Guez.

[34] D. Bureau, H. Muir Watt, n°859, p. 329.

[35] Cass. civ. 1re, 16 février 1999, précité.

[36] En l'espèce, l'office des céréales de Tunisie (OFIBLE) lançait en juillet 1994 un appel d'offres pour l'achat d'une importante quantité de blé. L'appel d'offres précisait que les conditions du marché seraient celles du cahier des prescriptions générales du 16 janvier 1988. La société française Recocer, qui avait déjà soumissionné par le passé des appels d'offres lancés par OFIBLE, fut déclarée adjudicataire. En suite de quoi était signé un contrat de livraison entre les deux parties. Ledit contrat renvoyait au cahier des prescriptions générales établi par OFIBLE. Pour une raison qui tiendrait à ce que l'acheteur n'aurait pas mis en place la garantie de bonne exécution demandée par le vendeur, ce dernier n'expédia pas la marchandise dans les délais convenus. OFIBLE décida alors d'appeler la garantie à première demande souscrite à son profit. Entre temps, la société Recocer s'adressait au tribunal de commerce de Paris pour qu'il prononce la résolution de la vente aux torts de l'acheteur ; OFIBLE souleva alors l'incompétence des juridictions françaises sur le fondement d'une clause contenue dans le cahier des prescriptions générales désignant, à défaut d'un règlement amiable, les juridictions tunisiennes pour connaitre de tout litige pouvant survenir entre l'acheteur et le vendeur. Le tribunal, aux motifs que la preuve de la communication du cahier dans lequel était inscrite la clause donnant compétence aux juridictions tunisiennes n'était pas rapportée, rejeta le déclinatoire de compétence présenté par OFIBLE. Ce dernier forma un contredit devant la Cour d'appel de paris. Par arrêt en date du 26 juin 1996, la cour déclara le contredit recevable. Dans le moyen unique à l'appui de son pourvoi, la société Recocer fit valoir qu'en ne caractérisant pas « une acceptation expresse, volontaire et sans équivoque » de la clause attributive de juridiction, « la cour d'appel avait privé sa décision de fondement légal au regard des articles 14 et 1134 du code civil ensemble l'article 48 NCPC ».

[37] Cass. civ. 1re, 30 juin 1992, précité.

un document annexe, une clause de prorogation de compétence n'en n'est pas moins valide s'il est établi que la partie à qui elle est opposée en a eu connaissance. Cette confirmation reprend par ailleurs l'exigence alors formulée selon laquelle il est nécessaire que « les documents contractuels » fassent référence au document contenant la clause.

Un autre élément important dans l'arrêt du 16 février 1999 a trait au fondement juridique avancé par la Cour pour asseoir sa solution. À cet égard, la Cour ne fait aucune référence à l'article 48 du NCPC[38] lequel stipule que la clause attributive de juridiction doit « avoir été spécifiée de façon très apparente dans l'engagement de la partie à qui elle est opposée » alors que ce texte avait été visé par le demandeur dans son pourvoi.

La raison d'être du formalisme de l'article 48 est évidente. La clause n'est opposable qu'à celui dont il est établi avec certitude qu'il l'a connue. C'est d'ailleurs cet argument qui avait conduit le tribunal de commerce de Paris à déclarer en l'espèce la clause inopposable. Or, ce formalisme peu habituel dans les rapports entre commerçants pose un problème spécifique dans les hypothèses où, comme en l'espèce, la clause de prorogation de compétence ne figure pas « dans l'engagement de la partie à qui elle est opposée » mais dans des documents annexes. C'est pourquoi l'attitude des tribunaux face au formalisme de l'article 48 est variable. Notamment, l'application stricte de l'article 48 est loin d'être générale. Certaines décisions, tenant compte de la qualité de « professionnels » des parties, interprètent le texte avec souplesse ; plus encore, d'autres décisions ne font pas allusion à l'article 48, voire le déclarent ouvertement inapplicable en matière de contrat international. C'est à cette dernière catégorie qu'appartient l'arrêt de la Cour d'appel de Paris dans cette espèce confirmé par la Cour de cassation. L'essentiel pour la Cour est la preuve rapportée de la connaissance de la clause. La Cour semble ainsi adopter une règle matérielle fixant cette solution dans le domaine de la clause de prorogation de compétence internationale par référence[39].

Par ailleurs, la connaissance de la clause n'est pas suffisante, encore faut-il que celle-ci ait été acceptée pour produire ses effets. Cette question n'offre pas de difficulté lorsque la clause est contenue dans le document contractuel : l'acceptation de celui-ci vaut acceptation de la clause. Le problème ne se pose vraiment que si le document en question, comme en l'espèce, n'a pas été accepté formellement : peut-on alors se contenter d'une acceptation tacite. La solution adoptée par la Cour de cassation paraît relever de la théorie du silence circonstancié. En effet, si le silence à lui seul ne saurait valoir consentement, il en va autrement lorsqu'il peut être éclairé par les circonstances qui

---

[38] L'article 48 du code de procédure civile français dispose : « Toute clause qui, directement ou indirectement, déroge aux règles de compétence territoriales est réputée non écrite à moins qu'elle n'ait été convenue entre des personnes ayant toutes contractées en qualité de commerçants et qu'elle n'ait été spécifiée de façon très apparente dans l'engagement de la partie à qui elle est opposée ».
[39] B. Fillion-Dufouleur, note sous Cass. civ. 1re, 16 février 1999, *JCP* 1999. II. 10162, spéc. p. 1688.

l'entourent. Ainsi, en l'espèce, dans la mesure où il était établi que la partie prétendant ne pas avoir accepté expressément la clause était un « professionnel averti et de surcroit en relation d'affaires suivies avec l'autre partie depuis plusieurs années, la Cour considère qu'elle ne pouvait ignorer la clause et en déduit qu'elle l'a accepté, mais aux conditions posées par la Cour pour établir la connaissance de la clause, y compris le fait qu'il soit fait référence aux conditions générales contenant la clause dans les documents contractuels.

Cette orientation de la jurisprudence française paraît consolidée par un arrêt récent de la Cour de cassation dont l'apport est considérable tant sur le plan de la méthode que sur celui des critères d'appréciation du consentement à la clause attributive de juridiction[40].

Les faits de l'espèce se résument au fait que « un expéditeur avait confié à une autre société de droit français (SDV LI) l'organisation d'un transport de marchandises depuis la France jusqu'au Qatar. S'agissant en particulier de l'acheminement terrestre du port de Doha jusqu'à destination, pour lequel la société SDV LI s'était substitué une autre société (Qatar navigation), un accident survint au cours de ce transport entrainant la chute d'une partie de la marchandise. L'expéditeur assigna alors devant un tribunal de commerce français la société (SDV LI) en sa qualité de commissionnaire de transport tandis que cette dernière appelait en garantie la société Qatar navigation. Celle-ci souleva cependant une exception d'incompétence au motif que ses conditions générales standards contenaient une clause attribuant compétence exclusive aux tribunaux qataris. Avec succès, puisque la Cour de Versailles puis la Cour de cassation accepta de faire produire ses effets à cette clause attributive de juridiction[41] ».

La solution de la Cour de cassation, en l'espèce, est qualifiée par M. D. Bureau comme étant pragmatique, d'abord sur le plan méthodologique[42]. L'appréciation de la validité de la clause s'est faite selon des principes matériels sans recourir à une quelconque loi étatique. La Cour énonce « la clause attributive de juridiction contenue dans les conditions générales auxquelles renvoie le contrat est opposable à un commissionnaire, acteur important du secteur du transport, qui conclut des contrats dans lesquels il est d'usage que ses partenaires commerciaux étrangers fassent figurer des clauses attributives de compétence, dès lors que son cocontractant lui a présenté un devis sur lequel il est stipulé que les termes et conditions applicables sont ceux de ses conditions générales dont copie était disponible sur demande, que le contrat fait directement référence à ces conditions générales qui contiennent la clause attributive de compétence laquelle est expressément et clairement stipulée et que ce commissionnaire qui a mis près de trois mois à réception du

---

[40] Cass. com., 21 février 2012, *Rev. crit. DIP* 2012. 630, note D. Bureau.
[41] D. Bureau, note sous Cass. com., 21 février 2012, p. 633.
[42] *Ibid.*, p.634.

devis pour le signer ne prétend pas qu'il ne lui a pas été possible, contrairement aux stipulations contractuelles, de prendre connaissance des conditions générales en cause ».

La solution est également qualifiée par M. D. Bureau de pragmatique, sur le plan substantiel[43]. En effet, l'auteur précise que s'agissant de la connaissance par le commissionnaire de la clause attributive de juridiction, la Cour se prononce sur le fondement d'un faisceau d'indices estimés convergents. Parmi ceux-ci, il est relevé que la société défenderesse étant un acteur important du secteur du transport, elle organisait pour ses clients des transports internationaux et concluait des contrats dans lesquels il est d'usage que ses partenaires commerciaux fassent figurer des clauses attributives de compétence[44]. Il est en outre constaté que le contrat faisait référence à des conditions générales contenant la clause attributive de compétence expressément et clairement stipulée. Il est enfin fait valoir que la société qatarie avait présenté un devis sur lequel il était stipulé que les termes et conditions applicables étaient ceux contenus dans ses conditions générales dont copie était disponible sur demande, autrement dit, pour les connaître, il suffisait de les demander… d'autant qu'après la réception du devis, trois mois avaient été nécessaires pour le signer et que la société commissionnaire ne prétendit jamais par la suite qu'il ne lui était pas possible de prendre connaissance de ces conditions générales. Sous-jacent, un devoir de se renseigner qui est mis à la charge du professionnel et contribue à fonder la solution[45]. De ces indices, la Cour a déduit qu'il n'aurait pas été impossible à la société (SDV LI) de prendre connaissance de la clause attributive de compétence qu'elle ne devait même pas ignorer.

75. L'apport de l'arrêt est également important quant à l'appréciation du consentement à la clause. Certes, la Cour à travers un faisceau d'indices conclût à la connaissance par le commissionnaire de la clause mais la doctrine s'interroge sur la question de savoir si on peut admettre en conséquence qu'il y avait consenti ?[46]. En effet, l'efficacité de la clause impose de vérifier en premier lieu le consentement des parties. Or, « ce consentement défini comme « une rencontre de deux volontés »[47] ne saurait résulter de la seule référence aux conditions générales dans le contrat »[48]. À titre comparé, on a pu affirmer naguère au sujet de la clause compromissoire par référence que « son efficacité suppose que le contractant auquel on oppose ces documents annexes ait eu connaissance de leur intégration dans le corps du contrat et qu'il ait eu

---

[43] *Ibid.*

[44] *Ibid.*

[45] *Ibid.*

[46] *Ibid.*

[47] J. Carbonnier, *Droit civil*, Vol. II, PUF, coll. Quadrige, 2004, p. 1973.

[48] D. Bureau, note sous Cass. com., 21 février 2012, préc., p.634.

la possibilité effective d'en découvrir le contenu »[49]. Ainsi, pour démontrer le consentement des parties au document annexe contenant une clause compromissoire, « il suffit d'établir que son contenu a été porté à leur connaissance au moment de la conclusion du contrat ou qu'elles en avaient alors nécessairement connaissance, notamment en raison de son caractère usuel dans le secteur d'activité où les parties interviennent »[50].

Cependant, en l'espèce, le consentement est essentiellement déduit des circonstances objectives de la cause qui auraient dû conduire une société spécialisée dans l'organisation de transports à se douter de l'existence d'une telle clause en raison de sa qualité de professionnelle et des stipulations du contrat et qui, obligée de se renseigner, ne pouvait dès lors se retrancher derrière son absence de volonté exprimée en faveur de son acceptation[51]. La jurisprudence française parait ainsi s'éloigner d'une approche purement volontariste de l'échange des consentements et adopte un consentement objectivé en la matière[52].

De cette jurisprudence se laisse découvrir les signes assez tangibles d'une autonomie juridique moins formellement exprimée mais assez vraisemblablement consacrée elle aussi.

76. La méthode des règles matérielles de validité des clauses attributives de juridiction est approuvée par une partie de la doctrine, notamment MM. M-L. Niboyet et G. de Geouffre de la Pradelle considèrent que cette méthode correspond mieux à l'objectif de sécurité juridique que requièrent ces clauses[53]. De telles règles matérielles tendant à se généraliser dans tous les systèmes juridiques, à l'instar des règles favorisant la validité et l'efficacité des clauses d'arbitrage. En outre, cette méthode évite les difficultés de qualification des questions relatives à l'acceptation de la clause qui se situent à l'interface de l'existence du consentement à la clause (condition de fond) et de l'extériorisation de ce consentement (condition de forme). Elle permet enfin d'adapter les solutions du droit interne aux usages du commerce international[54]. C'est le cas notamment de l'exigence particulière de l'article 48 du code de procédure civile français qui exige que la clause « ait été spécifiée de façon très apparente dans l'engagement de la partie à qui elle est opposée ». Destinée à protéger chaque partie contre une manœuvre possible de l'autre, M. Mayer estime que cette condition de forme doit être

---

[49] B. Oppetit, « la clause arbitrale par référence », *Rev. Arb.* 1990. p. 551, spéc. p. 557.

[50] Ch. Seraglini, in J. Béguin et M. Menjucq (dir), *Droit du commerce international*, LexisNexis, 2e éd. 2011, spéc. n°1800, cité par D. Bureau, note sous Cass. com., 21 février 2012, préc., p. 635.

[51] D. Bureau, note sous Cass. com., 21 février 2012, préc., p. 635.

[52] *Ibid.*

[53] M-L. Niboyet, G. De Geouffre de la Pradelle, n°431, p. 322-323. Rappr. H. Gaudemet-Tallon, note sous Cass. civ. 1re, 3 décembre 1991, préc., p. 344.

[54] M-L. Niboyet, G. De Geouffre de la Pradelle, n°431, p. 323.

étendue à la matière internationale mais nécessite une adaptation dans le sens de la souplesse pour tenir compte des usages du commerce international[55].

Mais tout en considérant qu'une telle méthode est bienvenue, certains auteurs n'excluent pas le soutien d'une loi étatique pour en compléter les conditions de validité. Ainsi, MM. M-L Niboyet et G. De Gouffre de la Pradelle considèrent qu'il faut laisser sous l'empire de la loi de la clause les conditions de fond relatives à l'intégrité du consentement. Il est difficile selon ces auteurs de forger une réglementation matérielle suffisamment précise pour couvrir tous les cas de figure possibles, sauf à faire de la vérification du consentement des parties une question purement factuelle dépendant de la libre appréciation des juges[56].

77. L'orientation de la jurisprudence française vers la méthode des règles matérielles dans l'examen de l'efficacité de la clause attributive de juridiction a certes des avantages indéniables dans la mesure où elle assurera l'uniformité dans l'appréciation de cette dernière. Cependant, son aptitude à faire face à toutes les questions que soulève cette efficacité peut être mise en doute.

Certes, l'analyse du consentement des parties à la clause peut être conduite, comme l'a déjà amorcé la jurisprudence française dans certains arrêts, à travers la méthode des règles matérielles. Ceci a notamment la vertu, comme l'a souligné certains auteurs, d'éviter les difficultés de qualification des questions relatives à l'acceptation de la clause. Mais cette méthode reste inapte à faire face, du moins en l'état actuel du droit, aux questions que soulève la vérification de l'intégrité du consentement ainsi qu'à d'autres problèmes affectant la validité de la clause tel que celui de la capacité juridique des parties, ce qui ne peut empêcher le retour aux droits nationaux. Reste que la détermination de la loi applicable surgit de nouveau devant l'ambiguïté de l'état du droit commun français en la matière.

§ 2 - La non-reconnaissance de l'autonomie juridique : un choix controversé

78. La non-reconnaissance par la Convention de La Haye de l'autonomie juridique de l'accord d'élection de for a suscité la critique[57]. M. Audit a fait observer que la référence au droit du tribunal élu risque de soulever des complications et des hésitations que suscite la détermination même d'une règle de conflit en matière de prorogation volontaire de juridiction, lesquelles sont susceptibles de faire préférer dans un État donné la voie de règles matérielles[58]. En effet, le fait que l'on s'accorde sur ce qui est recherché, à savoir l'assurance

[55] P. Mayer, V. Heuzé, B. Remy, n°315.
[56] M-L. Niboyet, G. De Geouffre de la Pradelle, n°432.
[57] *Ibid.*
[58] B. Audit, « observations sur le Convention de La Haye », art. préc., p. 183-184.

d'un consentement effectif et exempt de vice, autorise à résoudre une contestation éventuelle comme une question de fait sans référence à un droit national, à l'instar de ce que fait la jurisprudence française en matière de clauses d'arbitrage. Cette dernière s'est émancipée progressivement de la méthode conflictuelle pour ne plus fonder la validité de l'accord d'arbitrage que sur la volonté des parties dûment constatée. La Cour de cassation fut d'abord amenée à affirmer la « complète autonomie juridique » de la clause en matière internationale par rapport au contrat principal dans un autre contexte : il s'agissait de permettre aux arbitres de se prononcer eux-mêmes sur une allégation d'invalidité du contrat contenant la clause plutôt que de devoir renvoyer l'examen prioritaire de cette question aux tribunaux étatiques[59]. Mais, la Cour reprit ultérieurement cette formule dans l'arrêt *Hecht*[60] en lui conférant un autre sens afin d'exprimer que la clause d'arbitrage n'était pas nécessairement soumise à la loi du contrat où elle figurait. L'arrêt *Hecht* ne précisait pas quelle était la loi applicable à l'accord d'arbitrage. Un arrêt de la Cour de Paris rendu dans les mêmes circonstances jugea que « compte tenu de l'autonomie de la clause compromissoire (...) dans un contrat international, celle-ci est valable indépendamment de toute loi étatique »[61]. La Cour de cassation devait par la suite renforcer la doctrine initiée par l'arrêt *Hecht*, en énonçant dans un arrêt *Dalico* qu'« en vertu d'une règle matérielle du droit international de l'arbitrage, la clause compromissoire est indépendante juridiquement du contrat principal qui la contient, directement ou par référence; son existence et son efficacité s'apprécient, sous réserve des règles impératives du droit français et de l'ordre public international, d'après la commune volonté des parties, sans qu'il soit nécessaire de se référer à une loi étatique »[62].

On a par ailleurs fait valoir dans le contexte de la faveur à une autonomie juridique des accords d'élection de for que si la question soulevée est de celles qui sont susceptibles de faire l'objet d'une règle particulière au-delà de la rencontre des consentements (conditions du retrait ou de la révocation d'une offre ou d'une acceptation, par exemple), on peut s'inspirer des principes UNIDROIT ou du droit européen des contrats.

L'absence d'autonomie juridique a taxé la Convention d'archaïsme. En effet, on a soutenu que les concepts sur la base desquels la Convention a été négocié sont un peu dépassés. L'autonomie juridique permet d'abstraire la validité de la

[59] Cass. civ., 7 mai 1963, *Gosset*, D. 63.545, note Robert, RC 63.615, note Motulsky, *JCP* 63. II. 13405, note Goldman, *JDI* 64. 82, note Bredin. Cet aspect de l'autonomie est plutôt aujourd'hui qualifié de « séparabilité » de l'accord d'arbitrage.

[60] Cass. civ. 1re, 4 juillet 1972, *Hecht*, *JDI* 72.843, note Oppetit, RC 74. 89, note Level, RA 74.89.

[61] Paris, 13 déc. 1975, *Menicucci*, *RC* 76.507, note Oppetit, *JDI* 77.106, note Loquin.

[62] Cass. civ. 1re, 20 décembre 1993, *RA* 94.116, note H. Gaudemet-Tallon, *JDI* 94.432, note Gaillard et 690, note Loquin, *RC* 94.663, note Mayer. La qualification de règle du « droit international de l'arbitrage » a été ultérieurement corrigée en celle de « règle matérielle du droit français de l'arbitrage international » (Cass.civ, 1re, 30 mars 2004, *Sté Uni-Kod*, RA 05.959, note Seraglini, *JDI* 06.126, note Bollée, *JCP* 04. II. 10132).

clause de toute application d'une loi nationale au profit d'une règle matérielle du droit de la procédure internationale. Cette règle matérielle, selon Mme. Kessedjian, n'était pas difficile à créer tant les travaux sur ces questions sont nombreux et la pratique suffisamment développée pour que la Conférence de La Haye ait pu en faire une synthèse. Si une telle réflexion avait été menée, compte tenu de la prééminence de la Conférence de La Haye dans le domaine, la règle adoptée aurait eu toutes les chances d'essaimer et de satisfaire les besoins de la société civile internationale du XXIe siècle[63].

Un exemple de règles matérielles est donné en droit fédéral américain par l'arrêt *The Bremen*[64]. « Sans raisonner en termes de conflit de lois, l'arrêt a énoncé qu'une clause serait privée d'effet si elle ôte en fait à une partie la possibilité de faire valoir ses droits, ou bien en cas de fraude, dol, absence de libre négociation ou de trop forte disparité dans le pouvoir de négociation des parties »[65].

En outre, on apprend que lors de la préparation de la Convention, une proposition de règles matérielles sur la validité au fond des accords d'élection de for a été formulée. En effet, la délégation suisse avait proposé à la commission spéciale d'insérer dans la Convention, tout au moins à titre d'option, un ensemble de règles matérielles sur la conclusion et la validité quant au fond des accords d'élection de for inspirées des principes d'UNIDROIT. L'avantage d'un tel régime aurait été de créer un régime uniforme de règles sur la formation de tels accords. Cependant, la plupart des délégations tout en reconnaissant la qualité intrinsèque de la proposition, l'ont rejeté fermement arguant du fait qu'il serait trop lourd d'introduire dans leur droit de nouvelles dispositions de droit matériel[66]. Par ailleurs, une partie de la doctrine estime inévitable la non-reconnaissance de l'autonomie juridique quant au régime de validité des accords d'élection de for, arguant du fait que si l'on peut à la rigueur concevoir l'idée d'une « délocalisation » du rapport de droit lorsque les parties à une transaction ont opté pour l'arbitrage, on voit moins bien comment une relation pourrait être considérée comme délocalisée et autonome de tout ordre juridique étatique lorsque les parties à cette relation ont choisi de donner compétence à un juge étatique, localisant ainsi en quelque sorte leur relation dans l'État du juge élu[67].

Face à cette controverse doctrinale quant à l'opportunité d'une autonomie juridique des accords d'élection de for, il faut admettre qu'une telle vision paraît trop ambitieuse compte tenu non seulement du long processus que peut prendre la tâche de forger de toute pièce des règles matérielles pour les questions de validité matérielle mais des diversités conceptuelles en droit des contrats entre

---

[63] C. Kessedjian, « La Convention de La Haye du 30 juin 2005 », art. préc., n°35, p. 830.
[64] *The Bremen v. Zapata Off-Shore Co*, précité.
[65] B. Audit, « observations sur le Convention de La Haye », art. préc., p. 184.
[66] A. Bucher, « La Convention de La Haye », art. préc., p. 38-39.
[67] L. Usunier, « La Convention de La Haye du 30 juin 2005 sur les accords d'élection de for », art. préc., p. 63.

les États de tradition civiliste et ceux de common law. Il n'en demeure pas moins que l'approche des règles matérielles vers laquelle s'oriente la jurisprudence française et prônée par une partie de la doctrine peut s'avérer pertinente dans le contexte de la Convention pour la détermination du consentement matériel à l'élection de for. La détermination du consentement est une étape indispensable et préalable à l'examen de la validité substantielle proprement dite qui, elle, est régie par la règle de conflit édictée par la Convention.

Par conséquent, l'approche conflictuelle adoptée par la Convention nécessite de cerner de manière précise le domaine de la règle de conflit édictée.

CHAPITRE II :

Le domaine de la règle de conflit édictée

79. La convention d'élection de for est d'abord un accord de volonté, ce qui nécessite la vérification du consentement mutuel des parties sur ses termes, c'est à dire l'existence d'une rencontre de volonté. D'ailleurs, la Cour de justice de l'Union européenne dans son interprétation de l'article 17 de la Convention de Bruxelles, qui régissait auparavant au niveau européen les clauses d'élection de for, a mis l'accent sur cet élément indispensable et préliminaire en déclarant « Qu'en subordonnant celle-ci à l'existence d'une « convention » entre parties, l'article 17 impose au juge saisi l'obligation d'examiner, en premier lieu, si la clause qui lui attribue compétence a fait effectivement l'objet d'un consentement entre parties, qui doit se manifester d'une manière claire et précise »[1].

80. Le tribunal saisi sera confronté en premier lieu à cette question lorsque le défendeur à l'action nie avoir consenti à un tel effet. La question de savoir s'il y a eu rencontre de volonté doit nécessairement être résolue avant toute vérification des exigences de validité substantielle et éventuellement formelle[2].

81. Il découle de l'article 5 (1) de la Convention de La Haye que le tribunal élu doit se déclarer compétent en vertu de l'accord d'élection de for « … sauf si celui-ci est nul selon le droit de cet État (l'État du tribunal élu) ». De même, parmi les exceptions à l'obligation du tribunal saisi mais non élu de se dessaisir figure la nullité de l'accord en vertu du droit du tribunal élu. En outre, le tribunal d'un État contractant requis de reconnaître ou d'exécuter un jugement émanant d'un tribunal élu peut refuser la reconnaissance ou l'exécution en cas de nullité de l'accord selon le droit du tribunal élu[3]. Il en résulte qu'indépendamment du tribunal saisi, la validité de l'accord d'élection de for est régie par une règle de conflit prévue par la Convention elle-même.

---

[1] CJCE, 14 décembre 1976, aff. 24-76, *Estasis Salotti di Colzani Aimo Et Gianmario Colzani c. Ruwa Polstereimaschinen GmbH*, Rec. 1976, 1831, point 7.

[2] J. Strnad, « Determining the existence of consent for choice-of-court agreements under the Brussels Ibis regulation », The european legal forum, 5/6, 2014, p. 113, spéc. p. 115.

[3] Le contrôle de la validité de l'accord par le juge requis est écarté si le juge élu a déjà constaté la validité de cet accord dans son jugement.

Il découle de la formulation de la règle que celle-ci s'applique certainement à la question de la validité substantielle de l'accord. En effet, la nullité est généralement la sanction infligée à un accord non valable au fond. Cependant, cette règle s'applique-t-elle de même à la question de l'existence du consentement à l'élection de for ?

82. Si la question de la détermination de la validité substantielle (**Section II**) semble être régie par la règle de conflit prévue par la Convention et insérée dans les articles 5 (1), 6 (a) et 9 (a), une telle détermination ne peut être faite avant qu'il n'y ait un accord et un accord n'existera pas en l'absence du consentement des parties. Or, une ambiguïté demeure quant à la loi applicable à l'existence du consentement (**Section I**).

SECTION I :
L'existence du consentement à l'élection de for

83. L'analyse de l'applicabilité de la règle de conflit prévue par la Convention à la question de l'existence du consentement (**§ 2**) nécessite une compréhension claire de la distinction entre la validité substantielle de l'accord d'élection de for et l'existence du consentement à l'élection d'un for déterminé (**§ 1**).

§ 1 - La distinction entre le consentement à l'élection d'un for et la validité substantielle d'un accord d'élection de for

84. Les questions de validité et de consentement se chevauchent souvent dans le droit matériel des contrats et cela soulèvera sans doute des problèmes pour les futures déterminations dans les affaires relevant de la Convention. Le rôle essentiel du consentement engendre la nécessité de déterminer quand le consentement à une élection de for existe. Cette question constitue en elle-même une sous-partie de la question de savoir quand une clause d'élection de for est efficace. En théorie, le consentement a trait à la question de savoir s'il y a eu une rencontre de volonté de sorte qu'un accord a été formé. Certainement, s'il n'y a pas d'accord, c'est-à-dire s'il n'y a pas de consentement mutuel sur l'élection d'un for déterminé, cette clause ne peut être efficace. À cet égard, le consentement constitue l'élément de l'analyse relatif à « l'autonomie des parties ». L'autre élément de l'analyse est qualifié d'élément de « souveraineté », en ce sens que diverses règles juridiques peuvent empêcher qu'un accord d'élection de for ne soit efficace même

lorsque les parties sont parvenues à un consentement mutuel sur ses termes. Ce dernier élément n'est autre que la question de la validité de l'accord.[4].

85. Le droit français des contrats paraît avoir consacré cette distinction après la réforme du droit des contrats issue de l'ordonnance de 2016[5]. En effet, jusqu'à l'ordonnance du 10 janvier 2016, aucune disposition légale n'était consacrée à l'étape primordiale de la conclusion du contrat. Les rédacteurs du code civil, obnubilés par la protection du consentement et par la question des vices susceptibles de l'affecter, développés dans les anciens articles 1110 à 1131, n'avaient pas envisagé spécifiquement la question de la rencontre proprement dite des volontés[6]. L'ordonnance du 10 février 2016 est venue combler cette lacune dans un objectif de sécurité juridique. Une section entière contenue dans le chapitre II relatif à la formation du contrat est désormais consacrée à ce processus de conclusion du contrat, notamment les articles 1113 à 1122 traitant de l'offre et de l'acceptation dont la rencontre forme le contrat. L'étape de la conclusion du contrat implique nécessairement d'abord la vérification du consentement des parties, c'est à dire l'expression de la volonté de s'engager de chacune d'elles.

86. Néanmoins, la rencontre des volontés des parties est nécessaire mais n'est pas suffisante pour que le contrat soit conclu et ait force obligatoire, encore faut-il qu'il soit valablement formé. S'agissant de la validité substantielle, elle a trait notamment à la qualité de la volonté manifestée. Il faut que le consentement ait été exprimé en toute connaissance de cause et librement afin que son intégrité soit assurée. On en déduit que si l'existence du consentement se rattache à la conclusion d'un accord, la protection de l'intégrité du consentement qui existe à travers la règlementation des vices susceptibles de l'affecter se ramène à la question de la validité substantielle de l'accord.

87. Ainsi, s'il y a lieu d'admettre la distinction entre la question du consentement au choix d'un for à travers la rencontre de la volonté des parties et la question de la validité substantielle de l'accord qui existe, quelle est la loi qui déterminera s'il y a eu rencontre de volonté ? Peut-on inclure dans le champ de la règle de conflit établie par la Convention la question du consentement à l'élection d'un for ?

88. Il ressort des termes de l'article 5 (1) de la Convention[7] édictant une règle de conflit en matière de régularité de fond de l'accord que la délimitation

---

[4] En ce sens, v. not. R A. Brand, « Consent, Validity, And Choice of forum agreements in international contracts», in Liber Amicorum H. Bocken, die Keure, 2009, p. 541, spéc. p. 542-543.

[5] Ordonnance n°2016-131 du 10 février 2016 portant réforme du droit des contrats, du régime général et de la preuve des obligations, JORF n°0035 du 11 février 2016.

[6] Y. Buffelan-Lanore, V. Larribau-Terneyre, *Droit civil : les obligations*, 15e éd., Sirey, 2017, n°985.

[7] Art. 5 (1) « Le tribunal ou les tribunaux d'un État contractant désignés dans un accord exclusif d'élection de for sont compétents… sauf si celui-ci (l'accord) est nul selon le droit de cet État (l'État

de son domaine part de la nature de la sanction infligée à l'accord à savoir la nullité. Or, la nullité peut être définie comme la mesure qui frappe tout acte qui n'est pas conforme aux conditions de validité que la loi impose pour lui reconnaître un effet juridique. Il s'agit d'une sanction qui frappe un accord qui existe mais dont la validité est remise en cause. Tout autre est l'inexistence. Le contrat est dit inexistant lorsque lui fait défaut, notamment le consentement des parties, situation dite « erreur obstacle ». Certes, si on raisonne dans le cadre du droit français, nulle disposition du code civil n'a envisagé l'inexistence ni ne l'envisage. Pourtant, le contentieux révèle que dans certaines circonstances le contrat n'a pas pu se former. Les parties n'ayant pas consenti et donc scellé un accord. Dans ces cas, la nullité n'est pas adéquate. Elle sanctionne un défaut affectant un contrat qui a été conclu par un échange réel de consentement des parties[8].

La Cour de cassation française utilise parfois cette notion d'inexistence en l'absence de l'un des éléments essentiels de l'acte dans la mesure où le recours à cette notion permet d'échapper à la prescription de l'action en nullité[9]. Ainsi, dans un arrêt du 10 juin 1986 la Cour a jugé que l'acte révélant une intention de donner qui n'avait pas été acceptée, il ne pouvait y avoir prescription de l'action en nullité d'un acte auquel faisait défaut l'un de ses éléments essentiels[10].

89. L'analyse susmentionnée de la distinction entre la nullité et l'inexistence suscite des interrogations sur l'étendue de la règle de conflit de l'article 5 (1). Dans la mesure où la sanction de nullité ne permet pas d'appréhender notamment l'hypothèse de l'absence du consentement, comment doit-on interpréter la règle de l'article 5 (1) ? La Convention laisse planer des zones d'ombre quant à l'étendue de la règle de conflit qu'elle a édicté. S'applique-t-elle aussi bien à la détermination du consentement à la clause qu'à sa validité substantielle proprement dite ? est-elle plutôt cantonnée à la validité substantielle ? Dans cette dernière hypothèse quelle loi déterminera l'existence du consentement à la clause en tant qu'étape primordiale et indispensable à son efficacité ?

90. Un débat analogue a surgi dans le cadre du régime européen des accords d'élection de for. En effet, Il y a lieu de rappeler que pendant un demi-siècle, les textes européens ont simplement ignoré la question de la validité substantielle des clauses attributives de juridiction[11]. On avait dès lors pu se

du for élu) ». La Règle de conflit édictée est reprise de manière similaire dans l'article 6 (a) et 9 (a) de la Convention.

[8] B. Mercadal, *Mémento pratique Droit commercial*, Francis Lefebvre, 25e éd, 2017, n°15656.

[9] J-F. Weber, Conclusions sous Cass. civ. 3e., 15 déc. 1999, Cne de Cadeilhan-Trachère c/Cne de Saint-Lay Soulan, *JCP* 2000. II. 10236.

[10] Cass. 1re civ., 10 juin 1986, Bull. civ. I, n° 333.

[11] G. Cuniberti, « La clause attributive de juridiction » in N. Thieltgen (dir), Le banquier luxembourgeois et le droit international privé, 2017, p. 67, spéc. p. 70.

demander si la question de la validité substantielle devait être absorbée par celle de la validité formelle. En d'autres termes, fallait-il considérer que le respect des conditions de forme posées par les textes européens suffisait à valider la clause ?[12]. Une décision de la Cour de justice de l'Union européenne avait pu être interprétée en ce sens. Dans l'arrêt *Benincasa*[13], la Cour de justice a en effet jugé que la clause attributive devait être considérée comme séparable du contrat et qu'elle devait être considérée comme étant régie par le seul droit européen (en l'espèce et à l'époque, la Convention de Bruxelles de 1968) à l'exclusion de la loi nationale régissant le reste du contrat[14]. Il avait dès lors pu en être déduit que la clause serait régie exclusivement par un droit européen libéral et que le respect des conditions de forme devait être considéré comme suffisant à démontrer l'existence du consentement[15].

Par conséquent, la Cour de justice de l'Union européenne établissait un lien étroit entre la forme et le consentement. Si les exigences de forme de la Convention de Bruxelles (et par la suite du Règlement de Bruxelles) sont remplies, ceci était considéré comme une indication d'un consentement suffisant à l'élection de for[16]. De leur part, les tribunaux des États membres étaient supposés être restrictifs dans l'approbation de la forme d'un accord car la forme indiquait le consentement. En outre, le terme « convention » dans l'article 17 de la Convention de Bruxelles (Art. 23 du Règlement Bruxelles I, Art. 25 du Règlement Bruxelles Ibis) était considéré comme le signe d'une norme minimale autonome du consentement et la Cour de justice de l'Union européenne a développé certains aspects de cette norme minimale au fil des années[17].

Malgré cette interaction entre la forme et le consentement, plusieurs États membres ont eu recours également au droit national, d'autant plus qu'ils choisissent la loi applicable différemment[18].

91. La refonte du Règlement de Bruxelles a entendu, entre autres, régler ce problème en reprenant la règle de conflit de lois se trouvant dans la

---

[12] *Ibid.*

[13] CJCE, 3 juill. 1997, aff. C-269/ 95, *Benincasa*, précité.

[14] G. Cuniberti, « La clause attributive », art. préc., p. 70-71.

[15] *Ibid.*, p.71.

[16] CJCE, 14 décembre 1976, aff. C-24/ 76, *Estasis Salotti,* précité, point 7 ; CJCE, 16 mars 1999, aff. C-159/97, Trasporti Castelletti Spedizioni Internazionali SpA c/ Hugo Trumpy SpA, Rec.1999, I-1597, point19 ; CJCE, 9 décembre 2003, aff.C-116/02, Erich Gasser GmbH c/ MISAT Srl, Rec. 2003, I-14693, point 50 ; *Rev. crit. DIP* 2004.444, note H. Muir-Watt, D. 2004. 1046, note Ch. Bruneau, *JDI* 2004.641, obs. A. Huet.

[17] M. Weller, « Validity and interpretation of international choice of court agreements: the case for an extended use of transnational non-State contract Law », in UNIDROIT (éd), Eppur Si muove : The age of Uniform Law, Essays in honour of Michael Joachim Bonell to celebrate his 70th birthday, Vol 1, UNIDROIT, 2016, p. 393, spéc. p. 399.

[18] *Ibid.*

Convention de La Haye[19]. Le législateur européen a affirmé dans le considérant vingt du préambule du règlement que cette règle de conflit traite de la « validité au fond » de l'accord d'élection de for[20]. En outre, l'un des objectifs poursuivis par le législateur européen était d'assurer la cohérence avec la Convention de La Haye en ayant la même solution[21]. Certes, la rédaction des deux règles ne semble pas refléter une similitude absolue. L'article 25 (1) du Règlement Bruxelles Ibis énonce que « Si les parties, sans considération de leur domicile, sont convenues d'une juridiction ou de juridictions d'un État membre pour connaître des différends nés ou à naitre à l'occasion d'un rapport de droit déterminé, ces juridictions sont compétentes, sauf si la validité de la convention attributive de juridiction est entachée de nullité quant au fond selon le droit de cet État membre » alors que l'article 5 (1) de la Convention de La Haye est rédigé de manière moins restrictive puisqu'il donne compétence à la loi de la juridiction désignée pour prévoir tout cas de nullité d'un accord d'élection de for.

M. Cuniberti soutient qu'a priori la loi du juge élu pourrait donc paraître avoir compétence générale pour régir la validité de l'accord d'élection de for. Cependant, l'auteur ajoute que l'article 3 (c) de la Convention pose des conditions de forme qui semblent exclure l'intervention de toute loi nationale de sorte que la loi du juge élu ne doit certainement pas être considérée comme régissant la validité en la forme d'un accord d'élection de for[22].

92. Certes, l'article 25 (1) réalise un indéniable progrès, ne serait-ce que parce que la disposition lève les incertitudes qui entouraient auparavant la question de la validité au fond des clauses attributives de juridiction dans le cadre des articles 17 de la Convention de Bruxelles et 23 du Règlement Bruxelles I. Cependant, la solution retenue pour lever ces incertitudes n'est pas à l'abri de toute discussion. En effet, toutes les ambiguïtés qui demeurent dans la règle de conflit établie pas la Convention de La Haye sont importées dans le Règlement Bruxelles Ibis, notamment la question de l'étendue de cette règle de conflit et son éventuelle inclusion de la question du consentement à l'élection de for. Par ailleurs, de nouvelles ambiguïtés étaient introduites. Le législateur européen n'a pas expliqué si en copiant la règle de conflit de lois de la Convention de La Haye, l'ancien lien que la jurisprudence de la Cour de

[19] M. Weller, « Validity and interpretation of international choice of court agreements », art. préc., p. 399.

[20] Considérant 20 du préambule au règlement (UE) N° 1215/2012 du parlement européen et du conseil du 12 décembre 2012 : « Lorsque la question se pose de savoir si un accord d'élection de for en faveur d'une ou des juridictions d'un État membre est entaché de nullité quant à sa validité au fond, cette question devrait être tranchée conformément au droit de l'État membre de la ou des juridictions désignées dans l'accord, y compris conformément aux règles de conflit de lois de cet État membre ».

[21] G. Cuniberti, « La clause attributive », art. préc., p. 71.

[22] *Ibid.*

justice de l'Union européenne établissait entre la forme et le consentement devrait être modifié et réorganisé[23].

93. Force est de constater que la distinction entre l'existence d'un accord et la validité substantielle de ce dernier soulève la question de l'étendue du domaine de la règle de conflit édictée, en d'autres termes, englobe-t-elle l'évaluation du consentement à l'élection d'un for ?

§ 2 - L'applicabilité de la règle de conflit à l'existence du consentement à l'élection d'un for

94. Les opinions divergent quant à la loi qui devrait s'appliquer à l'appréciation de l'existence du consentement des parties à l'élection d'un for. Par conséquent, l'inclusion éventuelle de l'existence du consentement dans le champ de la règle de conflit instaurée par la Convention demeure controversée.

95. Étant donné la similitude du texte européen en la matière, il est intéressant de présenter les différentes opinions étayées par la doctrine quant à la question de l'étendue de la règle de conflit européenne et notamment son applicabilité au consentement à l'élection d'un for **(A)**. Ceci permettra d'éclairer le débat analogue qui s'est instauré dans l'interprétation du texte de la Convention **(B)**.

A. La loi applicable à l'existence du consentement à l'élection d'un for dans le cadre du Règlement Bruxelles Ibis

96. La doctrine a soulevé la question épineuse de la loi applicable au consentement à l'élection de for, notamment à la lumière de l'introduction dans la refonte d'une règle de conflit analogue à celle de la Convention de La Haye régissant la validité au fond de l'accord d'élection de for. À cet égard, la doctrine est partagée entre plusieurs opinions, celle d'un recours au droit du for saisi, celle d'une application d'une norme autonome du consentement, celle d'une application du Règlement Rome I sur la loi applicable aux obligations contractuelles[24] et celle d'une extension du domaine de la règle de conflit édictée pour englober toutes les questions de fond que soulève l'accord d'élection de for y compris le consentement à l'élection d'un for.

97. D'abord, l'option d'appliquer la lex fori a été envisagée en affirmant que la Cour de justice de l'Union européenne a déclaré dans sa décision *Benincasa* qu'une clause attributive de juridiction répond à une finalité

---

[23] M. Weller, « Validity and interpretation of international choice of court agreements », art. préc., p. 399.

[24] Règlement (CE) N° 593/2008 du parlement européen et du conseil du 17 juin 2008 sur la loi applicable aux obligations contractuelles (Rome I), Journal officiel de l'Union Européenne, L177/6 du 4.7.2008.

procédurale et est régie par les dispositions de la Convention de Bruxelles (actuellement par le Règlement Bruxelles I bis). Par ailleurs, le contrat principal dans lequel est insérée la clause est régi par la *lex causae* qui est déterminée par le droit international privé de l'État du for[25]. Par conséquent, si l'accord d'élection de for est ainsi qualifié comme ayant une fonction procédurale, les questions non réglées par le Règlement Bruxelles Ibis seraient régies par la loi du for[26]. Cependant, cette approche entraînera le *forum shopping*. Une partie pourrait unilatéralement désigner la loi applicable à l'existence de l'accord en introduisant son action devant un tribunal dont les règles de conflit désigneraient une loi favorable à cette partie. De cette manière, toute partie sera apte, le cas échéant, d'anéantir l'effet d'un accord d'élection de for conclu. Une partie pourrait agir en violation de l'accord et formuler sa demande devant un tribunal non élu qui remettra en cause l'existence d'un accord et se déclarera compétent en tranchant l'affaire selon ses propres règles[27]. L'application de la loi du for est une solution qui s'avère propice aux manœuvres des parties.

À titre d'exemple, deux hommes d'affaires ayant leur résidence habituelle en Espagne ont prétendument conclu un accord d'élection de for en faveur des tribunaux espagnols par voie électronique au sujet d'un contrat principal qu'ils avaient conclu antérieurement. Tous les autres aspects du contrat principal sont liés à l'Italie. La partie « A » engage une action devant un tribunal espagnol alors que la partie « B » engage une autre action devant un tribunal italien. La partie « B » déclare qu'elle avait offert la conclusion d'un accord d'élection de for mais que l'autre partie ne l'avait pas accepté. Donc le tribunal italien est compétent. La partie « A » peut prouver qu'elle avait envoyé un courriel avec son acceptation mais ne peut prouver la remise de cette acceptation à la partie « B ». Les deux tribunaux détermineraient la loi applicable à la question de l'existence du consentement à l'élection de for par le biais de leurs propres règles de conflit de lois à l'exclusion du Règlement Rome I. Le tribunal espagnol estimera que la loi espagnole est applicable[28]. Quant au tribunal italien, il appliquera la loi italienne[29].

---

[25] CJCE, 3 juill. 1997, aff. C-269/ 95, *Benincasa*, précité, points 24-25.

[26] J. Strnad, « Determining the existence of consent », art. préc., p.115.

[27] *Ibid.*

[28] En vertu de l'article 10 (5) du code civil espagnol, la loi nationale commune des parties s'applique.

[29] J. Strnad, « Determining the existence of consent », art. préc., p.115. Analyse en note de bas de page n° 37, En vertu de l'article 57 de la loi italienne n°218 du 31 mai 1995 sur le droit international privé, la convention de Rome s'applique "dans tous les cas". Or, en vertu de l'article 24 (2) du règlement Rome I « toute référence faite à la Convention de Rome s'entend comme faite au règlement Rome I ». L'article 4 (4) du Règlement Rome I se réfère à la « loi de l'État avec lequel l'accord présente les liens les plus étroit ». Strnad présume que les accords d'élection de for devraient être interprétés comme ayant les liens les plus étroits avec l'État du tribunal choisi. Cependant, l'auteur estime qu'étant donné que le contrat principal est étroitement lié à l'Italie, il est très probable que le juge Italien applique sa propre loi.

Selon la loi espagnole, l'accord sera réputé valablement conclu car la partie « A » peut prouver qu'elle avait envoyé son acceptation. En revanche, en vertu de la loi italienne, ceci ne sera pas suffisant et la partie « A » échouera probablement à assumer la charge de la preuve. Le tribunal Italien conclura que l'accord est inexistant. Ainsi, les deux tribunaux parviendraient à des conclusions différentes[30].

98. Une autre lecture a trait à l'existence d'un concept autonome du consentement qui découlerait d'une interprétation du terme « convention » utilisé par le texte européen en la matière. Le fondement majeur à une telle lecture est l'ancienne jurisprudence de la Cour de justice dans son interprétation des exigences de l'article 17 de la Convention de Bruxelles. La Cour de justice de l'Union européenne a déclaré à plusieurs reprises que l'objectif principal de la disposition sur les accords d'élection de for est de donner effet à la volonté libre et indépendante des parties et « ... d'assurer que le consentement entre parties soit effectivement établi »[31]. À cet effet, la Cour a précisé que « l'article 17 impose au juge saisi l'obligation d'examiner, en premier lieu, si la clause qui lui attribue compétence a fait effectivement l'objet d'un consentement entre parties, qui doit se manifester d'une manière claire et précise »[32].

Cette interprétation est maintenue dans le cadre du Règlement Bruxelles I. En effet, il est largement admis que l'exigence essentielle du consentement pourrait être déduite de l'article 23 à travers une interprétation autonome[33].

Selon la jurisprudence de la Cour de justice de l'Union européenne, la condition fondamentale que les deux parties soient d'accord exige que l'intention des parties soit la même concernant le choix d'un tribunal ou des tribunaux (un consensus ad idem) et que cet accord était, d'une certaine manière, exprimé[34].

99. Par ailleurs, la Cour de justice de l'Union européenne a établi un lien étroit entre les exigences de forme édictées dans le texte européen et le consentement matériel des parties. Les exigences de forme prouvent le consentement matériel de telle sorte que le consentement pourrait être déduit de l'observation de la forme[35]. Cependant, chaque partie doit avoir déclaré son consentement à l'attribution de compétence à un tribunal ou des tribunaux

---

[30] *Ibid.*, p.115.

[31] CJCE, 14 décembre 1976, aff. C-24/ 76, *Estasis Salotti,* précité, point 7 ; CJCE, 14 décembre 1976, aff. C-25/76, Galeries Segoura SPRL c. Société Rahim Bonakdarian, Rec. 1976, 1851, point 6.

[32] CJCE, 14 décembre 1976, aff. C-25/ 76, Galeries Segoura, précité, point 6.

[33] U. Magnus, « Art. 25 », in U. Magnus et P. Mankowski (dir), *Brussels Ibis Regulation*, Köln, Otto Schmidt, 2016, n°78, p.626. Rappr. Fentiman, *International commercial litigation*, *op. cit.*, n° 2.33 et suiv ; H. Gaudemet-Tallon, M.-E. Ancel, n°160.

[34] CJCE, 14 décembre 1976, aff. C-25/ 76, Galeries Segoura, précité, point 6. La Cour de justice de l'Union européenne exige que le consensus soit « effectivement établis ».

[35] U. Magnus, « Art. 25 », *op. cit.*, n°78, p. 626.

particuliers[36]. L'accord n'a pas besoin d'être explicite. Un consensus implicite suffisait tant qu'il respecte les exigences de forme énumérées dans l'ancien article 23 aussi bien que dans le nouvel article 25 (1) et tant qu'il était établi de manière claire et précise[37]. En définitive, sous l'empire de l'ancien Règlement Bruxelles I, l'exigence fondamentale d'un véritable consensus sur l'élection de for devait être déterminée selon les seuls critères de l'ancien article 23 (1) et donc nul besoin de recourir au droit national applicable[38].

100. À la lumière de cet état du droit antérieur, on s'est demandé si cette position juridique antérieure peut toujours être maintenue après l'introduction d'une règle de conflit[39] s'appliquant à la validité quant au fond de l'accord d'élection de for[40]. Cet ajout suit de près mais non de manière absolue l'article 5 (1) de la Convention de La Haye sur les accords d'élection de for[41]. Cependant, en dépit de cette règle de conflit, de nouvelles ambiguïtés sont introduites. En effet, le législateur européen n'a pas expliqué si en reprenant la règle de conflit de lois, la norme minimale autonome du consentement telle que forgée par la jurisprudence de la Cour de justice de l'Union européenne, de même que l'ancien lien entre la forme et le consentement devraient être modifiés.

101. Dans son commentaire de l'article 25 du Règlement Bruxelles Ibis, M. Magnus a soutenu que la validité matérielle et éventuellement formelle d'un accord d'élection de for relevant du champ d'application de l'article 25 peuvent être évaluées soit selon des normes établies de manière autonome par l'article 25 lui-même soit selon les règles du droit national applicable[42]. Or, bien qu'une disposition en matière de conflit de lois ait été ajoutée, il n'est pas parfaitement clair laquelle des deux lectures devrait s'appliquer à l'accord et dans quelle mesure[43].

Dans ce contexte, M. Magnus a défendu l'idée que le point de départ doit être une interprétation autonome de l'article 25, autant que possible, afin d'assurer l'uniformité de son l'application[44]. Cela signifie que les exigences

---

[36] U. Magnus, « Art. 25 », *ibid.*, citant en note de bas de page n°266, OGH IHR 2009, 126 : il n'y a pas d'accord si la clause d'élection de for (dans les conditions générales) est rédigée dans une langue que l'autre partie ne comprend pas et qui n'a pas été utilisée dans les négociations précontractuelles à moins que le contenu de ladite clause n'ait été porté à la connaissance de l'autre partie et ait été accepté par elle.

[37] Ibid. Citant en note de bas de page n°267, OLG Kölen IHR 2007, 200.

[38] U. Magnus, « Art. 25 », *ibid.*, n°79, p. 627, citant en note de bas de page n° 269 Layton/ Mercer note 20.083.

[39] Art. 25 (1) « … Sauf si la validité de la convention attributive de juridiction est entachée de nullité quant au fond selon le droit de cet État membre ».

[40] En ce sens, v. not. U. Magnus, « Art. 25 », *op. cit.*, n° 79a, p. 627 ; M. Weller, « Validity and interpretation of international choice of court agreements », art. préc., p. 399-400.

[41] U. Magnus, « Art. 25 », *ibid.*

[42] U. Magnus, « Art. 25 », *ibid.*, n°76, p. 625.

[43] *Ibid.*

[44] *Ibid.*

d'un accord valable devraient être dans toute la mesure du possible déduites de cette disposition elle-même[45]. À cet égard, il est plutôt clair que l'article 25 lui-même règlemente les exigences de forme et donc la validité formelle de l'accord d'élection de for[46]. Le droit national est exclu concernant la validité formelle[47]. La situation est en revanche moins claire en ce qui concerne la validité matérielle des accords d'élection de for.

Le consentement matériel signifie le consensus (l'accord) des parties qui selon l'article 25 doivent « être convenues » de la compétence du tribunal choisi[48]. M. Magnus précise que l'insertion de la nouvelle disposition de conflit de lois dans l'article 25 (1) a apporté une clarification qui n'est pas pour autant totale[49]. À première vue, la nouvelle règle de conflit semble couvrir toutes les questions de fond y compris l'exigence qu'il y ait un accord par opposition aux exigences de forme de l'accord d'élection de for[50]. Le nouveau texte peut alors avoir retiré tout fondement à la jurisprudence antérieure de la Cour de justice sur la détermination autonome du consentement matériel. Cependant, M. Magnus soutient qu'un premier argument contraire découle d'abord de la formulation du texte « Sauf si la validité de la convention… est en tachée de nullité quant au fond… », qui signifie que la validité de l'accord d'élection de for est présumée[51]. L'accord doit par conséquent être déjà valable selon une certaine loi avant que la disposition « sauf si » ne puisse entrer en jeu, et cette loi de validité ne peut et ne devrait être que la règlementation autonome élaborée par l'ancienne jurisprudence de la Cour de justice de l'Union européenne[52]. Ensuite, la formulation « entachée de nullité quant au fond » va dans le sens des motifs qui invalide un accord existant et non pas dans le sens des éléments qui sont nécessaires pour conclure un tel accord[53].

Mais l'argument le plus important, c'est qu'il n'y a aucun signe que les rédacteurs ont envisagé de modifier l'ancienne jurisprudence de la Cour de justice sur le concept autonome du consentement matériel[54]. Si cette modification avait été envisagée, cela signifierait que les particularités des droits nationaux telle que la doctrine de « la considération » du common law

---

45 *Ibid.*

46 *Ibid.*

47 CJCE, 24 juin1981, aff. C-150/80, Elefanten Schuh GmbH c. Jacqmain, Rec. 1981, 1671, point 25 ; CJCE, 16 mars 1999, aff. C-159/ 97, Trasporti Castelletti, précité, point 37.

48 U. Magnus, « Art. 25 », *op.* cit., n°77, p. 626.

49 *Ibid.*

50 U. Magnus, « Art. 25 », *ibid.*, n° 79a, p. 627, citant en ce sens, en note de bas de page n°273, Von Hein, RIW 2013, 105.

51 U. Magnus, « Art. 25 », *Ibid*, citant en ce sens également, Lenaerts/Stapper, RabelsZ 78 (2014) 282 ; Weller, GPR 2012, 41.

52 U. Magnus, « Art. 25 », *Ibid*, n° 79a, p. 627.

53 *Ibid.*, n° 79a, p. 627-628.

54 *Ibid.* n° 79a, p. 628.

seraient relancées. Or, ceci serait toujours une régression déplorable[55]. Ainsi, puisqu'il n'y a aucun signe d'un tel recul, ce changement ne peut être lu dans la nouvelle règle de conflit. Cette dernière devrait par conséquent être comprise comme maintenant intacte l'ancienne jurisprudence de la Cour de justice sur le consentement matériel[56]. Les bases essentielles d'un accord sont alors dégagées de manière autonome de l'article 25 lui-même dans son interprétation à travers la jurisprudence de la Cour de justice de l'Union européenne. Selon cette dernière, un véritable accord entre les parties est nécessaire lequel peut généralement être déduit de la conformité à une des exigences de forme énumérées à l'article 25 (1)[57]. Aussi l'auteur, préconise-t-il que la règle de conflit de l'article 25 (1) couvre seulement les règlementations juridiques qui, comme l'erreur, la fraude, la menace et la contrainte, peuvent invalider l'accord[58]. Plusieurs raisons assoient cette position. D'abord, la formulation de la disposition qui parle uniquement de convention « entachée de nullité quant au fond ». L'expression « nullité » est généralement utilisée en ce qui concerne les instruments juridiques qui invalident un acte autrement juridiquement valable.[59]. Selon M. Magnus, il serait peu commun de considérer que l'expression inclut toutes les exigences d'un accord juridiquement obligatoire[60]. Ensuite, si on ne doit pas s'attacher à une interprétation littérale de la disposition, celle-ci devrait inclure non seulement les motifs qui rendent l'accord nul (directement non valable) mais également ceux qui le rendent seulement annulable (non valable uniquement lorsque le motif est invoqué par la partie lésée)[61]. En outre, les motifs qui rendent un accord nul au sens strict exige la préexistence d'un accord valable qui peut être invalidé. Par conséquent, la disposition ne peut s'appliquer aux conditions nécessaires à la conclusion d'un accord. En dernier lieu, l'exigence d'un accord qui est déduite de manière autonome de l'article 25 nécessite en tout état de cause d'établir une ligne de démarcation. Or, dans l'intérêt d'une plus grande uniformité dans l'application de l'article 25, il est préférable de donner à la partie de la disposition interprétée de manière autonome un vaste champ et de restreindre le domaine des questions qui par le biais du droit international privé mènent à appliquer finalement différentes lois nationales[62].

Cependant, cette option de l'existence d'un concept autonome du consentement n'était pas à l'abri de la critique car, en l'état actuel du droit, les parties n'ont aucun moyen de savoir comment la Cour de justice de l'Union

[55] *Ibid.*
[56] *Ibid.*
[57] *Ibid.*
[58] *Ibid.*, n° 81c, p. 630.
[59] *Ibid.*
[60] *Ibid.*
[61] *Ibid.*
[62] *Ibid.*

Européenne va interpréter les dispositions pertinentes du Règlement Bruxelles Ibis à travers une interprétation autonome. Par conséquent, l'insistance stricte sur l'approche d'une interprétation autonome peut nuire à la prévisibilité et à la sécurité juridique pour les parties qui concluent des accords d'élection de for[63].

102. Une application du Règlement Rome I[64] a également été invoquée par la doctrine en dépit du fait que le Règlement Rome I dans son article 1 (2) (e) exclut de son champ d'application les accords d'élection de for. À l'appui de l'application du Règlement Rome I à la détermination de la loi applicable à l'existence du consentement, on s'est fondé sur les dispositions de l'article 10 (1) du Règlement Rome I qui prévoit que « L'existence et la validité du contrat ou d'une disposition de celui-ci sont soumises à la loi qui serait applicable en vertu du présent règlement si le contrat ou la disposition étaient valables »[65]. L'article 10 susmentionné contient des règles sur « l'existence (…) du contrat ». À cet égard, on a avancé l'idée que si l'accord entre les parties n'a pas eu lieu, la convention d'élection de for et par conséquent le fondement pour l'application de l'article 1 (2) (e) ne peut naître. Donc, selon cette lecture, on peut présumer que cette exclusion s'applique seulement à l'effet de l'accord d'élection de for et non à sa formation[66].

Si le Règlement Rome I s'appliquait, la loi applicable pour la détermination de l'existence d'un accord sera déterminée conformément à l'article 10 (1). Il s'agit de « la loi qui serait applicable en vertu du présent règlement si le contrat ou la disposition étaient valables ».

Néanmoins, alors que le règlement apporte une réponse à la question de la loi applicable, la problématique demeure de savoir de quelle loi s'agit-il ? Dans ce cadre, on a pu affirmer que les parties sont d'abord aptes à choisir la loi. Dans le cas contraire, l'accord d'élection de for sera régi soit par la lex causae du contrat principal soit par « la loi du pays avec lequel il présente les liens les plus étroits ». Quant à la première hypothèse, l'application de la loi applicable au contrat principal apporterait un degré élevé de sécurité juridique puisque la loi applicable sera généralement facilement déterminée et les parties, dans la majorité des cas, auront eu l'intention de soumettre toutes leurs clauses contractuelles y compris la clause d'élection de for à la même loi. Cependant, le Règlement Rome I ne prévoit pas cette possibilité de

---

[63] J. Strnad, « Determining the existence of consent », art. préc., p.116.

[64] Règlement (CE) N° 593/2008 du parlement européen et du conseil du 17 juin 2008 sur la loi applicable aux obligations contractuelles (Rome I), Journal officiel de l'Union Européenne, L177/6 du 4.7.2008.

[65] Cette règle est complétée par une autre règle dans le paragraphe 2 disposant ce qui suit « Toutefois, pour établir qu'elle n'a pas consenti, une partie peut se référer à la loi du pays dans lequel elle a sa résidence habituelle s'il résulte des circonstances qu'il ne serait pas raisonnable de déterminer l'effet du comportement de cette partie d'après la loi prévue au paragraphe 1. ».

[66] J. Strnad, « Determining the existence of consent », art. préc., p.116.

détermination de la loi applicable. Cette approche n'est par conséquent pas soutenue par le libellé du règlement[67].

S'agissant de la deuxième hypothèse, celle du lien étroit, l'accord d'élection de for serait valable s'il l'est en vertu de la loi désignée par l'article 4 (4) du Règlement Rome I à savoir « la loi du pays avec lequel (l'accord) présente les liens les plus étroits ».

M. Strnad estime qu'il semble approprié de soutenir que l'accord d'élection de for a « les liens les plus étroits » avec l'État du tribunal choisi et non pas avec l'État dont la loi régit le contrat principal du fait de la doctrine de séparabilité. En outre, ce résultat assure l'uniformité de la loi applicable avec la loi déterminée par la règle de conflit de lois de l'article 25. Ceci correspond, par ailleurs, très probablement à la volonté que les parties ont manifesté en faveur du tribunal choisi[68]. En dépit de l'opportunité de cette lecture, M. Strnad admet qu'il est peu probable qu'elle puisse prévaloir. Il faut en outre admettre que l'application du Règlement Rome I n'est pas une solution défendable car l'exclusion des accords d'élection de for du champ du Règlement Rome I est générale et aucune distinction n'est établie entre la formation et les effets de l'accord.

103. L'applicabilité de la règle de conflit de l'article 25 du Règlement Bruxelles Ibis à la question de l'existence du consentement à l'élection de for est également envisagée par la doctrine. Certes, on admet l'ambiguïté de la règle de conflit édictée par le législateur de la refonte. Tout en se référant à la nullité quant au fond, la règle parle d'une « convention ». S'il est certain que la règle concerne la question des vices dans la manifestation de la volonté tel que l'erreur, le dol, la contrainte ou des facteurs similaires, ces derniers affectant le sérieux de la volonté, la question de la formation de l'accord peut également être incluse dans le domaine de la règle de conflit. On a avancé dans ce contexte que la question de la validité substantielle et celle de l'existence d'un accord entre les parties sont étroitement liées mais ne sont nullement identiques. La validité substantielle traite de la qualité de la volonté manifestée par une partie mais éventuellement des restrictions à la capacité des parties privées au contrat. L'existence du consentement concerne la question de savoir s'il y avait eu une intention commune des parties de conclure un accord. En dépit de cette distinction admise, une partie de la doctrine considère que le domaine de la règle de conflit intégrée dans la règle de prorogation de compétence de l'article 25 devrait être interprété comme couvrant également la question de l'existence du consentement à l'élection d'un for[69].

---

[67] *Ibid.* p. 116.

[68] J. Strnad, « Determining the existence of consent », art. préc., p. 116.

[69] En ce sens, v. not. J. Strnad, « Determining the existence of consent », art. préc. p. 117 ; M. Weller, « Validity and interpretation of international choice of court agreements », art. préc. p. 399-400.

On a par ailleurs estimé que cette dernière approche est en conformité avec la structure établie par le législateur européen dans le Règlement Rome I. En effet, ce règlement prévoit l'application de la même loi pour la détermination aussi bien de l'existence du consentement que de la validité substantielle d'un contrat[70]. Toutefois, dans le cas des accords d'élection de for, c'est plutôt le Règlement Bruxelles I bis lui-même qui régira à travers sa règle de conflit aussi bien la validité substantielle que la question du consentement à l'élection d'un for. Cette approche est par ailleurs considérée comme la plus pragmatique et bénéfique pour le commerce international en général. Considérer la règle de conflit contenue dans l'article 25 du Règlement Bruxelles Ibis comme une règle de conflit uniforme qui s'applique à toutes les questions relatives à la formation de l'accord d'élection de for augmenterait considérablement la sécurité juridique pour les parties contractantes et aboutirait à une réduction supplémentaire des risques et des coûts des transactions[71].

Les termes du débat instauré au sein du texte européen ont été, dans une large mesure, causés par la transposition de la règle de conflit établie à la Convention de La Haye afin de régir la validité de l'accord d'élection de for. Aussi n'est-il pas étonnant qu'une controverse similaire s'est posée quant à l'applicabilité de cette règle de conflit à l'existence du consentement.

B. L'existence du consentement à l'élection d'un for dans la Convention de La Haye

104. La règle de conflit établie par la Convention et consacrée dans les articles 5 (1), 6 (a) et 9 (a) se réfère à la question de la nullité de l'accord d'élection de for. S'il ne fait aucun doute que la question de la validité substantielle est régie par cette règle de conflit, étant donné que la nullité est généralement la sanction d'une invalidité de l'accord, la question demeure controversée quant à l'applicabilité de cette règle à la détermination de la loi applicable au consentement à l'élection de for.

En premier lieu, force est de constater que comme pour le Règlement Bruxelles Ibis, la Convention de La Haye exige implicitement le consentement par l'emploi du terme « accord »[72]. Par conséquent, la question se pose de savoir quelle loi devrait s'appliquer afin d'évaluer l'existence d'un tel accord ?

105. Théoriquement, il y a trois possibilités : premièrement, il pourrait y avoir une norme autonome du consentement établie implicitement dans la Convention de La Haye. Deuxièmement, dans une interprétation étendue de

---

[70] Article 10 (1) du règlement Rome I.

[71] En ce sens, v. not. J. Strnad, « Determining the existence of consent », art. préc. p. 117.

[72] M. Weller, « Validity and interpretation of international choice of court agreements », art. préc., p. 395.

la règle de conflit établie pour régir la nullité de l'accord, le consentement pourrait être considéré comme couvert également par cette règle de conflit. De ce fait, toutes les questions de consentement et de nullité seraient uniformément réglées en vertu de la loi désignée par cette règle indépendamment du tribunal devant lequel ces questions seront posées. Troisièmement, le consentement pourrait être considéré comme ne relevant ni d'une norme autonome de la Convention ni du domaine de la règle de conflit édictée. Alors, la question serait laissée à la loi du for saisi appelé à décider de l'existence de l'accord, qu'il soit le tribunal choisi ou non. Outre ces trois possibilités, il pourrait y avoir une combinaison de ces dernières. Par exemple, il pourrait y avoir certaines normes minimales autonomes pour le consentement, implicitement établies dans la Convention alors que les questions complexes et détaillées du consentement peuvent être soit couvertes par la règle de conflit pour la nullité soit laissées à la loi du for saisi[73].

106. Face à ces options, la doctrine est également partagée dans son appréhension de la question de la loi applicable au consentement à l'élection de for. L'hésitation est notamment entre l'application de la loi du for saisi et celle de la règle de conflit édictée à l'article 5 (1). Cependant, des interprétations plus énigmatiques ont été proposées, notamment celle d'un contrôle à deux niveaux du consentement à l'élection de for ou celle d'un recours à la règle de conflit corrigé par la notion d'injustice manifeste telle que consacrée dans l'article 6 de la Convention.

107. S'agissant de l'application de la loi du for saisi à la question du consentement à l'élection de for, une partie de la doctrine a affirmé que bien que la Convention comprenne une règle de conflit autonome sur la question de la validité qu'on trouve aux articles 5 (1), 6 (a) et 9 (a), une telle détermination de la validité ne peut être faite que lorsqu'il existe un accord et un tel accord n'existe pas en l'absence du consentement des parties[74]. On a avancé qu'au fond, le consentement a trait à la question de la rencontre des volontés de sorte qu'un accord s'est formé. C'est une question ayant trait à l'autonomie des parties et c'est l'intention des parties qui devrait être déterminante. Quant à la validité, elle traite des intérêts étatiques et des restrictions à l'aptitude des parties privées à conclure des accords qui seront reconnus par l'État. De telles restrictions peuvent être fondées sur l'objet des obligations contractées ou sur l'état des parties[75]. C'est la question de l'intérêt étatique ou autrement dit la question de la validité qui est l'objet de la règle de conflit autonome prévue aux articles 5 (1), 6 (a) et 9 (a) de la Convention[76]. Cependant, en l'absence du consentement des parties, il ne peut simplement y avoir d'accord d'élection de for. La question de l'existence d'un accord qui

---

[73] *Ibid.*

[74] R A. Brand, « Consent, Validity, And Choice of forum agreements», art. préc., p. 551.

[75] *Ibid.*

[76] R A. Brand, « Consent, Validity, And Choice of forum agreements», art. préc., p.551.

est un élément essentiel pour faire entrer une situation dans le champ d'application matériel de la Convention en vertu de l'article 1 est différente de la question de la validité substantielle d'un tel accord qui entre en jeu lors de la mise en œuvre des dispositions du chapitre II (Articles 5 et 6) et du chapitre III (Article 8). En fonction de la loi applicable, l'examen de la validité substantielle peut comprendre des questions telles que le dol, la fausse déclaration, l'erreur, la contrainte ou les problèmes afférents à la capacité juridique[77].

La distinction entre le concept du consentement découlant de la rencontre de la volonté des parties, nécessaire à l'existence du contrat et celui de la validité du contrat est parfois exprimée en termes de distinction entre des questions axées sur les faits et d'autres axées sur la légalité[78], en ce sens que l'existence d'un accord ou non est déterminée à travers un examen des faits pour savoir si un consentement réel existe. Il s'agit d'une enquête différente de celle de savoir si des règles de droit applicables rendent non valables certains types de contrats ou des contrats conclus par certaines catégories de personnes dans certaines circonstances[79].

L'accord d'élection de for doit manifester une rencontre de volonté. Bien que cette question ne soit pas expressément précisée dans la Convention, il s'agit en fait d'une enquête séparée et distincte de celle de savoir si un accord peut ou non produire des effets juridiques car il peut être « nul » en vertu de la loi applicable. Par conséquent, un tribunal qu'il soit désigné dans un accord d'élection de for ou non se réserve toujours l'aptitude d'examiner si un accord existe. Donc, selon cette lecture, vraisemblablement, c'est la loi du for y compris ses règles de conflit de lois qui sera appliquée à cette détermination[80].

108. Un contrôle à deux niveaux du consentement est envisagé par le rapport explicatif de la Convention. Les rapporteurs de la Convention soutiennent que l'appréciation de l'existence du consentement est soumise à un double test. À l'appui de cette thèse, il est affirmé qu'un accord d'élection de for ne peut être établi de manière unilatérale, en ce sens qu'il doit y avoir un accord. Or, la question de l'existence du consentement relève normalement du droit de l'État du tribunal élu y compris ses règles de conflit de lois[81]. Toutefois, la Convention dans son ensemble entre en jeu uniquement s'il existe un accord d'élection de for et cela suppose l'existence des conditions

---

[77] R A. Brand, P M. Herrup, p.40-41.

[78] *Ibid.*, p.41, citant en note de bas de page n°1 un exemple d'auteurs discutant des concepts de consentement et d'accord en ces termes, R. Sefton-Green, *the common core of european Private Law : mistake, fraud and duties to inform in european contract Law*, Cambridge University Press, 2005, p.5-6. Notamment le passage suivant : « Si on peut déduire d'une erreur que les parties n'avaient pas consenti, alors il n'y a pas de contrat. Au sens le plus simple, est ce que les parties sont convenues et sur quoi est une question de fait. Si la réponse est négative, il n'y a pas d'accord ».

[79] R A. Brand, P M. Herrup, p.41, note 1.

[80] R A. Brand, P M. Herrup, p. 79.

[81] En vertu de la règle de conflit autonome édictée aux articles 5 (1), 6 (a), et 9 (a).

de fait élémentaires du consentement. Or, si, selon tout critère normal, ces conditions ne sont pas remplies, un tribunal aurait le droit de supposer que la Convention n'est pas applicable, sans avoir à examiner le droit étranger[82].

Il découle de cette analyse que l'appréciation du consentement à l'élection de for se fait sur deux niveaux et en appliquant deux catégories de normes. D'abord, un test préalable à l'application des dispositions de la Convention où l'appréciation du consentement s'effectue, aux dires des rapporteurs, selon tout critère normal. À cet égard, il y a lieu de remarquer que l'ambiguïté de la formule soulève plus d'interrogations qu'elle n'en résout.

Le second test est engagé lors de l'application des dispositions de la Convention et s'effectuera selon la règle de conflit édictée par la Convention pour la validité substantielle de l'accord. C'est-à-dire, selon le droit du tribunal élu y compris ses règles de conflit de lois.

Les rapporteurs donnent à l'appui de leur interprétation un exemple dont il importe de citer pour mieux comprendre leur raisonnement mais aussi pour en tirer des conclusions.

L'exemple est le suivant : X, résident du Panama, envoie un courrier électronique non demandé à Y, résident du Mexique, faisant une proposition selon des conditions extrêmement défavorables pour Y. La proposition comporte un accord d'élection de for en faveur des tribunaux de la Ruritanie (État imaginaire)[83] et conclut, « à défaut de réponse de votre part sous sept jours, vous serez réputé avoir accepté cette proposition ». Le courrier électronique est supprimé par le logiciel de protection de Y, et il ne le lit à aucun moment. Après sept jours, X prétend qu'il existe un contrat comportant un accord d'élection de for et engage une procédure devant les tribunaux de la Ruritanie. Si contrairement au droit de tout autre État au monde, la loi de la Ruritanie considérait qu'il existait un contrat et que « l'accord » d'élection de for était valable, les autres États, y compris le Mexique, auraient néanmoins le droit de considérer l'accord d'élection de for comme inexistant[84].

109. Un essai de clarification est apporté quant aux critères auxquels peut recourir le juge lors du premier test auquel est assujetti l'examen du consentement à l'élection de for. À cet égard, on a fait valoir qu'il serait approprié pour le juge saisi de recourir à des normes transnationales bien établies du droit des contrats telles que celles des principes d'UNIDROIT relatifs aux contrats de commerce international 2010[85] afin d'évaluer l'existence du consentement. Et la solution du problème posé par

---

[82] M. Dogauchi, T. C. Hartley, *op. cit.*, n°94-95.

[83] Observation : il est rappelé dans le rapport explicatif que dans tous les exemples donnés dans le rapport, on suppose (sauf indication contraire) que la Convention est en vigueur et que les États mentionnés y sont partis.

[84] *Ibid.*, n°96.

[85]Principes UNIDROIT relatifs aux contrats du commerce international 2010 http://www.unidroit.org/instruments/commercial-contracts/undroit-principles-2010(4 avril 2016).

MM. Hartley et Dogauchi dans l'exemple précité semble plutôt simple en vertu des principes d'UNIDROIT relatifs aux contrats du commerce international 2010[86]. L'article 2.1.6 (1) qui règlemente le « mode d'acceptation », prévoit dans sa seconde phrase que « le silence ou l'inaction ne peuvent à eux seuls valoir acceptation ». Le commentaire 3 sur le « silence ou inaction » indique clairement que « En aucun cas… il ne suffit que l'auteur de l'offre déclare de façon unilatérale dans son offre que celle-ci sera considérée comme ayant été acceptée en l'absence de toute réponse du destinataire ». Par conséquent, importe peu que le courriel soit dirigé vers le dossier spam du compte courriel[87].

110. Par ailleurs, dans une lecture de l'interprétation des rapporteurs, M. Beaumont estime que l'idée essentielle dans le rapport explicatif est que la plupart des questions relatives au consentement sont régies par les règles de conflit de lois établies dans la Convention pour la validité matérielle et la capacité. Cependant, dans certains cas extrêmes où la loi applicable contient des règles aberrantes sur le consentement, on peut traiter certaines des questions fondamentales du consentement comme des questions de fait à déterminer par le for saisi[88]. Cela diffère, selon M. Beaumont, de la suggestion problématique de certains auteurs selon laquelle le consentement ou le concours de volonté est une question distincte de la validité substantielle et est par conséquent soumise à la loi du for saisi y compris ses règles de conflit de lois[89].

111. Cependant, tout en penchant pour l'approche adoptée dans le rapport explicatif, M. Beaumont incite les tribunaux à ne pas la consacrer car jugée non conforme au texte de la Convention[90].

112. Une autre interprétation est présentée par M. Beaumont. Elle part de l'applicabilité de la règle de conflit édictée à toutes les questions de validité substantielle comprise comme englobant la question du consentement mais cette applicabilité est soumise à une limitation relative à l'exception d'injustice manifeste conformément à l'article 6 (c) de la Convention[91]. Selon M. Beaumont, la Convention a été soigneusement rédigée en fixant des

---

[86] En ce sens, v. not. M. Weller, « Validity and interpretation of international choice of court agreements », art. préc., p. 397.

[87] *Ibid.*

[88] Malheureusement, l'auteur ne développe pas davantage sa lecture de l'interprétation des rapporteurs de la Convention.

[89] P. Beaumont, « Hague choice of court agreements Convention 2005: Background, Negotiations », art. préc., p.139.

[90] *Ibid.*

[91] Art. 6 (c) dispose : « Tout tribunal d'un État contractant autre que celui du tribunal élu sursoit à statuer ou se dessaisit lorsqu'il est saisi d'un litige auquel un accord exclusif d'élection de for s'applique, sauf si :
c) donner effet à l'accord aboutirait à une injustice manifeste ou serait manifestement contraire à l'ordre public de l'État du tribunal saisi ».

normes autonomes pour la validité formelle (l'écrit ou son équivalent technologique) et en édictant une règle de conflit sur la loi applicable à la validité substantielle, remportée de haute lutte. De nombreux débats sur la Convention lorsqu'elle était en cours de rédaction tournaient autour de la question de savoir si la nouvelle Convention devrait avoir une règle de conflit de lois autonome concernant la validité matérielle des accords d'élection de for ou suivre le précédent de la Convention de New York sur l'arbitrage qui laisse au tribunal saisi le soin de déterminer si la convention d'arbitrage est caduque, inopérante ou non susceptible d'être appliquée. Le choix des négociateurs de la convention était alors pour une règle de conflit stricte désignant le droit de l'État du tribunal élu afin d'éviter qu'une partie ne recoure à un for qui ne favorise pas de tels accords et obtienne leur annulation sur la base de certaines règles de ce for sur le consentement. Néanmoins, la contrepartie dans les négociations au fait d'avoir une telle règle stricte était la création d'une certaine flexibilité pour le tribunal saisi et non choisi lui permettant d'examiner si la clause d'élection de for ne causerait pas une « injustice manifeste »[92].

Partant de ces affirmations, M. Beaumont estime que la réponse à l'exemple cité par les rapporteurs dans leur rapport explicatif est de dire que l'accord est valable car il était valable en vertu de la loi applicable et répondait aux exigences formelles de la Convention. Cependant, le tribunal Mexicain saisi de l'affaire devrait décider que donner effet à cet accord entraînerait « une injustice manifeste ou serait manifestement contraire à son ordre public » et donc ne pas l'appliquer[93].

113. À la lumière du débat doctrinal susmentionné, il y a lieu de dégager certaines directives de solution pour le juge confronté à cette question dans la mise en œuvre de la Convention.

Ces directives doivent tenir compte, d'une part, de l'objectif d'uniformité et, d'autre part, de la nécessité de fournir un régime qui assurera plus de prévisibilité et de fiabilité pour les accords d'élection de for. En effet, un souci majeur des opérateurs du commerce international est d'avoir des accords valables auxquels ils peuvent se fier pour le règlement de leurs litiges éventuels, mais il faut aussi que la remise en cause de ces accords ne soit pas sujette aux manœuvres des parties ou à la diversité des régimes juridiques nationaux, au moins sur certains points.

Il faut admettre que d'une part, l'approche proposée par M. Beaumont semble critiquable car elle ne semble pas correspondre aux objectifs de la Convention. Elle est d'abord de nature à porter atteinte à l'objectif de prévisibilité, notamment pour les parties dans la mesure où l'examen de la validité de l'accord sera soumis à un double contrôle de la validité en

---

[92] P. Beaumont, « Hague choice of court agreements Convention 2005: Background, Negotiations », art. préc., p.139-140.

[93] *Ibid.*, p. 140.

permettant au juge saisi autre que celui élu de mettre en œuvre éventuellement ses règles de validité en usant de la notion d'injustice manifeste ou d'ordre public comme l'y invite l'interprétation suggérée. Cette approche risque en outre d'ouvrir une brèche dans l'application uniforme de la règle de conflit à la question de la validité substantielle de l'accord.

D'autre part, on peut certes affirmer que le rapport explicatif permet d'orienter l'interprète dans la recherche de l'intention des rédacteurs de la Convention mais il n'a pas pour autant la valeur d'une règle de droit. C'est pourquoi, il est possible de suggérer une lecture alternative, notamment en prenant en considération la nature procédurale de l'accord d'élection de for mais également l'objectif d'uniformité dans l'application de la Convention[94].

Ainsi, il n'est nullement commode à une phase préliminaire du procès, à savoir lors de la détermination de la compétence, de procéder à deux tests pour évaluer l'existence du consentement, d'autant plus que l'admission du renvoi dans le cadre de la mise en œuvre de la règle de conflit édictée rendra la mission du juge saisi colossale. Il y a lieu d'admettre que la question du consentement est distincte de la validité substantielle, mais pour atteindre l'uniformité n'est-il pas opportun d'admettre, à l'instar de la Cour de justice de l'Union européenne dans sa jurisprudence antérieure au Règlement Bruxelles I bis, qu'une notion autonome du consentement est implicitement posée par la Convention ? Certes, il n'y a pas davantage d'indication sur les critères qui fixent le consentement. Néanmoins, le rapport explicatif semble défendre l'idée que des normes internationales doivent être mises en œuvre en faisant référence dans l'exemple cité à la loi de la Ruritanie dont les critères qu'il admet pour le consentement conduisent à des résultats qui ne sont pas internationalement plausibles. Les rapporteurs utilisent plus précisément les termes suivants : « contrairement au droit de tout autre État au monde ». Il en découle que la méthode des règles matérielles peut permettre au fil des années de forger un concept autonome du consentement. La nature factuelle du consentement permettra au juge saisi d'évaluer le consentement des parties mais en même temps de forger des règles autonomes. Certes, l'absence d'une Cour suprême à l'image de la Cour de justice de l'Union européenne peut limiter cet objectif d'uniformité mais le recours à certaines normes internationales peut guider le juge dans sa tâche, notamment les principes d'UNIDROIT[95].

114. Ainsi, si la question de l'existence du consentement à l'élection de for ne semble pas devoir être incluse dans le domaine de la règle de conflit édictée, il reste à se prononcer de manière positive sur ce que renferme cette dernière.

---

[94] Art. 23 de la Convention dispose « Aux fins de l'interprétation de la présente Convention, il sera tenu compte de son caractère international et de la nécessité de promouvoir l'uniformité de son application ».

[95] En ce sens, v. not. M. Weller, « Validity and interpretation of international choice of court agreements », art. préc., p.397.

À cet égard, si le règlement européen est explicite, en ce sens qu'il vise par la règle de conflit la validité substantielle de l'accord, la Convention de La Haye ne semble pas dévier de ce champ. Outre le fait que la nullité qui délimite le domaine de la règle de conflit se réfère en général à tout acte qui n'est pas conforme aux conditions de validité imposées par la loi, l'édiction de règles matérielles en matière de forme de l'accord permet de conclure que le domaine propre de la règle de conflit dans la Convention de La Haye est également la validité substantielle de l'accord. Néanmoins, la délimitation de la validité substantielle soulève à son tour des difficultés.

SECTION II :
La validité substantielle de l'accord d'élection de for

115. L'article 5 (1) de la Convention dispose que « le tribunal ou les tribunaux d'un État contractant désignés dans un accord exclusif d'élection de for sont compétents pour connaître d'un litige auquel l'accord s'applique, sauf si celui-ci est nul selon le droit de cet État »[96].

116. La nullité éventuelle de l'accord d'élection de for est en principe la seule exception prévue à l'obligation pour le tribunal élu de connaître du litige[97]. Elle est en outre une des exceptions qui exonèrent le tribunal non élu de l'obligation de surseoir à statuer ou de se dessaisir lorsqu'un accord d'élection de for est soulevé devant lui. Par ailleurs, cette nullité autorise le juge saisi d'une demande de reconnaissance ou d'exécution du jugement d'un tribunal contractant élu de refuser une telle reconnaissance ou exécution à moins que la validité de l'accord n'ait déjà été constatée par le tribunal élu. Cette nullité est soumise au droit du tribunal élu. Pour sa part, le législateur européen se réfère dans la règle de conflit similaire prévue à l'article 25 (1) à la validité quant au fond de la convention attributive de juridiction[98].

117. Le terme « nul » n'est pas défini dans la Convention. Son utilisation coïncide avec celle de l'article II (3) de la Convention des Nations Unies sur la reconnaissance et l'exécution des sentences arbitrales étrangères où le terme n'est pas également défini[99]. Cependant, certains auteurs[100] soutiennent que

---

[96] La même règle de conflit est énoncée dans l'article 6 (a) et 9 (a).

[97] Il faut cependant tenir compte de la possibilité ouverte par la Convention à un État contractant de faire une déclaration selon laquelle un État contractant déclare qu'il ne connaitra pas des litiges qui ne présentent pas un lien objectif avec son territoire (Art. 19 de la Convention).

[98] Art. 25 (1) dispose : « Si les parties, sans considération de leur domicile, sont convenues d'une juridiction ou de juridictions d'un État membre..., ces juridictions sont compétentes, sauf si la validité de la convention attributive de juridiction est entachée de nullité quant au fond selon le droit de cet État membre… ».

[99] R A. Brand, P M. Herrup, p. 79.

[100] *Ibid.* p. 79-80.

rien ne permet de déduire que le concept de « nullité » utilisé concernant la convention d'arbitrage soit transposable à la convention attributive de juridiction, de sorte que les précédents dans l'interprétation de la Convention de New York puissent aider dans l'application de l'article 5 (1) de la Convention de La Haye[101].

118. Certes, le concept de nullité doit a priori recevoir une interprétation autonome. Devant le silence du texte de la Convention, plusieurs lectures possibles du concept de « nullité » ont été avancées[102].

La première lecture suggère que l'expression « nul » pourrait signifier « tout motif pour refuser de conférer un effet juridique à une rencontre de volonté qui s'est produite ». Une telle lecture permet à un tribunal élu de se contenter de s'assurer qu'il y avait une rencontre de volonté mais que l'accord résultant ne peut avoir d'effet juridique. Cette interprétation a conceptuellement des aspects imprécis dans la mesure où l'inaptitude de donner un effet juridique à un accord pourrait avoir plusieurs sources de types différents et impliquant des conséquences diverses. Une espèce d'infirmité pourrait être fondée sur les conditions dans lesquelles les volontés se sont rencontrées telle que l'incitation frauduleuse, l'erreur, le dol ou la contrainte. Un autre type d'infirmité pourrait se fonder sur la qualité des volontés impliquées telle que l'absence de capacité juridique. Dans certains systèmes juridiques, l'absence de contrepartie pourrait priver un accord de son effet juridique ex post (tel que « the consideration theory »). En outre, vraisemblablement, un accord pourrait être « nul » selon cette lecture quand pour des raisons de compétence d'attribution ou de valeur faible de la demande ou en raison de règles spécifiques de « *venue* », un tribunal élu ne pourrait exercer la compétence qui lui a été offerte. De même, une règle du droit national en vertu de laquelle un accord d'élection de for ne peut avoir d'effet dans certaines catégories de contrats (exemple les contrats de franchise) pourrait également rendre l'accord contraire « nul »[103].

Cependant, il faut admettre que cette interprétation est dangereuse car elle est très large et ne peut correspondre à l'intention des rédacteurs de la Convention. Pour ne citer qu'un exemple de son caractère inapproprié, cette définition permet notamment aux États contractants de retirer unilatéralement certains types de contrats du champ d'application de la Convention sans même faire la déclaration exigée par l'article 21 de la Convention[104]. Il y a lieu de rappeler que le système de déclaration de l'article 21 permet à un État de déclarer que la Convention ne s'appliquera pas à une « matière particulière », mais seulement lorsqu'il a « un intérêt important » à ne pas l'appliquer. L'État

---

[101] Contra, v. M. Dogauchi, T. C. Hartley, *op. cit.*, n°147.

[102] R A. Brand, P M. Herrup, p. 80.

[103] R A. Brand, P M. Herrup, *ibid;* P. Beaumont, « Hague choice of court agreements Convention 2005: Background, Negotiations », art. préc., p.144.

[104] En ce sens, v. not. P. Beaumont, *Ibid.*, p.144-145.

concerné doit faire preuve de transparence en définissant de façon « claire et précise » la matière particulière exclue et en s'assurant que cette exclusion « ne soit pas plus étendue que nécessaire ». Par conséquent, permettre que l'expression « nul selon le droit de cet État » énoncée à l'article 5 (1) comprenne une interdiction complète de toutes les clauses d'élection de for dans une catégorie de contrats qui relève du champ d'application de la Convention paraît contraire au régime instauré par la Convention et aboutit à une absence d'harmonie entre les dispositions de la Convention[105].

Le terme « nul » peut également être lu comme correspondant à « l'absence de validité matérielle » ou comme se référant à tout motif d'invalidité qui n'est pas de pure forme[106]. Cette lecture trouve un appui dans le rapport explicatif de la Convention. Les rapporteurs y affirment que la disposition « nullité » ne s'applique qu'aux causes matérielles et (non formelles) de nullité. À titre d'illustration des motifs d'invalidité matérielle, les rapporteurs précisent qu'ils visent principalement les motifs généralement reconnus, tels que la fraude, l'erreur, le dol, la violence et l'incapacité[107]. Dans le même ordre d'idées, Mme. Kessedjian a soulevé la question de l'applicabilité des vices du consentement à l'accord. Tout en constatant que la Convention ne fait pas une place spécifique aux vices du consentement car cette expression n'apparait dans aucune de ses dispositions, l'auteur précité admet que tant le tribunal élu que le tribunal saisi autre que le tribunal élu ou le tribunal requis ont le droit d'apprécier l'éventuelle nullité de l'accord d'élection de for sans que l'étendue de cette nullité soit spécifiée par la Convention elle-même, si bien qu'au travers de cette nullité pourrait apparaître des questions liées aux vices du consentement. Mais cela dépendra du droit déclaré applicable. En d'autres termes, les tribunaux saisis d'un litige alors qu'un accord d'élection de for existe, mais est contesté sur le fondement d'un vice du consentement auront le droit d'en prononcer la nullité si cette sanction est celle prévue par le droit applicable à l'accord d'élection de for[108].

La troisième lecture possible du terme « nul » serait qu'il implique certains sous-ensembles de motifs en vertu du droit national pour refuser de donner effet à une rencontre de volonté qui s'est produite[109]. Ceci évite le problème de créer une sorte de catégorie conceptuelle fourre-tout résultant de la première définition suggérée. Certains auteurs ont estimé qu'une telle lecture peut être parfaitement acceptable si le système juridique dont le droit sera

---

[105] *Ibid.*, p. 145.

[106] En ce sens, v. not. P. Beaumont, *ibid*; T. C. Hartley, *Choice-of-court Agreements under the european and international instruments*, Oxford University Press, 2013, n°7-114, p. 168-169; C. Kessedjian, « La Convention de La Haye du 30 juin 2005 », art. préc., p. 828 ; F. Ragno, « The Brussels I Recast Regulation and The Hague Convention », art. préc., p. 251-252.

[107] M. Dogauchi, T. C. Hartley, *op. cit.*, n°126.

[108] C. Kessedjian, « La Convention de La Haye du 30 juin 2005 », art. préc., p. 828.

[109] R A. Brand, P M. Herrup, p. 80.

applicable à la question a une catégorie particulière « nullité » aux fins de l'évaluation des accords d'élection de for, et que cette catégorie comprend uniquement un ou plusieurs sous-ensembles des motifs décrits dans la première lecture et permettant de priver d'effet juridique un accord d'élection de for[110]. Cependant, cette lecture n'a aucun appui dans les travaux préparatoires ou dans le rapport explicatif. Par ailleurs, selon M. Beaumont, il s'agit d'une approche incertaine car il n'est absolument pas clair quels sont les motifs pour ne pas faire produire d'effet juridique à l'accord entre les parties et ceux qui, au contraire, n'ont aucune incidence sur l'accord[111].

Devant l'imprécision du texte de la Convention, certains auteurs concluent que la définition du terme « nul » aux fins de l'application des dispositions de la Convention en cause est une question qui sera résolue à travers la pratique étatique[112]. Il n'en demeure pas moins que tant le rapport explicatif que la doctrine majoritaire penchent en faveur d'une interprétation du concept de nullité comme s'appliquant aux causes d'invalidité matérielle ou substantielle.

119. La notion de validité substantielle soulève également la question délicate de sa définition. L'importation de la règle de conflit en matière de validité substantielle dans la règlementation des accords d'élection de for européens a suscité un débat analogue en raison de l'imprécision du terme. À juste titre, M. Cuniberti, raisonnant sur la notion dans le cadre de la règle de conflit prévue dans le Règlement Bruxelles Ibis, a estimé qu'il serait illusoire de considérer que tous les États membres connaissent une même définition de la validité substantielle. Les premiers commentaires européens révèlent de surprenantes divergences d'interprétation sur ce point[113].

Certes, on s'accorde généralement dans la doctrine à inclure dans la notion les motifs d'invalidité fondés sur les vices du consentement tels que la fraude, le dol, l'erreur ou la contrainte. Il s'agit plus précisément des facteurs qui vicient la sincérité du consentement ou la libre volonté des parties[114].

Quant à la question de la capacité de conclure un accord d'élection de for, la doctrine n'est pas unanime sur son inclusion. Dans les pays ayant adopté le code Napoléon, la capacité pourrait aisément être analysée comme une condition de validité substantielle de la clause[115]. Toutefois, en droit international privé, la question est généralement séparée de celle de la validité contractuelle et soumise à une loi différente : la loi personnelle de l'incapable

---

110 *Ibid.*

111 P. Beaumont, « Hague choice of court agreements Convention 2005: Background, Negotiations », art. préc., p.145.

112 R A. Brand, P M. Herrup, p. 80.

113 G. Cuniberti, « La clause attributive », art. préc., p. 71.

114 En ce sens, v. not. U. Magnus, « Art. 25 », *op.* cit., n°81g, p. 631 ; F. Garcimartin, in A. Dickinson et E. Lein (dir), *The Brussels I Regulation Recast*, Oxford Press University, 2015, n°9.69; F. Ragno, « The Brussels I Recast Regulation and The Hague Convention », art. préc., p. 251-252.

115 Aux termes de l'article 1128 du code civil français, tel que modifié par ordonnance n°2016-131 du 10 février 2016, elle est l'une des conditions de validité des conventions.

potentiel. C'est la raison pour laquelle le Règlement Rome I sur la loi applicable aux obligations contractuelles exclut la capacité de son champ d'application[116]. Il était donc logique que certains auteurs considèrent que la capacité ne devrait pas relever de la règle de conflit de l'article 25 du Règlement Bruxelles Ibis[117]. La majorité des auteurs européens soutient cependant la position opposée[118].

L'inclusion de la capacité dans le domaine de la validité substantielle est également soutenue dans le cadre de l'interprétation de la règle de conflit édictée par la Convention de La Haye. Le rapport explicatif se prononce explicitement en faveur d'une telle approche[119]. Cependant, de manière surprenante, la Convention de La Haye retient une solution particulière s'agissant de la capacité. Devant le juge élu, la capacité est examinée de la même manière que les autres conditions de validité substantielle en vertu de la loi applicable à celle-ci d'après les règles de conflit du juge élu. Mais un juge saisi en violation de la clause peut refuser de décliner sa compétence si d'après la loi applicable en vertu de son propre système de conflit de lois l'une des parties n'avait pas la capacité de conclure l'accord[120]. Il en va de même devant le juge de l'État requis qui peut refuser de donner effet à la décision rendue par le juge élu si, d'après la loi applicable en vertu de son propre système de conflit de lois, l'une des parties n'avait pas la capacité de conclure l'accord[121]. La capacité de chacune des parties est donc susceptible d'être soumise cumulativement à trois lois différentes – ou plus vraisemblablement en pratique à deux lois différentes, loi nationale et loi du domicile. Ce regain de sévérité pour l'appréciation de cette condition, officiellement justifié par l'impossibilité d'édicter une règle de conflit commune à tous les États sur ce point[122], a suscité la critique[123]. On a notamment fait valoir que la capacité ne constitue pas intrinsèquement une condition plus importante que les autres. À cet égard, rien ne paraît justifier le sort particulier réservé à la capacité[124]. On a par ailleurs estimé que cette règle ajoute une complication inutile car l'on ne voit pas très bien quel intérêt supérieur l'État du tribunal non élu doit protéger

---

[116] Art. 1 (2) (a) du règlement (CE) n° 593/2008 du parlement européen et du conseil du 17 juin 2008 sur la loi applicable aux obligations contractuelles (Rome I).

[117] En ce sens, v. not. I. Queirolo, « Choice of Court agreements in the new Brussels I-bis regulation: a critical appraisal », XV Yearbook Pr. Int. L., 2013-2014, p. 113, spéc. p. 127.

[118] V. not. F. Garcimartin, *op. cit.*, n°9.69; Q. Forner-Delaygua, « Changes to jurisdiction based on exclusive jurisdiction agreements under the Brussels I Regulation Recast », J. Private Int. L., 2015., p. 379, spéc. p. 394.

[119] M. Dogauchi, T. C. Hartley, op. cit., n°126.

[120] Art. 6 (b).

[121] Art. 9 (b).

[122] M. Dogauchi, T. C. Hartley, *op. cit.*, n°150 et n° 184.

[123] L. Usunier, « La Convention de La Haye du 30 juin 2005 sur les accords d'élection de for », art. préc., p.66-67 ; C. Kessedjian, « La Convention de La Haye du 30 juin 2005 », art. préc., p. 833 ; A. Bucher, « La Convention de La Haye », art. préc., p. 41.

[124] L. Usunier, *ibid.*

qui ne le serait pas déjà avec l'exception de l'ordre public et l'injustice manifeste prévues à l'article 6 (c) de la Convention[125].

120. En outre, pour les juristes de tradition française, il paraît évident que les sanctions d'une éventuelle illégalité de la clause relèvent de la catégorie « validité substantielle ». Le vice serait analysé comme emportant une illicéité de l'objet ou de la cause de la clause, et ouvrirait une action en nullité absolue de cette dernière[126]. Il en irait de même pour une contrariété à la morale[127].

Néanmoins, M. Garcimartin, dans son essai de délimitation de la validité substantielle dans le cadre de la règle de conflit européenne, soutient que le domaine de la nouvelle règle de conflit doit être considéré comme étant limité aux questions liées aux vices du consentement ainsi que celles relatives à la capacité ou le pouvoir. Devraient en revanche être exclues, les questions qu'il qualifie comme portant sur l'efficacité contractuelle exogène au consentement ou à la capacité et dans lesquelles il inclut l'illégalité et l'ordre public[128].

121. À la lumière des opinions doctrinales précédemment analysées et en ayant en vue la distinction soutenue entre existence et validité substantielle de l'accord, il y a lieu d'asseoir l'idée que le terme « nullité » devrait être confiné aux institutions juridiques qui peuvent invalider un accord qui s'est déjà produit soit parce que la volonté libre de l'une des parties a été altérée par l'effet d'un vice du consentement qui s'est produit. Il peut s'agir notamment de l'erreur, du dol ou de la contrainte, soit parce que l'une des parties n'avait pas la capacité requise, soit parce que la morale ou les bonnes mœurs ont été violées.

122. Outre la délimitation du domaine de la règle de conflit édictée, l'efficacité des accords d'élection de for semble encore subir les complications que peut entrainer la mise en œuvre de cette règle de conflit.

---

125 C. Kessedjian, « La Convention de La Haye du 30 juin 2005 », art. préc., p. 833 ; L. Usunier, « La Convention de La Haye du 30 juin 2005 sur les accords d'élection de for », art. préc., p.67.

126 G. Cuniberti, « La clause attributive », art. préc., p.72.

127 En ce sens, U. Magnus, « Art. 25 », *op. cit.*, n°81g, p. 631.

128 F. Garcimartin, *op. cit.*, n°9.69.

CHAPITRE III :

La mise en œuvre de la règle de conflit édictée

123. L'adoption par les rédacteurs de la Convention de la méthode conflictuelle pour régir la question de la validité matérielle de l'accord d'élection de for plutôt que d'énoncer des règles matérielles a été jugée par une partie de la doctrine comme logique et réaliste[1]. En effet, « si les accords d'élection de for sont des contrats particuliers appelant un régime en partie dérogatoire au droit commun en raison notamment de leur double nature procédurale et contractuelle, il n'en demeure pas moins qu'envisagé sous l'angle contractuel, le problème de la validité contractuelle se pose de manière identique pour ces accords et les autres types de contrats »[2]. Dès lors, l'édiction de règles matérielles spécifiques à la validité de tels accords s'avère inopportune. En outre, « il serait à la fois fastidieux et peu satisfaisant en termes de sécurité juridique de prétendre ériger un ensemble complet de règles matérielles propres à la validité de ces accords alors que les droits nationaux des contrats constituent des corps de règles bien développés et raffinés techniquement, dans lesquels les juridictions peuvent puiser des solutions précises, établies depuis fort longtemps, et donc prévisibles »[3].

124. La règle de conflit retenue par la Convention consiste donc logiquement à rattacher l'accord au droit de l'État dont le tribunal est désigné par les parties. Dans les trois dispositions traitant de la nullité éventuelle de l'accord d'élection de for, la Convention se réfère au « droit » du tribunal élu[4]. Il en est de même de la règle de conflit dans le cadre européen. Or, la question s'est posée sur la signification exacte de cette référence au « droit » du tribunal élu.

À cet égard, force est de constater qu'alors que le considérant 20 du préambule au Règlement Bruxelles Ibis précise que le droit compétent pour régir la validité substantielle de la clause inclut les règles de conflit de lois de l'État membre désigné, la Convention de La Haye semble muette sur ce point.

---

[1] En ce sens, v. L. Usunier, « La Convention de La Haye du 30 juin 2005 sur les accords d'élection de for », art. préc., p.61.

[2] *Ibid.*, p. 61-62.

[3] *Ibid.*, p. 62.

[4] Art. 5 (1), Art. 6 (a) et Art. 9 (a).

Certains auteurs ont cependant fait observer que les Conventions de La Haye emploient à dessein les termes « loi interne de l'État x » lorsqu'elles veulent exclure le « renvoi », ce que la Convention de 2005 ne fait pas[5]. Ce raisonnement est confirmé dans le rapport explicatif de la Convention qui a précisé que la référence au « droit » du tribunal élu est une référence à l'ensemble du droit de cet État y compris ses règles de conflit de lois, car si l'intention avait été d'exclure les règles de conflit de lois, la référence dans le texte aurait été au « droit interne de l'État »[6]. Ce recours apparent au « renvoi » soulève la question de sa signification (**Section I**), mais il risque par ailleurs de déboucher sur une difficulté majeure relative à la détermination de la règle de conflit applicable (**Section II**).

SECTION I : Signification du renvoi

125. « Le problème du « renvoi » a été formulé comme celui de savoir si la désignation du droit étranger par la règle de conflit porte sur le seul droit substantiel ou sur l'ensemble de ce droit y compris ses règles de conflit de lois »[7]. En effet, une fois déterminée la catégorie dans laquelle s'insère la question faisant l'objet du conflit de lois, le rattachement prévu pour cette catégorie doit désigner la loi applicable. Or, d'autres difficultés peuvent s'élever à ce stade. L'une est la constatation que le droit étranger, retenant un autre rattachement pour la même question, refuse sa compétence au profit de celle d'une autre loi[8]. À cet égard, « y a-t-il un sens à appliquer une loi étrangère qui s'estime incompétente ? Ainsi, si la loi anglaise désignée par la règle de conflit française pour régir la capacité d'un individu de nationalité britannique domicilié en France estime quant à elle que cette question doit être régie par la loi française du domicile, est-il ainsi acceptable de dissocier la référence à la loi matérielle anglaise de la mise en œuvre de ses propres dispositions de droit international privé ? Issu de la diversité des facteurs de rattachement retenus de part et d'autre, le terme évocateur « renvoi » recouvre la référence que fait à son tour la loi anglaise, déclinant sa compétence, vers une autre loi, en l'occurrence la loi du for français »[9].

---

[5] R A. Brand, S R. Jablonski, *Forum Non Conveniens, History, Global practice, and Future under The Hague Convention on choice of court agreements*, Oxford University Press, 2007, p. 80.
[6] M. Dogauchi, T. C. Hartley, *op. cit.*, n° 125. Dans le même sens, v. R A. Brand, P M. Herrup, p.80-81.
[7] B. Audit, L. d'Avout, n°290, p. 255.
[8] *Ibid.* p. 253.
[9] D. Bureau, H. Muir Watt, p. 582-583.

126. Bien que la théorie classique du renvoi soit largement acceptée dans les pays de tradition civiliste et notamment en France, une partie importante de la doctrine a estimé son inadéquation dans la mise en œuvre de la règle de conflit en matière de validité de l'accord d'élection de for (**§ 1**). En revanche, une autre conception du renvoi telle que consacrée par la jurisprudence anglaise a été jugée opportune en la matière. Il s'agit de la théorie du « *foreign court* » ou de l'ordre juridique compétent (**§ 2**).

§ 1 - Inadéquation de la théorie classique du renvoi

127. Outre l'argument de sécurité juridique qui semble militer contre l'admission du jeu de la théorie classique du renvoi, cette dernière peut déboucher sur une impasse qui ne peut être admise dans une phase préliminaire du procès, celle où le juge est amené à se prononcer sur sa compétence en examinant la validité de l'accord d'élection de for.

Il existe deux hypothèses du renvoi, celui au premier degré et celui au second degré. Lorsque la règle de conflit du for a désigné un droit étranger, et que les règles de droit international privé de ce droit étranger retournent au droit du for la compétence que celui-ci lui a offert en utilisant un critère de rattachement qui désigne le droit du for, on dit qu'il y a renvoi du droit étranger au droit du for, et plus précisément, renvoi au premier degré. Le renvoi au premier degré vise ainsi à simplifier la tâche du juge saisi en lui permettant d'appliquer sa loi ; ce renvoi n'est donc admis que lorsque la règle de conflit étrangère renvoie au droit du for[10].

128. Malheureusement, la doctrine du renvoi entraine d'autres complications. Il en est ainsi dans l'hypothèse du renvoi au second degré. Dans la théorie classique du renvoi, lorsque la règle de conflit du for a désigné un droit étranger, et que le droit international privé de ce droit étranger désigne une loi tierce, on dit qu'il y a renvoi au second degré. Ainsi par exemple de la capacité d'un suisse domicilié en Angleterre, appréciée par un juge français. La règle de conflit française désigne la loi suisse (loi nationale) qui renvoie à la loi anglaise (loi du domicile), laquelle accepte cette compétence. Le juge français applique la loi anglaise. Le renvoi au second degré entend promouvoir l'harmonie des solutions en s'assurant que tout juge saisi du litige appliquerait la même loi, alors pourtant que les règles de conflit sont différentes ; ce renvoi n'est donc admis que si la loi ultimement désignée accepte sa compétence[11]. Certes, la jurisprudence, notamment française, n'a pas hésité à admettre le renvoi au second degré, d'abord de manière incidente[12], puis très franchement

---

[10] G. Cuniberti, « La clause attributive », art. préc., p.75.

[11] *Ibid.*

[12] Cass. 1re civ., 7 mars 1938, *De Marchi, Rev. crit. DIP* 1938. 472, note Batiffol.

dans une affaire[13] qui illustre particulièrement les avantages de cette forme de renvoi. Néanmoins, le renvoi au second degré était aisé à mettre en œuvre dans cette affaire parce que la loi tierce acceptait la compétence qui lui était offerte par la règle de conflit étrangère. Lorsqu'il n'en va pas ainsi, la situation est plus complexe. Le renvoi au second degré conduit à une impasse dont il est difficile de sortir. Ainsi, par exemple, dans l'hypothèse de la succession mobilière d'un anglais domicilié en Espagne, sous l'empire du droit international privé français encore applicable[14], quelle loi faudrait-il appliquer ? La règle de conflit française désigne la loi espagnole, celle-ci renvoie bien au droit anglais, mais ce dernier n'accepte pas cette compétence et désigne à son tour le droit espagnol.

129. Devant ces situations d'impasse, la doctrine a essayé d'apporter des remèdes qui restent cependant incapables d'apporter une réponse satisfaisante aux difficultés que pose le renvoi au second degré. Dans une telle situation le remède le plus simple est de constater que le renvoi a échoué dans sa fonction de coordination et d'appliquer le droit interne désigné par la règle de conflit du for, en l'occurrence le droit espagnol. On a aussi proposé de départager les deux droits en concours en recherchant si l'un d'eux n'exclut pas le renvoi, ce qui permettrait d'interrompre la « *partie de tennis internationale* » en faisant application des dispositions matérielles du système qui exclut le renvoi. On a encore suggéré de s'en remettre au système de droit international privé du droit désigné par la règle de conflit du for. Ainsi faudrait-il interroger le droit international privé espagnol pour lui demander de résoudre cette difficulté : renvoie-t-il au droit anglais ou non ? s'il écarte le renvoi, on applique le droit espagnol, s'il l'accepte on applique le droit anglais[15]. La Cour de cassation française n'a pas encore tranché cette difficulté[16].

Il découle de ce qui précède que le renvoi constitue une complication supplémentaire dans le mécanisme déjà délicat de l'application de la règle de conflit.

130. Partant de cette conception classique du renvoi telle que consacrée dans les pays de tradition civiliste, une partie de la doctrine s'est montrée réticente à son admission dans le jeu de la règle de conflit, qu'il s'agisse de la règle de conflit au sein du régime de la Convention ou de celle analogue dans le Règlement Bruxelles I bis. Plusieurs arguments ont été avancés afin d'inciter les tribunaux à ne pas mettre en œuvre la théorie du renvoi dans le jeu de la règle de conflit en cause. Ainsi, dans le contexte européen, et malgré le considérant 20 du préambule qui précise que le droit du tribunal élu doit comprendre ses règles de conflit de lois, on a pu y voir une source de confusion et non une précision en affirmant que la rédaction du considérant ne doit pas

---

[13] Cass. 1re civ., 15 juin 1982, *Dame Moatty c. dame Zagha*, *Rev. crit. DIP* 1983. 300, note Bischoff.
[14] C'est à dire dans l'hypothèse d'une succession ouverte avant le 17 août 2015.
[15] M.-L. Niboyet, G. de Geouffre de la Pradelle, n°359, p. 266.
[16] *Ibid.*

être comprise comme proposant de recourir aux règles de conflit de lois de l'État membre. En outre, on a précisé que lorsque le « Colégislateur » de l'Union entend faire appel aux règles de conflit de lois dans un règlement touchant à la coopération judiciaire en matière civile ou commerciale, il le dit expressément en adoptant l'expression « le juge applique les règles de son droit international privé »[17]. Un autre argument tiré de la nécessité d'assurer la sécurité juridique a été soutenu afin d'exclure le jeu du renvoi. En effet, l'interprétation adoptée par le rapport explicatif de la Convention de même que la reprise de cette interprétation dans le considérant du préambule du Règlement Bruxelles I bis ont été jugées non convaincantes et il est peu probable que telle soit l'intention des rédacteurs de la Convention. En effet, le renvoi est généralement exclu dans la détermination de la loi applicable aux clauses contractuelles[18] et il est même inacceptable lorsqu'une telle clause contractuelle a un impact sur la compétence car cela irait à l'encontre de la sécurité juridique[19].

Pour sa part, Mme Kessedjian soutient que consulter le droit du tribunal élu pour savoir si celui-ci valide l'accord de volonté des parties ne paraît guère contestable dans la mesure où l'on ne voit pas comment on pourrait forcer un État à accueillir sur son territoire un contentieux alors qu'il considère, en vertu d'une règle assortie d'une sanction de nullité, que les parties ne pouvaient conférer un tel pouvoir à ses tribunaux. En revanche, passer par le truchement d'une règle de droit international privé pour ce faire et appliquer éventuellement le droit d'un autre État qui aurait son mot à dire sur le territoire du tribunal élu paraît plus hasardeux[20]. L'auteur précité rappelle que « certes, il a parfois été proposé, notamment en France, que l'on prenne en considération aussi le droit du tribunal exclu, mais on voit mal que l'on doive aller au-delà de la simple prise en considération tant le droit étranger n'a pas à dicter l'étendue du pouvoir juridictionnel d'un tribunal situé sur un autre territoire »[21].

À la lumière de ces critiques, on a préconisé que le juge de l'État contractant (ou membre) désigné par la clause doive appliquer son propre droit

---

[17] C. Nourissat, « L'avenir des clauses attributives de juridiction dans le règlement Bruxelles I bis », in L. d'Avout, D. Bureau, H. Muir-Watt (dir), *Les relations privées internationales*, Mélanges en l'honneur du Professeur Bernard Audit, LGDJ, 2014, p. 567, spéc. p.574-575.

[18] F. Pocar, « On the substantive validity of choice-of-court agreements under the EU Brussels I Regulation Recast », Essays in Honour of Michael Bogdan, Juristförlaget I Lund, 2013, p.471, spéc. p. 475; M. Weller, « Validity and interpretation of international choice of court agreements », art. préc., note 24, p.398 ; C. Kessedjian, « La Convention de La Haye du 30 juin 2005 », art. préc., note 48, p. 829.

[19] F. Pocar, « On the substantive validity of choice-of-court agreements », art. préc., p. 474-476.

[20] C. Kessedjian, « La Convention de La Haye du 30 juin 2005 », art. préc., p. 829.

[21] *Ibid.*

substantiel applicable aux clauses attributives de juridiction intervenant dans un contexte frappé d'un élément d'extranéité[22].

131. Cependant, il existe une autre conception du renvoi dont on préconise[23] l'application dans le contexte de la mise en œuvre de la règle de conflit en matière de validité de l'accord d'élection de for. Il s'agit de la conception adoptée par l'Angleterre ainsi que par plusieurs autres pays du common law. Cette conception est dénommée la théorie du « *double renvoi* » ou la théorie du « *foreign court* ».

§ 2 - Opportunité de la « *foreign court theory* » ou la théorie de l'ordre juridique compétent

132. En vertu de la théorie du « *double renvoi* » ou de la « *foreign court theory* », le tribunal saisi tranchera comme l'aurait fait le tribunal étranger dont le droit a été désigné par la règle de conflit. La justification de l'application de la règle de conflit du juge élu est de trancher le litige dans les conditions dans lesquelles celui-ci l'aurait tranché[24]. Quand il s'agit d'appliquer une règle de conflit, il ne s'agit pas seulement de tenir compte de l'ensemble des règles du droit étranger (règles matérielles et règles du droit international privé), il faut encore appliquer ce droit étranger, comme le ferait le juge étranger. C'est en appliquant cette théorie du « *double renvoi* » que certains auteurs[25] ont essayé de justifier et de légitimer le recours aux règles de conflit du tribunal élu dans la détermination de la loi applicable à la validité substantielle de l'accord d'élection de for.

Raisonnant par rapport à la règle de conflit adoptée dans le cadre européen, mais étant donné que cette dernière est inspirée de celle de la Convention, ce raisonnement est transposable à la règle de conflit prévue par la Convention, le point de départ a été de déceler la raison d'être du renvoi à la règle de conflit du tribunal élu. On a notamment fait valoir que l'un des buts poursuivis par cette règle de conflit est de s'assurer que le juge élu déclarerait effectivement la clause valable. Dès lors, il aurait été absurde d'imposer l'application d'une loi autre que celle que le juge élu appliquerait effectivement. Par conséquent, la justification de l'application de la règle de conflit du juge élu est de trancher

---

[22] F. Pocar, « On the substantive validity of choice-of-court agreements », art. préc., p.476 ; C. Nourissat, « L'avenir des clauses attributives de juridiction », art. préc., p.575.

[23] En ce sens, v. not. T. C. Hartley, *Choice-of-court Agreements under the european and international instruments*, Oxford University Press, 2013, n°7.111, p. 167; G. Cuniberti, « La clause attributive », art. préc., p. 74-75.

[24] T. C. Hartley, *Choice-of-court Agreements under the european and international instruments, ibid*; G. Cuniberti, *ibid.*

[25] En ce sens, v. T. C. Hartley, *Choice-of-court Agreements under the european and international instruments, ibid.*, pp.167-170; G. Cuniberti, *ibid.*

le litige dans les conditions dans lesquelles celui-ci l'aurait tranché[26]. Le recours au renvoi est donc justifié par la reconnaissance de la légitimité supérieure de la compétence du juge étranger. À la lumière de cet objectif de la règle de conflit, l'hypothèse paraît différente du renvoi classiquement reconnu dans les pays de tradition civiliste. En revanche, la théorie du « *double renvoi* » semble adéquate car elle prévoit l'application de la règle de conflit étrangère sans autre condition, étant donné que le seul but poursuivi est de juger comme le juge étranger aurait jugé. Donc, en adoptant la théorie du « *double renvoi* », la référence à la règle de conflit du juge élu n'est assortie d'aucune autre condition et certainement pas des conditions classiques du renvoi telles que consacrées dans les pays de tradition civiliste et qui sont dénuées de pertinence dans ce contexte[27].

133. Une façon plus académique d'analyser cette conception du renvoi a été de la rapprocher de la méthode de référence à l'ordre juridique compétent[28] théorisée par P. Picone[29].

Dans sa présentation de la méthode de coordination des ordres juridiques basée sur la référence à l'ordre juridique compétent, l'auteur part d'une analyse du fonctionnement de la méthode traditionnelle celle qui remonte à Savigny. Le premier constat par l'auteur est que la méthode traditionnelle considère que le problème exclusif du droit international privé, pris au sens strict, consiste à « sélectionner » la loi la plus apte à régir un rapport. Par conséquent, le problème central de conflit consiste dans le choix de la loi applicable. Or, l'auteur fait observer que les critères traditionnels utilisés par la doctrine pour reconnaître et distinguer les différentes méthodes de solution des « conflits de lois » ne sont pas appropriés[30]. En effet, en se basant seulement sur l'importance de l'élément du choix de la « loi applicable », M. Picone relève que la doctrine néglige en fait l'existence possible de méthodes basées sur des éléments de conflit (dans le sens de facteurs de coordination des systèmes) complètement différents. C'est pourquoi, pour reconnaître les différentes méthodes de coordination des systèmes en droit international privé, il faut utiliser une approche méthodologique différente. Cette approche consiste à pousser l'analyse bien au-delà du problème du choix de la loi applicable pour déboucher sur l'examen des rapports existants à l'intérieur d'un ordre juridique donné - soit en général, soit pour la règlementation de catégories déterminées de situations juridiques- entre les

---

[26] En ce sens, T. C. Hartley, *ibid.*, p.167 ; L. Usunier, « La Convention de La Haye du 30 juin 2005 sur les accords d'élection de for », art. préc., p.63 ; G. Cuniberti, *ibid.*, p. 74-75.

[27] En ce sens, T. C. Hartley, *ibid.*, p. 167 ; G. Cuniberti, *Ibid.*, p. 75.

[28] En ce sens, L. Usunier, « La Convention de La Haye du 30 juin 2005 sur les accords d'élection de for », art. préc., note 90, p.63 ; G. Cuniberti, *ibid*, note 39, p. 75.

[29] P. Picone, « La méthode de la référence à l'ordre juridique compétent en droit international privé », RCADI 1986, II, t. 197, p. 233.

[30] *Ibid.*, p.248.

trois ensembles de règles qui font fondamentalement partie du droit international privé. Il s'agit des règles qui déterminent la compétence internationale des organes juridictionnels ou administratifs du for pour l'appréciation ou la constitution de situations juridiques interindividuelles, des règles de conflit au sens strict (celles qui ont pour objet le choix de la « loi applicable ») et des règles qui permettent de reconnaître, dans le for, des situations juridiques interindividuelles étrangères, qui trouvent leur sources normatives dans l'acte d'une autorité publique (juridictionnelle ou administrative) d'un État étranger. Ces ensembles de règles comprennent les choix de conflit fondamentaux (désignation de la loi applicable, détermination de la compétence internationale des tribunaux du for, ou de ceux des États étrangers etc.) qui permettent, grâce à leurs relations réciproques, de reconstruire la portée et le contenu des différentes méthodes de coordination des systèmes. Chaque méthode s'inspire d'une conception particulière et spécifique quant au mode de localisation et de déroulement des situations juridiques dans le cadre des différents ordres juridiques[31]. Parmi ces méthodes principales de coordination des systèmes, la méthode définie par Picone comme « la méthode de référence à l'ordre juridique compétent ». Cette méthode se propose d'éviter la formation de situations juridiques « boiteuses » et tend, dans le cas où se crée dans le for une situation juridique déterminée, à garantir que cette situation puisse être « reconnue » dans le cadre de l'ordre ou des ordres juridiques étrangers où elle est destinée à se « localiser » et à se « dérouler »[32].

134. La solution retenue par la Convention est intéressante dans la mesure où elle permet de répondre aux conflits de systèmes dont toute clause d'élection de for porte le ferment. Le risque est en effet que le juge élu déclare la clause valable en vertu du droit qu'il estime applicable à celle-ci tandis qu'un autre juge, saisi en violation de la clause, prononce la nullité de celle-ci en vertu d'un autre droit que ses propres règles de conflit lui commandent d'appliquer à la clause. La variété des solutions envisageables pour la détermination de la loi applicable aux clauses d'élection de for[33] rend cette hypothèse crédible[34].

135. Par conséquent, sur le plan des principes, la solution retenue par la Convention mérite d'être approuvée car elle fournit la seule réponse réellement logique à cette difficulté, en se référant au point de vue de l'ordre juridique choisi et donc présumé consulté par les parties[35]. En pratique,

---

[31] *Ibid.*, p. 248-249.

[32] *Ibid.*, p. 249.

[33] Loi du for, loi du juge élu, lex contractus, loi ayant les liens les plus étroits avec l'accord, ou encore, cumulativement, loi du juge élu et loi du juge exclu.

[34] L. Usunier, « La Convention de La Haye du 30 juin 2005 sur les accords d'élection de for », art. préc., p. 63-64.

[35] *Ibid.*, p. 64.

toutefois, cette solution risque de s'avérer complexe à mettre en œuvre car elle oblige les juges saisis en violation de l'accord à rechercher le contenu des règles de droit international privé applicables aux accords d'élection de for dans l'ordre juridique étranger du juge élu[36]. Cette recherche n'est pas aisée et risque de compliquer la tâche du juge dans la phase préliminaire de la détermination de sa compétence internationale.

SECTION II :
Les difficultés de détermination de la règle de conflit applicable

136. L'interprétation consistant à se référer pour déterminer la validité matérielle d'un accord d'élection de for au « droit » du tribunal élu, entendu comme englobant ses règles de conflit de lois, s'avère compliquée. Cette complication découle des hésitations que suscite souvent la détermination d'une règle de conflit en matière de prorogation volontaire de juridiction. En effet, force est de constater que ces solutions ne sont pas toujours d'une grande clarté.

Face à l'ambiguïté du droit commun des États quant à la détermination du droit applicable à la validité des accords d'élection de for (**§1**) des solutions de substitution sont proposées (**§ 2**).

§ 1 - L'ambiguïté du droit commun des États

137. La détermination du droit applicable aux accords d'élection de for soulève des difficultés dans le droit de plusieurs États. Ainsi existe-t-il une certaine incertitude en droit commun français quant au droit applicable aux accords d'élection de for. Un arrêt de la Cour de Paris du 10 octobre 1990[37] examine la validité de la clause « au regard de la loi française, loi du tribunal saisi » (qui était aussi en l'espèce le tribunal désigné) et constate que « la clause n'était pas au surplus contraire à la loi du tribunal mauricien » (tribunal exclu). Mais, dans une autre affaire, toujours en droit commun, la première chambre civile de la Cour de cassation[38] indique que la lex fori n'a pas « vocation nécessaire ou exclusive » à régir la validité de la clause, sans pour autant prendre parti sur la loi compétente[39]. La question n'était donc pas résolue[40]. Un juge étranger saisi au mépris d'un accord donnant compétence

---

[36] *Ibid.*

[37] Paris, 10 oct. 1990, *Rev. crit. DIP* 1991.605, note H. Gaudemet-Tallon.

[38] Cass. civ. 1re, 3 décembre 1991, précité.

[39] H. Gaudemet-Tallon, n°152, p. 166.

[40] L. Usunier, « La Convention de La Haye du 30 juin 2005 sur les accords d'élection de for », art. préc., note 94, p. 64.

au juge français sera ainsi bien en peine de déterminer le point de vue de l'ordre juridique français sur la validité de l'accord.

138. Un tel manque de clarté n'est au demeurant pas propre au droit français. Ainsi, en droit allemand par exemple, il n'y a pas de règle de conflit explicite pour de tels accords et la question demeure posée de savoir si le Règlement Rome I devrait être appliqué aux accords d'élection de for par analogie ou si c'est la jurisprudence ancienne qui devrait s'appliquer[41]. Cette dernière qualifie l'accord d'élection de for comme étant un contrat auquel les règles substantielles relatives à l'existence et à la conclusion des contrats de la *lex contractus* du contrat principal s'appliquent à moins que les parties n'aient expressément choisi la loi applicable à l'accord d'élection de for en cause[42]. Cependant, cette jurisprudence est elle-même critiquée par la doctrine qui favorise une qualification de l'accord d'élection de for comme un accord particulier de droit procédural auquel il est plus adéquat d'appliquer les règles de la loi du for en matière contractuelle[43]. Conscient de l'importance de la question, le conseil allemand pour le droit international privé a pris l'initiative de proposer une nouvelle règle de conflit qui prévoit l'application de la loi choisie par les parties et, à défaut, de la loi du juge désigné par la clause[44]. Cependant, l'état du droit positif allemand n'a pas encore concrétisé une telle intéressante initiative.

139. Une difficulté analogue a été soulevée dans le cadre du droit international privé suisse qui en la matière et à la différence du droit de l'arbitrage international[45] ne connaît pas de règle légale. La doctrine suggère par une application par analogie de l'article 178 alinéa 2 de la loi de droit international privé suisse[46] de soumettre l'accord d'élection de for à la loi régissant le contrat principal ou à la loi du for[47]. Le tribunal fédéral suisse[48] n'a pas été appelé à dire davantage que de constater que cette dernière solution n'était pas arbitraire[49].

---

[41] M. Weller, « Validity and interpretation of international choice of court agreements », art. préc., p. 401.

[42] German Federal Court of Justice, jugement du 18 mars 1997, XI ZR 34/96, Neue Juristische Wochenschrift (NJW) 1997, pp.2885 et s, cité par M. Weller, « Validity and interpretation of international choice of court agreements », art. préc., note 42, p. 401.

[43] M. Weller, « Validity and interpretation of international choice of court agreements », art. préc., p. 401, citant, not. R. Geimer, *Internationales Zivilprozessrecht*, 7e éd., Munich, 2015, pp.624 et s.

[44] G. Cuniberti, « La clause attributive », art. préc., p. 75.

[45] Art. 178 al. 2 de la loi fédérale sur le droit international privé du 18 décembre 1987 dispose : « Quant au fond, elle (la convention d'arbitrage) est valable si elle répond aux conditions que pose soit le droit choisi par les parties, soit le droit régissant l'objet du litige et notamment le droit applicable au contrat principal, soit encore le droit suisse ».

[46] Art. 178 (2) de la loi fédérale sur le droit international privé du 18 décembre 1987.

[47] A. Bucher, « La Convention de La Haye », art. préc., p. 40.

[48] ATF 122 III 439 ss, 442 s. ; 124 III 134 ss, 140, cités par A. Bucher, « La Convention de La Haye », art. préc., note de bas de page n°5, p. 40.

[49] A. Bucher, « La Convention de La Haye », art. préc., p. 40.

140. Par conséquent, il sera difficile, voire souvent une tâche sujette à l'erreur à laquelle va se livrer le juge saisi mais non élu, d'apprécier et de mettre en œuvre le droit étranger applicable à la nullité. Ce résultat nuit à la prévisibilité et à la fiabilité de tels accords[50]. La solution ne garantit pas pleinement que la validité de l'accord d'élection de for sera appréciée en vertu du même droit devant le juge élu et devant le juge saisi en violation de l'accord. En outre, elle ne permettra pas toujours aux parties de connaître à l'avance et avec un degré de certitude le droit en vertu duquel la validité de leur accord sera jugée[51].

141. Face aux difficultés qu'engendre la mise en œuvre de la règle de conflit édictée, des solutions de substitution sont prônées par la doctrine afin d'assurer un régime plus performant quant à l'efficacité des accords d'élection de for.

§ 2 - Des solutions de substitution

142. À cause des complications et hésitations que suscite la détermination même d'une règle de conflit en matière de prorogation volontaire de juridiction, certains préconisent la voie des règles matérielles[52], selon la méthode adoptée en France en matière d'arbitrage[53] par l'arrêt Dalico[54]. Cependant, on apprend que lors de la préparation de la Convention, une proposition de règles matérielles sur la validité au fond des accords a été formulée[55] mais rejetée en raison de l'effet perturbateur pour les droits nationaux d'un corps de règles propre à cet objet particulier[56].

143. Selon certains auteurs, il aurait été à tout le moins possible de se référer à des principes tels que ceux d'UNIDROIT dont l'existence est aujourd'hui suffisamment connue[57].

D'autres auteurs ont déploré que les rédacteurs de la Convention n'aient pas saisi l'occasion que celle-ci offrait de lever les doutes entourant la question du droit en vertu duquel la validité de l'accord d'élection de for est jugée, en

---

[50] M. Weller, « Validity and interpretation of international choice of court agreements », art. préc., p. 401.

[51] L. Usunier, « La Convention de La Haye du 30 juin 2005 sur les accords d'élection de for », art. préc., p. 65.

[52] En ce sens, v. B. Audit, « Observations sur la Convention de La Haye », art. préc., p.183-184 ; C. Kessedjian, « La Convention de La Haye du 30 juin 2005 », art. préc., p. 830 ; C. Nourissat, « L'avenir des clauses attributives de juridiction », art. préc., p.575.

[53] B. Audit, *ibid* ; C. Kessedjian, *ibid.*

[54] Cass. civ. 1re, 20 décembre 1993, précité.

[55] Proposition de la délégation suisse, reproduite in A. Bucher, « La Convention de La Haye », art. préc., p. 38.

[56] B. Audit, « Observations sur la Convention de La Haye », art. préc., p. 184.

[57] *Ibid.* p. 184. Dans le même sens, M.-L. Niboyet, G. de Geouffre de la Pradelle, p. 322-323, M. Weller, « Validity and interpretation of international choice of court agreements », art. préc., p. 401.

posant une règle de conflit de lois uniforme en la matière. Tout en admettant que l'élaboration de cette règle de conflit de lois aurait nécessité de longues discussions, elle eut été préférable à la solution consistant à abandonner purement et simplement cette question au droit commun des États contractants[58].

144. il faut bien admettre que ces solutions futuristes sont satisfaisantes du point de vue de la recherche de l'uniformité et de la prévisibilité mais elles nécessitent une grande volonté politique des États dont on peut en douter au sein d'une convention mondiale. La règle du consensus instaurée au sein des négociations de la Convention rend les chances d'aboutissement à de telles solutions minimes. Il n'en demeure pas moins que de lege lata, il semble plus opportun d'opter pour l'exclusion du renvoi dans le jeu de la règle de conflit, car même entendu au sens du « *double renvoi* » du droit anglais, un problème épineux demeure. Il s'agit de celui de déterminer la règle de conflit applicable. Par conséquent, l'insertion des règles de conflit rend la tâche du juge colossale en raison des incertitudes qui entourent le droit international privé commun des États concernant les accords d'élection de for.

L'application du droit interne du juge élu procure à la fois la simplicité et la certitude du droit. Cette approche permettra d'éviter toutes les complications que le détour des règles de conflit introduit dans la désignation de la loi applicable tout en atteignant un certain degré d'uniformité. Elle peut par ailleurs être fondée sur le texte même édictant la règle et qui ne mentionne guère le jeu du renvoi. Il faut bien admettre que le rapport explicatif est un document important pour l'interprétation de la Convention mais n'a aucune valeur contraignante.

Comme le suggèrent certains auteurs, une rectification possible pourra être faite en ce qui concerne l'interprétation de la référence au droit applicable du tribunal élu dans la mesure où le rapport explicatif est une source faisant autorité mais n'est nullement obligatoire. De même, les considérants des règlements européens font partie du préambule et sont également des sources faisant autorité mais en eux-mêmes ne sont pas contraignants pour les États et la Cour de justice de l'Union européenne. Par conséquent, la Cour de justice de l'Union européenne pourrait adopter une interprétation différente en tenant compte du fait qu'une référence au droit international privé de l'État du tribunal élu n'avait pas été reproduite dans le texte du Règlement Bruxelles Ibis[59].

---

[58] L. Usunier, « La Convention de La Haye du 30 juin 2005 sur les accords d'élection de for », art. préc., p. 65.

[59] En ce sens, v. not. F. Pocar, « On the substantive validity of choice-of-court agreements », art. préc., p. 476 ; C. Nourissat, « L'avenir des clauses attributives de juridiction », art. préc., p.574-575 ; *contra*, v. Q. Forner-Delaygua, « Changes to jurisdiction based on exclusive jurisdiction agreements », art. préc., p. 398-399.

En définitive, il appartient à la pratique des États d'élucider la question mais surtout de confirmer cette démarche qui paraît la meilleure du point de vue de l'efficacité des accords. Une efficacité qui joue ici au niveau de la prévisibilité et de la fiabilité de ces accords du point de vue de leur validité au fond.

145. Si le bilan d'efficacité au niveau de la validité substantielle des accords d'élection de for semble mitigé, en est-il de même pour la validité formelle de ces accords ?

TITRE II :

LA VALIDITÉ EN LA FORME

146. La question de la forme a particulièrement retenu l'attention. Dans un premier temps, plusieurs pays ont fait valoir que l'idée de fonder la validité formelle sur des usages, appliqués « inter partes » ou connus dans une branche commerciale déterminée, était étrange dans leurs juridictions et de toute manière source d'incertitudes. L'approche a dès lors prévalu qu'il ne s'agissait pas de couvrir l'ensemble des formes raisonnablement envisageables mais de créer un instrument qui assure la validité et l'efficacité d'une forme minimale et sûre d'application sur le plan mondial[1]. Cette forme est l'écrit[2] et son équivalent fonctionnel, la communication électronique. Il s'agit de « tout autre moyen de communication qui rende l'information accessible pour être consultée ultérieurement »[3].

Ainsi, l'article 3 (c) de la Convention prévoit qu'un accord exclusif d'élection de for doit être conclu ou documenté soit i) par écrit soit ii) par tout autre moyen de communication qui rende l'information accessible pour être consultée ultérieurement.

Il découle de ce texte que, d'une part, la Convention de La Haye adopte une règle matérielle quant aux exigences de forme (**Chapitre I**) et, d'autre part, elle consacre une approche libérale opérant une distinction entre les exigences de forme et l'accord de volonté des parties (**Chapitre II**).

[1] A. Bucher, « La Convention de La Haye », art. préc., p. 36-37.
[2] Art. 3 (c) (i).
[3] Art. 3 (c) (ii).

CHAPITRE I :

Une règle matérielle autonome quant aux exigences de forme

147. Contrairement aux conditions de fond où la Convention a opté pour le procédé de la règlementation indirecte, la Convention a consacré une règle matérielle autonome concernant les exigences de forme. Cette règle édicte des exigences exhaustives (**Section I**). Pour la validité formelle, la Convention établit elle-même les critères dans son article 3 (c). L'accord doit être conclu ou documenté soit par écrit soit par tout autre moyen de communication qui rende l'information accessible pour être consultée ultérieurement. Ces exigences se résument donc dans l'écrit et son équivalent électronique (**Section II**).

SECTION I :
Des exigences de forme exhaustives

148. La Convention ne dit pas clairement si la règle énoncée à l'article 3 (c) constitue l'entièreté des conditions de forme que doit revêtir l'accord d'élection de for. Ce point a été longuement discuté lors de la séance plénière[1]. Il résulte de cette discussion que l'article 3 (c) constitue à la fois le maximum et le minimum de ce qui est exigé[2].

---

[1] Procès-verbal n°2, séance du mardi 14 juin 2005 (après-midi), Actes et documents de la vingtième session, édités par le bureau permanent de la conférence, Tome III, Élection de for, p. 571-577.

[2] R A. Brand, P M. Herrup, p. 45 ; C. Kessedjian, « La Convention de La Haye du 30 juin 2005 », art. préc., n°22, p. 825 ; M. H. Van Loon, “ Quelques aspects de la mondialisation ”, art. préc., p.236 ; M. Dogauchi, T. C. Hartley, *op. cit.*, n°110 ; F. Ragno, « The Brussels I Recast Regulation and The Hague Convention », art. préc., p. 251 ; A. Schulz, « The Hague Convention of 30 June 2005 on choice of court agreements », J. Private Int. L., 2006, p. 243, spéc. p. 250; T. C. Hartley, *Civil jurisdiction and judgments in Europe The Brussels I Regulation, The Lugano Convention, and The Hague Choice of Court Convention*, Oxford University Press, Oxford, 2017, p.263.

Le maximum, car les États parties ne peuvent exiger plus que la règle conventionnelle en ce qui concerne la forme. Le droit national ne peut ajouter d'autres conditions de forme pour qu'un accord puisse bénéficier du régime de la Convention. Une exigence du droit national en vertu de laquelle l'accord d'élection de for n'est valable que s'il est notarié ou si un sceau y est apposé, ne peut être invoquée pour exclure le bénéfice du régime de la Convention, si l'accord remplit les conditions de l'article 3 (c)[3]. De même, les rapporteurs ont cité comme exemple de formes supplémentaires qui ne peuvent être imposées par le droit national pour refuser de donner effet à un accord d'élection de for, notamment si l'accord n'apparaît pas en caractères gras spéciaux ; s'il est rédigé en petits caractères ; ou s'il n'est pas signé des parties indépendamment du contrat principal[4]. Par ailleurs, à l'instar de ce qui avait été jugé par la Cour de justice de l'Union européenne dans le cadre de l'interprétation des conditions de forme imposées par la Convention de Bruxelles[5], l'exigence d'une langue tirée des dispositions d'un droit national ne peut être invoquée pour refuser de donner effet à un accord d'élection de for en vertu de la Convention.

Les exigences de forme posées par la Convention constituent également le minimum, car un accord d'élection de for qui ne remplit pas les exigences de l'article 3 (c) ne peut développer ses effets en vertu de la Convention. En effet, lorsque le droit national commun d'un État contractant ou un instrument international ou régional en vigueur dans ce dernier État prévoit des exigences de forme moins rigides que celles établies par la Convention, l'accord qui remplit ces exigences mais non celles plus strictes de la Convention serait certainement valable en vertu de ces dispositions. Cependant, cet accord ne relèvera pas du régime de la Convention. Des exemples peuvent être tirés de certains accords couverts par l'article 25 (b) et (c) du Règlement Bruxelles Ibis. Il s'agit des accords conclus sous une forme qui soit conforme aux habitudes que les parties ont établies entre elles ou dans le commerce international, sous une forme qui soit conforme à un usage dont les parties ont connaissance ou étaient censées avoir connaissance et qui est largement connu et régulièrement observé dans ce type de commerce par les parties à des contrats du même type dans la branche commerciale considérée. Ces exigences de forme contenues dans l'instrument européen précité sont plus souples et plus larges que celles contenues dans la Convention de La Haye car en vertu de ces règles européennes, un accord peut être valable quant à la forme en dépit de l'inexistence d'un écrit ou son équivalent électronique. Un tel accord bien que valable en vertu de l'instrument européen, ne relèvera pas du régime de la Convention[6].

---

[3] R A. Brand, P M. Herrup, p. 45.

[4] M. Dogauchi, T. C. Hartley, *op. cit.*, n°110.

[5] CJCE, 24 juin 1981, aff. C-150/ 80, Elefanten Schuh, précité, point 27.

[6] A. Schulz, «The Hague Convention of 30 June 2005», art. préc., p. 250-251.

149. Le choix des rédacteurs de la Convention a été pour l'efficacité d'une forme minimale et sûre d'application sur le plan mondial. Il s'agit de la forme écrite mais la Convention a également pris en considération son équivalent fonctionnel qui est le moyen électronique de transmission ou de stockage des données[7].

SECTION II :
L'écrit et son équivalent fonctionnel, la communication électronique

150. Selon l'article 3 (c) de la Convention, l'accord d'élection de for est valable en la forme s'il est conclu ou documenté par écrit (**§ 1**) ou par « tout autre moyen de communication qui rende l'information accessible pour être consultée ultérieurement » (**§ 2**).

§ 1 - L'écrit

151. Une observation liminaire s'impose. Il s'agit du caractère excessivement sommaire de la disposition, singulièrement dans un instrument entièrement consacré aux accords d'élection de for.

S'agissant de l'exigence de l'écrit, cette dernière notion n'est nulle part définie dans la Convention[8].

Certes, la discussion dans les négociations a commencé avec le texte équivalent dans la Convention de Bruxelles, cependant, les délégations étaient peu enclines à aller au-delà de ce qui est stipulé dans l'alinéa a) de l'article 17 (alinéa (a) de l'article 23 du Règlement de Bruxelles I ; alinéa (a) de l'article 25 (1) du texte actuel du Règlement Bruxelles Ibis). Rappelons que l'alinéa a) de l'article 17 de la Convention de Bruxelles précise que la convention attributive de juridiction est conclue « par écrit ou verbalement avec confirmation écrite ». La signification exacte de la disposition de l'article 3 (c) (i) de la Convention de la Haye, et si elle diffère considérablement de l'alinéa (a) de l'article 25 (1) du texte actuel du Règlement Bruxelles Ibis, n'est pas claire[9]. Bien que beaucoup de temps ait été dévolu à sa discussion, les délégations étaient en général réticentes à s'engager dans une voie précise quant à sa signification exacte. Le sentiment

---

[7] M. Dogauchi, T. C. Hartley, *op. cit.*, n°112.

[8] R A. Brand, P M. Herrup, p. 45-46.

[9] T. C. Hartley, Choice-of-Court agreements under the european and international instruments, *op.cit.*, n°7.100, p. 164; *Civil jurisdiction and judgments in Europe The Brussels I Regulation, The Lugano Convention, and The Hague Choice of Court Convention, op.cit.*, n°13.130, p. 264.

général était que son interprétation devrait être laissée aux tribunaux des États contractants[10]. Certes, ce choix n'est pas le gage d'une uniformité d'application de la Convention. En outre, il diminue la prévisibilité que l'on peut s'attendre et donc l'attrait de la Convention.

152. Les seules précisions apportées par le rapport explicatif sont d'abord l'affirmation que lorsque l'accord est écrit, sa validité formelle ne dépend pas de sa signature, bien que l'absence d'une signature puisse rendre plus difficile la preuve de l'existence de l'accord[11]. Ensuite, l'affirmation que si l'accord était oral et qu'une partie l'a matérialisé par écrit, il est indifférent que ce soit celle qui en a bénéficié, par exemple parce qu'il visait les tribunaux de son pays[12]. En revanche, il n'est aucunement affirmé que la partie qui met par écrit l'accord oral devrait le faire dans un délai raisonnable après la conclusion de l'accord ou qu'elle devrait transmettre le document écrit à l'autre partie. Il est néanmoins probable que les tribunaux des États contractants considéreront les exigences susmentionnées comme évidentes car sans lesquelles la disposition n'aura guère d'utilité[13].

153. De même, aucune précision n'est apportée quant aux clauses par référence[14], pourtant la vie des affaires montre qu'il est fréquent qu'une clause d'élection de for soit contenue non pas dans le contrat lui-même mais dans un document contractuel différent tel que les conditions générales de vente ou d'achat. À cet égard, il semble que, d'un point de vue formel, ce type d'accord remplisse les conditions de l'article 3 (c) mais il demeure la question de savoir si l'accord a vraiment pu se former entre les parties, notamment lorsque les conditions générales n'ont pas été communiquées avant la conclusion définitive du contrat. La réponse peut être différente selon que le contrat visait ou non expressément ces conditions générales[15].

154. En outre, étant donné que la doctrine met l'accent sur le seuil peu élevé exigé par la Convention de La Haye en matière de forme[16], ce qui autorise une interprétation non restrictive de ces dispositions[17], la question se pose pour les tribunaux européens de savoir s'ils pourront suivre dans leur analyse de l'article 3 (c), l'interprétation stricte initialement donnée à l'article 17 (a) de la Convention de Bruxelles[18] qui correspond aujourd'hui à

---

[10] *Ibid*

[11] M. Dogauchi, T. C. Hartley, *op. cit.*, n° 112.

[12] *Ibid*, n°114.

[13] En ce sens, v. T. C. Hartley, Choice-of-Court agreements under the european and international instruments, *op. cit.*, n°7.101, p. 164.

[14] B. Audit, « observations sur le Convention de La Haye », art. préc., p.181 ; C. Kessedjian, « La Convention de La Haye du 30 juin 2005 », art. préc., p. 826.

[15] En ce sens, C. Kessedjian, *ibid.*

[16] R A. Brand, P M. Herrup, p. 45.

[17] T. C. Hartley, Choice-of-Court agreements under the european and international instruments, *op.cit.*, n°7.102, p. 164.

[18] Art. 17 a) dispose : « ... Cette convention attributive de juridiction est conclue :

l'alinéa (a) du paragraphe premier de l'article 25[19] du Règlement Bruxelles Ibis ? Cette interprétation est développée, notamment dans les affaires telles que *Estasis Salotti*[20] et *Galeries Segoura*[21].

Il est intéressant de rappeler les directives d'interprétation de l'alinéa a) de l'article 17 de la Convention de Bruxelles dégagées par la Cour de justice de l'Union européenne afin de pouvoir évaluer leur transposition éventuelle par les tribunaux des États européens contractants s'agissant de l'interprétation de l'article 3 (c) de la Convention.

L'alinéa a) de l'article 17 énonce comme forme possible de l'accord d'élection de for l'écrit ou l'accord verbal confirmé par écrit. À cet égard, à l'évidence un écrit au sens de l'article 17 de la Convention de Bruxelles (25 du Règlement Bruxelles Ibis) mais également au sens de l'article 3 (c) de la Convention de La Haye est constitué par toute convention écrite et signée des deux parties, et ce, qu'il s'agisse, comme c'est le plus souvent le cas, d'un contrat dont l'objet principal est autre et qui contient une clause attributive de compétence, ou d'un instrument exclusivement consacré à cette attribution de compétence. De même, des documents séparés contenant ou se référant à la même clause attributive de juridiction avec la signature de chaque document par l'une des parties seulement, celle dont émane ce document, constituent un écrit au sens du règlement européen[22], mais également au sens des dispositions de la Convention de La Haye.

155. Un problème plus important et fréquent en pratique concerne la question de savoir quand une clause attributive de juridiction contenue dans les conditions générales du contrat est-elle valablement incorporée dans le contrat que les parties ont conclu par écrit ?

Le problème s'est posé à la Cour de justice de l'Union européenne. Ainsi, concernant une clause attributive de juridiction contenue dans les conditions générales de vente imprimées au verso d'un contrat signé par les deux parties, la Cour a affirmé que la simple impression sur le verso d'un contrat établi sur le papier d'affaires de l'une des parties d'une clause attributive de juridiction dans le cadre des conditions générales de cette partie ne satisfait pas aux exigences de la forme écrite selon l'article 17. Ce faisant, la Cour estimait qu'aucune garantie n'étant donnée par ce procédé que l'autre partie a consenti effectivement à la clause dérogatoire au droit commun en matière de compétence judiciaire. En revanche, la Cour a jugé qu'il y a « écrit » si le contrat signé par les parties contient un renvoi exprès aux conditions générales du contrat dans lesquelles figure l'attribution de juridiction. La Cour a par

---

a) par écrit ou verbalement avec confirmation écrite ».

[19] Art. 25 a) dispose : « … La convention attributive de juridiction est conclue :
a) par écrit ou verbalement avec confirmation écrite ».

[20] CJCE, 14 décembre 1976, aff. 24-76, *Estasis Salotti*, précité.

[21] CJCE, 14 décembre 1976, aff. C-25/ 76, Galeries Segoura, précité.

[22] U. Magnus, « Art. 25 », *op. cit.*, n° 95, p. 636.

ailleurs précisé que le renvoi doit être exprès même si les conditions générales figurent au verso du papier signé[23].

D'une façon générale, la Cour de justice de l'Union européenne a développé un corps de règles spécifiques pour la question de l'incorporation d'une clause attributive de juridiction. Ce corps de règles est fondé sur certains principes. Ces derniers se résument dans le fait que les clauses attributives de juridictions ne sont valablement incorporées dans un contrat écrit et par conséquent un accord entre les parties est valablement formé en ce qui les concerne que si la partie qui les invoque a clairement indiqué que les conditions générales du contrat contenant la clause attributive de juridiction doivent s'appliquer au contrat en cause et si l'autre partie a une chance raisonnable de vérifier ces conditions et la clause qui y figure. Il faut cependant réserver l'atténuation apportée à ce principe avec des exigences de forme moins strictes pour les autres formes prévues par le règlement aux alinéas (b) (c) et qui concernent les formes conformes aux pratiques établies entre les parties et celles conformes aux usages du commerce international.

Par conséquent, il n'est pas en général indispensable que la clause attributive de juridiction fasse en fait partie du texte du contrat. Une simple référence aux conditions générales du contrat qui sont contenues dans un contrat signé par les deux parties peut suffire. Cependant, la référence doit être claire et précise.

Les règles établies par la Cour de justice sont destinées à assurer que la clause attributive de juridiction ne puisse échapper à l'attention raisonnable d'une partie, et c'est seulement lorsque cette garantie est assurée que l'on peut déduire avec un certain degré de certitude du processus de conclusion du contrat sur le plan de la forme que la clause attributive de juridiction traduit un véritable accord des parties sur le choix d'un ou plusieurs tribunaux particuliers.

156. De même, dans son interprétation de la forme de l'accord « conclu verbalement avec confirmation écrite » et qui constitue l'alternative à la convention écrite prévue initialement dans le texte de l'article 17 de la Convention de Bruxelles, la Cour de justice de l'Union européenne a également adopté au départ une interprétation restrictive dans l'affaire *Galeries Segoura*[24]. La Cour exige d'abord que la convention verbale ait porté spécialement sur l'attribution de juridiction[25] et la Cour de justice a réitéré cette exigence dans l'arrêt *Tilly Russ* en indiquant que la prorogation devait avoir fait l'objet « d'une convention verbale (…) entre les parties portant expressément sur la juridiction »[26]. Quant à la confirmation écrite de l'accord verbal, dans l'affaire *Galeries Segoura*, deux hypothèses distinctes ont été

---

[23] CJCE, 14 décembre 1976, aff. 24-76, *Estasis Salotti*, précité, points 8-9-10.
[24] CJCE, 14 décembre 1976, aff. C-25/ 76, Galeries Segoura, précité.
[25] *Ibid.,* point 8.
[26] CJCE, 19 juin 1984, aff. C-71/ 83, Tilly Russ c/ Nova, Rec.1984, 2417, point 17.

soumises à la Cour de justice dans la question préjudicielle adressée par la juridiction du renvoi. La première hypothèse est celle de savoir si les conditions de l'article 17 sur l'exigence de l'écrit sont réunies lorsque lors d'un contrat de vente conclu verbalement, le vendeur affirme expressément que le contrat sera soumis à ses conditions générales de vente. Cependant, aucune référence expresse à la clause attributive de juridiction n'est faite. La cour a jugé que ceci était insuffisant. À cet égard, elle affirme que l'acheteur, même s'il accepte dans un contrat conclu verbalement de traiter aux conditions générales du vendeur, n'est pas censé avoir accepté une clause attributive de juridiction qui peut éventuellement figurer dans ces conditions générales. Il en découle selon la Cour qu'une confirmation écrite du contrat par le vendeur avec communication du texte de ces conditions générales reste inopérante en ce qui concerne une éventuelle clause attributive de juridiction, à moins d'acceptation écrite de l'acheteur[27].

La seconde hypothèse a trait à la conclusion verbale du contrat sans référence aucune à l'existence de conditions générales de vente. La Cour a jugé dans ce cas qu'il est manifeste qu'une clause attributive de juridiction, faisant éventuellement partie intégrante de ces conditions générales, n'a pas fait l'objet du contrat conclu verbalement entre les parties. Par conséquent, selon la Cour, la communication ultérieure des conditions générales contenant une telle clause n'est pas de nature à modifier les dispositions convenues entre les parties, sauf si ces conditions donnent lieu à une acceptation expresse et écrite de la part de l'acheteur[28].

Il s'agit d'une règle assez stricte. Ce que la Cour exige paraît être que même si l'acheteur a consenti oralement que le contrat soit soumis aux conditions générales de vente du vendeur qui contenaient une clause attributive de juridiction, il ne peut être considéré comme ayant consenti à la clause aux fins de la Convention de Bruxelles. Un consentement exprès est requis. La Cour ajoute que le fait, pour l'acheteur, de ne pas élever d'objections contre une confirmation émanant unilatéralement du vendeur ne vaut pas acceptation de sa part de la clause attributive de juridiction et donc ne permet pas de conclure à la satisfaction des exigences de forme prévues par l'article 17 de la Convention de Bruxelles.

Certes, il faut admettre que la Cour de justice de l'Union européenne a atténué la rigueur de son interprétation des exigences de forme même avant d'introduire des formes supplémentaires à savoir, d'une part, les formes conformes aux habitudes entre les parties et, d'autre part, les formes consacrées par les usages dans le commerce international. En effet, dès l'arrêt *Galeries Segoura*[29], la Cour de justice a admis une exception à la règle rigide qu'elle instaurait dans cette affaire en affirmant que si le principe est qu'il

---

[27] CJCE, 14 décembre 1976, aff. C-25/ 76, Galeries Segoura, précité, point 8.
[28] *Ibid*, point 10.
[29] *Ibid*, point. 11.

n'est pas satisfait aux conditions de forme posées par l'article17[30] dans le cas d'un contrat conclu verbalement que si la confirmation écrite du vendeur avec communication des conditions générales de vente a donné lieu à une acceptation écrite de l'acheteur, il en est autrement si l'accord verbal fait partie de rapports commerciaux courants entre les parties et s'il était établi au surplus que ces rapports sont, dans leur ensemble, régis par les conditions générales de l'auteur de la confirmation, comportant une clause attributive de juridiction. Dans un tel contexte, il a été jugé contraire à la bonne foi, pour le destinataire de la confirmation, de nier l'existence d'une prorogation de compétence même à défaut d'une acceptation écrite de sa part.

En outre, la Cour de justice a par la suite modifié sa jurisprudence telle qu'elle se dégageait de l'arrêt *Galeries Segoura*. Ainsi, dans son arrêt *Tilly Russ*, la Cour a indiqué qu'il suffisait que la convention verbale soit confirmée par écrit par une des parties et pas nécessairement par la partie à qui la clause est opposée. Enfin, dans l'arrêt *Berghoefer*[31] du 11 juillet 1985, la Cour réaffirme que la confirmation écrite peut émaner de l'une ou l'autre partie[32] et ajoute que les conditions de l'article 17 de la Convention de Bruxelles sont remplies si la confirmation écrite émanant de l'une quelconque des parties « a été reçue par l'autre et que cette dernière n'a formulé aucune objection »[33].

157. À la lumière du seuil peu élevé établi par la Convention de La Haye quant aux exigences de forme de l'accord, M. Hartley[34]a soutenu que l'interprétation des exigences de forme au sein de la Convention par les tribunaux des États contractants obéirait à des critères moins rigides que ceux étayés par la Cour de justice de l'Union européenne dans sa jurisprudence relative aux dispositions du règlement européen en la matière. Ainsi, l'auteur estime que la conception restrictive de l'écrit ne semble pas être transposable dans le cadre de l'application des exigences de l'écrit au sens de la Convention. Un accord d'élection de for au verso d'un contrat signé par les parties devrait être considéré comme suffisant si, au vu des circonstances, l'autre partie aurait dû savoir qu'elle devrait voir le verso du contrat[35]. De même, un accord d'élection de for figurant dans un document séparé donné à l'autre partie sans objection de sa part devrait être suffisant si cette dernière devait savoir qu'elle doit le lire. Un accord oral exprès à l'avance n'est pas nécessaire. Le contrôle devrait être un contrôle du caractère raisonnable[36].

---

[30] Plus précisément dans sa version initiale, un accord conclu « par écrit ou verbalement avec confirmation écrite »

[31] CJCE, 11 juillet 1985, aff. C-221/ 84, Berghoefer GmbH & Co. KG c/ ASA SA, Rec. 1985, 2699.

[32] *Ibid.* point 14.

[33] *Ibid*, point 15 et 16.

[34] T. C. Hartley, *Choice-of-Court agreements under the european and international instruments, op. cit.*, n°7.102, p. 164-165.

[35] *Ibid.*

[36] *Ibid.*

158. Cependant, la thèse d'un recours aux principes d'interprétation dégagés par la Cour de justice de l'Union européenne ne semble pas être exclue dans le cadre de l'application par les tribunaux des États membres de l'Union européenne des conditions de forme posées par la Convention. Outre l'excessive brièveté des dispositions concernant la forme dans la Convention de La Haye, plusieurs problèmes pratiques que pose la forme, dont celui précédemment analysé ayant trait aux clauses figurant dans les conditions générales des contrats de vente ou d'achat, risquent de se poser devant les tribunaux à l'occasion de la mise en œuvre du régime de la Convention. Dans ce contexte, il n'est pas exclu que les tribunaux des États membres de l'Union européenne puissent être guidés par les principes de solution dégagés par la jurisprudence de la Cour de justice dans le cadre du règlement européen. Ces principes d'interprétation pourront être utiles afin de forger un corps de règles autonomes au sein de la Convention permettant de résoudre les difficultés que pose la forme des clauses attributives de juridiction.

159. D'autres hypothèses particulières peuvent susciter des difficultés pour les tribunaux des États contractants auxquelles l'exigence sommaire d'un écrit ne permet pas de résoudre.

Ainsi, une difficulté peut surgir lorsque la clause est contenue dans un contrat écrit mais ne figure pas dans un autre contrat pourtant étroitement lié au premier. La Cour de cassation française a estimé que la clause ne produisait effet qu'à l'égard du premier contrat dans une affaire où la clause figurait dans le contrat d'agence commerciale, mais non dans le contrat de consultation et d'assistance commerciale conclu quelques jours après entre les mêmes parties[37]. Cependant, en cas d'indivisibilité entre les contrats, on pourrait admettre que la clause contenue dans l'un a un effet à l'égard de l'autre[38].

La question se pose aussi lorsqu'on est en présence d'un contrat-cadre et de contrats d'application (concession, franchise, distribution exclusive…). Ces contrats font partie d'une opération d'ensemble mais ils sont pourtant distincts. La question se pose de savoir si la clause contenue dans le contrat-cadre s'applique aux contrats d'application et inversement ?

La jurisprudence française a affirmé dans certains arrêts qu'une clause contenue seulement dans un contrat d'application ne devrait pas s'appliquer au contrat-cadre[39]. En revanche, la doctrine estime qu'une clause contenue

---

[37] Cass. Com., 12 déc. 1989, JDI 1991.158, obs. A. Huet ; *Rev. crit. DIP* 1990. 358 ; et dans le même sens, Paris, 22 mai 1991, D. 1992, som. Com. 164, obs. B. Audit.

[38] V. en ce sens, admettant l'opposabilité de la clause contenue dans un contrat à toutes les parties à des actes différents mais « s'inscrivant dans une opération unique » : Cass. civ. 1re 23 mars 2011, n°09-72312, Bull. Joly Soc. 2011, 829, note F. Melin.

[39] V. par exemple, Cass. com., 29 oct. 1985, Bull. civ. IV n° 254, p. 212 ; Cass. Civ., 1re, 15 mars 1988, Bull. civ. I n°83, p. 54 ; Cass. com., 27 fév. 1996, *Rev. crit. DIP* 1996.736; CA Paris, 14 octobre. 1998, D. 1999 som. Com. 291, obs. B. Audit. Mais *contra* : Cass. civ. 1re, 19 mars 2008, n° 06-17561, non publié au Bull., qui admet qu'une clause figurant dans les contrats de vente de

dans le contrat-cadre serait susceptible de s'appliquer aux contrats d'application, surtout si l'on fait valoir que les parties sont en relations habituelles d'affaires[40].

160. Le silence de la Convention de La Haye sur les questions susmentionnées qui suscitent encore un débat tant doctrinal que jurisprudentiel et qui ont toujours posé des difficultés en pratique, diminue la prévisibilité et la sécurité juridique que la Convention est censée promouvoir à travers la règlementation des accords d'élection de for. Abandonnant toute prétention à traiter de ces difficultés, la Convention laisse les tribunaux des États contractants entièrement livrés à eux-mêmes pour les résoudre. En outre, tout recours au droit national ouvrira la voie à l'absence d'uniformité et réduira l'attrait que la Convention peut présenter.

161. Mais d'un autre côté et afin d'élargir le champ d'application de la Convention et faire bénéficier le plus grand nombre d'accords du régime de la Convention, cette dernière a adapté la notion de « l'écrit » aux transmissions par voie électronique. Par conséquent, l'accord d'élection de for peut être concrétisé par écrit ou par « tout autre moyen de communication qui rende l'information accessible pour être consultée ultérieurement »[41].

§ 2 - La communication électronique

162. La possibilité de conclure ou de documenter les accords d'élection de for par le truchement de moyens électroniques a été inspirée de l'article 6 (1) de la loi-type de la CNUDCI sur le commerce électronique de 1996[42]. Cette disposition de la Convention[43] pourra être interprétée conformément aux dispositions de la Convention CNUDCI du 23 novembre 2005[44] sur l'utilisation de communications électroniques dans les contrats internationaux[45].

Le rapport explicatif de la Convention de La Haye précise que cet équivalent à l'écrit vise à couvrir les moyens électroniques de transmission ou

---

marchandises était applicable à un « accord de fait de distribution exclusive », cité par H. Gaudemet-Tallon, M.-E. Ancel, note de bas de page n°116, p. 207.

40 V. en ce sens, H. Gaudemet-Tallon, M.-E. Ancel, n°147 et l'arrêt Cass. civ. 1re, 23 mars 2011, préc. note 431 peut être invoqué à l'appui de cette opinion.

41 Art. 3 (c).

42 M. Dogauchi, T. C. Hartley, *op. cit.*, note de bas de page n°144.

43 Art. 3 (c) de la Convention dispose : « Un accord exclusif d'élection de for doit être conclu ou documenté :
i) par écrit ; ou
ii) par tout autre moyen de communication qui rende l'information accessible pour être consultée ultérieurement ».

44 Convention des Nations Unies sur l'utilisation des communications électroniques dans les contrats internationaux, 23 novembre 2005, entrée en vigueur 1er mars 2013.

45 C. Kessedjian, « La Convention de La Haye du 30 juin 2005 », art. préc., p. 825.

de stockage des données. Cela comprend toutes les possibilités normales, à condition que les données puissent être récupérées pour être consultées par la suite. Il couvre par exemple la télécopie et le courrier électronique[46].

L'admission de l'équivalent électronique à l'écrit est reconnue dans des termes semblables dans la règlementation européenne des accords d'élection de for[47]. On peut présager que les tribunaux des États européens pourraient dans ce contexte recourir à la jurisprudence de la Cour de justice qui se dessinera sur l'interprétation du texte européen et éventuellement en dégager des lignes directrices dans l'interprétation du texte de la Convention. Ceci permettra d'apporter des clarifications aux exigences de l'instrument électronique comme condition de forme de l'accord.

163. À la lumière de l'évolution technologique, il ne sera pas rare que l'interprétation des exigences de cette disposition soit soulevée. Notamment, au vu de l'exigence du texte de la Convention que le moyen électronique « rende l'information accessible pour être consultée ultérieurement », la condition d'accessibilité de l'information soulèvera certainement des difficultés d'interprétation. À cet égard, le problème s'est déjà posé devant la Cour de justice de l'Union européenne concernant l'interprétation de la disposition de l'article 23 (2) du Règlement Bruxelles I (disposition équivalente à l'art. 25 (2) du Règlement Bruxelles Ibis) qui exige dans des termes semblables à ceux de la Convention de La Haye que la transmission par voie électronique « permet de consigner durablement la convention… »[48]. Il s'agit de l'affaire *Jaouad El Majdoub*[49] dans laquelle la question préjudicielle posée à la Cour était de savoir si, au sens de l'article 23 (2) du Règlement Bruxelles I, la technique d'acceptation par « clic »[50]des conditions générales d'un contrat de vente conclu par voie électronique et qui contiennent une convention attributive de juridiction constitue une transmission par voie électronique permettant de consigner durablement cette convention ?

Les circonstances de l'affaire se caractérisent essentiellement par le fait qu'un acheteur potentiel doit accepter de manière expresse, en cochant la case correspondante, les conditions générales de vente du vendeur avant d'effectuer un achat. Toutefois, cette opération ne conduit pas automatiquement à l'ouverture du document contenant les conditions générales du vendeur. Un clic supplémentaire sur un hyperlien précis prévu à cet effet étant encore nécessaire. Or, dans l'affaire au principal, il est constant

---

[46] M. Dogauchi, T. C. Hartley, *op. cit.*, n° 112.

[47] Art. 25 (2) du règlement Bruxelles Ibis dispose « Toute transmission par voie électronique qui permet de consigner durablement la convention est considérée comme revêtant une forme écrite ».

[48] Art. 23 (2) du règlement Bruxelles I dispose : « Toute transmission par voie électronique qui permet e consigner durablement la convention est considérée comme revêtant une forme écrite ».

[49] CJUE, 21 mai 2015, aff. C-322/ 14, *Jaouad El Majdoub c/CarsOnTheWeb.Deutschland GmbH*, publié au recueil numérique (Recueil général) ; *RTD com.*2015. 777, obs. A. Marmisse-d'Abbadie d'Arrast.

[50] Technique dite du « click wrapping ».

que les conditions générales en cause contiennent une convention attributive de juridiction prévoyant la compétence d'un tribunal situé à Louvain pour des litiges tel que celui en cause au principal. Le requérant au principal était toutefois d'avis que la technique d'acceptation par « clic » des conditions générales ne remplit pas les conditions prévues à l'article 23 (2) du Règlement Bruxelles I, en ce que la fenêtre contenant ces conditions ne s'ouvre pas automatiquement lors de l'enregistrement sur le site ni lors d'une transaction. En conséquence, pour le requérant, cette convention attributive de juridiction ne pourrait lui être opposée.

Dans sa réponse à la question posée, la Cour, tout en rappelant sa jurisprudence antérieure concernant l'exigence du consentement à l'élection de for, semble accorder une attention particulière et une valeur distincte aux exigences de forme découlant de l'article 23 (2). En effet, après avoir constaté le consentement de l'acheteur en affirmant qu'il ressort de la décision de renvoi que l'acheteur en cause au principal a accepté de manière expresse, en cochant la case correspondante sur le site internet du vendeur concerné les conditions générales en cause, la Cour précise le caractère novateur des dispositions de l'article 23 (2) par rapport à la Convention de Bruxelles. Ce caractère novateur est commandé notamment par le souci du législateur européen de tenir compte du développement de nouvelles techniques de communication. Or, la validité de cette nouvelle forme de convention attributive de juridiction peut dépendre de la possibilité de la consigner durablement[51]. Procédant à une interprétation littérale de l'article 23 (2), la Cour conclut que celui-ci exige que la « possibilité » soit offerte de consigner durablement la convention attributive de juridiction, indépendamment de la question de savoir si le texte des conditions générales a effectivement été consigné durablement par l'acheteur après ou avant qu'il ait coché la case indiquant qu'il accepte lesdites conditions[52]. À l'appui de son raisonnement la Cour évoque le rapport explicatif du Professeur Pocar relatif à la Convention concernant la compétence judiciaire, la reconnaissance et l'exécution des décisions en matière civile et commerciale, signée à Lugano le 30 octobre 2007[53] dont il résulte que pour savoir s'il est satisfait à l'exigence formelle de cette disposition, il faut « déterminer s'il est possible de consigner durablement une transmission par voie électronique en l'imprimant, en la sauvegardant sur une bande magnétique ou sur un disque ou en la conservant d'une autre manière » et que tel est le cas « même si la convention n'a pas été effectivement consignée durablement », de sorte que « le fait d'être consignée ne constitue pas une condition requise pour assurer la validité formelle ou l'existence de la clause »[54]. Cette conclusion est en outre confirmée par une

---

[51] CJUE, 21 mai 2015, aff. C-322/ 14, *Jaouad El Majdoub*, précité, point 31-32.
[52] *Ibid*, point 33.
[53] JO 2009, C319, p. 1, point 109.
[54] CJUE, 21 mai 2015, aff. C-322/ 14, *Jaouad El Majdoub*, précité, point 34.

interprétation historique et téléologique de l'article 23 (2) du Règlement Bruxelles I. En effet, selon l'exposé des motifs de la proposition de règlement (CE) du conseil concernant la compétence judiciaire, la reconnaissance et l'exécution des décisions en matière civile et commerciale, présenté par la Commission à Bruxelles, le 14 juillet 1999[55], cette disposition vise à ce que l'exigence d'un accord « écrit » ou d'un accord verbal confirmé par « écrit » ne remette pas en cause la validité d'une clause d'élection de for qui aurait été conclue sur un support autre qu'un écrit, mais dont le contenu est accessible via un écran[56].

La Cour conclut que la finalité de cette disposition est d'assimiler certaines formes de transmission électronique à la forme écrite en vue de simplifier la conclusion des contrats par voie électronique. La transmission des informations concernées étant réalisée également si ces informations sont accessibles au moyen d'un écran. Pour que la transmission électronique puisse offrir les mêmes garanties, notamment en matière de preuve, il suffit qu'il soit « possible » de sauvegarder et d'imprimer les informations avant la conclusion du contrat[57].

Ainsi, on voit, à travers cet exemple, les difficultés que peut poser l'instrument électronique comme équivalent à l'écrit en tant que condition de forme de l'accord d'élection de for. Il peut être utile pour les tribunaux des États contractants européens de se référer à l'interprétation opérée par la Cour de justice afin d'interpréter la disposition analogue de la Convention de La Haye.

164. Mais en dépit des difficultés que peut poser la forme électronique de l'accord, son admission au sein de la Convention reflète que le seuil fixé par la Convention pour satisfaire les conditions de forme est peu élevé afin de pouvoir s'adapter aux nouvelles formes de contrats conclus par des moyens électroniques[58].

En outre, la Convention adopte une approche libérale en admettant que l'accord soit simplement documenté par écrit, consacrant ainsi une dissociation entre la forme et l'accord des parties à l'élection de for.

---

[55] COM (1999) 348 final.
[56] CJUE, 21 mai 2015, aff. C-322/ 14, *Jaouad El Majdoub*, précité, point 35.
[57] *Ibid.*, point 36.
[58] R A. Brand, P M. Herrup, p. 45-46.

CHAPITRE II :

L'approche libérale de la convention quant aux exigences de forme

165. La Convention de La Haye adopte une approche libérale quant aux conditions de forme par une dissociation entre ces conditions et la preuve de l'accord de volonté sur l'élection d'un for. Cette dissociation qui s'est manifestée par un assouplissement des conditions de forme (**Section I)** soulève la question de son opportunité (**Section II**).

SECTION I :
Assouplissement des conditions de forme

166. La disposition de l'article 3 (c), qui exige en principe l'écrit ou son équivalent électronique, contient un assouplissement important puisque l'accord ne doit pas nécessairement être conclu par écrit. Il suffit qu'il soit documenté en cette forme (**§ 1**). Cette règle a suscité par ailleurs l'interrogation sur son objectif (**§ 2**).

§ 1 - Un accord « conclu ou documenté » par écrit

167. Il découle de l'article 3 (c) de la Convention de La Haye que l'accord doit être « conclu ou documenté » par écrit. Par conséquent, « la référence qu'il contient à un accord simplement « documenté » par écrit permet aussi de valider des accords constatés dans un document ne portant pas la signature des parties, et ce, quelle que soit la partie dont le document émane »[1]. À cet égard, l'anglicisme « documenté » paraît, selon M. Audit, assez bien venu, dans la

[1] L. Usunier, « La Convention de La Haye du 30 juin 2005 sur les accords d'élection de for », art. préc., p. 46.

mesure où il rend compte du fait que pour devoir être écrite, la clause n'est pas nécessairement signée des parties[2].

« L'accord conclu oralement ou fondé sur un usage n'est ainsi pas écarté, pourvu qu'il soit constaté dans un document écrit. Un acte unilatéral suffit. Le mot « documenté » est venu se substituer au mot « confirmé », respectivement « evidenced ». Il en résultait qu'il n'y a pas lieu d'exiger la réception d'un écrit par l'autre partie »[3].

Cependant, une ambiguïté demeure sur l'objectif de la règle qui exige que l'accord soit « conclu ou documenté par écrit ». Est-elle formulée ad validitatem ou seulement ad probationem ?

§ 2 - L'objectif de la règle énoncée à l'article 3 (c)

168. En lisant le texte de l'article 3 (c), on a l'impression que les négociateurs n'ont pas tranché puisqu'ils ont prévu que les règles de validité formelle doivent être respectées pour que l'accord d'élection de for soit considéré comme « conclu ». Toutefois, ils ont ajouté qu'il est suffisant que l'accord soit « documenté »[4]. Les deux propositions ne sont pas d'égale valeur. Lorsque la Convention énonce que les conditions de forme doivent être remplies pour que l'accord soit « conclu », cela veut dire que la règle est formulée ad validitatem. En revanche, quand elle affirme que l'accord peut simplement être « documenté », l'objectif de la règle est clairement ad probationem[5].

Mme. Kessedjian estime que l'avant-projet était beaucoup plus clair puisque l'alternative était entre la conclusion et la confirmation de l'accord[6]. Les deux termes étaient alors, selon l'auteur, de même valeur et la règle était bien formulée ad validitatem[7].

Des éclaircissements à cette question peuvent être puisés dans le rapport explicatif de la Convention. Tout en rappelant que l'accord doit être conclu

---

[2] B. Audit, « observations sur le Convention de La Haye », art. préc., p.180 ; contra, v. C. Kessedjian, « La Convention de La Haye du 30 juin 2005 », art. préc., note 37, p. 825, notant la bizarrerie de l'expression en français.

[3] A. Bucher, « La Convention de La Haye », art. préc., p. 37.

[4] C. Kessedjian, « La Convention de La Haye du 30 juin 2005 », art. préc., p. 825.

[5] *Ibid.*

[6] Avant-projet de Convention sur les accords exclusifs d'élection de for, préparé par la commission spéciale d'avril 2004, avec de possibles modifications préparées par le comité de rédaction pendant sa réunion du 18 au 20 avril 2005, Art. 3 (c) dispose « un accord exclusif d'élection de for doit être conclu ou confirmé :
i) par écrit ; ou
ii) par tout autre moyen de communication qui rende l'information accessible pour être consultée ultérieurement », Actes et documents de la vingtième session, édité par le bureau permanent de la conférence, Tome III, Élection de for, p.492.

[7] C. Kessedjian, « La Convention de La Haye du 30 juin 2005 », art. préc., p. 825.

sous l'une des deux formes susmentionnées ou documenté selon celles-ci, les rapporteurs précisent que la conférence a rejeté l'expression « evidenced in writing » dans le texte anglais en faveur de « documented in writing » au motif que l'expression « evidenced in writing » aurait pu donner l'impression que l'article 3 (c) constituait une règle d'établissement de la preuve. En parallèle, la conférence a rejeté l'expression « confirmé par écrit » dans le texte français en faveur de « documenté par écrit » au motif que l'expression « confirmé par écrit » aurait pu donner l'impression que la règle faisait référence à un élément de volonté.

En outre, lors des travaux préparatoires de la Convention, on a fait observer que la validité au fond de l'accord d'élection de for et la preuve de celui-ci sont deux questions qui échappent au domaine couvert par la Convention et qu'il convient de distinguer le problème de la validité en la forme d'un accord de celui de la preuve de sa validité au fond. L'exigence d'un document est une condition qui a trait uniquement au premier de ces deux problèmes[8].

Ainsi, bien qu'on ait admis que les exigences posées par l'article 3 (c) ont une incidence sur la preuve de la validité au fond de l'accord d'élection de for, on a affirmé lors des négociations que cette disposition n'opère nullement sur le terrain de la preuve. Son objectif consiste plutôt à subordonner la validité de l'accord d'élection de for au respect de certaines conditions de forme[9].

On peut semble-t-il conclure que la règle est énoncée ad validitatem[10]. La forme exigée par l'article 3 (c) conditionne la validité en la forme de l'accord. Cependant, une conséquence importante paraît découler implicitement des changements de rédaction intervenus, notamment le remplacement de l'expression « confirmé par écrit » par celle de « documenté par écrit ». En effet, la précision des rapporteurs que ce changement visait à éviter de donner l'impression que la règle faisait référence à un élément de volonté permet de déduire que la convention n'établit a priori pas de lien entre les conditions de validité formelle et l'accord de volonté ou plus exactement le consentement à l'élection de for. À cet égard, la question se pose quant à l'opportunité de cette dissociation.

---

[8] A. Bucher, Procès-verbal n° 2, séance du mardi 14 juin 2005 (après-midi), Actes et documents de la vingtième session, édité par le bureau permanent de la conférence, Tome III, Élection de for, p.577.
[9] *Ibid.*
[10] Contra, v. C. Kessedjian, « La Convention de La Haye du 30 juin 2005 », art. préc., p. 826.

SECTION II :
La dissociation entre les conditions de forme et le consentement à l'élection de for

169. Dans le cadre européen, la Cour de justice de l'Union européenne a établi à travers sa jurisprudence en vertu de l'article 17 de la Convention de Bruxelles une règle autonome du consentement à l'élection de for. Cette règle est fondée sur l'instauration d'un lien étroit entre les exigences de forme et le consentement à l'élection de for (**§ 1**). L'opportunité d'établir ce lien entre la forme et le consentement se pose dans le cadre de la Convention de La Haye (**§2**).

§ 1 - Le lien entre les exigences de forme et le consentement à l'élection de for dans le cadre européen

170. Il est plutôt clair dans le cadre européen que l'article 25 du Règlement Bruxelles Ibis règlemente de manière autonome les exigences de forme d'un accord d'élection de for comme c'est le cas dans le cadre de la Convention de La Haye. Par conséquent, les droits nationaux sont exclus dans le domaine de la validité formelle. La situation est moins claire concernant la validité matérielle de l'accord. En dépit du fait que la refonte a inséré une règle de conflit dans l'article 25 (1), il n'est pas clair de manière certaine jusqu'où cette nouvelle règle régit les questions de validité matérielle[11].

S'agissant notamment du consentement matériel, ce dernier signifie le consensus des parties qui, selon l'article 25, doivent être « convenues » du recours à une juridiction. À cet égard, la Cour de justice de l'Union européenne a réitéré à diverses reprises que le consensus des parties est indispensable car l'un des objectifs de la disposition sur les accords d'élection de for est de reconnaître la liberté des parties de choisir leur tribunal[12].

Depuis la Convention de Bruxelles, la Cour de justice de l'Union européenne a affirmé dans une jurisprudence constante que la condition fondamentale que les deux parties soient convenues de l'élection d'un for implique que l'intention des parties était la même quant au choix du tribunal et que l'accord a été exprimé. Dans ce contexte, la Cour de justice a établi un lien étroit entre la forme et le consentement dans la mesure où les exigences de forme prouvent le consentement matériel. Ce dernier pourrait être déduit de l'observation des exigences de forme. Ainsi, la Cour affirme dans l'affaire *Estasis Salotti*, d'une part, l'obligation pour le juge saisi d'examiner « [...] si

[11] U. Magnus, « Art. 25 », *op. cit.*, n° 76, p. 625-626.
[12] CJCE, 14 décembre 1976, aff. C-25/ 76, *Galeries Segoura*, précité, point 6 ; CJCE, 16 mars 1999, aff. C-159/ 97, Trasporti Castelletti, précité, point 52.

la clause qui lui attribue compétence a fait effectivement l'objet d'un consentement entre les parties, qui doit se manifester d'une manière claire et précise » et, d'autre part, que « les formes exigées par l'article 17 ont pour fonction d'assurer que le consentement entre les parties soit effectivement établi »[13].

La Cour de justice a maintenu sa jurisprudence dans le cadre de l'ancien Règlement Bruxelles I en adoptant une interprétation autonome du consentement et en établissant une interaction entre la forme de l'accord tel que fixée par le règlement et le consentement des parties à l'élection de for[14].

Par ailleurs, les tribunaux des États membres étaient supposés adopter une attitude restrictive dans l'approbation de la forme d'un accord car la forme indique le consentement[15].

171. À la suite de la refonte du Règlement Bruxelles I, la doctrine a posé la question de savoir si la formulation de la nouvelle règle de conflit relative à la validité substantielle de l'accord et inspirée de la Convention de La Haye était de nature à remettre en cause la jurisprudence de la Cour de justice quant à l'existence d'un concept autonome du consentement matériel et surtout quant au lien établi entre la forme et le consentement[16]. On a notamment fait valoir que le législateur européen en copiant la règle de conflit de la Convention de La Haye, n'a pas précisé si le lien entre la forme et le consentement devait être modifié et réorganisé. À cet égard, M. Weller a avancé plusieurs interprétations possibles. Cependant, il a estimé que si le Règlement Bruxelles Ibis reflète exactement la Convention de La Haye, ce lien entre la forme et le consentement doit être considéré comme interrompu. Il découle de cette lecture que les exigences de forme ne seraient plus appliquées restrictivement car la forme n'indiquerait plus le consentement et donc une norme autonome minimum du consentement ne serait plus disponible. Néanmoins, l'interprétation opposée est également plausible, en ce sens qu'une telle modification fondamentale requiert une confirmation claire dans les textes. Par conséquent, étant donné le silence du législateur dans les textes, ce silence peut être un indice qu'une telle modification n'a pas été envisagée. Mais le silence peut également être simplement un silence silencieux ne révélant rien sur cette question. Face à ces interprétations divergentes possibles, M. Weller penche pour la dissociation entre la forme et le consentement en estimant que cette solution découle du fait que la solution

---

[13] CJCE, 14 décembre 1976, aff. C-24/ 76, *Estasis Salotti,* précité, point 7 ; repris dans CJCE, 14 décembre 1976, aff. C-25/ 76, *Galeries Segoura*, précité, point 6 et dans différents arrêts ultérieurs, exemple, CJCE, 20 février 1997, aff. C- 106/ 95, *MSG c/ Les Gravières Rhénanes SARL*, Rec. 1997, 911, point. 17.

[14] CJCE, 9 décembre 2003, aff.C-116/02, *Erich Gasser*, précité, point 50.

[15] M. Weller, « Validity and interpretation of international choice of court agreements », art. préc., p.399.

[16] U. Magnus, « Art. 25 », *op. cit.*, n° 79a, p. 627-628; M. Weller, « Validity and interpretation of international choice of court agreements », art. préc., p.399-400.

de la refonte est le décalque de celle de la Convention de La Haye. Un tel lien entre la forme et le consentement n'est pas établi dans la Convention de La Haye[17].

Certes, à première vue, il peut être défendable d'affirmer que la nouvelle formulation de la disposition incluant une règle de conflit relative à la validité substantielle couvrira toutes les questions de fond y compris l'exigence d'un consensus entre les parties, autrement dit l'exigence du consentement matériel à l'élection de for et donc le nouveau texte peut avoir retiré tout fondement à l'ancienne jurisprudence de la Cour de justice sur la détermination autonome du consentement matériel. Cependant, plusieurs contre-arguments sont avancés, notamment la formulation du texte utilisant le terme « sauf si… » signifie que la validité de l'accord d'élection de for est présumée. L'accord doit déjà être valable selon une certaine loi avant que la réserve de la disposition « sauf si… » ne puisse entrer en jeu. Et cette loi de validité devrait être la règlementation autonome développée par l'ancienne jurisprudence de la Cour de justice relative au consentement ainsi qu'au lien entre la forme et l'accord des parties. En outre, comme précédemment analysé, la formulation « entachée de nullité quant au fond… » se réfère plutôt aux motifs qui invalident un accord qui existe déjà et non pas aux éléments nécessaires pour la conclusion d'un tel accord. Enfin, l'argument le plus important est l'absence de toute indication que les rédacteurs de la refonte ont envisagé de modifier l'ancienne jurisprudence bien établie de la Cour de justice de l'Union européenne sur le concept autonome de formation du consentement[18]. Or, comme il n'y a aucun indice d'une telle modification, une telle lecture de la nouvelle règle de conflit ne peut être avancée[19]. Par conséquent, la nouvelle règle de conflit devrait être comprise comme ayant laissé intacte l'ancienne jurisprudence de la Cour de justice sur le consentement matériel. Les bases essentielles d'un accord sont dégagées de manière autonome de l'article 25 lui-même dans son interprétation à travers la jurisprudence de la Cour de justice. Selon cette jurisprudence, un véritable consensus entre les parties est indispensable. Ce consensus peut généralement être déduit du respect de l'une des exigences de forme énumérées dans l'article 25.

Étant donné que les exigences de forme servent à assurer qu'un consentement est intervenu entre les parties, la Cour de justice a affirmé que les exigences de forme telle qu'elles découlent du texte doivent être interprétées de manière stricte. Néanmoins, si la forme sert à prouver qu'un consensus véritable a été atteint entre les parties, elle ne se substitue pas pour autant à l'accord des parties. En effet, si un accord fait défaut, le respect des exigences de forme à lui seul ne suffit pas.

---

[17] M. Weller, « Validity and interpretation of international choice of court agreements », art. préc., p.399-400.

[18] En ce sens, v. U. Magnus, « Art. 25 », *op. cit.*, n° 79a, p. 627-628.

[19] *Ibid.*, p. 628.

Face à ce schéma propre au texte européen relatif aux accords d'élection de for, la question se pose quant à l'opportunité de construire un concept autonome du consentement dans le cadre du régime de la Convention de La Haye à travers l'établissement d'un lien entre les exigences de forme et le consentement des parties à l'élection de for.

§ 2 - L'opportunité de l'établissement d'un lien entre les exigences de forme et le consentement à l'élection de for dans le cadre de la Convention de La Haye

172. Une partie de la doctrine[20] considère que contrairement au régime de l'article 17 de la Convention de Bruxelles (auquel est substitué l'art. 25 du Règlement Bruxelles Ibis), tel qu'interprété par la jurisprudence de la Cour de justice de l'Union européenne, l'article 3 (c) de la Convention de La Haye se borne à définir une condition de forme sans en faire un élément de preuve de l'accord de volonté des parties, respectivement de la validité de leur consentement. On a notamment fait valoir que cette question est renvoyée au droit de l'État du tribunal élu. Tout au plus, on a fait observer que la lettre (a) de l'article 3 exige un « accord conclu entre deux ou plusieurs parties » qui « désigne » le tribunal élu, ce qui implique qu'un contrat ait été conclu en vertu d'un échange de déclarations concordantes de volonté entre deux parties. Une telle conclusion estime-t-on ne pourrait être déduite d'une prescription légale imputant à une partie, comme une fiction, un acte de volonté par l'effet de la loi[21].

173. En dépit des arguments invoqués à l'appui de cette thèse de dissociation entre la forme et le consentement dans le cadre de la Convention de La Haye, d'autres arguments peuvent asseoir la thèse inverse. En effet, il faut admettre que le respect des exigences de forme et l'accord des parties ne sont pas totalement indissociables. Comme l'a montré la jurisprudence de la Cour de justice dans son interprétation des exigences formelles dans le cadre européen, le lien établi entre la forme et le consentement a permis à la Cour de préciser les exigences de forme d'une manière plus claire en s'assurant que celles-ci coïncident bien avec la recherche du consensus des parties sur un for déterminé. Ainsi, par exemple, dans son interprétation des exigences de l'écrit, la Cour a développé tout un modèle de règles, notamment concernant l'incorporation des conditions générales contenant une clause attributive de juridiction dans le contrat afin de s'assurer du consentement des parties à la clause. Se faisant, la Cour de justice a amorcé la construction d'un concept

---

[20] A. Bucher, « La Convention de La Haye », art. préc., p. 37 ; R A. Brand, P M. Herrup, p. 45-46; M. Weller, « Validity and interpretation of international choice of court agreements », art. préc., p.399-400.

[21] A. Bucher, « La Convention de La Haye », art. préc., p. 37.

autonome du consentement à l'élection de for qui permet d'atteindre l'uniformité dans l'application du règlement au sein des États membres. Par conséquent, les précisions sur les caractéristiques de l'écrit ou sur les circonstances de son émission apportées par les tribunaux sont de nature à renforcer la présomption du consentement et donc à rendre plus difficile sa négation. Aussi est-il opportun de défendre l'idée d'un lien possible entre les exigences de forme et le consentement. Il appartient à cet effet aux tribunaux des États contractants de développer une jurisprudence dans leur appréciation des conditions de forme établies par la Convention afin de dégager un modèle analogue à celui déjà dessiné par la Cour de justice dans son application des dispositions européennes en la matière.

À cet égard, il ne sera pas étonnant et il sera même recommandable que les tribunaux des États européens contractants usent du modèle établi par la Cour de justice dans la construction d'une norme minimale autonome du consentement à travers le lien entre la forme et le consentement. Certes, la Cour de justice n'a pas ce pouvoir unificateur du droit en dehors du cadre européen mais le fait que l'Union européenne a adhéré à la Convention de La Haye peut permettre à la Cour de justice de jouer un rôle d'interprétation du texte de la Convention à travers les tribunaux des États membres de l'Union européenne. Ceci permettra la constitution d'une jurisprudence au sein du régime de la Convention.

Il appartient donc aux juridictions nationales dans leur détermination des exigences de forme conformément à la Convention de préciser ces exigences en prenant en considération dans les cas d'espèces les caractéristiques de l'écrit ou son équivalent électronique afin de s'assurer que la forme reflète bien le consentement des parties. Outre la réalisation d'une norme autonome du consentement, ce lien entre la forme et le consentement aura également l'avantage de réduire considérablement le contentieux relatif à l'existence du consentement.

Conclusion de la partie I

174. Les règles régissant la validité de l'accord exclusif d'élection de for sont le premier volet qui permet d'évaluer le degré d'efficacité apporté à ce mode d'attribution de compétence par la Convention de La Haye. Cette efficacité est notamment mesurée à la lumière de la prévisibilité et de la sécurité juridique apportées aux parties, en ce sens que les parties auront la possibilité d'évaluer la validité de leurs accords à l'aune de règles claires et prévisibles. De même, en présence de règles claires et uniformes, le juge sera en mesure, dans une phase contentieuse, de se prononcer sur la validité de l'accord. Or, l'examen des règles édictées par la Convention en matière de validité de l'accord, nous permet de conclure que si sur certains aspects ces règles renforcent l'efficacité des accords d'élection de for, elles laissent subsister en revanche des vides juridiques et débouchent parfois sur des incertitudes qui sont de nature à réduire l'efficacité des accords d'élection de for et remettent en cause l'utilité du recours à ce mode d'attribution de compétence.

En effet, d'un côté, s'agissant de la validité substantielle de l'accord, la Convention édicte deux règles fondamentales à l'efficacité des accords d'élection de for. Il s'agit, d'une part, de l'autonomie matérielle de l'accord et, d'autre part, la soumission de la validité substantielle de l'accord à une règle de conflit désignant le droit du tribunal élu quel que soit le tribunal saisi de la question. Cependant, outre l'exclusion controversée de l'autonomie juridique, la mise en œuvre de la règle de conflit édictée soulève des difficultés qui risquent d'engendrer un manque de prévisibilité et de sécurité juridique.

D'un autre côté, et sur le plan de la validité formelle, en dépit de l'adoption d'une règle matérielle autonome, le caractère excessivement sommaire de la règle édictée, qui se résume à l'exigence de l'écrit ou son équivalent électronique, livre les tribunaux des États contractants à eux-mêmes face aux problèmes que les exigences de forme peuvent soulever. À cet égard, le silence de la Convention face aux montages contractuels auxquels peuvent recourir les parties dans le commerce international risque de se traduire par une diversité de solutions entre les tribunaux des États contractants et donc par un manque d'uniformité.

Si l'analyse des règles de la Convention tant sur le plan de la validité substantielle que sur celui de la validité formelle légitime de qualifier l'efficacité des accords d'élection de for prônée par la Convention comme étant une efficacité mitigée.

Il importe d'analyser le deuxième volet de l'efficacité des accords d'élection de for qui a trait à leurs effets.

PARTIE II :

LES EFFETS DE L'ACCORD EXCLUSIF D'ÉLECTION DE FOR

175. Un volet important de l'efficacité de l'accord d'élection de for a trait à ses effets. En principe, un accord d'élection de for valable aura en plus de son effet positif en faveur du tribunal désigné, et s'il est exclusif, un effet dérogatoire au regard de tous les autres. Cet effet dérogatoire se traduira par un dessaisissement ou un sursis à statuer[1].

À cet égard, le chapitre II de la Convention réglemente respectivement dans ses articles 5 et 6 les effets de l'accord et pour le juge élu et pour le juge saisi autre que celui élu. L'article 5 dispose qu'un tribunal désigné dans un accord exclusif est compétent pour connaître d'un litige auquel l'accord s'applique. Quant à l'article 6, il dispose que les tribunaux des autres États contractants, éventuellement saisis en dépit de l'accord, ne peuvent exercer de compétence pour connaître d'un litige qui a été attribué par un tel accord au tribunal d'un autre État contractant.

176. De prime abord, la Convention, en imposant au juge élu de se prononcer sur le litige et au juge exclu de décliner sa compétence s'il est saisi, permet de donner une efficacité maximale à ces accords. Cependant, il y a lieu d'observer que si la Convention paraît renforcer l'efficacité des accords en imposant au juge élu de statuer sous réserve de certains tempéraments, cette efficacité est mise en cause lorsque l'accord est invoqué devant un juge autre que celui élu.

En effet, le principe que tout tribunal autre que le tribunal élu, éventuellement saisi par une des parties à un accord exclusif d'élection de for, doit surseoir à statuer ou se dessaisir, est largement édulcoré par cinq exceptions[2].

---

[1] Art. 6, chapeau, dispose » Tout tribunal d'un État contractant autre que celui du tribunal élu sursoit à statuer ou se dessaisit lorsqu'il est saisi d'un litige auquel un accord exclusif d'élection de for s'applique… ».

[2] Art. 6 al (a), (b), (c), (d), et (e).

177. Afin de déterminer l'étendue des pouvoirs attribués au juge saisi autre que celui élu dans le maniement de ces exceptions, il y a lieu de procéder à une analyse minutieuse de ces dernières (**Titre I**).

178. En outre, l'évaluation de l'accord d'élection de for et notamment l'appréciation de sa validité ou nullité éventuelle en vertu du droit du tribunal élu ne sera pas toujours effectuée seulement par le tribunal élu lui-même, mais pourra l'être aussi par le tribunal saisi en dépit de l'accord c'est-à-dire n'importe quel autre tribunal ayant compétence en vertu de ses propres règles (Art. 6 (a))[3]. Or, ceci suscite la question de savoir si le parti de la Convention de ne pas renvoyer l'appréciation de la validité de la clause au tribunal élu ne risque pas de compromettre d'une certaine manière l'efficacité de l'accord ? L'absence d'un monopole ou du moins d'une priorité accordée au tribunal élu pour l'appréciation de la validité de l'accord n'est-elle pas une porte ouverte à l'insécurité juridique et aux manœuvres dilatoires qui risquent de saper l'efficacité des accords conclus ?

Une approche comparée avec le régime instauré par le Règlement Bruxelles Ibis d'une part et le régime des conventions d'arbitrage d'autre part permettra d'en mesurer les dangers mais aussi d'en chercher les solutions.

À cet effet, il y a lieu d'analyser la question du pouvoir des tribunaux d'examiner la validité et l'effet de l'accord (**Titre II**).

---

[3] Il y a lieu d'observer que l'appréciation de la validité est également possible dans certains cas par le tribunal requis lors de la procédure de reconnaissance ou d'exécution de la décision du tribunal élu (Art. 9. a)

TITRE I :

LES EXCEPTIONS À L'OBLIGATION DU JUGE NON ÉLU DE DÉCLINER SA COMPÉTENCE

179. L'obligation du tribunal élu de statuer, sous réserve de la nullité de l'accord selon le droit de ce dernier a pour corollaire l'obligation des autres tribunaux saisis en dépit de l'accord de décliner leur compétence. Certes, ces règles permettent de préserver l'exclusivité de la compétence accordée par l'accord des parties au tribunal élu mais elles ont été jugées trop rigides. Une dose de flexibilité était nécessaire afin notamment de maintenir un équilibre entre l'autonomie des parties et l'intérêt des États à organiser leurs propres systèmes judiciaires. C'est pourquoi l'article 6 de la Convention[1] établit des exceptions à l'obligation adressée au juge saisi en dépit de l'accord de surseoir à statuer ou de se dessaisir[2].

Les exceptions des alinéas (a) et (b) de l'article 6 ont trait à la nullité de l'accord et à la capacité des parties. Les rapporteurs font valoir dans leur rapport explicatif[3] que ces alinéas correspondent à la disposition « nullité » de l'article II.3 de la Convention de New York[4]. Cependant, une observation liminaire s'impose. En effet, on peut avancer que dans ces deux hypothèses,

---

[1] Art 6 : » Tout tribunal d'un État contractant autre que celui du tribunal élu sursoit à statuer ou se dessaisit lorsqu'il est saisi d'un litige auquel un accord exclusif d'élection de for s'applique, sauf si :

a) l'accord est nul en vertu du droit de l'État du tribunal élu ;

b) l'une des parties n'avait pas la capacité de conclure l'accord en vertu du droit de l'État du tribunal saisi ;

c) donner effet à l'accord aboutirait à une injustice manifeste ou serait manifestement contraire à l'ordre public de l'État du tribunal saisi ;

d) pour des motifs exceptionnels hors du contrôle des parties, l'accord ne peut raisonnablement être mis en œuvre ; ou

e) le tribunal élu a décidé de ne pas connaitre du litige ».

[2] R. A. Brand, P. M. Herrup, p.78.

[3] M. Dogauchi, T. C. Hartley, *op.cit.*, n°147.

[4] Article II. 3 « Le tribunal d'un État contractant, saisi d'un litige sur une question au sujet de laquelle les parties ont conclu une convention au sens du présent article, renverra les parties à l'arbitrage, à la demande de l'une d'elles, à moins qu'il ne constate que ladite convention est caduque… ».

il ne peut s'agir à proprement parler d'exceptions dans la mesure où l'obligation de se dessaisir suppose l'existence d'un accord valable[5].

Quant aux alinéas (d) et (e), ils ont trait respectivement à l'impossibilité de mise en œuvre de l'accord pour des motifs exceptionnels et à l'attitude du tribunal élu qui a décidé de ne pas connaître du litige. Aux dires des rapporteurs[6], les alinéas (d) et (e) couvrent le même terrain que les termes « inopérante ou non susceptible d'être appliquée » dans la même disposition précédemment citée de la Convention de New York pour la reconnaissance et l'exécution des sentences arbitrales étrangères de 1958[7].

Plus énigmatique et en même temps novatrice[8] l'exception prévue à l'article 6 (c) qui autorise le tribunal saisi en dépit de l'accord à déroger à l'obligation de dessaisissement et éventuellement à se déclarer compétent si « donner effet à l'accord aboutirait à une injustice manifeste ou serait manifestement contraire à l'ordre public de l'État du tribunal saisi… ». Il s'agit d'une exception à deux branches qui instaure un contrôle, d'une part, de l'injustice manifeste et, d'autre part, de la contrariété manifeste à l'ordre public du for saisi à laquelle peut aboutir l'exécution de l'accord d'élection de for[9].

À la question de savoir s'il y a un lien entre les deux notions, les rapporteurs de la Convention précisent dans leur rapport explicatif que dans certains systèmes juridiques, la première exception, « l'injustice manifeste », serait considérée comme comprise dans la seconde, « la contrariété manifeste à l'ordre public ». Les juristes de ces systèmes tiendraient pour acquis qu'un accord aboutissant à une injustice manifeste serait nécessairement contraire à l'ordre public. Dans d'autres systèmes juridiques cependant, le concept d'ordre public vise l'intérêt général - l'intérêt de la société dans son ensemble - plutôt que les intérêts d'un individu quelconque, y compris une

---

[5] En ce sens, T. Hartley, « choice-of-court-agreements under the european and international instruments, The revised Brussels I Regulation, The Lugano Convention and The Hague Convention », *op. cit.*, n°8.36, p. 183.

[6] M. Dogauchi, T. C. Hartley, *op.cit.*, n°147.

[7] Article II. 3 « Le tribunal d'un État contractant, saisi d'un litige sur une question au sujet de laquelle les parties ont conclu une convention au sens du présent article, renverra les parties à l'arbitrage, à la demande de l'une d'elles, à moins qu'il ne constate que ladite convention est caduque, inopérante ou non susceptible d'être appliquée ».

[8] Il n'y a pas une exception similaire ni dans le règlement Bruxelles I bis du 12 décembre 2012 concernant la compétence judiciaire, la reconnaissance et l'exécution des décisions en matière civile et commerciale ni dans la Convention de New York pour la reconnaissance et l'exécution des sentences arbitrales étrangères du 10 juin 1958.

[9] Art. 6 (c) dispose : « Tout tribunal d'un État contractant autre que celui du tribunal élu sursoit à statuer ou se dessaisit lorsqu'il est saisi d'un litige auquel un accord exclusif d'élection de for s'applique, sauf si :
c) donner effet à l'accord aboutirait à une injustice manifeste ou serait manifestement contraire à l'ordre public de l'État du tribunal saisi ».

partie. C'est pourquoi, les rapporteurs estiment que les deux cas sont nécessaires[10].

Il semble donc qu'il n'y a pas d'uniformité entre les systèmes juridiques quant au contenu et quant à la relation entre les deux concepts. C'est pourquoi une analyse séparée devrait être menée afin de déceler les contours précis de chacun d'eux.

Par ailleurs, la parenté avec l'exception d'injustice manifeste que révélera l'analyse des exceptions des alinéas (d) et (e) relatives à l'impossibilité de mise en œuvre de l'accord et à celle du déclin de compétence du tribunal élu justifie de les examiner ensemble.

180. Face à cette panoplie d'exceptions dont dispose le juge saisi autre que celui élu, la question se pose de savoir quelle est l'étendue de ces exceptions qui permettra de répondre au souci de flexibilité sans ébranler l'efficacité des accords d'élection de for en tant qu'objectif majeur de la Convention ?

À l'étude du contrôle de l'injustice manifeste (**Chapitre I**) succédera celle du contrôle de la contrariété manifeste à l'ordre public du tribunal saisi (**Chapitre II**).

---

[10] M. Dogauchi, T. C. Hartley, *op.cit.*, n°151.

CHAPITRE I :

Le contrôle de l'injustice manifeste

181. L'article 6 (c) de la Convention dans sa première branche permet au tribunal saisi autre que le tribunal élu d'écarter l'accord d'élection de for et de se déclarer éventuellement compétent selon ses propres règles de conflit de juridiction si, aux termes de cette disposition, « donner effet à l'accord aboutirait à une injustice manifeste… ».

L'injustice manifeste à laquelle peut mener l'accord d'élection de for permet d'écarter l'effet dérogatoire de l'accord et constitue ainsi une limite considérable à son efficacité.

S'agit-il de soumettre l'accord d'élection de for à un second test de validité selon le droit du tribunal saisi ? ou s'agit-il plutôt d'une limite exceptionnelle à son efficacité ? existe-t-il un lien entre l'injustice manifeste et le déni de justice ?

182. Une analyse minutieuse de la disposition susmentionnée nous permettra d'avancer une lecture préservant autant que faire se peut l'efficacité prônée de l'accord d'élection de for et permettant d'espérer que le régime de la Convention puisse accéder au rang de régime de droit commun des États ainsi que de modèle au régime européen.

À cet effet, un essai de conceptualisation de l'injustice manifeste (**Section I**) permettra d'esquisser un résultat prôné. Il s'agit de la limitation de l'exception à la préservation d'un droit d'accès effectif à la justice (**Section II**).

SECTION I :
Essai de conceptualisation de l'injustice manifeste

183. L'injustice manifeste n'est nulle part définie dans la Convention. Étant donné la gravité des conséquences attachées à cette exception, il y a lieu d'essayer d'en cerner les contours. Pour ce faire, deux éléments pertinents permettent de nous guider dans cet essai de conceptualisation. Le premier est

sous-entendu dans la mesure où l'évaluation de l'injustice se situe au niveau de l'appréciation de sa compétence internationale par le tribunal saisi (**§ 1**). L'autre élément est expressément formulé par le texte même de la Convention. Il s'agit du caractère « manifeste » de l'injustice (**§ 2**).

§ 1 - Évaluation de l'injustice au stade de la compétence

184. On peut avancer que l'injustice manifeste peut se concevoir à deux stades. D'abord, dans le processus de conclusion de l'accord d'élection de for, en ce que le consentement de l'une des parties peut être extirpé en usant notamment de la fraude ou de l'abus de puissance économique. Ensuite, au stade de la mise en œuvre de l'accord dans la mesure où il peut aboutir à priver l'une des parties des droits procéduraux ou substantiels que des normes impératives de l'État lui procurent et par lesquelles l'État vise à assurer l'efficacité de sa politique législative.

Une analyse minutieuse des dispositions de la Convention permet de cerner l'évaluation de l'injustice manifeste au niveau des effets de l'accord d'élection de for (**A**). Elle permet en outre de mettre en exergue la nature procédurale de l'injustice visée (**B**).

A. Injustice manifeste des effets de l'accord

185. Le rapport explicatif a essayé de fournir des exemples d'injustice manifeste qui n'en demeurent pas moins insuffisants à tracer des limites claires au concept. En effet, les rapporteurs indiquent que l'expression « injustice manifeste » recouvrirait la situation exceptionnelle dans laquelle l'une des parties ne pourrait obtenir un procès équitable dans l'État étranger, éventuellement pour cause de partialité ou corruption, ou lorsqu'il existe d'autres motifs particuliers tenant à cette partie lui interdisant d'engager une procédure ou de se défendre dans une procédure devant le tribunal élu. Elle pourrait également concerner, selon les rapporteurs, les circonstances particulières entourant la conclusion de l'accord, par exemple, s'il a résulté d'une fraude[1].

186. M. Beaumont estime pour sa part que l'édiction d'une règle de conflit de lois stricte désignant le droit de l'État du tribunal choisi avait pour objectif de renforcer l'efficacité des accords d'élection de for en évitant qu'une partie ne recourt à un for qui ne favorise pas de tels accords et obtienne leur annulation sur la base de certaines règles de ce for relatives au consentement et qui sont qualifiées par l'auteur de règles infondées. Mais la contrepartie dans les négociations à cette règle de conflit stricte était la création d'une

[1] *Ibid.*, n°152; Dans le même sens, T. C. Hartley, *Choice-of-court agreements under the european and international instruments*, *op. cit.*, n°8.40, p. 184.

certaine flexibilité pour le tribunal saisi et non choisi lui permettant d'examiner si la clause d'élection de for ne causerait pas « une injustice manifeste »[2].

Par conséquent, l'auteur estime que l'article 6 (c) de la Convention permet au tribunal saisi en dépit de l'accord d'examiner ce dernier pour vérifier si le fait de lui donner effet n'aboutirait pas à une injustice manifeste. Une telle injustice se produirait si la partie était liée par un accord dans des circonstances qui n'établissent pas son consentement en vertu des normes minimales applicables[3].

Cette démarche prônée par M. Beaumont dans la mise en œuvre des dispositions concernées de la Convention n'est pas à l'abri de la critique. Elle traduit d'abord une confusion entre deux étapes du raisonnement juridique du juge dans le processus de mise en œuvre de la Convention. En effet, en premier lieu, il s'agit de déterminer l'existence du consentement à l'élection de for et donc l'existence même d'un accord dont l'examen devrait être conduit comme nous l'avons suggéré[4] par le juge saisi de la question de l'applicabilité d'un accord d'élection de for, selon des règles matérielles autonomes que les tribunaux auront à forger à l'instar de la jurisprudence française. À ce premier stade du raisonnement, aucune applicabilité de la Convention de La Haye et de la règle de conflit qu'elle a établie ne peut être envisagée. La seconde étape est effectivement l'examen de la validité éventuelle de l'accord qui doit se faire selon la règle de conflit élaborée par la Convention de La Haye conformément au droit du tribunal choisi. En outre, cette analyse de l'auteur précité ne paraît pas conforme aux termes mêmes de l'article 6 (c) qui semblent cantonner l'exception d'injustice manifeste au niveau des résultats d'un accord valable[5].

187. Dans une perspective comparée, la question s'est posée de savoir s'il y a lieu d'admettre en vertu de l'article 25 du Règlement Bruxelles Ibis l'existence d'une règle générale même implicite imposant le caractère raisonnable de l'accord d'élection de for[6] ou imposant de vérifier le caractère incommode et injuste de l'accord[7]. Si la question est controversée, en particulier dans la doctrine allemande[8], il n'en demeure pas moins que la Cour de justice de l'Union européenne a à maintes reprises souligné que la promotion de la sécurité juridique est l'un des objectifs du régime Bruxelles-

---

[2] P. Beaumont, « Hague choice of court agreements Convention 2005: Background, Negotiations », art. préc., p. 139-140.

[3] M. Weller, « Choice of forum agreements under the Brussels I recast and under The Hague Convention », art. préc., p. 99.

[4] *Supra*, n° 113.

[5] Aux termes de l'article 6 (c), c'est l'effet de l'accord qui aboutit à une injustice manifeste.

[6] U. Magnus, « Art. 25 », *op. cit.*, n°73, p. 623.

[7] F. Sparka, *Jurisdiction and arbitration clauses in maritime transport documents A Comparative Analysis,* Springer, 2010, p. 133-135.

[8] U. Magnus, « Art. 25 », *op. cit.*, n°73, p. 623.

Lugano[9]. Par conséquent, les instruments discrétionnaires tel que la doctrine du *forum non conveniens* seraient difficiles à concilier avec l'objectif de sécurité juridique[10], c'est pourquoi la Cour de justice a rejeté son application dans le contexte du règlement[11].

De même, d'autres moyens procéduraux qui existent en vertu des droits nationaux des États membres soulèvent une controverse quant à leur importation dans le cadre du régime de Bruxelles. Il s'agit notamment de la doctrine de l'usage abusif des droits, un concept qui est essentiellement enraciné dans les droit français et allemand et qui limite l'exercice des droits procéduraux. Une partie de la doctrine s'appuyant tant sur la jurisprudence des tribunaux nationaux dans son appréhension du droit européen que sur la jurisprudence de la Cour de justice de l'Union européenne a conclu que l'usage abusif des droits n'est pas applicable en vertu du régime de Bruxelles[12]. Une autre partie de la doctrine a estimé que bien que la Cour de justice de l'Union européenne refuse d'ériger la théorie de l'abus de droit au rang de principe général de droit communautaire, elle reconnaît en effet aux juridictions nationales le pouvoir de limiter l'exercice des droits découlant des dispositions communautaires lorsqu'ils sont exercés de manière abusive[13]. On cite à cet égard les options de compétence offertes au demandeur par le Règlement de Bruxelles lorsqu'elles sont exercées de manière abusive, c'est à dire « dans le but d'obtenir au détriment (d'autres parties), des avantages illégitimes et manifestement étrangers à l'objectif de ladite disposition »[14]. Néanmoins, si la mise en œuvre de la théorie de l'abus de droit est plausible dans l'hypothèse des options de compétence, elle semble plus difficile à mettre en œuvre lorsqu'il s'agit d'une compétence exclusive qui découle de la rencontre de la volonté des parties au contrat.

L'absence de pouvoir discrétionnaire et d'autres contrôles procéduraux sont compensés par un certain nombre de restrictions aux accords d'élection de for au sein du régime Bruxelles-Lugano lui-même, notamment pour les

---

[9] CJUE, 1 mars 2005, aff. C-281/02, Andrew Owusu c/ N.B. Jackson, Rec. 2005, 1383, point 38 ; CJCE, 16 mars 1999, aff. C-159/ 97, Trasporti Castelletti, précité, point 48 ; CJCE, 3 juill. 1997, aff. C-269/ 95, *Benincasa*, précité, point 28-29.

[10] CJUE, 1 mars 2005, aff. C-281/ 02, Andrew Owusu, précité, point 38.

[11] *Ibid., point* 37 et point 46.

[12] F. Sparka, *op. cit.*, p. 133. Citant en note de bas de page 849, OLG Hamburg, 14 avril 2004, NJW 2004, 3126, 3128 ; CJUE, 27 avril 2004, aff. C-159/02, *Gregory Paul Turner c/ Felix Fareed Ismail Grovit, Harada Ltd, Changepoint SA*, Rec. 2004, 3565, point 28.

[13] L. Usunier, *La régulation de la compétence juridictionnelle en droit international privé*, Economica, 2008, p.393.

[14] CJCE, 12 mai 1998, aff. C-367/ 96, *Kefalas*, Rec. 1998, 2843, point 28 ; CJCE, 23 mars 2000, aff. C-373/ 97, *Diamantis*, Rec. 2000, 1705, point 38.

accords d'élection de for dans les contrats de consommation, de travail et d'assurance[15].

On a également fait valoir que puisque le litige a un certain contact avec l'un des États membres, précisément le for choisi doit être situé dans un État membre, plaider devant l'un ou l'autre des tribunaux des États membres ne représente pas de grave inconvénient, car, en définitive, le plaignant recevra un procès équitable dans tous les États membres[16].

Il découle de ce qui précède que l'impératif de sécurité juridique a prévalu dans la règlementation des effets de l'accord d'élection de for. Par ailleurs, le Règlement Bruxelles Ibis a aménagé une protection spéciale de la partie faible dans sa règlementation des accords d'élection de for. Cet aménagement s'est traduit notamment par les restrictions apportées à la possibilité de conclure ces accords[17]. Or, cette protection se justifie peu quand il s'agit de professionnels aptes à négocier les termes de leurs accords et d'évaluer les conséquences de leurs aménagements contractuels en ce domaine. Certes, on ne peut exclure les manœuvres frauduleuses d'une des parties mais dans une telle hypothèse, les règles encadrant l'intégrité du consentement permettent d'y remédier et de remettre en cause la validité de l'accord.

Outre les restrictions ayant trait à la protection de la partie faible, le texte de l'article 25 du Règlement Bruxelles Ibis n'admet d'autres restrictions à l'admissibilité des accords que celles tenantes aux compétences exclusives des États membres. Une remise en cause de l'accord au motif d'une simple injustice ne semble pas y figurer sauf à admettre que le risque d'injustice puisse dans certains cas se traduire par une compétence fondée sur le déni de justice. En revanche, contrairement au silence du règlement, la Convention de La Haye prévoit expressément des exceptions à l'efficacité de l'accord particulièrement l'hypothèse d'injustice.

188. Un premier élément clef dans la détermination du concept d'injustice a trait à la formulation même du texte qui emploie l'expression « donner effet à l'accord ». Cette expression exige du tribunal saisi autre que celui élu de faire une évaluation de cette exception sur le fondement des conséquences possibles de son dessaisissement. Par conséquent, le test n'a pas pour objet de vérifier une éventuelle validité intrinsèque de l'accord à la lumière de ce qui est un accord juste pour le tribunal saisi. Autrement dit, il ne s'agit pas de vérifier s'il n'y avait pas de dispositions inacceptables dans l'accord des parties qui peuvent traduire une éventuelle injustice mais plutôt de vérifier si,

[15] Art. 19 pour les contrats conclus par les consommateurs, Art. 23 pour les contrats de travail et Art. 15 pour les contrats d'assurance du Règlement Bruxelles (UE) N° 1215/2012 du parlement européen et du conseil du 12 décembre 2012.

[16] F. Sparka, *op. cit.*, p. 134.

[17] Les articles 15, 19 et 23 du Règlement Bruxelles Ibis.

dans le cas particulier, le résultat d'honorer l'accord et donc de se dessaisir ou sursoir à statuer mènerait à une injustice manifeste[18].

189. Un constat peut être formulé. L'injustice visée à l'article 6 (c) ne peut en toute logique juridique concerner la conclusion de l'accord d'élection de for et encore plus l'évaluation de l'intégrité du consentement à l'accord comme suggèrent certaines lectures précédemment citées car ceci portera atteinte à l'effet utile d'autres dispositions de la Convention. Plus particulièrement, il s'agit de la disposition soumettant l'appréciation de la validité de l'accord à un corps de règles unique puisé dans le droit du tribunal élu. Interpréter l'exception d'injustice manifeste comme ouvrant la voie au tribunal saisi mais non élu de rectifier le tir et, pour ce faire, de mettre en œuvre ses propres règles sur l'intégrité du consentement pour en déceler une éventuelle nullité pour injustice manifeste porte considérablement atteinte à la sécurité juridique et réduit l'efficacité des accords d'élection de for. Ne revient-il pas en effet à soumettre ces accords à un double contrôle de leur validité pourtant exclu par la règle de conflit édictée et à ouvrir la voie à tous les excès ?

Outre la question de savoir si l'injustice manifeste concerne la formation de l'accord ou ses effets, se pose la question de la nature de cette injustice.

B. La nature de l'injustice

190. La question se pose de savoir quelle est la nature de l'injustice dont il est question ici. À cet égard, le texte est silencieux. Or, l'injustice à éviter peut-être de nature procédurale ou de fond.

191. Il semble qu'il n'y ait aucun doute que l'article 6 (c) s'applique lorsque donner effet à l'accord aboutirait à une injustice procédurale. Le rapport explicatif se prononce en ce sens comme précédemment cité en invoquant notamment l'exemple où une partie ne pourrait obtenir un procès équitable dans l'État étranger du tribunal désigné[19].

Pour d'autres illustrations possibles de résultats que le tribunal saisi pourrait considérer comme manifestant une injustice procédurale, on évoque notamment les règles procédurales devant le tribunal choisi qui permettraient à une partie au procès d'être à la fois juge et partie ou celles exigeant que la preuve puisse être obtenue sous la torture ou encore celles empêchant les femmes de fournir un témoignage[20].

192. En revanche, la question est plus épineuse quand il s'agit de déterminer si un accord d'élection de for peut être écarté par le tribunal saisi au motif d'une injustice de fond.

---

[18] En ce sens, R. A. Brand, P. M. Herrup, p.91.

[19] M. Dogauchi, T. C. Hartley, *op. cit.*, n° 152.

[20] R. A. Brand, P. M. Herrup, note de bas de page n°20, p. 93.

Dans la mesure où il s'agit d'évaluer les conséquences en termes d'injustice attachées à la mise en œuvre de l'accord d'élection de for, la question de l'injustice de fond peut avoir deux dimensions. D'une part, le tribunal saisi mais non élu peut s'opposer au contenu de certaines dispositions spécifiques que le tribunal choisi appliquerait. D'autre part, il peut s'opposer à l'issue présagée de l'affaire[21].

193. Étant donné que le terme « injustice » est utilisé dans l'article 6 (c) sans aucune précision quant à sa nature, la question se pose de savoir s'il y a lieu d'admettre la généralité de l'expression qui s'appliquera tant à l'injustice procédurale qu'à celle de fond ?

À cet égard, il y a lieu d'abord de craindre que l'absence d'une délimitation précise de la notion d'injustice n'accorde aux tribunaux saisis en dépit de l'accord une marge de liberté dangereuse dans le maniement de cette exception. À défaut d'autolimitation de leur part dans l'appréciation des pouvoirs très larges qui leur sont conférés, cette liberté risquerait d'ébranler l'efficacité de l'accord[22].

En outre, l'exception d'injustice manifeste envisagée comme une limite à l'efficacité de l'accord d'élection de for intervient lors de l'appréciation par le juge saisi autre que le juge élu de son obligation de se dessaisir. Autrement dit, lors de l'appréciation par ce dernier de sa compétence internationale à la lumière de l'accord. C'est alors à ce stade que doit être appréciée l'éventuelle injustice à laquelle aboutit la mise en œuvre de l'accord d'élection de for. C'est aussi à la lumière des données propres à la compétence que devra être délimitée la notion d'injustice manifeste. Ce constat, quoique évident, n'a pas empêché la jurisprudence dans certains États d'assujettir l'appréciation de la compétence à des considérations de fond faisant partie d'un ordre public substantiel, un ordre public reflétant les solutions relatives à la compétence législative qu'un État entend prôner.

194. De prime abord, un constat semble devoir se dégager. Si injustice il y a, celle-ci doit demeurer étrangère à toute considération du fond du droit. Autrement dit, l'injustice manifeste ne peut se traduire par une prise en considération d'une règlementation de fond propre à l'État du tribunal saisi en dépit de l'accord au vu de laquelle est appréciée l'injustice fût-elle d'ordre public. À défaut d'une telle délimitation, on réintroduit une confusion entre deux stades du raisonnement en droit international privé à savoir la compétence juridictionnelle d'une part et la compétence législative d'autre part.

195. En Europe, les systèmes juridiques romano-germaniques consacrent tous clairement la distinction nécessaire entre la détermination du juge compétent et celle de la loi applicable. Il en va de même dans bien d'autres

[21] En ce sens, R. A. Brand, P. M. Herrup, p. 93.
[22] En ce sens, C. Kessedjian, « La Convention de La Haye du 30 juin 2005 », art. préc., p. 835.

pays, qu'il s'agisse, par exemple, des pays d'Amérique latine, des pays du continent africain ou encore de la Russie ou du Japon. Quant aux pays de common law, même s'ils mettent l'accent sur le conflit de juridictions et si le juge reconnu compétent applique souvent la lex fori, ils connaissent aussi cette distinction et il arrive que le tribunal compétent ait à appliquer une loi étrangère[23].

Par ailleurs, les traités concernant le droit international privé, qu'il s'agisse des conventions adoptées par la Conférence de La Haye ou de simples accords bilatéraux, traitent toujours séparément de la compétence judiciaire et de la loi applicable[24]. Les règlements communautaires de droit international privé font de même[25].

196. À l'appui de cette distinction, plusieurs arguments sont avancés par la doctrine [26]qu'il est opportun de rappeler.

D'abord, les objectifs poursuivis sont différents. Les règles de compétence judiciaire sont principalement destinées à faciliter l'accès à la justice pour les plaideurs. Pour ce faire, elles doivent donc tenir compte de la proximité du juge et des attentes légitimes des parties, attentes qui concerneront tout autant la technique procédurale, les coûts du procès, sa durée prévisible que le fond du droit. Avec les clauses attributives de juridiction, les parties à un contrat peuvent prendre tous ces éléments en considération et fixer à l'avance le tribunal qui connaîtra de leurs éventuels différends. Lorsque la compétence est impérative, ces clauses sont illicites[27]. Les règles de compétence judiciaire se doivent de ne donner compétence qu'à un juge ayant un rattachement suffisant avec le litige mais plusieurs liens de rattachement sont en général concevables et le demandeur a souvent un choix possible entre plusieurs tribunaux. Par ailleurs dans des cas exceptionnels, les tribunaux sont compétents même si le lien du litige avec le tribunal saisi est ténu, parce qu'il est essentiel que puisse s'exercer le « droit au juge ». C'est la compétence fondée sur le déni de justice[28].

Les règles de conflit de juridiction cherchent aussi à assurer une bonne administration de la justice. Pour ce faire, il convient de tenir compte de la proximité du juge avec le litige, mais aussi de la nécessité de résoudre les

---

[23] H. Gaudemet-Tallon, « La clause attributive de juridiction, un moyen d'échapper aux lois de police ? », in Liber Amicorum K. Siehr, Eleven International Publishing, 2010, p.707, spéc. p. 709.

[24] *Ibid.*, p. 709-710.

[25] Certains ne portant que sur les conflits de juridictions (compétence et reconnaissance des jugements) tels que les Règlements dits « Bruxelles I », « Bruxelles II » et « Bruxelles II bis », d'autres contenant des dispositions différentes selon qu'il s'agit du conflit de juridictions ou du conflit de lois (par exemple, le Règlement 1246/2000 sur les procédures d'insolvabilité, ou encore le Règlement 4/2009 concernant les obligations alimentaires).

[26] H. Gaudemet-Tallon, « La clause attributive de juridiction », art. préc., pp. 710-712.

[27] C'est le cas en droit commun français, Cass. civ. 1re, 17 déc. 1985, *Compagnie de signaux et d'entreprises électriques*, précité.

[28] H. Gaudemet-Tallon, « La clause attributive de juridiction », art. préc., p. 710.

conflits de procédures parallèles, souci auquel doit répondre l'aménagement des exceptions de litispendance et de connexité[29].

Quant aux règles de conflit de lois, elles répondent à des préoccupations différentes. Il faut qu'avant tout litige, les intéressés sachent à quelle loi est soumis leur rapport de droit (contrat, régime matrimonial, succession etc.). Il s'agit d'assurer la prévisibilité. À cet égard, la règle de conflit de lois en fixant des rattachements (nationalité, domicile, lieu du délit etc.) permet cette prévisibilité. Si un litige survient, il faut qu'il soit jugé selon la loi de l'État avec lequel il présente le rattachement le plus intense. On ne peut se contenter ici d'un rattachement faible qui peut justifier la compétence judiciaire mais non l'applicabilité d'une loi.

Outre la poursuite d'objectifs différents, il faut aussi relever que les questions de compétence judiciaire et celles de conflit de lois se succèdent dans le temps. On se demande d'abord quel juge est compétent et ce juge appliquera la loi désignée par sa règle de conflit. Or, dans le contexte de l'exception d'injustice manifeste, confronter la loi applicable par le juge désigné aux solutions législatives admises par le juge saisi en dépit de l'accord pour y déceler une éventuelle injustice manifeste légitimant la mise à l'écart de la clause revient à inverser le schéma précédemment tracé. Ça revient à faire dépendre la compétence et plus précisément le dessaisissement du tribunal saisi en dépit de l'accord de sa loi confrontée à la loi éventuellement appliquée par le juge élu ou à la solution qu'il donnera au litige.

Dans ce contexte, il y a lieu de rappeler que la Cour de cassation française a, il y a déjà longtemps, affirmé que le caractère d'ordre public de la loi française applicable au fond ne fondait pas la compétence française[30], montrant bien par-là que la question de compétence judiciaire se posait et devait se résoudre avant la question de la loi applicable[31].

197. À la lumière de cette distinction entre compétence judiciaire et compétence législative, on peut émettre certaines déductions concernant la notion d'injustice qui peut être soulevée afin de limiter l'efficacité d'un accord d'élection de for.

On peut soutenir qu'étant donné son intervention au stade de la compétence, la notion d'injustice doit traduire les soucis propres à cette phase. L'injustice ne peut intervenir à ce premier stade du procès que sur un plan purement procédural. Il ne peut s'agir d'une injustice de fond. Les exemples cités par le rapport explicatif relatifs à l'injustice manifeste permettent d'asseoir cette conclusion. L'impossibilité d'obtenir un procès équitable pour cause de partialité ou de corruption des juges du tribunal élu ainsi que les motifs particuliers tenant à une partie au procès lui interdisant d'engager une

---

[29] *Ibid.*

[30] Cass. Ass. Plén. 14 oct. 1977, *Bloch*, D. 1978, p.417, note P. Lagarde ; D. 1978, Inf. rap. 98, obs. B. Audit ; *Rev. crit. DIP* 1978.166, note H. Batiffol; *JDI* 1978,304, note G. Lyon-Caen.

[31] H. Gaudemet-Tallon, « La clause attributive de juridiction », art. préc., p. 711.

procédure ou de se défendre dans une procédure devant le juge élu confirment l'idée que l'injustice manifeste en tant qu'exception à l'obligation de dessaisissement traduit plutôt la nécessité de garantir le droit à un procès équitable dont notamment le droit d'accès à la justice. Il s'agit des deux aspects fondamentaux, dans certains systèmes juridiques, de l'ordre public procédural par lequel le système juridique d'un État cherche à assurer un intérêt procédural fondamental, le droit de la partie de faire valoir ses droits.

Le droit à un procès équitable fut d'ailleurs consacré au niveau européen, notamment par la Convention européenne des droits de l'Homme du 4 novembre 1950 dans son article 6 § 1. Ce droit ne se borne pas à garantir le déroulement loyal de la procédure juridictionnelle mais assure aussi, en amont, que chacun puisse faire entendre sa cause[32].

198. Cependant, si l'exception d'injustice devrait être cantonnée dans les limites de l'injustice procédurale, toute injustice procédurale n'ouvre pas la voie à la mise à l'écart de l'accord d'élection de for. Encore faut-il que l'injustice qui découle de la mise en œuvre de l'accord soit « manifeste ».

§ 2 - Le caractère manifeste de l'injustice

199. Le caractère manifeste est un élément clef dans l'appréhension du concept d'injustice en tant qu'exception à la mise en œuvre de l'accord d'élection de for. Une attention particulière doit être accordée à sa signification en raison des résultats qui en découlent quant à la délimitation du domaine de cette exception.

À cet effet, les travaux préparatoires de la Convention d'une part, et la doctrine d'autre part seront d'un grand secours pour essayer de démystifier l'ombre que cette expression laisse planer.

200. À l'origine, dans le cadre de la commission spéciale de décembre 2003, le comité de rédaction présentait une proposition de projet relatif aux accords exclusifs d'élection de for[33]. Au sein de ce projet figure l'article 5 qui a trait aux obligations du tribunal non élu. L'alinéa c) de cet article fait exception à l'obligation du dessaisissement du tribunal saisi autre que celui élu si « donner effet à l'accord aboutirait à une injustice très grave ». De même, au sein de la même commission de 2003, une proposition commune émanant de la Communauté européenne et des délégations des États-Unis, du Japon, de la fédération de Russie et de la Nouvelle - Zélande[34] présentait une

[32] C.E.D.H., 21 février 1975, Req. N°4451/70, *Golder c. Royaume-Uni*, Série A, n° 18, §36.

[33] Document de travail No 39 distribué le lundi 8 décembre 2003, Actes et documents de la vingtième session, Tome III, Élection de for, Conférence de La Haye de droit international privé, Intersentia/ Anvers-Oxford-Portland/ 2010, p. 389-393.

[34] Document de travail No 47, Actes et documents de la vingtième session, Tome III, Élection de for, Conférence de La Haye de droit international privé, Intersentia/ Anvers-Oxford-Portland/ 2010, p. 396.

modification de la proposition du comité de rédaction en y ajoutant la contrariété manifeste aux principes fondamentaux de l'ordre public[35].

Néanmoins, la rédaction actuelle de l'article 6 (c) trouve son origine dans une proposition commune des délégations de la Nouvelle-Zélande, des États-Unis d'Amérique et de la Communauté européenne[36].

Concernant le langage retenu, un débat s'est instauré pour essayer de préciser le sens du terme « manifeste ». Ainsi, le représentant de la Commission européenne, M. Tenreiro, a précisé que le terme « manifeste » signifie très grave[37].

Pour sa part, le délégué de la Nouvelle-Zélande a mis l'accent sur le caractère exceptionnel de l'injustice. Il s'agit d'aborder la question d'accès à la justice. Ceci implique selon ce dernier des hypothèses telles que le fait que le tribunal ne peut rendre la justice ou que la sécurité des parties serait en jeu[38].

Se prononçant sur l'intention des rédacteurs du document de travail No 9, M. Beaumont, délégué du Royaume-Uni, précise que l'expression signifie à la fois une injustice « grave » et « claire »[39].

Un autre éclaircissement est apporté par M. Bucher qui a fait remarquer qu'à la Conférence de La Haye, le terme « manifeste » a déjà été utilisé avant et que dans toutes les conventions où il a été employé il indiquait un élément de gravité[40].

201. En doctrine[41], il a été soutenu qu'une norme conventionnelle autonome aurait été, à cet égard, requise afin d'assurer la nécessaire prévisibilité. Cependant, la conférence diplomatique n'était pas en mesure de préciser le contenu de cette norme. La solution ultime était l'insertion du terme « manifeste »[42]afin de modifier la portée de l'injustice exigée.

---

[35] Article 5 c) « giving effect to the agreement would lead to a very serious injustice or would be manifestly contrary to fundamental principles of public policy », No 47, Proposal of the European Community and the delegations of the United States of America, Japan, the Russian Federation and New Zealand, Actes et documents de la vingtième session, Tome III, Élection de for, Conférence de La Haye de droit international privé, Intersentia/ Anvers-Oxford-Portland/ 2010, p. 396.

[36] Document de travail No 9 de la deuxième commission, distribué le mardi 14 juin 2005, Article 7 c) « donner effet à l'accord aboutirait à une injustice manifeste ou serait manifestement contraire à l'ordre public de l'État du tribunal saisi », Actes et documents de la vingtième session, Tome III, Élection de for, Conférence de La Haye de droit international privé, Intersentia/ Anvers-Oxford-Portland/ 2010, p. 511.

[37] Actes et documents de la vingtième session, Tome III, Élection de for, Conférence de La Haye de droit international privé, Intersentia/ Anvers-Oxford-Portland/ 2010, p. 589.

[38] *Ibid.*, p.590.

[39] *Ibid.*, p. 591.

[40] Actes et documents de la vingtième session, Tome III, Élection de for, Conférence de La Haye de droit international privé, Intersentia/ Anvers-Oxford-Portland/ 2010, p.592.

[41] R. À. Brand, P. M. Herrup, p. 92.

[42] De même que le terme « manifestement » pour qualifier la deuxième branche de l'exception, la contrariété à l'ordre public.

Cependant, force est de constater que la question n'est pas de savoir si donner effet à l'accord d'élection de for mènerait à une injustice manifeste au sens du droit national. Ce terme doit être interprété à la lumière du sens qui lui est attribué dans la pratique de la Conférence de La Haye[43]. En effet, le terme « manifeste » a été utilisé dans un certain nombre de conventions de la Conférence de La Haye de droit international privé[44]. Ce sens renferme deux aspects, d'une part, l'injustice doit être claire et, d'autre part, elle doit être extrêmement grave[45].

202. La doctrine[46] et le rapport explicatif[47] sont unanimes pour admettre que l'exigence du caractère manifeste de l'injustice implique que cette exception devrait intervenir dans les circonstances les plus exceptionnelles. Le niveau exigé est censé être élevé[48].

203. Le caractère manifeste de l'injustice est destiné à souligner la prudence dont doit faire preuve les juges des États contractants en usant de cette exception[49]. Le résultat de l'accord d'élection de for doit être incontestablement injuste. En même temps, le résultat de ne pas exercer éventuellement sa compétence par le juge saisi devrait entrainer de même une injustice grave[50]. Une simple incommodité ne peut être un motif valable du refus de sursoir à statuer ou de se dessaisir en vertu de l'article 6 (c)[51].

204. Un constat se dégage de cet essai de conceptualisation de l'injustice manifeste. D'une part, l'injustice manifeste auquel pourrait donner lieu la mise en œuvre de l'accord d'élection de for est une injustice procédurale soulevée devant le juge saisi en dépit de l'accord et conditionnant, entre autres exceptions, sa décision de décliner sa compétence. D'autre part, le caractère manifeste de cette injustice implique l'exigence du caractère clair et grave que doit revêtir cette injustice. Par conséquent, en définitive, ce concept semble

---

[43] R. À. Brand, P. M. Herrup, p. 92.

[44] Exemples, Conférence de La Haye de droit international privé, Convention du 5 octobre 1961 concernant la compétence des autorités et la loi applicable en matière de protection des mineurs, Art. 16 (permettant aux États contractants de refuser l'application des dispositions de la Convention seulement si cette application est « manifestement » incompatible avec l'ordre public) ; Conférence de La Haye de droit international privé, Convention du 5 octobre 1961 sur les conflits de lois en matière de forme des dispositions testamentaires, Art. 7 (l'application d'une des lois déclarées compétentes en vertu de la Convention ne peut être écartée que si elle est » manifestement »incompatible avec l'ordre public).

[45] R. À. Brand, P. M. Herrup, p. 92.

[46] V. T. C. Hartley, *Civil jurisdiction and judgments in Europe the Brussels I Regulation, the Lugano Convention and The Hague choice of court Convention, op. cit.*, n°13.189, p. 278; *choice-of-court agreements under the european and international instruments*, *op. cit.*, n°8.39, p. 184, R. A. Brand, P. M. Herrup, p. 92.

[47] M. Dogauchi, T. C. Hartley, *op. cit.*, n°148.

[48] *Ibid.*, n°152.

[49] R. A. Brand, P. M. Herrup, p. 92.

[50] *Ibid.*

[51] *Ibid.*

traduire le souci d'assurer au plaideur un droit d'accès effectif à la justice. Issue de secours qui reste exceptionnelle comme l'ont souligné tant les négociateurs de la Convention que la doctrine, aussi s'interrogera-t-on sur l'étendue de cette exception.

SECTION II :
L'étendue de l'exception d'injustice manifeste

205. L'instauration de l'exception d'injustice manifeste soulève la question de son étendue. Dans ce contexte, on doit admettre qu'une interprétation extensive de cette exception priverait les accords d'élection de for de leur avantage essentiel : la sécurité juridique. Par ailleurs, cette interprétation extensive irait à l'encontre du caractère exceptionnel reconnu à une telle exception. Aussi est-il nécessaire d'adopter une interprétation restrictive en limitant le contrôle de l'injustice manifeste à la préservation du droit d'accès effectif à la justice du plaideur (**§ 1**) dont il importe de préciser les contours (**§ 2**).

§ 1 - La préservation du droit d'accès effectif à la justice

206. Le risque d'injustice peut a priori surprendre dans la mesure où les accords d'élection de for visés par la Convention sont ceux conclus entre professionnels tandis que ces accords sont exclus lorsqu'ils sont passés entre une partie faible - un consommateur, un salarié- et une partie forte. L'égalité des armes que procure la qualité de professionnel des parties exclut a priori qu'une éventuelle injustice puisse être invoquée à l'encontre de l'efficacité de l'accord et notamment pour faire échec à son effet dérogatoire. Néanmoins, l'efficacité d'un accord licite et valable peut être paralysée en cas d'injustice procédurale grave qui se traduit par le fait de priver le contractant de son droit d'accès à la justice.

L'interprétation suggérée soulève la question de sa mise en œuvre tant dans les systèmes de common law (**A**) que dans les systèmes romano-germaniques (**B**).

A. La mise en œuvre de l'interprétation suggérée dans les systèmes de common law

207. La mise en œuvre de l'exception d'injustice manifeste par les tribunaux dans les systèmes de common law soulève une difficulté majeure en raison du régime de la compétence internationale au sein de ces systèmes. En effet, la compétence internationale dans les droits de common law se

caractérise par une faculté de dessaisissement qui est offerte au juge du for qui peut refuser de statuer en dépit de l'existence d'un chef de compétence internationale à son profit s'il ne s'estime pas bien placé pour trancher le litige[52], autrement dit, s'il ne s'estime pas approprié. Il s'agit de la doctrine du *forum non conveniens*. En d'autres termes, le principe fondamental est qu'une suspension de la compétence internationale du for ne pourra être accordée sur le fondement de l'exception de *forum non conveniens* que si le tribunal est convaincu qu'il existe un autre tribunal compétent qui est le for approprié du litige, c'est-à-dire devant lequel le litige pourra être tranché de manière plus convenable dans l'intérêt de toutes les parties et de la justice. Dans le cadre de notre réflexion, la question se pose de savoir si l'exception d'injustice manifeste ouvre la voie à l'application de la théorie du *forum non conveniens*. Il y a lieu d'analyser la question dans deux systèmes majeurs de common law, le droit anglais, d'une part, (**1**) et le droit américain, d'autre part (**2**).

1. Le statut des clauses attributives de juridiction en droit anglais

208. En droit anglais, les tribunaux anglais sont investis du pouvoir discrétionnaire de donner effet à une clause attributive de juridiction. Théoriquement, ce pouvoir se distingue de celui qui leur est reconnu sur l'exercice de leur compétence juridictionnelle en l'absence d'une telle clause. La raison de cette distinction est à rechercher dans les principes fondamentaux qui soutiennent ces deux approches. En effet, lorsque le juge exerce son pouvoir discrétionnaire en application de la doctrine du *forum non conveniens*, il recherche de façon impartiale où « le litige devrait être le plus convenablement tranché dans l'intérêt des parties et de la justice » ; en revanche, en présence d'une clause attributive de juridiction, le juge est d'abord prédisposé à faire respecter leurs engagements par les parties[53].

Néanmoins, la lente adoption de la doctrine du *forum non conveniens* a progressivement gagné les litiges incluant une clause attributive de juridiction de sorte que la dichotomie entre le pouvoir discrétionnaire du juge de suspendre sa compétence juridictionnelle sur le fondement d'une clause de compétence étrangère et sur le fondement de la doctrine du *forum (non) conveniens* a presque disparu en pratique[54]. En tout état de cause, la doctrine a remarqué que l'assimilation entre ces deux expressions du pouvoir discrétionnaire était destinée à se produire dans la mesure où la jurisprudence relative au pouvoir discrétionnaire des tribunaux anglais de donner effet aux clauses attributives de juridiction anticipait dès l'origine la doctrine du *forum non conveniens*, en permettant au demandeur de faire valoir des circonstances

[52] L. Usunier, *La régulation de la compétence juridictionnelle en droit international privé*, *op. cit.*, n°140, p.117.
[53] C. Chalas, *L'exercice discrétionnaire de la compétence juridictionnelle en droit international privé*, PUAM, Aix-en-Provence, 2000, n°270, p. 248.
[54] *Ibid.*, p. 248-249.

exceptionnelles qui s'apparentaient pour beaucoup d'entre elles aux facteurs pris en compte dans le cadre de ladite doctrine[55]. Certes, la jurisprudence n'a guère évolué mais persiste néanmoins, avec les encouragements de la doctrine à maintenir une distinction qui n'est plus que formelle entre ces deux expressions du pouvoir discrétionnaire[56]. Il n'en demeure pas moins qu'une partie de la doctrine a proposé une adaptation de la doctrine du *forum non conveniens* telle que consacrée par la jurisprudence afin de tenir compte des accords d'élection de for. Cette proposition est intéressante car elle permet de répondre partiellement à cette inadéquation initiale de la théorie du *forum non conveniens* en présence d'un accord d'élection de for[57].

Aussi est-il nécessaire d'abord de tracer l'évolution du pouvoir discrétionnaire du juge anglais dans l'exercice de sa compétence (**a**) ensuite, de présenter l'opportunité d'une adaptation de la doctrine du for approprié en présence d'une clause attributive de juridiction (**b**). Enfin, on essayera de tirer les enseignements pour la Convention de La Haye (**c**).

a. L'évolution du pouvoir discrétionnaire du juge anglais dans l'exercice de sa compétence internationale

209. En dehors de certaines hypothèses dans lesquelles le juge du for est obligé de se dessaisir, malgré l'existence d'un chef de compétence à son profit, à raison de la matière litigieuse[58] ou de la personne du demandeur ou du défendeur[59] et des hypothèses où à l'inverse il peut être privé de son pouvoir discrétionnaire de décliner sa compétence internationale sur le fondement de la théorie du *forum non conveniens*[60], les juges de common law disposent d'un pouvoir de dessaisissement discrétionnaire général, leur permettant de refuser de trancher le litige dont ils sont saisis s'ils estiment qu'ils ne sont pas appropriés pour en connaître. Cette faculté leur est reconnue quel que soit le fondement de leur compétence[61]. En général, elle repose sur un seul et même mécanisme. Mais, dans certains droits, et notamment en droit anglais, cette

---

[55] *Ibid.*, p. 250

[56] *Ibid.*

[57] *Ibid.*, pp. 251-255.

[58] Le droit anglais par exemple prévoit parfois de véritables règles d'incompétence internationale de ses juridictions. Ainsi, en matière réelle immobilière, le juge anglais doit décliner sa compétence internationale si l'immeuble litigieux est situé à l'étranger même si les deux parties au litige sont résidentes ou domiciliées en Angleterre, British South Africa Co v. Companhia de Moçambique □1893□ AC 602 (HL); Deschamps v. Miller □1908□ 1 Ch 856; Hesperides Hotels Ltd v. Muftizade □1979□ AC 508, □1978□ 2 All ER 1168 (HL).

[59] Il s'agit essentiellement des litiges impliquant des États étrangers. Ceux-ci peuvent invoquer l'immunité de juridiction que leur accorde le State Immunity Act de 1978.

[60] Il en est ainsi en droit Anglais en matière de divorce, Matrimonial causes Act 1973, Sched. 1, para.9.

[61] L. Usunier, *La régulation de la compétence juridictionnelle en droit international privé*, *op. cit.*, n°141-142, p. 118.

faculté passe par des mécanismes variant en fonction du fondement de la compétence du juge du for et du juge étranger[62].

210. En effet, en droit anglais, il faut distinguer selon que la compétence du juge anglais est fondée sur la notification de l'assignation au défendeur sur le territoire anglais où le dessaisissement du juge anglais intervient sur le fondement de l'exception de *forum non conveniens*, du cas de la compétence fondée sur un chef de compétence légale où le dessaisissement se fait sur le fondement de l'exigence de *forum conveniens*. En outre, un mécanisme spécifique existe pour les situations dans lesquelles le juge anglais envisage de se dessaisir du fait de l'existence d'une clause d'élection de for en faveur d'un juge étranger[63].

211. D'abord, les juridictions anglaises ont admis l'exception de *forum non conveniens* pour remédier au risque d'injustice qui peut résulter de la compétence anglaise fondée sur la présence du défendeur en Angleterre. En effet, ce chef de compétence permet au juge anglais de connaître de litiges n'ayant aucun lien significatif avec l'Angleterre dès lors que l'acte introductif d'instance a été remis au défendeur sur le territoire anglais, quelque ponctuelle qu'y ait été sa présence[64].

L'exception du *forum non conveniens* qui s'inspirait d'un mécanisme né en Ecosse sous l'influence du droit romain, permet au défendeur d'obtenir le dessaisissement de la juridiction saisie du litige en démontrant qu'elle n'est pas appropriée pour en connaître. Certes, à l'origine la version anglaise de l'exception de *forum non conveniens* était plus restrictive que le mécanisme écossais. En effet, alors que pour obtenir le dessaisissement du juge écossais, il suffisait au défendeur de démontrer qu'au regard de l'intérêt des parties et des fins de la justice, l'affaire serait jugée de façon plus appropriée par une juridiction étrangère[65], le défendeur devait rapporter la preuve du caractère oppressif ou vexatoire des poursuites introduites devant le juge anglais pour en obtenir le dessaisissement[66]. Cette exigence de poursuites oppressives ou vexatoires fut abandonnée dans les années 1970, dans les arrêts *The Atlantic Star* et *MacShannon v. Rockware Glass Ltd*[67] et fut remplacée par une double condition. Les juges anglais se dessaisiraient dorénavant sur le fondement de l'exception de *forum non conveniens* si le défendeur démontrait qu'un autre

---

[62] *Ibid.*, n° 142, p. 118.

[63] *Ibid.*, n°143, p. 119.

[64] *Ibid.*, n°144, p. 119

[65] V. not. *Société du Gaz de Paris v. Société Anonyme de Navigation « Les armateurs français »*, 1926 SLT 33 (HL).

[66] V. not. *McHenry v. Lewis (*1882) LR 22 Ch D 397 (CA); *The Christiansborg* (1885) LR 10 PD 141 (CA); *Logan v. Bank of Scotland* [1906] 1 KB 141; Egbert v. Short [1907] 2 Ch 205; *Re Norton's Settlement* [1908] 1 Ch 471 (CA); *(St Pierre v. South American Stores Gath and Chaves) Ltd* [1936] 1 KB 382 (CA).

[67] *The Atlantic Star* □1974□ AC 436 (HL); *MacShannon v. Rockware Glass Ltd* □1978□ AC 795 (HL).

juge était susceptible de trancher le litige de manière plus expédiente ou moins coûteuse et si le dessaisissement ne privait pas le demandeur d'un avantage, personnel ou juridique, légitime. La version anglaise de l'exception de *forum non conveniens* se rapprochait de la sorte de la version écossaise de l'exception et cessait d'être un moyen de répression des abus de procédure pour devenir un outil de lutte contre le forum shopping[68].

212. D'autres précisions ont été apportées à l'exception de *forum non conveniens* dans les années 1980. Ainsi, dans l'arrêt *The Abidin Daver*, la chambre des Lords affirma, d'une part, que c'était au demandeur qu'il incombait d'établir que le dessaisissement risquait de le priver d'un avantage légitime, et, d'autre part, que lorsqu'une action était pendante à l'étranger devant le « for naturel » du litige, l'avantage en question devait être d'une importance que le fait d'en être privé aurait exposé le demandeur à une véritable injustice[69].

213. L'évolution de l'exception de *forum non conveniens* fut parachevée avec l'arrêt *Spiliada Maritime Corpn v. Cansulex Ltd*[70] qui constitue le précédent majeur en la matière. Les Lords y affirment d'abord que l'exception de *forum non conveniens* ne peut être accueillie et conduire au dessaisissement de la juridiction saisie du litige que si celle-ci est convaincue qu'il existe à l'étranger une autre juridiction, accessible et se considérant compétente, qui constitue le for approprié du litige, c'est-à-dire le for susceptible de trancher le litige de la manière la plus satisfaisante au regard des intérêts des parties et des fins de la justice. Ensuite les Lords confirment que l'accueil de l'exception repose sur un examen en deux étapes. En premier lieu, le défendeur doit établir qu'il existe un autre for nettement plus approprié pour trancher le litige[71]. Pour remplir cette première condition, il ne suffit pas de démontrer que le juge anglais n'est pas le plus approprié pour trancher le litige. Le défendeur doit démontrer qu'un juge étranger est clairement plus approprié que le juge anglais pour statuer sur le différend. En revanche, si le juge anglais et le juge étranger sont aussi appropriés l'un que l'autre pour en connaître, le juge anglais doit rester saisi[72]. Si le défendeur parvient au contraire à établir qu'un juge étranger est nettement plus approprié pour trancher le litige, le dessaisissement du juge anglais est en principe acquis. Cependant, le demandeur peut alors s'y opposer en démontrant, eu égard aux circonstances de l'espèce, qu'un dessaisissement du juge anglais serait contraire aux

---

[68] L. Usunier, *La régulation de la compétence juridictionnelle en droit international privé*, *op. cit.*, n°145, p. 119-120.
[69] *The Abidin Daver* [1984] AC 398 (HL), p. 411-412.
[70] *Spiliada Maritime Corpn v. Cansulex Ltd*, 19 novembre 1986, [1987] AC 460 (HL).
[71] *Spiliada Maritime Corpn v. Cansulex Ltd*, précité, p. 477-478.
[72] *European Asian Bank AG v. Punjab and Sind Bank* [1982] 2 Lloyd's Rep. 356 (CA), p. 363; *The Vishva Abha* [1990] 2 Lloyd's Rep. 312.

exigences de la justice[73], c'est-à-dire qu'il risque de le priver de toute possibilité effective d'obtenir la justice[74]. L'arrêt *Spiliada* et les décisions ultérieures ont adopté une interprétation stricte de cette réserve. Il ne suffit pas au demandeur d'établir qu'il va être privé d'un avantage légitime mais il doit prouver que le dessaisissement l'expose à une véritable injustice. Ainsi, à titre d'exemple, en matière d'aide juridictionnelle, le seul fait que l'aide dont le demandeur peut bénéficier à l'étranger soit inférieure à celle dont il bénéficie en Angleterre ne justifie pas un refus de dessaisissement, sauf si le litige porte sur une question si complexe que le demandeur ne peut pas financer son action sans cette aide[75]. Par ailleurs, il est en principe interdit au juge anglais de se livrer à une comparaison de la qualité de la justice anglaise avec celle de la justice étrangère, en revanche, il peut refuser de se dessaisir si l'autorité judiciaire étrangère n'est pas indépendante[76], si la justice étrangère est déraisonnablement lente[77] ou si le demandeur risque d'obtenir des dommages-intérêts d'un montant dérisoire du fait des limites excessivement basses que la loi appliquée par le juge étranger impose en la matière[78].

214. Les principes gouvernant l'exception de *forum non conveniens* sont proches de ceux qui régissent l'exigence de *forum conveniens*. Cette dernière intervient dans le cadre de la compétence statutaire du juge anglais. En effet, la compétence internationale du juge anglais est considérée comme exorbitante lorsqu'elle n'est pas fondée sur la notification de l'assignation au défendeur sur le territoire anglais mais sur un chef de compétence statutaire[79]. Par conséquent, le demandeur ne peut procéder à l'assignation du défendeur à l'étranger sans obtenir une autorisation préalable du juge anglais, qui ne lui sera accordée que si le demandeur parvient à convaincre le juge anglais qu'il est *forum conveniens*, c'est-à-dire approprié pour trancher le litige[80]. Cette exigence remonte aux premiers statuts ayant admis qu'un défendeur absent du territoire anglais pouvait être poursuivi en Angleterre et elle est depuis toujours destinée à éviter que le juge anglais ne statue sur le litige si un juge étranger apparaît à même de le trancher de manière plus expédiente et moins coûteuse[81]. À l'époque où l'exception de *forum non conveniens* était encore

---

[73] *Spiliada Maritime Corpn v. Cansulex Ltd*, précité, p. 478.
[74] *Connelly v. RTZ Corpn plc* 1998 AC 854 (HL).
[75] V. not. *Connelly v. RTZ Corpn plc*, précité, p. 873-874 ; *Lubbe v. Cape plc* 2000 1 WRL 1545 (HL), p. 1554-1555.
[76] V. not. *The Abidin Daver*, précité, p. 411 ; *Muduroglu Ltd v. TC Ziraat Bankasi* 1986 QB 1225 (CA).
[77] *The Vishva Ajay* 1989 2 Lloyd's Rep. 558, p. 560.
[78] V. not. *BMG Trading Ltd v. AS McKay* 1998 *IL Pr* 691 (CA).
[79] *The Siskina v. Distos Companiera Naviera SA* 1979 AC 210 (HL), p. 254; Amin Rasheed Shipping Corp v. Kuwait Insurance Co Ltd [1984] AC 50 (HL), p. 65.
[80] *Spiliada Maritime Corpn v. Cansulex Ltd*, précité, p. 481.
[81] L. Usunier, *La régulation de la compétence juridictionnelle en droit international privé*, *op. cit.*, n°149, p. 122.

liée à l'existence d'un abus de procédure, l'exigence de *forum conveniens* reposait déjà sur des considérations de commodité procédurale[82] et sur la recherche du for approprié[83].

Avec l'évolution de la jurisprudence anglaise en matière de *forum non conveniens*, les conditions auxquelles l'accueil de l'exception de *forum non conveniens* était subordonné se sont rapprochées de celles en vertu desquelles l'exigence de *forum conveniens* était appréciée, jusqu'à devenir presque identiques[84]. Pour obtenir l'autorisation d'assigner le défendeur à l'étranger, le demandeur doit établir que le juge anglais est clairement le for approprié pour trancher le litige[85] eu égard notamment aux liens que les parties et le litige entretiennent avec l'Angleterre et avec le for alternatif étranger[86].

Une différence subsiste néanmoins entre l'exception de *forum non conveniens* et l'exigence de *forum conveniens* sur le plan procédural. En effet, c'est au demandeur qu'il appartient de prouver que le juge anglais est approprié pour trancher le litige, et non au défendeur d'établir que le for anglais n'est pas approprié, et le juge saisi doit contrôler d'office l'exigence de *forum conveniens*, alors qu'il ne peut relever d'office l'exception de *forum non conveniens*[87].

215. L'arrêt *Spiliada* rendu par la chambre des Lords le 19 novembre 1986 représente l'ultime étape des développements jurisprudentiels anglais relatifs au pouvoir discrétionnaire du juge anglais de suspendre sa compétence juridictionnelle.

Lord Goff pose dans l'arrêt *Spiliada* le principe fondamental qui résume en une phrase l'essence de la doctrine du *forum non conveniens* : « Le principe fondamental est qu'un *stay* ne pourra être accordé sur le fondement de l'exception de *forum non conveniens* que si le tribunal est convaincu qu'il existe un autre tribunal compétent, qui est le for approprié du litige, c'est-à-dire devant lequel le litige pourra être tranché de manière plus convenable dans l'intérêt de toutes les parties et de la justice ». Il découle de l'affirmation de ce principe un test en deux phases. Dans la première phase du test, doit être démontrée l'existence d'un tribunal étranger « clairement et distinctement plus approprié » qui constitue la condition essentielle du dessaisissement du

---

[82] V. not. *The Hagen* [1908], P 189 (CA), p. 204-205.

[83] *Rosler v. Hilbery* [1925] Ch 250 (CA).

[84] *Amin Rasheed Shipping Corpn,* précité.

[85] *Spiliada Maritime Corpn v. Cansulex Ltd*, précité, p. 480-482.

[86] V. not. *Kroch v. Rossell et Cie* [1937] 1 All ER 725; *Amanuel v. Alexandros Shipping Co, The Alexandros* P [1986] 1 QB 464; *International Marine Services Inc v. National Bank of Fujairah* [1997] *IL Pr* 468 (CA).

[87] L. Usunier, *La régulation de la compétence juridictionnelle en droit international privé, op. cit.*, n°150, p. 122-123.

for ; dans la seconde, l'avantage légitime du demandeur est supprimé au profit de l'introduction du concept de justice[88].

Quant à la détermination du tribunal étranger « clairement et distinctement plus approprié », cette question est celle qui selon la doctrine justifie que l'on parle du pouvoir du juge de suspendre sa compétence juridictionnelle comme d'un pouvoir discrétionnaire. Ce dernier s'exerce à un double niveau : d'une part, le juge détermine librement les facteurs qui indiquent l'existence d'un tribunal étranger clairement ou distinctement plus approprié que lui et d'autre part, apprécie discrétionnairement le poids qu'il convient d'attribuer à ces facteurs[89].

Concernant, en premier lieu, les facteurs que les juges prennent en compte pour déterminer si un tribunal étranger est plus approprié, Lord Templeman affirme que ceux-ci « sont légion »[90]. En conséquence, toute tentative d'énumération exhaustive de ces facteurs est écartée par la chambre des Lords, qui laisse le problème de leur détermination au pouvoir discrétionnaire des juges du fond. Pour autant, le juge ne se trouve pas démuni de toute indication dans la mesure où l'objectif du pouvoir discrétionnaire dont il est investi le renseigne sur la nature des facteurs qu'il devra rechercher. À cet égard, Lord Goff admet que la définition du for naturel, telle que formulée par Lord Keith dans l'arrêt *The Abidin Daver*[91], exprime de façon adaptée ce qu'il convient d'entendre par « for approprié », à savoir « le tribunal qui entretient avec l'action les liens les plus substantiels et les plus étroits »[92]. Le juge devra donc rechercher les facteurs qui indiquent une proximité entre la controverse et un ordre juridique ; ceux-ci comprendront non seulement des facteurs relatifs à la commodité et aux dépenses du procès (comme la disponibilité des témoins), mais également d'autres facteurs comme la loi applicable au point en litige et la résidence ou le lieu d'activité des parties[93].

Par ailleurs, de la libre détermination de ces facteurs, il suit que le juge apprécie tout aussi librement le poids qu'il convient de leur attribuer afin d'évaluer le caractère manifestement plus approprié du tribunal étranger[94].

---

[88] C. Chalas, *L'exercice discrétionnaire de la compétence juridictionnelle en droit international privé*, *op. cit.*, pp. 220-222.

[89] *Ibid.*, n°237, p. 225.

[90] « The factors which the court is entitled to take into account in considering whether one forum is more appropriate are legion », Spiliada Maritime Corporation v. Cansulex, [1986] 3 W.L.R. 972 (House of Lords), spéc. p. 975.

[91] *The Abidin Daver*, précité, p. 415.

[92] "That [forum] with which the action had the most real and substantial connection", Spiliada Maritime Corporation v. Cansulex, [1986] 3 W.L.R. 972 (House of Lords), spéc. p. 987.

[93] « These will include not only factors affecting convenience or expense (such as availability of witnesses), but also other factors such as the law governing the relevant transaction and the place where the parties respectively reside or carry on business », Lord Goff, *Ibid.*

[94] C. Chalas, *L'exercice discrétionnaire de la compétence juridictionnelle en droit international privé*, *op. cit.*, p. 227.

Quant à la seconde phase du test, elle implique l'introduction du concept de justice. En effet, l'objectif de la doctrine du *forum non conveniens* étant de permettre qu'un litige soit tranché par un for approprié, aucune exception ne devrait restreindre la compétence de ce dernier. Cependant, le for approprié étant défini comme celui devant lequel « le litige pourra être tranché de façon plus convenable dans l'intérêt des parties et de la justice », la considération de ces intérêts peut venir modifier le résultat auquel avait conduit la recherche du tribunal le plus étroitement connecté avec la controverse[95]. En effet, « si au [premier] stade le juge conclut qu'il existe un autre for compétent qui *prima facie* est clairement plus approprié pour trancher le litige, il accordera normalement un *stay*, à moins que des circonstances particulières fassent que la justice requière qu'il ne soit pas accordé »[96]. En d'autres termes, une fois avérée l'existence d'un tribunal étranger plus approprié, le juge doit, dans une seconde phase, s'assurer que la suspension de sa compétence juridictionnelle est conforme à l'intérêt de la justice et ce n'est que dans la mesure où elle entraînerait une injustice qu'il peut refuser de se dessaisir. La charge de la preuve de cette injustice pèse sur le demandeur. Pour apprécier la prétendue injustice, le juge devra prendre en compte l'ensemble des circonstances de l'espèce, y compris d'autres circonstances que celles prises en considération pour évaluer les liens du litige avec l'autre for. Dans ce contexte, la question se pose de savoir quelles circonstances sont constitutives d'une injustice. À cet égard, s'il ressort nécessairement du discours de Lord Goff que la réponse définitive revient à l'appréciation discrétionnaire du juge, dans la mesure où « l'injustice » n'y est pas définie, il est néanmoins donné une vision étroite de cette notion. En effet, pour illustrer son propos, Lord Goff se réfère au *dictum* prononcé par Lord Diplock dans l'arrêt *The Abidin Daver* selon lequel « la possibilité ne peut être écartée qu'il y ait encore des pays dans lesquels le risque subsiste qu'un plaideur étranger ne puisse obtenir justice auprès des tribunaux dans certains litiges, soit pour des raisons politiques ou idéologiques, soit en raison de l'inexpérience ou de l'inefficacité du système judiciaire ou encore des délais excessifs dans la conduite des procès, soit enfin en raison du défaut de dédommagements appropriés ». En pratique, les facteurs ci-dessus énoncés s'apparentent à la définition du procès équitable au regard de l'ordre public procédural : l'impartialité des juges, un niveau de base de compétence judiciaire et des délais qui ne s'éternisent pas sans raison. Les

---

[95] *Ibid.*, p. 228.

[96] « If, however the courts conclude at that stage that there is some other available forum which prima facie is clearly more appropriate for the trial of the action, it will ordinarily grant a stay unless there are circumstances by reasons of which justice requires that a stay should nevertheless not be granted », Lord Goff, Spiliada Maritime Corporation v. Cansulex, [1986] 3 W.L.R. 972 (House of Lords), spéc. p. 987.

juges reconnaîtront rarement que les systèmes juridiques étrangers ne répondent pas à ces standards de justice élémentaires[97].

Ainsi, la possibilité offerte au demandeur de s'opposer à ce que le litige soit tranché par le for étranger plus approprié est fortement réduite et limitée à des hypothèses où il est objectivement injuste que le procès se déroule devant ce for. D'autant plus que l'arrêt *spiliada* ne fait plus de l'avantage légitime du demandeur un argument décisif à l'encontre d'un *Stay*. En effet, dans la plupart des cas, l'argument soulevé par le demandeur pour s'opposer au dessaisissement du juge est la perte d'un avantage qu'il obtiendrait en Angleterre. Or, la jurisprudence antérieure à l'arrêt *Spiliada* avait fait de cet avantage un motif décisif du maintien de la compétence du juge. Cette position semblait peu compatible avec l'étroite exception consentie par l'arrêt *Spiliada*. De fait, Lord Goff a affirmé que la circonstance que le demandeur soit dépouillé d'un avantage légitime en Angleterre ne suffira pas à empêcher le tribunal saisi de suspendre sa compétence à partir du moment où ce dernier est assuré que justice sera faite à l'étranger[98].

216. À la différence des hypothèses de compétence fondées sur l'assignation du défendeur sur le territoire anglais et celle de la compétence statutaire où on relève une similitude quasi-totale entre l'exigence du *forum non conveniens* dans le premier cas et celle du *forum conveniens* dans le second, la jurisprudence anglaise semble à première vue recourir à un mécanisme distinct dans l'hypothèse d'un accord d'élection de for en faveur d'un juge étranger.

Le précédent majeur en la matière est la décision rendue dans l'affaire *The Eleftheria*[99]. Le juge Brandon y affirme que le fait d'être saisi en violation d'une clause attributive de juridiction en faveur d'un tribunal étranger n'oblige pas le juge anglais à se dessaisir, la décision étant laissée à son appréciation discrétionnaire. Le dessaisissement doit en principe être accordé, mais il peut être refusé si le demandeur parvient à prouver qu'il existe de sérieuses raisons pour le juge anglais de ne pas se dessaisir au regard de l'ensemble des circonstances de l'espèce[100].

Dans l'affaire *The Elephtheria*, une action *in rem* en réparation pour inexécution d'un contrat de transport maritime avait été intentée en Angleterre en contravention d'une clause prévoyant que les litiges qui pouvaient naître à propos du contrat seraient tranchés par les juridictions grecques. Le juge Brandon estima que dans l'exercice de son pouvoir discrétionnaire de donner effet à une clause attributive de juridiction, le juge devrait prendre en compte

---

[97] C. Chalas, *L'exercice discrétionnaire de la compétence juridictionnelle en droit international privé*, *op. cit.*, p. 228-229.
[98] *Ibid.*, 230-231.
[99] *The Elephtheria* □1970□, p. 94.
[100] L. Usunier, *La régulation de la compétence juridictionnelle en droit international privé*, *op. cit.*, n°153, p. 124.

l'ensemble des circonstances particulières de l'espèce et, notamment, mais sans que ce soit exhaustif, les facteurs suivants : (a) le pays dans lequel les preuves sont localisées, ou plus facilement accessibles, et les conséquences qui s'en suivent sur la commodité et les dépenses du procès selon qu'il a lieu en Angleterre ou à l'étranger ; (b) l'applicabilité de la loi étrangère et la mesure dans laquelle elle diffère de la loi anglaise dans ses aspects matériels ; (c) le pays avec lequel chaque partie présente des liens et l'intensité de ces liens ; (d) le fait que le défendeur souhaite de bonne foi que la controverse soit tranchée par le tribunal choisi ou recherche uniquement des avantages procéduraux ; (e) le préjudice qui pourrait découler pour le demandeur d'avoir à entamer des poursuites à l'étranger dans la mesure où : (i) son action ne serait pas garantie ; (ii) le jugement obtenu ne pourrait pas recevoir exécution ; (iii) son action serait prescrite ; (iv) le jugement ne serait pas rendu équitablement pour des raisons politiques, raciales ou religieuses[101].

Les principes « du droit anglais des clauses attributives de juridiction » qui découlent de cet arrêt sont les suivants : (1) le juge n'a pas l'obligation de suspendre sa compétence mais il est investi du pouvoir discrétionnaire de le faire ; (2) ce pouvoir discrétionnaire sera exercé en faveur de la suspension de sa compétence juridictionnelle par le juge à moins qu'une « strong cause » ne soit établie pour ne pas le faire ; (3) la charge de la preuve de cette « strong cause » incombe au demandeur[102].

L'arrêt *The Eleftheria* pose une présomption selon laquelle la clause devrait recevoir effet, sauf « circonstances exceptionnelles » parmi lesquelles figure le principe de proximité. Il n'en demeure pas moins que le principe de proximité occupe une place importante dans l'appréciation de ces circonstances exceptionnelles et que les autres facteurs énoncés constituent ce qu'il convient de qualifier des motifs d'opportunité. Dans ces conditions, le respect des clauses attributives de juridiction dépend de la mise en œuvre concrète dont ce test fait l'objet en jurisprudence et de ce que les juges entendent par « strong cause ». Or, la jurisprudence *The Eleftheria* n'a pas brillé par la sévérité de sa mise en œuvre et son rapprochement avec la doctrine du *forum non conveniens*, facilité par son adoption ultérieure en Angleterre, n'a pas été étranger à ce malheureux résultat[103].

---

[101] *The Elephtheria*, précité, p. 100.

[102] « The principles established by authorities can be summarized as follows: (1) where the plaintiffs sue in England in breach of an agreement to refer disputes to a foreign court, and the defendants apply for a stay, the English court, assuming the claim to be otherwise within its jurisdiction, is not bound to grant a stay but has discretion whether to do so or not. (2) The discretion be exercised by granting a stay unless strong cause for not doing so is shown. (3) The burden of proving such strong cause is on the plaintiffs (…) », The Elephtheria, précité, p. 99-100.

[103] C. Chalas, *L'exercice discrétionnaire de la compétence juridictionnelle en droit international privé*, *op. cit.*, p. 174.

217. Une partie de la doctrine[104] estime que le mécanisme de dessaisissement ainsi élaboré, qui n'est pas explicitement fondé sur la recherche du for le plus approprié pour trancher le litige, est formellement distinct de l'exception de *forum non conveniens* et de l'exigence de *forum conveniens*. Cependant, il repose sur des considérations voisines de celles qui animent ces deux mécanismes. Il s'agit de tenir compte de la commodité procédurale respective des juridictions en concours (en s'attachant notamment au lieu de situation des preuves et aux pays avec lesquels les parties ont des liens) et de lutter contre le forum shopping (en recherchant notamment si le défendeur veut agir à l'étranger dans le seul but d'obtenir un avantage procédural) tout en évitant que le demandeur ne subisse une injustice s'il est contraint de plaider à l'étranger[105].

La jurisprudence postérieure a confirmé que les facteurs permettant d'apprécier si le juge anglais doit se dessaisir en faveur du juge élu sont identiques à ceux qui permettent d'apprécier s'il est *forum conveniens* ou *forum non conveniens*[106].

Une analyse de la jurisprudence démontre, en effet, que la lente adoption de la doctrine du *forum non conveniens* a progressivement gagné les litiges incluant une clause attributive de juridiction. Ainsi, dès 1979, sous couvert d'une application pure et simple des principes traditionnels, la Cour d'appel dans un arrêt *The El Amria*[107], s'est en réalité fondée sur le fait que les tribunaux anglais étaient les plus appropriés pour refuser de suspendre sa compétence juridictionnelle en faveur des tribunaux égyptiens choisis pas les parties. La clause attributive de juridiction n'a donc pas empêché que le litige soit tranché par les tribunaux les mieux placés pour ce faire. Par la suite, la tendance s'est poursuivie à travers d'autres arrêts qui, sous prétexte de « circonstances exceptionnelles », accordaient en réalité une importance essentielle au fait que l'Angleterre soit le for naturel du litige. Par conséquent, tout en feignant de maintenir une distinction artificielle avec les cas où les parties n'avaient pas conclu d'accord sur le juge compétent, les juges ont en réalité structuré leur pouvoir discrétionnaire de donner effet à une clause de compétence étrangère sur les bases de la doctrine du *forum non conveniens*, conduisant ainsi à une sorte de légitimation judiciaire de la violation des obligations contractuelles[108].

---

[104] L. Usunier, *La régulation de la compétence juridictionnelle en droit international privé*, *op. cit.*, n°154, p. 124.

[105] *The Elephtheria*, précité, p. 99-100.

[106] V. not. *The Frank Pais* [1986] 1 Lloyd's Rep. 529, p. 535; *Citi-March Ltd v. Neptune Orient Lines* [1997] 1 Lloyd's Rep. 72, p. 74.

[107] *The El Amria* [1981] 2 Lloyd's Rep. 119 (CA), p. 129.

[108] C. Chalas, *L'exercice discrétionnaire de la compétence juridictionnelle en droit international privé*, *op. cit.*, p. 248-249.

Malgré la persistance de la jurisprudence actuelle à maintenir une distinction entre les deux formes du pouvoir discrétionnaire, il s'agit d'une distinction plus formelle que substantielle. Un arrêt illustre ce propos[109]. Dans l'affaire the *Nile Rhapsody*, les juges anglais avaient été saisis par le demandeur en dépit de l'accord conclu par les parties désignant les tribunaux égyptiens. Le défendeur requérait du juge qu'il suspende sa compétence et invoquait au soutien de sa demande ledit accord et subsidiairement le fait que les tribunaux anglais étaient en toute hypothèse *forum non conveniens*. En l'espèce, le tribunal saisi a traité les deux questions en une, affirmant qu'à partir du moment où le défendeur avait pu faire la preuve que les tribunaux égyptiens étaient distinctement plus appropriés que les tribunaux anglais, conformément à la première branche du test *Spiliada*, le demandeur se voyait automatiquement empêché de tenter de rapporter l'existence de « circonstances exceptionnelles » pour s'opposer au *stay* en application de la jurisprudence *The Eleftheria*. A contrario, il s'ensuit que si le for élu par les parties n'est pas plus approprié que les tribunaux nationaux pour trancher le litige, cela constitue un motif suffisant pour que le juge ne donne pas efficacité à la clause. Par conséquent, tout en maintenant une apparente indépendance entre ces deux catégories de pouvoir discrétionnaire grâce à des sources jurisprudentielles distinctes, cet arrêt est évocateur de l'influence exercée par la doctrine du *forum non conveniens* sur le pouvoir discrétionnaire du juge de donner effet à une clause attributive de juridiction et traduit le passage de la primauté du for élu à celle du for naturel[110].

Cette dévaluation de la clause attributive de juridiction à laquelle mène une application pure et simple de la doctrine du *forum non conveniens* a amené la doctrine[111] à suggérer une lecture particulière de la doctrine du *forum non conveniens* telle qu'elle se dégage de l'arrêt *Spiliada* à travers certaines adaptations afin de restaurer la primauté du for choisi dans la doctrine du for approprié.

b. L'opportunité d'une adaptation de la doctrine du for approprié en présence d'une clause attributive de juridiction

218. On a fait valoir que l'extension de l'arrêt *Spiliada* aux situations dans lesquelles le tribunal saisi est amené à se prononcer sur l'efficacité d'une clause attributive de juridiction en faveur d'un for étranger, n'est pas exclue par les auteurs anglais. Ces auteurs sont unanimes pour considérer qu'en application de la première branche du test *Spiliada*, le for choisi par les parties devrait être considéré comme le « for clairement ou distinctement le plus approprié » pour trancher le litige dont le tribunal anglais est saisi en

---

[109] *The Nile Rhapsody*, [1992] 2 Lloyd's Rep. 399 (Commercial Court).

[110] C. Chalas, *L'exercice discrétionnaire de la compétence juridictionnelle en droit international privé*, *op. cit.*, pp. 250-251.

[111] *Ibid.*, pp. 251-255.

contravention de la clause. Cependant, les propositions pour atteindre ce résultat sont variables. Ainsi, les éminents auteurs du *Cheshire and North's private International Law*, ont conçu d'attribuer une importance prépondérante à la clause attributive de juridiction dans la détermination du for approprié. La clause attributive de juridiction constituerait, à l'instar du conflit de procédures, un facteur primordial en faveur de la désignation du for choisi par les parties comme le for naturel du litige. Cependant, on a avancé que cette approche si elle s'appuie sur une parfaite logique, elle présente néanmoins l'inconvénient de ne pas accorder une importance encore suffisante à l'accord des parties, à partir du moment où la détermination du for approprié est laissée au juge. En effet, le risque est maintenu de voir la clause attributive de juridiction renversée par une coalition d'autres facteurs en sens inverse tels que la lex causae, la résidence et le lieu d'activité des parties, les dépenses liées au procès etc. Autrement dit, en laissant intact le pouvoir discrétionnaire du juge sur la détermination du for approprié dont la clause attributive de juridiction n'est qu'un indicateur, certes prépondérant, cette approche protège insuffisamment le respect des engagements contractuels. D'autant plus qu'elle contraint le juge à réexaminer des facteurs que les parties auront déjà considéré pour choisir, en conformité avec leurs intérêts, le for devant lequel porter les différends qui pourraient surgir entre elles[112]. Aussi, pour accorder une importance décisive à la clause attributive de juridiction, une partie de la doctrine[113] affirme que le for choisi par les parties est, de par sa seule désignation et indépendamment de toute autre considération, le for le plus approprié. À suivre cette perspective, la détermination du for naturel n'est donc plus laissée au juge, comme cela est le cas dans le cadre d'une application classique de la doctrine du *forum non conveniens*, mais revient aux parties. On a par ailleurs fait observer que si le changement d'optique par rapport à l'arrêt *Spiliada* apparaît important, cette approche est en totale harmonie avec le sens de ce dernier. En effet, les parties auront pris en compte pour négocier le choix du for, des facteurs semblables à ceux que le juge considère pour déterminer le for le plus approprié. Par conséquent, la clause attributive de juridiction peut être envisagée comme un choix délibéré et censé des parties de nature à satisfaire au mieux leurs intérêts. Dès lors, il devient fort logique de considérer le for élu par les parties comme le tribunal « distinctement et clairement le plus approprié » pour trancher leur litige[114].

Cette approche correspond donc à la première branche de l'arrêt *Spiliada*, si ce n'est que la détermination du for approprié revient aux parties et que le juge ne fait qu'entériner ce choix. En conséquence, le statut de for le plus approprié conféré au for contractuel entraînera la suspension de l'exercice de

---

[112] *Ibid.*, p. 252.
[113] *Ibid.*
[114] *Ibid.*, p. 252-253.

la compétence internationale du tribunal saisi ou le refus d'accorder l'autorisation d'assigner le défendeur qui n'est pas présent sur le territoire.

En outre, conformément à la seconde branche de l'arrêt *Spiliada*, cette proposition ne pourrait être renversée qu'à la condition que le demandeur prouve que l'intérêt de la justice commande que le procès soit tranché par le juge saisi. À cet égard, on a soutenu qu'idéalement dans la mesure où il est plus grave de déroger à l'engagement des parties qu'à la compétence du for le plus appropriée, la seconde branche de l'arrêt *Spiliada* devrait faire l'objet d'une application plus restreinte que dans un cas classique de *forum (non) conveniens*[115]. Par conséquent, on considère qu'étant donné que les parties ont librement élu le tribunal devant lequel porter leurs controverses, les incidents liés à la procédure étrangère font partie du contrat et le demandeur ne peut s'en prendre qu'à lui-même s'ils sont créateurs d'une injustice à son égard. Partant, des délais extrêmement long, l'incertitude de la loi étrangère, des limitations sur les sommes à recouvrer par la partie gagnante, ne pourraient être invoqués pour s'opposer à la clause. En conséquence, seules des injustices dirimantes seraient susceptibles de faire obstacle à la clause attributive de compétence. À cet égard, on cite notamment la circonstance évoquée par l'arrêt *The Eleftheria* selon laquelle le demandeur ou le défendeur serait victime d'une discrimination devant le juge étranger pour des raisons politiques, raciales ou religieuses. Par conséquent, en limitant l'inefficacité de la clause attributive de juridiction à des hypothèses extrêmement restreintes, il sera très rare que le demandeur puisse renverser la présomption posée par la première branche. Par ailleurs, le pouvoir discrétionnaire du juge s'en trouverait fortement réduit, ces circonstances exceptionnelles sollicitant fort peu l'appréciation des juges du fond[116].

219. En définitive, la distinction encore opérée en jurisprudence et en doctrine entre le pouvoir discrétionnaire du juge de donner effet à une clause de compétence étrangère et le pouvoir discrétionnaire du juge en application de la doctrine du *forum* (*non*) *conveniens* a en pratique été vidée de sa substance. Il s'en est suivi un affaiblissement du principe du respect des engagements contractuels dont l'efficacité est remise en cause au motif que le litige serait commodément tranché par les tribunaux nationaux. Face à cette dévaluation des accords d'élection de for, la doctrine a essayé de préconiser une approche qui opère une adaptation de la doctrine du *forum non conveniens*. Cette approche, bien qu'elle introduise une modification importante dans l'application classique de la doctrine du *forum non conveniens*, s'avère pertinente. Elle reflète, à cet effet, d'une certaine manière, l'inadéquation de l'approche classique du *forum non conveniens* avec l'objectif du respect des engagements contractuels. Il en découle un constat

---

[115] *Ibid.*, p. 253.
[116] *Ibid.*, p. 253-254.

formulé déjà il y a longtemps par M. Lagarde dans son cours de 1986 à l'académie de La Haye à savoir qu'il existe une « incompatibilité fondamentale entre clause attributive de juridiction et *forum non* conveniens »[117].

À la lumière de cet état du droit anglais et de la doctrine commentant ce droit, il y a lieu d'essayer de tirer des conclusions pour la Convention de La Haye.

c. Les enseignements pour la Convention de La Haye

220. L'insistance, bien que formelle, de la jurisprudence anglaise dans l'analyse du pouvoir discrétionnaire du juge, sur la distinction entre l'hypothèse où il n'existe aucun accord d'élection d'un for étranger et celle où un tel accord est invoqué devant le juge et le souci de la doctrine, face à l'absence concrète d'une telle distinction dans la pratique judiciaire, d'adapter l'approche classique du *forum non conveniens* en présence d'un accord d'élection de for, permettent d'asseoir un certain nombre de conclusions quant à la mise en œuvre de l'exception d'injustice manifeste telle qu'elle découle de la Convention de La Haye devant le juge anglais. D'abord, bien que la Convention ne contienne pas une définition autonome de la notion d'injustice manifeste, certaines caractéristiques ont pu être dégagées de l'examen de la doctrine et des travaux préparatoires qui font qu'il ne peut s'agir que d'une injustice procédurale grave et claire. Cette injustice peut être résumée dans le fait que l'accord peut parfois aboutir à priver le plaideur de son droit d'accès à la justice. Or, l'évolution précédemment analysée du statut des accords d'élection de for en Angleterre et l'impact de la théorie du *forum non conveniens* en ce domaine ne peuvent présager d'un risque de déformation de la notion d'injustice manifeste telle qu'elle découle de la Convention lorsque le juge anglais serait saisi en dépit d'un accord d'élection d'un for étranger.

En effet, comme l'a montré une partie de la doctrine, la présence d'une clause attributive de juridiction au profit d'un for étranger modifie considérablement la mise en œuvre de la doctrine classique du *forum non conveniens* car selon l'interprétation suggérée de la jurisprudence, elle ne devrait permettre de remettre en cause l'efficacité de ces accords que dans des circonstances exceptionnelles qui correspondent notamment à des injustices dirimantes. Cette interprétation semble pouvoir coïncider avec le domaine propre de l'injustice manifeste comme exception à l'obligation du dessaisissement du juge saisi en dépit de l'accord dans le cadre des dispositions de la Convention.

221. L'inadéquation de l'approche classique de la théorie du *forum non conveniens* est également prise en considération par le juge américain qui a

[117] P. Lagarde, « Le principe de proximité dans le droit international privé contemporain », *RCADI*, 1986-I, t. 196, n° 147, p. 147.

essayé de préserver l'efficacité des accords d'élection de for à travers l'affirmation d'une présomption d'efficacité de l'accord sous réserve de son éventuel caractère déraisonnable, mais également la Cour suprême des États-Unis a modifié son analyse classique de la théorie du *forum non conveniens* en présence d'un accord d'élection de for afin de faire prévaloir la primauté de l'engagement contractuel à travers le choix d'un for déterminé.

2. La prise en considération des accords d'élection de for dans l'appréciation de la compétence internationale du juge américain

222. En droit américain, le souci d'assurer l'efficacité des accords d'élection de for a amené la Cour suprême à affirmer dans un premier temps que pour autant qu'elle ait été valablement conclue, le juge doit respecter la clause et lui donner effet. La seule réserve est celle du caractère déraisonnable de la clause. Il s'agit de la situation tout à fait exceptionnelle, visée par l'arrêt *The Bremen*[118] où le for élu serait « si incommode qu'il aboutirait, en pratique, à priver (le demandeur) de son droit d'accès à la justice », situation à laquelle il faudrait assimiler, en droit anglais, l'hypothèse de « sérieux motifs » pour ne pas donner effet à la clause.

Cependant, deux tendances principales ont vu le jour dans la jurisprudence des tribunaux inférieurs et dans les écrits de la doctrine[119]. En vertu de la première, la doctrine du *forum non conveniens* est purement et simplement inapplicable lorsque les parties ont conclu une clause attributive de juridiction[120]. Pour autant qu'elle ait été valablement conclue, le juge doit respecter la clause et lui donner effet. La seule réserve est la situation tout à fait exceptionnelle visée par l'arrêt *the Bremen*, celle de la privation du droit d'accès à la justice. Cette approche était appliquée non seulement dans le domaine des clauses attributives de juridiction, mais aussi dans celui des clauses d'arbitrage[121]. Selon la jurisprudence américaine, un juge étatique ne peut appliquer la doctrine du *forum non conveniens* pour connaître du fond d'un litige au mépris d'une clause d'arbitrage au motif que le for étatique saisi serait mieux placé pour trancher la contestation que le for arbitral[122]. Lorsqu'une clause d'arbitrage a été valablement conclue entre les parties, le

---

[118] *The Bremen v. Zapata Off-Shore Co*, précité.

[119] A. Nuyts, *L'exception de Forum Non Conveniens Étude de droit international privé comparé*, Bruylant, LGDJ Bruxelles, Paris, 2003, pp. 371-374.

[120] États-Unis : *Hoes of America, Inc. v. Hoes*, 493 *F. Supp.* 1205 (C. D. III. 1979), spéc. p. 1208: "(The *Bremen* case) rejected the application of the traditional *forum non conveniens* doctrine" (cité par G B. Born, P B. Rutledge, *International Civil Litigation in United States Courts,* 5e éd, Wolters Kluwer Law & Business, 2011, note 79, p. 471).

[121] A. Nuyts, *L'exception de Forum Non Conveniens*, *op. cit.*, p. 372.

[122] En ce sens, v. *Spring Hope Rockwool Inc. v. Industrial clean Air*, 504 *F. Supp.* 1385 (North Carolina, 1981), spéc. p. 1389 ("application of the forum non conveniens doctrine by this court…is not authorized under the arbitration Act"); *Al-Salamah Arabian Agencies v. Alexander*, 673 *F. Supp.* 748 (South Carolina, 1987), spéc. p. 751.

juge doit décliner sa juridiction en faveur des arbitres. Mais, à titre tout à fait exceptionnel, le juge étatique peut exercer sa compétence lorsqu'il est établi que les plaideurs ne peuvent avoir un accès effectif au for arbitral étranger[123].

D'autres tribunaux ont adopté une approche différente. Ils continuent de faire application de la doctrine du *forum non conveniens* tout en retenant un standard de preuve différent de celui qui joue en l'absence d'une clause attributive de juridiction[124]. La clause attributive représente, dans cette conception, l'un des éléments d'appréciation du *forum non conveniens*, qui doit être mis en balance avec les autres éléments de la situation. Le juge conserve donc un pouvoir d'appréciation discrétionnaire et peut refuser de donner effet à la clause lorsqu'il ressort des circonstances de la cause que le tribunal élu n'est pas approprié[125]. Dans cette perspective, la clause attributive de juridiction a seulement pour effet de déplacer la charge de la preuve. Ce n'est plus au défendeur qu'il appartient de renverser la présomption d'exercice de la compétence qui joue normalement en faveur du tribunal choisi par le demandeur. Lorsqu'il existe une clause attributive de juridiction, c'est à celui qui entend y échapper qu'il revient de déterminer que le for élu n'est pas approprié. Cette dernière tendance jurisprudentielle a fait l'objet de critiques dans la doctrine au motif qu'elle compromet la prévisibilité de la compétence élue par les parties qui constitue la raison d'être du recours à une clause attributive de juridiction.

Dans un deuxième temps, la Cour suprême dans l'affaire *Atlantic Marine*[126] s'est prononcée en faveur d'une application particulière de la doctrine du *forum non conveniens* à travers une analyse modifiée de cette doctrine en présence d'un accord d'élection d'un for étranger. Cette modification traduit non seulement l'influence du facteur spécifique de l'accord juridictionnel des parties sur le mécanisme du *forum non conveniens* mais également que ce mécanisme dans sa conception initiale est inadéquat en présence d'un accord des parties sur la compétence.

Il importe, d'une part, de revoir les modalités de contrôle du caractère raisonnable de l'accord d'élection de for tel qu'elles découlent de l'arrêt *The Bremen* de la Cour suprême des États-Unis, car force est de constater l'adéquation de ce test dans le cadre de la détermination de l'exception d'injustice manifeste (**a**) et, d'autre part, il y a lieu de mettre en exergue l'analyse modifiée de la doctrine du *forum non conveniens* adoptée par la Cour suprême dans son arrêt *Atlantic Marine* en présence d'une clause d'élection d'un for étranger (**b**). Cette analyse modifiée semble renforcer l'efficacité de

---

123 V. not. *Al-Salamah Arabian Agencies*, précité, p. 752.

124 *D'Antuono v. CCH Computax Systems*, 570 *F. Supp*. 708 (D.R. I. 1983), spéc. p. 712.

125 V. not. *Greenwood v. Tillamook Country Smoker, Inc.*, 857 S.W. 2d 654 (Tex. App. 1993).

126 U. S. Supreme Court, 3 december2013, *Atlantic Marine Const. Co., Inc. v. U.S. Dist. Court for Western Dist. Of Texas*, 134 S. Ct. 568.

l'accord. De ce fait, elle réalise un ajustement de taille au recours à l'application classique du *forum non conveniens*.

À travers cette étude du droit américain sous les deux volets susmentionnés de l'évolution en la matière, on se demandera à chaque fois si des enseignements utiles pour la Convention de La Haye peuvent être tirés.

a. Les modalités de contrôle du caractère raisonnable de l'accord d'élection de for

223. Lors de la discussion du document de travail N° 9 dont découle la version actuelle de l'article 6 (c) de la Convention de La Haye, la représentante de l'association internationale des marques[127] a soutenu que s'agissant du débat relatif au caractère manifeste de l'injustice, il y a une norme générale aux États-Unis pour ne pas tenir compte de l'accord d'élection de for. Cette norme a trait au caractère clairement injuste ou clairement déraisonnable de l'accord. Référence est faite dans ce contexte à l'affaire *Bremen*[128]. La représentante pense que le terme « manifeste » et « clairement injuste » sont synonymes. Par ailleurs, elle estime qu'une interprétation analogue à celle adoptée dans l'affaire *Bremen* rendra la Convention conforme aux normes qui existent déjà aux États-Unis et dans d'autres États[129].

224. Il importe de souligner que cette analogie avec le test du caractère raisonnable est pertinente dans la mesure où elle semble correspondre au domaine propre de l'exception d'injustice manifeste. Il s'agit de la garantie du droit d'accès effectif à la justice. Aussi convient-il d'analyser le test du caractère raisonnable tel qu'il découle de l'arrêt *The Bremen* **(i)** afin de vérifier son applicabilité dans l'interprétation de l'exception d'injustice manifeste **(ii)**.

i. Le test du caractère raisonnable tel qu'il découle de l'arrêt *The Bremen*

225. Il convient de rappeler que jusqu'à l'arrêt *The Bremen* de la Cour suprême des États-Unis, la position du droit américain à l'égard des accords d'élection de for était très incertaine.

Au départ, les tribunaux des États-Unis avaient systématiquement refusé d'admettre que leur compétence puisse être restreinte ou exclue par un accord des parties. Trois arguments étaient invoqués par les tribunaux pour refuser de tenir compte des accords d'élection de for. D'abord, les parties n'ont pas le droit par un simple accord de « déposséder » une juridiction de sa compétence (to oust a court of jurisdiction). Ensuite, on a fait prévaloir que ces accords

---

[127] J. Sapp, Chairman of The Hague Convention Sub-committee, International Trademark Association, New York, NY, United States of America.

[128] *The Bremen v. Zapata Off-Shore Co*, précité.

[129] Actes et documents de la vingtième session, Tome III, Élection de for, Conférence de La Haye de droit international privé, Intersentia/ Anvers-Oxford-Portland/ 2010, p. 591.

permettraient un regrettable « forum shopping ». Enfin, elles seraient contraires à l'ordre public[130].

Ainsi, jusque vers 1950, l'ensemble de la jurisprudence américaine condamnait les clauses attributives de juridiction, du moins celles qui attribuaient compétence aux juridictions étrangères. En revanche, il était bien admis que la clause attributive de compétence à un tribunal américain constituait une base de compétence parfaitement valable pour la juridiction américaine[131].

Le début de l'évolution dans un sens plus tolérant s'amorça en 1949 lorsque, dans une affaire portée devant la Cour d'appel du second circuit, un juge indiqua que « il ne devait plus y avoir de « tabou » contre les clauses attributives et qu'on ne devait leur refuser effet que lorsqu'elles étaient déraisonnables »[132].

Six ans plus tard, en 1955, la même Cour d'appel du second circuit rendit une décision extrêmement remarquée dans l'affaire *Muller*[133]. Il s'agissait dans cet arrêt comme dans l'arrêt *The Bremen* d'un litige de droit maritime. Le connaissement contenait une clause attributive de juridiction aux tribunaux suédois. La Cour d'appel du second circuit admet la validité de la clause estimant qu'elle n'était pas « déraisonnable ». À cet effet, la Cour relève que le navire était la propriété d'un suédois, qu'il avait été construit en Suède et que tous les membres de l'équipage étaient suédois. Par ailleurs, les juges insistent sur le fait que les règles appliquées par les tribunaux suédois en ce qui concerne les dommages-intérêts aboutiront à un résultat équivalent à celui auquel aurait conduit une procédure devant les tribunaux américains. Particulièrement intéressante est l'affirmation des juges dans cet arrêt qu'en concluant un accord d'élection de for au profit des tribunaux suédois, les parties n'ont pas « dépossédé » la juridiction américaine de sa compétence car, disent les juges, « lorsque cette dernière renvoie un plaideur devant le for qu'il a accepté, elle le fait en exerçant sa compétence pour rendre une décision préliminaire afin de dire que l'accord n'est pas déraisonnable dans les circonstances de l'espèce »[134].

En définitive, dans l'arrêt *Muller*, on trouve une affirmation de principe de la validité des clauses attributives de juridiction avec deux réserves : l'existence d'une prohibition légale (by statute) et le caractère déraisonnable de la clause. Par conséquent, depuis l'arrêt *Muller*, celui qui veut empêcher le

---

[130] M. Reese, « The contractual forum: Situation in the United States », *American Journal of comparative law*, 1964, p. 187 et s.

[131] V. not. Court of Appeal de New York, *Gilbert v. Burnshire*, 225 NY 348, 174 NE 706, 1931.

[132] Judge Hard in *Kremger v. Pennsylvania R.R. Co.* 174 F 2d 556. 1949, cité par H. Gaudemet-Tallon, D. Tallon, note sous Cour suprême des États-Unis, 12 juin 1972, préc, spéc. p. 541.

[133] *Wm. H. Muller & Co., Inc. V. Swedish American Line Ltd.*, 224 F 2d 806 (CA 2 1955).

[134] H. Gaudemet-Tallon, D. Tallon, note sous Cour suprême des États-Unis, 12 juin 1972, préc., p. 541.

jeu de la clause devait prouver que celle-ci a un caractère déraisonnable. Cependant, cette interprétation de l'arrêt - si elle peut être considérée comme l'interprétation dominante- n'est pas la seule, et une autre interprétation a été proposée par la doctrine américaine. Elle consiste à avancer l'idée que la clause attributive de juridiction serait prise en considération seulement si le tribunal choisi apparaissait plus « qualifié » (more convenient) pour connaître de l'affaire. Avec cette seconde interprétation, l'arrêt *Muller* avait une portée pratique moins considérable. Cependant, cette thèse, soutenue par une minorité d'auteurs, était celle accueillie par un grand nombre de tribunaux de district, de sorte que l'incertitude régnait sur le point de savoir quel était le droit positif[135]. À cet égard, trois décisions illustraient de façon très caractéristique cette incertitude.

La première est une décision du tribunal fédéral de district de New York, rendue en 1957[136]. Le litige était né entre une société libérienne et une société hollandaise à propos de la rupture d'un contrat de remorquage. Ce contrat contenait une clause attributive de juridiction aux tribunaux hollandais. La société libérienne assigne la société hollandaise devant la Cour de district de New York. La défenderesse soulève une exception d'incompétence fondée sur la clause attributive de juridiction. La Cour semble se rallier à la solution de l'arrêt *Muller* en déclarant que, depuis cet arrêt, les élections de for sont en principe valables ; mais finalement, sans imposer à la société libérienne, de prouver le caractère déraisonnable de la clause, le tribunal décide qu'en l'espèce la clause ne saurait être exécutée pour diverses raisons propres aux circonstances, et en particulier parce que l'on pourrait craindre que les intérêts de la société libérienne soient moins bien protégés devant les tribunaux hollandais[137]. En dépit de cette nuance, le principe posé par l'arrêt Muller restait affirmé. Or, il n'en est pas de même de la seconde décision, assez célèbre aux États-Unis, dans l'affaire *Carbon Black*[138]. Cette affaire fut jugée en 1958 par la Cour d'appel du 5e circuit qui s'opposa de façon très nette au principe même de l'arrêt *Muller*. Le litige opposait un exportateur américain à une société italienne de transport. Le contrat contenait une clause attributive de juridiction aux tribunaux de Gênes en Italie. L'exportateur américain avait cependant assigné aux États-Unis la société italienne en raison de dommages subis par la marchandise. La Cour d'appel du 5e circuit rejeta l'exception d'incompétence soulevée par la société italienne et déclara que les clauses attributives de juridiction étaient contraires à la « public policy ». Un conflit

---

135 *Ibid.*, p. 541-542.

136 *Chemical Carriers Inc. v. L. Smit and Co Internationale Sleepdienst*, 154 F supp. 886 (1957), Clunet, 1960. 191.

137 Notons que cette société, libérienne au regard du droit de la nationalité, devait, économiquement, aux dires mêmes du tribunal être considérée comme une entreprise américaine.

138 *Carbon Black Export v. The S.S. Monrosa*, 254 F 2d, 297 (5th Circ. 1958).

opposait ainsi très nettement la Cour d'appel du 2e circuit à celle du 5e circuit, que la Cour suprême des États-Unis n'a pu trancher en 1958.

Enfin, en 1967, la Cour d'appel du 2e circuit elle-même sembla revenir quelque peu sur la position adoptée par elle en 1955 dans l'arrêt *Muller*. En effet, dans l'affaire *Indussa Corporation v. SS. Ranborg*[139], elle refusa de tenir compte d'une clause attributive de juridiction au motif qu'une telle clause était incompatible avec le Carriage of Goods by Sea Act de 1936 contenant des dispositions impératives en matière de responsabilité. Sans doute estime la doctrine, la Cour n'était pas totalement incompatible avec l'arrêt *Muller* dans la mesure où celui-ci réservait le cas des clauses interdites par la loi[140].

Dans l'affaire *Bremen* en 1970, la Cour d'appel du 5e circuit avait refusé de tenir compte de la clause attributive de juridiction aux tribunaux anglais[141] en invoquant expressément l'affaire *Carbon Black*[142].

Telle était la physionomie de la jurisprudence américaine à la veille de l'arrêt de la Cour suprême de 1972 dans l'affaire *Bremen*.

226. Pour sa part, la doctrine américaine était dans l'ensemble, à quelques nuances près, favorable à la validité de principe des clauses attributives de juridiction. Cette position de la doctrine se traduisit, d'une façon particulièrement éclatante en 1971, dans la nouvelle section 80 du Restatement (second) puisque ce texte admet la validité de l'accord d'élection de for pourvu « qu'un tel accord ne soit pas inéquitable ou déraisonnable (unless it is unfair or unreasonable) »[143]. Cependant, si l'accord de la doctrine se faisait assez facilement sur le principe de validité, cette dernière se montrait plus hésitante au sujet des exceptions[144].

227. La décision de la Cour suprême dans l'affaire *Bremen*[145] marqua une évolution remarquable dans le régime des accords d'élection de for aux États-Unis. La Cour énonça que la clause attributive de juridiction est a priori valable et doit en principe produire effet à moins qu'elle ne soit déraisonnable.

Une conception assez précise du test du caractère raisonnable semble pouvoir se dégager de cet arrêt. Il importe de mettre en lumière cette conception. Pour ce faire, il y a lieu de rappeler les circonstances de l'affaire avant d'étayer les éléments développés par la Cour pour cerner les contours du caractère raisonnable de l'accord d'élection de for.

228. Dans l'affaire *Bremen*, la société américaine Zapata avait passé un contrat de remorquage avec l'entreprise allemande Unterweser. Il s'agissait

---

[139] Indussa Corporation v. SS. Ranborg, 377 F 2d 200, 1967 ; D.M.F., 1968. 182, note Bonassies.

[140] H. Gaudemet-Tallon, D. Tallon, note sous Cour suprême des États-Unis, 12 juin 1972, préc., p. 542-543.

[141] *Ibid.*, p. 543.

[142] *Carbon Black*, précité.

[143] Restatment Second, conflict of laws, § 80, 1971.

[144] H. Gaudemet-Tallon, D. Tallon, note note sous Cour suprême des États-Unis, 12 juin 1972, préc., p. 543.

[145] *The Bremen v. Zapata Off-Shore Co*, précité.

pour Unterweser de remorquer un appareil de forage de Louisiane en Italie. Le contrat contenait, d'une part, des clauses de non-responsabilité dégageant Unterweser de toute responsabilité en cas de dommage et, d'autre part, une clause attributive de juridiction à la High Court anglaise. Une violente tempête survint dans le golfe de Mexico qui endommagea considérablement le matériel de forage. Zapata ordonna à Unterweser de remorquer d'urgence le matériel jusqu'au port le plus proche qui se trouvait être le port de Tampa, aux États-Unis.

Sur ces faits se greffe une double procédure. D'une part, Zapata, au mépris de la clause attributive de juridiction, assigne Unterweser devant le tribunal fédéral de district de Tampa. Celui-ci refuse de faire jouer la clause et admet sa compétence. Unterweser fait alors appel mais la Cour d'appel du 5e circuit statuant en assemblée plénière confirme le jugement. Unterweser porte alors l'affaire devant la Cour suprême des États-Unis. D'autre part, Unterweser, tout en se défendant aux États-Unis, assigna Zapata devant la High Court de Londres. Cette dernière admet sa compétence fondée sur la clause attributive de juridiction, et lorsque Zapata, à son tour, fait appel, la Court of Appeal anglaise maintint la décision de la High Court[146].

229. Pour comprendre la portée exacte de l'exception du caractère déraisonnable à l'applicabilité de l'accord d'élection de for reconnue par la Cour suprême, il convient de reprendre les arguments des juges des tribunaux inférieurs. En effet, d'après le tribunal de district de Tampa et la Cour d'appel du 5e circuit, Unterweser ne pouvait triompher qu'en prouvant que les tribunaux anglais sont plus qualifiés pour connaître de l'affaire que les tribunaux américains. Ces deux juridictions s'appuyaient sur le précédent de l'arrêt *Carbon Black*. Selon cet arrêt, la clause attributive de juridiction était, par principe et a priori, dénuée de tout effet et le défendeur qui contestait la compétence du tribunal devant lequel il était assigné devait, conformément à la doctrine du *forum non conveniens*, prouver que le for élu était en réalité plus qualifié que le for saisi pour connaître de l'affaire. La Cour de Tampa constata qu'en l'espèce cette preuve était loin d'être faite et la Cour d'appel reprend les arguments de fait déjà développés en première instance, notamment que d'abord, le train de navires n'a jamais quitté la « mare nostrum » du 5e circuit et le dommage s'est produit à proximité du siège de la Cour de district. Ensuite, beaucoup de témoins, à commencer par les membres de l'équipage de Zapata, résident dans cette région. En plus, les tribunaux mettent l'accent sur le fait que rien n'empêche de recueillir par écrit les témoignages de l'équipage du remorqueur Unterweser. Par ailleurs, la préparation du voyage, l'examen des bâtiments et les réparations ont également été effectués dans

146 H. Gaudemet-Tallon, D. Tallon, note sous Cour suprême des États-Unis, 12 juin 1972, préc., p. 539-540.

cette région. Enfin, l'Angleterre n'a aucun lien avec le litige, hormis la clause d'élection de for.

Les deux juridictions hostiles à la clause d'élection de for insistent sur deux éléments de la situation qui semblent avoir eu dans l'esprit des juges un rôle particulièrement déterminant. D'une part, le fait que Zapata était une société de nationalité américaine, d'autre part, les juges relèvent que les tribunaux anglais appliqueront la clause exonératoire de responsabilité alors que cette clause est nulle aux États-Unis car contraire à l'ordre public. Dans ce cadre, la Cour d'appel s'appuyait en particulier sur un précédent américain, l'arrêt *Bisso*, rendu par la Cour suprême en 1955, qui refusait d'appliquer une clause d'élection de for dès lors que celle-ci aboutissait à éluder les règles relatives à la responsabilité considérées comme d'ordre public[147].

230. La Cour suprême des États-Unis dans l'affaire *Bremen* adopta une solution tout à fait opposée à celle des juridictions inférieures. Cette solution renferme deux volets. Tout d'abord, la Cour affirme que la clause attributive de juridiction est présumée applicable et doit en principe produire effet à moins que la partie qui veut échapper à cette clause ne prouve que cette applicabilité serait déraisonnable et injuste ou que la clause n'est pas valable pour des raisons telle que la fraude ou l'abus (overreaching)[148]. Par ailleurs, la Cour ajoute un autre motif indépendant pour ne pas tenir compte de la clause. Il s'agit de la contrariété à une politique publique du tribunal saisi[149].

Il découle de ce premier volet de la solution de la Cour suprême que celle-ci distingue nettement au sein des exceptions à l'applicabilité des accords d'élection de for entre les motifs tenant à la formation de l'accord d'élection de for telle que la fraude et les autres motifs notamment le caractère déraisonnable de l'accord et la contrariété à une politique publique du tribunal saisi. De même qu'elle distingue entre le contrôle du caractère raisonnable et le contrôle de la contrariété de l'accord à une politique publique du tribunal saisi. Ainsi, la Cour admet que comme tout contrat, l'accord d'élection de for peut être remis en cause en contemplant la manière dont il a été conclu sur la base des vices de formation dont il aurait pu être affecté. Il n'en demeure pas moins qu'à supposer que l'accord soit déclaré valable, son applicabilité peut être écartée non seulement pour la contrariété éventuelle à une politique

---

[147] *Bisso v. Inland Waterways Corp.*, 349 US 85, 1955.

[148] *The Bremen v. Zapata Off-Shore Co*, précité., point 15. La Cour affirme que « it seems reasonably clear that the District Court and the Court of Appeals placed the burden on Unterweser to show that London would be a more convenient forum than Tampa. Although the contract expressly resolved that issue. The correct approach would have been to enforce the forum clause specifically unless Zapata could clearly show that enforcement would be unreasonable and unjust, or that the clause was invalid for such reasons as fraud or overreaching… ».

[149] *Ibid.*, La Cour affirme que « contractual choice-of-forum should be held unenforceable if enforcement would contravene a strong public policy of the forum in which suit is brought, whether declared by statute or judicial decision ».

publique du for saisi mais également si sa mise en œuvre serait déraisonnable et injuste.

Le deuxième volet de la solution de la Cour est plus novateur et audacieux. En effet, la Cour suprême énonça que si Zapata veut écarter le jeu de la clause attributive de compétence aux tribunaux anglais, il devra prouver que « le procès devant le for contractuel serait si difficile et si incommode qu'il aboutirait, en pratique, à le priver de son droit d'accès à la justice ». Et la Cour mit l'accent en outre sur le fait que « hormis cela, il n'existe aucun motif pour conclure qu'il serait inéquitable, injuste ou déraisonnable d'obliger cette partie à respecter son engagement »[150]. Par conséquent, en suivant le raisonnement de la Cour, la clause ne sera qualifiée « déraisonnable » que dans le cas où elle aboutirait à une sorte de déni de justice, ce qui sera exceptionnel[151].

Aussi convient-il de s'interroger sur l'applicabilité de ce test dans l'évaluation de l'exception d'injustice manifeste dans le cadre de la Convention de La Haye.

ii. Applicabilité du test du caractère raisonnable dans l'appréciation de l'exception d'injustice manifeste

231. Par les précisions qu'elle a apporté à la notion du « caractère déraisonnable », la Cour suprême des États-Unis exclut toute interprétation large de cette notion. Elle assure de ce fait une efficacité maximale aux accords d'élection de for qui ne doit céder qu'en cas de défaut d'accès effectif à la justice. Ceci coïncide parfaitement avec l'interprétation qui semble devoir être soutenue dans le cadre de la délimitation de l'exception d'injustice manifeste au sein de la Convention de la Haye. En effet, cette interprétation rejoint le caractère exceptionnel, grave et clair de l'injustice à laquelle peut aboutir l'accord et qui fonde la dérogation à l'obligation du dessaisissement du juge non élu.

232. Cette approche de la Cour suprême des États-Unis démontre également une nette distinction entre cette exception à l'applicabilité de l'accord et la doctrine classique du *forum non conveniens* qui prévalait en tant que méthode générale d'appréciation du dessaisissement du juge dans les systèmes de common law. Selon la Cour suprême, en matière d'élection de for, la nécessité de respecter la liberté contractuelle est particulièrement impérative en matière internationale. Partant de ce concept traditionnel de

---

[150] *Ibid.*, point 18. La Cour affirme que « In such circumstances it should be incumbent on the party seeking to escape his contract to show that the trial in the contractual forum will be so gravely difficult and inconvenient that he will for all parctical purposes be deprived of his day in court. Absent that, there is no basis for concluding that it would be unfair, unjust, or unreasonable to hold that party to his bargain ».

[151] H. Gaudemet-Tallon, D. Tallon, note sous Cour suprême des États-Unis, 12 juin 1972, préc., p.546.

liberté contractuelle, pourquoi soustraire délibérément à la volonté des parties le choix d'une juridiction ? En outre, la clause attributive de juridiction apparaîtra souvent comme un élément déterminant du contrat. Par conséquent, refuser d'en tenir compte reviendrait à ruiner toute l'économie du contrat et remettre en cause le principe même de la liberté des conventions, principe aussi bien établi dans les droits de common law que dans les autres systèmes juridiques[152].

Par ailleurs, la Cour suprême, tout en insistant sur la liberté contractuelle, précise que cette liberté n'existe qu'entre parties véritablement libres, c'est-à-dire dont le consentement n'est vicié ni par des manœuvres frauduleuses, ni par des pressions émanant du cocontractant qui se trouverait en position de force. D'ailleurs, la Cour a relevé dans l'affaire en cause que le contrat de remorquage a été passé de façon loyale entre deux parties d'une puissance économique sensiblement égale et aussi informées l'une que l'autre des réalités juridiques internationales. D'où, il est certain que dès que les contractants sont « à armes égales », les élections de for devraient être mises en œuvre sauf risque de déni de justice[153]. Cette approche coïncide avec l'interprétation suggérée de l'exception d'injustice manifeste dans le cadre de la Convention de La Haye.

233. Un élément fondamental de l'analyse du caractère raisonnable de l'accord d'élection de for dans l'approche de la Cour suprême telle qu'elle découle de l'arrêt *The Bremen* a trait à la notion de commodité. La Cour suprême dans l'affaire *Bremen* de même que d'autres sources [154]qui ont admis le test du caractère raisonnable ont consacré l'idée que si un accord exclusif d'élection de for désigne un for qui est suffisamment incommode, l'applicabilité de l'accord sera écartée[155]. Cependant, il est extrêmement difficile d'établir qu'un for étranger est suffisamment incommode pour justifier la non-applicabilité de l'accord exclusif d'élection de for. Un nombre réduit de décisions des tribunaux inférieurs a trouvé que la norme d'incommodité établie par la Cour suprême dans l'arrêt *The Bremen* était remplie. La Cour suprême dans l'affaire *Bremen* a adopté une conception assez rigoureuse de l'incommodité qui fonde le caractère déraisonnable de l'accord. En effet, la Cour met l'accent sur la nécessité d'une démonstration convaincante que le for choisi par les parties est gravement incommode de sorte qu'une non-application de l'accord s'avère justifiée. Le caractère grave de l'incommodité selon la Cour découle de la preuve par la partie qui s'oppose à l'accord qu'un procès dans le for contractuel sera extrêmement difficile et incommode qu'en pratique elle sera privée de son droit de comparaître devant

---

[152] *Ibid.*

[153] *Ibid.*, p. 546-547.

[154] Uniform Law Commissioners' Model Choice of Forum Act, § 3 (2) & 3 (3); Restatement (second) Conflict of Laws § 80 (1971).

[155] G B. Born, P B. Rutledge, *op. cit.*, p. 500

un tribunal pour défendre sa cause, autrement dit, sera privée de son droit d'accès à la justice.

De même la Cour admet qu'un for contractuel ne sera pas gravement incommode au sens qu'elle assigne à ce terme simplement parce que l'équilibre de commodité est nettement en faveur d'un lieu autre que le for élu[156]. La Cour suprême a par ailleurs réitéré cette affirmation susmentionnée dans l'affaire *Carnival Cruise*[157]. Il ne s'agit nullement d'une mise en balance des intérêts privés et également publics pour détecter l'éventuelle caractère plus approprié ou plus commode du for élu par rapport au for saisi selon la théorie du *forum non conveniens*. Au contraire, le for élu est le for approprié sauf en cas d'incommodité grave qui se traduit par un défaut d'accès à la justice que risque d'entraîner dans des cas exceptionnels l'accord des parties sur le for.

234. La doctrine américaine a fait observer qu'une question relative à la détermination de l'incommodité dans le contrôle du caractère déraisonnable, a trait à l'aptitude du plaideur d'obtenir une mesure efficace dans le for contractuel. Or, à la lumière de l'approche adoptée par la Cour suprême dans son arrêt *The Bremen*, il est clair qu'une différence dans les lois substantielles qui peut désavantager le plaideur n'est pas suffisante pour établir le caractère incommode et partant déraisonnable[158]. Il en est de même d'une différence des règles procédurales entre le for saisi et le for élu. En revanche, l'absence de compétence d'attribution dans l'État du for choisi rendra l'accord déraisonnable[159].

235. En outre, dans certains cas exceptionnels, le for contractuel peut être considéré déraisonnable en raison des propriétés de ses tribunaux, notamment si les tribunaux de ce for élu sont partiaux ou corrompus[160].

236. La transposition de ce raisonnement de la Cour suprême dans son appréhension du caractère déraisonnable de l'accord à l'exception d'injustice manifeste dans le cadre de la Convention de La Haye est recommandable.

Plusieurs arguments militent en faveur de cette analogie, d'abord le domaine propre de la Convention de La Haye. Cette dernière règlemente les accords exclusifs d'élection de for en matière internationale, conclus entre professionnels. Il s'agit donc de contractants ayant en principe un pouvoir de négociation égal. L'accord d'élection de for inséré est le fruit d'une négociation en principe libre entre des personnes à armes égales. Ce choix reflète la liberté contractuelle qui leur avait été conférée en matière de compétence. Il ne peut être remis en cause sous réserve de sa conformité à la théorie générale de formation des contrats, qu'en cas d'injustice grave qui se

156 *Ibid.*, p. 505.
157 *Carnival Cruise Lines, Inc. v. Shute*, 499 US. 585 (1991).
158 G B. Born, P B. Rutledge, *op. cit.*, p.500-501.
159 *Ibid.*, p.501
160 *Ibid.*

traduit par un défaut d'accès à la justice de l'une des parties. En outre, le caractère exceptionnel reconnu par les rédacteurs de la Convention à la mise en œuvre de cette exception confirme qu'il s'agit d'une issue de dernier ressort dont les juges ne seraient amenés à admettre que rarement et donc que dans les cas graves où l'accord risque de déboucher sur un défaut d'accès à la justice.

237. Une autre évolution vers le renforcement de l'efficacité des accords d'élection de for a été dessinée par la Cour suprême des États-Unis à travers son arrêt *Atlantic Marine*[161] où cette dernière a opéré un ajustement de la doctrine du *forum non conveniens*.

b. Ajustement de la doctrine du *forum non conveniens* dans l'arrêt *Atlantic Marine*

237-1. L'analyse de l'approche adoptée par la Cour suprême des États-Unis dans l'affaire ***Atlantic Marine*** quant à l'applicabilité de la doctrine classique du *forum non conveniens* en présence d'un accord d'élection d'un for étranger (**i**), permet de dégager des enseignements pour la Convention de La Haye (**ii**).

i. Approche de la Cour suprême dans l'affaire *Atlantic Marine*

238. Dans l'affaire *Atlantic Marine*, la Cour suprême des États-Unis a clarifié certains points sur l'éventuelle applicabilité de la doctrine de *forum non conveniens* aux accords d'élection de for. Certes, l'affaire en cause a trait à une question fédérale où aucune clause attributive de juridiction au profit d'un for étranger n'est en cause, cependant la Cour a apporté des précisions importantes quant aux accords d'élection d'un for étranger, étant donné la similitude des mécanismes d'applicabilité des clauses dans les deux cas. À cet égard, la Cour a affirmé qu'en ce qui concerne les clauses attributives de juridiction au profit d'un for étranger, le mécanisme approprié d'applicabilité de ces clauses est la doctrine du *forum non conveniens*[162].

La Cour a rappelé par ailleurs que dans un cas classique n'impliquant pas un accord d'élection de for, à l'occasion d'une requête de rejet de la demande sur la base du *forum non conveniens*, le tribunal devrait évaluer les facteurs de commodité des parties ainsi que les diverses considérations d'intérêt public. Généralement, le tribunal pondérera ces facteurs et décidera au vu de l'équilibre réalisé si le rejet de la demande servira la commodité des parties et leurs témoins et favorisera l'intérêt de la justice.

---

[161] *Atlantic Marine*, précité.

[162] *Ibid.*, la Cour juge que « The appropriate way to enforce a forum-selection clause pointing to a state or foreign forum is through the doctrine of *forum non conveniens*. Section 1404(a) is merely a codification of the doctrine of *forum non conveniens* for the subset of cases in which the transferee forum is within the federal court system; in such cases Congress has replaced the traditional remedy of outright dismissal with transfer ».

Néanmoins, la Cour précise que ce calcul change lorsque le contrat des parties contient une clause attributive de juridiction qui représente l'accord des parties sur le for le plus approprié. Dans ce cas, la Cour met l'accent sur le fait que l'exécution d'une clause attributive de juridiction valable, négociée par les parties, protège leurs attentes légitimes et favorise les intérêts essentiels du système judiciaire. C'est pourquoi, étant donné que la considération primordiale qui commande le rejet ou le transfert (dans le cadre fédéral) serait de promouvoir « les intérêts de la justice », une clause attributive de juridiction valable devrait prévaloir dans tous les cas sauf les plus exceptionnels[163].

239. En outre, un ajustement ou une modification de l'analyse classique de la doctrine du *forum non conveniens* est requise par la Cour suprême en présence d'une clause attributive de juridiction valable. D'une part, le choix du for par le demandeur ne revêt aucune importance. Au contraire, étant donné qu'il s'agit de la partie qui a violé l'accord d'élection de for, le demandeur supporte la charge de la preuve que le rejet de la demande et donc le renvoi au for élu est injustifié dans le cas d'espèce. D'autre part, dans son évaluation de la requête fondée sur le *forum non conveniens* en présence d'une clause d'élection d'un for étranger, le tribunal ne devrait pas tenir compte des motifs ayant trait aux intérêts privés des parties. En effet, la Cour suprême rappelle que lorsque les parties se sont accordées en vertu d'une clause attributive de juridiction, elles ont par cet accord renoncé au droit de contester le for choisi en se fondant sur des arguments d'incommodité pour elles ou pour leurs témoins ou pour la poursuite de l'instance devant le for élu. Par conséquent, le tribunal doit réputer ces facteurs d'intérêt privé comme penchant complètement en faveur du for élu par les parties. À cet égard, la Cour rappelle sa jurisprudence, notamment dans l'affaire *Bremen* où elle a affirmé que quelle que serait l'incommodité que les parties pourraient subir en étant obligées d'agir devant le for élu, étant donné qu'elles se sont accordées sur le choix de ce for, ces incommodités étaient prévisibles au moment de la conclusion de leur accord.

Il en découle, selon la Cour, qu'un tribunal peut tenir compte uniquement des facteurs d'intérêt public. Il n'en demeure pas moins, comme le précise la Cour suprême, qu'étant donné que ces facteurs s'opposeront rarement à

[163] *Ibid*, la Cour juge que : « In the typical case not involving a forum-selection clause, a district court considering a §1404(a) motion (or a *forum non conveniens* motion) must evaluate both the convenience of the parties and various public-interest considerations. Ordinarily, the district court would weigh the relevant factors and decide whether, on balance, a transfer would serve "the convenience of parties and witnesses" and otherwise promote "the interest of justice". The calculus changes, however, when the parties' contract contains a valid forum-selection clause, which "represents the parties' agreement as to the most proper forum." *Stewart*, 487 U.S., 31, 108 S. Ct. 2239". The enforcement of valid forum-selection clauses, bargained for by the parties, protects their legitimate expectations and furthers vital interests of the justice system … For that reason, a valid forum -selection clause [should be] given controlling weight in all but the most exceptional cases ».

l'applicabilité de l'accord, le résultat pratique est que les clauses attributives de juridiction devraient être mises en œuvre, sauf dans des cas exceptionnels[164].

Cette analyse de la position jurisprudentielle de la Cour suprême dans l'affaire Atlantic Marine permet d'asseoir de tirer des enseignements pour la Convention de La Haye.

ii. Les enseignements pour la Convention de La Haye

240. À la lumière de l'ajustement de la doctrine du *forum non conveniens* opéré par la Cour suprême des États-Unis dans l'affaire *Atlantic Marine*, il faut bien admettre que la jurisprudence américaine prend en considération l'inadéquation de l'analyse classique de la doctrine du *forum non conveniens* et son incompatibilité avec la philosophie qui sous-tend les accords d'élection de for à savoir le respect des engagements contractuels et la réalisation de la sécurité juridique. À cet égard, il est intéressant de relever l'accent mis par la Cour suprême sur la nécessité d'imposer aux parties le respect de leurs obligations contractuelles sauf dans des cas exceptionnels. La Cour suprême a jugé que « *When parties have contracted in advance to litigate disputes in a particular forum, courts should not unnecessarily disrupt the parties' settled expectations. A forum-selection clause, after all, may have figured centrally in the parties' negotiations and may have affected how they set monetary and other contractual terms; it may, in fact, have been a critical factor in their agreement to do business together in the first place. In all but the most unusual cases, therefore, "the interest of justice" is served by holding parties to their bargain*»[165].

On peut donc a priori présager que dans le maniement de l'exception d'injustice manifeste par le juge américain[166], la doctrine du *forum non conveniens* dans sa conception classique ne peut avoir droit de cité. L'ajustement à cette doctrine par la Cour suprême dans son arrêt *Atlantic*

---

[164] *Ibid.*, la Cour affirme que : « …The presence of a valid forum-selection clause requires district courts to adjust their usual § 1404 (a) analysis...
First, the plaintiff's choice of forum merits no weight. Rather, as the party defying the forum-selection clause, the plaintiff bears the burden of establishing that transfer to the forum for which the parties bargained is unwarranted…
Second, a court evaluating a defendant's § 1404(a) motion to transfer based on a forum-selection clause should not consider arguments about the parties' private interests. When parties agree to a forum-selection clause, they waive the right to challenge the preselected forum as inconvenient or less convenient for themselves or their witnesses, or for their pursuit of the litigation. A court accordingly must deem the private-interest factors to weigh entirely in favor of the preselected forum… consequently, a district court may consider arguments about public-interest factors only. Because those factors will rarely defeat a transfer motion, the practical result is that forum-selection clauses should control except in unusual cases». Il y a lieu d'observer que le même ajustement s'applique en présence d'un accord d'élection d'un for étranger.

[165] *Atlantic Marine*, précité.

[166] Dans l'hypothèse de ratification de la convention de La Haye de 2005.

Marine offre un argument supplémentaire au rejet d'une éventuelle mise en œuvre de la doctrine classique du *forum non conveniens* par le juge américain dans l'évaluation de l'exception d'injustice manifeste à l'obligation du dessaisissement du for saisi mais non élu.

241. D'autres motifs militent en faveur de l'exclusion du mécanisme classique de l'exception de *forum non conveniens* dans le cadre de la mise en œuvre de l'exception d'injustice manifeste.

En premier lieu, le concept d'injustice manifeste n'est pas un concept de droit national mais un concept conventionnel. En effet, en dépit de l'absence d'une définition uniforme au sein de la Convention, tant les rédacteurs de la Convention que la doctrine ont mis l'accent sur la nécessité de ne pas se référer aux droits nationaux. Le recours aux droits nationaux risque par ailleurs de nuire à l'uniformité d'application de la Convention en la transformant en une Convention à la carte selon les particularités de chaque système de droit.

En deuxième lieu, bien que la Convention n'ait pas forgé un concept autonome, les rédacteurs de la Convention ont mis l'accent sur le caractère grave et clair que doit revêtir l'injustice pour faire échec à l'obligation de dessaisissement du juge saisi mais non élu. Ces caractères de l'injustice ne peuvent coïncider avec la recherche du for le plus approprié de la théorie du *forum non conveniens*. Ces caractères de l'injustice tendent plutôt à limiter cette exception à l'hypothèse d'assurer un droit d'accès effectif à la justice.

En dernier lieu, certes, les considérations de justice procédurale ne sont pas absentes dans l'exception du *forum non conveniens*, cependant l'analyse à laquelle donne lieu cette exception remettra en cause le choix même opéré par les parties. Or, ce choix, même s'il peut ne pas refléter le for le plus approprié, n'en demeure pas moins le fruit d'un accord des parties qui reste le fondement légitime de cette compétence.

242. L'injustice manifeste ne peut être délimitée qu'en ayant en vue le fait que la compétence résulte d'un accord des parties. Par conséquent, la balance des intérêts privés à laquelle donne lieu le choix opéré, est le fruit de l'accord des parties et ne peut être remise en cause par le biais de l'exception du *forum non conveniens*. On peut, en revanche, faire échec à cet accord s'il débouche sur un résultat manifestement injuste. Ce résultat se traduit par le fait qu'il aboutit dans certains cas à remettre en cause le droit d'accès à la justice du plaideur.

La distinction avec la théorie du *forum non conveniens* se justifie également par le fait que les facteurs conditionnant le dessaisissement du juge dans le cadre de la doctrine du *forum non conveniens* sont assez divers et ne sont pas confinés à des considérations d'équité procédurale. Appliqués à l'appréciation de l'injustice manifeste, ils risquent de réduire à néant la sécurité juridique que procurent de tels accords et à en réduire de même leur l'efficacité.

En effet, la doctrine du *forum non conveniens* n'est pas fondée sur la seule recherche de la commodité procédurale. Les juges anglais soulignent que le terme latin « conveniens » ne doit pas être traduit par « convenient » (commode) mais par « appropriate » (approprié)[167]. Pour déterminer la juridiction la plus appropriée, les facteurs de commodité au sens strict-coûts et délais de chacune des procédures, proximité des preuves, lieu de résidence des témoins et des parties - sont très importants mais ne sont pas les seuls pris en compte. En effet, outre les liens que le juge étranger et le juge du for entretiennent avec le litige en question, la loi applicable au fond du litige est souvent considérée[168].

243. L'appréhension de l'injustice manifeste ne peut se faire dans un objectif de recherche du for le plus approprié. En effet, on peut soutenir que le caractère du for le plus approprié découle déjà en principe de l'accord des parties. Ce for ne peut être évincé que dans des cas exceptionnels qui correspondent à une injustice claire et grave. Celle-ci se vérifie nécessairement an cas où cet accord aboutit à faire obstacle à l'accès effectif à la justice.

244. Il appartient aux juges dans leur mise en œuvre de l'exception d'injustice manifeste de prendre appui sur l'enseignement de la pratique juridique des États, dans la mesure où cela permet, d'une part, de réaliser les objectifs propres de la Convention, qui sont notamment le renforcement de l'efficacité de l'accord d'élection de for, et, d'autre part, de garantir une application cohérente de la Convention en l'absence d'uniformisation des concepts utilisés.

245. Injustice manifeste ou défaut du droit d'accès effectif à la justice, si cette interprétation suggérée trouve un parallèle dans certains systèmes de common law, notamment à travers l'approche de la Cour suprême des États-Unis dans l'arrêt *The Bremen*, elle pourrait également trouver appui dans les systèmes romano-germaniques.

B. Mise en œuvre de l'interprétation suggérée dans les systèmes romano-germaniques

246. Dans les droits de tradition romano-germanique, la rigidité des règles de compétence judiciaire internationale fondée sur l'attachement traditionnellement supérieur de ces droits à la sécurité juridique et qui justifie le caractère obligatoire de principe des accords d'élection de for, n'empêche pas que ces droits admettent la possibilité d'une mise à l'écart de l'accord d'élection de for, notamment en cas d'atteinte au droit d'accès effectif à la justice à laquelle peut aboutir ce dernier.

---

[167] *The Atlantic Star*, précité, p. 475.

[168] L. Usunier, *La régulation de la compétence juridictionnelle en droit international privé*, *op. cit.*, n° 158-159, p. 126-127.

Le droit fondamental d'accès à la justice permet de prendre en compte l'effet choquant auquel peut aboutir la mise en œuvre de la clause d'élection de for. Cet effet se traduit par le risque de déni de justice.

Cette limite raisonnable à la compétence internationale fondée sur l'accord d'élection de for permet de répondre au souci majeur de préservation des droits fondamentaux qui pénètrent la réglementation du droit international privé et plus particulièrement la régulation de la compétence internationale[169]. Mais en même temps, elle traduit le caractère exceptionnel de cette brèche dans l'autonomie juridictionnelle que consacre l'accord d'élection de for. Cette autonomie, présumée juste, ne peut céder qu'en cas d'atteinte à un droit fondamental qu'est le droit d'accès à la justice.

Ce droit a été pris en considération tant dans les réflexions de la doctrine que par les législateurs nationaux.

Ainsi, une partie de la doctrine a prôné un contrôle des effets de l'accord d'élection de for dans le cadre du régime de droit commun français et de droit conventionnel européen. À cet effet, on a relevé que le libéralisme dans le régime des accords d'élection de for tant en droit commun français qu'en droit conventionnel européen s'est traduit par une tendance à un assouplissement des conditions de validité relatives à l'échange des consentements. Ce libéralisme, certes adapté à la vie des affaires, a entrainé un affadissement de l'effectivité du consentement. Or, ceci peut conduire à des abus[170].

Ce risque d'abus peut a priori surprendre lorsqu'il s'agit d'accords conclus entre professionnels. Cependant, on a fait valoir que « si un professionnel est, en principe, à même de défendre ses intérêts, il n'est pas nécessairement en mesure de se protéger efficacement contre un autre professionnel en situation de supériorité »[171]. Il se peut, tout d'abord, qu'un professionnel, en raison par exemple de la petite taille de son entreprise, n'ait pas la pratique des contrats internationaux et soit placé dans le même état d'ignorance qu'un consommateur. Il se peut, ensuite, que le professionnel soit contractuellement placé dans une situation de dépendance économique par rapport à un autre professionnel. Tel est le cas lorsqu'il a pour unique ou principal partenaire un contractant beaucoup plus puissant que lui. En effet, certains contrats du secteur de la production (sous-traitance) et de la distribution (concession, franchise) instaurent des situations inégalitaires au profit de celui qui détient le pouvoir économique. Il en est également ainsi des personnes dont la situation économique se rapproche de celle d'un salarié. La recherche d'une plus grande souplesse de gestion des ressources humaines a fait naître dans certains secteurs une nouvelle organisation du travail fondée sur le partenariat et la pluriactivité. Dans cette perspective, les entreprises ont de plus en plus

---

[169] *Ibid.*, pp. 63-70.

[170] Ph. Guez, *L'élection de for en droit international privé*, Thèse Paris X-Nanterre, 2000, n°566, p.393.

[171] *Ibid.*

recours à des entrepreneurs individuels qui par définition ne bénéficient pas des garanties issues de l'existence d'un contrat de travail alors qu'ils se trouvent dans les faits engagés dans une relation de dépendance. En outre, bon nombre de contrats passés entre les professionnels sont des contrats d'adhésion qui paraissent adaptée à certains besoins de la vie économique. En effet, la rapidité des transactions, le nombre et la répétition de certains contrats impliquent le plus souvent la rédaction de contrats rédigés à l'avance et imposés par un professionnel à son partenaire. Le professionnel qui rédige unilatéralement ses propres conditions générales peut alors être tenté d'abuser de cette situation pour y faire figurer des clauses stipulées à son seul avantage[172]. Pouvant figurer parmi les clauses abusives du contrat, la démarche prônée consiste à déplacer la question de leur éradication du terrain de la validité vers celui des effets. Dans cette perspective, il ne s'agirait pas de renouer avec plus de formalisme, ce qui serait perçu comme une entrave à la passation des contrats internationaux mais de permettre à un professionnel placé dans un état de dépendance ou d'infériorité par rapport à son cocontractant de paralyser l'efficacité d'une clause d'élection de for licite et valable s'il est démontré qu'elle aboutit à le priver de son droit d'accès à la justice. La violation de ce droit, présentée dans l'arrêt *The Bremen*[173] de la Cour suprême des États-Unis comme le moyen d'écarter la clause d'élection de for, n'est selon cette doctrine somme toute que la traduction processuelle de la notion d'abus[174].

En définitive, le recours au droit fondamental d'accès effectif à la justice traduction processuelle de la notion d'abus est préconisé par la doctrine précitée pour tenir compte strictement des effets choquants de la clause d'élection de for afin d'en écarter l'application. Ce droit fondamental est consacré par la Cour européenne des droits de l'Homme à partir de l'article 6 § 1 de la Convention européenne de sauvegarde des droits de l'homme[175]. À cet égard, on a avancé que l'article 6§1 pourrait entraîner l'obligation pour les États de mettre en place un mécanisme de contrôle a posteriori des effets de la clause d'élection de for[176].

Le reproche essentiel quant à l'opportunité de mettre en place un tel mécanisme est d'engendrer une trop grande incertitude dans le régime des clauses d'élection de for. Comment admettre qu'une clause licite et valable puisse néanmoins être écartée ? On a avancé que la validité conférée à la clause vient essentiellement de l'assouplissement considérable de ses conditions de formation, notamment la forme, de sorte que la volonté commune des parties peut sembler moins réelle qu'il n'y paraît. On souligne

---

[172] *Ibid.*, p. 393-394.
[173] *The Bremen v. Zapata Off-Shore Co*, précité.
[174] Ph. Guez, *op. cit.*, n°568, p. 395.
[175] *Ibid.*, n°569, p. 395.
[176] *Ibid.*, n°569, p. 396.

à cet égard que le fait que le contentieux relatif aux clauses d'élection de for soit si abondant n'est pas uniquement dû à des plaideurs de mauvaise foi revenant sur leur parole donnée mais traduit le manque d'adhésion à la clause de la part de la partie à qui elle est « opposée »[177]. Ces considérations justifient selon la doctrine précitée la mise en place d'un contrôle concret des effets juridictionnels de la clause d'élection de for par le juge saisi. Certes, il ne s'en suit pas pour autant que la clause devra être écartée au motif qu'elle a été imposée par l'une des parties et que l'autre ne l'a pas véritablement acceptée ou n'avait pas d'autres choix. Il s'agit uniquement de savoir si cette clause est constitutive d'un abus de la part de celui qui l'impose, en ce sens qu'elle représente un inconvénient exorbitant pour l'autre partie. On a fait valoir que si tel n'est pas le cas, il se pourra qu'une clause soit appliquée dans des hypothèses où bien que considérée comme étant valable, l'on aurait pu douter de la réalité du consentement[178].

247. Du reste, on insiste sur le fait que la notion d'atteinte effective à l'accès à la justice doit être strictement appréhendée par les tribunaux. Il s'agit de déterminer si la saisine des tribunaux de l'État dont les juridictions sont désignées constitue un réel handicap au point que si le juge saisi n'écartait pas la clause, l'accès à la justice du demandeur ne serait qu'illusoire[179].

Il s'agit, en définitive, de faire face au risque de déni de justice auquel peut déboucher l'application de l'accord d'élection de for. À cet égard, il y a déni de justice lorsque le demandeur est dans l'impossibilité de se faire rendre justice à l'étranger. L'absence de tout juge étranger pour connaître du litige constitue alors souvent un chef de compétence internationale des tribunaux du for. Ces derniers, par dérogation aux règles de droit commun, se voient reconnaître une compétence exceptionnelle que l'on qualifie de « compétence de nécessité ».

248. En droit français, ce chef de compétence a principalement été invoqué à l'époque du principe de l'incompétence dans les litiges entre étrangers, par exemple par des époux établis en France mais non admis à domicile et considérés dans leur pays d'origine comme ayant perdu leur domicile[180]. Avec l'extension de la compétence des tribunaux français, la compétence de ces derniers pour parer au risque du déni de justice est rattachée aujourd'hui au principe fondamental du droit d'accès à la justice. En effet, l'invocation croissante du libre accès au juge et du droit à un procès équitable, en particulier selon l'article 6 §1 de la Convention Européenne des droits de l'homme, sont susceptibles de susciter de nouvelles applications au motif que les juridictions

---

[177] *Ibid.*, n°570, p. 396.
[178] *Ibid.*
[179] *Ibid.*
[180] Cass. civ., 30 déc. 1930, *Rev. crit. DIP* 1932, p. 111.

françaises ne doivent pas se rendre complices d'une violation internationale de ces droits[181].

Certes, comme il a été relevé par la doctrine[182], la jurisprudence récente de la Cour européenne contient, à cet égard, des directives contradictoires. En effet, elle reconnaît, d'une part, la liberté des États de définir restrictivement l'accès à leurs tribunaux au titre d'un déni de justice, avec la préoccupation louable d'éviter une « compétence civile universelle » risquant d'interférer dans les affaires intérieures d'un État étranger[183]. Mais, elle leur fait obligation, d'autre part, de recevoir en justice le plaideur justifiant d'un lien caractérisé avec le for, fût-il incompétent, lorsqu'il ne peut obtenir satisfaction à l'étranger[184]. Néanmoins, il en résulte de cette jurisprudence que les restrictions au droit d'accès au for ne peuvent être déraisonnables ou arbitraires face à un déni de justice avéré, et que le refus d'exercer la compétence internationale en ce cas doit être dûment motivé[185].

249. La jurisprudence française[186] a par ailleurs posé deux conditions à l'exercice de cette compétence fondée sur le déni de justice. Le demandeur doit en premier lieu établir qu'aucune juridiction étrangère ne peut être saisie. Il peut s'agir d'une impossibilité de fait[187] comme d'une impossibilité de droit[188]. Mais tel n'est pas le cas lorsque le demandeur verrait sa prétention repoussée pour une raison de fond, à moins que le juge étranger n'ait statué d'une manière contraire à l'ordre public international auquel cas, la décision, insusceptible de reconnaissance en France, caractérise le déni de justice, au sens substantiel du terme, et autorise le renouvellement du procès au for. Il faut en second lieu que le litige présente avec le for saisi un rattachement suffisant pour que l'abstention des tribunaux soit susceptible de susciter un trouble. Cette condition évite notamment de voir les tribunaux nationaux devenir l'objet d'un forum shopping international, mais également de rendre une décision sans conséquence pratique, aurait-elle une portée symbolique[189].

250. Par ailleurs, il y a lieu de mentionner un arrêt récent de la Cour de cassation française[190], certes, en matière d'arbitrage, mais dont les principes

[181] B. Audit, L. d'Avout, n°440, p.378-379.

[182] *Ibid.*

[183] CEDH, 15 mars 2018, req. N°51357/07, Nait-Liman c. Suisse, en appel de CEDH, 21 juin 2016, D. 2017. 1011, obs. H. Gaudemet-Tallon et F. Jault-Seseke.

[184] CEDH, 1er mars 2016, req. N°22302/10, Arlewin c. Suède, *Rev. crit. DIP* 2016.560, note Marchadier.

[185] B. Audit, L. d'Avout, n°440, p.379.

[186] TGI Paris, 1er oct. 1976, D. 77.535, note. A. Huet, *JDI* 1977.879 obs. Kahn.

[187] Guerre civile par exemple.

[188] Absence de règle de compétence applicable dans les pays avec lesquels la situation présente un rattachement.

[189] B. Audit, L. d'Avout, n°440, p. 378-379.

[190] Cass. civ. 1re, 1er févr. 2005, *NIOC*, Rev. arb., 2005. 693, note H. Muir Watt ; *Rev. crit. DIP* 2006.140, note T. cClay; D. 2005. 2727, note S. Hotte; *RTD com.*, 2005. 266, obs. E. Loquin ; Gaz. Pal., 27-28 mai 2005, p. 37, note F.-X. Train.

dégagés pourraient être étendus aux clauses attributives de juridiction au profit d'un juge étatique. La Cour consacre, au nom des exigences du procès équitable, la compétence internationale du juge français sur le fondement d'un déni de justice[191]. En vertu de cet arrêt, le déni de justice recouvre « l'impossibilité pour une partie d'accéder au juge, fût-il arbitral, chargé de statuer sur sa prétention... ». La doctrine a souligné qu'en se plaçant sur le terrain de l'article 6 §1 de la Convention européenne, l'arrêt admet qu'en refusant d'apporter leur concours à la constitution du tribunal arbitral, les juridictions françaises commettraient elles-mêmes un déni de justice. La question était celle de l'imputabilité aux juridictions françaises d'un refus d'accès au juge qui a sa cause directe dans le comportement d'un État étranger. Sur ce point, le problème n'est pas spécifique au déni de justice arbitrale et reste donc distinct de celui, très controversé, de l'applicabilité de l'article 6 § 1 au domaine de l'arbitrage. Il ne s'agissait pas ici de savoir si l'article 6 §1 est applicable devant l'arbitre, mais de déterminer l'effet indirect ou dérivé de ce dernier texte[192]. Certes, une jurisprudence importante de la Cour de Strasbourg a progressivement admis l'hypothèse de la violation indirecte ou dérivée du procès équitable[193]. Une telle situation se présente lorsqu'un État partie prolonge par sa propre action une atteinte au procès équitable, virtuelle ou acquise, commise dans un État étranger qu'il soit partie ou non à la Convention. L'apport de cet arrêt demeure cependant de taille. En admettant qu'un État puisse prolonger un déni de justice initial par un refus d'y apporter un remède, la Cour de cassation, tout en enrichissant la catégorie de la violation indirecte de l'article 6 §1 d'un nouveau cas de figure, consacre cette applicabilité dans le cadre des clauses attributive de compétence.

251. En outre, l'institution formelle du for de nécessité dans certains droits et codifications récentes[194] en tant que règle attributive de compétence, découlant d'un principe général interdisant les dénis de justice, permet de contrôler de manière concrète les effets juridictionnels choquants ou manifestement injustes de l'accord d'élection de for. Cela se traduit par la garantie que la mise en œuvre de la clause d'élection de for ne prive pas le contractant de son droit au juge. Elle découle du principe élémentaire de justice selon lequel toute action doit pouvoir être déférée à une juridiction.

252. La question se pose par ailleurs dans le cadre des textes européens. En effet, la Convention de Bruxelles et les règlements Bruxelles I et Ibis sont

---

[191] Certes de manière surprenante comme le relève la doctrine, cette compétence fondée sur le déni de justice a été reconnue en l'absence de tout rattachement significatif du litige avec la France.

[192] D. Bureau, H. Muir-Watt, p.94.

[193] C.E.D.H., 7 juillet 1989, Req., n°14038/88, *Soeringc/ Royaume-Unis*, Rec., 439, C.E.D.H., 29 juin 1992, Req., n°12747/87, *Drozd et Janousek c/ France et Espagne*, Rec., 745, et C.E.D.H., 20 juillet 2001, Req., n°30882/96, *Pellegrini c/ Italy*, Rec., 44.

[194] Art. 3 de la loi suisse sur le droit international privé du 18 décembre 1987 ; Art. 11 du code belge de droit international privé du 16 juillet 2004 ; Art. 9 litt. b et c du code de procédure civile néerlandais.

muets sur un éventuel cas de compétence internationale fondé sur le risque de déni de justice. Ce silence est en partie explicable, puisque les textes ne s'appliquent que si l'on est en présence d'un facteur « d'intégration » du procès dans l'Union européenne, il ne saurait normalement y avoir de déni de justice[195]. Mais cette affirmation n'est exacte que dans la mesure où le déni de justice est entendu comme une impossibilité de droit de saisir un tribunal d'un État de l'Union européenne. En revanche, puisque le déni de justice doit être compris comme visant aussi l'impossibilité de fait[196] de saisir le tribunal désigné par la Convention ou les règlements, il doit être possible dans ce dernier cas, selon les règles du droit international commun, de saisir un tribunal d'un autre État de l'Union Européenne[197]. En outre, on admet que l'article 47 de la charte des droits fondamentaux qui garantit le droit à un recours effectif devant un tribunal fonde implicitement la compétence reposant sur le risque déni de justice[198].

253. La prise en considération du risque de déni de justice et l'instauration même d'un for de nécessité découlant d'un principe général interdisant les dénis de justice dans plusieurs droits de tradition romano-germanique permettent d'apporter un argument de taille à l'appui d'une délimitation de l'exception d'injustice manifeste à la préservation du droit d'accès à la justice.

Encore faut-il cerner les contours du droit d'accès effectif à la justice en tant que limite à l'applicabilité de l'accord d'élection de for.

§ 2 - Les contours du droit d'accès effectif à la justice

254. La préservation du droit d'accès effectif à la justice à travers l'évitement du risque de déni de justice (**A**) est le critère qui devrait guider le juge dans son appréciation de l'injustice manifeste à laquelle peut aboutir l'accord d'élection de for. Le déni de justice ouvre la voie à une compétence de nécessité, dont l'analyse permet d'appréhender les contours dans le cadre de l'exception d'injustice manifeste (**B**). L'analyse de ces catégories de compétence de nécessité permet entre autres de remettre en cause

[195] H. Gaudemet-Tallon, M.-E. Ancel, n°84.
[196] Par exemple, empêchement dû à un cas de force majeure.
[197] H. Gaudemet-Tallon, M.-E. Ancel, n°84.
[198] *Ibid.*

l'opportunité des exceptions de l'article 6 (d)[199] et (e)[200] de la Convention qui semblent être incluses dans l'hypothèse d'injustice manifeste.

A. L'évitement du risque de déni de justice

255. La prévention du déni de justice pourrait à la fois justifier l'admission de l'exception d'injustice manifeste comme limite à la mise en œuvre de l'accord d'élection de for et permettre de cerner les contours de cette exception. Certes, la Convention ne semble imposer aucune compétence fondée sur le for de nécessité en cas de déni de justice. Mais, étant donné l'admission de l'institution d'une compétence « de nécessité » dans de nombreux ordres juridiques, c'est l'éventualité vers laquelle devrait s'acheminer le juge saisi en dépit de l'accord, dans l'hypothèse de l'injustice manifeste. Dans ce contexte, on peut admettre que le constat par le juge saisi mais non élu de la privation du droit à un procès équitable auquel aboutit l'accord d'élection de for, se résout par un refus de dessaisissement comme le préconise la Convention de La Haye dans un premier temps et dans un deuxième temps en application du droit de l'État du tribunal saisi par une éventuelle compétence fondée sur le déni de justice.

256. Pour qu'un for de nécessité soit offert, qu'il ait un fondement direct ou qu'il soit admis par le biais de la notion de déni de justice, il faut, d'une part, que l'introduction d'une procédure à l'étranger se révèle impossible ou déraisonnable et, d'autre part, il faut que le litige présente un lien suffisant avec l'ordre juridique saisi[201].

257. Le concept d'impossibilité demeure la clef de voûte de l'institution du for de nécessité. Bien que la notion d'impossibilité d'agir en justice semble à première vue facile à cerner, elle a suscité un débat doctrinal. En effet, certains auteurs se sont interrogés sur les relations entre l'impossibilité juridique et l'impossibilité factuelle[202]. D'autres ont estimé que cette question est vaine dans la mesure où l'impossibilité en fait se rapproche de la notion de difficulté insurmontable, également couverte par le for de nécessité. Par conséquent, la distinction suggérée pourrait être pertinente si seule

---

[199] Art. 6 (d) dispose : « Tout tribunal d'un État contractant autre que celui du tribunal élu sursoit à statuer ou se dessaisit lorsqu'il est saisi d'un litige auquel un accord exclusif d'élection de for s'applique, sauf si :
d) pour des motifs exceptionnels hors du contrôle des parties, l'accord ne peut raisonnablement être mis en œuvre ».

[200] Art.6 (e) dispose « Tout tribunal d'un État contractant autre que celui du tribunal élu sursoit à statuer ou se dessaisit lorsqu'il est saisi d'un litige auquel un accord exclusif d'élection de for s'applique, sauf si :
e) le tribunal élu a décidé de ne pas connaitre du litige ».

[201] V. not. V. Rétornaz, B. Volders, « Le for de nécessité : tableau comparatif et évolutif », *Rev. crit. DIP* 2008.225, spéc. p. 229-230.

[202] J P. McEvoy, « Forum necessity in Quebec Private International Law : C.c. Q. art. 3136 », *Revue générale de droit*, 2005, Vol. 35, n°1, p. 61, spéc. n° 64 s.

l'impossibilité d'agir en justice à l'étranger permettait au demandeur de bénéficier du for de nécessité. Vu que ce n'est pas le cas, on a suggéré de se limiter à l'impossibilité juridique[203]. Cette distinction traduit la volonté délibérée de préférer le dégradé au contraste et de les subsumer sous un seul concept, l'impossibilité. « Les deux modalités, légale ou de fait, restent le reflet de l'ancienne dichotomie, mais révèlent d'avantage la parenté entre elles par leur subsomption dans le concept d'impossibilité[204] ».

258. « Le critère d'appréciation de l'impossibilité d'agir a été analysé de manière convergente par les auteurs des différents pays. Ainsi, la doctrine suisse précise que l'impossibilité d'introduire son action à l'étranger doit s'apprécier in concreto. La doctrine néerlandaise aborde différemment le problème et considère que l'appréciation doit se faire de manière nuancée selon qu'on a affaire à un particulier ou à une entreprise, ce qui constitue, somme toute, un cas d'appréciation in concreto[205] ». On a par ailleurs mis l'accent sur le fait que l'impossibilité d'agir, étant entendue comme l'impossibilité légale d'agir, l'examen in concreto de cette dernière présente un certain degré d'abstraction. Il ne s'agira pas de montrer que dans le cas d'espèce un tribunal étranger s'est déclaré incompétent, mais qu'il se déclarera incompétent si le cas lui est soumis. L'examen se fera donc sur la base d'une appréciation des règles juridiques des États en cause[206]. Donc, « le juge saisi d'un litige à titre de for de nécessité devrait se limiter à la haute vraisemblance d'une incompétence du tribunal étranger pour fonder sa propre compétence, avec toute la marge de manœuvre que cela implique[207] ».

259. À l'impossibilité d'agir en justice, on joint la difficulté d'agir à l'étranger. Cette dernière constitue, selon certains auteurs, le prolongement, voire l'assouplissement de la notion d'impossibilité d'agir[208]. Il s'agit du cas où le for de nécessité est donné lors même qu'il ne serait absolument pas impossible d'agir à l'étranger, mais que cela constituerait une difficulté telle qu'elle équivaudrait à un déni de justice assimilable à une impossibilité claire de faire valoir les prétentions à l'étranger. Il est question d'évaluer le coût global, et pas uniquement monétaire, d'un procès à l'étranger par rapport à ce qu'on peut exiger du demandeur. Cette approche se fonde avant tout sur le standard imprécis du demandeur raisonnable. D'où la différence avec la première hypothèse, soit l'impossibilité d'agir où l'élément objectif prédomine, si bien que les ressources du demandeur sont reléguées au second plan. Or, ce n'est plus le cas en ce qui concerne la difficulté d'agir à l'étranger où l'élément subjectif prédomine largement étant donné qu'il faut examiner si

---

[203] V. Rétornaz, B. Volders, « Le for de nécessité », art. préc., p. 230-231.
[204] *Ibid.*, p. 241.
[205] *Ibid.*, p. 233.
[206] *Ibid.*
[207] *Ibid.*, p. 234.
[208] *Ibid.*

l'introduction de l'instance à l'étranger peut être exigée du demandeur et non plus si elle est possible.

260. Appliquée à l'injustice manifeste en tant qu'exception au jeu de l'accord exclusif d'élection de for dans les relations commerciales internationales, la notion de demandeur raisonnable exigerait la prise en considération de la qualité de professionnel des parties contractantes, c'est pour cette raison que les difficultés inhérentes à la personne du demandeur telle que l'hypothèse d'un procès coûteux dans le for élu semblent devoir être écartées car il y a lieu de tenir compte de l'accord des parties sur le for. Autrement dit, en choisissant un for les parties ont pu prendre en considération le coût éventuel du procès, par conséquent, elles ne peuvent par la suite se prévaloir de cet argument pour faire échec à l'accord d'élection de for au nom d'une éventuelle difficulté d'agir. Ceci nous permet d'avancer que les considérations relatives au système judiciaire seules entrent en jeu dans l'appréciation du déni de justice dans le cadre particulier des accords d'élection de for. Le standard du demandeur raisonnable semble sujet à une notion stricte que commande la nature contractuelle du for choisi, d'autant plus qu'il s'agit d'un professionnel.

261. À la lumière du concept d'impossibilité, il importe d'identifier les catégories de for de nécessité qui peuvent trouver leur justification dans le risque de déni de justice.

B. Les catégories de for de nécessité

262. La doctrine distingue entre le for de nécessité intervenant de manière ponctuelle, pour corriger un déni de justice international dont la justification repose avant tout sur les données factuelles, du for de nécessité qui tout en restant occasionnel, est justifié par le manque de compatibilité internationale des ordres juridiques nationaux. La première catégorie est dénommée for de nécessité accidentel (**1**) et la seconde, for de nécessité structurelle (**2**)[209].

1. Le for de nécessité accidentel

263. Cette première catégorie regroupe « toutes les situations où l'éviction des règles de conflit de juridiction ordinaires provient d'une anomalie isolée, née de la rencontre des différents ordres juridiques. Elle trouve sa source dans les données de fait du litige. Il s'agit de tous les cas où, sans qu'il soit possible d'invoquer une quelconque lacune intrinsèque des règles, nationales ou internationales, leur application à un cas d'espèce aboutit toutefois à un déni de justice international[210] ».

264. Parmi les cas légitimant un for de nécessité accidentel, on cite celui de la force majeure internationale, notamment les situations où les troubles

209 *Ibid.*, p. 241.
210 *Ibid.*, p. 242.

politiques sont si grands que le fonctionnement même du pouvoir judiciaire est compromis[211]. Cette situation semble également pouvoir entrer dans les prévisions de l'article 6 (c) visant l'injustice manifeste qui peut découler de l'accord d'élection de for, car, dans ce cas, il sera impossible de saisir le tribunal désigné. Le risque de déni de justice qui peut en résulter est notoire. Cependant, la Convention a réservé à ce cas un alinéa particulier. Il s'agit de l'article 6 (d). L'analyse de cette disposition nous permet de se demander s'il ne s'agit pas d'une redondance. En effet, l'article 6 (d) dispose que « Tout tribunal d'un État contractant autre que celui du tribunal élu sursoit à statuer ou se dessaisit lorsqu'il est saisi d'un litige auquel un accord exclusif d'élection de for s'applique, sauf si : d) pour des motifs exceptionnels hors du contrôle des parties, l'accord ne peut raisonnablement être mis en œuvre… ». Commentant cet alinéa, les rapporteurs de la Convention ont précisé dans leur rapport explicatif que cette exception concerne la situation où pour des motifs exceptionnels hors du contrôle des parties, l'accord ne peut raisonnablement être mis en œuvre. Elle a, selon ces derniers, vocation à s'appliquer aux situations où il ne serait pas possible d'engager une procédure devant le tribunal élu[212]. À cet égard, une impossibilité absolue n'est pas requise, mais la situation doit être exceptionnelle. Les rapporteurs citent notamment comme exemple la situation de guerre dans l'État concerné, pendant laquelle ses tribunaux ne fonctionnent pas. Un autre exemple se présenterait si le tribunal élu cesse d'exister ou change si profondément qu'il ne pouvait plus être considéré comme étant le même tribunal[213].

Certains commentateurs[214] insistent sur le fait que seuls des évènements similaires à la force majeure peuvent donner lieu à l'application de l'article 6 (d). Les rapporteurs de la Convention estiment pour leur part que cette exception pourrait être considérée comme une application du principe de l'impossibilité d'exécution (ou autres semblables) en vertu duquel un contrat est annulé si, du fait d'un changement de circonstances imprévu et fondamental après sa conclusion, il n'est plus possible de l'exécuter[215]. En droit allemand, par exemple, cela pourrait relever, selon les rapporteurs de la Convention, du principe de Wegfall der geschäftsgrundlage ou théorie de la « disparition du fondement contractuel »[216]

---

[211] *Ibid.*, pp. 242-244.

[212] M. Dogauchi, T. C. Hartley, *op. cit.*, n°154.

[213] *Ibid.*

[214] Lors de la conférence IBA à Prague du 25 au 30 septembre 2005.

[215] M. Dogauchi, T. C. Hartley, *op. cit.*, n°154.

[216] Cette théorie a d'abord été consacrée par la jurisprudence allemande pour prendre en compte l'imprévision en matière contractuelle. Le Reichsgericht (le tribunal d'empire) s'est fondé sur « la théorie du fondement contractuel » (Lehre von der geschäftsgrundlage, développée par Paul Oertmann. Il l'a fait pour la première fois dans une affaire où un vendeur avait vendu à un prix usuel un bien immobilier qu'il devait encore acquérir auprès de l'actuel propriétaire, une entreprise en liquidation. Mais la liquidation a pris du temps et comme les prix des biens immobiliers s'étaient

Certains auteurs[217], tout en admettant que cette exception introduit un équivalent à la doctrine de la *frustration*[218], estiment qu'on pourrait s'opposer

---

entre-temps envolés en raison de l'inflation, le vendeur ne voulait plus exécuter le contrat aux conditions initiales. Le Reichsgericht lui a donné raison. Le « fondement contractuel » était la représentation commune des parties, apparue au moment de la conclusion du contrat, que la valeur de la monnaie allait être plus ou moins stable. L'inflation avait fait disparaître ce « fondement contractuel ». Cela ne donnait pas pour autant de manière automatique au vendeur le droit de résoudre le contrat. Ce dernier devait préalablement demander une augmentation du prix à l'acheteur. Les juges allemands ont par la suite examiné dans d'innombrables affaires si un contrat peut être adapté ou anéanti pour cause de « disparition du fondement contractuel » (Wegfall der geschäftsgrundlage). Et depuis la réforme du droit des obligations de 2002, les conditions requises à cet effet sont codifiées au §313, BGB. Cette disposition parle désormais de « trouble du fondement contractuel ». Le § 313, BGB constitue ce que les juristes allemands dénomment une « clause générale », c'est-à-dire une disposition formulée de manière très générale, contenant une série de notions indéterminées qui doivent être concrétisées par la jurisprudence au fil de leur application aux cas d'espèce. Cela vaut notamment pour la définition du « fondement contractuel ». Selon la jurisprudence, la notion renvoie aux « représentations communes des parties apparues (au moment de la conclusion du contrat) (…) concernant l'existence ou la survenance future de certaines circonstances, pour autant que la volonté de contracter des parties repose sur ces représentations ». si par la suite, les représentations qui sont devenues » le fondement contractuel » changent profondément, la partie défavorisée peut demander au juge une adaptation du contrat. Mais si cette adaptation n'est pas possible ou ne peut raisonnablement être exigée d'une partie, il y a un droit à la résolution du contrat, B. Fauvarque-Cosson, D. Galbois-Lehalle, H. Kotz, C. Signat, *Droit européen des contrats*, Sirey, 2019, n°435-436.

217 R. À. Brand, P. M. Herrup, p. 94.

218 Si, après la conclusion du contrat, surviennent des circonstances qui empêchent son exécution par une partie, ou changent de manière considérable cette exécution, ou la rendent plus difficile, cette partie peut, en droit anglais, se prévaloir de la doctrine de la *frustration.* Si la partie invoque la doctrine avec succès, cela signifie qu'avec la survenance de telles circonstances, le contrat est considéré comme étant nul et que tous les remèdes contractuels sont exclus, notamment tout droit d'obtenir des dommages-intérêts pour *breach of contract*. La doctrine de la *frustration* ne s'applique pas seulement quand il y a eu un changement de circonstances rendant l'exécution plus difficile pour le débiteur ou la rendant inutile à ses yeux. Elle s'applique aussi si ces circonstances rendent la prestation impossible. Dans les ordres juridiques continentaux, le débiteur se libère dans de tels cas en prouvant qu'il n'est pas « responsable » de l'empêchement ou, s'il a promis un certain résultat, que l'empêchement constitue un cas de force majeure. En Angleterre, le débiteur doit invoquer la doctrine de la *frustration* même dans le cas où l'exécution lui serait devenue impossible. Certains auteurs ont mêmes soutenus que c'est le cas le plus évident pour faire jouer cette doctrine. La décision *Taylor v. Caldwell* le démontre. En l'espèce, la mise à disposition par le bailleur de la salle de concert louée a été rendue impossible par le fait qu'elle a été accidentellement détruite par le feu après la conclusion du contrat. La demande du preneur tendant à la compensation du dommage subi en raison de l'annulation des concerts a été rejetée, car le contrat a été interprété comme comportant une « clause implicite » selon laquelle les parties doivent être libérées dans le cas où l'exécution devient impossible en raison de la disparition du music-hall sans faute du contractant. La doctrine de la *frustration* s'applique aussi si le créancier, qui s'est fait promettre une chose ou une prestation, affirme qu'à la suite de la survenance de nouvelles circonstances, la livraison de la chose ou l'accomplissement de la prestation n'atteindront plus le but poursuivi et qui souvent était tout à fait connu du débiteur. Cependant, la jurisprudence montre qu'un contrat est rarement nul pour *frustration of purpose*. En effet, il faut pour cela non seulement que le but poursuivi par le créancier grâce à la chose ou la prestation soit connu du débiteur, mais aussi que ce

à l'utilisation de ce terme car il emporte des connotations subjectives. De même refusent-t-ils d'asseoir l'alternative suggérée d'un « test de prévisibilité » car il ouvrirait la voie à une investigation étendue sur ce qui était prévisible ou imprévisible au moment de la conclusion de l'accord. C'est pourquoi ces auteurs avancent que l'expression « ne peut raisonnablement être mis en œuvre » couvre un certain nombre de situations qu'il est impossible de répertorier de manière exhaustive. Ces situations pourraient inclure :

1) une impossibilité juridique : le tribunal choisi n'existe plus, par exemple parce que l'État du tribunal choisi n'existe plus.

2) une impossibilité fonctionnelle : le tribunal choisi existe, mais en raison de la guerre ou d'une catastrophe naturelle, par exemple, l'accès au tribunal n'est pas possible.

3) une transformation fondamentale : un tribunal portant le nom de celui choisi existe et est accessible mais il est devenu complètement différent du tribunal que les parties ont envisagé qu'il résoudrait leurs différends potentiels.

265. À la lumière de ces essais doctrinaux de délimiter cette exception, ne peut-on pas estimer que tous ces cas semblent relever d'un souci de garantir un accès effectif à la justice ? Or, l'évaluation de l'injustice manifeste à la lumière de l'article 6 (c) permet déjà d'inclure ces hypothèses. Dans ce contexte, il y a eu une discussion sur le caractère nécessaire de cette exception. L'argument avancé pour défendre son maintien était que si les situations que cette exception est censée couvrir feraient partie dans certains systèmes juridiques de l'exception d'injustice manifeste et de l'ordre public prévue à l'article 6 (c), ceci ne sera pas le cas dans d'autres. Néanmoins, cette argumentation ne résiste pas à la critique. En effet, la garantie d'un accès effectif à la justice qui sous-tend l'exception de l'injustice manifeste permet d'appréhender dans son domaine les hypothèses de l'article 6 (d). Il faut bien admettre par ailleurs que bien qu'il n'y ait pas de notion autonome de l'injustice manifeste propre à la Convention, il n'en demeure pas moins que le caractère manifeste de l'injustice présuppose une restriction du domaine d'intervention de cette exception qui devrait être circonscrit aux hypothèses d'un risque de déni de justice.

266. À cette hypothèse qui peut ouvrir la voie à un for de nécessité accidentel, il faut ajouter celle où le tribunal élu a déjà décidé de ne pas connaître de l'affaire. En effet, bien que cette éventualité soit prévue par une exception autonome dans l'article 6 (e)[219], il s'agit bien d'une hypothèse qui

---

dernier ait accepté le risque des évènements qui ont pour résultat que le but est *frsutrated*, B. Fauvarque-Cosson, D. Galbois-Lehalle, H. Kotz, C. Signat, *op.cit.*, n°438-439 et n°441.

[219] Art.6 (e) dispose « Tout tribunal d'un État contractant autre que celui du tribunal élu sursoit à statuer ou se dessaisit lorsqu'il est saisi d'un litige auquel un accord exclusif d'élection de for s'applique, sauf si :
e) le tribunal élu a décidé de ne pas connaître du litige ».

semble devoir entrer dans le domaine de l'exception d'injustice manifeste prévue à l'article 6 (c). Certes, une partie de la doctrine, tout en admettant que cette exception chevauche l'exception de l'article 6 (c), avance qu'il y a des points de différence qui justifient qu'on lui réserve une disposition autonome mais elle ne se prononce pas de manière convaincante sur ces différences[220]. Au contraire, l'analyse du fondement de cette exception permet de constater que la politique sous-tendant l'exception de l'article 6 (e) est que les règles de la Convention ne devraient pas fonctionner de telle sorte qu'elles entraînent que le tribunal choisi dans un accord d'élection de for décide de ne pas connaître de l'affaire alors que d'autre part les autres tribunaux des États contractants seraient interdits de connaître de l'affaire. Il s'agit en somme d'éviter le déni de justice. Le rapport explicatif lui-même invoque la prévention du déni de justice comme but ultime[221].

Certes, la disposition de l'article 6 (e) est un peu ambiguë en ce qu'elle utilise selon une partie de la doctrine une expression vague, non juridique, qui relève d'une simple constatation de fait : le tribunal élu « a décidé de ne pas connaître du litige »[222]. Le tribunal saisi en dépit de l'accord n'a pas à vérifier les raisons pour lesquelles le tribunal élu a décidé en ce sens, mais pour donner un effet utile à la Convention, on a fait valoir que l'article 6 (e) doit être lu en conjonction avec l'article 5 (2). Si le tribunal élu a refusé de « connaître du litige », c'est peut-être en raison de la nullité de l'accord d'élection de for ou de toute autre raison, sauf le forum non conveniens[223]. Cependant, la Convention n'organise aucun contrôle des raisons du tribunal élu par le tribunal saisi du litige. À partir du moment où le tribunal élu a d'abord été saisi et a refusé de se déclarer compétent, cette seule constatation factuelle est suffisante pour que le tribunal non élu puisse se saisir du litige[224].

267. Au for de nécessité accidentel, s'ajoute un for de nécessité structurel où il y aurait déni de justice à renvoyer une partie subir une procédure inéquitable.

2. Le for de nécessité structurel

268. Être privé du droit à un procès équitable constitue le prolongement du droit d'accès à la justice. Un for élu où les parties ne pourrait jouir des garanties d'une bonne justice est une injustice manifeste. Obliger le tribunal saisi et non élu à se dessaisir créera certainement une situation de déni de justice. D'ailleurs, plusieurs droits nationaux admettent la deuxième catégorie du for de nécessité, à savoir, le for de nécessité structurel, qui suppose de porter un jugement qualitatif sur le système judiciaire étranger. Dans ce cas,

---

220 R. A. Brand, P. M. Herrup, p.95.
221 M. Dogauchi, T. C. Hartley, *op. cit.*, n°155.
222 C. Kessedjian, « La Convention de La Haye du 30 juin 2005 », art. préc., p. 832-833.
223 En ce sens, *ibid* ; R. A. Brand, P. M. Herrup, p.95.
224 C. Kessedjian, « La Convention de La Haye du 30 juin 2005 », art. préc., p. 833.

il y aurait déni de justice à renvoyer les parties subir une procédure inéquitable. Cette hypothèse est mentionnée dans le message à l'appui du projet du code de droit international privé Belge[225]. Il en est de même dans les travaux préparatoires de la loi néerlandaise de 2001 portant réforme du Code de procédure civile[226]. La jurisprudence néerlandaise va dans cette même direction. Le président du tribunal d'Amsterdam a ainsi accepté de connaître d'un litige en référé à l'instance d'un citoyen britannique d'origine iraquienne qui avait conclu un contrat avec une entreprise koweitienne prévoyant la compétence exclusive des tribunaux koweitiens. Or, après la première guerre du Golfe, on pouvait redouter que les tribunaux koweitiens n'accordent pas un procès équitable à un ex-ressortissant iraquien. Pour arriver à cette conclusion, le juge néerlandais se fondait sur le fait qu'un visa pour le Koweït avait été refusé au demandeur et qu'il existait des rapports d'Amnistie internationale expliquant que des mesures de rétorsion étaient pratiquées par le Koweït à l'encontre des citoyens iraquiens[227].

Dans le même sens, les travaux préparatoires de la loi néerlandaise de 2001 portant réforme du Code de procédure civile mentionnent par ailleurs le risque d'un traitement discriminatoire devant un tribunal étranger à cause du sexe du demandeur, de sa religion, de sa race, ou encore, de sa conviction politique[228].

269. Certes, la vérification de la garantie d'un procès équitable devant le juge élu fait bien partie du contrôle de l'injustice manifeste, mais cette vérification suscite des difficultés.

Il est évident que certaines règles procédurales ou certains comportements des magistrats peuvent être considérés comme étant clairement contraires au droit des parties à un procès équitable. C'est le cas dans l'exemple jurisprudentiel précité, de même dans le cas de corruption ou de partialité des juges. Dans ce contexte, la jurisprudence américaine dans sa mise en œuvre du contrôle du caractère raisonnable de l'accord d'élection de for a admis qu'un accord d'élection d'un for partial ou corrompu ne serait pas exécuté[229]. Cette règle a été fréquemment invoquée dans les litiges durant les années 1980, impliquant des entités iraniennes[230]. Néanmoins, la doctrine fait

---

[225] Proposition de loi portant sur le code de droit international privé, Rapport fait au nom de la commission de la justice par Mme. Nyssens et M. Willems, Doc. Sénat 2003-2004, n°3-27/7, p. 31.
[226] Mémoire van Toelichting, T.K. 1999-2000, 26 855, n°3, p. 41, cité par Rétornaz, B. Volders, « Le for de nécessité », art. préc., note de bas de page n°92, p.250.
[227] Ktg. Amsterdam, 5 janvier 1996, N.I.P.R. 1996. 223 à 224, n°145, cité par Rétornaz, B. Volders, « Le for de nécessité », art. préc., note de bas de page n°93, p.250.
[228] Rétornaz, B. Volders, « Le for de nécessité », art. préc., p. 250-251.
[229] G B. Born, P B. Rutledge, *op. cit.*, p. 507.
[230] McDonnel Douglas Corp. v. Islamic Republic of Iran, 758 F. 2d 341 (8e Cir. 1985) (le système judiciaire Iranien jugé inapproprié « inadequate ») ; Harris Corp. v. National Iranian Radio & Television, 691 F. 2d 1344, 1357 (11e Cir. 1982) (l'accès effectif aux tribunaux Iranien est peu probable) ; Rasoulzadeh v. Associated Press, 574 F. Supp. 854,861 (S.D.N.Y. 1983), aff'd, 767 F. 2d 908 (2e Cir. 1985) (les tribunaux administrés par « Mullahs » iraniens sont considérés comme inappropriés).

observer qu'en dehors du contexte iranien, les tribunaux des États-Unis se sont rarement fondés sur la partialité ou la corruption d'un for étranger pour refuser de produire effet à l'accord d'élection de for. Dans la majorité des cas, particulièrement ceux impliquant des systèmes juridiques développés, les tribunaux des États-Unis avaient en fait refusé les revendications de non-applicabilité d'un accord d'élection de for en raison de la partialité des juges en cause[231]. Ceci a été le cas même dans une affaire où la partie étrangère était membre d'une élite politique dominante[232]. Il n'en demeure pas moins que ce fondement à l'inapplicabilité de l'accord est admis. On peut certes se poser la question : pourquoi une partie qui a consenti à l'élection d'un for qu'elle pourrait présager être un for injuste ne devrait pas être tenu à son engagement en l'absence d'une fraude, d'une contrainte ou d'un autre motif d'invalidation de l'accord ? En effet, certains tribunaux ne peuvent vraiment être décrits comme étant neutres, ou impartiaux ni comme des corps judiciaires réguliers. Parfois, l'opposé est également vrai. N'est-il pas fondamentalement injuste pour une partie d'être forcée à plaider devant de tels tribunaux même si elle en avait consenti. Qu'il s'agisse des pays de tradition romano-germaniques ou des pays du common law, il semble que les considérations tirées de l'exigence d'un procès équitable, consacrées dans plusieurs sources nationales et conventions internationales, militent en faveur d'une réponse positive. Certes, il faut admettre qu'un pouvoir d'appréciation assez large est reconnu au juge dans la mise en œuvre de cette question.

D'autres hypothèses sont plus litigieuses et invitent à la prudence. À titre d'exemple, s'il ne fait pas l'ombre d'un doute qu'un procès ruineux devant le for élu ne saurait être équitable, il y a un pas supplémentaire à affirmer qu'une juridiction étrangère désignée par les parties, crainte pour ses frais de procédure élevés puisse être évitée par le recours à la notion d'injustice manifeste. En effet, étant donné que la clause d'élection de for est le fruit d'une rencontre de volonté, la prévisibilité d'un procès couteux aurait pu être prise en considération lors de l'acceptation de la clause. Par conséquent, on ne voit pas pourquoi les parties n'auraient pas eu conscience du danger. D'autant plus que le fait de déplacer le for pour des raisons de coût risque souvent de n'être avantageux que pour une seule des parties. Dans ce cas, il faut admettre que la partie mécontente du for choisi aurait dû refuser simplement ce choix au moment de la conclusion de l'accord.

Il nous semble que la mise à l'écart de l'accord d'élection de for sur la base d'une injustice procédurale ne doit pas être admise simplement parce que les juridictions étrangères élues fonctionnent différemment des juridictions

---

[231] Hamakua Sugar Co. Inc. v. Fiji Sugar Corp. Ltd., 778 F. Supp. 503 (D. Haw. 1991)

[232] Forsythe v. Saudi Arabian Airlines Corp., 885 F. 2d 285, 287-288 n. 2 (5e Cir. 1989) ; Weidner Communications Inc. v. Al Faical, 671 F. Supp. 531 (N. D. III. 1987) (« No showing here that the fact of defendants' association with the Saudi royal family will cause Saudi Courts to treat the plaintiff unfairly »).

nationales. Ce n'est qu'au terme d'une approche empreinte des plus grandes précautions et après avoir examiné dans les détails le fonctionnement d'une juridiction étrangère qu'on pourrait admettre la mise à l'écart de l'accord pour défaut de garantie d'un procès équitable et donc pour une injustice manifeste.

270. En définitive, l'exception d'injustice manifeste en tant que limite à l'efficacité de l'accord d'élection de for doit être maniée avec prudence par les tribunaux saisis en dépit de l'accord. Il s'agit d'une intervention qui doit d'abord être circonscrite au niveau procédural car la question se pose lors de la première phase du procès, la phase de l'appréciation de la compétence juridictionnelle.

Par ailleurs, l'autonomie juridictionnelle prônée à travers le libre choix du for compétent ne peut être restreinte que dans des limites raisonnables que dictent d'ailleurs l'exigence du caractère manifeste de l'injustice. Un essai de délimitation du domaine d'intervention de cette notion, nous a permis d'établir le lien entre cette notion et le déni de justice. Tel semble être le domaine réel de l'exception. Il s'agit de la prévention du déni de justice.

Il appartient donc aux juges nationaux de développer une lecture de l'exception d'injustice manifeste qui soit conforme à l'objectif d'assurer une meilleure efficacité des accords d'élection de for, une efficacité, qui du reste, ne peut céder dans ce cadre que face au risque de déni de justice.

271. Outre l'injustice manifeste, la Convention prévoit un contrôle de l'accord exclusif d'élection de for à l'aune de l'ordre public du tribunal saisi en dépit de l'accord.

CHAPITRE II :

Le contrôle de la contrariété manifeste à l'ordre public du tribunal saisi en dépit de l'accord

272. L'article 6 (c) de la Convention de La Haye dispose dans sa seconde branche que « Tout tribunal d'un État contractant autre que celui du tribunal élu sursoit à statuer ou se dessaisit lorsqu'il est saisi d'un litige auquel un accord exclusif d'élection de for s'applique, sauf si : c) donner effet à l'accord… serait manifestement contraire à l'ordre public de l'État du tribunal saisi ».

À travers cette disposition, la Convention instaure une limite à l'efficacité de l'accord exclusif d'élection de for à l'aune de l'ordre public du tribunal saisi en dépit de l'accord. Cette limite suscite, d'une part, une interrogation sur l'acception de l'ordre public retenue par la disposition (**Section I**). Elle invite, d'autre part, à cerner les difficultés de sa mise en œuvre (**Section II**).

SECTION I : L'acception de l'ordre public en tant que limite à l'efficacité de l'accord exclusif d'élection de for

273. Deux précisions sont apportées par les rapporteurs de la Convention à l'article 6 (c) dans sa branche relative au contrôle de l'ordre public. D'une part, dans leur rapport explicatif à l'avant-projet de Convention sur les accords exclusifs d'élection de for, MM. Hartley et Dogauchi ont affirmé que la disposition recouvrira « des situations où le tribunal élu n'appliquerait pas une règle ou un principe considéré dans l'État du tribunal saisi comme faisant manifestement partie de son ordre public fondamental »[1]. D'autre part, il est indiqué que l'expression « manifestement contraire à l'ordre public de l'État

[1] M. Dogauchi, T. C. Hartley, « Avant-projet de Convention sur les accords exclusifs d'élection de for - Rapport explicatif », Document préliminaire N° 25 de mars 2004, Site Internet de la conférence de La Haye de droit international privé, www.hcch.net, n°97.

du tribunal saisi » vise les normes ou principes fondamentaux de cet État[2]. Par ailleurs, l'ordre public dont il s'agit ici est, précise-t-on, l'ordre public international de l'État en cause[3].

En dépit de ces précisions, le recours à l'ordre public international soulève des interrogations. En effet, ainsi qu'il découle du texte lui-même, la Convention paraît a priori confronter l'accord aux règles fondamentales de l'ordre juridique du for saisi en dépit de l'accord. Cette confrontation, à première vue, semble étrange dans la théorie classique de l'ordre public international de droit international privé (§**1**). Ceci nous mène à s'interroger sur d'autres acceptions possibles de l'ordre public (§**2**). Cette recherche nous permettra d'asseoir l'idée qu'au fond, le contrôle instauré par l'article 6 (c) semble s'identifier au respect d'une efficacité raisonnable des normes internationalement impératives du for saisi (§ **3**).

§ 1 - Inadaptation du mécanisme de l'exception d'ordre public international

274. La contrariété de l'accord d'élection de for à l'ordre public du for saisi ne coïncide certainement pas avec le mécanisme d'intervention classique de l'ordre public en droit international privé.

À cet égard, il y a lieu de rappeler que l'exception d'ordre public international intervient dans le contexte de l'insertion de la norme étrangère[4] dans l'ordre juridique du for. En effet, « l'ordre public est invoqué dans la théorie générale des conflits de lois comme cause d'éviction d'une loi étrangère reconnue applicable »[5]. Il intervient dans une étape ultime et nécessaire de l'application de la règle de conflit lorsque celle-ci désigne une loi étrangère. « Le contenu de cette loi, dont on ne se préoccupait pas jusqu'à ce stade en vertu de la « neutralité » de la règle de conflit, est alors considéré afin de s'assurer que son application ne va pas perturber l'ordre juridique du for. L'ordre public ainsi envisagé est une notion fonctionnelle, permettant de sauvegarder l'harmonie de l'ordre interne menacée par l'application d'une loi étrangère par trop éloignée des conceptions locales »[6]. « Il constitue de ce fait en matière de conflits de lois une clause d'exception générale assortissant implicitement les différentes règles de conflit. L'idée qui l'inspire s'est manifestée à tous les stades de l'histoire des conflits de lois. Elle était expressément formulée chez Savigny. Elle se justifie par le fait que la règle de conflit bilatérale constitue, selon l'expression d'un autre auteur allemand, un

[2] M. Dogauchi, T. C. Hartley, *op. cit.*, n°153.
[3] *Ibid.*, note de bas de page n°192.
[4] Qu'il s'agisse d'un droit étranger ou d'une décision étrangère.
[5] B. Audit, L. d'Avout, n°385, p. 331.
[6] *Ibid.*, n°388, p. 333.

« saut dans l'inconnu »[7] ; contre les surprises que peut révéler la loi étrangère qu'elle désigne dans un cas donné, il convient de se prémunir »[8].

Pour rendre compte de ce mécanisme d'éviction, on utilise sur le plan de la terminologie l'expression de « l'exception d'ordre public au sens du droit international privé », ou « exception d'ordre public international ».

En définitive, il s'agit d'un instrument entre les mains du juge pour évincer les dispositions du droit étranger compétent, dont le contenu contredit des valeurs essentielles de l'ordre juridique du for[9]. Dans ce cadre, le juge procède à une confrontation de la loi étrangère ainsi que des circonstances concrètes de son application à la situation litigieuse avec les exigences de son ordre public international.

275. Quant au contenu de l'ordre public international à la lumière duquel est apprécié la conformité de la norme étrangère à ce dernier, « il paraît tout d'abord assez évident que l'on n'évincera pas une loi étrangère au seul motif qu'elle différerait de la lex fori. Encore faudra-t-il qu'elle apparaisse radicalement incompatible avec des conceptions fondamentales du for. À défaut, c'est le principe même de l'application de la loi étrangère et au-delà de la méthode conflictuelle qui serait remis en cause. Ensuite, ce n'est pas parce qu'une disposition en vigueur dans l'ordre juridique du for est d'ordre public au sens du droit interne que dans son domaine toute loi étrangère devra être évincée. C'est ainsi par exemple que les dispositions relatives à l'état et à la capacité des personnes sont presque toujours d'ordre public interne, au sens où les individus ne peuvent y déroger par convention, alors qu'en droit international privé, le rattachement du statut personnel à la loi nationale aura souvent pour conséquence l'application d'une loi étrangère. Le caractère d'ordre public interne d'une loi ne s'oppose donc pas - en tant que tel- à l'application d'une loi étrangère. En revanche, on voit mal comment, dans un domaine où les lois du for ne sont pas d'ordre public interne, la loi étrangère pourrait être écartée au nom de l'ordre public international »[10].

En revanche, comme en droit interne, il est impossible de donner une définition précise de la notion d'ordre public international. On la présente comme un ensemble de valeurs intangibles et supérieures, qui mêle des intérêts généraux (ou public), comme des intérêts politiques, moraux, économiques et sociaux. Les normes qui consacrent de telles valeurs ont des origines diverses. La Cour de cassation française, à titre d'exemple, les regroupe aujourd'hui au sein des « principes essentiels du droit français »[11].

---

[7] Il s'agit de Raape.

[8] B. Audit, L. d'Avout, n°386, p. 331.

[9] M-L. Niboyet, G de G. De la Pradelle, n°381, p. 285.

[10] D. Bureau, H. Muir-Watt, n°464, p. 548-549.

[11] V. ainsi : Cass. civ.1 re, 8 juillet 2010, *Rev. crit. DIP* 2010. 747, note P. Hammje. ; *JDI* 2011. 119, note S. Bollée. Cass. civ. 1re, 4 nov. 2010, n° 09-15302. Cass. civ. 1re, 6 avril 2011 (2 arrêts), *Rev. crit. DIP* 2011. 722, note P. Hammje.

Elles peuvent avoir une source législative, jurisprudentielle, constitutionnelle ou internationale. Par ailleurs, « la notion intègre aussi, et de plus en plus avec l'essor des droits fondamentaux, des valeurs protectrices des individus et de leurs libertés contre les atteintes que pourrait leur porter l'État, ou bien d'autres individus »[12].

« En droit international privé, l'on distingue les valeurs d'ordre public constitutives des soubassements de l'ordre juridique du for, le noyau dur de l'ordre public international, des valeurs plus contingentes exprimées dans les politiques juridiques impératives du for. Les lois étrangères qui heurtent les valeurs du noyau dur sont écartées parce qu'elles produisent des effets jugés intolérables. Celles qui contredisent des politiques impératives du for le sont parce que leur application dans l'État du for serait de nature à mettre en péril la cohésion de la société du for, par suite d'une distorsion difficilement acceptable entre les situations internes, objet de ces politiques, et les situations internationales »[13].

Ainsi conçu, l'ordre public international englobe d'une part des principes fondamentaux, « expression de la morale et de la justice objective », assez universellement partagés et conduisant par exemple au rejet d'une loi étrangère qui priverait un individu de ses droits pour une raison raciale. C'est de ce premier cercle que peut être rapproché le célèbre arrêt *Lautour*, évoquant des « principes de justice universelle considérés dans l'opinion française comme doués de valeur internationale absolue »[14]. « Ces principes fondamentaux trouvent aujourd'hui leur expression au sein de la catégorie des droits fondamentaux - tels que déclinés notamment par la Convention européenne des droits de l'homme ou par la charte de l'Union européenne dans la mise en œuvre du droit dérivé- dont l'influence croissante est désormais[15] d'une singulière actualité, en droit international privé comme ailleurs ». D'autre part, « l'ordre public recouvre les fondements politiques ou sociaux de la civilisation de l'État du for[16] qui conduiraient à refuser par exemple pour l'ordre public français l'application d'une loi étrangère admettant la polygamie ; ou même simplement une certaine politique législative exprimée par la loi du for, qui pouvait naguère dans l'exemple du droit français, conduire à refuser l'application de lois étrangères admettant le divorce par consentement mutuel avant la réforme de la matière en 1975. Il s'agit ici toujours des valeurs estimées essentielles par l'ordre juridique du for, y compris au regard de ses engagements internationaux, qu'il s'agit de protéger : valeurs partagées ou non par d'autres États, fondatrices de la société du for ou justifiant à tout le moins certains choix législatifs, de nature

---

[12] M-L. Niboyet, G de G. De la Pradelle, n°383, p. 286.

[13] *Ibid.*

[14] Cass. civ., 25 mai 1948, *Rev. crit. DIP*, 1949. 89, note H. Batiffol.

[15] D. Bureau, H. Muir-Watt, n°465-466, p. 549-550.

[16] Dans l'exemple de l'ordre public français, la civilisation française.

substantielle ou procédurale. À ce titre, l'ordre public trace le seuil de tolérance de l'ordre juridique du for à l'égard des institutions qui lui sont substantiellement étrangères »[17].

276. Le mécanisme ci-dessus décrit n'intervient pas seulement afin de contrôler le droit étranger désigné par la règle de conflit. En effet, la norme étrangère peut également prendre la forme d'une décision judiciaire. Par conséquent, « ce mécanisme trouve son pendant dans le domaine des conflits de juridictions, sous la forme d'une exception d'ordre public qui fait barrage à la reconnaissance des jugements étrangers »[18]. À cet égard, il y a lieu d'observer qu'en dépit de la mondialisation, la bienveillance face aux jugements étrangers ne peut aller jusqu'à l'accueil de décisions qui mettraient à mal les fondements de la société du for. « La réception des jugements étrangers doit buter sur les mêmes limites-fondées sur les valeurs intangibles du for-que l'ouverture aux lois étrangères. C'est le garde-fou indispensable contre l'importation de solutions exogènes susceptibles de porter atteinte à la cohésion de la société du for »[19].

« L'exception d'ordre public international opposée à la reconnaissance des jugements étrangers est aussi un rempart contre les injustices processuelles qui seraient commises à l'étranger. La présomption d'équivalence entre les justices étrangères et la justice du for ne saurait en effet être posée de manière irréfragable, sans méconnaître le fait qu'il existe encore dans de nombreux pays des juges dont l'impartialité est douteuse, et devant lesquels le droit au procès équitable présente un caractère très embryonnaire »[20].

Ainsi, l'exception d'ordre public en matière d'effets des jugements couvre autant les aspects processuels que les éléments de fond du litige. L'ordre public international y a une double composante, l'ordre public procédural et l'ordre public substantiel[21].

277. La confrontation de l'accord d'élection de for à l'ordre public international du for saisi révèle son caractère impraticable. Il s'agit plutôt d'une confrontation du résultat de l'accord sur le plan du droit applicable au litige. En effet, d'une part, la lettre même de la disposition envisage la contrariété de l'accord non en tant que manifestation de volonté mais dans ses effets. Or, outre le fait de proroger la compétence du for désigné, l'accord d'élection de for emporte en lui - même des conséquences sur la compétence législative. Le juge désigné appliquera certainement ses règles de droit international privé en vue de la détermination de la loi applicable. Par conséquent, la prorogation porte en elle l'élection des règles de conflit du for élu et indirectement, le choix de la loi matérielle désignée par celles-ci. Tant

[17] D. Bureau, H. Muir-Watt, n°465-466, p. 549-550.
[18] M-L. Niboyet, G de G. De la Pradelle, n°381, p. 285.
[19] *Ibid.*, n°806, p. 550.
[20] *Ibid.*
[21] *Ibid*

que cette loi coïncide avec celle qu'appliquerait le tribunal exclu, l'opération est irréprochable. Néanmoins, les choses peuvent se compliquer lorsque le for choisi s'éloigne du droit qu'eût mis en œuvre le tribunal normalement compétent en l'absence de l'accord[22].

Dans la mesure où les normes évincées ne sont pas internationalement impératives, le procédé ne saurait soulever d'objections. Si l'on admet l'élection expresse d'un droit, il n'y a pas de raison de refuser l'élection indirecte qu'implique la prorogation[23]. En revanche, la question revêt une importance particulière lorsque la modification législative qu'opère l'accord d'élection de for aura une incidence sur l'applicabilité des normes internationalement impératives du for à la compétence duquel l'accord déroge. Dans ce cas, que doit faire le juge exclu saisi malgré l'élection de juridiction ?

C'est en réponse à cette interrogation que la Convention de La Haye dans son article 6 (c) autorise le juge exclu à se défaire de son obligation de sursoir à statuer ou de se dessaisir en soulevant la contrariété de cette modification législative qu'opère la mise en œuvre de l'accord d'élection de for à l'ordre public international de ce for exclu.

278. Le recours à l'ordre public international dans sa fonction classique en tant que mécanisme d'éviction de la loi étrangère est pour le moins étonnant, voir même impraticable.

Étonnant, d'abord, car à supposer même que la confrontation s'opère par rapport à la loi applicable par le juge désigné, cette confrontation débouche non sur l'application de la loi du for mais sur la mise à l'écart de l'efficacité de l'accord dans sa fonction d'attribution de compétence exclusive au tribunal élu. Désormais le tribunal exclu pourra connaître du litige au même titre que le tribunal élu.

Impraticable, ensuite, car la tentation d'étendre l'ordre public international dans sa fonction classique d'éviction à la compétence judiciaire en présence d'un accord d'élection de for aboutirait à un « dépeçage » fâcheux de la compétence judiciaire. Dans cette perspective, on peut rappeler la thèse soutenue naguère par Niboyet, dans le cadre de son étude de l'influence respective des compétences juridictionnelle et législative. L'auteur affirmait que les tribunaux français[24] devaient retenir leur compétence internationale chaque fois que l'ordre public international français conduisait à évincer l'application d'une loi étrangère et à lui substituer la loi française[25]. Selon Niboyet, seul le juge français pouvait être le gardien des principes d'ordre

---

[22] G. Kaufmann-Kohler, *La clause d'élection de for dans les contrats internationaux*, Helbing & Lichtenhahn, 1980, p. 208.
[23] *Ibid.*
[24] Raisonnant par rapport au droit français.
[25] J-P. Niboyet, *Traité de droit international privé français*, T. VI, Librairie du Recueil Sirey, 1949, n° 1718 et 1837.

public international du for. Mais la jurisprudence n'avait jamais consacré un tel point de vue[26]. Par ailleurs, cette position fût condamnée par la majorité de la doctrine qui en souligna le caractère impraticable lorsque la loi étrangère n'était que partiellement contraire à l'ordre public. Dans ce cas, l'ordre public international pris dans sa fonction classique d'éviction aboutirait à un « dépeçage » absurde de la compétence judiciaire, les tribunaux français n'étant compétents que dans la mesure où la loi française serait substituée à la loi étrangère[27].

Les inconvénients de cette proposition formulée jadis par Niboyet confirment l'inadéquation de la fonction classique de l'ordre public international dans le cadre de la mise en œuvre des dispositions de l'article 6 (c) de la Convention.

279. Il n'en demeure pas moins qu'un constat se dégage de l'examen de la doctrine[28] et de la jurisprudence des États. En effet, la fonction d'éviction n'est pas la seule fonction attribuée à l'ordre public international. L'idée d'un ordre public « positif » de rattachement existe également[29].

§ 2 - Autres acceptions possibles de l'ordre public international : un ordre public « positif » de rattachement

280. Une fonction positive est assignée à l'ordre public. Dans certaines hypothèses, les juges se servent de l'exception d'ordre public avant même d'avoir identifié les dispositions du droit étranger susceptibles de venir heurter les valeurs du for. L'application des règles du for est alors déclenchée immédiatement, sans passer par le détour de la méthode conflictuelle. On peut y voir une économie du raisonnement, revenant à ériger les valeurs du for en lois d'application immédiate. La doctrine manifeste à cet égard ses réserves quant au recours à la notion d'ordre public dans ce cadre car cette démarche brouille la distinction entre ordre public et lois de police. Il n'en reste pas moins que les lois de police traduisent cette fonction positive de l'ordre public. Cette conception d'un ordre public positif ou de rattachement s'est développée et a même reçu une consécration jurisprudentielle. Cependant, cette modalité d'intervention de l'ordre public a soulevé un débat ardent quant à l'attraction de cet ordre public au fond sur la compétence juridictionnelle internationale[30].

---

[26] Ph. Guez, *L'élection de for en droit international privé*, *op.cit.*, n°239, p.171.

[27] A. Huet, J-Cl. Droit international, Fasc. 581-21, n°6 ; A. Sinay-Cytermann, *L'ordre public en matière de compétence judiciaire internationale*, Thèse Strasbourg, 1980, n° 194, p. 376-377.

[28] A. Chapelle, *Les fonctions de l'ordre public en droit international privé*, Thèse Paris II, 1979.

[29] V. not. B. Audit, L. d'Avout, n° 387, p. 333 ; M-L. Niboyet, G de G. De la Pradelle, n°289, p. 214.

[30] A. Sinay-Cytermann, Thèse préc., n° 169-220, pp. 339-421.

Un débat que la jurisprudence française a semblé clore[31] mais que la Convention de La Haye semble rouvrir à travers le recours à la notion d'ordre public international dans l'appréciation de la mise en œuvre des effets de l'accord d'élection de for. Cette confrontation permettra de faire échec à la mise en œuvre de l'effet dérogatoire de l'accord d'élection de for. Elle autorisera le cas échéant le tribunal exclu à se saisir de l'affaire en dépit de l'accord d'élection de for.

281. Il importe dans un premier temps d'analyser le mécanisme de l'ordre public positif ou de rattachement **(A)** avant de débattre de son attraction sur la compétence juridictionnelle **(B).**

A. Le mécanisme de l'ordre public positif

282. En matière de conflit de lois, la crise de la règle de conflit a entraîné celle de l'ordre public international. L'analyse de la jurisprudence a en effet permis de montrer que, dans deux secteurs du droit international privé, les lois d'application immédiate et les règles matérielles du commerce international, l'ordre public international reçoit une utilisation différente de celle que lui reconnaît la théorie classique. Il n'intervient plus, en effet, pour évincer la loi étrangère normalement compétente mais pour déterminer l'application directe, immédiate et obligatoire de certaines dispositions du droit du for. L'ordre public n'a pas une fonction unique et exclusive d'éviction, il reçoit aussi une mission positive de rattachement[32].

283. Ainsi, on a pu relier l'émergence des lois de police à la notion « d'ordre public de rattachement » telle qu'évoquée par Mancini[33]. Celui-ci voyait dans l'ordre public un facteur autonome de rattachement, au même titre par exemple que la nationalité ou l'autonomie de la volonté, conduisant à appliquer sur un territoire les lois d'ordre public nécessaires au respect d'un certain ordre social. Dans le même ordre d'idée, Pillet considérait que le but de garantie sociale ou d'ordre public de certaines lois imposait leur application sur l'ensemble du territoire du for[34]. Or, selon certains auteurs, une loi de

---

[31] Cass. ass. Plén., 14 octobre 1977, *Rev. crit. DIP* 1978.166, note H. Batiffol ; *JDI* 1978, p. 305, note G. Lyon-Caen ; D.1978, p. 417, note P. Lagarde.

[32] A. Chapelle, « Les fonctions de l'ordre public en droit international privé », Thèse préc., n°251, p.273.

[33] P.-S. Mancini, « De l'utilité de rendre obligatoires pour tous les États, sous la forme d'un ou de plusieurs traités internationaux, un certain nombre de règles générales du droit international privé pour assurer la décision uniforme des conflits entre les différentes législations civiles et criminelles », Clunet 1874, pp. 221-239 et suite pp.285-304, spéc. p. 296.

[34] A. Pillet, « De l'ordre public en droit international privé », Mélanges Antoine Pillet, Librairie du Recueil Sirey, 1929, p. 407, spéc. p. 423 ; étude parue dans les Annales de l'enseignement supérieur de Grenoble, 1890, T. II, p. 94 et s.

police répond tout à fait à cette inspiration de la fonction positive de l'ordre public[35].

284. Il y a lieu de rappeler que le phénomène des lois d'application immédiate, lorsqu'il fut identifié par Francescakis au milieu du XXe siècle, voulait dépeindre une situation particulière occasionnellement constatée par l'auteur, et dans laquelle les tribunaux statuaient sur une affaire par application d'une loi autre que la loi désignée par la règle de conflit normalement applicable compte tenu de la nature du rapport de droit. Francescakis constate alors que, pour justifier cette dérogation à la règle de conflit, les tribunaux ont eu recours aux notions de loi de police, telle que visée par l'article 3 alinéa 1er du code civil, et de lois d'ordre public. L'auteur faisait immédiatement remarquer que l'ordre public jouait alors un rôle particulier, distinct du rôle usuel qui est le sien dans le cadre de l'exception d'ordre public[36].

Pour expliquer ce rôle, Francescakis s'est focalisé sur les lois en cause, en se demandant ce qui leur donnaient ce caractère d'ordre public, imposant leur application contre la loi désignée par la règle de conflit. Tentant finalement une synthèse, l'auteur concluait que méritaient d'être qualifiées indifféremment de « lois de police ou de lois d'application immédiate », les lois « dont l'observation est nécessaire pour la sauvegarde de l'organisation politique, sociale ou économique du pays » où elles sont en vigueur. En d'autres termes, pour être une loi de police, la disposition examinée devait pour commencer interférer avec l'organisation politique, sociale ou économique de l'État, et qu'il fallait ensuite que le respect d'une telle disposition fût nécessaire à la sauvegarde de cette organisation[37].

285. Le couple « lois de police-ordre public » est donc mis en lumière, en France, par Francescakis dans un contexte historique particulier dans lequel la jurisprudence se servait des notions de lois de police et de lois d'ordre public comme supports permettant à une loi donnée de « préempter » une question donnée, en reconnaissant que cette loi y est applicable, alors pourtant que la question en cause paraît bien appartenir à la catégorie de rattachement d'une règle de conflit qui désigne, pour les questions de cette catégorie, la loi d'un autre État. Dans ce contexte, Francescakis soulignait justement qu'en ce cas ce n'est pas la contrariété de la loi désignée par la règle de conflit à l'ordre public du for qui conduit à appliquer la loi de police, mais c'est l'ordre public

[35] En ce sens, v. not. H. Batiffol, P. Lagarde, *Traité de droit international privé,* T. I, 8e éd., LGDJ, 1993, n°354, p. 568 ; P. Hammje, « L'ordre public de rattachement », Trav. Com. fr. DIP, 2006-2008, p. 153, spéc. p. 154.

[36] P. Francescakis, « Quelques précisions sur les lois d'application immédiate et leurs rapports avec les règles sur les conflits de lois », *Rev. crit. DIP* 1966.1, spéc. p. 8-9.

[37] P. de Vareilles-Sommières, « Lois de police et politiques législatives », *Rev. crit. DIP* 2011. 207, n°12, p. 216-217.

tel que conçu par la loi de police qui impose l'application de cette dernière sans considération de la loi désignée par la règle de conflit[38].

Il est classique de noter que l'ordre public joue ici de façon tout à fait dérogatoire par rapport aux règles relatives à son intervention dans le cadre de l'exception d'ordre public, puisqu'il déclenche directement la compétence de la loi de police sans le jeu préalable de la règle de conflit. De là découle le fait qu'on parle avec Francescakis de « lois d'application immédiate », et que certains évoquent comme précédemment souligné « un ordre public de rattachement »[39], et non, comme dans l'exception de l'ordre public, l'inapplicabilité de la loi désignée par la règle de conflit à raison d'un contenu conduisant à une solution inacceptable aux yeux du for, du fait de sa contrariété aux valeurs fondamentales et aux principes de justice de ce dernier[40].

286. Le rôle identifié de l'ordre public dans l'application des lois de police est donc anormal par rapport aux canons de l'exception d'ordre public. M. de Vareilles-Sommières estime cependant qu'il n'est pas pour autant absolument illégitime, car il arrive que l'ordre public, au sens le plus littéral du terme, corresponde dans un secteur particulier au respect d'une politique législative, poursuivie par le législateur, et que ce respect implique, dans un cas présentant des liens pertinents avec la loi poursuivant ladite politique, que l'on déroge, au profit de cette loi, à la compétence de la loi désignée par la règle de conflit. Un exemple souvent mentionné en doctrine à cet égard est celui des législations édictées par certains États dans le cadre d'une politique d'habitat et visant à réguler l'évolution des loyers stipulés dans les contrats de bail d'habitation. La politique législative ainsi promue correspond à une certaine conception de l'ordre public (jugulation du désordre causé par l'exode vers les banlieues des populations aux revenus insuffisants pour supporter l'augmentation des loyers) dont le respect sera satisfait si les immeubles d'habitation auxquels la législation s'applique sont situés sur le sol de l'État légiférant en ce sens, alors même qu'en matière contractuelle, c'est la loi choisie par les parties qui est la loi normalement compétente selon la règle de conflit ordinaire. En adoptant cette politique législative, le législateur met alors en place, ne serait-ce qu'implicitement, un facteur de rattachement dérogatoire valable pour toutes les questions réglées par la loi qu'il édicte, et précisant les limites dans lesquelles il souhaite voir assurée la pleine efficacité de la politique législative en question. Dans l'exemple ici pris, la localisation de l'immeuble sur le sol de l'État auteur de la législation régulant l'habitat correspond au facteur de rattachement pertinent. Par conséquent, le besoin auquel répondent les lois de police comme lois d'ordre public, lorsque ces notions sont réunies sous la bannière des lois d'application immédiates, est

---

[38] *Ibid.*, n°31, p.228.

[39] A. Chapelle, Thèse préc., p. 273.

[40] P. de Vareilles-Sommières, « Lois de police et politiques législatives », art. préc., n°31, p.228.

celui de soustraire une série de questions données à la règle de conflit (et non à la règle matérielle désignée par elle) de façon à assurer, par le choix judicieux du facteur de rattachement idoine pour cette série de questions, la pleine efficacité de la politique législative poursuivie par l'auteur des dispositions la mettant en œuvre[41].

287. Telle est la seconde acception de l'ordre public surgissant au niveau des conflits de lois. Il s'agit d'un ordre public de rattachement qui permet de faire jouer de manière immédiate certaines dispositions du for dont l'impérativité paraît renforcée.

Cependant, la véritable question qui se pose ici est de se demander si cette acception peut être transposée aux questions de compétence internationale. En d'autres termes, la question est de savoir si l'ordre public substantiel peut avoir une incidence sur la compétence et notamment permettra de l'asseoir. Plus particulièrement, en cas de clause attributive de juridiction, admettre une compétence juridictionnelle étrangère dans un cas où sa propre loi de police revendique d'être appliquée peut conduire à une altération des résultats de la politique législative poursuivie en raison du refus possible d'application de ladite loi par le for étranger ou encore de la fausse application ou la fausse interprétation toujours possible de la loi par le for en question.

B. L'attraction de l'ordre public de rattachement sur la compétence juridictionnelle

288. Si l'ordre public, pris dans sa fonction classique d'éviction, permet difficilement une utilisation comme critère de rattachement à un ordre juridictionnel, il est en revanche beaucoup plus facile de fonder la compétence des tribunaux du for lorsqu'il s'agit d'un ordre public positif, c'est-à-dire provoquant d'emblée l'application d'une règle du for[42].

289. Il n'en demeure pas moins que le principe fondamental d'indépendance des compétences judiciaires et législatives a été soulevé par une doctrine majoritaire pour refuser toute subordination de la compétence judiciaire à la compétence législative fût-elle d'ordre public.

Une analyse historique du recours des juridictions françaises à la notion de lois de police pour asseoir leur compétence internationale a permis à une partie de la doctrine de relever les dangers d'une attraction de l'ordre public au fond sur la compétence juridictionnelle internationale.

Mme Sinay-Cytermann a démontré dans sa thèse que l'extension contestable qu'a entraîné le recours par les tribunaux français à la notion d'ordre public au fond, a entraîné une extension excessive de la compétence internationale des tribunaux français. En effet, utilisées au départ pour remédier à l'hypothèse d'incompétence des tribunaux français dans les litiges

---

41 *Ibid.*, n°32, p. 229-230.

42 Ph. Guez, Thèse préc., n° 240, p.171.

entre étrangers, avec l'abandon du principe d'incompétence à l'égard des étrangers, les lois de police sont désormais utilisées pour fonder la compétence des tribunaux français. Pire encore, la substitution de la notion de loi d'ordre public à la notion de loi de police dans la motivation des tribunaux a entraîné une confusion quasi-totale avec l'ordre public interne.

Il est intéressant de revoir cette jurisprudence et ses suites car elle nous permettra d'asseoir la conclusion du caractère conceptuellement impropre et dangereux du recours à la notion d'ordre public international dans le cadre de l'article 6 (c) et de lui substituer une notion, certes sujette à discussion, mais qui paraît plus opportune. Il s'agit des lois internationalement impératives. Autrement dit, les lois de police dans la terminologie des systèmes de droit civil.

290. Se déclarant fermement opposée à la possibilité d'une compétence fondée sur un ordre public substantiel, Mme Sinay-Cytermann a mis en lumière la très grande ambiguïté de l'utilisation de la notion d'ordre public dans son analyse d'une jurisprudence française certes ancienne[43] mais importante car elle met en exergue tout le danger du recours à cette notion d'ordre public de fond au niveau de la compétence internationale. Au départ, selon elle, c'est bien la notion de loi de police qui est visée (parfois même expressément) par la référence à la notion d'ordre public. Il ne s'agit donc ni de l'ordre public au sens du droit interne ni de l'ordre public au sens d'ordre public d'éviction, traditionnel en droit international privé[44]. Mais une étude attentive de la jurisprudence lui permet de montrer que la référence à cette acception de la notion d'ordre public a, au cours du temps, évolué.

291. À partir de l'article 3 al (1) du code civil français, qui dispose que « les lois de police et de sûreté obligent tous ceux qui habitent le territoire », la jurisprudence a forgé de toutes pièces un nouveau chef de compétence juridictionnelle. Elle a utilisé la loi de police à une époque où elle n'admettait pas franchement le principe de la compétence des tribunaux français dans les litiges entre étrangers. En effet, les principes qui guidaient au dix-neuvième siècle la jurisprudence ne laissaient guère de place à la compétence française à l'égard d'un litige entre deux étrangers ; le demandeur ne pouvait pas invoquer les articles 14 et 15, aucune partie n'étant française, et le défendeur n'était pas censé être domicilié en France s'il n'avait pas été admis à domicile. Pourtant, dans certains cas, il était conforme aux intérêts français d'accorder à certains droits leur sanction judiciaire en France. Ainsi, pour réparer un trouble apporté à l'ordre public à la suite d'un délit survenu en France. C'est pourquoi les tribunaux français ont retenu leur compétence en se fondant sur l'article 3 du code civil, dans tous les cas où il est apparu que l'ordre public

---

[43] Cass. civ. 1re, 30 octobre 1962, *Rev. crit. DIP* 1963. 387, note Francescakis, D. 1963, p. 109, note Holleaux ; Cass. civ, 3 juin 1966, *Domino*, *Rev. crit. DIP* 1968. 67, note J. Derruppé.
[44] A. Sinay-Cytermann, Thèse préc., p.342-343.

était en jeu. C'était l'acte de naissance de l'ordre public au fond d'attribution[45].

Les lois de police s'analysaient alors comme des lois intéressant l'ordre public. Il s'agit d'un ordre public spécifique ne se confondant ni avec l'ordre public interne, ni avec l'ordre public international au sens de l'exception de l'ordre public.

Les lois de police et de sûreté se distinguent d'abord des lois impératives internes. En effet, n'importe quelle loi interne à laquelle il est interdit de déroger par des conventions particulières ne mérite pas le qualificatif de loi de police. Il s'agit plutôt d'une loi qui intéresse les bases mêmes de l'organisation étatique. Mais cet ordre public se distingue comme précédemment étayé de l'exception de l'ordre public dont l'objet est d'écarter la loi étrangère rendue applicable en vertu de la règle de conflit. La loi de police quant à elle intervient immédiatement sans que la règle de conflit ait préalablement fonctionné. Elle s'analyse comme une loi dont l'intérêt pour la société étatique est trop grand pour qu'elle puisse entrer en concurrence avec les lois étrangères.

Or, le but de l'article 3 est d'évincer la démarche conflictuelle classique au profit d'une application immédiate de la loi de police française. La loi de police véhicule alors une nouvelle conception de l'ordre public international. Ce dernier est conçu comme une circonstance de rattachement et non comme une exception. Partant, l'ordre public peut fonder l'application de certaines lois du for en raison de leur contenu et c'est sur ces lois d'ordre public international ainsi définies que les tribunaux français ont fondé leur compétence, principalement lorsqu'il s'agissait de prendre des mesures provisoires ou urgentes.

La compétence des tribunaux français s'affirma ainsi sur toutes les demandes de pensions alimentaires entre époux, entre alliés ou entre parents et enfants. Un arrêt de la Cour de cassation du 22 juillet 1903[46] illustre ce lien entre la loi de police et de sûreté applicable au fond du litige et la compétence des tribunaux français. En l'espèce, il s'agissait d'un enfant anglais qui demandait des aliments à ses père et mère de nationalité anglaise, les parties résidents les unes et les autres en France. Cet arrêt s'appuie expressément sur l'article 3 du code civil pour fonder la compétence des tribunaux français. Dans un de ses attendus, la Cour affirma « Attendu que les dispositions légales qui imposent à certaines personnes l'obligation de fournir des aliments se rattachent aux lois de police et de sûreté, que la bonne police du pays est intéressée à ce qu'elles ne soient méconnues par aucun de ceux qui l'habitent ; qu'il s'ensuit, qu'en se déclarant compétent, le tribunal de Boulogne-sur-Mer et la Cour d'appel de Douai ont fait une juste application de l'article 3 du code civil ».

---

[45] *Ibid.*, n°172, pp. 340-342.

[46] Req. 22 juillet 1903, Clunet 1904, p. 355.

Commentant cet arrêt, Mme Sinay-Cytermann a fait observer qu'en tant qu'illustration de l'ordre public au fond d'attribution, l'arrêt est particulièrement révélateur du caractère incontesté de ce chef de compétence. En effet, le pourvoi, tout en invoquant la violation de l'article 3 du code civil, ne critiquait point le lien entre la loi de police et la compétence, lien construit de toute pièce à partir de l'article 3. Ses reproches étaient concentrés sur la loi elle-même, le droit de pension alimentaire ne dérivant pas d'une loi de police et variant suivant la législation particulière de chaque pays[47].

L'absence totale de griefs à l'encontre de l'ordre public au fond d'attribution a entraîné que l'analyse des juges, tout comme l'argumentation des parties en présence s'est reportée sur la loi elle-même et sur la plus ou moins grande teneur en ordre public de la législation applicable au litige[48].

Cette optique a conduit à une extension notable de la compétence des tribunaux français car, si au départ les exigences posées par le juge étaient précises, au fil du temps elles allaient s'amenuiser. On a fait remarquer qu'au départ les juges qualifiaient une loi de police et de sûreté avec précaution, s'efforçant de justifier ce caractère avant d'affirmer la compétence des tribunaux français. Cependant, un courant qualifié de dangereusement extensif a abandonné tout réflexe de prudence. Comme illustration de ce courant, on a cité un arrêt de la Cour d'appel d'Orléans du 28 décembre 1932[49]. Il s'agissait d'un accident d'automobile grave occasionné aux environs de Chinon par le fils de l'ambassadeur du Mexique à Paris. Les victimes se heurtant à l'immunité diplomatique dont ce dernier jouissait, se retournèrent contre l'assureur anglais de ce dernier en invoquant l'action directe qu'une jurisprudence interne bien établie et basée à l'époque sur l'article 2102 du Code civil (rédigé par la loi du 28 mai 1913) accordait contre l'assureur. Or, l'arrêt de la Cour d'appel d'Orléans déclara l'action dirigée devant les tribunaux français recevable au motif « qu'on ne saurait refuser à une disposition légale comme celle du 28 mai 1913 qui vise des faits engendrant une responsabilité délictuelle ou quasi-délictuelle à laquelle on ne peut se soustraire par des conventions particulières, c'est-à-dire des faits qui intéressent l'ordre public en même temps que des intérêts privés et qui en conséquence entrent dans le cadre des lois de police et de sûreté, le caractère d'ordre public »[50].

La doctrine commentant cet arrêt a constaté que ce dernier témoigne de l'imprécision quant à la définition de la loi de police et montre les dangers d'une compétence fondée sur l'ordre public au fond : l'incertitude de la notion de loi de police favorise son extension immodérée et provoque dès lors un

---

[47] A. Sinay-Cytermann, Thèse préc., p. 346-347.
[48] *Ibid.*, p.347.
[49] Cour d'appel d'Orléans, 28 décembre 1932, *Rev. crit. DIP* 1933. 340, note Niboyet.
[50] A. Sinay-Cytermann, Thèse préc., p. 349-350.

élargissement injustifié de la compétence juridictionnelle[51]. En reprenant les chaînons du raisonnement adopté par l'arrêt de la Cour d'appel d'Orléans et en les comparant aux principes traditionnellement acquis, il a été relevé que selon les principes traditionnellement acquis, il existe une différence qualitative entre la loi d'ordre public interne et la loi de police et de sûreté, loi d'ordre public international. Une loi impérative en droit interne au sens de l'article 6 du code civil s'analyse en une loi à laquelle il est interdit de déroger par des conventions particulières. Or, il ne suffit pas que les conventions entre particuliers soient interdites pour que la loi soit baptisée loi de police et de sûreté. Tel était un des arguments présentés par les défendeurs, mais l'arrêt fait fi de cette objection et consacre au contraire une confusion totale entre l'ordre public interne et l'ordre public international. Il refuse de distinguer la loi d'ordre public interne et la loi de police. Son raisonnement est le suivant :

-Une loi de police et de sûreté est une loi « qui intéresse l'ordre public en même temps que des intérêts privés ».

– Dés lors qu'on ne peut se soustraire par des conventions particulières à une loi (en l'espèce à la responsabilité délictuelle), cela prouve que l'ordre public est concerné.

– Le résultat de ces deux affirmations combinées conduit à une tautologie : toute loi d'ordre public interne est une loi de police et de sûreté[52].

Outre la confusion entre la loi d'ordre public interne et la loi d'ordre public international[53], l'arrêt précité consacrait aussi une nouvelle définition de la loi de police. La loi de police est « une loi qui intéresse l'ordre public ». Il marqua le départ d'une extension de la notion de loi de police et de sûreté. Contemporain de l'époque d'incompétence des tribunaux français dans les litiges entre étrangers, cet arrêt annonça déjà le débordement de la notion de loi de police. L'abandon du principe d'incompétence aurait pu mettre fin à ce chef de compétence subsidiaire. Or, loin de disparaître, ce dernier va s'épanouir grâce à l'extension continue de la loi de police et de sûreté[54].

Avec la suppression de l'incompétence des tribunaux français dans les litiges entre étrangers, l'ordre public au fond d'attribution cessait alors d'être un expédient pour devenir un chef de compétence supplémentaire. On s'est alors demandé si l'ordre public au fond n'allait pas permettre de remédier à une nouvelle forme d'incompétence : non plus l'incompétence des tribunaux français en raison de l'absence de chefs de compétence, mais l'incompétence

---

[51] *Ibid.*, p. 350.

[52] *Ibid.*, p. 350-351.

[53] *Ibid.*, note de bas de page 1, p. 352, Mme Sinay-Cytermann a précisé que la confusion entre la loi d'ordre public interne et la loi d'ordre public international n'était pas généralisée en jurisprudence. Mais l'interchangeabilité des deux notions -loi de police -loi d'ordre public- consacrée à l'époque, favorisait pareille confusion ; l'arrêt de la Cour d'appel d'Orléans en est le témoignage.

[54] *Ibid.*, p. 352-353.

en raison de l'absence de désignation par ces chefs de compétence des tribunaux français ? Dès que les chefs de compétence internationaux ordinaires ou privilégiés feraient défaut, les juges pourraient « jouer » sur l'ordre public au fond, pour restaurer la compétence qui leur manquait[55].

On a fait observer que la notion de loi de police définie comme loi intéressant l'ordre public était fluide et susceptible d'extension[56]. La jurisprudence postérieure à l'abandon du principe d'incompétence des tribunaux français dans les litiges entre étrangers, a poursuivi ce mouvement d'assimilation. La loi de police et de sureté au sens de l'article 3 n'est souvent plus mentionnée mais c'est la loi « relative à l'ordre public » qui lui est substituée déclenchant de même la compétence des tribunaux français[57].

Par conséquent, la doctrine s'est attachée à montrer que l'évolution postérieure de la jurisprudence s'est traduite par un « relâchement » de la notion de loi d'ordre public et par une extension corrélative de la compétence internationale des juridictions françaises. Tout un courant jurisprudentiel allait fonder la compétence directe des tribunaux français sur l'ordre public interne dans des hypothèses où le caractère de loi de police était discutable voire inexistant.

Un courant doctrinal a montré que l'incertitude quant à la notion de loi de police a conduit à une confusion entre les lois de police et l'ordre public au sens du droit interne et en définitive a favorisé une extension démesurée de la compétence internationale des tribunaux français[58].

La loi d'ordre public international devient un véritable chef de compétence juridictionnelle. Il a été rappelé qu'auparavant le concept de loi d'ordre public international était banni de la terminologie juridique, la doctrine internationaliste ayant pourfendu la confusion entre lois de police et lois d'ordre public. Dans ce contexte, M. Lagarde, en 1959, avait démontré dans son ouvrage « *recherches sur l'ordre public en droit international privé* »[59] que le rôle de l'ordre public n'était pas de conduire à l'application des lois françaises, mais d'écarter la loi étrangère, une fois rendue applicable en vertu d'une règle de conflit de lois[60]. L'ordre public était défini comme un ordre public d'éviction et l'idée même qu'il puisse exister des « lois d'ordre public » internationales paraissait désormais indéfendable. Or, la doctrine a souligné la résurgence de ce concept avec l'extension des lois d'application immédiate. L'ordre public en jurisprudence a non seulement une fonction négative d'éviction mais également une fonction positive de détermination de la loi applicable. Jusqu'à lors exception à la règle de rattachement, il devient une

---

[55] *Ibid.*, pp. 353-354.
[56] *Ibid.*, p. 354.
[57] *Ibid.*, p. 354-355.
[58] *Ibid.*, p. 350.
[59] P. Lagarde, *Recherche sur l'ordre public en droit international privé*, LGDJ, Paris, 1959.
[60] *Ibid.*, n°101 et s.

circonstance de rattachement. Cette modification du concept d'ordre public n'est pas sans influence sur la compétence judicaire internationale. Elle facilite considérablement la dépendance de la compétence juridictionnelle par rapport à la loi applicable. En effet, tant que l'ordre public était conçu dans sa fonction classique de rejet, il était extrêmement difficile de fonder techniquement la compétence des tribunaux du for sur l'ordre public. Mais, à partir du moment où l'ordre public se définit positivement et non plus négativement, les difficultés disparaissent. Les exigences du for suffisent à justifier la compétence internationale[61].

Mme Sinay-Cytermann souligna notamment que l'intervention de l'ordre public change de sens. Elle « traduit de façon impérative les exigences du for et des intérêts nationaux sans souci d'une harmonisation internationale » selon les termes de M. Derruppé[62]. Dès lors, Mme Sinay-Cytermann relève que la compétence internationale fondée sur cet ordre public au fond est sujette à une inflation croissante. Les juges n'ayant plus à justifier l'application de la loi française par le caractère intolérable de la législation étrangère, se sentent « déculpabilisés » et retiennent leur compétence dès que l'ordre public interne est en jeu, sans se soucier du caractère international de la situation[63]. Telle est la démarche qui semble être suivie par l'arrêt de la Cour de cassation française le 22 novembre 1972[64] pour affirmer la compétence française à propos d'un V.R.P.[65] exécutant son travail en France. Les juges proclament que le statut des V.R.P. prévu par la législation française est d'ordre public interne et se déclarent compétent. La formule énigmatique utilisée par la Cour de cassation dans cet arrêt, « la demande intéressant l'ordre public », résume le chef de compétence reconnu aux tribunaux français. En l'espèce, la doctrine a souligné que le statut des VRP n'était pas une loi de police, ceci depuis, au plus tard, 1969 où il résultait indubitablement de l'arrêt Zanarelli[66] que la qualification de lois de police était écartée[67].

En substituant dans la plupart des hypothèses cette formule passe-partout de « demande intéressant l'ordre public » au concept de la loi de police, la jurisprudence favorisait l'extension de la compétence juridictionnelle française. Cette jurisprudence avait suscité l'inquiétude de la doctrine face à l'inflation possible de l'ordre public interne, hissé au rang de chef de compétence juridictionnelle. La simple crainte que les tribunaux étrangers normalement compétents au regard des règles ordinaires de compétence

---

[61] A. Sinay-Cytermann, Thèse préc., pp.374-377.

[62] J. Derruppé, note sous Cass. civ, 3 juin 1966, *Domino*, précité, spéc. p. 70.

[63] A. Sinay-Cytermann, Thèse préc., p.378.

[64] Cass. Soc., 12 novembre 1972, *Rev. crit. DIP* 1973. 565, note H. Batiffol.

[65] « Voyageurs, représentants, placiers ».

[66] Cass. Soc., 5 mars 1969, *Rev. Crit. DIP 1970*, p. 279, note H. Batiffol.

[67] E. Pataut, *Principe de souveraineté et conflits de juridictions (Étude de droit international privé)*, LGDJ, 1999, p. 175.

internationale n'appliqueraient pas la loi d'ordre public française suffit à déclencher la compétence juridictionnelle ; c'est la signification attribuée par une partie de la doctrine[68] à l'expression « la demande intéressant l'ordre public, les tribunaux français sont compétents » dans l'affaire précédemment cité[69]. Ce qui a motivé la compétence française, c'est précisément la crainte que les tribunaux suisses[70] n'appliquent pas la législation française protectrice du V.R.P.

L'arrêt de la chambre sociale précédemment commenté avait été mal accueilli par la doctrine internationaliste. Outre la critique adressée à la remise en question de la supériorité des traités sur les lois internes, les annotateurs critiquèrent l'emploi de la notion d'ordre public comprise comme fondant une compétence juridictionnelle. C'est qu'en effet, dans la mesure où l'ordre public dont il est fait question dans cet arrêt semble être l'ordre public interne, soit l'ensemble des règles auxquelles il est impossible de déroger par convention, il a pu sembler très inquiétant de fonder une compétence juridictionnelle aussi vaste[71].

C'est pourquoi, c'est avec soulagement que la majorité de la doctrine a accueilli l'arrêt de l'assemblée plénière de la Cour de cassation dans l'affaire Bloch[72]. La Cour adopta une solution qui parut ferme et brève en affirmant que « Mais attendu que si l'ordre public peut être invoqué pour faire obstacle à l'application d'une loi étrangère contraire à des conceptions fondamentales du droit français, tel n'est pas le cas en l'espèce où le caractère d'ordre public de la loi de fond ne commande pas d'écarter une règle de compétence contenue dans un traité international dont l'autorité est supérieure à celle de la loi interne ».

Cette affaire est généralement invoquée pour constater l'interdiction de la compétence fondée sur l'applicabilité d'une loi[73]. Particulièrement, Mme Sinay-Cytermann a pu écrire à propos de l'arrêt de l'assemblée plénière que « cette condamnation de l'ordre public au fond par un arrêt de l'assemblée plénière nous paraît devoir couper court à toutes les tentatives d'exploitation de ce chef de compétence juridictionnelle fondée sur la législation d'ordre public au fond »[74].

Cette condamnation semble se confirmer dans les arrêts récents de la Cour de cassation française[75]. Plus précisément, ces arrêts concernaient l'influence

---

[68] A. Sinay-Cytermann, Thèse préc., p. 380-381.

[69] Cass. Soc., 12 novembre 1972, précité.

[70] Désignés par la Convention franco-suisse de 1869 prévoyant la compétence du for du défendeur.

[71] E. Pataut, *op.cit.* p. 173.

[72] Ass. Plénière 14 octobre 1977, *Rev. crit. DIP* 1978.166, note H. Batiffol.

[73] E. Pataut, *op.cit.*, p.173.

[74] A. Sinay-Cytermann, Thèse préc., p. 522.

[75] Cass. civ. 1re, 22 octobre 2008, *Monster Cable*, Gaz. Pal., 21 février 2009, p. 535-539, note Ph. Guez, JDI 2009.599, note M.-N. Jobard-Bachellier, F. -X. Train, semaine juridique-éd générale N°47. 19 novembre 2008, p. 25-27, note L. d'Avout ; Cass. Com, 24 novembre 2015, n° 14-14.924,

des lois de police sur le jeu des clauses attributives de juridiction au profit d'un for étranger. La question était notamment de savoir si la volonté d'application d'une loi de police française devait nécessairement se doubler d'un chef de compétence juridictionnelle impératif des tribunaux français qui ne pourrait ainsi être écarté par une clause d'élection d'un for étranger. Car, à défaut, ces clauses deviendraient l'instrument de prédilection pour déjouer les intérêts essentiels que les États entendent protéger.

Adopté par certaines juridictions étrangères[76], ce raisonnement n'a pas été consacré par la Cour de cassation française sans pour autant que cela ait été nettement affirmé. Désormais, avec l'arrêt *Monster Cable* du 22 octobre 2008[77], la première chambre civile de la Cour de cassation y affirme que la clause d'élection de for doit être mise en œuvre même lorsque des dispositions impératives constitutives de lois de police sont applicables au fond du litige.

L'arrêt susmentionné complète le célèbre arrêt *Compagnie de signaux et d'entreprises électriques* par lequel la Cour de cassation a affirmé le principe de licéité des clauses d'élection de for en droit commun des conflits de juridiction[78]. Se prononçant en faveur de ces clauses, la première chambre civile avait posé deux conditions de licéité : que le litige présente un caractère international et que la clause ne fasse pas échec à la compétence territoriale impérative d'une juridiction française. À la suite de cet arrêt, une question demeurait controversée, celle de savoir si l'impérativité de la compétence internationale d'une juridiction pourrait se déduire du seul constat qu'une loi de police du for se veut applicable. Cette question est complexe en ce qu'elle affecte la distinction fondamentale en droit international privé contemporain entre la compétence judiciaire internationale et la détermination de la loi applicable. Elle suppose de mettre en balance la commodité des plaideurs, incarnée par la liberté qui leur est donnée de choisir leur for, et l'intérêt que peut avoir l'État d'éviter que l'application des lois de police puisse être écartée par la désignation d'une juridiction étrangère[79].

En l'espèce, une société américaine avait conclu avec une société française un contrat de distribution exclusive de ses produits sur le territoire français, dans lequel se trouvait insérée une clause désignant les juridictions de San Francisco pour toute action découlant du contrat (ainsi qu'une clause d'electio juris en faveur de la loi californienne). À la suite de la résiliation unilatérale de ce contrat par le fournisseur américain, le distributeur français l'assigna

---

Rev. Crit. DIP 2017, p. 269-278, note D. Bureau, H. Muir-Watt, JDI 2016.939, note L. Usunier ; Cass. civ. 1re, 18 janvier 2017, n° 15-26.105, *Rev. crit. DIP* 2017.269, note D. Bureau, H. Muir-Watt.

76 Cour de justice Fédérale (Allemagne), 5 septembre 2012, *Rev. crit. DIP* 2013.890, note F. Jault-Seseke ; Cass. Belgique, 2 février 1979, *JDI* 1984.399.

77 *Monster Cable*, précité.

78 *Compagnie de signaux et d'entreprises électriques*, précité.

79 Ph. Guez, note sous Cass. civ. 1re, 22 octobre 2008, Gaz. Pal., 21 février 2009, p. 535-539, n°1.

devant le tribunal de commerce de Bobigny en application de l'article L. 442-6 du Code de commerce français pour abus de dépendance économique. Afin de retenir la compétence internationale des juridictions françaises, la Cour d'appel de Paris écarta la clause d'élection de for au motif qu'il s'agissait d'appliquer des dispositions impératives relevant de l'ordre public économique constitutives de lois de police, et de sanctionner des pratiques discriminatoires, assimilées à des délits civils, commises sur le territoire national.

Cet arrêt de la Cour d'appel est censuré au visa de l'article 3 du Code civil et des principes généraux de droit international privé. Ce visa notamment aux principes « généraux » de droit international privé témoigne qu'il s'agit d'un arrêt de principe, ce qui par ailleurs est confirmé dans des arrêts postérieurs[80].

La solution adoptée par la première chambre civile de la Cour de cassation rejoint par ailleurs le droit communautaire qui ne prive d'effet les clauses d'élection de for que lorsqu'elles dérogent aux compétences exclusives de l'article 26 du Règlement Bruxelles Ibis. Or, le texte n'attribue aucune compétence exclusive à un État membre au motif que ses lois de police seraient applicables[81].

292. L'analyse susmentionnée de la notion d'ordre public de rattachement telle que développée par la doctrine et la jurisprudence française tant en matière de conflit de lois que s'agissant de ses répercussions sur la compétence internationale, permet de suggérer les constats suivants quant à la signification exacte du recours à l'ordre public international dans le cadre de la compétence internationale mais aussi quant à l'opportunité d'user de ce concept dans le cadre du jeu des accords d'élection de for.

D'abord, on a pu constater que le recours à la notion d'ordre public positif a favorisé un abus de la part des tribunaux à travers l'extension observée de la notion de norme impérative en confondant les normes d'ordre public interne et les lois de police, au point qu'on a pu parler de fausses lois de police. C'est pourquoi une attention particulière doit être accordée à la notion d'ordre public international dans sa corrélation avec les normes impératives du for et son impact sur le jeu des accords d'élection de for

Ensuite, le débat relatif à l'impact des normes impératives appréhendé à travers la contrariété à l'ordre public international de la prorogation de compétence paraît devoir être déplacé du niveau de la licéité de la clause telle qu'abordé par la jurisprudence française à celui de l'efficacité de l'accord d'élection de for ou plutôt son applicabilité une fois sa validité et licéité acquises. Telle semble être la position adoptée par les rédacteurs de la Convention.

---

[80] Cass. Com, 24 novembre 2015, n° 14-14.924 et Cass. civ. 1re, 18 janvier 2017, précités.

[81] Ph. Guez, note précitée sous Cass. civ. 1re, 22 octobre 2008, n°9.

En effet, en dépit de la mauvaise rédaction des dispositions de la Convention du fait de l'éparpillement des dispositions relatives à la validité et à la licéité ainsi que l'entremêlement de ces dernières, une lecture attentive de la Convention permet de constater que la question de la licéité de la clause est soumise dans la Convention au droit du tribunal élu, qui pourra éventuellement limiter cette licéité en édictant des règles de compétence impérative et parfois exclusive de ses tribunaux dans l'hypothèse d'applicabilité de ses lois de police. Particulièrement illustrative de cette situation est l'attitude du législateur québécois au sujet des actions en responsabilité pour dommage causé par l'exposition à ou l'utilisation d'une matière première provenant du Québec « et il semble que derrière ces termes généraux, le législateur ait essentiellement eu en vue l'amiante dont le Québec est un gros producteur. Une politique juridique de maîtrise des coûts de réparation éventuellement supportés par les producteurs d'amiante québécois ou d'autres matières premières de même provenance inspire la loi québécoise, loi qui, pour une parfaite efficacité de cette politique, prévoit expressément son application dès lors que le préjudice résulte » soit de l'exposition à une matière première provenant du Québec, soit de son utilisation, quel que soit le lieu où le préjudice est subi, et que la matière première ait fait l'objet d'un traitement ou non[82]. Or, pour assurer une meilleure efficacité à cette politique législative, le législateur québécois ne s'est pas contenté de revendiquer, sur le terrain du conflit de lois, la compétence de sa loi dans les cas où il jugeait nécessaire qu'elle fût appliquée, il a aussi joué sur le terrain du conflit de juridictions en fixant une règle de compétence internationale directe spécifique des juges québécois pour ce type de contentieux, avec l'article 3151 du Code civil du Québec[83] qui affirme la compétence exclusive des juridictions québécoises pour connaître des actions en responsabilité résultant de dommages causés par l'amiante produite au Québec[84].

293. À la lumière des dispositions de la Convention de La Haye, outre l'exclusion de certaines matières du champ d'application de la Convention, matières qui correspondent souvent à des domaines où l'admissibilité des clauses d'élection de for semble exclue ou limitée et qui par ailleurs peuvent coïncider avec des domaines où les États ont règlementé la matière par des lois de police, la Convention a soumis dans tous les cas l'examen de la licéité de l'accord aux règles de droit international privé de l'État du tribunal élu quel

---

[82] Article 3129 du code civil du Québec : « Les règles du présent code s'appliquent de façon impérative à la responsabilité civile pour tout préjudice subi au Québec ou hors du Québec et résultant soit de l'exposition à une matière première provenant du Québec, soit de son utilisation, que cette matière première ait été traitée ou non ».

[83] Article 3151 du code civil du Québec : « Les autorités québécoises ont compétence exclusive pour connaitre en première instance de toute action fondée sur la responsabilité prévue à l'article 3129 ».

[84] P. de Vareilles-Sommières, « Lois de police et politiques législatives », art. préc., n°76, p. 266-267.

que soit le tribunal saisi. En d'autres termes, l'examen des limites à la licéité de la clause se fera par application du droit du tribunal élu[85]. Certains auteurs estiment cependant qu'il se peut que de telles règles acceptent que soient prises en compte pour cette appréciation l'impérativité des règles de compétence du for évincé[86].

Il y a lieu dans ce cadre d'observer que lors des travaux préparatoires de la Convention, la question des compétences exclusives des États a été débattue. Plus précisément, la question de la préservation de la compétence exclusive reconnue aux juridictions québécoises en matière d'amiante a été soulevée. Le débat a été tranché en faveur de l'utilisation du système des déclarations relatives à des matières particulières prévu par la Convention dans l'article 21. En effet, cet article permet à chaque État contractant d'étendre la liste des matières exclues du champ de la Convention prévue à l'article 2 (2). Il dispose que lorsqu'un État a un intérêt important à ne pas appliquer la Convention à une matière particulière, cet État peut déclarer qu'il n'appliquera pas la Convention à cette matière. Lorsqu'il fait une telle déclaration, l'État doit s'assurer que sa portée n'est pas plus étendue que nécessaire et que la matière particulière exclue est définie de façon claire et précise. Les rapporteurs de la Convention ont estimé que si de telles dérogations n'étaient pas possibles, certains États pourraient ne pas être en mesure de devenir parties à la Convention. Toutefois, un État ne devrait pas faire de déclarations sans un motif important. Les intérêts des parties doivent aussi être protégés. Afin de parvenir à ces objectifs, la Convention applique trois principes : transparence, non-rétroactivité, et réciprocité[87].

294. Il découle des dispositions de la Convention que plutôt qu'une extension du champ de l'illicéité des clauses attributives de juridiction dans l'ordre international, la Convention a opté à travers le contrôle de l'ordre public international à une limite exceptionnelle à l'efficacité des clauses. Sous l'égide de l'ordre public international, cette limite sert au fond à préserver l'application des règles du for saisi qui se présentent comme légitimement impératives dans l'ordre international.

§ 3 - Le contrôle du respect d'une efficacité raisonnable des règles internationalement impératives du for non élu

295. Les liens entre la compétence internationale et le droit applicable sont complexes et discutés. Ils revêtent une importance particulière en cas de

---

[85] Article 6 (a) de la Convention.

[86] En ce sens, v. not. M.-N. Jobard-Bachellier, F.-X. Train, note sous Cass. civ. 1re, 22 octobre 2008, *JDI* 2009.599, spéc. p. 614 ; B. Audit, « observations sur le Convention de La Haye », art. préc., p. 185.

[87] M. Dogauchi, T. C. Hartley, *op. cit.*, n°234-239.

prorogation volontaire de juridiction car cette prorogation exercera probablement une influence sur le droit applicable. La prorogation porte en elle l'élection des règles de conflit du for élu et indirectement, le choix de la loi matérielle désignée par celles-là.

L'application d'une loi différente de celle qu'aurait mis en œuvre le for exclu n'est pas en soi critiquable. En effet, du moment que les États ont accepté le principe que les litiges internationaux peuvent être soustraits à leur juridiction, il serait contradictoire de vouloir échapper aux conséquences de cette ouverture en invoquant la modification législative qu'opère le choix d'un for étranger. Cependant, le schéma ne semble pas pouvoir être transposé à toutes les lois applicables quelle que soit leur nature.

Si les normes évincées ne sont pas impératives, le procédé ne saurait soulever d'objections. S'agissant au contraire de normes impératives, la question devient plus sensible dans la mesure où une distinction est instaurée au niveau du degré d'impérativité de la norme, autorisant à distinguer entre deux catégories de normes impératives. D'une part, les normes d'impérativité ordinaire dont l'application reste tributaire de leur désignation par la règle de conflit et dont notamment en matière contractuelle, certaines normes internationales autorisent d'y déroger par la désignation d'une loi étrangère à travers l'élection de droit, et, d'autre part, les lois d'application immédiate ou internationalement impératives encore désignées comme « super impératives » et qui prennent aujourd'hui la formulation moderne de lois de police dans les systèmes civilistes.

296. En effet, dans beaucoup de cas, l'application « immédiate » d'une disposition impérative est rendue nécessaire parce que le rattachement prévu par la règle de conflit bilatérale pour la catégorie dont la situation relève ne permet pas d'en assurer une application uniforme à son but. Tel est particulièrement le cas en matière contractuelle où le « rattachement » de principe prévu par la règle de conflit est la volonté des parties. Loin d'assurer l'application des dispositions impératives, la règle de conflit permet - à première vue - d'y échapper. Aussi la possibilité d'éviction ouverte doit-t-elle être refermée, si cela est jugé nécessaire, par l'affirmation du caractère internationalement impératif des règles que l'on entend faire respecter[88].

297. Étant donné que les règles impératives ordinaires d'un État sont en principe subordonnées à la volonté des parties qui peuvent opérer un choix de la loi applicable autre que la loi du for[89], il n'y a pas de raison valable qui

---

[88] B. Audit, L. d'Avout, n°188, p. 172.

[89] Ceci peut être déduit dans le cadre communautaire en matière de loi applicable aux relations contractuelles de l'article 3 (3) (4) aussi bien que des articles 6 et 8 du Règlement Rome I (CE) n° 593/2008 du parlement européen et du conseil du 17 juin 2008 sur la loi applicable aux obligations contractuelles, qui à titre d'exception déclare toutes les dispositions impératives d'un État contractant sous certaines conditions non dérogeables.

justifie de limiter le choix d'un for étranger qui aura le même effet dérogatoire quoique de manière indirecte[90].

Il en va différemment lorsque les normes en cause sont des normes internationalement impératives. Ce sont les normes qu'on qualifie dans la terminologie des systèmes civilistes de lois de police ou d'application immédiate.

Le phénomène des lois dites de police, revêtues d'une impérativité particulière dans les relations internationales et revendiquant une application immédiate et dérogatoire, déjà identifié par Savigny et ayant par la suite reçu sous la plume de Phocion Francescakis l'appellation de « lois d'application immédiate », est le reflet de la place qu'occupe la régulation économique et sociale dans l'ordre juridique interne.

Il découle de la définition proposée par Francescakis et reprise un demi-siècle plus tard par la Cour de justice de l'Union européenne que « est constitutive d'une loi de police, la disposition nationale dont l'observation a été jugée cruciale pour la sauvegarde de l'organisation politique, sociale ou économique de l'État, au point d'en imposer le respect à toute personne se trouvant sur le territoire ou à tout rapport juridique localisé dans celui-ci[91] ». Ces lois sont la traduction dans l'ordre international des effets du rôle interventionniste de l'État sur les relations interindividuelles et de la réduction corrélative de la liberté contractuelle. L'appellation « lois d'application immédiate » revêt en revanche une signification essentiellement méthodologique. C'est moins la nature ou le contenu spécifique d'une certaine catégorie de lois qui est alors en cause, que la technique dérogatoire qu'elles empruntent, dans un contexte où la méthode bilatéraliste de désignation de la loi applicable reste de principe[92].

Ainsi, l'impérativité internationale de la disposition matérielle justifiée par des considérations d'organisation étatique ou d'intérêts publics[93] conjuguée à une application directe et immédiate que commande la réalisation de cet objectif d'organisation étatique et qui justifie un rattachement dérogatoire imposant leur application alors même qu'elles ne seraient pas désignées par la règle de conflit de lois ordinaire, sont les données essentielles des normes internationalement impératives.

298. La tension évidente entre ces normes internationalement impératives et les accords d'élection d'un for étranger pouvant aboutir à leur mise à l'écart

---

[90] En ce sens, v. not. J. Basedow, « Exclusive choice-of-court agreements as a derogation from imperative norms », Essays in honour of Michael Bogdan, Juristforlaget I Lund, 2013, p. 15, spéc. p. 17.

[91] CJCE, 23 novembre 1999, aff. C-369/96 et C-376/96, *Arblade*, Rec.1999, I-8453, *Rev. crit. DIP* 2000.710, note M. Fallon ; *JDI* 2000. 493, note M. Luby.

[92] D. Bureau, H. Muir-Watt, n°552, p. 656-657.

[93] Article 9 (1) du Règlement Rome □ (CE) n° 593/2008 du parlement européen et du conseil du 17 juin 2008 sur la loi applicable aux obligations contractuelles.

a donné lieu à un vif débat doctrinal mais également à une jurisprudence variable des États dans la résolution de cette tension. Pour sa part, la Convention de La Haye n'a pas été insensible à cette question cruciale pour l'efficacité des accords d'élection de for dont elle prône le renforcement. Pour ce faire, la Convention semble adopter une approche médiane entre la solution brutale de la prohibition ou de l'illicéité de l'accord et celle du sacrifice total des lois internationalement impératives. Une limite à l'efficacité des accords d'élection de for est instaurée à travers un contrôle a priori des effets de la mise en œuvre de l'accord sur l'applicabilité des normes internationalement impératives du for saisi et exclu. Telle semble être l'interprétation plausible de l'exception à l'obligation du dessaisissement du for non élu qu'autorise la Convention à travers la confrontation de l'accord à l'ordre public international de ce dernier.

299. Une détermination de l'approche adoptée par la Convention est nécessaire à la lumière des positions doctrinales qui ont essayé d'aborder la question (**A**) mais également à la lumière tant de la pratique jurisprudentielle existante dans certains États (**B**) que du régime européen des accords d'élection de for (**C**).

A. L'approche de la Convention de La Haye à la lumière de la controverse doctrinale sur l'impact des lois de police sur l'efficacité des accords d'élection de for

300. Limiter l'efficacité des clauses attributives de juridiction dans l'ordre international de même que celle des conventions d'arbitrage sur la base de l'applicabilité éventuelle de normes internationalement impératives a souvent été critiqué par la doctrine.

L'argument de base repris par de nombreux auteurs est que les conflits de juridictions et les conflits de lois ne répondent pas aux mêmes préoccupations[94]. Alors que la détermination du tribunal internationalement compétent répond à des soucis de bonne administration de la justice et de commodité des plaideurs, celle de la loi applicable répond à des considérations de fond, notamment la recherche de la loi la plus appropriée pour trancher le litige. Il s'ensuit que la détermination de la compétence ne doit pas, en principe, dépendre d'un débat relatif à la loi applicable au fond. Dans cette perspective, seules des considérations d'ordre procédural, et non substantiel, doivent présider à la détermination des chefs de compétence, ainsi qu'à leur impérativité[95].

On a par ailleurs souligné qu'il peut certes exister une concomitance entre les objectifs poursuivis par la loi de police et la règle de compétence

---

[94] H. Gaudemet-Tallon, « La clause attributive de juridiction », art. préc., p.710 ; Ph. Guez, note précitée sous Cass. civ. 1re, 22 octobre 2008, p. 538.
[95] Ph. Guez, *ibid.*, n°10, p. 538.

juridictionnelle. Ainsi, on a pu observer, à propos des compétences exclusives de l'article 22 du Règlement Bruxelles I (Article 24 du Règlement Bruxelles Ibis et Article 16 des Conventions de Bruxelles et de Lugano), que la loi de l'État du tribunal compétent sera le plus souvent applicable à titre de loi de police. Mais en soi, une telle concomitance ne signifie pas que la compétence juridictionnelle se trouve subordonnée à l'application d'une loi de police. Cela est d'autant plus vrai dès lors que l'on admet que le juge du for (on cite ici le juge français) peut appliquer ou prendre en considération une loi de police étrangère, ce qui revient d'une certaine façon, à reconnaître que l'intérêt que l'État entend protéger ne serait pas systématiquement sacrifié si une juridiction étrangère était saisie du litige[96].

Certains auteurs ont réfuté cet argument en estimant que l'influence de l'impérativité internationale de la norme sur la compétence internationale ne procède pas d'une confusion entre droit applicable et compétence. Il se trouve simplement que l'ordre public constitue une des limites de la prorogation comme il forme une restriction de l'élection de droit. Or, vu l'effet de l'attribution de juridiction, ces limitations coïncident fréquemment[97].

301. Un autre argument soulevé par la doctrine pour asseoir l'efficacité de l'accord d'élection de for quand bien même une loi de police aurait été applicable est le caractère trop incertain de la notion de loi de police. En effet, on a fait valoir que la majorité de la doctrine reconnaît qu'il est impossible d'en donner une définition précise. On peut, certes, s'inspirer de la célèbre définition de Ph. Francescakis, qui a été par ailleurs reprise en substance par la Cour de justice de l'Union européenne et par le Règlement Rome □. Cette définition indique bien la fonction de la loi de police mais on a souligné qu'elle ne permet pas de tracer nettement les limites de deux catégories : les lois qui seraient des lois de police et celles qui n'en seraient pas. La raison en est qu'il s'agit d'une notion fonctionnelle et donc variable selon les circonstances dans lesquelles elle est appelée à intervenir[98]. Dans ce cadre, on a pu citer M. Audit qui affirmait « *En définitive, les lois de police ne se découvrent pas par la simple mise en œuvre d'un critère synthétique et elles ne s'appliquent pas par le seul effet d'une définition abstraite. Ce sont des dispositions susceptibles d'être considérées dans l'ordre juridique dont elles émanent comme internationalement impératives compte tenu de leur but ; leur application effective dans un cas donné est fonction des rattachements de l'espèce*[99] ». Par ailleurs, on a fait observer qu'on ne peut rien déduire du caractère impératif de telle ou telle disposition dans l'ordre interne. En effet, il est acquis depuis longtemps qu'une disposition impérative dans l'ordre interne ne l'est pas

---

[96] En ce sens, v. not. Ph. Guez, *ibid* ; H. Gaudemet-Tallon, « La clause attributive de juridiction », art. préc., p.717.

[97] G. Kaufmann-Kohler, *La clause d'élection de for dans les contrats internationaux*, *op.cit.*, p. 214.

[98] H. Gaudemet-Tallon, « La clause attributive de juridiction », art. préc., p. 713.

[99] B. Audit, L. D'Avout, n°188, p. 173.

nécessairement dans l'ordre international. On se demande alors comment faire dépendre la compétence judiciaire de l'applicabilité d'une loi dont on ne peut savoir à l'avance avec certitude si elle doit être considérée dans l'espèce en cause comme une loi de police[100] ?

302. En outre, une autre raison s'ajoute à l'incertitude de la notion de lois de police. Il s'agit de l'observation que les lois de police ont tendance à se multiplier actuellement dans les ordres juridiques internes et l'on parle d'un « foisonnement » de ce type de lois[101]. Initialement utilisées essentiellement s'agissant de la protection des mineurs et des salariés, ces lois d'application immédiate se rencontrent maintenant dans tous les domaines du droit privé ; en général elles ne sont pas qualifiées de lois de police par le législateur et ce sont les tribunaux qui décident que telle ou telle disposition doit être appliquée dans une affaire donnée à titre de loi de police. Or, il y a une propension certaine à retenir de plus en plus souvent cette qualification. On cite à cet égard le droit communautaire qui selon Mme Gaudemet-Tallon inquiète à ce sujet. L'arrêt *Ingmar* rendu par la Cour de justice des Communautés européennes le 9 novembre 2000[102] a considéré que certaines dispositions de la directive du 18 décembre 1986 sur les agents commerciaux devaient s'appliquer, même si les parties avaient soumis leur contrat à la loi d'un État tiers, dès lors que l'agent avait exercé son activité sur le territoire communautaire. On a estimé que cette conception extensive de la notion de lois de police risque de conduire à considérer comme telles toutes les directives de rapprochement des législations, directives destinées à diminuer les distorsions de concurrence à l'intérieur de l'Union européenne[103]. Par conséquent, ayant une fâcheuse tendance à se multiplier et dans les droits nationaux et dans le droit communautaire, une partie de la doctrine estime que l'intervention des lois de police risquerait de porter une atteinte démesurée aux clauses attributives de juridiction si ces dernières devaient être écartées dès lors qu'une loi de police serait en cause[104]. Dans ce contexte, on évoquait la remarque faite par P. Lagarde dès 1974, qui a souligné que « un usage immodéré de la notion de lois de police n'est pas sans inconvénient dans le domaine des conflits de lois. Mieux vaut exclure complètement celle-ci en matière de compétence judiciaire »[105].

303. On a également avancé que la constatation du phénomène de rapprochement entre les lois de police respectives des États permet d'estimer que la clause attributive de juridiction n'est pas si dangereuse que cela pour

---

[100] H. Gaudemet-Tallon, « La clause attributive de juridiction », art. préc., p. 713.
[101] M.-L. Niboyet, G. de. G. De la Pradelle, n°265, p. 198.
[102] CJCE, 9 novembre 2000, aff. C-381/98, *Ingmar*, Rec. 1999, I-9305, *Rev. crit. DIP* 2001. 107, note L. Idot.
[103] H. Gaudemet-Tallon, « La clause attributive de juridiction », art. préc., p. 714.
[104] *Ibid.*
[105] P. Lagarde, note sous Trib. gr. inst. Nanterre, 18 septembre 1974, *Rev. crit. DIP* 1975, p. 124.

les lois de police. Dans tous les États, on trouve des lois de police qui poursuivent les mêmes objectifs et, particulièrement en matière contractuelle, nombreux sont les États dont la législation contient des dispositions destinées à réguler le marché, à contrôler les opérations financières etc.[106].

304. Mme H. Gaudemet-Tallon a notamment mis l'accent, dans sa défense de la nécessité de préserver l'efficacité de la clause attributive de juridiction en présence d'une loi de police du for, sur le fait que les garanties au stade de l'exequatur sont suffisantes. Raisonnant dans le cadre du droit français, l'auteur précise que lors du contrôle sur le jugement étranger et depuis l'arrêt *Cornelissen*[107] de la Cour de cassation française, désormais le juge français ne contrôle plus la loi appliquée par le juge étranger. Cependant, l'arrêt *Cornelissen* réserve la « fraude à la loi », et l'arrêt *Simitch*[108] de la Cour de cassation indique pour sa part que le choix de la juridiction étrangère ne doit pas avoir été « frauduleux ». Or, selon l'auteur, ce recours à la fraude permettra de refuser l'exequatur à la décision du juge désigné par les parties si la preuve est apportée que les parties ont eu pour seul but d'échapper à l'application d'une loi de police française et qu'elles ont choisi un tribunal dont elles savaient à l'avance qu'il ne tiendrait pas compte de la loi de police française et n'appliquerait pas une loi de police équivalente de son propre ordre juridique. Ainsi, ce contrôle de la fraude à la loi au stade de l'exequatur est estimé un moyen d'action suffisant entre les mains du juges français pour la sauvegarde de ses lois de police[109].

305. D'autres arguments sont invoqués à l'appui du maintien de l'efficacité des clauses attributives de juridiction en dépit de l'existence de lois internationalement impératives. Outre l'approche comparée avec le droit de l'arbitrage et les considérations d'ordre pratique, on invoque surtout l'impact de la mondialisation et de l'ouverture des systèmes nationaux de conflit de juridiction[110]. Ces arguments autorisent selon un auteur de parler de règles « d'application semi-nécessaire[111]».

D'abord, dans une approche comparée avec le droit de l'arbitrage, on a relevé que la seule limite touchant aux règles matérielles que l'article □□ de la Convention de New York pose aux effets du compromis et de la clause compromissoire est la prescription selon laquelle ceux-ci doivent porter « sur une question susceptible d'être réglée par voie d'arbitrage ». M. Radicati affirmait que cette règle serait certainement susceptible d'être utilisée en

---

[106] H. Gaudemet-Tallon, « La clause attributive de juridiction », art. préc., p. 717.

[107] Cass. civ. 1re, 20 février 2007, *Cornelissen*, D. 2007, 1115, note L. d'Avout et S. Bollée ; *Rev. crit.DIP* 2007. 420, note B. Ancel et H. Muir Watt ; *JDI* 2007. 1195, note F.-X. Train.

[108] Cass. civ. 1re, 6 février 1985, *Simitch*, *Rev. crit. DIP* 1985.369, *JDI* 1985.460, note A. Huet.

[109] H. Gaudemet-Tallon, « La clause attributive de juridiction », art. préc., p. 719-720.

[110] L. G. Radicati di Brozolo, « Mondialisation, juridiction, arbitrage : vers des règles d'application semi-nécessaire ? », *Rev. crit. DIP 2003*.1.

[111] *Ibid.*, n°37, p. 35.

jouant sur une interprétation restrictive de la notion d'arbitrabilité afin de garantir l'application des lois de police du for en empêchant le recours à l'arbitrage chaque fois que l'espèce litigieuse tombe sous l'emprise d'une de ces lois. Or, en réalité, on assiste partout à une tendance à interpréter la limite de l'arbitrabilité de manière de moins en moins restrictive, avec la conséquence que beaucoup de matières faisant l'objet de lois de police sont néanmoins considérées comme arbitrables. Cette évolution est notamment la conséquence du désir d'éviter qu'une interprétation restrictive soit utilisée comme pur instrument pour opposer des obstacles à l'arbitrage, et plus généralement de la faveur de plus en plus étendue pour l'arbitrage ainsi que parfois de la conviction que le respect des lois de police pourrait être assuré par d'autres moyens, notamment au stade du recours en annulation de la sentence ou de sa reconnaissance ou exécution[112].

Par conséquent, le parallélisme avec l'acceptation croissante d'une interprétation restrictive de la notion de différends non arbitrables conduit à soutenir l'affirmation qu'une interprétation de la possibilité de déroger à la juridiction qui tienne peu compte des lois de police est la plus plausible. En effet, l'interprétation restrictive de la notion de différends non arbitrables a amené à un élargissement du nombre de cas où il est possible de ne pas appliquer les lois en question[113].

Certes, on a admis à propos tant des clauses attributives de juridiction que des clauses d'arbitrage, qu'au moins en principe, il paraîtrait raisonnable de refuser de donner effet à un choix de for étranger, ou à un accord arbitral, manifestement destiné à éviter l'application de certaines règles matérielles, à supposer évidemment que celles-ci aient un caractère essentiel dans le cas d'espèce compte tenu de la situation de fait et des intérêts qu'elles poursuivent. Néanmoins, à la réflexion, on a estimé qu'il y a une raison d'ordre pratique, qui rend peu vraisemblable que les lois de police puissent jouer un rôle important comme fondement d'un refus de donner effet aux clauses de juridiction, même si l'on accepte la possibilité de tenir compte de la fraude dans ce contexte. La raison est que dans la plupart des cas il sera impossible de prouver le caractère frauduleux du choix d'un for étranger, puisque ce choix peut être influencé par les facteurs les plus différents, ayant trait aux parties ou à la situation en jeu, qui sont rarement tous explicitement déclarés ou identifiables.

À cet égard, on a souligné que même la doctrine pour laquelle le choix du for prétendument frauduleux est inefficace reconnaît que la fraude est automatiquement exclue lorsque le choix est déterminé par des raisons légitimes, telles que la neutralité du for choisi par rapport aux parties, ses liens avec un élément du cas d'espèce, le fait qu'il s'agisse du for du pays dont le

---

[112] *Ibid.*, p. 8-9.
[113] *Ibid.*, n°15, p. 15-16.

droit est la lex causae du rapport litigieux ou d'un autre rapport auquel celui-ci est lié. À cela on ajoute les raisons liées au bon fonctionnement des tribunaux du for choisi ou leur expertise spécifique dans la matière litigieuse (ou celle des avocats du barreau local), les règles de procédure, la langue, la localisation géographique, le fait que la loi locale, même si elle n'est pas la lex causae, est celle qui régit un aspect du rapport (par exemple les garanties), ou d'autres raisons ayant regard au cas concret. Par conséquent, la multiplicité des considérations pouvant porter à un choix de bonne foi du for a mené à la conclusion qu'en l'absence d'indices certains, et donc non seulement présomptifs, de l'intention d'éluder l'application des lois de police du for -et du fait que cette intention ait été le seul élément, ou l'élément principal à la base du choix- le choix d'un for étranger ne peut être considéré de mauvaise foi ou abusif et donc inefficace pour le seul fait qu'il conduit à l'éviction des lois de police du for[114].

306. La désactivation des normes internationalement impératives face à une clause d'élection de for est soutenue par une partie de la doctrine même à un stade ultérieur, lorsque la juridiction du for a été totalement évincée et que l'on est ainsi arrivé à un jugement étranger. On a notamment avancé que l'ordre juridique du for finira le plus souvent par devoir accepter la manière dont la situation litigieuse a ainsi été réglée et cela nonobstant une divergence éventuelle entre cette règlementation du cas d'espèce et celle à laquelle on serait arrivé si celui-ci avait fait l'objet d'un jugement devant les tribunaux du for évincé dans lequel les lois de police locales auraient été appliquées. À l'appui de ce constat, on cite d'abord une raison pratique, étant donné que le juge dont les lois de police auraient vocation à s'appliquer pourrait ne jamais avoir l'occasion de se prononcer sur la question qui lui a ainsi été « enlevée », du moment qu'il pourrait ne jamais lui être demandé de reconnaître le jugement étranger ou de lui donner force exécutoire. Mais, la raison réside surtout dans les principes tant de droit conventionnel que de droit commun, en matière de reconnaissance et d'exécution des jugements étrangers. En effet, la possibilité d'un contrôle de l'application des lois de police du for par le jugement étranger est empêchée en pratique par l'interdiction de la révision au fond, ainsi que par l'interdiction de plus en plus répandue d'opposer à la reconnaissance, la non-application par le juge étranger des règles matérielles qui auraient été applicables en vertu des principes de conflit de lois du for. Ces dernières devraient comprendre également les principes « unilatéraux » imposant l'application de certaines règles matérielles du for indépendamment du caractère non purement interne du cas d'espèce. En définitive, ce n'est que par le biais de l'exception d'ordre public qu'il resterait possible de donner effet aux règles de droit matériel dont les lois de police du for, dans une situation ayant fait l'objet d'un jugement étranger.

---

[114] *Ibid.*, n°14, p. 14-15.

S'agissant du contenu de l'ordre public, il est soutenu que quoique celui-ci demeure une notion de droit national qui ne prend pas sa source dans un ordre supérieur, l'on assiste à une évolution qui porte de plus en plus à concevoir cette notion comme incorporant pour l'essentiel les seules valeurs vraiment fondamentales de chaque système juridique qui le plus souvent, surtout en matière de rapports commerciaux, se retrouvent dans des principes qui, bien qu'incorporés dans l'ordre juridique national, trouvent leur origine dans des sources d'ordre supérieur ou sont largement acceptés au niveau international[115]. Cela étant, il en découle que l'ordre public ne peut pas comprendre la gamme entière des lois de police du for, du moment que l'on peut difficilement concevoir que chacune d'elle codifie un principe d'ordre vraiment fondamental ou supérieur[116].

Quant à l'étendue du contrôle de l'ordre public, on a relevé que compte tenu du fait que ce sont seulement les « effets » et la « reconnaissance » du jugement qui doivent être contraires à l'ordre public, et que l'ordre public joue un rôle « affaibli » dans le contexte de la reconnaissance par rapport à la situation où le juge est appelé à appliquer directement la loi étrangère, le contrôle du respect de l'ordre public ne devrait jamais pouvoir arriver à garantir un respect ponctuel des lois de police du for telles qu'elles auraient été appliquées par le juge de celui-ci. Ce résultat qui paraît être en contradiction avec la nature même des lois de police n'en est pas moins admissible selon certains auteurs car le fait que l'ordre public comprend les seuls principes vraiment fondamentaux suffit à garantir qu'on ne reconnaîtra pas les jugements indiscutablement inacceptables, tels que ceux considérant comme valable un contrat portant sur le commerce du drogue[117].

307. Mais c'est surtout l'accroissement de l'internationalisation des rapports juridiques conjugué à l'élargissement de l'ouverture des ordres juridiques nationaux envers les juridictions alternatives au for en accord avec le libéralisme dominant nécessaire au développement du commerce international qui justifieraient selon une partie de la doctrine[118] la désactivation de l'impérativité des lois de police en présence d'un accord d'élection de for.

En effet, on a soutenu qu'une attitude ouverte à l'égard de la dérogation à la juridiction qui ne l'assujettisse pas au respect ponctuel des lois de police, est cohérente avec l'acceptation des principes du libéralisme économique et l'exigence désormais largement reconnue du respect de l'autonomie des

---

115 Cour de cassation Italienne, 11 septembre 2000, n° 14622, Riv. Dir. internaz. Priv. E proc., 2001, p. 684.

116 En ce sens, v. not. L. G. Radicati di Brozolo, « Mondialisation, juridiction, arbitrage », art. préc., pp. 17-20 ; D. Bureau, H. Muir Watt, *Droit international privé*, n°892-3, p. 377.

117 *Ibid.*, pp. 20-21.

118 En ce sens, v. not. L. G. Radicati di Brozolo, « Mondialisation, juridiction, arbitrage », art. préc., p. 24-32 ; D. Bureau, H. Muir Watt, n°892-1, p. 371-374.

parties dans les rapports internationaux. À cet égard, on n'a pas manqué de remarquer que l'ouverture envers les juridictions alternatives à celles du for s'est produite initialement vers l'arbitrage, et donc vers le système en principe le moins adapté à assurer le respect des lois de police. Ce qui laisse entendre que l'acceptation croissante de la possibilité de déroger à la juridiction du for est due en grande partie à des considérations qui n'ont rien à voir avec les règles appliquées[119]. Dans ce contexte, on a cité à titre d'exemple le droit italien où l'interdiction des clauses de choix de juridiction qui valait jusqu'à la réforme était dictée par l'intention non pas tellement de prévenir l'éviction des lois de police du for, mais plutôt de ne pas limiter le champ d'application universel de la juridiction italienne et de ne pas priver le défendeur italien de son juge « naturel »[120].

Quant à l'acceptation de l'arbitrage, elle est entre autres due au désir de laisser à l'autonomie des parties la liberté qui est inhérente à un système économique inspiré des valeurs libérales. Et c'est cet élément qui est considéré le ressort principal à la base de l'extension du droit des particuliers de déroger par accord à la juridiction du for également en faveur des tribunaux des autres pays. Cet élément est mis en exergue par la référence à « la nécessité de favoriser le jeu de l'autonomie privée dans le choix de la juridiction » figurant dans une décision de la Cour constitutionnelle italienne[121]. Selon M. Radicati, la Cour constitutionnelle italienne a bien compris l'esprit libéral de la réforme italienne des conflits de juridictions et, plus généralement, l'évolution de la matière.

308. Le droit de choisir le for, ainsi que la garantie que ce choix ne sera pas remis en discussion, sont jugés essentiels pour prévoir la juridiction compétente. Ils sont également indispensables pour la sécurité dans les rapports économiques internationaux et pour la possibilité d'en forger les contours de la manière la plus conforme aux intérêts des participants.

309. La faveur pour les accords d'élection de for est due également à des considérations évidentes d'économie des procès, et notamment à l'opportunité d'éviter des coûts et des duplications aussi bien pour les particuliers que pour les systèmes judiciaires nationaux et des jugements incompatibles. Il en découle que l'attribution d'un rôle aux lois de police dans l'évaluation des élections de for ou au stade de la reconnaissance des jugements, risquerait selon certains auteurs de compromettre sérieusement le fonctionnement pratique du système et serait contraire aux attentes des parties[122]. Du moment que les prétentions des lois de police des différents pays à s'appliquer à chaque

---

[119] L. G. Radicati di Brozolo, « Mondialisation, juridiction, arbitrage », art. préc., p. 25-26.
[120] *Ibid.*, p. 26.
[121] Décision du 18 octobre 2000, Palmieri c. Colcos, Riv. dir. internaz., 2000, p. 164 et s, citée par L. G. Radicati di Brozolo, « Mondialisation, juridiction, arbitrage », art. préc., note de bas de page n°52.
[122] L. G. Radicati di Brozolo, « Mondialisation, juridiction, arbitrage », art. préc., p. 27.

cas d'espèce sont difficiles à prévoir, la possibilité que le moment venu celles-ci soient invoquées pour neutraliser un choix de for étranger ou pour faire échec à la reconnaissance du jugement rendu par lui, pourrait en effet affaiblir la confiance envers ces clauses, ou obliger à des stratégies très compliquées, mais finalement probablement inutiles, pour identifier le for dont les jugements courent les moindres risques d'être ainsi mis en discussion. Il en dériverait des conséquences assez graves, notamment l'incertitude quant à la règlementation des situations individuelles, des règlementations boiteuses, des pertes de temps et d'énergie pour obtenir de nouvelles règlementations, le tout en pleine contradiction avec le but poursuivi par l'acceptation du principe de la possibilité de déroger à la juridiction et de reconnaître les jugements étrangers. Le résultat serait particulièrement pervers si l'on considère que les parties intéressées ne pourraient presque rien faire pour éviter tout cela. Dans ce contexte, on a fait valoir que dans les rapports internationaux, du moment qu'il manque un for unique par rapport auquel le recours à tout autre for pourrait être considéré abusif, il est bien évident que, quelle que soit la juridiction à laquelle les parties choisissent de se soumettre par accord, et quelles que soient les règles appliquées, le résultat pourrait toujours être mis en discussion ailleurs[123].

On a également soutenu qu'une fois que les États ont accepté le principe que les litiges internationaux peuvent être soustraits à leur juridiction et que les jugements étrangers de même que les sentences arbitrales étrangères doivent être reconnus, il devient de plus en plus difficile et contradictoire de vouloir échapper aux conséquences de cette ouverture en invoquant les lois de police. La possibilité que la loi du for et ses lois de police ne soient pas appliquées lorsque c'est le juge étranger qui exerce la juridiction est donc une conséquence presque inéluctable de l'acceptation de la liberté de choix de juridiction et de la reconnaissance des jugements étrangers[124].

On a par ailleurs remarqué qu'une telle évolution est en ligne avec le recul de l'approche « nationaliste » qui caractérise en général les conflits de juridiction et qui est facilitée par la confiance accrue envers les systèmes d'exercice de la juridiction autres que celui du for. Une telle confiance est justifiée par la constatation de la « fongibilité tendancielle des juridictions » aux dires de la Cour Constitutionnelle italienne[125].

Cette ouverture en faveur des systèmes étrangers est favorisée en partie par le rapprochement de certaines valeurs de droit procédural et de droit matériel incorporées dans les lois de police des différents États, qui s'explique aussi par le fait qu'en mesure croissante ces lois sont le produit direct ou indirect de sources internationales ou supranationales[126].

---

[123] *Ibid.*, p. 26-28.
[124] *Ibid.*, p. 28.
[125] Décision du 18 octobre 2000, Palmieri, précitée.
[126] L. G. Radicati di Brozolo, « Mondialisation, juridiction, arbitrage », art. préc., p. 29.

Cette évolution devient presque inévitable car, dit-on, dans un monde toujours plus globalisé et interconnecté où les rapports sont de plus en plus internationaux et moins clairement liés à un seul État, il devient impossible d'identifier un système juridique ayant un titre spécial ou prioritaire à les régler - par ses propres règles matérielles et à travers sa juridiction- et par conséquent à y appliquer ses propres lois de police. Il en découle la nécessité d'accepter l'inexistence d'un monopole de l'État quant à l'exercice de la juridiction et à l'application de ses règles aux relations internationales[127].

Ce courant doctrinal précité arrive à conclure que le conflit entre les prétentions des différents États à régler les cas d'espèce individuels ne peut raisonnablement trouver qu'une solution : celle d'admettre l'exercice de la juridiction par l'État dont les tribunaux sont choisis par les parties intéressées parce que, pour une raison ou pour une autre, ils sont considérés comme les mieux adaptés, et d'accepter que ce résultat entraîne inévitablement la non application des lois de police des autres pays. Ceux-ci pourront s'opposer à ce résultat seulement dans des cas exceptionnels, lorsque les lois de police évincées coïncident avec des principes vraiment fondamentaux appartenant à l'ordre public du for dont les lois sont évincées et ceci par le biais du contrôle de la conformité à l'ordre public au stade de la reconnaissance du jugement étranger[128].

Cette approche des effets de la mondialisation quant à l'impact des lois de police sur les accords d'élection de for implique selon l'expression de M. Radicati d'admettre que les règles classifiées, selon une certaine terminologie des conflits de lois, comme des règles d'application nécessaire ne seront souvent en fait que des règles d'application « semi nécessaire » ou « quasi nécessaire » du moment qu'elles perdent leur caractère d'application nécessaire chaque fois que ce n'est pas le juge du for qui exerce la juridiction[129].

310. Il n'en demeure pas moins que cette conception des rapports entre la clause attributive de juridiction et les lois internationalement impératives est excessive en ce qu'elle ne prend pas en considération la mise en œuvre d'un droit économique qui se construit difficilement à travers une régulation qui est un contrepoids nécessaire aux effets nocifs de la mondialisation.

À l'image de certains[130], nous sommes loin d'être assurés des prétendus bénéfices d'une concurrence entre les différents systèmes juridiques, via la

---

[127] *Ibid.*, p.29-30.

[128] *Ibid.*, p. 32-33.

[129] *Ibid.*, p. 35.

[130] J-B. Racine, « Droit économique et lois de police », *RIDE* 2010/1, t, XXIV, p. 61, spéc. p. 71-72, l'auteur affirme : « il est naturel qu'un ordre public accompagne l'accroissement des échanges économiques internationaux. Les lois de police, avec toutes leurs imperfections, ne sont qu'un instrument parmi d'autres d'un droit de la mondialisation qui se construit » ; M.-N. Jobard-Bachellier, « une impérativité active des règles de droit dans l'ordre international », in Mélanges en l'honneur du Professeur P. Mayer, LGDJ, 2015, p.345, spéc. p. 363.

pleine liberté et efficacité des clauses de choix de juge, capable de mener à une plus grande harmonisation des valeurs de fond protégées par chacun d'eux. Bien au contraire, c'est en amont grâce à la résistance de juges gardiens des impérativités étatiques que peut se construire un ordre public protecteur mais qui doit être adapté aux relations internationales.

Par ailleurs, en dépit du fait que la sécurité juridique et la fiabilité sont des valeurs particulièrement importantes dans le règlement international des litiges, l'autonomie des parties n'est jamais et nulle part accordée de manière absolue. Des politiques législatives impérieuses du for impliquent des restrictions à cette autonomie à tous les niveaux du système juridique afin d'empêcher les parties d'affaiblir et même d'éluder toute mise en œuvre de telles politiques[131]. De là, on mesure le rôle des juridictions étatiques dans l'établissement d'un équilibre prudent entre l'autonomie de la volonté en matière juridictionnelle et la préservation des intérêts étatiques majeurs.

La Convention de La Haye semble tenir compte de ces considérations à travers les dispositions de l'article 6 (c) (2). Cette disposition instaure selon l'interprétation d'une partie de la doctrine un contrôle a priori, certes exceptionnel, des effets néfastes de la clause empêchant de lui donner effet[132]. Il s'agit d'un contrôle des effets de la mise en œuvre de l'accord d'élection de for sur l'applicabilité des règles internationalement impératives du for exclu à travers la possibilité qu'elle ouvre au juge saisi en dépit de l'accord de ne pas se dessaisir au profit du juge élu en cas de risque de violation de son ordre public international pris dans son acception positive. Plus précisément, en cas de risque que ses règles internationalement impératives ne soient méconnues par le juge élu. Il s'agit d'une neutralisation casuelle de la clause attributive de juridiction pour sauvegarder l'impérativité des lois de police du juge exclu.

C'est précisément afin de maintenir un équilibre prudent entre les considérations de l'autonomie des parties et les intérêts et aptitudes des États à structurer leurs systèmes juridiques d'une manière qui reflète leurs propres valeurs qu'a été admise cette limite exceptionnelle à l'efficacité de la clause d'élection de for[133].

311. Cette clause échappatoire prévue par la Convention a été vivement soutenue par les États lors des travaux préparatoires de la Convention. Elle offrait à ces derniers le moyen de sauvegarder leur organisation et constituait de ce fait un contrepoids nécessaire à la mobilité juridictionnelle reconnue aux parties à travers les accords d'élection de for.

---

131 M. Weller, « Choice of forum agreements under the Brussels I recast and under The Hague Convention », art. préc., p. 103.

132 M.-N. Jobard-Bachellier, « une impérativité active des règles de droit dans l'ordre international », art. préc., p. 362 ; M.-N. Jobard-Bachellier, F.-X. Train, note précitée sous Cass. civ. 1re, 22 octobre 2008, p.614 ; Ph. Guez, note précitée sous Cass. civ. 1re, 22 octobre 2008, n°15, p. 539.

133 En ce sens, v. not. R. A. Brand, P. M. Herrup, p. 78.

Cette approche dans la résolution du problème de l'impact des accords d'élection de for sur les lois internationalement impératives consacre une impérativité active des règles de droit dans l'ordre international. Elle s'avère de ce fait plus effective que l'option du contrôle a posteriori prônée par certains systèmes juridiques notamment le système de droit commun français. Il n'en demeure pas moins que ce contrôle soulève des difficultés de mise en œuvre qui ne manqueront pas de se répercuter sur l'utilité pratique des accords d'élection de for et plus précisément leur aptitude à écarter toute incertitude sur la compétence judiciaire.

312. Le contrôle a priori admis par la Convention traduit une voie médiane consistant à n'admettre la pleine efficacité de l'accord d'élection de for que s'il est démontré que le juge élu donnera effet aux règles internationalement impératives du for exclu, que ce dernier estimera applicables en l'espèce. Cette prise en considération par le juge élu des règles internationalement impératives du juge exclu ne se limite pas au constat de l'applicabilité probable de ces règles mais peut également se traduire par l'applicabilité de règles similaires ou permettant d'atteindre l'objectif que tend à réaliser les règles internationalement impératives du for exclu. Il s'agit de mettre en place un contrôle de l'équivalence entre la loi de police du for exclu et la loi qui sera éventuellement appliquée par le juge étranger élu.

Ce recours à l'équivalence dans la mise en œuvre de la limite au jeu de la clause d'élection de for permettra, entre autres, de cantonner les lois de police dont l'application n'est justifiée que s'il est démontré qu'elle est nécessaire à la préservation des intérêts essentiels qu'elles prennent en charge. Si ces intérêts sont protégés par la loi désignée par la règle de conflit du for élu, elles doivent s'effacer.

313. le contrôle mis en œuvre par la Convention n'est pas sui generis. On lui trouve un écho dans la jurisprudence de plusieurs États qui fait appel à la notion d'ordre public pour sanctionner le non-respect probable de ses règles internationalement impératives.

B. L'approche de la Convention de La Haye à la lumière de la jurisprudence dans certains États

314. La limite apportée à la mise en œuvre de l'accord d'élection de for par la Convention de La Haye à travers le contrôle *a priori* des effets de l'accord sur l'efficacité des règles internationalement impératives du for exclu semble refléter l'état du droit dans certains États.

Il est intéressant d'analyser cette jurisprudence qui s'est développée dans certains États, ce qui permettra de lever les zones d'ombre que suscite cette exception.

Certes une jurisprudence contraire s'est dessinée en France, cependant, force est de constater qu'un accueil mitigé lui a été réservé à la lumière de ses conséquences pratiques.

315. D'abord, la jurisprudence allemande fournit un exemple de la solution admise par la Convention de La Haye.

Par une décision du 5 septembre 2012[134], la Cour de justice fédérale allemande (Bundesgerichtshof) approuve les juges du fond d'avoir refusé de reconnaître l'efficacité de la clause attributive de juridiction dès lors que la loi choisie par les parties et qui serait appliquée par le juge élu n'assure pas le respect des exigences internationalement impératives.

Les faits de l'affaire qui a donné lieu à l'arrêt se résumaient en un contrat d'agence commerciale qui a été conclu entre un agent établi en Allemagne et une société américaine. Il prévoit l'application de la loi de l'État de Virginie et comporte une clause attribuant compétence aux juridictions de ce même État. Il est mis fin au contrat et l'agent commercial réclame une indemnité de fin de contrat et un rappel de commissions. L'activité de l'agent s'exécute sur le territoire de l'Union européenne. Aussi par application de la jurisprudence *Ingmar*[135], devrait-il bénéficier des dispositions impératives de la directive n° 86/653[136] qui prévoient le versement d'une indemnité de rupture à l'agent commercial[137] telle que mise en œuvre dans le droit allemand[138], mais si l'on admettait le jeu de la clause attributive de juridiction, il risquerait d'en être privé.

La problématique était alors de savoir s'il faut admettre le jeu de la clause attribuant compétence aux juridictions d'un État tiers lorsque le litige entre dans le champ d'application d'une loi de police du for ?

La Cour d'appel a par application du droit allemand, spécialement l'article 34 EGBGB et § 89b HGB prises en application de la directive n° 86/653, refusé de donner effet à la clause d'élection de for attribuant compétence exclusive aux tribunaux de Virginie pour connaître de la demande d'indemnité formulée par l'agent commercial.

Devant la Cour de justice fédérale, le recours fait en vain valoir que doit être posée à la Cour de justice de l'Union européenne une question préjudicielle sur le point de savoir si l'inefficacité d'une clause attribuant compétence exclusive aux tribunaux d'un État tiers découle nécessairement de la transposition des articles 17 et 18 de la directive 86/653/CEE.

La Cour de justice fédérale a considéré que l'arrêt *Ingmar*[139] de la Cour de justice de l'Union européenne lui offrait les outils dont elle a besoin pour écarter en l'espèce la clause attributive de juridiction et elle en déduisait que

---

[134] Cour de justice Fédérale (Allemagne), 5 septembre 2012, *Rev. crit.DIP* 2013.890, note F. Jault-Seseke.

[135] CJCE, 9 novembre 2000, aff. C-381/ 98, *Ingmar*, précité.

[136] Directive 86/653/CEE du conseil du 18 décembre 1986 relative à la coordination des droits des États membres concernant les agents commerciaux indépendants.

[137] *Ibid.*, les articles 17 et 18.

[138] L'article 34 EGBGB et le § 89b HGB.

[139] CJCE, 9 novembre 2000, aff. C-381/ 98, *Ingmar*, précité.

le renvoi préjudiciel à la Cour de justice n'était pas nécessaire. En effet, la Cour fédérale allemande rappelle que la Cour de justice de l'Union européenne dans l'affaire *Ingmar* a affirmé que les articles 17 et 18 de la directive 86/653/CEE, qui accordent des droits à l'agent commercial à la fin de son contrat, doivent recevoir application lorsque l'agent commercial, comme en l'espèce, exerce son activité dans un État membre au profit d'une entreprise sise dans un État tiers dont la loi a été choisie par les parties et que les articles 17 à 19 de la directive ont notamment pour finalité de protéger l'agent commercial.

Pourtant, l'arrêt *Ingmar* n'envisageait que la question de la mise à l'écart de la loi choisie et n'abordait pas celle du juge élu. Il se limitait à affirmer que les articles 17 et 18 de la directive, articles qui prévoient dans certains cas l'indemnisation de l'agent commercial lors de la rupture du contrat, doivent recevoir application lorsque l'agent a exercé son activité sur le territoire de l'Union européenne, peu important que son cocontractant ait son siège dans un État tiers et que le contrat prévoit l'application de la loi de cet État tiers[140].

La Cour fédérale allemande paraît assurer, sur le terrain de la compétence juridictionnelle par la mise à l'écart de la clause d'élection de for, le respect du caractère impératif des articles 17 et 18 de la directive 86/652/CEE énoncé par la décision de la Cour de justice dans l'affaire *Ingmar* en faveur de l'agent commercial dont la protection est l'une des finalités des dispositions en cause. La Cour fédérale estime que l'effet utile des dispositions de la directive est ainsi renforcé.

À l'image de certains auteurs[141], on peut regretter que l'occasion n'ait pas été donnée à la Cour de justice de l'Union européenne de se prononcer sur le jeu de la clause attributive de juridiction. Cette intervention aurait permis de clarifier le régime européen des clauses attributives de juridiction et aurait offert aux États pour l'avenir un outil d'interprétation précieux des dispositions de la Convention de La Haye sur la question.

316. Il est important d'observer la prudence dont fait preuve la Cour fédérale allemande dans la mise en œuvre de cette limite à l'efficacité de l'accord d'élection de for. Cette prudence est la première directive qu'on peut transposer dans le cadre de la mise en œuvre des dispositions de l'article 6 (c) (2) de la Convention de La Haye. En effet, en déduisant de l'arrêt *Ingmar* la possibilité d'écarter la clause attribuant compétence à la juridiction d'un État tiers, la Cour fédérale évoque une faculté et non une obligation. D'après la haute juridiction allemande, à supposer que l'impérativité internationale de la directive 86/653 doive avoir des conséquences sur l'efficacité des clauses attributives de juridiction, il ne fait pas de doute que la décision de la Cour d'appel de Stuttgart qui a refusé de reconnaître l'efficacité de la clause

[140] F. Jault-Seseke, note sous Cour de justice Fédérale (Allemagne), 5 septembre 2012, *Rev. crit.DIP* 2013.890, spéc. p. 894-895.

[141] V. not. F. Jault-Seseke, *ibid.*

désignant les juridictions de l'État de Virginie est conforme au droit de l'Union européenne. Elle relève que le tribunal désigné aurait appliqué la loi choisie dans le contrat, en l'occurrence sa propre loi, qui ne respecte pas les exigences impératives posées par la directive et aurait refusé de faire droit à la demande d'indemnité formée par l'agent commercial. La mise à l'écart de la clause attributive de juridiction se révèle être le moyen qui permet d'assurer l'application des dispositions impératives protectrices de l'agent commercial.

317. En outre, la décision de la Cour fédérale pose deux conditions pour la mise à l'écart de la clause attributive de juridiction en présence d'une loi de police de source européenne. D'une part, la loi choisie par les parties, celle d'un État tiers, en ce qu'elle ne prévoit pas d'indemnité de rupture ne respecte pas les exigences impératives européennes et, d'autre part, le tribunal élu, n'étant pas lié par les dispositions assurant le respect de ces exigences, va rejeter la demande d'indemnité de rupture. A contrario, on devrait pouvoir admettre le jeu de la clause lorsqu'il apparaît plausible que le juge élu fasse application d'une loi qui offre une protection équivalente à celle prévue par le droit de l'Union européenne. Autrement dit, la mise à l'écart de la clause attributive de juridiction semble supposer que l'on s'assure au préalable que la décision que rendrait le tribunal élu n'est pas susceptible de satisfaire l'objectif poursuivi par les dispositions impératives[142].

318. Cette solution reflète bien l'approche adoptée par les rédacteurs de la Convention de La Haye. Les directives qu'elle consacre peuvent être transposées dans le cadre de cette dernière. Notamment, la Convention octroie une faculté au tribunal saisi en dépit de l'accord de tenir en échec l'effet dérogatoire de la clause, mais cette faculté est subordonnée à la constatation du risque que le juge élu prenne une décision qui ne permette pas de préserver les intérêts essentiels que les lois internationalement impératives du for exclu prennent en charge. Une constatation qui du reste ne découle pas forcément de l'applicabilité d'une loi différente de celle du for exclu, si le résultat de l'applicabilité d'une loi différente aboutit à la préservation des objectifs de ces lois impératives.

Cette solution permet ainsi de ne pas paralyser de façon excessive les clauses attributives de juridiction.

319. Il résulte de cet arrêt de la Cour fédérale que malgré une clause désignant les tribunaux d'un État tiers, les tribunaux d'un État membre de l'Union européenne se reconnaissent compétents afin de garantir l'application de dispositions relevant d'un ordre public international autant étatique que communautaire.

Dans son commentaire de l'arrêt, Mme Jault-Seseke[143] a estimé que cette solution de la Cour fédérale est fondée car elle s'inscrit parfaitement au sein

---

[142] En ce sens, v. not. F. Jault-Seseke, *ibid.*, p. 896.

[143] *Ibid.*

des différentes règles du droit de l'Union européenne, que l'on se tourne vers la directive n° 86/653 telle qu'interprétée par l'arrêt *Ingmar* (l'effet utile de la directive commande la solution sur le plan de la compétence internationale) ou que l'on s'intéresse aux règles relatives à l'espace judiciaire européen. L'auteur précité a certes remarqué qu'aucune disposition du Règlement Bruxelles I ou du Règlement Bruxelles I révisé n'envisage directement l'application des lois de police, et en principe, les clauses attribuant compétence aux juridictions d'un État tiers ne sont pas concernées par ces textes. Mais l'accent est mis sur le fait que ces textes assurent l'application effective des règles protectrices des parties faibles en écartant les clauses attributives de juridiction. Mme Jault-Seseke avance qu'on peut raisonner par analogie afin d'assurer la protection de l'agent commercial qui est l'un des objectifs de la directive 86/653[144].

320. Au demeurant, la décision de la Cour de justice fédérale n'est pas isolée. En 2006, la Cour d'appel de Munich[145] avait adopté une solution semblable à propos des mêmes règles allemandes relatives à l'indemnisation d'agents commerciaux en ces termes : « l'objectif protectionniste de ces dispositions interventionnistes est suffisant pour admettre une interdiction de clause d'attribution dérogatoire de juridiction, s'il existe un risque concret que le tribunal de l'État tiers n'appliquera pas le droit impératif allemand, selon une interprétation possible de son point de vue. Il n'est cependant pas nécessaire de constater réellement que le tribunal de l'État tiers n'appliquera pas définitivement le droit allemand ».

321. La solution retenue par la Cour fédérale allemande concerne comme le montre les faits de l'espèce une élection de for au profit des juridictions d'un État tiers et une loi de police de source européenne. Elle ne semble pas transposable au cas où la juridiction élue serait celle d'un État membre car par hypothèse cette juridiction élue devrait faire prévaloir les dispositions impératives de source européenne. Puisque, tous les États membres ayant entre-temps transposé la directive sur les agents commerciaux, l'ordre public ne pouvait être invoqué pour écarter de telles clauses. Cependant, avec l'arrêt *Unamar*[146] de la Cour de justice de l'Union européenne, il paraît qu'une telle possibilité reste ouverte. En effet, dans cette affaire mettant à nouveau en cause la directive de 1986 sur les agents commerciaux, la question se posait dans les termes suivants : le juge d'un État membre peut-il appliquer sa propre loi de transposition de la directive, en tant que loi de police, à l'encontre de la loi d'un autre État membre ayant lui-même correctement transposé la directive, mais en des termes différents et moins favorables au demandeur ? Réponse positive de la Cour de justice de l'Union européenne, mais « uniquement si la juridiction saisie constate de façon circonstanciée que, dans

[144] *Ibid.*
[145] OLG München, 17 mai 2006, IPRax 2007. 294, note G. Rühl.
[146] CJUE, 17 octobre 2013, aff. C-184/12, *Unamar c/ Navigation maritime bulgare.*

le cadre de cette transposition, le législateur du for a jugé crucial, au sein de l'ordre juridique concerné, d'accorder à l'agent commercial une protection allant au-delà de celle prévue par ladite directive, en tenant compte à cet égard de la nature et de l'objet de telles dispositions impératives ». Ainsi, en dépit de la communauté d'objectifs qu'elles tendent à faire prévaloir, les directives d'harmonisation minimales laissent donc toutes leur place aux mécanismes du droit international privé, ne réalisant en de telles circonstances qu'une très relative fongibilité entre les législations concernées[147].

Quant à la question de la transposition de la solution de la Cour fédérale au cas où la loi de police est « simplement » de source nationale, il y a lieu de rappeler que la décision de la Cour de justice fédérale est conforme à une jurisprudence allemande ancienne en vertu du droit commun allemand sur les accords d'élection de for dans le domaine de la protection des investisseurs allemands contre la perte des avantages juridiques (Rechtsumschwung) par les clauses d'élection de for et de droit fonctionnant in tandem. La Cour de justice fédérale a à maintes reprises refusé de donner effet à des accords exclusifs d'élection de for désignant les tribunaux à New York et à Londres pour violation de l'ordre public car on s'attendait à ce que les investisseurs allemands ne soient pas en mesure d'invoquer le droit de protection de l'investisseur allemand devant le tribunal étranger choisi[148].

Ces investisseurs étaient des investisseurs privés et leurs accords d'élection de for faisaient partie de leurs conditions générales. Aujourd'hui, la protection de tels investisseurs est assurée par un contrôle de l'équité des conditions générales comme prévu par le droit commun allemand et par la directive sur les clauses abusives dans les contrats conclus avec les consommateurs telle que mise en œuvre en Allemagne[149]. Il n'en demeure pas moins qu'en dehors de ce schéma de contrôle instauré, l'ancienne jurisprudence sur le contrôle des accords exclusifs d'élection de for par le biais de l'ordre public est toujours valable, comme pour les agents commerciaux (non-consommateurs)[150].

Par ailleurs, on peut asseoir l'idée qu'étant donné que ce contrôle exceptionnel a priori correspond à l'interprétation plausible des dispositions de l'article 6 (c) (2) de la Convention de La Haye et étant donné la ratification

---

[147] D. Bureau, H. Muir-Watt, n°566, p. 677.

[148] M. Weller, « Choice of forum agreements under the Brussels I recast and under The Hague Convention », art. préc., p. 104, citant à titre d'exemples, German Federal Court of Justice (Bundesgerichtshof), 12 mars 1984, Docket no VII ZR 10/83 (1994) Wertpapiermitteilungen (WM) 1245 (London) ; German Federal Court of Justice (Bundesgerichtshof), 15 juin 1987, docket no II ZR 124/86 (1987) Wertpapiermitteilungen (WM) 1153 (New York).

[149] *Ibid.*, citant à titre d'exemples, Higher Regional Court (Oberlandesgericht) Dusseldorf, 8 mars 1996, docket no 17 U 179/95 (1996) Wertpapiermitteilungen (WM) 1489; Higher Regional Court (Oberlandesgericht) Dusseldorf, 26 mars 1995, docket no 17 U 240/94 (1995) Wertpapiermitteilungen (MW) 1349.

[150] En ce sens, v. not. M. Weller, « Choice of forum agreements under the Brussels I recast and under The Hague Convention », art. préc., p. 104-105.

par l'Union européenne de la Convention de La Haye, ce contrôle devra également être possible tant dans l'hypothèse d'un accord d'élection de for au profit d'un État tiers et en présence d'une loi de police simplement nationale que dans l'hypothèse d'un accord d'élection du for d'un État membre et en présence d'une loi de police simplement nationale, dans les rapports entre les États parties à la Convention de La Haye. À cet égard, l'article 6 (c) (2) pourrait traduire l'existence d'une sorte de principe de contrôle plancher, au-delà de son champ d'application, réalisable a priori et valable pour l'ensemble des États de l'Union européenne du fait de l'adhésion de celle-ci à la Convention[151].

322. En matière d'arbitrage, les juridictions anglaises avaient d'ailleurs adopté un raisonnement similaire pour écarter une clause compromissoire dont le jeu aurait conduit à la non-application des dispositions impératives de la directive n° 86/653[152].

323. D'autres exemples jurisprudentiels montrent que pour sauvegarder les intérêts essentiels des États poursuivis à travers leurs règles internationalement impératives tout en ne paralysant pas de manière excessive les accords d'élection de for, on peut songer à des techniques plus nuancées que la prohibition ou l'admission pure et simple.

Ainsi, à l'instar de la jurisprudence allemande susmentionnée, les juridictions américaines ont retenu la formule de l'efficacité de la clause attributive de juridiction conditionnée au fond, comme cela fut le cas dans le contentieux *Lloyd's*.

Dans ces affaires, le juge américain avait été saisi par des investisseurs locaux s'estimant victimes de rétention fautive d'informations de la part de l'institution d'assurance anglaise Lloyd's, les ayant conduits à souscrire à des offres faites par cette dernière et se révélant rétrospectivement très problématiques en termes de rentabilité et d'engagements. Malgré l'existence d'une règlementation américaine stricte concernant l'information des investisseurs intervenant sur les marchés financiers, présentant tous les aspects d'une loi de police, les juges américains firent prévaloir la clause attributive de juridiction souscrite par les investisseurs au profit des juridictions britanniques. Cependant, l'efficacité ainsi laissée à la clause attributive de juridiction face à une loi de police du for, tout en étant marquée d'une attitude assez libérale de la part des juridictions américaines, n'est pas allée jusqu'au blanc-seing sur le fond au profit des juges anglais. Dans l'une des affaires, la Cour d'appel américaine a ainsi subordonné l'efficacité de la clause à la démonstration que le droit applicable devant le juge désigné

[151] En ce sens, v. not. M.-N. Jobard-Bachellier, F.-X. Train, note précitée sous Cass. civ. 1re, 22 octobre 2008, p. 615.

[152] Court of Appeal, Queen's Bench Division, 30 oct 2009, *Accentuate Ltd v. Asigra Inc*, [2009] EWHC 2655 (QB).

« prévoit des remèdes suffisants pour protéger les investisseurs »[153] et offre ainsi « une protection substantiellement équivalente à celle des lois de police américaines »[154]. C'est donc sous la condition d'un certain respect de l'efficacité de la politique législative endossée par les lois de police du for américain que les clauses attributives de juridiction au profit de l'Angleterre ont été admises à produire leur effet[155].

Il n'en demeure pas moins qu'une analyse approfondie de la jurisprudence américaine dans les affaires *Lloyd's* permet de montrer le libéralisme accru dont ont fait preuve les juges américains dans leur évaluation de l'impact des règlementations impératives étatiques sur l'efficacité des clauses attributives de juridiction. Un libéralisme critiqué par certains[156].

Aussi est-il intéressant d'analyser cette démarche du juge américain pour s'interroger sur l'opportunité de celle-ci dans le cadre de de la Convention de La Haye.

324. Dans le contentieux Lloyd's, l'affaire opposait depuis le début des années 1990 la société Lloyd's aux investisseurs aussi bien devant les tribunaux anglais qu'aux États-Unis, au Canada, en Australie, en Belgique et devant la Commission européenne. Si une partie en a été résolue par transaction, d'autres différends ont fait l'objet de procédures d'arbitrage. Cependant, reste un nombre considérable de décisions judiciaires de diverses origines nationales. Deux décisions constituent un exemple du contentieux en matière d'effet des règlementations impératives sur l'efficacité des clauses attributives de juridiction. Ces deux décisions, rendues par la Cour d'appel fédérale du 7e circuit, font partie d'une série d'arrêts analogues rendus par des juridictions fédérales d'appel, analysant dans un premier temps l'efficacité des clauses attributives de juridiction au profit des juridictions anglaises et dans un second temps la reconnaissance et l'exécution des décisions de la High Court de Londres rendues en application de ces clauses[157].

La société Lloyd's n'est pas une compagnie d'assurance au sens courant, mais une association exclusive d'investisseurs individuels (les « Noms ») gérée par un comité de direction recruté parmi ses propres membres (qui deviennent alors des « Insiders », Noms actifs) et doté à la fois d'un pouvoir régulateur sur le fonctionnement du marché et d'un pouvoir règlementaire à l'égard des membres. L'attribution du statut de 'Nom' est soumise à la condition de posséder une fortune personnelle et d'accepter d'émettre une

---

153 Cour fédérale d'appel des États-Unis, 5 août 1993, *Bonny v. Society of Lloyd's*, 7ème circuit (3F. 3 d 156), Résumé en français in *Rev. crit. DIP 2002.*531.

154 H. Muir Watt, « L'affaire *Lloyd's* : globalisation des marchés et contentieux contractuel », *Rev. crit. DIP* 2002. 509, spéc. p. 520, n°12.

155 P. de Vareilles-Sommières, « Lois de police et politiques législatives », art. préc., n°77, p.267-268.

156 V. not. H. Muir Watt, « L'affaire *Lloyd's* », art. préc.

157 *Ibid.*, p. 510-511.

lettre de crédit d'un certain montant au profit de la Lloyd's. Les placements sont effectués au nom des investisseurs passifs par des agents - eux-mêmes des noms actifs-auprès de divers 'Syndicates'. Ces Syndicats ne sont pas des entités juridiques, mais de simples groupements de Noms individuels, gérés chacun par un Insider. Chaque Nom s'engage à répondre sur son patrimoine personnel de l'ensemble des pertes subies par le Syndicat auquel il s'est associé par l'intermédiaire de l'agent. Par conséquent, un Nom investit dans plusieurs Syndicats à la fois, de façon à répartir ses propres risques. Généralement, l'adhésion à un syndicat est fondée sur une information financière limitée de l'investisseur[158].

« Les Syndicats suivait un cycle triennal, adapté au besoin de l'assurance maritime. Chaque syndicat acceptait de couvrir des risques déterminés pendant une année, et réglait ensuite les réclamations présentées au cours des deux années suivantes. Au terme de chaque cycle, les comptes étaient clôturés et les bénéfices et pertes distribués. Cependant, lorsque Lloyd's diversifia le domaine de ses activités vers 1900, pour couvrir des risques de sinistres tels la maladie, les calamités naturelles ou le vol, il apparut que le rythme triennal ne convenait plus, la garantie de l'assureur pouvant être appelée bien des années après l'émission de la police. Or, le Syndicat ne pouvait clôturer ses comptes tant que toutes les réclamations liées au risque assuré n'étaient pas réglées. Ces délais étaient considérés comme dissuasifs par les investisseurs, qui engageaient leur entier patrimoine tant que l'exercice n'était pas clos. C'est pourquoi, une pratique, dénommée '*Reinsurance to close*' (RITC), s'est développée. Cette dernière consistait pour un Syndicat, au terme du cycle des trois ans, à transférer l'entier dossier à un autre, encore actif. Ce dernier recevait des *premiums*, sommes d'un montant négocié destinées à répondre aux éventuelles réclamations à venir, mais s'engageait aussi à répondre de l'intégralité des pertes liées au risque assuré par son prédécesseur. L'avantage était ainsi de permettre à ce dernier de procéder immédiatement à la distribution des bénéfices, allégés des *premiums* versés au Syndicat délégué »[159].

L'échec de l'institution était dû au fait que de nombreuses polices émises par *Lloyd's* avant la fin des années 1960 couvraient des risques relatifs à l'utilisation de l'amiante et à la pollution. « La prise de conscience à cette date de l'ampleur des dommages concernés fit également apparaître que les dossiers non clôturés représentaient une bombe à retardement potentielle »[160]. En 1969, le rapport de la Commission Cromer sur l'amiante recommanda de rechercher sans tarder de nouveaux capitaux passifs. C'est ainsi qu'en 1970, les 6.000 Noms britanniques à grande fortune durent se résigner à accueillir des capitaux américains, puis étrangers. Par ailleurs, le seuil de fortune exigé

---

[158] *Ibid.*, p. 512.
[159] *Ibid.*, p. 512-513.
[160] *Ibid.*, p. 513.

pour devenir membre fut diminué pour attirer de nouveaux investisseurs, de sorte qu'en 1988, *Lloyd's* comptait 32. 433 Noms. Toutefois, cet apport massif de capitaux ne suffisait pas à résorber le coût des réclamations liées aux dommages provoqués par l'amiante. Le comité de direction nomma en 1981 un nouveau groupe de travail sur l'amiante, qui démontra aux Insiders l'étendue diabolique des dégâts potentiels.

La réaction de ces derniers a été immédiate. « Sans rien laisser transparaître de l'ampleur du désastre imminent, ils se dégagèrent des Syndicats à risque vers lesquels les agents dirigeaient les nouveaux venus et firent fonctionner leurs liens traditionnels avec les milieux politiques. Et c'est sans difficulté qu'ils obtinrent du parlement britannique l'adoption du *Lloyd's Act*, 1982, lequel renforça les pouvoirs règlementaires du comité de direction, habilité désormais à agir unilatéralement et même rétroactivement pour modifier les statuts du Lloyd's (by-laws), sans avoir à obtenir l'approbation de la majorité des membres (passifs) en assemblée générale, et, pour bonne mesure, dérogea par son article 14 à la *misrepresentation Act* de 1967[161]. Exerçant sans tarder ces nouveaux pouvoirs, *Lloyd's* proposa alors aux Noms un nouvel acte d'engagement (*General Undertaking*) contenant une clause de choix de for et de loi applicable au profit des juridictions et des lois anglaises »[162].

« Durant les années 1990, les réclamations pour des maladies causées par l'amiante sont passées de 10.000 entre 1973 et 1981, pour atteindre 24.000 par an vers 1990 et 60.000 par an dix ans après. Face à des pertes lourdes, le comité de direction prit la décision de créer une entreprise de réassurance, *Equitas*, destinée à assumer les risques subsistants et à permettre ainsi à *Lloyd's* de continuer à vendre de nouvelles polices. Pour alimenter *Equitas* en capitaux, la *Lloyd's* soumit à ses membres une « offre de transaction ». Selon les termes de cette dernière, les Noms qui l'acceptaient seraient protégés provisoirement de l'appel à la garantie et se verraient allouer des « crédits » à valoir lors d'un règlement ultérieur. En contrepartie, ils devaient accepter de libérer quelque 1.4 billion de livres sous forme de primes, que *Lloyd's* était en mesure de mobiliser immédiatement au moyen de lettres de crédit souscrites lors de l'engagement initial. L'acte contenait également deux clauses. La première, « pay now, sue later », excluait toute action en justice d'un Nom contre *Lloyd's* tant que l'intégralité des primes n'avait pas été versée. Selon la seconde, les sommes dues par chaque membre seraient calculées par le *Member's Service Unit* (MSU), dont la conclusion constituerait la preuve

---

[161] Le *Misrepresentation Act* 1967 permet d'obtenir l'octroi des dommages-intérêts et l'annulation (rescission) du contrat obtenu au moyen d'une fausse information, même en l'absence de fraude (dol). La *Lloyd's Act* ne confère pas à *Lloyd's* une immunité à l'égard d'une action délictuelle fondée sur la fraude en *Common law*, qui suppose cependant, pour aboutir, la preuve soit d'une intention délibérée de tromper, soit d'une conviction de la fausseté de la représentation, soit encore d'une indifférence quant au point de savoir si elle est vraie ou fausse.

[162] H. Muir Watt, « L'affaire *Lloyd's* », art. préc, p. 513-514.

définitive (« *Conclusive Evidence* ») de la dette. En somme, aucune contestation n'était admise quant au mode de calcul employé. Quelques 90 % des Names finirent par accepter cette offre. Mais d'autres, dont 600 Américains, la refusèrent. C'était sans compter avec le pouvoir règlementaire du comité de direction, qui mit alors fin aux relations d'agence avec les Noms non consentants et lui substitua un mandataire collectif « AU A9 », qui adhéra aussitôt à *Equitas* pour le compte de ces derniers. *Lloyd's* versa ensuite à *Equitas* les primes qu'il estima dues par ces derniers, puis, sur le fondement d'une cession de créance, fit appel aux lettres de crédit qu'ils avaient initialement émises à son profit[163] ».

C'est dans ces circonstances que « certains des Names non consentants, sommés de libérer des fonds d'un montant ruineux, attaquèrent le montage devant les juridictions anglaises et arbitrales ; privés du secours de la *Misrepresentation Act*, certains réussirent néanmoins. Modifiés à temps, en 1994, les statuts stipulèrent cependant que le montant de la condamnation devait être reversé à *Lloyd's* qui reçut 1.5 billion de livres sterling à la suite de sa propre condamnation. Espérant éviter ce piège, divers Names américains, obligés à se défaire de milliers de dollars en vertu de la transaction forcée, tentèrent leur chance, en deux étapes, devant les juridictions américaines. Dans un premier temps, ils agirent en nullité du contrat *Equitas* et en dommages-intérêts pour dol, invoquant également le bénéfice de mesures injonctives d'urgence, pour empêcher *Lloyd's* de faire appel aux lettres de crédit souscrites lors de leur engagement initial »[164].

« Les Cours fédérales d'appel de six circuits différents se sont déclarées incompétentes pour connaître au fond des rapports entre les Noms américains et *Lloyd's*, en raison de la présence dans le *Central Undertaking* de la clause attributive de juridiction au profit des tribunaux anglais. Ainsi, les juridictions saisies ont refusé de suivre l'argumentation des Noms, selon laquelle l'existence d'une règlementation impérative fédérale, indérogeable dans l'ordre interne, ferait obstacle à l'efficacité de l'élection de for et imposerait la compétence américaine pour en assurer l'application »[165].

325. « En l'absence d'une véritable conceptualisation des lois de police telle qu'elle s'est développée en Europe, le raisonnement judiciaire américain repose plutôt sur une analyse de la politique de la compétence juridictionnelle, ou des intérêts que l'on cherche à sauvegarder à travers l'impérativité de celle-ci »[166].

« La clause attributive de compétence au profit des juridictions anglaises a été insérée dans le *General Undertaking*, à l'initiative du comité de direction de *Lloyd's*, avec une clause de choix de la loi anglaise, dans le but essentiel

---

[163] H. Muir Watt, « L'affaire *Lloyd's* », art. préc, n°2-7, pp. 514-516.
[164] *Ibid.*, p. 515.
[165] *Ibid.*, p. 516.
[166] *Ibid.*, n°8, p. 516.

de conserver tout contentieux éventuel sous l'emprise des dispositions dérogatoires du *Lloyd's Act*. La raison d'être de l'élection de for était de garantir l'applicabilité du droit choisi au fond. C'est sur la base de ce fondement que les Noms américains ont présenté leur argumentation, en soutenant que la mise en œuvre de la clause conduirait à éluder les dispositions impératives du *Securities Act* 1933 et du *Securities and Exchange Act* 1934, qui imposent de très rigoureuses obligations d'information relatives aux risques liés à l'acquisition de valeurs mobilières sur les marchés financiers et dont il y avait tout lieu de croire en l'espèce qu'elles n'avaient pas été respectées »[167].

« La question était alors de savoir si l'applicabilité de la loi de police fédérale justifiait la mise à l'écart d'une élection de for qui n'en garantissait pas l'application effective. Par conséquent, la question de l'efficacité de la clause attributive a été envisagée à travers l'impact qu'elle pouvait avoir sur le droit applicable. En d'autres termes, la compétence du juge anglais, tenu de mettre en œuvre le *Lloyd's Act*, ne risquait-elle pas de priver les investisseurs américains de la protection que leur assurait la loi de police fédérale ? »[168].

Selon une partie de la doctrine[169], la réponse qui démontre que la présence de la politique impérative du for n'est pas indifférente, repose sur une vérification de l'équivalence de la protection assurée au fond par la loi choisie par les parties. Pour les juridictions fédérales, les clauses d'élection de juge et de loi devaient être considérées comme applicables dans la mesure où les finalités poursuivies par la règlementation impérative américaine pouvaient être réalisées de façon adéquate en application de la loi anglaise.

326. Cette appréciation de l'équivalence dans le cadre du contentieux *Lloyd's* devant les juridictions américaines, a été critiquée dans la mesure où cette appréciation opérée par anticipation a semblé valoir une fois pour toutes comme l'atteste le contentieux de l'instance en exécution de la décision anglaise prononcée, de façon à exclure tout contrôle de ce point de vue au stade de l'exécution du jugement étranger du tribunal élu effectivement obtenu[170].

Dans ce contexte, on a fait valoir que la démarche du juge américain dans l'affaire *Lloyd's*, consistant à vérifier que les clauses de règlement des différends ne subvertissent pas les objectifs de la loi de police au fond, avait déjà été mise en œuvre par une importante jurisprudence relative notamment à la licéité des clauses d'arbitrage dans des domaines touchant à l'ordre public économique. Se distinguant cependant à plusieurs titres des précédents

---

[167] *Ibid.*, p. 517.
[168] *Ibid.*, p.518.
[169] *Ibid.*, p. 518.
[170] *Ibid.*, n°12, p. 521.

concernant l'arbitrabilité des litiges régis par des lois de police, la solution donnée au cas *Lloyd's* se caractérise par un libéralisme accru[171].

Il y a lieu de rappeler que l'arrêt *The Bremen* sur lequel s'appuyait très largement les Cours d'appel fédérales dans l'affaire *Lloyd's*, avait rompu avec une tradition de méfiance des juridictions américaines à l'égard des clauses attributives, pour dessiner une politique libérale, soucieuse pour la première fois des besoins du commerce privé international[172]. Quant à l'incidence, sur cette faveur pour les clauses attributives, de la présence de lois de police ayant vocation à s'appliquer au contrat principal, la réponse, à nouveau très libérale, est venue de l'arbitrage international. Ainsi, deux ans après l'arrêt *The Bremen*, la Cour suprême délaissait la politique restrictive développée jusque-là dans des situations purement internes pour admettre, dans son arrêt *Alberto-Culver*, l'arbitrabilité d'un contentieux relevant des Securities Act[173]. Ensuite, en 1985, la Cour suprême, dans l'affaire *Mitsubishi* a étendu cette solution en matière d'antitrust, les juridictions américaines devant alors décliner leur compétence au profit d'un arbitre siégeant au Japon[174].

Cependant, cette libéralisation n'était pas sans limites car, d'une part, dans l'affaire *Mitsubishi*, il était admis entre les parties devant les juridictions américaines que le droit fédéral américain de la concurrence était applicable au fond par l'arbitre ; d'autre part, la Cour a précisé dans un *dictum* que « dans le cas où les clauses de choix du juge et de la loi opèreraient ensemble comme une renonciation de l'une des parties à son droit d'obtenir le bénéfice des remèdes prévus en cas de violation de la loi antitrust, nous n'aurions guère d'hésitation à condamner leur accord comme étant contraire à l'ordre public ». La Cour réserve ainsi la possibilité, en cas de non-respect avéré des finalités de la loi antitrust, que le juge requis refuse ensuite la reconnaissance et l'exécution de la sentence obtenue sur le fondement de la clause. C'est le célèbre second look sur la sentence étrangère. De la même façon, l'arrêt *Alberto-Culver* avait relevé que *les Blue Sky Laws* de l'Illinois, qui reprennent la substance des lois fédérales, étaient applicables selon le contrat.

Par conséquent, pour rester dans la ligne de la jurisprudence *Alberto-Culver* et *Mitsubishi*, il aurait fallu soit que la loi américaine fédérale ait été désignée au fond, soit que la loi choisie offre une protection substantiellement équivalente, de sorte que la clause attributive de juridiction n'apparaisse pas comme un moyen d'éluder la loi de police protectrice. Pareille équation entre le régime libéral dont bénéficie la clause d'élection de for et le droit de regard que s'octroie, en contrepartie, l'État qui accepte ainsi qu'un différend affectant

---

[171] *Ibid.*, n°9, p.518.

[172] *The Bremen v. Zapata Off-Shore Co*, précité.

[173] *Scherk v. Alberto-Culver Co*, 417 US 506, 94 S. Ct. 2449, 41 L. Ed. 2d 270 (1974).

[174] *Mitsubishi Motors Corp. v. Soler Chrysler-Plymouth Inc*, 473 US 614, 105 S. Ct. 3346, 87 L. Ed. 2d 444 (1985); *Rev. arb.* 1986. 273, obs. J. Robert.

ses intérêts économiques soit tranché ailleurs que devant ses propres juridictions, est parfaitement concevable.

Le prix de la liberté de choix concédée aux contractants est d'admettre que le juge élu ait le cas échéant à connaître de litiges régis par les lois de police du for évincé. Or, si le risque est bien accepté, au nom des intérêts du commerce international, que ces lois ne soient pas appliquées lors du règlement du différend au fond, une partie de la doctrine estime légitime que le for évincé puisse exercer un contrôle a posteriori -le second look qu'admet l'arrêt *Mitsubishi* à propos de la sentence arbitrale- lors de la procédure en reconnaissance du jugement, au titre de l'exception d'ordre public. On cite dans le contexte de l'arbitrage, la jurisprudence *Eco Suisse* de la Cour de Luxembourg[175] où il a été admis que la violation du droit communautaire de la concurrence par l'arbitre international impose au juge national de refuser la reconnaissance de la sentence, du moins dans la mesure où la violation de l'ordre public est une cause d'irrégularité de celle-ci selon le droit du for requis[176].

Commentant les décisions des tribunaux américains en la matière, on a fait valoir que comme dans l'hypothèse de la procédure d'arbitrage, on s'attendait à ce que le juge américain appelé à statuer sur l'efficacité de la clause attributive de juridiction se réserve le droit de s'opposer au jugement anglais rendu en application de cette clause s'il apparaît que les finalités de la règlementation impérative ont été contournées. Or, ceci n'était pas le cas, en effet tout en admettant que la clause heurterait l'ordre public si le droit applicable au fond n'offrait pas une protection substantiellement équivalente à celle des lois de police américaines, les Cours d'appels des septième et onzième Circuits s'affirmaient « confiantes » que la loi anglaise présentait bien des remèdes appropriés pour sanctionner la fraude du négociant de valeurs mobilières. Pourtant, les juges avaient néanmoins connaissance du fait que *Lloyd's*, exemptée en principe du devoir précontractuel d'information, avait vocation, dans le pire des cas, à récupérer au profit d'*Equitas* les sommes qu'elle serait le cas échéant condamnée à payer. Or, aucun contrôle ex post n'étant intervenu sur ce point lors de l'instance en exécution des décisions anglaises devant le juge fédéral requis. Ce dernier semble avoir passé sous silence la question du respect des finalités de la règlementation de police fédérale, bien que l'obligation d'information prévue par les lois de police américaines n'avaient trouvé aucune sanction par équivalent[177]. À cet égard, Mme. H. Gaudemet-Tallon a exprimé son regret que l'exception d'ordre public au fond n'ait pas été utilisé pour autoriser un contrôle du respect des exigences des lois de police du for requis que la clause avait eu pour effet de

---

[175] CJCE, 1re juin 1999, aff. C-126/97, *Eco Suisse China Time Ltd c/Benetton International NV*, Rec. 1999, I-3055, *JDI* 2000. 505, obs. C. Prieto.

[176] H. Muir Watt, « L'affaire *Lloyd's* », art. préc, n°11, p. 519-520.

[177] *Ibid.*, n° 12, p. 521.

contourner, au titre du second look à l'instar de celui instauré en présence d'une sentence arbitrale[178].

La question demeurait de savoir si le « second regard », réservé en matière d'arbitrage international par l'arrêt *Mitsubishi* au cas de la violation de la loi de police du for exclu, est limité aux sentences arbitrales, ou si désormais, ce contrôle *ex ante* - et nécessairement assez approximatif- de l'équivalence entre la loi applicable et les dispositions impératives du for exclu aurait absorbé le droit de regard de ce for une fois rendue la décision du for élu[179].

327. En dépit de cette position doctrinale critiquant l'attitude des tribunaux américains pour absence d'un contrôle *ex post* de la conformité de la décision du juge élu aux lois de police américaines, on peut soutenir que la position du juge américain semble être défendable pour plusieurs raisons.

En effet, dans la mesure où un contrôle a priori a été mis en place, on peut admettre que ce contrôle, une fois exercé, conduit inéluctablement à limiter l'étendue du contrôle au stade de la reconnaissance du jugement étranger du tribunal élu.

Outre l'argument de courtoisie internationale, il faut admettre qu'indépendamment de l'exercice effectif du contrôle a priori d'équivalence en cas de saisine effective du juge exclu par l'une des parties, le contrôle de l'efficacité de la politique législative poursuivie par une loi de police du for au stade de la reconnaissance du jugement du for élu est un élément qui n'a pas une importance exclusive dans l'appréciation de la reconnaissance du jugement. Il y a lieu de prendre en considération également tant l'autorité de la chose jugée qui doit être accordée à la décision étrangère que l'interdiction de la révision au fond.

Raisonnant dans le cadre parallèle de l'arbitrage international, une partie de la doctrine[180] estime que la question de l'influence des considérations touchant à l'efficacité des politiques législatives menées par les lois de police au stade de la reconnaissance ou de l'exécution d'une sentence arbitrale, ou dans le cadre d'un recours en nullité contre une telle sentence, se pose dans des termes sensiblement différents de ceux qui encadrent la même question, posée au stade de la détermination du droit applicable. Il ne s'agit plus ici de résoudre un conflit de lois en choisissant de donner effet ou non à une loi de police visant la situation, mais bien désormais de se prononcer sur l'efficacité, au for, d'une sentence arbitrale étrangère ou internationale (ou dans le cadre d'un recours en annulation, sur la régularité d'une sentence internationale rendue sur le territoire du for) ayant statué dans une affaire où une loi de police revendiquait son application. La loi de police en question a pu être ignorée par

[178] *Ibid.*, n°27, p.530.

[179] D. Bureau, H. Muir watt, « L'impérativité désactivée ? (A propos de Cass. civ. 1re, 22 octobre 2008) », *Rev. crit. DIP* 2009. 1, spéc. n° 7, p. 12.

[180] P. de Vareilles-Sommières, « Lois de police et politiques législatives », art. préc., n°81 et s, p. 271 et s.

l'arbitre, ou bien celui-ci a pu se méprendre sur son contenu exact ou encore l'appliquer maladroitement aux circonstances de fait de telle sorte qu'en définitive la sentence rendue apporte au litige une solution contrariant plus ou moins ouvertement la politique législative adoptée par la loi de police.

Certes, les considérations d'ordre public dans lesquelles baigne naturellement la loi de police militent en faveur d'une sanction par l'inefficacité de la sentence arbitrale à l'occasion du contrôle de celle-ci, notamment lorsque cette loi de police est celle du for. Cependant, il semble que ce n'est pas le cas car l'existence d'une sentence arbitrale ayant tranché le litige entre les parties empêche de transposer purement et simplement les directives applicables à la question de l'efficacité des lois de police du for telles qu'elles ont été dégagées dans le domaine du conflit de lois. Les données tirées de l'efficacité des lois de police du for requis sont désormais concurrencées, en raison de l'existence de la sentence, par d'autres données, tirées du respect des droits acquis et surtout de l'autorité de chose jugée de la sentence, ainsi que de la prohibition de la révision au fond, qui ne peuvent être tenues pour négligeables.

À cet égard, on a estimé[181] que pour bien comprendre la place que doivent occuper ces différentes données dans l'issue qui sera accordée à la question de l'efficacité de la sentence arbitrale au for, il faut commencer par se souvenir de la marge de manœuvre et des outils dont dispose l'auteur d'une loi de police pour en assurer le respect dans le contexte international. Or, le fait de ne pas accompagner sa loi de police d'une règle de compétence exclusive au profit de ses tribunaux, assortie d'une règle d'inarbitrabilité, est pour un État admettre que, à l'étranger, une décision qui serait issue de l'arbitrage mis en place par les parties puisse en toute légitimité être dotée de l'autorité de la chose jugée dans la mesure prévue par le droit étranger. Dans ce contexte, la jurisprudence *Doga*[182] qui déclare arbitrable un litige mettant en cause l'application d'une loi de police française, a nécessairement pour conséquence de signaler aux plaideurs que la sentence rendue à l'étranger ne sera, en cas de violation de la loi de police française par l'arbitre, susceptible d'être remise en cause à l'étranger que dans la mesure prévue par le droit étranger. Cette mesure peut se révéler très réduite en présence d'une violation d'une loi de police désignée comme applicable par la règle de conflit de ce for. Il s'ensuit que, par son arrêt *Doga*, la Cour de cassation française s'est exprimée en faveur de l'absence d'un monopole à accorder, au stade du conflit de juridiction, aux considérations tirées de l'efficacité des lois de police françaises. Il en découle qu'une place subsiste, lorsqu'on se positionne sur le terrain de la validité des sentences arbitrales ou sur celui de leur

---

[181] *Ibid.*, n°84, p. 273.

[182] Cass. civ. 1re, 8 juillet 2010, n° 09-67.013, HTC Sweden AB c/ Doga, *Rev. crit. DIP* 2010.743, note D. Bureau et H. Muir Watt ; *Rev. arb.* 2010. 513, note R. Dupeyré ; D. 2010. 2884, note M. Audit et O. Cuperlier.

reconnaissance ou exequatur, pour la prise en compte de considérations tirées plus particulièrement de l'autorité de la chose jugée ou de la prohibition de la révision au fond.

S'agissant des règles relatives à l'autorité de la chose jugée, rappelons qu'elles ont notamment pour raison d'être de mettre un terme au procès une fois que celui-ci a été conclu par un jugement. Il s'agit d'éviter la perpétuation des disputes à laquelle aboutirait la possibilité d'une réitération du contentieux sur des points déjà tranchés par le juge, ou le cas échéant, par l'arbitre. Valable en procédure civile interne, cette considération ne semble pas perdre toute pertinence dans l'ordre international, alors même que la loi applicable serait une loi de police. En effet, permettre sans limite la remise en cause de la chose jugée dans une sentence arbitrale au motif que la loi applicable serait une loi de police reviendrait à ignorer la police du procès poursuivie par la règle *res judicata pro veritate habetur* et par le principe corrélatif de la prohibition de la révision.

Face à ces deux politiques, l'une substantielle et l'autre procédurale, qui s'entrechoquent, la question est de savoir comment les départir, c'est-à-dire comment déterminer les cas dans lesquels l'efficacité de la politique législative de fond poursuivie par la loi de police du for doit prévaloir, et les cas dans lesquels l'efficacité de la politique législative procédurale inspirant la règle *res judicata* doit l'emporter.

En ce qui concerne la France, les affaires *Thalès* pour la Cour d'appel de Paris[183] et *SNF c/ Cytec*[184] pour la Cour de cassation ont conduit à la mise en place d'un compromis. Ainsi dans l'affaire *Cytec*, l'arbitre avait admis indirectement l'efficacité d'un contrat pourtant jugé par lui contraire au droit européen de la concurrence en raison d'un abus de position dominante. La sentence heurtait par conséquent à sa manière la pleine efficacité de la politique législative de lutte contre les pratiques anticoncurrentielles poursuivie par le droit de l'Union européenne. À l'occasion de l'exécution de la sentence en France, les juridictions françaises ont été mises en situation d'exercer leur contrôle sur la sentence arbitrale, rendue en Belgique. Dans ce cadre, la Cour de cassation a énoncé que la violation de la législation de police constituée par le droit européen de la concurrence en vaut atteinte rédhibitoire à l'ordre public que si cette violation est « flagrante, effective et concrète ». Si au contraire l'un de ces trois caractères vient à manquer à la violation de la loi de police par la sentence, l'atteinte à l'ordre public n'est pas consommée et la sentence se trouve consolidée en France sous ce rapport.

Par conséquent, la jurisprudence de la Cour de cassation française revient à faire prévaloir les considérations d'efficacité de la politique législative

---

[183] Paris, 18 novembre 2004, *Thalès Air Défense c/ GIE Euromissile*, Rev. crit. DIP 2006. 104, note S. Bollée, *JDI* 2005. 357, note A. Mourre.

[184] Cass. civ. 1re, 4 juin 2008, n° 06-15. 320, *SNF c/ Cytec*, *JDI* 2008. 1107, note A. Mourre, *Rev. arb.* 2008. 473, note Fadlallah.

poursuivie par la loi de police au cas où cette dernière aurait fait l'objet d'une « violation flagrante, effective et concrète », la sentence étant alors tenue en échec en France en raison de l'atteinte à l'ordre public que sa reconnaissance ou son exécution consacrerait. Si, au contraire, la violation de la loi de police ne présente pas les caractères requis d'évidence, d'effectivité et de concret, les considérations tirées de la politique procédurale, telles que poursuivies par la règle *res judicata* et visant à empêcher la réitération du contentieux et la révision au fond reprennent le dessus[185].

328. La question se pose dans des termes analogues lorsqu'il s'agit de déterminer le sort à accorder à l'efficacité des lois de police au stade de la reconnaissance et de l'exécution des jugements étrangers. Dans ce contexte, une partie de la doctrine avance que dans le cas où la loi de police en cause dans le jugement étranger est une loi de police du for de contrôle du jugement, il y lieu d'accorder une place à d'autres considérations que celles tirées de l'efficacité des lois de police du for.

Quant au droit positif, bien qu'en droit commun français, la jurisprudence française n'ait pas eu l'occasion d'y répondre[186], la jurisprudence de la Cour de justice de l'Union européenne, quoique de façon discrète, semble bien s'être ralliée à cette position doctrinale susmentionnée dans l'arrêt *Maxicar*[187], si l'on veut bien voir dans les dispositions du Traité CE en vigueur à l'époque et relatives à la libre circulation des marchandises (art. 30 à 36 anciens) et à la libre concurrence (art. 86 ancien) des lois de police européennes. Dans cette affaire en effet, la question se posait du pouvoir du juge d'un État partie à la Convention de Bruxelles d'écarter comme contraire à l'ordre public un jugement provenant d'un autre État partie dont il était allégué qu'il portait atteinte aux articles 30 à 36 du Traité CE relatifs à la libre circulation des marchandises ainsi qu'à l'article 86 du même Traité, luttant contre les abus de position dominante. Or, après avoir énoncé (§ 30) qu'« un recours à la clause de l'ordre public, figurant à l'article 27, point 1, de la Convention, n'est concevable que dans l'hypothèse où la reconnaissance ou l'exécution de la décision rendue dans un autre État contractant heurterait de manière inacceptable l'ordre juridique de l'État requis, en tant qu'elle porterait atteinte à un principe fondamental », et qu'« afin de respecter la prohibition de la révision au fond de la décision étrangère, l'atteinte devrait constituer une violation manifeste d'une règle de droit considérée comme essentielle dans l'ordre juridique de l'État requis ou d'un droit reconnu comme fondamental dans cet ordre juridique », la Cour précise finalement (§ 33) que « le juge de l'État requis ne saurait, sous peine de remettre en cause la finalité de la

---

185 P. de Vareilles-Sommières, « Lois de police et politiques législatives », art. préc., n°86-87, pp. 275-277.

186 *Ibid.*, n°89, p. 279.

187 CJCE 11 mai 2000, aff. C-38/ 98, *Régie nationale des usines Renault SA c/ Maxicar SpA*, *Rev. crit. DIP* 2000.497, note H. Gaudemet-Tallon.

Convention, refuser la reconnaissance d'une décision émanant d'un autre État contractant au seul motif qu'il estime que, dans cette décision, le droit national ou le droit communautaire a été mal appliqué ». Le principe de la prohibition de la révision et celui du respect de l'autorité de la chose jugée semblent l'avoir emporté, dans l'esprit de la Cour, sur les considérations d'efficacité de la politique législative de l'Union, qui auraient conduit à imposer le contrôle de la bonne application des règles matérielles européennes[188].

L'analyse précédente permet de conclure à l'image de certains auteurs[189] que de même qu'en matière de sentences arbitrales, l'existence d'une décision judiciaire étrangère ayant tranché le litige est une donnée considérable qui vient singulariser l'hypothèse de l'efficacité internationale de la loi de police lorsque la question qui se pose au for est celle de l'effet d'un jugement étranger ayant refusé à tort de l'appliquer par rapport à l'hypothèse de son efficacité lorsque la question qui se pose au for est celle de son application directe par ce dernier. Dans la première hypothèse, en effet, la question de l'autorité de la chose jugée qui doit éventuellement être accordée à la décision mérite d'être posée, à côté de celle de l'efficacité de la politique législative poursuivie par la loi de police du for. Mieux encore, on peut soutenir que les données tirées de l'autorité de la chose jugée prennent, en l'état d'une décision de justice ayant déjà tranché le cas, une importance qu'elles ne peuvent par hypothèse pas avoir lorsqu'aucune décision n'existe encore et que le for s'apprête à en rendre une. Par conséquent, comme en présence d'une sentence arbitrale, il faut admettre que l'efficacité de la politique législative devrait s'incliner devant l'autorité de la chose jugée en l'absence d'une violation flagrante, effective et concrète de la loi de police par le juge étranger. En présence d'une telle violation, l'ordre public du for devrait en revanche être considéré comme affecté, et dans ce cas l'efficacité de la politique législative reprenne alors le dessus sur le besoin de non-renouvellement du contentieux.

329. Cette analyse de la jurisprudence américaine dans le contentieux *Lloyd's* conjuguée à la réflexion sur le sort de la décision du juge élu en cas de non-respect par ce dernier de la loi de police du for requis, permettent de dégager une autre directive utile dans l'interprétation des dispositions de la Convention de La Haye concernant l'édiction d'un contrôle a priori des effets de l'accord d'élection de for sur l'applicabilité des lois de police du for saisi et exclu.

En effet, d'une part, l'exigence du caractère manifeste de la contrariété à l'ordre public du for saisi et exclu et découlant de la mise en œuvre de l'accord peut être interprétée comme impliquant a contrario qu'une simple non-application des règles internationalement impératives de ce dernier ne peut légitimer la mise à l'écart de l'accord. Il faut notamment admettre que la

---

188 P. de Vareilles-Sommières, « Lois de police et politiques législatives », art. préc., n°95-96, p. 285-286.

189 *Ibid.*, n°97, p. 287-288.

contrariété ne peut être manifeste si la loi appliquée par le juge élu ou l'issue probable du litige aboutit à un résultat équivalent à celui auquel aurait abouti l'application de la loi de police du for saisi et exclu et donc permet de sauvegarder dans le cas d'espèce les objectifs de la règle internationalement impérative du for exclu. Il s'agit de faire jouer la théorie de l'équivalence à l'instar de la jurisprudence américaine dans le contentieux *Lloyd's*.

Cette interprétation, outre qu'elle correspond à l'objectif de réduire les hypothèses d'inefficacité de l'accord qui doivent rester exceptionnelles[190], permet également d'assurer une certaine harmonie entre l'ordre conventionnel donc international et le droit commun de plusieurs États, ce qui en définitive et dans la perspective de faire de cette Convention un régime mondial, permettra de faciliter l'adhésion à celle-ci.

D'autre part, le contrôle a priori établi par la Convention doit être interprété en liaison avec la question de la reconnaissance et de l'exécution de la décision du tribunal élu. En effet, en vertu de la Convention, un contrôle à la lumière de l'ordre public international du for requis est prévu. Ce contrôle est assez réduit dans la mesure où le texte exige une incompatibilité manifeste avec l'ordre public de l'État du tribunal requis, ce qui soulève dans ce cadre la question d'un éventuel contrôle, à travers l'ordre public international, du respect des normes internationalement impératives du for requis.

On peut ici répondre en s'inspirant des directives précédemment dégagées de la jurisprudence française et américaine en affirmant que le contrôle a posteriori doit demeurer exceptionnel et, a fortiori, dans l'hypothèse où un contrôle a priori a déjà été réalisé par le for requis en cas de saisine préalable au prononcé de la décision du juge élu. En outre, ce contrôle devrait être limité au cas où il y a eu une violation manifeste de la loi de police par le juge étranger.

Au demeurant, cette hypothèse de contrôle a posteriori devrait être rare si le tribunal exclu a déjà eu l'occasion de pratiquer un contrôle préalable sur la conformité possible de la décision du for élu avant son prononcé. Il n'en demeure pas moins que le risque de contrariété reste possible car la décision du juge saisi avant le prononcé du jugement du for élu est fondée sur une simple probabilité.

Par conséquent, dans le cadre de l'instance en reconnaissance, il faut admettre que les considérations de l'autorité de la chose jugée et de l'interdiction de la révision au fond devraient l'emporter sur le souci de préserver les lois de police sauf en cas de violation flagrante, effective et concrète. Cette interprétation permettra de réduire l'atteinte à l'efficacité de ce mode volontaire d'attribution de compétence dans le commerce international.

---

[190] M. Dogauchi, T. C. Hartley, *op. cit.*, n°153.

330. Les tribunaux australiens, pour leur part, avaient été encore plus restrictifs jusqu'à présent. Dans l'affaire *Akai*[191], il s'agissait d'un litige entre une compagnie d'assurance singapourienne et une partie assurée en Australie. Le tribunal a décidé qu'une clause exclusive d'élection de for en faveur des tribunaux anglais ne doit pas être exécutée car l'assuré aurait souffert une perte des droits légaux établis par le droit australien devant les tribunaux anglais, étant donné que la loi australienne de 1984 en matière de contrats d'assurance[192] ne serait pas appliquée en Angleterre[193]. De même, dans une affaire impliquant un investisseur australien dans Lloyd's London[194], le tribunal australien a décidé que la dérogation en faveur des tribunaux anglais devrait être invalidée car autrement le plaignant serait inapte de bénéficier de certains droits en vertu de la loi australienne[195]. On peut supposer que ces droits étaient obligatoires, mais les deux jugements n'étaient pas fondés sur l'argument que si effet était donné à l'accord, des règles internationalement impératives seraient contournées, encore moins sur le fait qu'il y aurait une violation de l'ordre public[196]. Commentant la jurisprudence australienne, M. Weller estime que comparé aux normes internationales, il serait certainement excessif d'écarter des accords exclusifs d'élection de for au motif que des règles nationales simplement impératives ne seront pas appliquées par les tribunaux désignés[197].

331. La jurisprudence française a adopté une position différente de celle de la Convention de La Haye en affirmant expressément dans son arrêt *Monster Cable*[198] que l'applicabilité d'une loi de police du for ne fait pas obstacle à l'efficacité d'une clause attributive de juridiction au profit d'un tribunal étranger. Cette solution, saluée par la majorité de la doctrine française, trouve son fondement dans le principe d'indépendance réciproque de la compétence législative et judiciaire. Ce principe est implicitement visé par la Cour de cassation qui invoqua à l'appui de sa décision les principes généraux du droit international privé.

Outre cet argument puisé dans la théorie générale de droit international privé, la plupart des auteurs favorables à l'arrêt de la Cour de cassation française ont fait valoir que rien n'était nécessairement perdu en dépit de l'admission de la pleine efficacité de la clause attributive de juridiction au

---

[191] *Akai Pty Ltd v. People's Insurance Co. Ltd* (1996) 188 CLR 418.

[192] Insurance contracts Act, 1984.

[193] M. Weller, « Choice of forum agreements under the Brussels I recast and under The Hague Convention », art. préc., p. 106.

[194] Commonwealth Bank of Australia v. White (1999) 2 VR 681.

[195] M. Weller, « Choice of forum agreements under the Brussels I recast and under The Hague Convention », art. préc., p. 106.

[196] *Ibid.*

[197] *Ibid.*

[198] Cass. civ. 1re, 22 octobre 2008, précité ; solution réitérée dans Cass. Com, 24 novembre 2015 et Cass. civ. 1re, 18 janvier 2017, précités.

profit du juge étranger, en l'espèce californien, tel que l'arrêt de la Cour d'appel de Paris du 4 mai 2011 l'a consacré en dernier lieu. En effet, la préservation du droit international impératif français devait pouvoir encore s'imposer au travers du contrôle du respect de l'ordre public international français dans l'instance ultérieure en exequatur de la décision américaine. Ce contrôle permettrait de redonner toute leur force aux lois de police françaises restées ignorées ou expressément écartées par le juge étranger. Leur abandon n'étant, somme toute, que provisoire, le temps de laisser jouer la clause attributive de juridiction au profit du juge étranger et préserver ainsi, entre autres avantages, la crédibilité commerciale internationale de la France[199].

332. Cependant, cette jurisprudence française a fait l'objet de critiques de la part d'une partie de la doctrine[200]. Outre l'argument tiré des limites du contrôle a posteriori qui n'est par ailleurs pas toujours garanti, on a soutenu que des limites doivent être apportées au principe théorique d'indépendance des compétences juridictionnelle et législative, lorsque le litige international engage « la souveraineté » législative d'un État[201].

Quant à l'argument tiré des limites du contrôle a posteriori, on a observé qu'admettre de restaurer en quelque sorte l'impérativité de la loi de police du for par le biais du contrôle des jugements étrangers ne permet en réalité que d'assurer partiellement la préservation des intérêts du for qu'entendent prendre en charge les lois de police. Il suffit, pour en être persuadé, d'envisager l'hypothèse dans laquelle le jugement étranger ne serait pas par la suite appelé à produire quelque effet en France comme pourrait bien l'illustrer théoriquement l'affaire *Monster Cable* soumise à la Cour de cassation française : soit le demandeur français obtiendra gain de cause auprès des tribunaux californiens et il est fort probable qu'il se prévaudra alors de ce jugement en Californie, là où le défendeur – société soumise au droit californien – a très probablement des biens ; soit le demandeur français sera au contraire débouté, et l'on voit mal pour quelle raison il viendrait à la suite requérir l'exequatur de cette décision en France. Dans cette perspective, admettre en ce cas de figure la compétence des tribunaux étrangers, c'est marquer une réelle indifférence à l'application par ces derniers des lois de police du for dont l'impérativité ne pourrait finalement être restaurée qu'à partir de raisons purement contingentes, fondées sur la nécessité ou non de solliciter en France l'exequatur du jugement étranger[202].

---

199 M.-N. Jobard-Bachellier, « une impérativité active des règles de droit dans l'ordre international », art. préc., p. 351-352.

200 V. not. M.-N. Jobard-Bachellier, *ibid.*, pp. 345-364 ; M.-N. Jobard-Bachellier, F.-X. Train, note précitée sous Cass. civ. 1re, 22 octobre 2008.

201 L. d'Avout, note sous Cass. civ. 1re, 22 octobre 2008, Conflit de lois et de juridictions : La clause attributive de juridiction résiste aux lois de police, *JCP* 2008. II. 10187, spéc. p. 26.

202 D. Bureau, H. Muir watt, « L'impérativité désactivée ? », art. préc., n° 11, p.18.

Ce constat se confirme par l'analyse des suites données à l'arrêt *Monster Cable* par le juge français et américain. Faisant suite à l'arrêt de cassation du 22 octobre 2008, la Cour d'appel de Paris, le 4 mai 2011, annule le jugement de première instance du 1er juillet 2008, « le tribunal ayant statué hors sa compétence ». En effet, le litige portant « sur l'exécution du contrat, y compris les motifs, conditions et modalités de sa ''terminaison''... il s'ensuit que la clause attributive de compétence est applicable ; qu'elle est parfaitement licite et fait la loi des parties ; que rien ne démontre, ni même rend vraisemblable que cette clause pourrait être inefficace de quelque manière que ce soit ».

Ainsi, conformément à la décision de la Cour de cassation, la clause est reconnue applicable et licite indépendamment de toute qualification préalable du caractère délictuel ou contractuel de la responsabilité invoquée. Par ailleurs, est reconnue son « efficacité » que rien ne vient, au cas précis, contredire.

Du coté des États-Unis, deux demandes étaient formées devant le tribunal d'instance californien, l'une de nature délictuelle en réparation du préjudice né de la rupture brutale des relations contractuelles telle que prévue par l'article L.442-6 du Code de commerce français, l'autre de nature contractuelle visant des comportements déloyaux de Monster Cable, tout particulièrement la violation de la clause d'exclusivité figurant dans le contrat quelque temps avant sa rupture.

Le tribunal décide d'abord que seule la loi californienne étant susceptible de s'appliquer au litige, la demande formée sur le fondement d'une application nécessaire d'une disposition du droit français (C. com., art. L. 442-6) doit être rejetée. Il considère, ensuite, que les demandes formées relatives à la sanction de comportements déloyaux sont, par application du droit de la Californie, en principe prescrites. Toutefois, sur ce dernier point le tribunal, au nom du principe « equitable tolling », jugé applicable en l'espèce, laisse la possibilité au demandeur, le distributeur français *AMS*, de lui livrer tout élément en mesure de justifier le caractère tardif de l'action entreprise devant le tribunal aux fins de revoir, le cas échéant, sa position sur la prescription. Le tribunal prend le soin, cependant, de spécifier qu'aucun élément tiré du droit français ne pourra désormais être inclus dans les demandes d'*AMS* ainsi amendées.

S'agissant de la prise en considération de dispositions du droit français pour régler la question de la rupture brutale, le juge californien, comme il fallait s'y attendre, tout en admettant, certes, l'existence réelle de points de contact de la situation contractuelle avec la France, relève que la clause de choix de loi en faveur du droit californien est sans conteste valable et doit déployer ses pleins effets dès lors qu'il est vérifié que, hors cette clause, le droit applicable est encore le droit de la Californie, siège du fabricant, partie au contrat et ce, autant selon les principes de droit américain sur les conflits de lois issus du second *Restatement* (art. 187 et 188), analysés en détail par le tribunal, que selon ceux du droit français qui désigneraient aussi la loi de la résidence du fabricant.

Ainsi est jugée non pertinente l'application du droit français dans son ensemble, une fois relevé que le droit californien étant applicable, en toute hypothèse il n'y avait pas lieu de se poser la question de savoir si « l'application de la clause d'élection de loi violerait une politique fondamentale de la France ». Au demeurant « l'État de Californie a matériellement le plus grand intérêt » à ce que sa législation soit appliquée au litige « étant donné qu'une forte politique de la Californie vise à favoriser l'application des clauses librement négociées du choix de la loi applicable entre les entités commerciales »[203].

Cette éviction globale du droit français, en l'espèce, permet au tribunal californien d'ignorer toute application particulière d'une disposition précise de ce droit, fût-elle d'application nécessaire au regard de celui-ci. À une réserve prés, toutefois, puisque le tribunal californien prend le soin de relever que la règle française posée par l'article L. 442-6 du Code de commerce, dont l'application était réclamée par le demandeur, date de 2001, soit une date postérieure à celle de la conclusion du contrat passé avec le partenaire commercial (1995). Les attentes de celui-ci n'ont donc pas pu être trompées et ce dernier « ne pouvait s'attendre à ce que leurs relations viennent à être régies par une disposition dérogatoire au droit commercial ».

Par ailleurs, au cas d'espèce, s'agissant d'une décision de rejet de la demande ou plus exactement d'une sorte de débouté provisoire de celle-ci, aucune place ne subsistait pour une quelconque action en exequatur. De fait, dans un litige de cette nature, seule subsiste, pour celui qui s'estime, privé injustement de la réparation de son préjudice (ou qui n'a obtenu qu'une faible réparation de celui-ci) à raison de l'ignorance ou du refus d'application du droit impératif français par le juge étranger, la possibilité de voir le jugement étranger lui être déclaré inopposable ; ce résultat lui étant acquis, encore devra-t-il, ensuite, recommencer toute la procédure aux fins d'obtenir réparation en France. La situation concrète, au cas d'espèce, montre l'utopie d'une telle démarche processuelle.

La conclusion aux suites données à l'arrêt *Monster Cable*, quant à l'efficacité des règles internationalement impératives du for évincé, est que le sacrifice est définitif.

333. Dans ce contexte, M. Weller, mettant en exergue le caractère indispensable d'un contrôle a priori de l'efficacité de l'accord d'élection de for sur le fondement de l'ordre public international du for saisi, a affirmé que ce n'est jamais un argument valable contre un tel contrôle de l'accord d'avancer que le jugement peut toujours être contrôlé au stade de la

203 M.-N. Jobard-Bachellier, « une impérativité active des règles de droit dans l'ordre international », art. préc., p. 349-350.

reconnaissance. Ça serait une violation du droit fondamental de la partie à un accès effectif à la justice d'être renvoyée d'abord au tribunal élu uniquement afin de prouver qu'en fin de compte le jugement viole effectivement l'ordre public de l'État du for à la compétence duquel il est dérogé, avant d'accorder l'accès au tribunal de ce dernier, s'il est probable que le tribunal élu produira un jugement qui violera cet ordre public[204].

334. En outre, une partie de la doctrine commentant l'arrêt *Monster Cable* de la Cour de cassation française, a mis l'accent sur la nécessité d'admettre une limite au principe de l'indépendance de la compétence judiciaire et législative lorsque le litige international engage la « souveraineté » législative d'un État. En effet, une vraie loi de police ne peut être laissée orpheline de juge[205].

Certes, en l'espèce, on a avancé que la qualification de la règle interne en règle internationalement impérative était discutable, car le litige s'était configuré, de manière purement relative, entre deux parties à un contrat commercial rompu. En dépit de l'éventuel traitement délictuel de ce cas de déloyauté commerciale, souligné par la Cour d'appel, le différend n'atteignait pas le stade, absolu, de l'atteinte à la concurrence et à l'intégrité du marché économique français. Le règlement d'un tel litige d'intérêt privé pouvait donc être abandonné au juge étranger choisi, conformément aux prévisions des parties. Car la confrontation des faits litigieux au droit applicable faisait apparaître que le litige était internationalement disponible. S'il avait été en revanche question d'une atteinte au droit de la concurrence stricto sensu, on soutient qu'aussitôt l'ordre public de direction, sous-jacent aux règles impératives applicables, se serait opposé à l'expatriation du contentieux et à l'immunité pratique ainsi conférée au contrevenant. L'explication tient à ceci que, plus la qualification de la règle impérative en « loi de police » s'affirme indiscutablement, plus la règle en question, teintée de droit public et de nature quasi-administrative, se rend insusceptible d'exportation et d'application corrélative à l'étranger[206].

Par conséquent, on admet que de pareilles limites puisées dans les lois de police doivent être nécessairement considérées par le juge, fût-ce au prix de l'inefficacité concrète de la clause attributive de juridiction. Il en va de l'égalité des citoyens devant la loi impérative et, pour le reste, de l'équité de la procédure civile internationale. En effet, le principe d'égalité serait violé si, à la simple faveur d'une délocalisation volontaire du contentieux international, le justiciable se trouvait libre de placer la relation juridique litigieuse hors du domaine d'application effective de la loi de police se voulant indistinctement applicable. Alternativement, c'est l'équité processuelle qui

---

[204] M. Weller, « Choice of forum agreements under the Brussels I recast and under The Hague Convention », art. préc., p. 103.
[205] L. d'Avout, note précitée sous Cass. civ. 1re, 22 octobre 2008, p. 26.
[206] *Ibid.*, p. 26.

risquerait d'être gravement contrariée si, laissant d'une main le contentieux direct se dérouler librement à l'étranger, l'ordre juridictionnel français le rattrapait par l'autre main, à son issue, lors de l'instance indirecte de reconnaissance et d'exequatur du jugement étranger. En effet, il est plus que probable - et prévisible d'avance - qu'une violation franche de la législation française impérativement applicable se traduirait alors par un refus de reconnaissance du jugement, tiré de la violation de l'ordre public, de l'exception de fraude ou tout simplement de la mauvaise application du droit impérativement compétent dans la conception française du droit international privé quoiqu'en dise l'arrêt *Cornelissen*[207]. On en conclut que si le veto des authentiques lois de police doit ainsi s'imposer en aval du procès, lors de l'exequatur, il est inutile et injuste de laisser les plaideurs partir à l'étranger ; mieux vaut en ce cas priver d'emblée d'efficacité la clause attributive de juridiction[208].

335. Face aux critiques adressées à la jurisprudence française, on a mis l'accent sur l'opportunité d'une reformulation de la règle jurisprudentielle inaugurée qui lui assurerait une justesse durable. À cet effet, on a envisagé un ajustement possible à cette règle.

D'abord, on a rappelé, à propos de la question étroitement voisine, de l'étendue de la liberté de choix du juge compétent, les affirmations de MM. Mayer et Heuzé qui ont prudemment avancé que « il est peut-être permis (…) de se demander s'il ne conviendrait pas d'exiger que les parties aient à la soumission du litige au tribunal désigné un intérêt légitime ». L'adoption d'une pareille formule conduirait à dire illégitime l'intérêt des parties (et donc inefficace la clause), dès lors que leur but est celui du contournement de la règlementation super-impérative issue de l'ordre juridique dont les juges sont ordinairement compétents. Cependant, cette proposition d'ajustement a été jugé insatisfaisante dans la mesure où le risque d'une telle formule, à la considérer de lege ferenda, est à l'évidence celui de la casuistique et de l'arbitraire du juge, écueils sur lesquels viendraient se briser les objectifs de sécurité et de prévisibilité des solutions chers au droit international privé[209].

M. d'Avout préconisait comme ajustement à la solution jurisprudentielle française que pour les clauses attributives de juridiction, et plus généralement les clauses de prévision du mode de règlement des différends, il est possible de maintenir le principe de leur efficacité indépendamment du droit impérativement applicable au fond, en exprimant la règle à l'aide d'une présomption ou d'une condition implicite. L'efficacité de la clause sera maintenue tant et aussi longtemps que la confiance réciproque peut valoir entre les juges concernés ; tant et aussi longtemps que l'on pourra croire, depuis la France, que le juge étranger désigné considérera et respectera les lois

---

[207] Cass. civ. 1re, 20 février 2007, *Cornelissen*, précité.
[208] L. d'Avout, note précitée sous Cass. civ. 1re, 22 octobre 2008, p. 26.
[209] *Ibid.*, p. 27.

de police que l'ordre juridique français veut impérativement faire appliquer. Une présomption simple d'équivalence ou au moins de compatibilité des justices civiles dans le monde qui, pour les relations de la France avec les pays extérieurs à la Communauté européenne, peut céder devant la preuve contraire, rapportée par un plaignant, que le droit international privé étranger appliqué par le juge élu ne permet pas d'honorer le droit impératif français qui se veut unilatéralement applicable. En ce cas, l'auteur soutient que la justice civile française ne devrait pas fermer provisoirement les yeux et attendre l'exequatur pour faire prévaloir ses vues quant au règlement du conflit de lois et sanctionner la violation de ses règles super-impératives. Elle devrait immédiatement pouvoir se mettre en marche, refuser toute exception de litispendance et imposer exceptionnellement le point de vue que l'État français l'a chargé de défendre. Car, somme toute, estime l'auteur précité, il n'est pas anormal que cesse la tolérance de l'État face à l'internationalité, lorsque sont en cause les éléments essentiels de son ordre interne[210].

C'est cet ajustement que consacre sur le plan conventionnel la Convention de La Haye dans son article 6 (c) (2) objet de notre analyse. À travers le contrôle a priori des effets de la mise en œuvre de l'accord d'élection de for sur l'applicabilité des normes internationalement impératives du for exclu, la Convention instaure un certain équilibre entre l'autonomie des parties et les exigences de régulation des États. Ce contrôle de l'ordre public établit une limite à l'autonomie des parties sur le plan juridictionnel. De ce fait, il se présente comme un équivalent à la limite, apportée dans le contexte européen, à l'autonomie des parties au niveau du choix de la loi applicable à travers l'article 9 du Règlement Rome I.

On peut, par conséquent, se demander si l'approche consacrée par la jurisprudence *Monster Cable* ne devrait pas céder le pas à l'approche conventionnelle consacrée dans la Convention de La Haye qui en tant que Convention mondiale déjà ratifiée par l'Union européenne formera dans l'avenir progressivement le régime de droit commun des États en la matière. En outre, en l'état actuel du droit, cet alignement sur l'approche conventionnelle permettra d'assurer l'uniformité du régime des accords d'élection de for tant que subsiste une pluralité de régimes au sein des États.

336. Il est par ailleurs important d'analyser à titre comparatif l'attitude du législateur européen sur la question examinée ici dans la règlementation du régime européen des accords d'élection de for. Une telle analyse comparée permettra de mesurer l'étendue possible de la limite établie par la Convention de La Haye à l'efficacité des accords d'élection de for.

---

[210] *Ibid.*

C. Approche comparée avec le régime européen du Règlement Bruxelles Ibis

337. Le régime de Bruxelles en matière de compétence et d'exécution des décisions judiciaires ne prévoit aucun équivalent à l'article 6 (c) (2) de la Convention de La Haye. En outre, la Cour de justice de l'Union européenne a souvent indiqué que la Convention de Bruxelles ne concernait pas les règles de droit matériel et qu'il fallait s'en tenir aux exigences de l'article 17 (c) de la Convention (23 du règlement Bruxelles I ou 25 du règlement Bruxelles Ibis). Ainsi, dans l'arrêt *Trasporti Castelletti* du 16 mars 1999[211], après avoir rappelé toute sa jurisprudence en ce sens[212], la Cour affirme que « le choix du tribunal désigné ne saurait être apprécié qu'au regard de considérations qui se rattachent aux exigences établies par l'article 17 »[213] et la Cour continue en affirmant « (…) il ne saurait être reconnu une incidence, au regard de la validité de ladite clause, des règles matérielles de responsabilité applicables devant le tribunal choisi »[214].

Cependant, certains auteurs[215] ont exprimé leur hésitation sur la solution à adopter lorsqu'est en cause une loi de police européenne. En effet, on a rappelé, d'une part, l'arrêt *Ingmar*[216] de la Cour de justice de l'Union européenne qui a fait prévaloir l'application d'une loi de police européenne sur le choix par les parties de la loi d'un État tiers pour régir leur contrat, ce qui pourrait conduire à penser qu'une clause attributive de juridiction qui permettrait d'éviter l'application d'une telle loi de police serait considérée comme inefficace, d'autre part, bien que la Cour de justice ait admis dans son arrêt *Trasporti Castelletti* l'absence d'incidence des règles matérielles applicables devant le for élu sur la validité de ladite clause, on a fait remarquer que ce n'était sans doute pas une loi de police qui était en cause dans cette affaire, s'agissant d'une simple limitation de la responsabilité du transporteur. Néanmoins, au vu de cette jurisprudence, on a fait valoir qu'une clause attributive de juridiction à un tribunal d'un État tiers pourrait être considérée comme efficace quand bien même serait ainsi éludée l'application d'une loi de police européenne. Il n'en demeure pas moins que cette affirmation est nuancée, en invoquant la solution adoptée par la Cour de justice fédérale allemande précitée[217] qui a admis la possibilité de ne pas donner effet à une clause attributive de juridiction à un tribunal d'un État tiers dans la mesure où cette mise à l'écart de la clause « permet d'assurer sur le terrain de la compétence juridictionnelle le respect du caractère impératif des articles 17 et

[211] CJCE, 16 mars 1999, aff. C-159/ 97, *Trasporti Castelletti*, précité.

[212] *Ibid.*, Points 47-48.

[213] *Ibid.*, point 49.

[214] *Ibid.*, point 51.

[215] V. not. H. Gaudemet-Tallon, M.-E. Ancel, n°161.

[216] CJCE, 9 novembre 2000, aff. C-381/ 98, *Ingmar*, précité.

[217] Cour de justice Fédérale (Allemagne), 5 septembre 2012, précité.

18 de la directive 86/653 CEE énoncé par la décision de la Cour de justice de l'Union européenne du 9 novembre 2000, en faveur de l'agent commercial... ». Une précision importante caractérise cependant le raisonnement de la Cour de justice fédérale. En effet, il ne s'agit que d'une faculté offerte au juge et non d'une obligation. Par conséquent, si le juge allemand avait estimé que le juge de l'État tiers allait offrir à l'agent commercial une protection équivalente à celle de la directive 86/653, alors il aurait pu laisser la clause produire effet. La conclusion à laquelle aboutit certains auteurs est que la meilleure solution serait qu'une faculté de mise à l'écart d'une clause attributive de juridiction pourrait être admise sous le régime de Bruxelles Ibis mais sous la condition de s'assurer au préalable que la décision que rendrait le tribunal élu n'est pas susceptible de satisfaire l'objectif poursuivi par les dispositions impératives[218].

338. M. Weller, pour sa part, estime qu'il pourrait y avoir un contrôle implicite de l'accord d'élection de for par le biais de l'ordre public du tribunal exclu inscrit dans le régime de Bruxelles. Pour asseoir ce constat, l'auteur part d'une interprétation possible de l'arrêt de la Cour de justice de l'Union européenne dans l'affaire *Trasporti Castelletti* en supposant que les règles matérielles visées par la Cour dans cette espèce sont seulement les règles relatives à la responsabilité du transporteur dans le connaissement. Il a également avancé qu'on peut faire valoir que la Cour a simplement entendu exclure l'argument du type de celui invoqué par les tribunaux australiens[219], celui d'une perte d'un avantage juridique[220] par le changement de la loi applicable, et donc la non-application des règles internationalement impératives du for à la compétence duquel il est dérogé affectera toujours l'efficacité de la clause attributive de juridiction. Cette interprétation, selon l'auteur précité, est compatible avec la formulation du jugement de la Cour de justice de l'Union européenne car ce contrôle de l'ordre public ne repose pas directement sur « les règles matérielles applicables dans le for élu » mais sur le pronostic d'un résultat global de la procédure étrangère devant le for élu qui violerait le droit d'un accès effectif à la justice. Un tel résultat est produit non pas par l'application des règles matérielles par le tribunal élu mais par la non-application des règles matérielles internationalement impératives du for à la compétence duquel il est dérogé[221].

---

[218] F. Jault-Seseke, note précitée sous Cour de justice Fédérale (Allemagne), 5 septembre 2012 ; H. Gaudemet-Tallon, M.-E. Ancel, n°161.

[219] Notamment dans l'affairé évoqué par l'auteur, *Akai Pty Ltd v. People's Insurance Co. Ltd,* précité.

[220] Il s'agit au fond de règles simplement impératives dans l'ordre interne et non internationalement impératives.

[221] M. Weller, « Choice of forum agreements under the Brussels I recast and under The Hague Convention », art. préc., p. 107.

Cependant, l'auteur admet que l'arrêt *Trasporti Castelletti* est généralement interprété comme excluant tout effet découlant de la perte d'un avantage accordé par le droit matériel du for exclu lorsqu'est en cause une clause attributive de juridiction valable et ceci même lorsque cette perte équivaut à une violation de l'ordre public. Il en découle selon cette interprétation que le régime de Bruxelles impose aux États membres de se fonder exclusivement sur un contrôle de l'ordre public ex post au stade de la reconnaissance du jugement étranger[222]. Cet état du droit européen constitue, selon M. Weller, une anomalie par rapport au régime des accords d'élection de for dans la Convention de La Haye et dans le droit commun de certains États[223].

On a relevé que la « confiance mutuelle » peut servir comme une sorte de justification abstraite mais la nature et l'étendue de ce mot omniprésent et « à la mode » de droit international privé européen sont plutôt obscures. Contrairement à la Convention de La Haye, la confiance mutuelle en vertu du régime de Bruxelles va très loin, jusqu'à exclure toute norme impérative par laquelle la dérogation à la juridiction d'un État membre par la clause attributive serait rendue inefficace ou invalidée. Il en résulte que la prévisibilité juridictionnelle et la sécurité juridique l'emportent complètement sur les objectifs de régulation nationale des États membres même lorsque la méconnaissance de tels objectifs reviendrait à une violation de l'ordre public du point de vue de l'État membre régulateur[224].

Une réponse systématique naturelle à cette approche radicale serait de mettre à la charge des tribunaux des États membres une obligation de prêter attention aux règles internationalement impératives des autres États membres car ces derniers ne peuvent pas sauvegarder leurs règles internationalement impératives sur le plan juridictionnel[225]. Cependant, cette réponse demeure isolée par rapport à l'interprétation généralement admise en doctrine. En outre, elle n'est pas compatible avec le champ étroit assigné aux lois de police étrangères dans l'article 9 (3) du Règlement Rome I. En effet, bien que l'applicabilité de principe des lois de police étrangères soit expressément affirmée à l'article 9 (3) du Règlement Rome I, les conditions posées sont plus restrictives que celles qui figuraient à l'article 7 (1) de la Convention de Rome, remplacée par le Règlement Rome I. En effet, il n'est plus laissé aux juges la liberté d'identifier et d'appliquer d'autres lois de police étrangères que celles du pays d'exécution du contrat. Parmi ces dernières, ils ne sont autorisés à

---

222 P. Mayer, V. Heuzé, B. Remy, n°364, note de bas de page n°228.

223 M. Weller, « Choice of forum agreements under the Brussels I recast and under The Hague Convention », art. préc., p. 107-108.

224 *Ibid.*, p. 108.

225 C'est la thèse développée par J. Fetsch, Eingriffsnormen und EG-Vertrag : die Pflicht zur Anwen-dung der Eingriffsnormen anderer EG-Staaten (Mohr Siebeck, 2002), cité par M. Weller, *ibid.*, note de bas de page n°74, p. 108.

appliquer que celles qui rendent l'exécution du contrat illégale. Toutefois, il faut réserver l'atténuation qui reste limitée, apportée par la Cour de justice de l'Union européenne[226] qui a eu l'occasion de préciser que l'article 9 (3) ne s'opposait pas à la « prise en considération » d'autres lois de police en tant qu'élément de fait et dans la mesure permise par la loi désignée par le règlement[227].

Étant donné ce contexte normatif, on a fait valoir que l'équilibre entre, d'une part, la prévisibilité et la sécurité du système européen de droit international privé excluant toute interférence des ordres juridiques nationaux des États membres et, d'autre part, les exceptions résiduelles pour sauvegarder les intérêts légitimes et fondamentaux de régulation des États membres, semble être penché en faveur des premières. L'étendue de ce déséquilibre est jugée internationalement atypique et peu convaincant[228]. C'est pourquoi on a suggéré en doctrine que la relation entre le principe de fiabilité des accords d'élection de for et leur contrôle résiduel au vu des intérêts régulateurs des États devrait être rééquilibrée soit de lege lata en réinterprétant le jugement de la Cour de justice dans l'affaire *Trasporti Castelletti* soit de lege ferenda dans la prochaine refonte du règlement[229].

339. On peut même admettre du fait de l'adhésion de l'Union européenne à la Convention de La Haye, que l'article 6 (c) (2) de cette dernière pourrait traduire l'existence d'une sorte de principe de contrôle plancher, au-delà de son champ d'application, réalisable a priori et valable pour l'ensemble des États de l'Union européenne. Le contrôle a priori deviendrait alors la règle de principe, ce qui garantirait une réelle sauvegarde des règles impératives étatiques ; sauvegarde que le contrôle a posteriori ne garantira pas toujours. Il est permis d'ailleurs de penser que la Cour de justice de l'Union européenne, confrontée à la question de l'efficacité d'une clause d'élection de for en présence de lois de police d'origine européenne, serait favorable à un tel contrôle a priori, qui semble le plus cohérent avec sa volonté affichée dans l'arrêt *Ingmar*[230], d'imposer leur application nécessaire jusque dans les relations extracommunautaires[231].

340. En définitive, la solution médiane retenue par la Convention de La Haye paraît concilier harmonieusement la protection des intérêts étatiques avec la volonté des parties. Elle ne permet de faire échec à l'efficacité de l'accord d'élection de for que si sa mise en œuvre aboutit concrètement à une

---

226 CJUE, 18 octobre 2016, aff. C-135/15, Republik Griechenland c. Grigorios Nikiforidis.

227 M-L. Niboyet, G. de Geouffre de la Pradelle, n°273, p. 203-204.

228 M. Weller, « Choice of forum agreements under the Brussels I recast and under The Hague Convention », art. préc., p. 109.

229 *Ibid.*

230 CJCE, 9 novembre 2000, aff. C-381/ 98, *Ingmar*, précité.

231 En ce sens, v. not. M.-N. Jobard-Bachellier, F.-X. Train, note précitée sous Cass. civ. 1re, 22 octobre 2008, p. 615-616.

décision du juge élu qui ne permet pas de tenir compte des objectifs poursuivis par les règles internationalement impératives du for exclu applicables en l'espèce.

Néanmoins, si cette solution permet de ne pas paralyser de façon excessive les clauses attributives de juridiction, elle risque d'être difficile à mettre en œuvre.

SECTION II :
Les difficultés de mise en œuvre de la limite puisée dans le respect des règles internationalement impératives du for exclu

341. Le contrôle a priori de l'effet de la mise en œuvre de l'accord d'élection de for sur l'efficacité des règles internationalement impératives du for saisi en dépit de l'accord est une tâche pour le moins délicate. Elle suppose que l'on anticipe le sens d'une décision (**§ 1**). Par ailleurs, l'exception au jeu de l'accord est tributaire du caractère manifeste de l'atteinte (**§ 2**).

§ 1 - Une anticipation du sens d'une décision

342. Un contrôle a priori des effets prévisibles du jeu de la clause d'élection de for sur l'efficacité des règles internationalement impératives du juge exclu laisse place à une part importante d'incertitude. Telle semble être la critique essentielle à cette limite à l'efficacité de l'accord d'élection de for.

Commentant la jurisprudence allemande ayant adopté une approche similaire, M. Guez a affirmé qu'autant il peut sembler praticable, lors de l'exequatur, de vérifier si la décision étrangère est parvenue à un résultat qui n'est pas directement contraire à la loi de police du for requis, autant il peut paraître hasardeux, pour ne pas dire divinatoire, de vouloir apprécier quelle sera l'attitude du tribunal désigné par la clause s'il était effectivement saisi du litige. Concrètement, cela suppose d'interroger la loi du juge désigné afin de savoir si elle admet l'application ou la prise en considération des lois de police étrangères. Et, à supposer que ce soit le cas, toute difficulté ne serait pas résolue. Car bien souvent, la prise en compte d'une loi de police étrangère, si elle est possible, n'est en rien une obligation pour le juge saisi. Dès lors, faute de certitude quant à l'application de la loi de police par le juge étranger, la seule possibilité qu'il l'ignore risque d'entraîner la paralysie de la clause. Certes, un contrôle de l'équivalence a été appliqué par la jurisprudence de certains États et ce contrôle est également transposable dans l'interprétation de la mise en œuvre de la limite établie dans le cadre de l'article 6 (c) (2) de la Convention. Cependant, l'auteur précité a souligné que cette appréciation de l'équivalence exige du juge une démarche assez inadaptée au stade de la détermination de sa compétence internationale. En effet, pour ce faire, il faudrait interroger la règle de conflit du juge désigné par la clause afin de connaître la loi applicable au fond, en rechercher la teneur et vérifier, s'il s'agit de la loi d'un autre État, si elle ne contrevient pas aux conceptions de l'ordre public international du for élu, auquel cas sa propre loi sera applicable. Une telle démarche selon M. Guez semble pour le moins incertaine[232].

343. Une autre analyse en doctrine[233] de l'ordre public en tant que limite à l'exécution de l'accord d'élection de for dans le régime canadien a conclu à un schéma analogue à celui de la Convention de La Haye, en ce sens que le contrôle de l'ordre public revient à contrôler l'efficacité des règles internationalement impératives du for exclu devant le for élu. Or, on a suggéré face à l'incertitude que génère cette approche, dans la mesure où ni les tribunaux ni les parties ne peuvent véritablement savoir avec certitude si le tribunal élu appliquera les règles internationalement impératives du for saisi, d'éviter cette difficulté en présumant la non-application de ces règles par le for étranger élu.

À l'appui de cette suggestion, on a avancé qu'alors qu'il est impossible et inapproprié pour les tribunaux de présager de manière exacte comment un tribunal étranger statuera, la jurisprudence internationale implique que l'application des règles internationalement impératives étrangères au for saisi est peu probable en dehors de certains cas limités. Ceci est également démontré par la règlementation européenne en matière contractuelle. Le Règlement Rome I[234], outre sa rédaction précautionneuse « il pourra être donné effet… », limite l'applicabilité des lois de police étrangères, n'appartenant pas à la lex causae, à celles du lieu d'exécution des obligations contractuelles litigieuses et parmi ces dernières, les tribunaux ne sont autorisés à appliquer que celles qui rendent l'exécution du contrat illégale.

Afin de schématiser les difficultés qu'implique cette tâche d'évaluation a priori du respect des règles internationalement impératives par le for élu, on a cité un exemple de la jurisprudence canadienne. Il s'agit de l'affaire *Ash v. Society of Lloyd's*[235]. Dans cette affaire, le juge McKeown a donné effet à la clause attributive de juridiction en faveur des tribunaux anglais et a suspendu la procédure. L'argument soulevé devant lui, selon lequel l'affaire devait être tranchée à l'Ontario afin de garantir l'application de la loi sur les valeurs mobilières de ce dernier État a été rejeté sur le fondement de l'absence de preuve que les tribunaux anglais n'appliqueraient pas la loi sur les valeurs mobilières sur laquelle se fondait la revendication du plaideur. En ce sens, il y avait une présomption d'applicabilité de ces règles par les tribunaux anglais

---

232 Ph. Guez, note précitée sous Cass. civ. 1re, 22 octobre 2008, n°14, p. 539.

233 L W. Harris, « Understanding public policy limits to the enforceability of forum selection clauses after *Douez V Facebook* », J. Private Int. L., 2019, Vol 15, N°1, p. 50, spéc. p.83.

234 Article 9 (3) du Règlement Rome I.

235 *Ash v Lloyd's Corp*, 8 O.R. (3d) 282, [1992] O.J. No. 894.

élus. Cependant, cette présomption s'est révélée inexacte lorsque les tribunaux anglais n'ont finalement pas appliqué les règles internationalement impératives de cette loi canadienne. Ultérieurement, lorsque Lloyd's a cherché à inscrire les jugements anglais obtenus contre les « Noms » à L'Ontario, la Cour d'appel de l'Ontario était appelée à se prononcer sur la reconnaissance de ces jugements. Elle était confrontée à l'examen de la compatibilité de ces jugements avec l'ordre public international, plus précisément à la question de savoir s'il n'y avait pas violation de cet ordre public du fait de la non-application par les juges anglais de la loi sur les valeurs mobilières. Dans sa décision *Lloyd's v Meinzer*, la Cour a considéré que bien que la tendance dans la jurisprudence soit pour une interprétation restrictive de l'exception d'ordre public à l'exécution des jugements, « tolérer une violation des obligations issues de la loi sur les valeurs mobilières serait contraire à l'ordre public de l'Ontario »[236]. Cependant, dans ce cas particulier, le fait que les tribunaux de l'Ontario avaient déjà envisagé et rejeté ce motif dans l'affaire *Ash v. Society of Lloyd's*, conjugué à la valeur attribuée à la courtoisie internationale ont prévalu dans le raisonnement de la Cour sur cette considération et l'exequatur des jugements a été prononcé[237].

Les arrêts précités ont fait l'objet de critiques de la part de certains auteurs qui ont pu affirmer que le fait que les tribunaux de l'Ontario aient envisagé et négligé de manière erronée le danger que ces normes internationalement impératives ne soient pas appliquées en Angleterre a fondamentalement lié les tribunaux de l'Ontario par la suite lorsque la question s'est posée de nouveau au stade de l'exécution des jugements. Par conséquent, on en conclut qu'il n'y a pas de raison de continuer à faire jouer cette présomption d'applicabilité de ces règles impératives faite par les juges dans l'affaire *Ash v. Society of Lloyd's* qui sera souvent erronée et permettra aux parties d'éluder l'application des règles internationalement impératives[238].

La décision *Lloyd's v Meinzer* a démontré, aux dires de ces auteurs, la confusion conceptuelle qui résulte de cette présomption d'applicabilité des règles internationalement impératives au stade de l'exécution des jugements prononcés. C'est pourquoi on propose une approche pragmatique qui admet la faible probabilité d'application des règles internationalement impératives étrangères par le juge saisi afin de protéger l'ordre public[239]. On admet néanmoins que cette présomption d'inapplicabilité des règles internationalement impératives étrangères n'est pas irréfragable. Il reste possible à la partie qui cherche à obtenir la suspension de la procédure de démontrer que le tribunal choisi appliquerait probablement les règles

---

236 *Lloyd's v Meinzer* (2001), 55 OR (3d) 688, para 65, [2001] O.J No 3403 [Meinzer].

237 *Ibid.*, para 71 ff.

238 L W. Harris, « Understanding public policy limits to the enforceability of forum selection clauses after *Douez V Facebook* », art. préc., p. 84.

239 *Ibid.*

internationalement impératives du for saisi et, par conséquent, que renvoyer le litige au for choisi ne peut être contraire à l'ordre public sur la base de la non-application de telles règles[240].

344. En dépit de la solidité des arguments invoqués à l'appui de l'approche précédemment étayée, on peut soutenir qu'elle est dangereuse. Elle ne peut être transposée dans le cadre de l'application des dispositions de l'article 6 (c) (2) de la Convention de La Haye. Présumer l'inapplicabilité des règles internationalement impératives étend considérablement le champ de l'exception, ce qui ne correspond pas à la volonté des rédacteurs de la Convention qui mettent l'accent sur le caractère exceptionnel de cette limite. En outre, l'article 6 (c) (2) exige que la mise en œuvre de l'accord soit « manifestement » contraire à l'ordre public du for saisi. Cette qualification laisse entendre qu'un examen minutieux doit être entrepris avant de faire échec au jeu de l'accord et admettre éventuellement une compétence alternative du for saisi en dépit de l'accord.

345. On peut conclure que certes l'approche d'un contrôle a priori adoptée par la Convention comporte une part importante d'incertitude car elle suppose que l'on anticipe le sens d'une décision, mais il est vrai qu'on le fait en matière de litispendance et que le GEDIP[241] s'y est montré favorable en suggérant dans le cadre européen, lors de sa réunion des 19-21 septembre 2008, qu'en cas de clause attributive de juridiction à un tribunal d'un pays tiers, le juge saisi d'un État membre puisse connaître du différend « s'il est prévisible que le juge étranger rendra lune décision qui ne pourra pas être reconnue selon le droit de l'État du juge saisi ».

346. À l'incertitude que laisse planer le contrôle a priori qu'admet la Convention, s'ajoute l'exigence que ce contrôle n'aboutisse à faire échec à l'efficacité de l'accord que si la mise en œuvre de ce dernier est « manifestement » contraire à l'ordre public du for saisi en dépit de l'accord.

§ 2 - L'exception au jeu de la clause d'élection de for est tributaire du caractère manifeste de l'atteinte

347. Toute atteinte aux règles internationalement impératives du juge exclu n'ouvre pas la voie à l'inefficacité de l'accord et à une compétence éventuelle alternative de ce dernier. Encore faut-il que la mise en œuvre de l'accord puisse être « manifestement » contraire aux règles susvisées.

De même que pour l'injustice auquel peut conduire l'accord d'élection de for où les rédacteurs de la Convention exige son caractère manifeste, cette caractéristique est également requise pour la violation des règles internationalement impératives du juge saisi en dépit de l'accord. Devant le

---

[240] *Ibid.*

[241] Groupe européen de droit international privé.

silence du texte quant à la signification exacte de cet adverbe, se pose alors la question de savoir de quelle manière sera-t-il interprété ?

348. L'examen des travaux préparatoires de la Convention révèle que cette exigence a donné lieu à un débat entre les délégués des États représentés. Certains ont notamment critiqué la distinction entre un accord simplement « contraire à l'ordre public » et un autre « manifestement » contraire à l'ordre public mettant en exergue le caractère superflu de cette précision[242]. Cependant, il a été soutenu, comme c'est le cas pour l'injustice, que la Conférence de La Haye utilise depuis toujours l'expression « manifestement contraire à l'ordre public » et que tout changement à cette pratique au sein des dispositions de la Convention sur les accords d'élection de for serait de nature à avoir une influence sur l'interprétation de la notion. M. Bucher a expliqué que l'idée qui sous-tend l'adverbe « manifestement » est qu'il importe de faire preuve de réserve dans l'utilisation de l'exception de l'ordre public en cas d'application d'une Convention internationale[243]. À cet égard, l'auteur souligne qu'il faut garder à l'esprit le système de déclaration institué par la Convention par le biais de l'article 20 qui permet aux États de faire des réserves sur l'applicabilité de la Convention à certaines matières particulières d'une certaine importance pour l'État concerné et que l'exception d'ordre public insérée dans l'article 6 est une dernière sauvegarde pour faire face à des circonstances imprévues lorsqu'aucune déclaration n'a déjà été adoptée.

L'auteur met également l'accent sur le fait que le système des déclarations a été adopté sur le postulat que l'exception d'ordre public serait extrêmement étroite. Un argument supplémentaire pour une interprétation stricte de l'exception d'ordre public dans le contexte des relations commerciales est qu'il s'agit d'un concept qui n'a aucune transparence[244].

349. MM. Brand et Herrup ont également affirmé dans leur commentaire de la Convention que la question de savoir si la mise en œuvre de l'accord est manifestement contraire à l'ordre public devrait être interprétée à la lumière de la force traditionnelle donnée à ce terme dans les Conventions de La Haye. Par conséquent, ils déduisent que le terme « manifestement contraire » signifie que la violation qui résulterait de la décision, dans le cas d'espèce, de donner effet à l'accord d'élection de for ne devrait pas être simplement une violation discutable mais devrait être une violation définitivement identifiable comme telle[245]. Cela ne veut pas dire pour autant qu'elle doit être évidente à

---

[242] P. Ferreira, Procès-verbal No 6 de la deuxième commission, Actes et documents de la vingtième session, Tome III, Élection de for, Conférence de La Haye de droit international privé, Intersentia/ Anvers-Oxford-Portland/ 2010, p. 604.

[243] A. Bucher, Procès-verbal No 6 de la deuxième commission, Actes et documents de la vingtième session, Tome III, Élection de for, Conférence de La Haye de droit international privé, Intersentia/ Anvers-Oxford-Portland/ 2010, p. 604.

[244] *Ibid.*, p. 605.

[245] R. À. Brand, P. M. Herrup, p. 93.

première vue, ce qui donc n'empêche pas la Cour en vertu de l'article 6 (c) (2) de conduire une enquête appropriée avant de tirer une conclusion à ce sujet[246].

Les auteurs précités admettent par ailleurs que tout exercice de la compétence par la juridiction saisie en dépit de l'accord au motif que donner effet à l'accord serait manifestement contraire à son ordre public, exige de cette dernière une attention particulière, en ce sens qu'un tribunal saisi en dépit de l'accord devrait être prudent en présageant le résultat final d'un procès devant le tribunal élu par les parties, particulièrement à la lumière de l'expression « serait... » utilisée par le texte[247].

350. S'agissant du rapport explicatif, peu de précisions sont apportées à ce sujet. Les rapporteurs font valoir que l'expression « manifestement contraire à l'ordre public du tribunal saisi » est destinée à fixer un seuil élevé. Elle ne permet pas selon les rapporteurs au tribunal saisi de connaître du litige au seul motif que le tribunal élu pourrait enfreindre, d'une manière technique, une règle obligatoire de l'État du tribunal saisi[248].

351. Il n'en demeure pas moins que les précisions apportées par le rapport explicatif conjuguées à celles de la doctrine permettent de tirer certaines conclusions concernant cette exigence du caractère manifeste de l'atteinte.

D'abord, il y a lieu d'admettre que le caractère manifeste implique que le juge ne devrait pas se contenter d'une simple vérification prima facie de l'inapplicabilité de ses règles internationalement impératives par le juge élu. Encore faut-il que les objectifs de ces règles soient mis en échec. Ceci veut dire qu'il faut s'attacher moins à la loi appliquée par le juge élu qu'au résultat probable du procès devant lui. Par conséquent, l'application par le juge élu d'autres règles que celles se voulant applicables en l'espèce et appartenant au for exclu, ne condamne pas l'accord si la loi finalement appliquée aboutit à un résultat analogue ou permet d'atteindre les objectifs poursuivis par les règles internationalement impératives du juge exclu. C'est la doctrine de l'équivalence qui rend encore exceptionnel le jeu de l'ordre public en vertu de cette exception.

Ensuite, sur le plan procédural, la Convention semble établir une lourde charge de preuve afin de pouvoir limiter l'atteinte à l'efficacité de l'accord car il ne suffit pas d'établir une probabilité de violation, il faut plutôt, à partir d'indices pertinents, rapporter la preuve que cette violation est presque inévitable.

352. Une lecture restrictive de la limite puisée dans la contrariété manifeste à l'ordre public du tribunal saisi peut être rapprochée de la position adoptée par certains auteurs, notamment Mme Jobard-Bachellier partisante du contrôle a priori de l'accord d'élection de for à la lumière des règles internationalement impératives du juge saisi. Mme Jobard-Bachellier a

---

[246] *Ibid.*, note de bas de page n°19, p. 93.
[247] *Ibid.*, p. 93.
[248] M. Dogauchi, T. C. Hartley, *op. cit.*, n°153.

préconisé la soumission de ce contrôle à certaines conditions assez restrictives. Des conditions aptes à cantonner l'atteinte à l'efficacité de l'accord dans des limites raisonnables. Ainsi, elle a suggéré pour la mise en œuvre de cette exception de prendre en considération l'issue de l'affaire, en termes de possibilité d'exequatur de la décision du juge élu devant le for exclu, pour restreindre encore le domaine de l'exception. En effet, s'il y a une possibilité de soumettre la décision future du juge élu à la procédure d'exequatur alors ce contrôle a priori ne peut jouer. Selon Mme. Jobard-Bachellier, une exception au jeu des clauses attributives, par ailleurs reconnues valables et licites, devrait être admise dès lors que les conditions cumulatives suivantes se trouvent remplies :

– Le juge saisi, évincé par la clause, est bien compétent par ailleurs ;

– Le juge étranger élu, compte tenu du droit applicable au litige, ignorera vraisemblablement le contenu des lois de police du for saisi ;

– La loi de police ignorée est celle qu'au cas d'espèce le juge évincé aurait appliqué nécessairement ;

– Enfin et surtout, la décision étrangère, une fois rendue, est de celles qui, très probablement, n'auront pas vocation à faire l'objet d'une demande d'exequatur auprès du juge évincé (telle une décision de débouté principalement), échappant, ainsi en pratique, si ce n'est en théorie[249], à tout contrôle a posteriori de sa conformité à l'ordre public du for devant lequel cette demande pourrait être portée[250].

353. Il faut admettre que quelles que soient les restrictions apportées, ce contrôle a priori comporte une part d'incertitude qui risque de réduire à néant l'utilité pratique des clauses d'élection de for, à savoir écarter toute incertitude et toute discussion sur la compétence judiciaire.

Il en découle que, d'une part, il appartient, dans ce cas aussi, aux juges des États de faire preuve de modération dans le recours à cette limite comme c'est le cas dans la mise en œuvre des lois de police dans le cadre du conflit de lois afin d'établir un juste équilibre entre l'autonomie juridictionnelle reconnue aux parties et le souci des États de sauvegarder leur organisation étatique mise à mal par l'effet de comportements individuels sur les marchés dépourvus de contrôle sérieux. D'autre part, une partie de la doctrine admet que tout contrôle a priori qui chasse une part conséquente de l'autonomie contractuelle des individus suppose pour rester légitime et utile que le contenu de cet ordre public fasse l'objet à tout le moins d'un consensus régional, par exemple pour

---

[249] En théorie, le demandeur débouté devrait pouvoir agir en inopposabilité de la décision étrangère et entreprendre une nouvelle procédure auprès du for évincé qui cette fois, écarterait le jeu de la clause.

[250] M.-N. Jobard-Bachellier, « une impérativité active des règles de droit dans l'ordre international », art. préc., p.359.

la préservation de l'impérativité des règles en Europe, qu'il soit établi au niveau communautaire[251].

Un second aspect des effets de l'accord mérite d'être examiné dans l'évaluation du degré d'efficacité apporté aux accords d'élection de for par les dispositions de la Convention. Il s'agit du pouvoir des tribunaux d'examiner la validité et l'effet de l'accord.

[251] En ce sens, v. not. M.-N. Jobard-Bachellier, F.-X. Train, note précitée sous Cass. civ. 1re, 22 octobre 2008, p. 616-617.

TITRE II :

LE POUVOIR DES TRIBUNAUX D'EXAMINER LA VALIDITÉ ET L'EFFET DE L'ACCORD

354. L'objectif des accords exclusifs d'élection de for est essentiellement d'assurer la prévisibilité quant aux tribunaux au sein desquels le contentieux relatif à un rapport de droit déterminé entre les parties doit être poursuivi.

Dans ce contexte, les effets procéduraux d'un accord d'élection de for exclusif valable sont bien établis. Ces derniers se rapportent à la prorogation de compétence selon laquelle une compétence exclusive est conférée à un for par l'accord et sa contrepartie qui est la dérogation en vertu de laquelle la compétence de toute autre juridiction est exclue.

Cependant, une autre situation peut se présenter lorsque la validité et l'effet de l'accord d'élection de for eux-mêmes sont contestés. Dans ce cas, un problème d'une importance considérable peut surgir quand les parties ayant conclu un accord d'élection de for prévoyant la compétence exclusive des tribunaux d'un État, l'une d'elles intente une action devant le tribunal d'un autre État que celui élu.

La question se pose alors de savoir quel tribunal devrait statuer sur la validité de l'accord d'élection de for ? est-ce le tribunal premier saisi ? le tribunal choisi ? ou les deux ?

Sans prévoir une disposition générale relative aux procédures concurrentes ou parallèles, la Convention a néanmoins investi le juge élu du pouvoir de statuer sur la validité de l'accord indépendamment de l'intervention de tout autre tribunal. Elle n'a cependant conféré aucune priorité au tribunal élu en cas de saisine d'un autre tribunal.

Cette approche se démarque de celle adoptée par le Règlement Bruxelles Ibis. Ce dernier, en règlementant la situation de la litispendance européenne, a consacré une exception à la règle générale fondée sur l'ordre chronologique de saisine lorsque la compétence du tribunal second saisi est fondée sur un accord exclusif d'élection de for allégué. Une priorité du pouvoir de déterminer l'effet de l'accord est accordée au tribunal élu même second saisi. En revanche le règlement a gardé le silence sur l'impact d'un accord exclusif d'élection du for d'un État tiers en cas de saisine du tribunal d'un État membre[1].

355. L'analyse du pouvoir du juge non élu de déterminer la validité et l'effet d'un accord exclusif d'élection de for (**Chapitre I**) permettra d'envisager en second lieu l'interaction entre le régime de la Convention de La Haye et celui du Règlement Bruxelles Ibis (**Chapitre II**).

[1] Sous réserve d'une interprétation possible des articles 33 et 34 du Règlement Bruxelles Ibis, v. infra, n° 450 et s.

CHAPITRE I :

Le pouvoir du juge non élu de déterminer la validité et l'effet de l'accord

356. Les « conflits de procédures » engagées simultanément devant les juges de plusieurs États tiennent aussi bien à la structure des règles de compétence internationale qu'aux stratégies des plaideurs. En droit international privé commun, l'unilatéralité des règles de compétence juridictionnelle de teneur variable et de facture généralement extensive, est de nature à engendrer soit des lacunes exprimées sous forme de conflits négatifs de compétence, soit plus fréquemment des conflits positifs entre instances engagées simultanément dans plusieurs États sur le fondement de chefs de compétence offerts dans chacun d'eux. Des saisines multiples peuvent en effet résulter de l'exploitation délibérée de ce manque de coordination internationale des compétences par des plaideurs désireux de s'assurer la saisine du for le plus favorable. Ce phénomène stratégique, dénommé *forum shopping*, est favorisé par des règles de compétence souples ou à l'égard desquelles le juge exerce un pouvoir d'appréciation sur l'opportunité de sa propre saisine. Pour y répondre, les juges de *common law* ont développé des armes puissantes, telles que les injonctions *anti-suit*, destinées à neutraliser les comportements procéduraux abusifs. Cependant, les conflits de procédures ne sont pas nécessairement le fruit d'un jeu stratégique. Il arrive aussi qu'un instrument uniforme, tel le Règlement Bruxelles Ibis, offre délibérément des options de compétence parce que les exigences de l'administration de la justice commandent la disponibilité de plusieurs fors. Il suffit alors que chacun des plaideurs saisisse un tribunal différent pour que, là encore, et de façon parfois accidentelle, le problème de la concurrence de procédures parallèles se pose[1].

Au modèle préventif que représente l'émission par les juges de tradition de *common law* d'injonctions *anti-suit* destinées à protéger le for naturel du litige, la tradition civiliste préfère des modes de règlement *ex post* et plus mécaniques fondés essentiellement sur un critère de primauté chronologique.

---

[1] D. Bureau, H. Muir Watt, n°207, p. 243-244.

357. Le problème des procédures parallèles revêt une importance accrue en présence d'un accord exclusif d'élection de for. En effet, il y a lieu de rappeler que ces accords sont conçus comme un instrument de gestion du risque de contentieux entre les parties à l'occasion d'un rapport de droit déterminé entre elles[2]. L'efficacité de ces accords est en large partie tributaire du pouvoir prioritaire du juge élu de se prononcer sur sa propre compétence.

À cet égard, l'approche adoptée par la Convention de La Haye (**Section I**) diffère de celle adoptée dans le cadre européen par le Règlement Bruxelles Ibis (**Section II**).

SECTION I :
L'approche de la convention de la haye

358. Plusieurs options existent lorsque la question se pose de savoir quel tribunal est compétent pour se prononcer sur la validité et l'effet de l'accord d'élection de for lorsque des procédures sont engagées par les parties dans deux juridictions différentes. Le tribunal prétendument choisi peut être investi du pouvoir de statuer sur sa propre compétence en vertu de l'accord. Cette solution est fondée sur le concept de « compétence-compétence » particulièrement pertinent en droit de l'arbitrage. Dans ce dernier domaine, le concept de « compétence-compétence » représente une réponse pragmatique qui habilite le tribunal arbitral à déterminer sa propre compétence afin de promouvoir l'efficacité des conventions d'arbitrage[3]. Plus précisément, la « compétence-compétence » se présente comme une règle de priorité qui permet à l'arbitre de statuer le premier sur sa propre compétence sous le contrôle ultérieur des juridictions étatiques. L'effet « positif » du principe consiste à reconnaître la compétence de l'arbitre pour statuer prioritairement sur la validité de la clause qui le désigne. Quant à l'effet « négatif », consacré formellement en droit français par l'article 1448 du Code de procédure civile[4], il signifie que les juridictions étatiques doivent se dessaisir en cas de contestation relative à la validité de la clause tant que l'arbitre ne s'est pas

---

[2] R. Fentiman, *International commercial litigation*, *op. cit.*, n°2.02, p.42-43.

[3] D. Sancho Villa, « Jurisdiction over jurisdiction and choice of court agreements: views on The Hague Convention of 2005 and implications for the European regime", Yearbook Pr. Int. L, Vol. XII, 2010, p.399, spéc. 403.

[4] « Lorsqu'un litige relevant d'une convention d'arbitrage est porté devant une juridiction de l'État, celle-ci se déclare incompétente, sauf si le tribunal arbitral n'est pas encore saisi et si la convention d'arbitrage est manifestement nulle ou manifestement inapplicable » (applicable en matière d'arbitrage international par
Renvoi de l'art. 1506-1°).

déclaré incompétent[5]. La seule exception à l'effet négatif est « la nullité ou l'inapplicabilité manifeste » de la clause[6].

§ 1 - Interprétation des dispositions de la Convention

359. Les opinions en faveur de l'octroi d'une compétence pour le tribunal prétendument choisi pour statuer sur sa propre compétence ont connu un grand essor. On a avancé qu'un accord exclusif d'élection de for peut être considéré comme contenant un droit implicite pour les parties d'avoir la validité de l'accord évaluée par le tribunal choisi[7]. En effet, lorsque des parties informées vérifient les exigences de validité édictées par l'État du tribunal élu lors de la conclusion de leur accord, donner la priorité au tribunal choisi quand l'appréciation de la validité de cet accord, correspond dans la majorité des cas aux attentes légitimes des parties. De même, cette approche favorise l'exécution de l'accord puisqu'elle élimine l'option des manœuvres dilatoires abusives[8]. Il s'agit en définitive de reconnaître une sorte de « compétence-compétence » en faveur du tribunal désigné selon laquelle ce dernier serait seul en droit de se prononcer sur sa propre compétence. Tous les autres tribunaux auront à surseoir à statuer jusqu'à ce que le tribunal désigné décline sa compétence, peu importe quand ils sont saisis[9]. Cependant, on a fait valoir que l'idée de « compétence-compétence » n'est pas sans inconvénients. L'avocat général M. Léger, dans l'affaire *Gasser*, a exprimé sa crainte à l'égard d'une telle option dans la mesure où elle conduit à une sorte de tactique dilatoire à travers l'invocation de faux accords d'élection de for[10]. Le rapport *Heidelberg*[11] sur l'application du Règlement Bruxelles I a mentionné cet inconvénient sous un autre angle en affirmant que cette approche implique le fardeau d'exiger de la partie qui cherche à établir la nullité de l'accord d'entamer en premier lieu une procédure devant le tribunal prétendument désigné dans l'accord d'élection de for[12].

360. Il est certain que si la simple allégation de l'existence d'un accord d'élection de for investissait un tribunal « prétendument » choisi du pouvoir

[5] D. Bureau, H. Muir Watt, n°877-2, p. 351-352.
[6] Art. 1448 CPC français.
[7] D. Sancho Villa, « Jurisdiction over jurisdiction and choice of court agreements », art. préc., p.404.
[8] *Ibid.*
[9] P. Bříza, « choice-of-court Agreements: could The Hague choice of court agreements Convention and the reform of the Brussels I regulation be the way out of the *Gasser-Owusu* disillusion? », J. Private Int. L., 2009, p. 537, spéc. p.557.
[10] Conclusions de l'avocat général Ph. Léger, C-116/02, *Erich Gasser GmbH v. MISAT Srl,* para. 74.
[11] B. Hess, T. Pfeiffer, P. Schlosser, *The Brussles I regulation 44/2001 application and enforcement in the EU*, Hart publishing, 2008, para 454-455.
[12] D. Sancho Villa, « Jurisdiction over jurisdiction and choice of court agreements », art. préc., p.404.

exclusif de statuer sur sa compétence, ceci pourrait donner lieu à des pratiques abusives. Ce faisant, cette approche ne permettrait pas d'honorer l'autonomie des parties car comme l'a affirmé M. Briggs « la liberté de conclure un accord est aussi la liberté de ne pas le conclure »[13].

361. La Convention de La Haye n'a pas emprunté cette option de la « compétence-compétence », dans sa composante négative.

L'article 5 de la Convention est la première disposition clef quant à la question de savoir qui peut statuer sur la validité et l'effet de l'accord d'élection de for. Cet article détermine les obligations du ou des tribunaux élus. L'article 5 (1) dispose que « Le tribunal ou les tribunaux d'un État contractant désignés dans un accord exclusif d'élection de for sont compétents pour connaître d'un litige auquel l'accord s'applique, sauf si celui-ci est nul selon le droit de cet État ».

Ainsi, le tribunal d'un État contractant désigné dans un accord exclusif d'élection de for a sous réserve essentiellement de l'exception de nullité[14]compétence et il est censé exercer cette compétence.

En vertu de l'article 5 (2)[15], le tribunal élu n'est pas autorisé à décliner sa compétence au motif qu'un tribunal d'un autre État devrait connaître du litige. Cette disposition renforce l'obligation établie à l'article 5 (1). En effet, elle interdit au tribunal élu de refuser d'exercer sa compétence qui existe en vertu de l'article 5 (1). Cette disposition est destinée à empêcher le recours tant à la doctrine de *common law*, celle du *forum non conveniens* qu'à la doctrine de droit civil, celle de la litispendance[16] : Il s'agit des deux théories sur le fondement desquelles un tribunal pourrait considérer que le litige devrait être tranché par le tribunal d'un autre État.

S'agissant du *forum non conveniens*, c'est une doctrine appliquée principalement par les pays de *common law*[17]. Indépendamment de sa formulation précise qui varie d'un pays à l'autre, c'est surtout son effet qui est repoussé dans ce cadre. Cet effet consiste à permettre à un tribunal compétent de surseoir à statuer ou de se dessaisir de l'instance s'il considère qu'un autre tribunal serait un for plus approprié. Le prononcé d'un sursis ou d'un dessaisissement est discrétionnaire et implique une évaluation de tous les

---

[13] P. Bříza, « choice-of-court Agreements: could The Hague choice of court agreements Convention and the reform of the Brussels I regulation be the way out of the *Gasser-Owusu* disillusion? », art. préc., p.557-558.

[14] Pour une autre exception applicable dans des circonstances particulières, voir l'article 19 de la Convention.

[15] Art 5 (2) dispose « Le tribunal ayant compétence en vertu du paragraphe premier ne peut refuser d'exercer sa compétence au motif qu'un tribunal d'un autre État devrait connaitre du litige ».

[16] M. Dogauchi, T. C. Hartley, *op. cit.*, n°132-133-134 ; R. A. Brand, P. M. Herrup, p.82; P A. Nielsen, « exclusive choice of court agreements and parallel proceedings », A commitment to private international law, Essays in honour of Hans Van Loon, Intersentia, 2013, p. 409, spéc. p. 411.

[17] V. supra, n°208 et s.

facteurs pertinents du cas d'espèce. Il s'applique qu'une procédure ait été ou non engagée devant l'autre tribunal[18].

Mais c'est surtout l'exclusion de la doctrine de la litispendance qui est significative dans ce contexte. Elle permet en effet de renforcer le pouvoir du juge élu de se prononcer sur sa propre compétence en vertu de l'accord d'élection de for et donc, en définitive, sur la validité et l'effet de cet accord.

Il y a lieu de rappeler que la litispendance implique deux instances en cours entre les mêmes parties dans un litige ayant le même objet et la même cause, soumises à des tribunaux différents également compétents. L'approche qu'adopte la tradition civiliste à l'égard de la concurrence des procédures est tributaire de l'idée qu'à partir du moment où deux fors dont la compétence est concurrente étaient disponibles dans un cas donné, aucun n'est a priori plus approprié que l'autre pour trancher le litige. Il faut donc les départir selon un critère qui leur est extérieur, objectif et conforme aux exigences processuelles d'une bonne administration de la justice. C'est ainsi qu'un critère chronologique est généralement utilisé pour régler les cas de litispendance[19].

Le principe de litispendance impose à un tribunal de surseoir à statuer ou de se dessaisir d'une procédure si un autre tribunal a été saisi en premier d'une procédure entre les mêmes parties et ayant le même objet et la même cause. Il n'est pas discrétionnaire, n'implique pas d'évaluation de facteurs pertinents pour déterminer le for le plus approprié, et ne s'applique que lorsqu'une procédure a déjà été engagée devant l'autre tribunal[20].

À titre d'exemple, en droit interne français, la litispendance conduit le juge saisi en second à se dessaisir, en cas d'exception soulevée par le défendeur[21]. En droit international privé commun français, ce n'est qu'assez tardivement qu'a été admise la recevabilité de l'exception de litispendance internationale par une importante décision de la Cour de cassation aux termes de laquelle « l'exception de litispendance peut être reçue devant le tribunal français, en raison d'une instance engagée devant un tribunal étranger également compétent[22] », mais l'accueil de l'exception au fond suppose que la décision à intervenir soit susceptible d'être reconnue en France. Le juge français fera donc un pronostic sur la conformité de la future décision étrangère aux conditions de régularité en France des jugements étrangers.

Dans l'espace judiciaire européen, la décision que rendra le juge de tout autre État membre premier saisi est présumée régulière dans l'État du for. Les situations de litispendance sont donc traitées selon un critère purement chronologique qui ne laisse aucune place à l'appréciation du juge second saisi,

---

[18] M. Dogauchi, T. C. Hartley, *ibid.*, n°132.

[19] D. Bureau, H. Muir Watt, n°208, p. 244-245.

[20] M. Dogauchi, T. C. Hartley, *op. cit.*, n°133.

[21] Art. 100 CPC.

[22] Cass. civ. 1re, 26 nov. 1974, *Soc. Miniera di Fragne*, *Rev. crit. DIP* 1975. 491, note. D. Holleaux ; *JDI* 1975. 108, note. A. Ponsard.

tenu de surseoir d'office puis le cas échéant de se dessaisir. Ainsi, aux termes de l'article 29 du Règlement Bruxelles Ibis, « ... Lorsque des demandes ayant le même objet et la même cause sont formées entre les mêmes parties devant des juridictions d'États-membres différents, la juridiction saisie en second lieu sursoit d'office à statuer jusqu'à ce que la compétence de la juridiction première saisie soit établie ».

Le caractère essentiel de la prévention des décisions contradictoires -qui touche à la raison d'être même de l'espace commun- a conduit à concevoir de façon large les conditions de la litispendance qui relève d'une définition européenne autonome[23]. Il conduit en effet à admettre qu'il y a litispendance dès lors que l'aboutissement des deux procédures parallèlement engagées entre les mêmes parties risquerait de conduire à des décisions inconciliables au sens de l'article 45 (-1 -d) du règlement. Ainsi, l'obligation du juge saisi en second de surseoir puis le cas échéant de se dessaisir existe dès lors que les demandes respectivement introduites concernent le même rapport juridique indépendamment de l'identité formelle de cause ou d'objet. Il en va ainsi des actions tendant respectivement à l'exécution et à l'annulation d'un même rapport contractuel[24] ou à établir et à nier la responsabilité d'une même partie[25].

362. À la lumière des dispositions de l'article 5 (2) telles qu'interprétées par MM. Hartley et Dogauchi dans leur rapport explicatif, la Convention exige clairement l'exécution de l'accord exclusif d'élection de for indépendamment des considérations de litispendance. Un tribunal choisi dans un accord exclusif d'élection de for ne peut décliner sa compétence car un autre tribunal a déjà été saisi de la même action.

Dans le cadre de la Convention de La Haye, un accord d'élection de for valable confère une compétence exclusive au tribunal désigné pour statuer sur le fond de l'affaire. En outre, la Convention interdit au tribunal désigné, d'une part, de recourir à la doctrine du *forum non conveniens* en vertu de laquelle les tribunaux des États de *common law* peuvent parfois refuser de donner effet à un accord d'élection de for et, d'autre part, d'appliquer la doctrine de la litispendance qui obligerait le tribunal saisi en second lieu de surseoir à statuer. De ce fait, l'article 5 est une disposition fondamentale qui renforce la valeur et l'efficacité des accords exclusifs d'élection de for valables. Son adoption est pertinente pour une Convention qui aspire à harmoniser les aspects essentiels du régime des accords d'élection de for sur le plan international.

---

[23] CJCE, 8 déc. 1987, aff. 144/86, *Gubisch*, *Rev. crit. DIP* 1988. 374, note H. Gaudemet-Tallon ; *JDI* 1988. 537, obs. A. Huet.

[24] *Ibid.*

[25] CJCE, 6 déc. 1994, aff. C-406/92, *Ship Tatry*, *JDI* 1995. 543, obs. A. Huet ; *Rev. crit. DIP* 1996. 487, note P. Lagarde.

Cependant, l'hypothèse envisagée ici est différente. Elle a trait à la situation où la validité et l'effet exclusif de l'accord d'élection de for sont en jeu. Dans quelle mesure l'efficacité de l'accord d'élection de for est renforcée dans ce cas ?

La disposition de l'article 5 (1) de la Convention ne prévoit pas explicitement la compétence du tribunal désigné pour statuer sur sa compétence. Cet aspect revêt une importance particulière car la Convention de La Haye ne contient pas de règles sur les procédures parallèles. Elle ne contient ni une disposition sur le *forum non conveniens* ni une disposition sur la litispendance. La raison d'être est que la Convention de La Haye ne prévoit pas de chefs de compétence alternatifs[26]. Une telle possibilité ne relève d'ailleurs pas de son champ d'application car la Convention n'est pas destinée à établir des règles générales de compétence[27]. Il en découle que lorsque le paragraphe (1) de l'article 5 dispose que le tribunal désigné dans un accord exclusif d'élection de for est compétent « pour connaître d'un litige auquel l'accord s'applique », ce libellé peut soulever certains doutes quant aux contestations incluses dans ce chef de compétence.

363. Trois interprétations différentes peuvent être envisagées. La première est que l'article 5 (1) confère une compétence exclusive seulement quant au litige au fond (**A**). La deuxième est que le tribunal choisi a une compétence exclusive quant aux litiges relatifs à la validité de l'accord d'élection de for (**B**) ; et troisièmement, le tribunal choisi se voit attribuer une compétence pour statuer sur la validité de l'accord indépendamment de l'intervention de tout autre tribunal (**C**).

A. Première interprétation : une compétence exclusive limitée au litige sur le fond

364. On a fait valoir[28] que les termes employés dans le paragraphe (1) de l'article 5[29] laissent a priori planer certains doutes dans la mesure où ils semblent se référer seulement à la compétence sur le fond de l'affaire. M. Fentiman a notamment avancé qu'il n'est pas clair si l'article 5 (2)[30] réglemente la question de la « compétence-compétence ». Le libellé de

---

[26] P A. Nielsen, « exclusive choice of court agreements and parallel proceedings», art. préc., p. 411.

[27] T. C. Hartley, *Choice-of-court agreements under the european and international instruments*, *op. cit.*, n°11.26, p. 231.

[28] R. Fentiman, « Parallel proceedings and jurisdiction agreements in Europe », in P. de Vareilles-Sommières (éd.), *Forum shopping in the european judicial area*, Hart Publishing, Oxford, 2007, p.27, spéc. p. 48.

[29] Art. 5 (1) « Le tribunal ou les tribunaux d'un État contractant désignés dans un accord exclusif d'élection de for *sont compétents pour connaître d'un litige auquel l'accord s'applique*, sauf si celui-ci est nul selon le droit de cet État ».

[30] Art. 5 (2) « Le tribunal ayant compétence en vertu du paragraphe premier ne peut refuser d'exercer sa compétence au motif qu'un tribunal d'un autre État devrait connaître du litige ».

l'article 5 (2) suggère qu'il s'applique seulement au déclinatoire de compétence quant au litige au fond. D'après cet auteur, il n'engloberait pas les cas où le tribunal désigné est amené à surseoir à statuer en attendant l'issue de la compétence pendante devant un autre tribunal[31].

Si on adoptait cette interprétation, on devrait présumer les deux aspects suivants : d'une part, la Convention ne s'applique pas à la question de savoir si le tribunal élu est compétent pour déterminer sa compétence, une question qui devrait par conséquent être résolue par référence au droit national du for, d'autre part, parce que l'article 5 (2) ne s'appliquera pas[32], la possibilité de recourir à la doctrine de litispendance demeure[33].

Une telle interprétation devrait être rejetée pour plusieurs raisons. D'abord, comme précédemment décrit, le rapport explicatif de la Convention affirme expressément que l'article 5 (2) exclut le recours à la doctrine de la litispendance et à cet effet fait référence explicite à l'article 27 du Règlement Bruxelles I relative à la litispendance applicable à l'époque. En outre, l'argument de M. Fentiman non seulement rend les dispositions de l'article 5 (2) dénuées de sens mais promeut une interprétation qui va clairement à l'encontre de l'objectif même de la Convention tel qu'énoncé dans le préambule, à savoir assurer « l'efficacité des accords d'élection de for »[34]. De même, le recours à la doctrine de litispendance serait incompatible avec l'esprit de la Convention car il est de nature à rendre les accords d'élection de for instables mondialement. Par ailleurs, cette interprétation affaiblira sérieusement la valeur de la Convention. On s'est notamment demandé pourquoi les États de *common law* renonceraient à la doctrine du *forum non conveniens* alors que leurs homologues de droit civil continueraient à appliquer la doctrine de la litispendance ?[35]

On notera en dernier lieu que cette interprétation a été suggérée à une époque où la jurisprudence européenne n'avait pas admis d'exception à la règle générale de litispendance en présence d'un accord d'élection de for. Or, cette jurisprudence est aujourd'hui remise en cause par une inversion de la règle de priorité au profit du tribunal élu à travers la refonte du Règlement Bruxelles I. Ce nouveau cadre juridique bien que spécifique à l'espace européen consolide le rejet de la thèse avancée par M. Fentiman avant la refonte du règlement, d'autant plus que les travaux préparatoires ont montré

[31] R. Fentiman, « Parallel proceedings and jurisdiction agreements in Europe », art. préc., p. 48.
[32] Il s'appliquera seulement si le tribunal est compétent en vertu du paragraphe (1) de l'article 5.
[33] D. Sancho Villa, « Jurisdiction over jurisdiction and choice of court agreements », art. préc., p.406.
[34] P. Bříza, « choice-of-court Agreements: could The Hague choice of court agreements Convention and the reform of the Brussels I regulation be the way out of the *Gasser-Owusu* disillusion? », art. préc., p.555.
[35] D. Sancho Villa, « Jurisdiction over jurisdiction and choice of court agreements », art. préc., p.407.

un souhait d'alignement du régime européen sur celui de la Convention de La Haye.

B. Deuxième interprétation : une compétence exclusive pour les contestations relatives à la validité de l'accord d'élection de for

365. Selon une deuxième interprétation, le tribunal prétendument choisi a une compétence exclusive pour se prononcer sur les contestations relatives à la validité de l'accord. Cette interprétation aurait impliqué en principe que la Convention introduise explicitement l'obligation pour le tribunal non élu de surseoir à statuer jusqu'à ce que le tribunal désigné ait pris une décision sur sa compétence. Cependant, tel n'est pas le cas. Bien que l'article 5 (2) interdise au tribunal choisi de surseoir à statuer lorsqu'un autre tribunal est saisi en premier lieu, la Convention ne semble pas empêcher une partie de contrôler l'effet du prétendu accord devant un tribunal non choisi.

C. Troisième interprétation : Une compétence pour se prononcer sur la validité de l'accord d'élection de for indépendamment de l'intervention de tout autre tribunal

366. Une troisième interprétation admet qu'une solution équilibrée est d'attribuer le pouvoir au tribunal prétendument désigné pour statuer sur sa propre compétence. Ainsi, l'article 5 (1) confère une compétence au tribunal élu pour évaluer la validité de l'accord. Pour sa part, l'article 5 (2) empêche le recours à la litispendance dans la mesure où il interdit au tribunal désigné de surseoir à statuer lorsqu'un autre tribunal est le premier saisi.

Cette interprétation diffère de la précédente en ce qu'elle admet que rien dans la Convention n'empêche une partie de recourir au tribunal d'un État autre que celui élu pour contrôler la validité et l'effet de l'accord litigieux pourvu qu'il soit compétent en vertu de son droit national[36].

Sont particulièrement pertinentes dans ce contexte, les dispositions de l'article 6 de la Convention qui prévoit que tout tribunal d'un État contractant autre que celui du tribunal élu doit surseoir à statuer ou se dessaisir lorsqu'il est saisi d'un litige auquel un accord exclusif d'élection de for s'applique sous réserve de certaines exceptions. Précisément, les deux premières exceptions se réfèrent explicitement à la validité de l'accord. Il s'agit de l'exception de nullité de l'accord d'une part, et d'autre part de l'absence de capacité de l'une des parties à cet accord qui n'est généralement qu'une condition de validité de ce dernier[37].

---

[36] *Ibid.*, p. 408-409.

[37] Art. 6 dispose » Tout tribunal d'un État contractant autre que celui du tribunal élu sursoit à statuer ou se dessaisit lorsqu'il est saisi d'un litige auquel un accord exclusif d'élection de for s'applique, sauf si :
a) l'accord est nul en vertu du droit de l'État du tribunal élu ;

Il résulte de l'article 6 que la Convention permet à tout tribunal saisi de se prononcer sur la validité de l'accord. Aucune exclusivité ni priorité n'est accordée au tribunal élu quant à l'examen de la validité de l'accord en cas de saisine parallèle d'un autre juge.

Ceci nous conduit à nous interroger sur l'approche de la Convention quant au pouvoir du juge saisi autre que celui élu de contrôler la validité de l'accord.

§ 2 - L'approche de la Convention de La Haye quant au pouvoir du juge saisi autre que celui élu de contrôler la validité de l'accord d'élection de for

367. Le pouvoir de tout juge autre que celui élu d'apprécier la validité de l'accord d'élection de for en tant qu'exception à l'obligation de principe qui lui est faite de surseoir à statuer ou de se dessaisir a donné lieu à une controverse doctrinale. Cette éventualité ouvre la voie a priori aux procédures parallèles et donc à des décisions contradictoires. Certains ont regretté que la Convention soit restée trop timorée sur la question du pouvoir du juge saisi en dépit de l'accord de contrôler la validité de celui-ci en affirmant l'adéquation d'une certaine extension de l'effet négatif du principe de « compétence-compétence » du droit de l'arbitrage aux accords d'élection de for[38]. D'autres auteurs se sont interrogés sur l'étendue de l'examen de la nullité de l'accord par le juge saisi en dépit de l'accord. Autrement dit, cet examen de la nullité est-il identique pour le juge élu et celui saisi en dépit de l'accord ou est-ce qu'il n'y a pas lieu d'admettre que pour ce dernier un examen réduit s'impose lorsqu'une instance est déjà pendante devant le juge élu ?[39]. Par ailleurs, la voie de la coopération entre le juge élu et le juge saisi en dépit de l'accord est également prônée afin de donner la priorité au juge élu pour se prononcer sur la validité de l'accord[40].

368. Il y a lieu de présenter cette controverse doctrinale quant à l'approche de la Convention de La Haye (**A**) avant d'évaluer l'opportunité de cette approche (**B**).

---

b) l'une des parties n'avait pas la capacité de conclure l'accord en vertu du droit de l'État du tribunal saisi… ».

[38] L. Usunier, « La Convention de La Haye du 30 juin 2005 sur les accords d'élection de for », art. préc., p. 72 ; C. Kessedjian, « La Convention de La Haye du 30 juin 2005 », art. préc., n°31 et n° 41, p.829 et p. 833.

[39] M. Weller, « Choice of forum agreements under the Brussels I recast and under The Hague Convention", art. préc., pp.111-113 ; P. Bříza, « choice-of-court Agreements: could The Hague choice of court agreements Convention and the reform of the Brussels I regulation be the way out of the *Gasser-Owusu* disillusion? », art. préc., p.559.

[40] C. Kessedjian, « La Convention de La Haye du 30 juin 2005 », art. préc., n° 41, p. 833.

A. Controverse doctrinale quant à l'approche de la Convention relative au pouvoir du juge saisi autre que celui élu

369. La nullité éventuelle de l'accord d'élection de for en vertu du droit du tribunal élu ne sera pas appréciée seulement par le tribunal élu. Elle pourra l'être aussi par le tribunal saisi en dépit de l'accord, c'est-à-dire par n'importe quel autre tribunal ayant compétence en vertu de ses propres règles[41]. En vertu de la Convention, on demande donc au tribunal saisi de se prononcer au regard du droit du tribunal élu, comme si le tribunal saisi -par hypothèse non élu- était le mieux placé pour appliquer le droit du tribunal élu. Or, on a souligné qu'il est étrange que l'on attribue ce rôle de vérification au tribunal non élu car il n'existe aucune raison que le tribunal non élu soit mieux à même d'appliquer le droit du tribunal élu que ce dernier[42]. Certes, on a fait valoir que la politique législative suivie par les négociateurs est de ne pas vouloir imposer aux parties d'aller d'abord devant le tribunal élu pour faire constater, par lui, la nullité de l'accord d'élection de for avant de saisir un autre tribunal ayant compétence[43]. Cependant, on a estimé que cette approche pourrait inciter la partie mécontente du choix qu'elle a effectué au moment de la conclusion du contrat de saisir un autre tribunal dans l'espoir qu'il sera plus facilement convaincu que le tribunal élu de la nullité de l'accord, même si le tribunal saisi doit appliquer le droit du tribunal élu. En effet, la difficulté pratique d'appliquer un droit étranger, quand, en plus, c'est dès l'appréciation de la compétence que le droit étranger intervient, peut faire craindre que les résultats pratiques ne soient pas aussi bons que les négociateurs auraient pu l'espérer[44]. Par ailleurs, cette disposition pourra entraîner selon la doctrine des décisions contradictoires entre d'une part le tribunal élu et d'autre part le tribunal non élu mais saisi car, en cas de contestation de la validité de l'accord d'élection de for, il ne sera pas rare qu'une partie saisisse le tribunal élu et l'autre un autre tribunal. Or, la Convention ne prévoit aucune règle de litispendance dans ce cas[45].

Face à ces conséquences désastreuses pour l'efficacité des accords d'élection de for, une partie de la doctrine a estimé qu'en la matière de sérieux arguments militent en faveur d'une certaine extension de l'effet négatif du principe de « compétence-compétence » du droit de l'arbitrage aux accords d'élection de for afin de limiter le pouvoir du juge saisi en violation de

---

[41] Art. 6 a) dispose :» Tout tribunal d'un État contractant autre que celui du tribunal élu sursoit à statuer ou se dessaisit lorsqu'il est saisi d'un litige auquel un accord exclusif d'élection de for s'applique, sauf si :
a) l'accord est nul en vertu du droit de l'État du tribunal élu ».

[42] C. Kessedjian, « La Convention de La Haye du 30 juin 2005 », art. préc., n°41, p. 833.

[43] *Ibid.*

[44] *Ibid.*

[45] *Ibid.*

l'accord de contrôler la validité de celui-ci en donnant la priorité au juge élu pour trancher cette question[46].

Une partie de la doctrine a estimé préférable de donner une priorité au tribunal élu et une compétence exclusive pour se prononcer sur la validité de l'accord qui le désigne. On a par ailleurs fait valoir que si l'on craignait que le tribunal élu prenne trop de temps, on pourra instaurer une coopération souple entre le tribunal élu et le tribunal saisi pour que la question de la validité soit élucidée rapidement et sans que cela coûte trop cher aux parties[47].

Certes, on a souligné que l'adoption d'un tel mécanisme conférant une compétence exclusive au tribunal élu pour se prononcer sur la validité de l'accord d'élection de for pourrait retarder inutilement le dénouement du litige dans les cas où le juge élu n'est pas encore saisi de l'affaire et lorsque la validité de l'accord est contestée devant un juge saisi en violation de celui-ci. En revanche, dans les situations de conflit de procédures entre le juge élu et le juge saisi en dépit de l'accord, l'idée de conférer une priorité au juge élu pour contrôler la validité de l'accord a été jugée très recommandable. Ainsi, la Convention aurait pu préciser que le tribunal saisi en violation de la clause doit en principe surseoir à statuer lorsqu'une instance parallèle est pendante devant le juge élu, peu important que celui-ci ait été saisi en premier ou en second lieu, sans contrôler la régularité de l'accord, sauf nullité ou inapplicabilité manifeste de celui-ci[48].

370. D'autres auteurs ont abordé la question du pouvoir prioritaire du juge élu pour statuer sur la validité de l'accord d'élection de for en analysant la question de l'étendue de l'examen de la nullité de l'accord par le juge saisi en dépit de l'accord. On s'est posé la question de savoir si l'examen de la nullité devrait être identique pour le juge élu et celui saisi en dépit de l'accord ou s'il n'y aurait pas lieu d'admettre que pour ce dernier un examen réduit s'impose lorsqu'une instance est déjà pendante devant le juge élu afin d'accorder à ce dernier une priorité pour se prononcer sur sa propre compétence et d'éviter en définitive des décisions contradictoires[49].

À cet égard, on a relevé [50]que ni la Convention elle-même ni le rapport explicatif n'ont expressément abordé la question de savoir si la norme de contrôle de la nullité de l'accord devrait être identique ou différente pour le tribunal choisi et pour les tribunaux non choisis.

---

[46] L. Usunier, « La Convention de La Haye du 30 juin 2005 sur les accords d'élection de for », art. préc., p. 72 ; C. Kessedjian, *ibid.*, n°31, p. 829.

[47] C. Kessedjian, *ibid.*

[48] En ce sens, v. not. L. Usunier, « La Convention de La Haye du 30 juin 2005 sur les accords d'élection de for », art. préc., p. 72.

[49] M. Weller, « Choice of forum agreements under the Brussels I recast and under The Hague Convention», art. préc., pp.111-113.

[50] *Ibid.*, p.111.

On a estimé[51] qu'il est évident que le tribunal choisi aura à examiner pleinement la validité de l'accord d'élection de for. En revanche, s'agissant du tribunal non élu, l'hésitation est permise entre un examen complet semblable à celui effectué par le tribunal choisi et un examen réduit ou *prima facie* de la validité de l'accord en cas de procédure parallèle déjà engagée devant le tribunal élu. Il n'en demeure pas moins qu'on a relevé[52] en premier lieu que la lettre de l'article 6 (a) ne révèle aucune limitation du seuil de contrôle. En second lieu, il n'y a rien dans le rapport explicatif qui pourrait indiquer l'existence d'un critère d'examen réduit. Au contraire, le rapport indique clairement que le tribunal non choisi doit pleinement, et pas seulement en vertu d'une évaluation *prima facie*, interpréter l'accord afin de décider si la relation juridique litigieuse est couverte par l'accord[53]. En outre, le rapport explicatif précise que l'article 6 (a) de la Convention est « la contrepartie de la disposition de l'article 5 (1) »[54]. De même, bien que l'article 6 est à juste titre considéré comme étant la « seconde disposition clef » de la Convention et bien qu'il semble admis que la règle de conflit de lois incluse dans les articles 5 et 6 de la Convention assure la même fonction, rien n'est dit sur un éventuel contrôle réduit de la validité de l'accord lors de la mise en œuvre de l'article 6. C'est pourquoi, on a fait valoir[55] qu'en se prononçant sur la contrepartie à l'article 5, le rapport aurait dû rendre explicite une telle différence fondamentale si celle-ci existait.

Troisièmement, on a souligné[56] que si toutes les autres exceptions à l'obligation pour le juge saisi non élu de surseoir à statuer ou de se dessaisir doivent clairement être établies à travers un examen complet de l'accord, pourquoi y aurait-il une dérogation pour l'exception de l'article 6 (a). Certes, on pourrait arguer que l'article 6 (a) est différent dans la mesure où il contient la seule question qui est directement pertinente pour le tribunal choisi si bien qu'il pourrait y avoir une intention de la Convention de donner priorité au tribunal choisi de se prononcer sur cette question. Cependant, cette intention ne s'est traduite par aucune expression ni dans le texte de la Convention ni dans le rapport explicatif.

Quatrièmement, on a fait valoir[57] qu'il n'y a pas une norme de contrôle expressément réduite dans l'article II (3) de la Convention de New York pour les tribunaux des États contractants lorsqu'ils sont amenés à statuer sur la

---

[51] *Ibid.*

[52] *Ibid.*, p.111-112.

[53] M. Dogauchi, T. C. Hartley, *op. cit.*, n° 144.

[54] *Ibid.*, n° 149.

[55] M. Weller, « Choice of forum agreements under the Brussels I recast and under The Hague Convention », art. préc., p. 112.

[56] *Ibid.*

[57] *Ibid.*

nullité éventuelle de la convention d'arbitrage. Plutôt, il y a des pratiques étatiques divergentes sur ce point[58].

Par conséquent, on en déduit qu'il n'y a aucune obligation en vertu de la Convention pour le tribunal non désigné d'évaluer la nullité de l'accord d'élection de for selon une norme de contrôle réduit afin notamment de donner la priorité au juge élu pour se prononcer sur la question. La Convention n'attribue aucune sorte de « compétence-compétence » au tribunal choisi[59].

On a cependant fait remarquer qu'il est insensé de surseoir à statuer en présence d'une question en suspens afin d'attendre l'issue du procès pendant ailleurs, si le tribunal dans ce dernier procès ne se voit pas attribuer une priorité pour statuer sur la question en suspens. Il en découle que la Convention n'empêche pas le tribunal non choisi de se limiter à un contrôle *prima facie* de la validité de l'accord afin de suspendre le cas échéant sa procédure en accordant ainsi au tribunal choisi la priorité pour établir la validité ou la nullité de l'accord d'élection de for, mais en même temps, la Convention ne l'oblige pas à procéder de la sorte. Par conséquent, le tribunal non choisi peut également décider de manière autonome, soit de décliner sa compétence en raison d'un accord d'élection de for valable en faveur du tribunal élu, soit de continuer sa procédure et trancher le fond si l'une des exceptions énoncées à l'article 6 a été pleinement établie, y compris la première de ces exceptions qui a trait à l'établissement de la nullité de l'accord par le tribunal saisi. Dans ce contexte, le tribunal non choisi pourrait bien aboutir à des conclusions différentes de celles auxquelles aurait pu arriver le tribunal choisi sur le même accord d'élection de for. La Convention ne prévoit aucun effet obligatoire des décisions entre le tribunal choisi et celui non choisi[60].

Partant de ce cadre juridique textuel, une partie de la doctrine conclut que la Convention de La Haye ne donne aucune priorité au tribunal choisi pour établir l'existence et la validité d'un accord d'élection de for. Tous les tribunaux des États contractants agissent sur un pied d'égalité. Chaque tribunal est compétent pour décider lui-même de la validité et du champ de l'accord d'élection de for. On a cependant souligné que le tribunal non choisi peut donner de sa propre initiative priorité au tribunal choisi en décidant de surseoir à statuer et, dans ce cas, il est logique de le faire sur la base d'un contrôle *prima facie* de la validité de l'accord. Mais le tribunal non choisi peut également décider de continuer la procédure et examiner le fond s'il a statué lui-même pleinement sur la validité de l'accord et a conclu à sa nullité[61].

---

[58] *Ibid.*

[59] M. Weller, *ibid ;* A. Nuyts, « La refonte du règlement Bruxelles I », *Rev. crit. DIP* 2013.1, spéc. p. 52-53.

[60] M. Weller, *ibid.*, p.112-113.

[61] M. Weller, *Ibid.*, p. 113.

On en déduit que les mécanismes de coordination de la Convention admettent les procédures parallèles[62]. Ceci paraît être la conséquence logique de l'octroi d'une autonomie considérable à tous les tribunaux des États contractants et de l'absence de tout effet obligatoire entre les décisions des tribunaux impliqués. En définitive, la Convention cherche à réduire le risque de procédures parallèles plutôt par une harmonisation des normes d'établissement de la validité des accords d'élection de for. Néanmoins, certains auteurs admettent qu'il n'y a pas une harmonisation globale de toutes les questions pertinentes en matière de loi applicable et que même si cette harmonisation complète existerait sur le plan de la loi applicable, des décisions divergentes pour des motifs procéduraux seraient toujours possibles[63].

371. Face à cette controverse doctrinale quant au pouvoir du juge élu de statuer sur sa compétence et donc d'examiner la validité et l'effet de l'accord d'élection de for, le cas échéant, de manière prioritaire, il y a lieu de remarquer que la possibilité d'une extension de l'effet négatif du principe de « compétence-compétence » ne peut coïncider avec l'approche de la Convention qui admet la possibilité pour un tribunal non élu de statuer sur la nullité éventuelle de l'accord. En effet, tout en édictant l'obligation pour le tribunal saisi autre que celui élu de surseoir à statuer ou de décliner sa compétence en cas d'invocation d'un accord d'élection de for, le texte assortit clairement cette obligation d'exceptions qui autorisent le juge saisi de statuer s'il est par ailleurs compétent selon ses propres règles de compétence internationale. Or, parmi les exceptions, celle relative à la nullité de l'accord revêt une importance considérable. Elle met en jeu l'examen de la validité de l'accord et donc l'efficacité du pouvoir conféré au juge élu par les parties. Un pouvoir dont le juge élu lui-même est investi de la compétence d'examiner. Ainsi, a priori la Convention admet de manière évidente la concurrence de compétence entre le tribunal élu et celui éventuellement saisi en dépit de l'accord en ne reconnaissant pas de compétence exclusive au tribunal élu pour se prononcer sur sa propre compétence, donc pour se prononcer sur la validité de l'accord. De ce fait, les procédures parallèles semblent possibles dans le cadre de la Convention[64].

---

[62] M. Weller, *ibid* ; R. A. Brand, P. M. Herrup, p.88; P. Bříza, « choice-of-court Agreements: could The Hague choice of court agreements Convention and the reform of the Brussels I regulation be the way out of the *Gasser-Owusu* disillusion? », art. préc., p.558 ; A. Mukarrum, P. Beaumont, « Exclusive choice of court agreements: some issues on The Hague Convention on choice of court agreements and its relationship with the Brussels I recast especially anti-suit injunctions, concurrent proceedings and the implications of Brexit », J. Private Int. L., 2017, p. 386, spéc. p. 396.

[63] M. Weller, « Choice of forum agreements under the Brussels I recast and under The Hague Convention », art. préc., p.113.

[64] F. Ragno, « The Brussels I Recast Regulation and The Hague Convention», art. préc., p. 259-260.

Il n'en demeure pas moins que comme l'ont suggéré certains auteurs[65], la philosophie de la Convention de La Haye autorise à adopter la conception la plus appropriée de l'article 6 de celle-ci. Or, cet article tel qu'interprété par le rapport explicatif[66] édicte une règle simplement permissive qui n'oblige pas le tribunal non choisi à statuer sur la validité de l'accord et son efficacité mais seulement lui permet de le faire[67]. Par conséquent, on peut en déduire que la saisine par l'une des parties d'un tribunal autre que celui choisi ne donne pas le droit au plaignant pour que le juge saisi non élu se prononce sur l'exception de nullité et ce indépendamment de la saisine du juge prétendument élu.

En effet, l'objectif fondamental tel que déclaré dans le préambule de la Convention est d'assurer l'efficacité des accords d'élection de for conclus par des parties à des transactions commerciales internationales. Il conviendrait alors que les juges des États contractants assurent cet objectif en adoptant une interprétation des dispositions de l'article 6 qui coïncide avec cet objectif. Notamment, l'alternative instituée par l'article 6 au juge non élu, saisi d'un litige auquel un accord d'élection de for s'applique, de surseoir à statuer ou de se dessaisir devrait céder le pas à une obligation de surseoir à statuer en cas de saisine parallèle du juge prétendument élu sauf nullité manifeste ou inexistence de l'accord litigieux. Ainsi, il faudrait admettre que la mise en œuvre de l'exception de nullité dans le cas de procédures concurrentes devrait être exceptionnelle en ce sens qu'elle ne peut libérer le tribunal saisi de son obligation de surseoir à statuer que s'il est manifeste que l'accord est nul ou s'il est inexistant.

Une approche comparée avec le régime procédural des conventions d'arbitrage dans le cadre de la Convention de New York sur la reconnaissance et l'exécution des sentences arbitrales étrangères de 1958 est intéressante. Les rapporteurs de la Convention ont eux-mêmes indiqué dans leur rapport explicatif que les alinéas (a) et (b) de l'article 6 correspondent à la disposition « nullité » de l'article II (3) de la Convention de New York[68]. De ce fait, ils ont admis que la jurisprudence résultant de la Convention de New York pourrait apporter des indications utiles pour l'interprétation de la Convention[69].

---

[65] A. Mukarrum, P. Beaumont, « Exclusive choice of court agreements: some issues on The Hague Convention on choice of court agreements and its relationship with the Brussels I recast », art. préc., p. 405.

[66] M. Dogauchi, T. C. Hartley, *op. cit.*, n° 300-301.

[67] En ce sens, v. not. A. Mukarrum, P. Beaumont, « Exclusive choice of court agreements: some issues on The Hague Convention on choice of court agreements and its relationship with the Brussels I recast », art. préc., p. 405.

[68] L'article II (3) de la Convention de New York dispose » le tribunal d'un État contractant, saisi d'un litige sur une question au sujet de laquelle les parties ont conclu une convention au sens du présent article, renverra les parties à l'arbitrage, à la demande de l'une d'elles, à moins qu'il ne constate que le dite convention est caduque, inopérante ou non susceptible d'être appliquée ».

[69] M. Dogauchi, T. C. Hartley, *op. cit.*, n° 147.

Le paragraphe 3 de l'article II de la Convention de New York impose aux tribunaux étatiques de renvoyer les parties à l'arbitrage, à moins qu'ils ne constatent que la convention invoquée est « caduque, inopérante ou non susceptible d'être appliquée ». Il faut certes observer que ni les travaux préparatoires ni le texte de la Convention ne donnent d'indication quant au critère d'examen devant être appliqué par les juridictions nationales dans le cadre de cet exercice. Ils ne fournissent aucune autre explication non plus concernant les termes « caduque, inopérante ou non susceptible d'être appliquée ». Cependant, deux tendances se dessinent dans la jurisprudence des États contractants. Certaines juridictions se livrent à un examen complet de la convention d'arbitrage afin d'apprécier si elle est « caduque, inopérante ou non susceptible d'être appliquée » alors que d'autres se contentent d'un examen sommaire ou *prima facie*, lui-même susceptible de prendre différentes formes[70].

Dans le guide du secrétariat de la CNUDCI[71] sur la Convention de New York, on a fait valoir que la Convention n'interdit aux tribunaux étatiques ni d'effectuer un examen *prima facie* de la convention d'arbitrage, ni de se livrer à un examen complet portant sur son existence et sa validité, aucune de ces deux approches n'est jugée comme incompatible avec elle.

Certains pays, notamment l'Italie et l'Allemagne, ont opté pour un examen complet de la convention d'arbitrage. Ainsi, la Cour de cassation italienne a estimé que l'article II (3) autorise les tribunaux nationaux à apprécier la validité et l'efficacité de la convention d'arbitrage, faisant observer que l'examen de la validité de la convention d'arbitrage relève intrinsèquement du pouvoir de la juridiction nationale saisie[72].

Sans renvoyer expressément à la Convention de New York, les juridictions allemandes effectuent également un examen complet de la convention d'arbitrage lorsqu'elles apprécient si elles doivent renvoyer les parties à l'arbitrage. Pour ce faire, Elles se fondent sur le Code allemand de procédure civile qui prévoit expressément qu'avant la constitution du tribunal arbitral, une partie peut saisir une juridiction pour qu'elle statue sur la recevabilité ou l'irrecevabilité de la procédure d'arbitrage[73]. À titre d'exemple, la Cour suprême fédérale allemande s'est fondée sur l'article 1032 du Code de procédure civile pour effectuer un examen complet d'une convention d'arbitrage contenue dans un contrat-type de consommation. Elle a estimé que, sans préjudice du principe de « compétence-compétence », la juridiction inférieure avait fait erreur en limitant son examen de la convention d'arbitrage,

[70] Commission des Nations Unies pour le droit commercial international, *Guide du Secrétariat de la CNUDCI sur la Convention pour la reconnaissance et l'exécution des sentences arbitrales étrangères*, (New York, 1958), Édition 2016, p. 65-72.

[71] Commission des Nations Unies pour le droit commercial International.

[72] Cour de cassation (Italie), 5 janvier 2007, *Heraeus Kulzer GmbH c. Dellatorre Vera SpA*, 35.

[73] Article 1032 du code de procédure civile (ZPO).

car la compétence des juridictions nationales ne saurait être limitée par un accord entre les parties. Ayant confirmé que la convention d'arbitrage satisfaisait aux conditions de forme et de fond posées par la législation allemande, elle a renvoyé les parties à l'arbitrage[74]. Les commentateurs allemands confirment que les juridictions allemandes adoptent la même solution lorsqu'elles se fondent sur la Convention de New York.

Dans d'autres pays, l'examen de la convention d'arbitrage se limite à une analyse sommaire visant à confirmer que cette convention n'est pas *prima facie* « caduque, inopérante ou non susceptible d'être appliquée ». Ainsi, en France, les juridictions appliquent la règle de l'examen *prima facie* de la convention d'arbitrage. Elles estiment que le juge n'est pas habilité à effectuer une analyse approfondie de la convention d'arbitrage et doit renvoyer les parties à l'arbitrage, à moins que la convention d'arbitrage ne soit manifestement nulle[75].

De même, en Inde, la Cour suprême s'est fondée sur l'esprit de la Convention de New York, et son approche favorable à l'exécution des conventions d'arbitrage afin de déterminer le critère d'examen auquel soumettre ces dernières. Dans l'affaire *Shin-Etsu*, elle a estimé que, bien que rien dans le libellé de l'article II (3) lui-même « n'indique si la nature de la convention d'arbitrage devrait être tranchée *ex facie* ou *prima facie*, le fait d'exiger qu'elle soit seulement établie *prima facie* sert mieux l'objectif de la Convention de New York, qui est de permettre un arbitrage rapide en évitant toute intervention non indispensable des autorités judiciaires[76] ».

Au Venezuela, le tribunal suprême de justice s'est fondé sur le principe de la « compétence-compétence » et sur l'article II (3) de la Convention de New York pour conclure qu'il ne pouvait pas effectuer d'examen complet de la convention d'arbitrage, mais devait plutôt se limiter à un examen sommaire pour savoir si la convention d'arbitrage est « caduque, inopérante ou non susceptible d'être appliquée ». Il a estimé en outre que, lorsqu'elles appliquent le critère de l'examen *prima facie*, les juridictions vénézuéliennes devraient se contenter d'apprécier s'il existe une convention d'arbitrage écrite et ne pas s'engager dans l'analyse de la question de savoir si les parties ont consenti à l'arbitrage[77].

Cette divergence entre les juridictions des États contractants dans l'interprétation des dispositions analogues de la Convention de New York,

[74] Bundesgerichtshof [BGH] (Allemagne), 13 janvier 2005, III ZR 265/03.

[75] La nouvelle législation française de 2011 relative à l'arbitrage confirme que l'examen *prima facie* de la convention d'arbitrage par les juridictions étatiques n'est plus possible une fois que le tribunal arbitral est saisi (voire l'article 1448 du code français de procédure civile).

[76] Cour suprême (Inde), 12 août 2005, *Shin-Etsu Chemical Co. Ltd c. Aksh Optifibre Ltd. And anr*, recours (civil) 5048 de 2005.

[77] Tribunal suprême de justice (Venezuela), 10 novembre 2011, *Astivenca Astilleros de Venezuela, C.A. c. Oceanlink Offshore A.S, Exp.* n°09-0573, XXXVI Y.B. Com. Arb. (2011), p. 496.

bien qu'elle ne permette pas d'apporter une réponse ferme à la question d'interprétation des dispositions de la Convention de La Haye, permet néanmoins de tirer certaines conclusions utiles. La première est que les termes employés dans le contexte de la Convention de New York ont permis d'asseoir aussi bien la thèse de l'analyse complète que celle réduite de la validité de la convention d'arbitrage par le juge saisi en dépit de cette convention. Il en irait de même pour la Convention de La Haye. Bien que L'article 6 (a) utilise le terme de nullité, l'examen de la nullité peut ne pas être complet et se limiter à un examen *prima facie* cantonné à l'hypothèse de la nullité manifeste ou l'inexistence de l'accord. La deuxième conclusion est que référence est faite par certains tribunaux d'États contractants, qui ont opté pour un examen *prima facie* de la validité de la clause d'arbitrage, à l'objectif poursuivi par la Convention de New York. De même, on peut opter pour une interprétation analogue de l'exception de nullité dans le cadre de l'article 6, qui tient compte de l'objectif de la Convention de La Haye. En effet, étant donné que l'efficacité des accords est l'objectif primordial de la Convention, il paraît opportun de limiter les pouvoirs du tribunal saisi en dépit de l'accord à un examen *prima facie* de la validité de celui-ci. Cet examen du juge saisi non élu sera restreint au cas de nullité manifeste de l'accord ainsi qu'à l'hypothèse de son inexistence.

Certes, cette interprétation ouvre la voie à d'autres interrogations, en particulier, celle de déterminer le caractère manifeste de la nullité. Dans ce contexte, la distinction entre les conditions de forme et de fond pourrait servir de critère, en ce sens que si l'accord ne remplit pas les conditions de forme uniformes posées par la Convention, ceci permettra de conclure à la nullité manifeste de l'accord et à fortiori si l'accord n'existe pas. En tout état de cause, il appartient à la jurisprudence des tribunaux des États contractants de confirmer cette interprétation qui correspond mieux à la politique de la Convention et d'essayer de forger les critères permettant de conclure à la nullité manifeste ou à l'inexistence de l'accord. Il faut cependant admettre que l'absence d'une Cour internationale permettant de se prononcer de manière uniforme sur l'interprétation des dispositions de la Convention rend cette tâche assez complexe. Elle laisse, en effet, planer un risque d'absence d'uniformité entre les tribunaux des États contractants sur la question. Aussi est-il souhaitable qu'une modification future de la Convention puisse apporter des clarifications au sein du texte lui-même afin de préserver l'uniformité de son application.

372. L'approche adoptée par la Convention de La Haye soulève la question de son opportunité dans le contexte d'un régime mondial qui aspire à assurer l'efficacité des accords d'élection de for[78].

[78] Tel qu'énoncé dans le préambule de la Convention.

B. L'opportunité de l'approche adoptée par la Convention de La Haye

373. L'approche de la Convention de La Haye semble être celle de valoriser l'accord d'élection de for et lui donner un caractère sacré plutôt que l'évitement des procédures parallèles.

À cet égard, la Convention répond d'une certaine manière aux vœux des professionnels dans les litiges commerciaux. Selon ces derniers, en effet, la préoccupation essentielle n'est vraisemblablement pas les procédures parallèles mais plutôt de combattre le *forum shopping* déloyal[79]. En effet, sur le plan international, il est certainement possible que deux tribunaux soient saisis de manière concurrente, étant donné l'importance vraisemblable pour chaque partie de soumettre le litige à son for préféré. Cependant, la probabilité que les procédures avancent de manière significative dans les deux fors est faible. En effet, même si les parties ont l'intention de poursuivre le litige en vue de l'obtention d'un jugement, le coût de combattre sur deux fronts est susceptible de les dissuader. Néanmoins, les parties dans les litiges transfrontaliers coûteux ont rarement l'intention de mener le litige jusqu'au prononcé d'un jugement ou même jusqu'à l'introduction d'un procès au fond.

Les stratégies assez courantes dans les litiges transnationaux où chaque partie cherche à saisir son for préféré sont toujours destinées à promouvoir un règlement ou un abandon par l'autre partie. Par conséquent, on admet que l'idée que chacun cherche un jugement au fond est peu réaliste. D'où, pour beaucoup de professionnels des litiges commerciaux internationaux, le danger le plus urgent est que l'une des parties invoquera la compétence d'un tribunal pour des raisons stratégiques ou tactiques et par conséquent dictera où la bataille devrait être jointe. Ainsi, le vrai problème n'est pas les procédures parallèles mais plutôt le risque de *forum shopping* déloyal. Or, ce problème est plus flagrant lorsque les parties se sont accordées sur la compétence exclusive d'un tribunal[80].

Les parties réalisent souvent que la victoire au niveau de la bataille des fors est au fond une victoire pure et simple, au moins en profitant de l'avantage des négociations du règlement.

Comme le demandeur sait qu'à son avantage le défendeur poursuivi devant un for incommode est susceptible d'abandonner, le défendeur sait qu'un demandeur incapable d'agir où il veut se retirera également. Or, certainement un défendeur potentiel qui agira le premier devant le tribunal qu'il préfère en présence d'un accord d'élection de for au profit d'un autre tribunal, cherche en définitive à éviter tout procès devant le for élu.

Cette possibilité de recours à des procédures préventives ou anticipées permet également à la partie insatisfaite du for choisi de profiter des lenteurs

---

[79] R. Fentiman, « Parallel proceedings and jurisdiction agreements in Europe », art. préc., p. 53.
[80] *Ibid.*

judiciaires qui caractérisent certains systèmes judiciaires. En effet, alors que certains tribunaux statuent dans quelques mois, d'autres prennent des années pour se prononcer uniquement sur leur compétence. Ceci a pour conséquence de faire retarder la saisine du tribunal élu et obliger la partie adverse à se défendre au fond devant le for saisi et non élu avec toutes les conséquences fâcheuses en termes de coûts que risque de supporter la partie victime de cette procédure anticipée. Cette dernière abandonnera probablement tout recours ultérieur au juge élu.

374. Par conséquent, en vertu du régime instauré par la Convention de La Haye, attribuer compétence au juge élu pour se prononcer sur la validité de l'accord, tout en le libérant de toute obligation ayant trait à une éventuelle saisine préalable d'un autre juge, par l'exclusion du jeu de la litispendance, paraît être un instrument de taille car il renforce d'une certaine manière l'efficacité de l'accord d'élection de for. En effet, cette compétence attribuée au juge élu pour se prononcer dans tous les cas sur sa propre compétence indépendamment de la saisine de tout autre tribunal, aura un effet dissuasif car elle découragera le recours à des procédures anticipées ou préventives devant un tribunal autre que celui élu. Elle apporte de ce fait aux acteurs du commerce international une réponse aux dangers qu'a entraîné la jurisprudence *Gasser*[81] avant son abandon par la refonte du Règlement Bruxelles I. Dans ce contexte, il y a lieu de rappeler qu'il était constaté en pratique que lorsqu'un accord d'élection de for était conclu, la partie insatisfaite du choix qu'elle a effectué entamerait une procédure anticipée devant le tribunal de son choix afin de retarder l'examen de l'affaire devant le juge élu en faisant jouer la règle de priorité et en obligeant l'autre partie à plaider l'affaire au fond devant un autre juge que celui élu, entravant ainsi l'efficacité de l'accord conclu. Or, la victoire dans la bataille du choix des juges s'avérera en fin de compte une victoire au fond car elle obligerait le défendeur à se défendre devant le for saisi non élu et à supporter les frais y afférents. Elle entraînerait éventuellement un abandon de tout procès ultérieur devant le juge élu. La compétence attribuée au juge élu en vertu de la Convention de La Haye pour se prononcer dans tous les cas sur la validité de l'accord et l'exclusion de tout jeu possible de la règle générale de litispendance permettent dans une large mesure de dissuader la partie mécontente d'agir devant un autre tribunal car cela sera en vain du moment que l'autre partie peut saisir le tribunal élu et reprendre le contrôle du choix du for.

375. La directive qui semble animer l'approche adoptée par la Convention de La Haye est celle de considérer que le vrai danger pour l'efficacité des accords d'élection de for est non pas les procédures parallèles mais plutôt la possibilité d'un *forum shopping* déloyal que permet la règle générale de litispendance. C'est pourquoi, l'obligation qui est adressée au tribunal élu de

[81] CJCE, 9 décembre 2003, aff.C-116/02, *Erich Gasser*, précité.

se prononcer sur sa compétence indépendamment de toute saisine d'un autre juge est de nature à réduire le risque de procédures préventives ou anticipées devant d'autres tribunaux et donc, en définitive, réduit le risque de tactiques dilatoires.

376. En outre, la Convention a cherché à réduire le risque des procédures parallèles par une certaine harmonisation du droit applicable à la validité substantielle des accords d'élection de for[82]. En effet, par l'adoption d'une règle de conflit de systèmes pour l'appréciation de la validité de l'accord d'élection de for, la Convention minimise considérablement la possibilité de décisions contradictoires entre les différents tribunaux des États contractants. Quel que soit le tribunal amené à se prononcer sur la validité de l'accord, le droit applicable est celui du tribunal choisi[83]. Les rapporteurs de la Convention ont expressément mis l'accent dans leur rapport explicatif sur le fait que « en précisant le droit applicable, l'article 6 (a) de la Convention contribue à assurer que le tribunal saisi et le tribunal élu rendent des jugements compatibles au sujet de la validité de l'accord d'élection de for »[84].

377. Il faut certes admettre que cet effort d'harmonisation est partiel dans la mesure où la Convention n'adopte pas une règle de conflit uniforme mais une règle de conflit de systèmes qui fait surgir des problèmes assez délicats de détermination du droit étranger applicable vu le flou qui règne dans le droit de certains États sur la question.

378. En définitive, on peut conclure que la Convention de La Haye adopte une approche qui cherche à accorder une efficacité absolue à l'accord d'élection de for en conférant un pouvoir inconditionnel au juge élu pour se prononcer sur la validité de l'accord indépendamment de la saisine de tout autre tribunal. Cependant, sur un plan procédural, la Convention n'accorde pas une priorité absolue au juge élu pour évaluer l'efficacité de l'accord exclusif d'élection de for. En effet, la Convention non seulement investit le tribunal choisi du pouvoir de statuer sur la validité de l'accord mais également fait de la nullité de l'accord d'élection de for une exception à l'obligation du juge saisi en dépit de l'accord de surseoir à statuer ou de se dessaisir.

Certes, on a pu avancer qu'une interprétation restrictive de la possibilité d'examen de la validité de l'accord par le juge saisi mais non élu, notamment en limitant cet examen aux hypothèses de nullité manifeste ou d'inexistence de l'accord permet de mieux préserver l'efficacité des accords d'élection de for en éliminant les risques de décision contradictoires. Il n'en demeure pas moins qu'une telle interprétation reste tributaire de l'intervention des juges étatiques dans leur mise en œuvre des dispositions de la Convention. C'est à

---

[82] M. Weller, « Choice of forum agreements under the Brussels I recast and under The Hague Convention », art. préc., p. 113.

[83] D. Sancho Villa, « Jurisdiction over jurisdiction and choice of court agreements », art. préc., p.410.

[84] M. Dogauchi, T. C. Hartley, *op. cit.*, n° 149.

travers une jurisprudence qui se formera que la Convention pourra prouver la pertinence de son approche à l'efficacité des accords d'élection de for.

379. En outre, à la lumière de la multiplicité des régimes gouvernant les accords exclusifs d'élection de for, une difficulté supplémentaire surgit dans ce contexte, notamment celle de l'interaction possible entre le régime de la Convention de La Haye et celui du Règlement Bruxelles Ibis. Par conséquent, il convient d'analyser l'approche adoptée par le Règlement Bruxelles Ibis à la question posée.

SECTION II : L'approche adoptée dans le cadre européen par le règlement Bruxelles Ibis

380. Contrairement à la Convention de La Haye, la réglementation européenne de la compétence des tribunaux des États membres en matière civile et commerciale prévoit des chefs de compétence alternatifs, par exemple l'article 7 (1) du Règlement Bruxelles Ibis pour la compétence en matière contractuelle et l'article 7 (2) du même règlement pour la compétence en matière délictuelle. Par conséquent, afin d'éviter des procédures parallèles et l'éventualité de jugements contradictoires, le Règlement Bruxelles Ibis, de même que ses prédécesseurs ont prévu une règle générale de litispendance ayant trait à la situation où des procédures ayant le même objet et la même cause et entre les mêmes parties sont engagées devant les tribunaux de différents États membres. Pour de telles situations, l'article 29 du Règlement Bruxelles Ibis dispose « 1. Sans préjudice de l'article 31, paragraphe 2, lorsque des demandes ayant le même objet et la même cause sont formées entre les mêmes parties devant des juridictions d'États membres différents, la juridiction saisie en second lieu sursoit d'office à statuer jusqu'à ce que la compétence de la juridiction première saisie soit établie… 3. Lorsque la compétence de la juridiction première saisie est établie, la juridiction saisie en second lieu se dessaisit en faveur de celle-ci ».

381. Or, la relation entre la règle générale de litispendance et les dispositions réglementant les accords exclusifs d'élection de for est cruciale pour l'efficacité de ces derniers.

À cet égard, il y a lieu de constater une évolution dans l'état du droit européen dans le sens d'une amélioration de l'efficacité de ces accords en cas de procédure parallèles devant les tribunaux d'États membres différents dont l'un est saisi sur le fondement d'un accord exclusif d'élection de for.

L'approche adoptée par le Règlement Bruxelles Ibis diffère considérablement de celle de la Convention de La Haye. En effet, une priorité est accordée au tribunal élu pour se prononcer sur l'effet de l'accord exclusif d'élection de for en cas de procédure parallèles (**§ 1**). Cependant, cette règle de priorité suscite des difficultés de mise en œuvre (**§ 2**) qui conduisent à s'interroger sur son opportunité par rapport à l'approche adoptée par la Convention de La Haye.

§ 1 - Priorité du tribunal élu pour se prononcer sur l'effet de l'accord exclusif d'élection de for en cas de procédures parallèles

382. Afin de mieux comprendre la nouvelle réglementation établie par la refonte du Règlement Bruxelles I en ce qui concerne les pouvoirs du tribunal élu et celui saisi en dépit de l'accord quant à l'examen de la validité et des effets de l'accord d'élection de for, il est intéressant de rappeler l'état du droit antérieur à la refonte où la relation entre les accords exclusifs d'élection de for et la règle générale de litispendance a été réglée par la Cour de justice de l'Union européenne dans sa fameuse décision *Gasser*[85] (**A**). En effet, les critiques adressées à l'arrêt *Gasser* ont donné lieu à l'édiction d'une règle de priorité au tribunal élu pour se prononcer sur l'effet de l'accord exclusif d'élection de for en cas de procédures parallèles. Aussi est-il opportun de scruter l'étendue de cette règle de priorité (**B**).

A. Le jugement *Gasser* et l'impact des accords exclusifs d'élection de for sur la règle générale de la litispendance

383. *Gasser* est une affaire où l'autonomie des parties en matière juridictionnelle est entrée en collision frontale avec la stricte règle de la litispendance établie en vertu du régime de Bruxelles[86].

Dans cette affaire, deux entreprises, Erich Gasser GmbH, un fournisseur autrichien et, MISAT, un distributeur italien, ont conclu un contrat pour la fourniture de vêtements pour enfants. Quand un litige est survenu entre les deux parties, MISAT a engagé une procédure devant un tribunal à Rome pour une déclaration que le contrat a été résilié entre les parties. Plusieurs mois après que le tribunal italien a été saisi, Gasser a intenté une action devant un tribunal à Feldkirch (Autriche) en s'appuyant sur un accord d'élection de for en faveur du tribunal autrichien conformément à l'article 17 de la Convention de Bruxelles. MISAT a contesté la validité de cet accord et a fait valoir qu'il revenait au tribunal italien de se prononcer sur la question de la validité de l'accord d'élection de for en tant que tribunal premier saisi. Il s'est fondé dans ce contexte sur les dispositions de l'article 21 de la Convention de Bruxelles qui, en cas de procédures parallèles, exige que tout tribunal autre que le

[85] CJCE, 9 décembre 2003, aff.C-116/02, *Erich Gasser*, précité.

[86] Il s'agit antérieurement à la refonte de la Convention de Bruxelles de 1968 mais également la jurisprudence *Gasser* s'est prolongée avec le Règlement Bruxelles I.

tribunal premier saisi sursoit à statuer jusqu'à ce que la compétence du tribunal premier saisi soit établie[87].

Finalement, la Cour d'appel autrichienne a adressé plusieurs questions préjudicielles à la Cour de justice de l'Union européenne. Entre autres questions, elle s'est demandé si la juridiction saisie en second lieu peut examiner la compétence du tribunal premier saisi dans le cas où elle jouit d'une compétence exclusive en vertu d'un accord d'élection de for au sens de l'article 17 de la Convention ou bien doit-elle, en dépit de la clause attributive de juridiction, procéder, ainsi que le prévoit l'article 21 de la Convention de Bruxelles, c'est-à-dire, surseoir d'office à statuer jusqu'à ce que la compétence du tribunal premier saisi soit établie ? Elle a en outre posé la question de savoir si le fait que les procédures judiciaires soient excessivement longues dans un État contractant (et ce de façon très largement indépendante du comportement des parties), au point de pouvoir nuire gravement aux intérêts d'une partie, ne peut avoir pour effet que la juridiction saisie en second lieu, au sens de l'article 21 de la Convention de Bruxelles, est exemptée de l'obligation de surseoir à statuer ?

La Cour de justice de l'Union européenne a été confrontée à la question de savoir si l'autonomie des parties consacrée par l'article 17 de la Convention de Bruxelles en matière de compétence internationale à travers le pouvoir conféré aux parties de choisir le for compétent prévaut sur la règle de priorité chronologique sur laquelle est fondée la règle générale de litispendance consacrée par ailleurs par la Convention de Bruxelles et destinée à éviter les procédures parallèles et donc d'éventuelles décisions judiciaires contradictoires.

La réponse de la Cour de justice dans l'affaire *Gasser* a été fermement négative. Selon la Cour, la compétence du juge saisi en second lieu fondée sur une clause attributive de juridiction n'est pas de nature à remettre en cause l'application de la règle procédurale contenue à l'article 21 de la Convention de Bruxelles, laquelle se fonde clairement et uniquement selon la Cour sur l'ordre chronologique dans lequel les juridictions en cause ont été saisies.

En décidant de la sorte, la Cour de justice argumente sa position en affirmant que le juge saisi en second lieu n'est, en aucun cas, mieux placé que le juge saisi en premier lieu pour se prononcer sur la compétence de ce dernier, étant donné que cette compétence est déterminée directement par les règles de la Convention de Bruxelles, qui sont communes aux deux juges[88]. Par ailleurs, la Cour de justice a mis l'accent sur le fait que la sécurité juridique voulue par la Convention de Bruxelles impose qu'en cas de litispendance, il appartient selon le libellé clair de l'article 21 au juge saisi en premier lieu de se prononcer

[87] À l'article 21 de la Convention de Bruxelles de 1968 correspond l'article 27 du Règlement Bruxelles I.
[88] CJCE, 9 décembre 2003, aff.C-116/02, *Erich Gasser*, précité, para 48.

sur sa compétence, en l'occurrence au regard d'une clause attributive de juridiction qui serait invoquée devant lui[89].

384. Malgré les difficultés invoquées, notamment celles découlant des comportements dilatoires de parties qui, souhaitant retarder la solution du litige au fond, engagent une action devant un tribunal qu'elles savent incompétent du fait de l'existence d'une clause attributive de juridiction, la Cour a estimé qu'elles ne sont pas de nature à remettre en cause l'interprétation de la disposition de la Convention en la matière, telle qu'elle résulte de son texte et de sa finalité[90]. Ce faisant, la Cour de justice a préféré s'en tenir à une lecture littérale de la Convention de Bruxelles et a considéré que la prévention du risque de litiges parallèles est l'objectif suprême auquel toute autre considération devrait céder le pas.

La Cour de justice a également rejeté dans le cadre de sa réponse l'argument selon lequel des procédures excessivement longues devant le tribunal premier saisi crée une exception à l'application de la règle générale de litispendance. Pour asseoir sa réponse, la Cour de justice a indiqué, d'une part, que la Convention de Bruxelles n'a pas prévu expressément une telle exception[91] et, d'autre part, elle a mis l'accent sur un principe fondamental sur lequel repose la Convention à savoir le principe de la confiance que les États européens accordent mutuellement à leurs systèmes juridiques et à leurs institutions judiciaires[92].

385. Au raisonnement formaliste et fortement centré sur le texte de la Convention s'ajoute le recours téléologique à une notion au-delà du texte, celle de confiance mutuelle, une notion qui a prouvé sa force dans les années qui ont suivi.

386. La décision *Gasser* a fait l'objet d'importantes critiques de la part de la doctrine[93], notamment en raison des difficultés graves qu'elle a causé pour la vie commerciale internationale. En effet, elle a donné à la partie récalcitrante la possibilité d'entamer une procédure en violation de l'accord d'élection de for et donc d'empêcher effectivement l'autre partie d'engager une procédure devant le tribunal élu. En particulier, dans les ordres juridiques avec un système judiciaire lent, elle a donné à la partie défaillante un avantage tactique puisque le procès devant le tribunal saisi au mépris de l'accord d'élection de for pourrait durer des mois, voire des années, avant que ce

---

89 *Ibid.*, para 51.
90 *Ibid.*, para 53.
91 *Ibid.*, para 71.
92 *Ibid.*, para 72.
93 V. not. R. Fentiman, « Parallel proceedings and jurisdiction agreements in Europe », art. préc., pp.27-54 ; note sous «Case C-116/02 (*Erich Gasser GmbH v. MISAT Srl*) », Common Market Law Review, 2005, p. 241-259; T. C. Hartley, « choice-of-court agreements, Lis pendens, Human Rights and the realities of international business: reflexions on the Gasser case», in le droit international privé : esprit et méthode», Mélanges en l'honneur de Paul Lagarde, 2005, p. 383.

dernier ne prenne une décision sur sa compétence[94]. En même temps, la procédure devant le tribunal élu devrait être suspendue et par conséquent, l'autre partie se trouve dans une position difficile et sera souvent obligée de se défendre au fond devant le tribunal non élu[95].

Par ailleurs, en refusant de faire exception à la règle de priorité au juge premier saisi même en cas de « comportements dilatoires de parties qui, souhaitant retarder la solution du litige au fond, engagent une action devant un tribunal qu'elles savent incompétent du fait de l'existence d'une clause attributive de juridiction », la Cour de justice a donné un blanc-seing à la pratique dite de « la torpille italienne »[96]. Cette dernière consiste pour une partie à saisir un for non en raison de sa compétence pour connaître du litige mais du fait qu'il est peu probable que le juge saisi se prononce sur sa compétence rapidement, au motif par exemple de l'encombrement des rôles ou de ses moyens limités[97]. Or, cette pratique est jugée inacceptable par la doctrine, particulièrement lorsque les parties ont conclu un accord exclusif d'élection de for[98].

L'effet immédiat de la décision *Gasser* était d'encourager les procédures anticipées ou préventives dans un for non choisi et destinées à éluder le for choisi et éventuellement forcer un règlement en exposant le défendeur dans ces procédures à des retards et à de possibles coûts irrécouvrables. Ce risque était aggravé car l'article 27 (aujourd'hui art.29) est applicable même lorsque le demandeur, usant de manœuvres stratégiques, cherchait à obtenir une déclaration de non-responsabilité devant le for saisi et non élu concernant une question identique à celle posée devant le for élu[99]. En outre, la partie cherchant à exécuter l'accord d'élection de for était incapable de contrecarrer de telles procédures anticipées par le recours à des injonctions[100].

387. En définitive, dans un débat qui a duré plusieurs années, l'accent a été mis sur les inconvénients pour la pratique commerciale internationale résultant d'une stricte règle de litispendance. Bien qu'une telle règle favorise la sécurité juridique, empêche les procédures parallèles et atteste que les tribunaux de chaque État membre ont la même expertise, elle peut donner lieu

---

94 T. Hartley a donné un exemple extrême d'un procès Italien concernant une clause attributive de juridiction où le procès a duré dix ans pour que la Cour se prononce sur sa compétence. V. T. C. Hartley, « The European Union and the Systematic Dismantling of the Common Law of conflict of laws », ICLQ, 2005, vol.54, p. 813, spéc. p. 816-817.

95 P. Bříza, « choice-of-court Agreements: could The Hague choice of court agreements Convention and the reform of the Brussels I regulation be the way out of the *Gasser-Owusu* disillusion? », art. préc., p.541.

96 L 'expression « torpille italienne » a été inventée par M. Franzosi, « Worldwide Patent Litigation and the Italian Torpedo », European Intellectual Property Review, 1997, p. 382.

97 A. Nuyts, "La refonte du règlement Bruxelles I », art. préc., p.51.

98 P A. Nielsen, « exclusive choice of court agreements and parallel proceedings », art. préc., p. 415.

99 *JP Morgan Europe Ltd v. Primacom AG*, 2005, EWHC 508 (Comm)

100 CJUE, 27 avril 2004, aff. C-159/02, Gregory Paul Turner c/ Felix Fareed Ismail Grovit, Harada Ltd, Changepoint SA, précité.

à un risque d'abus. Ainsi qu'il a été démontré, Les plaignants agissant de mauvaise foi peuvent soumette l'affaire à un tribunal d'un État particulièrement lent, n'ayant pas de compétence, bloquant ainsi la procédure devant le tribunal élu et cherchant à forcer un règlement en même temps[101]. En outre, il va sans dire que ces manœuvres judiciaires abusives ont cet effet négatif que la volonté des parties telle qu'exprimée dans leur accord d'élection de for ne pourrait être appliquée de manière adéquate en pratique. La prévisibilité de la compétence que les accords d'élection de for sont censés favoriser est compromise par de tels abus[102], et comme la Cour de justice a également rejeté les injonctions anti-procédures en tant que remède potentiel au comportement abusif[103], la discussion s'est focalisée sur les moyens d'améliorer l'efficacité des accords d'élection de for.

388. Dans sa proposition de refonte du règlement européen concernant la compétence judiciaire, la reconnaissance et l'exécution des décisions en matière civile et commerciale[104], la Commission a notamment déclaré qu'une proposition de modification a trait à l'instauration d'une exception au jeu de la règle de litispendance dans le but d'accroître l'effectivité des accords d'élection de for. La modification prévoit que lorsque les parties ont désigné une ou plusieurs juridictions pour trancher le litige, une priorité est accordée à la juridiction désignée pour se prononcer sur sa compétence qu'elle ait été saisie en premier ou en second lieu.

B. Étendue de la règle de priorité au tribunal élu pour se prononcer sur l'effet de l'accord d'élection de for en cas de procédures parallèles

389. Le Règlement Bruxelles Ibis issu de la refonte du Règlement Bruxelles I introduit une innovation visant à donner la « priorité » au juge désigné dans une clause attributive de juridiction pour « décider de la validité de l'accord et de la mesure dans laquelle celui-ci s'applique au litige pendant devant lui »[105]. La règle est insérée à l'article 31 du règlement qui prévoit que « Sans préjudice de l'article 26, lorsqu'une juridiction d'un État membre à

---

[101] Ch. Heinze, B. Steinrötter, « The revised Lis pendens rules in the Brussles Ibis regulation », in Brussels Ibis Regulation, changes and challenges of the renewed procedural scheme, V. Lazic, S. Stuij (éd.), Springer, 2017, p.1-26, spéc. p. 14.

[102] *Ibid.*

[103] CJUE 27 Avril 2004, aff. C-159/02, Gregory Paul Turner c/ Felix Fareed Ismail Grovit, Harada Ltd et Changepoint SA, précité, para 31.

[104] Proposition de Règlement du parlement européen et du conseil concernant la compétence judiciaire, la reconnaissance et l'exécution des décisions en matière civile et commerciale (Refonte), COM (2010) 748 final,
p. 9.

[105] Considérant 22 du règlement (UE) N° 1215/2012 du parlement européen et du conseil du 12 décembre 2012 concernant la compétence judiciaire, la reconnaissance et l'exécution des décisions en matière civile et commerciale (Refonte), JOUE L 351/1, 20 décembre 2012.

laquelle une convention visée à l'article 25 attribue une compétence exclusive est saisie, toute juridiction d'un autre État membre sursoit à statuer… ». Le sursis à statuer est maintenu jusqu'à ce que la juridiction désignée dans la clause se prononce sur sa compétence, à ce moment, deux possibilités existent : soit la juridiction désignée « a établi sa compétence conformément à la convention attributive de juridiction » et, dans ce cas, « toute juridiction d'un autre État membre se dessaisit en faveur de ladite juridiction »[106] ; soit la juridiction désignée « déclare qu'elle n'est pas compétente en vertu de la convention » et, dans ce cas, le sursis à statuer prend fin et la procédure peut se poursuivre devant le tribunal saisi non élu[107].

390. Cette nouvelle règle de priorité instaurée par le Règlement Bruxelles Ibis soulève la question de la détermination de son étendue.

L'obligation pour le juge non désigné de surseoir à statuer vaut indépendamment du point de savoir si ce juge est saisi avant ou après le juge désigné dans la clause d'élection de for. Bien entendu, lorsque la juridiction désignée est saisie en premier lieu, l'obligation des juridictions des autres États membres de surseoir à statuer n'est pas nouvelle. On applique dans ce cas la règle normale de litispendance qui donne priorité au juge premier saisi[108]. La nouveauté porte sur l'obligation du juge désigné de surseoir à statuer lorsqu'il est saisi en second lieu. En effet, en vertu de la nouvelle règle du Règlement Bruxelles Ibis, lorsque le juge élu est saisi en second lieu, tout autre tribunal premier saisi est tenu de surseoir à statuer. Le texte introduit ainsi une exception explicite à la règle générale de litispendance[109].

Cette priorité accordée au tribunal élu saisi a pour objectif de renforcer l'efficacité des accords exclusifs d'élection de for. Elle permet notamment d'anéantir les manœuvres de l'une des parties. Celles-ci consistent à porter son action de manière préventive et dans le but de se procurer un avantage tactique devant un tribunal non élu caractérisé par la lenteur de sa procédure[110]. Cet objectif de lutte contre les manœuvres judiciaires est expressément indiqué dans le considérant 22 du préambule du règlement[111].

L'exception à la règle générale de litispendance est confirmée par l'article 29 du règlement (ancien art. 27 du règlement Bruxelles I) qui prévoit

---

[106] Art. 31 (3) du Règlement Bruxelles Ibis.

[107] Art. 31 (2) du Règlement Bruxelles Ibis.

[108] Ceci est confirmé par le deuxième paragraphe du considérant 22 du préambule, qui précise que l'exception à la règle de litispendance ne s'applique pas « lorsqu'une juridiction désignée dans un accord exclusif d'élection de for a été saisi en premier lieu ». Dans ce cas, « la règle générale de litispendance prévue par le présent Règlement devrait s'appliquer ».

[109] Considérant 22 du Règlement.

[110] Ch. Heinze, B. Steinrötter, « The revised Lis pendens rules in the Brussles Ibis Regulation », art. préc., p. 15-16.

[111] Le considérant 22 du préambule précise que « … pour renforcer l'efficacité des accords exclusifs d'élection de for et éviter les manœuvres judiciaires, il est nécessaire de prévoir une exception à la règle générale de la litispendance… ».

désormais que l'obligation du juge second saisi de surseoir à statuer s'applique « sans préjudice de l'article 31, paragraphe 2 ». On en déduit que, même si aucune disposition du règlement ne le prévoit explicitement, le juge désigné dans une clause attributive de juridiction peut poursuivre l'examen de la cause même si le juge d'un autre État membre a été saisi antérieurement du litige[112].

391. Par rapport à la Convention de La Haye, il apparaît évident, au premier abord, que le législateur européen met en œuvre un concept tout à fait différent qui est fondé sur un élément central à savoir la priorité pour le tribunal choisi pour se prononcer sur l'effet de l'accord d'élection de for[113]. Cette priorité est concrétisée par une obligation du tribunal non choisi de surseoir à statuer une fois le tribunal élu est également saisi d'une procédure ayant le même objet et la même cause entre les mêmes parties. Ce sursis est combiné avec une compétence du tribunal élu pour se prononcer sur sa compétence en vertu de l'accord d'élection de for. Du coup, la priorité est exceptionnellement déplacée, sous certaines conditions, du tribunal premier saisi au tribunal élu.

Comme on l'a précédemment analysé, l'approche de la Convention de La Haye est plutôt centrée sur la mise en œuvre de l'accord et son efficacité indépendamment de toute procédure parallèle. Elle permet aux parties de saisir le tribunal élu lequel est toujours investi du pouvoir de se prononcer sur l'effet de l'accord peu importe la saisine d'un autre tribunal. En même temps, la Convention semble tolérer les procédures parallèles car elle octroie a priori des pouvoirs parallèles à tout autre juge saisi en dépit de l'accord pour se prononcer sur l'effet de l'accord, notamment du point de vue de la validité de la dérogation qui en découle. Toutefois, il importe de préciser qu'une interprétation restrictive de l'aptitude du juge saisi en dépit de l'accord de se prononcer sur la validité de ce dernier permet de limiter les hypothèses dans lesquelles le juge saisi en dépit de l'accord sera amené à se prononcer sur l'effet de l'accord. La limitation de cette possibilité aux hypothèses de nullité manifeste et d'inexistence de l'accord permet dans une large mesure de restreindre les pouvoirs du juge saisi, non élu en la matière. Certes, il faut admettre que c'est aux tribunaux des États contractants que revient la tâche de procéder à une interprétation conforme à l'objectif primordial de la Convention qui est de renforcer l'efficacité des accords d'élection de for.

392. On observera aussi que, selon l'article 31 (2) du Règlement Bruxelles Ibis, l'obligation du juge non désigné de surseoir à statuer ne vaut que lorsque le juge désigné est saisi de la cause, ceci signifie que tant qu'une action n'est pas effectivement portée devant le juge désigné, le juge non désigné peut poursuivre la procédure et, le cas échéant, se prononcer sur le déclinatoire de compétence qui serait soulevé sur la base de la clause attributive de juridiction. En outre, le jugement sur la compétence qu'il rendra éventuellement sera en

---

[112] A. Nuyts, « La refonte du Règlement Bruxelles I », art. préc., p.50-51.

[113] M. Weller, « Choice of forum agreements under the Brussels I recast and under The Hague Convention », art. préc., p. 115.

principe reconnu[114]. Il en découle que la simple objection contre la compétence du tribunal saisi non élu sur le fondement d'un éventuel accord d'élection de for au profit d'un autre tribunal ne peut suffire à déclencher le mécanisme de l'article 31 (2) du Règlement Bruxelles Ibis. Son effet se limitera seulement à écarter la compétence par comparution volontaire devant le tribunal non choisi.

393. Par ailleurs, le nouveau mécanisme instauré par le Règlement Bruxelles Ibis s'applique sous réserve de la compétence par comparution du défendeur devant le tribunal non choisi qui l'emportera sur l'accord exclusif d'élection de for en cause et équivaudra à une modification de l'accord d'élection de for initial. De même, il ne s'applique pas à la partie faible visée dans les sections 3, 4 ou 5 du règlement lorsque le preneur d'assurance, l'assuré, un bénéficiaire du contrat d'assurance, la victime, le consommateur ou le travailleur est le demandeur et que l'accord d'élection de for n'est pas valable en vertu des dispositions réglementant les accords d'élection de for dans ces matières.

394. L'étendue de la priorité accordée au juge élu soulève la question de la nature de l'accord d'élection de for ouvrant la voie au jeu de la règle de priorité au juge élu. En effet, contrairement à la Convention de La Haye dont le champ d'application se limite aux accords exclusifs d'élection de for, le Règlement Bruxelles Ibis s'applique non seulement aux accords exclusifs mais également aux accords non exclusifs et aux accords semi-exclusifs, ce dernier terme a trait particulièrement aux accords d'élection de for asymétriques.

À cet égard, l'article 31 (2) s'applique uniquement lorsque les parties par le biais des dispositions de l'article 25 « confèrent une compétence exclusive » aux tribunaux d'un État membre. Sans doute ceci est explicable dans le contexte des accords bilatéraux non exclusifs. Cependant, la difficulté surgit lorsqu'il s'agit des accords d'élection de for asymétriques qui sont assez répandus dans les transactions financières. La doctrine semble partagée sur l'éventuelle applicabilité de la règle de priorité à l'égard de la partie soumise unilatéralement à la juridiction exclusive du for désigné. Certains auteurs excluent de manière catégorique cette applicabilité aux accords asymétriques[115]. D'autres adoptent une position plus nuancée[116]. En effet, on a affirmé que le fait que ces accords fonctionnent différemment pour chaque partie contractante, cause des difficultés dans le contexte de l'article 31 (2). De tels accords asymétriques exigent en principe de l'une des parties, tel qu'un emprunteur, de se soumettre à la compétence exclusive du tribunal désigné,

---

114 CJUE, 15 novembre 2012, aff. C-456/11, *Gothaer Allgemeine Versicherung AG e.a c. Samskip GmbH*, para 32.

115 M. Weller, « Choice of forum agreements under the Brussels I recast and under The Hague Convention », art. préc., p. 116.

116 R. Fentiman, « Art.31 », in U. Magnus et P. Mankowski (dir), Brussels Ibis Regulation, Köln, Otto Schmidt, 2016, n°16-17, p. 752-753.

en revanche, elle permet au bénéficiaire en vertu de l'accord, généralement la partie financière, d'engager une procédure devant le tribunal désigné ou devant tout autre tribunal ayant compétence. Pour la partie financière, un tel accord est par conséquent non exclusif. À titre d'exemple, X et Y s'accordent sur la compétence des tribunaux anglais en prévoyant que seul X a le droit de poursuivre la partie Y devant tout autre tribunal ayant compétence. Supposons que Y lance une procédure préventive (anticipée) en Allemagne et que X réplique en intentant un procès en Angleterre. La question se pose de savoir est-ce que c'est l'article 31 (2) du Règlement Bruxelles Ibis qui s'applique ou est-ce qu'il y a lieu d'appliquer toujours la solution de l'arrêt *Gasser* en empêchant X de se fonder sur un tel accord pour bénéficier d'une exception à la règle de litispendance ? On a notamment fait observer que si de tels accords ne sont pas protégés par l'article 31 (2), la possibilité demeure pour une partie à un accord asymétrique de désactiver l'accord d'élection de for en déclenchant une procédure préventive dans son for préféré. Une partie de la doctrine affirme que dans un tel cas le principe suggère que la partie financière puisse se fonder sur l'article 31 (2). On a fait valoir que de tels accords asymétriques, bien que non exclusifs au profit du « bénéficiaire » en vertu de l'accord, sont exclusifs à l'encontre de l'autre partie. On en déduit que l'article 31 (2) devrait pouvoir être mis en œuvre lorsque cette autre partie engage une procédure dans un for autre que le for élu en violation de sa promesse de n'agir que dans le for élu[117].

Cette solution repose cependant sur deux présomptions. Elle suppose d'abord qu'il s'agit dans ce contexte d'une question d'interprétation de l'accord d'élection de for et que la loi applicable à cette question reconnaît que de tels accords sont exclusifs à l'encontre d'une des parties. On a avancé en effet que si la nature de l'accord est une question qui concerne l'interprétation de ce dernier, celle-ci dépendra du droit national du for[118]. En outre, l'affirmation que la nature d'un tel accord est une question d'interprétation trouve un appui dans les termes mêmes de l'article 25 du règlement qui définit l'accord exclusif d'élection de for comme celui dont les parties ne sont pas convenues qu'il soit non-exclusif. La conséquence est que le caractère de l'accord sera déterminé selon les intentions des parties et est donc une question d'interprétation. Ensuite, Si tel est le cas, l'effet d'un tel accord dépendra de la loi que le for appliquera à la question de l'interprétation. Ceci implique cependant que l'effet de l'accord varierait en fonction de la loi applicable. Un accord d'élection de for asymétrique ne serait pas considéré comme exclusif à l'encontre d'une des parties dans certains systèmes juridiques, probablement car la loi régissant l'accord ne reconnaît comme exclusifs que les accords mutuellement exclusifs. Dans d'autres systèmes

---

117 *Ibid.*

118 CJCE, 10 mars 1992, aff. C-214/89, *Powell Duffryn plc c. Wolfgang Petereit*, Rec. 1992, I-1745, para 33.

juridiques, comme dans le système juridique anglais, un tel accord serait considéré comme exclusif à l'encontre de l'une des parties lorsque la loi régissant le contrat est la loi anglaise. Un tribunal anglais déterminerait l'effet de l'accord par référence à la loi applicable au contrat hôte. Si cette dernière est la loi anglaise, l'accord d'élection de for asymétrique sera considéré comme un accord exclusif empêchant la partie contractante à l'égard de laquelle l'accord est exclusif d'engager des poursuites dans un for autre que celui élu[119]. Par conséquent, l'article 31 (2) sera applicable et bloquera la procédure préventive ou anticipée devant un tribunal autre que celui élu.

395. Enfin, l'hypothèse de compétence exclusive parallèle peut se poser dans le cadre de la mise en œuvre des accords d'élection de for. Relève de cette situation notamment le cas où il est invoqué par une partie que la compétence du juge premier saisi est fondée sur une clause attributive de juridiction, par exemple celle contenue dans ses conditions générales tandis que l'autre partie invoque devant le juge second saisi que la compétence de ce dernier est aussi fondée sur une clause attributive de juridiction, celle qui serait contenue par exemple dans ses propres conditions générales.

À cette hypothèse, le législateur européen a lui-même admis dans le préambule que l'exception à la règle de litispendance ne devrait pas jouer dans le cas où « les parties ont conclu des accords exclusifs d'élection de for incompatibles »[120]. Par conséquent, la règle de litispendance doit jouer normalement, en ce sens que le juge second saisi doit surseoir à statuer en vertu de l'article 29 et la procédure peut se poursuivre devant le juge premier saisi. Cette solution semble s'imposer pour éviter le risque que les tribunaux de deux États membres différents se prononcent, en parallèle, sur la même question de savoir comment doit être résolu le conflit entre des clauses attributives de juridiction contradictoires[121].

Le problème des compétences exclusives parallèles a également été abordé par la doctrine sous l'angle de l'interprétation des dispositions de l'article 31 (1) du Règlement Bruxelles Ibis qui dispose que « Lorsque les demandes relèvent de la compétence exclusive de plusieurs juridictions, le dessaisissement a lieu en faveur de la juridiction première saisie ». On s'est posé la question de savoir si cette disposition couvre les clauses attributives de juridiction en vertu de l'article 25. En effet, on a avancé que deux États pourraient avoir une compétence exclusive par le biais d'une clause attributive de juridiction lorsqu'une clause confère compétence aux tribunaux de plus d'un État et que les parties ne sont pas d'accord que la compétence des tribunaux de chacun de ses États est non exclusive. Dans ce contexte, on a observé qu'à première vue on pourrait douter de l'applicabilité de l'article 31

---

[119] *Continental Bank NA v. Aeakos Compania Naviera SA* [1994] 1 WLR 588 (CA) ; *Mauritius Commercial Bank Limited v. Hestia Holdings Limited* [2013] EWHC 1328 (Comm).

[120] Considérant 22 du Règlement Bruxelles Ibis.

[121] A. Nuyts, "La refonte du règlement Bruxelles I », art. préc., p.53-54.

(1) à l'hypothèse des tribunaux de deux États dont la compétence exclusive découle de l'article 25 du règlement. En effet, vraisemblablement, même si les parties ont prétendu conférer une compétence « exclusive » aux tribunaux de deux États, elles sont en réalité convenues de la compétence non exclusive des tribunaux choisis et dans ce cas l'article 31 (1) n'est pas pertinent. Cependant, une partie de la doctrine considère que cette interprétation est erronée. En effet, on estime que le fait de conférer une compétence exclusive à deux tribunaux n'implique pas qu'une telle compétence est non exclusive car elle ne signifie pas que tout autre tribunal ayant compétence peut connaître de l'affaire. Mais, cela signifie que les seuls tribunaux compétents sont ceux désignés. Par conséquent, le premier saisi sera celui qui connaîtra de l'affaire[122].

Il importe toutefois de noter que l'article 31 (1) n'est pas la seule disposition qui réglemente la question des compétences exclusives parallèles. En effet, on peut également citer l'hypothèse d'une concurrence entre une compétence exclusive d'un tribunal fondée sur l'article 24 du Règlement Bruxelles Ibis qui réglemente les cas de compétence exclusive fondés sur l'objet du litige et la compétence exclusive d'un autre tribunal fondée sur l'article 25. Dans cette hypothèse, il n'y a pas lieu d'appliquer ni la règle de litispendance ni l'exception à cette règle car l'article 25 (4)[123] donne expressément priorité au tribunal ayant une compétence exclusive en vertu de l'article 24 du règlement[124].

396. Lorsque le tribunal élu établit sa compétence exclusive en vertu d'un accord d'élection de for, le tribunal premier saisi doit se dessaisir en vertu des dispositions de l'article 31 (3) du règlement. À cet égard, la compétence du tribunal élu est « établie » uniquement lorsque les conclusions de ce dernier deviennent définitives. En revanche, lorsque le tribunal prétendument élu constate qu'il n'est pas compétent en vertu de l'accord, le tribunal premier saisi retrouve sa priorité selon l'article 29 (1) du Règlement Bruxelles Ibis.

Par ailleurs, le tribunal premier saisi continuera sa propre procédure une fois que le tribunal prétendument élu et second saisi s'est déclaré incompétent en vertu de l'accord et il appartient à ce tribunal premier saisi de décider de son éventuelle compétence sur la base de chefs de compétence autres que l'accord des parties. En même temps, il faut admettre que le tribunal premier saisi, en reprenant la priorité après que le tribunal élu second saisi s'est déclaré incompétent, devrait être tenu par les conclusions de ce dernier quant à la question de la validité de l'accord d'élection de for.

---

122 R. Fentiman, « Art.31 », *op. cit.*, n°3-4, p. 749.

123 Art. 25 (4) du Règlement Bruxelles Ibis dispose : « Les conventions attributives de juridiction ainsi que les stipulations similaires d'actes constitutifs de trust sont sans effet si elles sont contraires aux dispositions des articles 15, 19 ou 23 ou si les juridictions à la compétence desquelles elles dérogent sont exclusivement compétentes en vertu de l'article 24. ».

124 R. Fentiman, « Art.31 », *op. cit.*, n°5, p. 749.

397. Bref, l'approche adoptée par le règlement européen concernant la question du pouvoir de se prononcer sur l'effet et la validité de l'accord d'élection de for est axée sur la priorité accordée au juge élu pour se prononcer sur cette question. De ce fait, le règlement semble avoir transposé en matière de clause attributives de juridiction, l'effet négatif de la doctrine de « compétence-compétence » admis en matière d'arbitrage. Cette approche permet dans une large mesure d'éviter les procédures parallèles et éventuellement le risque de décisions contradictoires. Elle répond ainsi aux vœux de la doctrine et constitue un remède aux effets néfastes de la jurisprudence *Gasser* hardiment critiquée.

L'approche du règlement européen à la question dans le cadre des rapports intra-européens diffère de ce fait de l'approche de la Convention de La Haye qui, pour sa part, cherche à assurer l'efficacité des accords d'élection de for en conférant en tout état de cause et indépendamment de la saisine de tout autre tribunal, compétence au juge élu pour se prononcer sur la validité et l'effet de l'accord d'élection du for. Cependant, la Convention contrairement au règlement tolère les procédures parallèles et confère notamment au juge saisi en dépit de l'accord un pouvoir parallèle de se prononcer sur la validité de l'accord[125]. Cette différence d'approche ne manquera pas de soulever un problème d'interaction entre les dispositions de la Convention de La Haye et celles du règlement européen, s'agissant des accords pouvant relever du champ des deux régimes.

Il faut cependant admettre que malgré le caractère attrayant de l'approche adoptée par le règlement européen, la solution apportée par la règle de l'article 31 (2) risque de générer un contentieux considérable en raison des difficultés qu'elle soulève.

§ 2 - Les difficultés générées par la mise en œuvre de la règle de priorité

398. Trois problèmes majeurs sont générés par la règle de priorité énoncée dans le Règlement Bruxelles Ibis. Ces problèmes constituent des inconvénients redoutables à l'efficacité des accords d'élection de for dans le cadre européen.

Un premier problème que pose la règle de priorité est que celle-ci est déclenchée en cas de saisine du tribunal prétendument désigné. Or, cette règle de priorité mécanique peut être exploitée dans un objectif tactique (**A**). Le second problème est plus complexe dans la mesure où il a trait à une question centrale pour le mécanisme de priorité tout entier. Il concerne la question de

[125] M. Dogauchi, T. C. Hartley, *op. cit.*, n° 149; M. Weller, « Choice of forum agreements under the Brussels I recast and under The Hague Convention», art. préc., p. 115 ; F. Ragno, « The Brussels I Recast Regulation and The Hague Convention», art. préc., p. 259-260.

savoir si pour déclencher le sursis à statuer édicté par le texte, le juge saisi en dépit de l'accord est amené à se prononcer sur l'existence et la validité de l'accord conférant compétence au tribunal élu ou s'il s'agit au contraire d'un mécanisme automatique de priorité ou enfin s'il faut admettre l'existence d'un contrôle réduit de l'accord par le juge saisi non élu par rapport à celui qu'engagera le tribunal élu ? (**B**)

Le troisième problème a trait au fait que l'approche du législateur européen néglige les attentes des parties à un accord d'élection de for et privilégie un objectif purement procédural qui est celui de la prévention des procédures parallèles et l'évitement des décisions contradictoires (**C**).

A. Exploitation de la règle de priorité dans un objectif tactique

399. Il est inhérent à toute règle de priorité mécanique qu'une partie pourrait chercher à exploiter cette règle dans un objectif tactique. Le défendeur dans le cadre d'une procédure introduite dans un État membre pourrait saisir le juge d'un autre État membre en invoquant une prétendue clause attributive de juridiction en réalité fausse ou inexistante et ce uniquement en vue de bloquer la procédure dans l'autre for en faisant jouer la règle de l'article 31 (2). Cette manœuvre judiciaire forcerait le défendeur dans le procès en cause à se défendre devant le tribunal prétendument élu[126]. La règle n'exclut donc pas le risque d'abus. Ce risque a déjà été soulevé par l'avocat Général Ph. Léger dans l'affaire *Gasser*, qui, devant la proposition d'une telle solution par le gouvernement du Royaume-Uni, a désapprouvé celle-ci en exprimant sa crainte qu'elle serait susceptible de favoriser les mêmes manœuvres dilatoires. Elle permettrait en effet à une partie peu scrupuleuse de contester la compétence du tribunal devant lequel elle a été assignée sur le fondement de l'un des autres chefs de compétence prévus par le règlement en invoquant artificiellement l'existence d'une convention attributive de juridiction et d'introduire une action devant la juridiction prétendument désignée pour retarder de manière dilatoire la solution du litige jusqu'à ce que cette juridiction se soit déclarée incompétente[127]. L'effet paradoxal est d'encourager les actions « torpille » dans le sens contraire à celui illustré par le jugement *Gasser*.

Cependant, la doctrine a estimé que ce risque est réduit. Certains considèrent que dans ce contexte, il faut tenir compte des considérations suivantes. Premièrement, une telle possibilité d'abus doit être exclue si le défendeur ne conteste pas la compétence du tribunal premier saisi dans sa

---

[126] R. Fentiman, *International commercial litigation*, *op. cit.*, n°2.201, p. 100; A. Nuyts, "La refonte du Règlement Bruxelles I », art. préc., p.52 ; I. Queirolo, « Choice of Court agreements in the new Brussels I-bis regulation: a critical appraisal », art. préc., p. 133 ; Ch. Heinze, B. Steinrötter, « The revised Lis pendens rules in the Brussles Ibis Regulation », art. préc., p. 17-18.

[127] Conclusions de l'avocat général Ph. Léger, CJCE, aff. C-116/02, *Erich Gasser GmbH c. MISAT Srl*, para. 74.

première défense, car s'il n'y a pas de contestation, le comportement procédural du défendeur accordera compétence au juge premier saisi prévalant sur la précédente clause de prorogation du for. Deuxièmement, il faut admettre que deux hypothèses différentes coexistent, soit la clause d'élection de for, même nulle, existe et donc il est exact que le tribunal choisi statue sur sa validité soit cette clause n'existe pas, est fictive ou est relative à un autre litige, et dans ce dernier cas, on fait valoir que le Règlement Bruxelles Ibis n'impose pas une obligation au tribunal premier saisi de surseoir à statuer ou de se dessaisir de l'affaire. En effet, l'article 31 inverse l'application des règles du mécanisme de litispendance uniquement dans ces cas où la validité de la clause de prorogation de compétence est discutée et lorsque son existence ou son champ d'application est contesté[128].

D'autres auteurs affirment que l'importance de ce risque peut être minimisée en fonction du droit procédural du tribunal saisi dans la mesure où une réclamation de compétence en vertu de l'article 25 purement dubitative serait vraisemblablement radiée comme étant abusive ou sanctionnée par l'allocation des dépens contre le plaignant agissant de mauvaise foi ou de manière stratégique[129].

Il faut certes admettre que ce premier problème est étroitement lié à la question de savoir si le juge premier saisi est habilité à contrôler l'accord d'élection de for.

B. Le contrôle de l'accord d'élection de for par le juge premier saisi

400. Le nouveau dispositif, tout en remédiant au *forum shopping* abusif par le demandeur, présente lui-même le danger d'un abus par le défendeur qui invoquerait une clause attributive de juridiction manifestement inexistante ou non valable pour bloquer la procédure devant le juge saisi légitimement par le demandeur.

Il faut rappeler aussi que la disposition de l'article 31 (2) accorde une priorité au tribunal prétendument élu et oblige le tribunal non élu premier saisi à surseoir à statuer à condition, entre autres, que les parties aient attribué par une convention visée à l'article 25 une compétence exclusive au tribunal second saisi.

Par conséquent, il s'avère que la question clef pour le mécanisme tout entier a trait à la norme de contrôle de l'accord d'élection de for. Il s'agit d'une question cruciale à la fois pour le tribunal premier saisi et celui second saisi. Le tribunal premier saisi a besoin de savoir sous quelles conditions il est tenu de poursuivre sa procédure selon le mécanisme général de litispendance pour

---

128 I. Queirolo, « Choice of Court agreements in the new Brussels I-bis regulation: a critical appraisal », art. préc., p. 133.

129 R. Fentiman, *International commercial litigation*, *op. cit.*, n°2.201, p. 100.

la coordination des procédures parallèles et sous quelles conditions, en revanche, il est tenu de surseoir à statuer afin de donner la priorité au tribunal second saisi en tant que tribunal élu. Le tribunal second saisi aussi devrait connaître sous quelles conditions il est obligé de surseoir à statuer afin de donner la priorité au tribunal premier saisi en vertu du mécanisme de litispendance et sous quelles conditions il est exceptionnellement obligé de poursuivre sa procédure en tant que tribunal élu afin de se prononcer sur sa compétence en vertu de l'accord d'élection de for.

Il s'agit du point le plus controversé dans la mise en œuvre de la règle de priorité. À cet égard, la doctrine a mis l'accent sur l'ambiguïté du texte, ce qui donne lieu à des interprétations divergentes. En effet, on s'est demandé si le tribunal non choisi mais premier saisi est censé tenu de surseoir à statuer automatiquement du moment qu'est soulevé devant lui l'existence d'un accord d'élection de for en faveur d'un autre for ou s'il y a lieu de soumettre le sursis à statuer à un contrôle plus élaboré de l'accord[130].

Tout d'abord, on peut se demander si le tribunal premier saisi doit examiner si « une convention visée à l'article 25 » et qui « attribue une compétence exclusive » tel que requis par l'article 31 (2) du Règlement Bruxelles Ibis, existe effectivement. À cet égard, selon la formulation de ce dernier texte, une telle lecture semble possible mais, d'autre part, le considérant 22 du Règlement Bruxelles Ibis attribue au tribunal élu la compétence pour se prononcer sur la validité de l'accord d'élection de for[131]. Toutefois, on a fait observer que le considérant 22 ne concerne pas l'étape préliminaire de l'existence d'un accord d'élection de for, ce qui permet au tribunal non choisi de scruter la question de savoir si les parties ont, quant aux faits, consenti à l'élection d'un for[132]. À l'opposé, on pourrait faire valoir que le considérant 22 du Règlement Bruxelles Ibis ainsi que l'objectif de l'article 31 (2) de ce règlement militent contre toute compétence du tribunal non élu pour statuer sur l'existence, la validité et l'étendue de l'accord d'élection de for[133]. On a cependant reproché à cette dernière position qu'elle pourrait entraîner une duplication inutile des procédures ainsi que des manœuvres judiciaires. En effet, dans un procès, une partie « innocente »

---

[130] F. Ragno, « The Brussels I Recast Regulation and The Hague Convention», art. préc., p. 258.

[131] Le considérant 22 du Règlement Bruxelles Ibis dispose "… lorsqu'une juridiction non désignée dans un accord exclusif d'élection de for a été saisi d'une procédure et que la juridiction désignée est saisie en second lieu d'une procédure ayant le même objet et la même cause entre les mêmes parties. Dans un tel cas de figure, la juridiction saisie en premier lieu devrait être tenue de surseoir à statuer dès que la juridiction désignée est saisie et jusqu'à ce que cette dernière juridiction déclare qu'elle n'est pas compétente en vertu de l'accord exclusif d'élection de for. Cela vise à faire en sorte que, dans une telle situation, la juridiction désignée ait priorité pour décider de la validité de l'accord et de la mesure dans laquelle celui-ci s'applique au litige pendant devant elle… ».

[132] Ch. Heinze, B. Steinrötter, « The revised Lis pendens rules in the Brussles Ibis Regulation », art. préc., p.18.

[133] *Ibid.*, Citant en ce sens, Mankowski, *RIW* 2015, 17, 21, note de bas de page n° 117.

serait amenée à établir qu'elle n'est pas tenue par un accord d'élection de for d'abord devant le juge prétendument élu avant de pouvoir saisir le tribunal compétent. En effet, il serait assez facile de prolonger la procédure par l'affirmation : « nous avons conclu un accord d'élection de for valable » et par la présentation d'un formulaire qui, à première vue, remplit les exigences de l'article 25 (1). En d'autres termes, puisque l'article 31 (2) du Règlement Bruxelles Ibis ne donne pas une réponse claire à de telles hypothèses, il y a un risque d'action « torpille » inversée ou du moins un risque d'insécurité juridique.

401. En faveur de la mise en œuvre mécanique de l'exception à la règle générale de litispendance au profit du tribunal élu, on a soutenu que la priorité donnée à la juridiction désignée n'est pas soumise à une exigence relative à la validité apparente de la clause et devrait jouer automatiquement[134]. La doctrine soutenant cette thèse admet cependant qu'une telle priorité automatique pénalise la partie qui souhaiterait de bonne foi contester la validité de la clause de juridiction devant le juge compétent sur le fondement des règles générales du règlement. Ainsi, cette partie s'expose aux coûts d'une première procédure devant la juridiction choisie, dans l'espoir de la voir se déclarer incompétente (en cas de nullité de la clause par exemple), pour pouvoir ensuite introduire sa demande devant la juridiction compétente en vertu des règles générales du règlement. Partant, ce nouveau mécanisme conforte l'efficacité des clauses de juridiction et leur impact sur la relation contractuelle, incitant chaque partie à considérer sérieusement la rédaction de telles clauses. Par ailleurs, on ajoute que l'automatisme fait partie du règlement de la litispendance et implique toujours le danger de léser une partie de bonne foi, d'autant plus que la priorité accordée à la juridiction choisie ne devrait pas poser un problème dans un espace judiciaire intégré où les conceptions du déroulement du procès ne divergent pas beaucoup[135].

402. On a également abordé la question de la priorité accordée au tribunal élu pour se prononcer sur la validité de l'accord[136]en se demandant si cette priorité devrait être admise même dans le cas de nullité manifeste, d'inexistence ou d'inapplicabilité de l'accord en question. Dans ce contexte, on a fait observer qu'une exception pour de telles situations est envisagée par l'article II de la Convention de New York de 1958 sur la reconnaissance et l'exécution des sentences étrangères[137] ainsi que par la Convention de La Haye

---

[134] S. Francq, « Les clauses d'élection de for dans le nouveau Règlement Bruxelles I Bis », art. préc., p. 142.

[135] *Ibid.*

[136] Dans le cadre du débat doctrinal antérieur à la refonte et à l'occasion des solutions proposées dont notamment la solution actuelle qui est l'inversion de la règle générale de litispendance en faveur du tribunal choisi.

[137] Art. II (3) de la Convention de New York dispose « Le tribunal d'un État contractant, saisi d'un litige sur une question au sujet de laquelle les parties ont conclu une convention au sens du présent

sur les accords d'élection de for[138]. Cependant, dans le cadre européen une telle option a été jugée peu judicieuse car elle serait largement contraire à l'objectif de la refonte en la matière. On a soutenu notamment qu'il suffisait que le plaignant invoque l'inexistence ou la nullité manifeste de l'accord d'élection de for pour empêcher la compétence du tribunal élu, ramenant donc le processus tout entier à la case départ. Selon cette partie de la doctrine, il est au contraire conforme à l'esprit du règlement que même dans les cas susvisés, la priorité du tribunal apparemment choisi devrait être respectée[139]. En outre, on faisait valoir qu'il est peu probable qu'il y aurait plusieurs cas dans lesquels les actions sont engagées en vertu d'accords d'élection de for manifestement nulles ou inexistants ou dans des hypothèses ne relevant incontestablement pas de leur domaine. À cet égard, les règles uniformes régissant la validité formelle des accords d'élection de for contenues dans le règlement [140]devraient éviter les différences excessives dans les décisions concernant la validité des accords d'élection de for. À cela, on ajoute qu'il est concevable que la Cour de justice de l'Union européenne trouverait les moyens de statuer sur les principes gouvernant l'interprétation de tels accords. En effet, bien que les accords d'élection de for soient des contrats qui sont en principe gouvernés par le droit national applicable, leur incidence directe sur la compétence justifie l'application de principes uniformes d'interprétation de la même façon que cela justifiait des règles uniformes sur leur validité formelle[141].

403. À première vue, on pourrait supposer que tout ce qu'on exige d'établir devant le tribunal premier saisi est que le tribunal élu ait été saisi et que le fondement allégué de cette compétence est l'article 25. Cependant, le libellé de l'article 31 (2) est différent. En effet, le sursis est subordonné au fait qu'un tribunal d'un État membre auquel une convention visée à l'article 25 attribue une compétence exclusive est saisi. À partir de cette formulation, certains

---

article, renverra les parties à l'arbitrage, à la demande de l'une d'elles, à moins qu'il ne constate que ladite convention est caduque, inopérante ou non susceptible d'être appliquée. ».

138 Art. 6 de la Convention de La Haye dispose « Tout tribunal d'un État contractant autre que celui du tribunal élu sursoit à statuer ou se dessaisit lorsqu'il est saisi d'un litige auquel un accord exclusif d'élection de for s'applique, sauf si :

a) l'accord est nul en vertu du droit de l'État du tribunal élu ;

b) l'une des parties n'avait pas la capacité de conclure l'accord en vertu du droit de l'État du tribunal saisi ;

c) donner effet à l'accord aboutirait à une injustice manifeste ou serait manifestement contraire à l'ordre public de l'État du tribunal saisi ;

d) pour des motifs exceptionnels hors du contrôle des parties, l'accord ne peut raisonnablement être mis en œuvre ; ou

e) le tribunal élu a décidé de ne pas connaitre du litige ».

139 L G. Radicati di Brozolo, « Choice of Court and Arbitration agreements and the review of the Brussels I Regulation », IPRax 2010, p121, spéc. p. 123-124.

140 Art. 23 du Règlement Bruxelles I et aujourd'hui Art. 25 du Règlement Bruxelles Ibis.

141 L G. Radicati di Brozolo, « Choice of Court and Arbitration agreements and the review of the Brussels I Regulation », art. préc., p. 124.

auteurs estiment, contrairement à l'opinion précédemment étayée, qu'à tout le moins, le juge premier saisi peut vérifier si la clause attributive de juridiction qui est invoquée devant lui n'est pas manifestement inexistante, nulle ou inapplicable dans le cas d'espèce. Dans l'affirmative, il refusera de surseoir à statuer (même si le juge prétendument désigné est également saisi en deuxième lieu du litige) et devra lui-même se prononcer sur le point de savoir s'il faut admettre une exception à la règle de litispendance)[142]. Cette dernière interprétation a été mise en parallèle avec la solution prévalant dans le cadre de la Convention de La Haye, étant donné qu'une telle convention avait inspiré le législateur européen. On a notamment rappelé que l'article 6 de la Convention de La Haye prévoit que « le tribunal non élu » a l'obligation de surseoir à statuer ou de se dessaisir lorsqu'il est saisi « d'un litige auquel un accord exclusif d'élection de for s'applique », « sauf si », notamment « l'accord est nul… » ou « le tribunal élu a décidé de ne pas connaître du litige ». D'où, s'il est constaté par le juge non désigné que la clause attributive de juridiction est nulle ou que le litige ne relève pas de cette clause, ce juge n'a pas l'obligation de sursoir à statuer en faveur du tribunal prétendument désigné dans la clause. Certes, on a affirmé que le Règlement Bruxelles Ibis consacre un principe de priorité du tribunal désigné pour se prononcer sur la validité de la clause. Ce principe paraît absent de la Convention de La Haye. Néanmoins, on a soutenu que le fait que la Convention de La Haye ait inspiré le législateur européen et en vue d'assurer une bonne coordination des deux textes, on ne peut retenir une interprétation contraire du texte du règlement, et il paraît justifié que l'article 31 (2) soit interprété comme permettant au juge non élu de contrôler au moins l'inexistence, la nullité ou la non-applicabilité manifeste de la clause attributive de juridiction invoquée devant lui[143]. On a par ailleurs fait valoir un autre argument en faveur de ce contrôle de l'accord par le juge non choisi en soulignant que le législateur européen a lui-même admis dans le préambule que l'exception à la règle de litispendance ne devrait pas jouer dans le cas où « les parties ont conclu des accords exclusifs d'élection de for incompatibles »[144]. Est visée l'hypothèse où il est invoqué par une partie que la compétence du juge premier saisi est fondée sur une clause attributive de juridiction, par exemple, celle contenue dans ses conditions générales alors que l'autre partie invoque devant le juge second saisi que la compétence de ce dernier est aussi fondée sur une clause attributive de juridiction (celle qui serait contenue par exemple dans ses propres conditions générales). La règle de litispendance, dans ce cas, doit jouer normalement, en ce sens que le juge second saisi doit surseoir à statuer en vertu de l'article 29 et la procédure peut se poursuivre devant le premier juge saisi. Cette solution qui n'est pas prévue de manière explicite dans une

---

[142] A. Nuyts, « La refonte du règlement Bruxelles I », art. préc., p.52.
[143] *Ibid.*, p. 52-53.
[144] Considérant 22 du préambule du Règlement Bruxelles Ibis.

disposition du règlement ne peut se justifier selon les adeptes d'un certain contrôle de l'accord qu'en admettant que l'article 31 (2) permet au juge premier saisi, avant de se dessaisir, de contrôler lui-même l'existence d'une clause attributive de juridiction attribuant une compétence exclusive au juge d'un autre État membre. Dans le cas où le juge premier saisi est lui-même désigné dans une clause attributive de juridiction qui est invoquée devant lui, il faut en déduire qu'il n'existe pas, pour ce juge, de clause attributive de juridiction attribuant une compétence exclusive au juge d'un autre État membre au sens de l'article 31 (2). Quant au juge second saisi, il ne peut pas, dans ce cas, invoquer l'exception prévue à cette disposition, et doit lui-même surseoir à statuer en vertu de l'article 29 du Règlement Bruxelles Ibis. Cette solution s'impose pour éviter le risque que les tribunaux de deux États membres se prononcent, en parallèle, sur la même question de la résolution du conflit entre des clauses attributives de juridiction contradictoires[145].

404. D'autres auteurs considèrent que la responsabilité de déterminer la validité et l'effet de l'accord d'élection de for appartient au tribunal élu et donc ces questions ne peuvent être réglées par le tribunal premier saisi. Cependant, ils admettent en même temps que le tribunal premier saisi aura besoin d'établir inéluctablement si son obligation de surseoir à statuer doit être mise en œuvre. Or, ceci dépend de la question de savoir si « une convention » telle que visée à l'article 25 attribue une compétence exclusive au tribunal désigné. C'est pourquoi on estime que le tribunal premier saisi aura au moins besoin d'établir s'il y a à première vue un tel accord qui confère compétence à la juridiction prétendument désignée[146].

405. Une autre partie de la doctrine est partie du constat que rien dans la formulation de l'article 31 (2) n'indique expressément une analyse « prima facie » ou « à première vue » par le tribunal premier saisi afin de déterminer si l'accord confère compétence au tribunal second saisi, au contraire, la précision dans le texte qu'une convention « attribue » compétence exclusive au tribunal second saisi présuppose assez clairement un examen complet de l'accord par le tribunal premier saisi.

Cependant, on a estimé qu'au-delà des termes du texte, il faut essayer de forger une interprétation utile des dispositions en cause[147].

On a fait remarquer tout d'abord que l'article 31 (4) du Règlement Bruxelles Ibis prévoit que le mécanisme exceptionnel des articles 31 (2) et (3) ne s'applique pas aux matières visées dans les sections 3,4 ou 5 du chapitre II lorsqu'une partie faible à savoir le preneur d'assurance, l'assuré, un bénéficiaire du contrat d'assurance, la victime, le consommateur ou le travailleur est le demandeur devant le tribunal non choisi et que ce dernier

---

145 A. Nuyts, « La refonte du Règlement Bruxelles I », art. préc., p. 53-54.

146 R. Fentiman, *International commercial litigation*, *op. cit.*, n°2.202, p. 100.

147 M. Weller, « Choice of forum agreements under the Brussels I recast and under The Hague Convention», art. préc., p. 118-119.

cherche à se fonder sur la protection contre un accord d'élection de for non conforme aux dispositions du règlement dans les matières susvisées. Par conséquent, quelle que soit l'étendue du contrôle, l'article 33 (4) indique clairement que tout tribunal non choisi est habilité et même obligé d'établir si l'accord à lui soumis est non valable selon les sections 3 à 5 du chapitre II. Toute autre conclusion serait dénuée[148]. La même conclusion est valable pour tout chef de compétence exclusive découlant de l'article 24 du Règlement Bruxelles Ibis bien que l'article 31 (4) ne mentionne pas la section 6 du chapitre II relative à ces chefs de compétence. À cet égard, la Cour de justice de l'Union européenne a déjà statué sur cette question par rapport à l'article 27 du Règlement Bruxelles I en relation avec l'article 22 du même règlement[149].

Ce qui précède permet de déduire que la norme de contrôle de l'accord pour le tribunal premier saisi comprend du moins un examen complet de la validité de cet accord conformément aux sections 3 à 6 du chapitre II du Règlement Bruxelles Ibis.

406. En outre, on a fait valoir que la formulation de l'article 31 (2) du Règlement Bruxelles Ibis peut être comparée à celle de l'article 31 (3). Cette dernière disposition prévoit que « lorsque la juridiction désignée dans la convention a établi sa compétence conformément à la convention, toute juridiction d'un autre État membre se dessaisit en faveur de ladite juridiction ». Or, par rapport à la formulation de l'article 31 (2), la formulation de l'article 31 (3), mentionne le tribunal second saisi comme étant « la juridiction désignée dans la convention » plutôt qu'une juridiction à laquelle la convention « attribue » une compétence exclusive. D'où, il semble que tant que le tribunal second saisi n'aurait pas établi sa compétence comme étant le tribunal choisi, le tribunal premier saisi pourra examiner de manière complète l'accord de sa propre initiative. Cependant, tout en proposant cette interprétation possible des dispositions du règlement, la doctrine admet que la différence dans la formulation des deux paragraphes du texte de l'article 31 susmentionné est minime et peut ne rien impliquer[150].

407. Étant donné que le libellé de la disposition en question ne permet pas d'aboutir à un résultat concluant concernant l'interprétation de cette dernière, une partie de la doctrine a mis l'accent sur l'objectif du nouveau mécanisme instauré par l'article 31. À cet égard, on a avancé qu'on pourrait faire valoir qu'un examen complet par le tribunal premier saisi prend trop de temps. Néanmoins, il faut rappeler que le tribunal second saisi n'est pas obligé d'attendre jusqu'à ce que le tribunal premier saisi sursoie à statuer. Comme le considérant 22 du Règlement Bruxelles Ibis le précise, « la juridiction désignée devrait être en mesure de poursuivre la procédure, que la juridiction

---

[148] *Ibid.*, p. 119.

[149] CJUE, 3 Avril 2014, aff. C-438/12, *Irmengard Weber c. Mechthilde Weber*.

[150] M. Weller, « Choice of forum agreements under the Brussels I recast and under The Hague Convention », art. préc., p. 119-120.

non désignée ait déjà décidé ou non de surseoir à statuer ». Il en découle que la refonte admet dans une certaine mesure les procédures parallèles à l'image de la Convention de La Haye afin d'éviter la perte de temps pour la procédure devant le for approprié. Il faut cependant admettre qu'on s'attend à ce que le tribunal premier saisi sursoit à statuer peu après que le tribunal choisi a été saisi.

Par ailleurs, on a soutenu qu'un examen complet par le tribunal premier saisi augmente le risque de procédures parallèles. En effet, un examen complet prendra plus de temps et de ressources qu'un examen limité. Or, l'article 31 (2) semble tolérer les procédures parallèles pour une période courte de transition. Il s'agit de la période durant laquelle le tribunal premier saisi n'aura pas encore rendu sa décision sur le sursis à statuer. La véritable question n'est donc pas celle de l'existence de procédures parallèles mais plutôt celle la durée plus au moins longue de ces procédures jusqu'à ce que le tribunal premier saisi ait rendu sa décision de sursis.

On admet cependant qu'un examen complet entraînera plus facilement des procédures parallèles sur le fond. En vertu d'un examen complet, le tribunal premier saisi peut trouver plus souvent des motifs d'invalidité de l'accord d'élection de for et décider non pas de surseoir à statuer mais de poursuivre sa procédure. Or, l'article 31 du Règlement Bruxelles Ibis ne prévoit aucune disposition qui obligerait le tribunal second saisi de décliner sa compétence, une fois que le tribunal premier saisi aurait établi sa compétence. Par conséquent, l'examen complet par le tribunal premier saisi augmente le risque de procédures parallèles sur le fond bien qu'on admette que le degré de ce risque n'excéderait pas celui toléré en vertu de la Convention de La Haye[151].

408. Quant à l'alternative d'un contrôle réduit, la question reste ouverte de savoir comment une norme de contrôle réduit peut être définie et appliquée de manière uniforme par les tribunaux des États membres ? Devant le silence du texte de l'article 31 (2) du Règlement Bruxelles Ibis, il faut certes admettre qu'un contrôle réduit ne peut se résumer à ce que le défendeur dans la première procédure invoque l'existence d'un accord d'élection de for car cela peut créer un risque disproportionné d'abus. Par conséquent, il devrait y avoir au moins une norme d'évaluation « à première vue » ou « *prima facie* ». Dans ce contexte, la doctrine a estimé que l'objet de l'évaluation *prima facie* n'est pas clair. S'agit-il d'un accord prima facie valable ? Ou d'un accord à première vue manifestement nul ?

Dans le cadre d'un essai de définition du critère du contrôle *prima facie*, on a envisagé une distribution des compétences entre le tribunal non désigné et celui désigné par l'accord des parties. Il revient au tribunal non désigné d'établir toutes les conditions harmonisées pour la validité d'un accord d'élection de for. Ces dernières incluraient non seulement les conditions des

[151] *Ibid.*, p. 120.

sections 3-6 du chapitre II du règlement Bruxelles Ibis mais aussi tous les prérequis harmonisés énoncés directement dans l'article 25 du Règlement, en particulier les exigences de forme. Et puisque le respect de la forme a été considéré jusqu'à présent comme étant un signe du consentement, il y aurait probabilité de conclure à la validité de l'accord dès que les exigences de forme sont établies. Le tribunal choisi serait quant à lui exclusivement compétent pour se prononcer sur toutes les questions régies par la loi d'un État membre. Ces dernières pourraient inclure l'intégrité du consentement, qui est régie par la loi du tribunal élu mais aussi d'autres questions telles que la capacité et le pouvoir[152].

409. On a cependant fait valoir que toute norme particulière de contrôle pour le tribunal premier saisi n'entre en jeu que si le tribunal prétendument désigné est également saisi. Avant la saisine du tribunal prétendument élu, un seul tribunal est appelé à se prononcer sur la validité de l'accord. Ce tribunal procédera à l'examen complet de l'accord afin de se prononcer sur sa compétence en examinant notamment la validité de la dérogation.

Généralement, le second tribunal est saisi un peu plus tard que le tribunal premier saisi. Dans l'affaire *Gasser* par exemple, le premier tribunal était saisi en avril alors que le second en décembre de la même année. Or, en principe, dans un délai de 8 mois le tribunal premier saisi aurait commencé à examiner sa compétence y compris l'évaluation de l'accord d'élection de for soulevé devant lui. Cependant, dès que le second tribunal prétendument élu est saisi, et si on part du principe qu'une norme de contrôle réduit devrait s'appliquer devant le tribunal premier saisi, ce dernier devrait être amené à réduire l'étendue de son examen de l'accord. Cependant, il faut admettre que toute conclusion déjà faite influencera la décision de ce tribunal quant à l'existence d'un accord d'élection de for valable. Cette prise en considération des conclusions déjà faites avant la saisine du tribunal prétendument élu pourrait correspondre à un examen complet de l'accord. En même temps, il serait étrange et difficilement réaliste d'obliger le tribunal premier saisi d'exclure de l'évaluation de sa décision sur le sursis, les conclusions auxquelles il est déjà arrivé avant la saisine du second tribunal, à un moment où il avait encore l'aptitude à un contrôle complet de l'accord[153].

En partant de cette hypothèse précédemment analysée, une partie de la doctrine considère que ces problèmes ne pourraient être évités que si soit le premier tribunal n'examine pas du tout l'accord soit au contraire l'examine selon les mêmes critères que ceux appliqués par le second tribunal dès qu'il est saisi. Elle admet par ailleurs que quand le tribunal second saisi aura établi sa propre compétence sur la base de l'accord d'élection de for, le tribunal premier saisi doit décliner sa compétence en faveur du tribunal second saisi

---

[152] *Ibid.*, p. 121-122.
[153] *Ibid.*, p. 122-123.

conformément à l'article 31 (3) du Règlement Bruxelles Ibis et ce indépendamment du point de savoir jusqu'où le tribunal premier saisi est arrivé dans son propre examen de l'accord. De cette manière, le tribunal désigné aura toujours la priorité sur le tribunal premier saisi. En outre, on a ajouté que cette vision de la priorité accordée au tribunal second saisi suffira toujours à mettre fin à toute action « torpille » contre l'accord d'élection de for. Le tribunal premier saisi peut prendre le temps qu'il veut pour se prononcer sur sa décision de sursis à statuer, mais dès que le tribunal second saisi établit sa compétence fondée sur l'accord, le tribunal premier saisi doit décliner sa compétence en faveur du tribunal second saisi en tant que tribunal élu. Toutefois, on a soutenu que si le tribunal premier saisi établit l'invalidité de l'accord plus tôt que le tribunal second saisi, l'article 31 (2) du Règlement Bruxelles Ibis ne permet pas au tribunal premier saisi de faire usage de ses conclusions pour rendre un jugement provisoire. Ce dernier doit plutôt attendre que le tribunal second saisi se prononce sur sa compétence. Dans ce cas un examen complet se justifie peu. L'autre alternative émise par la doctrine est que le tribunal premier saisi pourrait simplement continuer sa procédure et examiner le fond de l'affaire, mais on admet que cette solution augmenterait le risque de gaspillage de ressources pour toutes les parties impliquées et donc ne s'avère pas être la meilleure option[154].

410. Malgré cette oscillation de la doctrine entre un contrôle complet et un contrôle réduit, on a fait valoir qu'il y a un aspect qui fait pencher la balance en faveur d'une norme de contrôle réduit des accords d'élection de for devant le for saisi et non élu. En effet, l'article 31 (2) du Règlement Bruxelles Ibis exige du tribunal premier saisi d'abord de surseoir à statuer et plus tard, de décliner sa compétence en faveur du tribunal second saisi, lorsque ce dernier aura établi sa compétence en vertu de l'accord d'élection de for[155]. À partir de cette distinction au sein de l'article 31 (2) et (3) entre, d'une part, la suspension de la procédure ou le sursis à statuer et, d'autre part, le dessaisissement, on a fait valoir que cette différence n'a de sens que si le tribunal qui sursoit à statuer afin d'attendre la décision d'un autre tribunal sur la question en suspens ne peut examiner lui-même cette question. On en déduit que cette différence entre la suspension de la procédure et le dessaisissement implique une norme de contrôle réduit pour le tribunal premier saisi en dépit des difficultés que soulève la délimitation de cette norme[156].

411. À la lumière de cette controverse doctrinale, on peut soutenir que plusieurs arguments militent en faveur d'un contrôle réduit de l'accord d'élection de for par le tribunal premier saisi. Ce contrôle réduit consiste en une évaluation *prima facie* de sa validité. En effet, conclure autrement ouvrira

---

[154] *Ibid.*, p. 123.

[155] Art. 31 (3) du Règlement Bruxelles Ibis.

[156] M. Weller, « Choice of forum agreements under the Brussels I recast and under The Hague Convention », art. préc., p. 123-124.

la voie à un risque d'abus car il impliquerait que le tribunal premier saisi serait amené à surseoir à statuer même dans des cas où il est assez clair voire certain qu'il n'y a pas d'accord d'élection de for ou qu'un tel accord est manifestement nul ou inapplicable. L'absence d'un contrôle réduit ouvrira la voie à des défendeurs potentiels peu scrupuleux pour intenter des actions dilatoires sur la base d'accords manifestement non valables ou inexistants. Par ailleurs, il serait contradictoire de laisser la possibilité pour le tribunal premier saisi d'être actif en cas d'accords d'élection de for contradictoires et de lui nier tout pouvoir lorsque l'accord est de toute évidence inexistant ou manifestement nul.

En outre, la formulation de l'article 31 (2) du Règlement Bruxelles Ibis corroborée des dispositions du considérant 22 indiquent clairement que, d'une part, pour se prononcer sur le sursis à statuer, le tribunal premier saisi doit être devant un cas où « une convention attribue compétence exclusive » au tribunal prétendument élu et, d'autre part, le sursis est engagé pour que le tribunal prétendument élu « ait priorité pour décider de la validité de l'accord et de la mesure dans laquelle celui-ci s'applique au litige pendant devant lui ». Il en découle que si le tribunal premier saisi ne peut examiner de manière complète la validité de l'accord, il lui appartient de procéder à une évaluation *prima facie* de l'accord afin d'écarter le sursis à statuer dans les cas d'inexistence, de nullité ou d'inapplicabilité manifeste de l'accord invoqué devant lui.

L'interprétation suggérée peut être mise en parallèle avec la solution admise par la Convention de La Haye. Certes, il faut de prime abord rappeler que l'approche de la Convention de La Haye à la question du pouvoir de statuer sur la validité de l'accord est toute différente dans la mesure où la Convention n'accorde pas de priorité au juge élu pour se prononcer sur l'efficacité de l'accord d'élection de for et ne contient aucune règle de litispendance. En effet, comme précédemment analysée, l'approche de la Convention repose essentiellement sur l'objectif d'une efficacité accrue à l'accord d'élection de for en lui-même, en donnant dans tous les cas la possibilité pour le juge élu de se prononcer sur la validité de l'accord indépendamment de toute saisine d'un autre juge. Mais en même temps, la Convention admet les procédures parallèles et notamment la possibilité qu'un autre tribunal que celui élu se prononce sur l'efficacité de l'accord en édictant des exceptions à l'obligation du juge saisi en dépit de l'accord de surseoir à statuer ou de se dessaisir lorsqu'il est saisi d'un litige auquel un accord d'élection de for s'applique. Parmi ces exceptions figure notamment la nullité de l'accord. Or, il faut admettre que contrairement aux autres exceptions, celle de la nullité met en jeu des pouvoirs parallèles du juge élu pour se prononcer sur la question, c'est pourquoi on a proposé lors de l'analyse de cette exception que les juges adoptent une interprétation utile des dispositions de la Convention. Cette interprétation tiendra compte de la nature exceptionnelle du pouvoir du juge saisi et non élu de connaître de l'affaire dans laquelle un accord d'élection de for a été conclu. Il s'agit d'une interprétation restrictive qui limiterait l'exception de nullité à l'hypothèse de nullité manifeste, d'inapplicabilité ou d'inexistence de l'accord.

Par conséquent, et en vue d'assurer une harmonie entre les deux régimes, il y a lieu d'admettre une évaluation *prima facie* de l'accord d'élection de for conformément au règlement. Cette évaluation se limite à vérifier qu'il ne s'agisse pas d'un accord inexistant ou manifestement nulle ou inapplicable. Dans le cas contraire, un sursis à statuer s'impose pour permettre au juge élu de procéder à un examen complet de la validité de l'accord.

412. Ainsi, si on accepte l'idée qu'une certaine évaluation *prima facie* de l'accord d'élection de for par le tribunal premier saisi devrait être admise et que cette évaluation devrait se limiter aux cas de nullité ou inapplicabilité manifeste de l'accord voire d'inexistence de cet accord, la question se pose de savoir quels sont les critères auxquels devrait se limiter le tribunal premier saisi pour asseoir sa décision de sursis ? À cet égard, on peut soutenir que le tribunal premier saisi devrait se limiter à examiner si les conditions formelles uniformes de validité de l'accord selon l'article 25 du Règlement Bruxelles Ibis sont réunies. On peut même songer à limiter ce contrôle des conditions de forme à un contrôle à première vue sans exiger des preuves supplémentaires. À cela s'ajoute à fortiori la vérification des exceptions admises à la règle et qui sont édictées à l'article 31 (4) du règlement.

Si le tribunal premier saisi ne peut à la suite de l'examen des éléments susvisés écarter l'éventualité qu'un accord d'élection de for valable puisse exister en l'espèce, il devrait être tenu de surseoir à statuer et attendre la décision du tribunal prétendument élu sur sa compétence en vertu de l'accord. Ceci paraît être une norme de contrôle efficace mais non exubérant, car l'examen définitif sera réservé au tribunal choisi.

Cet examen à première vue des conditions de forme uniformes comme critère d'évaluation *prima facie* semble judicieux. Outre le fait que la satisfaction des conditions de forme établies par le règlement constitue un indice de l'existence du consentement lui-même, la démarcation entre la validité formelle et celle substantielle est devenue plus claire à travers l'adoption par le législateur de la refonte d'une règle de conflit applicable à la validité substantielle de l'accord d'élection de for.

Par conséquent, le tribunal à la compétence duquel il est dérogé en vertu d'un accord exclusif d'élection de for ne pourrait refuser de surseoir à statuer que s'il n'y a aucun doute sur le fait que les exigences de forme à première vue ne sont pas réunies ou que l'une des exceptions à la règle générale de litispendance prévues à l'article 31 (4) s'applique. S'il y a un doute, ce dernier doit sursoir à statuer et attendre la décision du juge prétendument élu.

413. Le troisième problème généré par la règle de priorité énoncée dans le règlement Bruxelles Ibis a trait au fait que l'approche du législateur européen néglige les attentes des parties à un accord d'élection de for et privilégie un

objectif purement procédural qui est la prévention des procédures parallèles et l'évitement des décisions contradictoires.

C. Une approche purement procédurale du législateur européen

414. L'article 31 (2) du Règlement Bruxelles Ibis suppose pour sa mise en œuvre qu'un tribunal ait été saisi sur la base de l'accord d'élection de for. Par conséquent, le problème que soulevait l'arrêt *Gasser* demeure à moins que le défendeur dans le procès initial n'ait saisi le tribunal prétendument élu. Le résultat est qu'une partie s'appuyant sur l'accord d'élection de for doit engager une procédure devant le tribunal élu afin de déclencher le sursis à statuer devant le tribunal premier saisi. De ce fait, aux dires d'une partie de la doctrine, l'article 31 (2) n'a pas pour objectif premier d'assurer l'exécution de l'accord d'élection de for mais plutôt de réglementer les procédures parallèles lorsque la compétence de l'un des tribunaux saisis est déterminée par un accord des parties. Selon certains auteurs, cette approche ignore le fait qu'une partie contractante a une objection légitime à tout procès intenté en violation de l'accord exclusif conclu, indépendamment du fait qu'elle envisage ou non de recourir aux tribunaux. Il en découle que le règlement n'a pas principalement pour objectif d'assurer l'autonomie des parties et encore moins le respect de leur attente légitime. Sa préoccupation essentielle est de prévenir les procédures parallèles qui peuvent donner lieu à des jugements inconciliables[157].

En outre, l'exigence que le tribunal prétendument élu soit saisi pour déclencher le mécanisme de l'article 31 (2) entraîne une conséquence pratique considérable. En effet, elle force la partie cherchant à mettre en œuvre l'accord d'élection de for à initier un procès devant le for élu et de ce fait à supporter les coûts y afférents bien qu'elle ne souhaite pas le faire. Cette règle encourage ainsi le contentieux[158].

415. En définitive, cet examen comparé de l'approche adoptée par la Convention de La Haye sur le pouvoir de se prononcer sur la validité et l'effet de l'accord d'élection de for par rapport à celle adoptée par le Règlement Bruxelles Ibis suscite la question de l'interaction entre le régime de la Convention et celui du règlement européen en la matière.

---

[157] R. Fentiman, *International commercial litigation*, *op. cit.*, n°2.203, p. 100.

[158] *Ibid.*

CHAPITRE II :

L'interaction entre le régime de la convention de la Haye et celui du règlement Bruxelles Ibis

416. L'interaction entre le régime de la Convention et le régime européen relatif aux accords d'élection de for se pose dans deux hypothèses. La première a trait aux accords d'élection de for intra-La Haye Europe. Autrement dit, il s'agit des accords d'élection de for européen (**Section I**). La deuxième hypothèse concerne les conventions attributives de juridiction au profit d'États tiers. En effet, l'absence d'un traitement exprès de ces conventions dans la refonte du règlement de Bruxelles peut créer des problèmes considérables en pratique. À cet égard, on se demande si la Convention de La Haye peut être une issue de secours dans cette hypothèse (**Section II**).

SECTION I :
Les accords exclusifs d'élection de for européen et la dualité de régime devant les tribunaux européens

417. Le juge européen devant lequel est invoqué un accord exclusif d'élection d'un autre for européen est confronté à la question de savoir si c'est le régime de la Convention de La Haye qui doit s'appliquer ou c'est plutôt celui du Règlement Bruxelles Ibis.

La différence d'approche entre la Convention de La Haye et celle du Règlement Bruxelles Ibis donne une importance considérable à la question posée.

418. Une réponse est en principe fournie par la Convention de La Haye qui envisage dans son article 26 le rapport de la Convention avec d'autres instruments internationaux concernant la compétence, la reconnaissance et l'exécution des jugements. Comme le précise le rapport explicatif de la Convention, les instruments de ce type comprennent la Convention de

Bruxelles, la Convention de Lugano, le Règlement de Bruxelles, la Convention de Minsk, et divers instruments des Amériques[1].

Les paragraphes 1 à 5 de l'article 26 traitent des conflits entre la Convention de La Haye et d'autres accords internationaux. Le paragraphe 6 traite des conflits entre la Convention et les règles d'une Organisation régionale d'intégration économique.

419. S'agissant de l'articulation de la Convention de La Haye avec d'autres Conventions internationales, l'idée des rédacteurs de la Convention était d'assurer autant que possible une coexistence harmonieuse de ces instruments. Ils doivent donc en principe être appliqués cumulativement, sauf incompatibilité avérée entre ces textes[2]. Pour limiter les hypothèses d'incompatibilité, l'article 26 (1)[3] préconise de manière générale d'interpréter la Convention dans un sens compatible avec les exigences des autres Conventions concurremment applicables[4]. En cas de conflit ouvert, diverses « clauses de déconnexion » viennent préciser si la Convention de La Haye prévaut ou cède devant la Convention incompatible[5].

420. Quant à l'articulation de la Convention avec le Règlement de Bruxelles, elle est réglée par une clause de déconnexion autonome à l'article 26 (6)[6]. Cette dernière disposition règle de manière générale le conflit potentiel entre la Convention de La Haye et les règles d'une Organisation régionale d'intégration économique dont on peut y inclure l'Union européenne[7]. Elle contient deux règles de « céder le passage »[8] applicables en pareil cas. Par ailleurs, ces règles s'appliquent que la règle de l'Organisation régionale d'intégration économique ait été adoptée avant ou après la Convention. Le principe sous-jacent est que lorsqu'une affaire est purement « régionale », en termes de résidence des parties, la Convention cède la primauté à l'instrument régional.

---

[1] M. Dogauchi, T. C. Hartley, *op. cit.*, n°265.

[2] *Ibid.*, n°267.

[3] Art. 26 (1) dispose : « La présente Convention doit être interprétée de façon à ce qu'elle soit, autant que possible, compatible avec d'autres traités en vigueur pour les États contractants, conclus avant ou après cette Convention ».

[4] *Ibid.*, n°270.

[5] L. Usunier, « La Convention de La Haye du 30 juin 2005 sur les accords d'élection de for », art. préc., p.57.

[6] Art. 26 (6) dispose « La présente Convention n'affecte pas l'application des règles d'une Organisation régionale d'intégration économique partie à cette Convention, que ces règles aient été adoptées avant ou après cette Convention :

a) lorsqu'aucune des parties ne réside dans un État contractant qui n'est pas un État membre de l'Organisation régionale d'intégration économique ;

b) en ce qui a trait à la reconnaissance ou l'exécution de jugements entre les États membres de l'Organisation régionale d'intégration économique ».

[7] M. Dogauchi, T. C. Hartley, *op. cit.*, n°295.

[8] Dénommées encore par la doctrine, clauses de « déconnexion ».

La première règle de « céder le passage » sur les conflits avec la règlementation d'une Organisation régionale d'intégration économique correspond à la première règle de « céder le passage » applicable aux traités incompatibles. Elle figure à l'article 26 (6) (a) et dispose que lorsqu'aucune des parties ne réside dans un État contractant qui n'est pas un État membre de l'Organisation régionale d'intégration économique, la Convention cède la primauté à la règlementation de l'Organisation régionale d'intégration économique.

Lorsqu'une partie réside dans plus d'un État[9], la Convention cèdera le passage à la règlementation de l'Organisation régionale d'intégration économique, dans la mesure de l'incompatibilité, si toutes les parties sont résidentes uniquement d'États membres de l'Organisation régionale d'intégration économique ou d'États non contractants[10]. Cela signifie, en d'autres termes, que l'article 25 du Règlement Bruxelles Ibis ne sera plus applicable en principe qu'aux situations dans lesquelles, soit les deux parties à la clause sont domiciliées dans l'Union européenne, soit l'une des parties est domiciliée dans l'Union tandis que l'autre est domiciliée dans un État non membre de l'Union et tiers à la Convention de La Haye soit enfin les deux parties sont domiciliées dans des États tiers à la Convention de La Haye lorsque les parties choisissent un for appartenant à l'Union européenne. On en conclut que l'article 26 (6) (a) est potentiellement porteur d'un important changement pour les juridictions des États membres[11].

La deuxième règle de « céder le passage » concernant les conflits avec la règlementation d'une Organisation régionale d'intégration économique figure à l'article 26 (6) (b). Elle est semblable à la troisième règle de « céder le passage » sur les traités incompatibles énoncée à l'article 26 (4)[12]. L'article 26 (6) (b) dispose que la Convention n'affecte pas les règles d'une Organisation régionale d'intégration économique qui ont trait à la reconnaissance ou l'exécution des jugements entre États membres de l'Organisation régionale d'intégration économique. Cependant, contrairement à la règle de « céder le

---

[9] Notamment à la lumière de la notion de résidence d'une entité ou personne autre qu'une personne physique, l'art. 4 (2) dispose « Aux fins de la présente Convention, une entité ou personne autre qu'une personne physique est réputée avoir sa résidence dans l'État :
a) de son siège statutaire ;
b) selon le droit duquel elle a été constituée ;
c) de son administration centrale ; ou
d) de son principal établissement. »

[10] M. Dogauchi, T. C. Hartley, *op. cit.*, n°292-293.

[11] L. Usunier, « La Convention de La Haye du 30 juin 2005 sur les accords d'élection de for », art. préc., p.58.

[12] Art. 26 (4) dispose : « La présente Convention n'affecte pas l'application par un État contractant d'un traité, que ce traité ait été conclu avant ou après cette Convention, afin d'obtenir la reconnaissance ou l'exécution d'un jugement rendu par un tribunal d'un État contractant qui est également partie à ce traité. Toutefois, ce jugement ne doit pas être reconnu ou exécuté à un degré moindre qu'en vertu de cette Convention ».

passage » sur les traités incompatibles figurant à l'article 26 (4), il n'est pas prévu que le jugement ne doit pas être reconnu ou exécuté à un degré moindre qu'en vertu de la Convention de La Haye. À cet égard, en raisonnant par rapport au Règlement de Bruxelles, en général ce dernier prévoit un degré de reconnaissance et d'exécution plus élevé que la Convention. Dans une large mesure, la reconnaissance et l'exécution sont de plein droit en vertu du règlement. Les motifs de refus exposés à l'article 45 du Règlement Bruxelles Ibis sont plus limités que les motifs de refus en vertu de l'article 9 de la Convention de La Haye, de sorte que l'absence d'une disposition prévoyant que le jugement ne doit pas être reconnu ou exécuté à un degré moindre qu'en vertu de la Convention n'a pas une grande importance en ce qui concerne le Règlement de Bruxelles. Toutefois, le domaine de l'assurance constitue une exception[13].

421. S'agissant de la portée de cette clause de déconnexion dans les rapports entre la Convention et les règles d'une Organisation régionale d'intégration économique, il semble qu'elle soit la même que celle des autres clauses régissant les rapports avec d'autre traités. Le principe reste l'application cumulative de la Convention et du règlement tandis que la déconnexion intervient en cas d'incompatibilité des deux textes[14]. Le règlement s'applique donc dans toute la mesure du possible aux accords d'élection de for soumis à la Convention de La Haye et ne cède que lorsque ses dispositions sont inconciliables avec celles de la Convention[15].

Certains auteurs précisent que la règle de priorité à une règle d'une Organisation régionale d'intégration économique telle que fixée à l'article 26 (6) n'est mise en œuvre que si et dans la mesure où il existe une incohérence résultant d'une application à un cas particulier[16].

422. Il faut par ailleurs admettre que le fait que l'Union européenne soit partie à la Convention de La Haye a d'importantes conséquences au sein de l'Union. En effet, la Convention de La Haye a le statut d'une norme de l'Union européenne au sein de l'Union (à l'exception du Danemark[17]). La Convention de La Haye en tant que norme européenne obligatoire remplira certainement les exigences pour avoir un effet direct[18] et prévaudra sur le droit des États

---

[13] M. Dogauchi, T. C. Hartley, *op. cit.*, n°307.

[14] Bien que l'article 26 (1) de la Convention de La Haye, semble seulement prôner la conciliation de la convention de La Haye avec les Conventions concurrentes, il vise vraisemblablement également le Règlement. C'est ce qui ressort en tout cas clairement du rapport explicatif, M. Dogauchi, T. C. Hartley, *op. cit.*, n° 300-301.

[15] L. Usunier, « La Convention de La Haye du 30 juin 2005 sur les accords d'élection de for », art. préc., p.59.

[16] R. A. Brand, P. M. Herrup, p.172.

[17] Cependant, le 1er septembre 2018, la Convention de La Haye du 30 juin 2005 est entrée en vigueur au Danemark, à la suite du dépôt de son instrument d'adhésion le 30 mai 2018.

[18] Le principe de l'effet direct peut être interprété comme signifiant la mesure dans laquelle les lois européennes peuvent produire des droits et des obligations qui peuvent être invoqués dans une

membres en cas de conflit[19]. En outre, il appartiendrait à la Cour de justice de l'Union européenne de l'interpréter en ce qui concerne ses États membres[20].

423. Dans le contexte précédemment précisé et en cas de procédures parallèles, la dualité de régime des clauses attributives de juridiction aux tribunaux d'un État européen peut susciter des difficultés, notamment concernant l'interaction entre les dispositions de l'article 31 (2) du Règlement Bruxelles Ibis et celles de l'article 6 de la Convention de La Haye.

Un exemple permettra de mieux illustrer la question. Supposons qu'une partie « A » est domiciliée en Espagne et une partie « B » est domiciliée au Mexique. Les deux parties sont convenues par une clause attributive de juridiction d'attribuer compétence exclusive aux tribunaux irlandais. Un litige est survenu entre les parties à l'occasion du contrat auquel s'applique la clause stipulée. La partie « A » engage en premier lieu une procédure préventive ou « anticipée » à Madrid. Par la suite, la partie « B » réagit en engageant une procédure à l'encontre de « A » devant les tribunaux irlandais prétendument désignés.

En partant de cet exemple, le litige implique des procédures devant les tribunaux de deux États européens. L'applicabilité aussi bien du Règlement Bruxelles Ibis que de la Convention de La Haye est envisageable. La question se pose de savoir s'il faut faire prévaloir la Convention de La Haye et notamment les dispositions de l'article 6 qui définissent les obligations du tribunal saisi en dépit d'un accord d'élection de for ou appliquer l'article 31 (2) du Règlement Bruxelles Ibis réglementant les procédures parallèles en présence d'une clause attributive de juridiction au profit d'un for européen ?

Il faut de prime abord rappeler que la clause de déconnexion prévue à l'article 26 (6) (a) n'a droit de cité que s'il y a un conflit entre la Convention de La Haye et les règles du règlement.

Or, toute la question est de savoir si ce conflit existe. À cet égard, on a fait valoir que l'article 31 (2) du Règlement Bruxelles Ibis peut toujours être appliqué par les tribunaux européens même dans des hypothèses qui relèvent du champ de la Convention de La Haye comme c'est le cas dans l'exemple susvisé. Cette application cumulative aux accords d'élection de for intra-La Haye Europe est fondée sur l'adoption de l'interprétation la plus appropriée de l'article 6 de la Convention de La Haye (**§ 1**). Par ailleurs, à la lumière du jugement de la Cour de justice de l'Union européenne dans l'affaire *Gothaer*[21], on a proposé une approche de lege ferenda à la question des

---

action devant un tribunal national ; V. CJCE, 5 février 1963, aff. C-26/ 62, *Van Gend en Loos c/Administratie der* Belastingen, Rec. 1963, 3.

[19] CJCE, 15 juillet 1964, aff. C-6/ 64, *Costa c/ E.N.E.L*, Rec. 1964, 1141.

[20] A. Mukarrum, P. Beaumont, « Exclusive choice of court agreements: some issues on The Hague Convention on choice of court agreements and its relationship with the Brussels I recast », art. préc., p. 402-403.

[21] CJUE, 15 novembre 2012, aff. C-456/ 11, *Gothaer*, précité.

procédures parallèles. Cette approche est dénommée « La Haye plus *Gothaer* » (§2). Elle cherche à assurer une harmonie entre le règlement européen et la Convention de La Haye.

§ 1 - L'adoption de l'interprétation la plus appropriée de l'article 6 de la Convention

424. On a soutenu que la philosophie de la Convention de La Haye permet l'adoption de la conception la plus appropriée de l'article 6 de ladite Convention. Or, si l'article 6 de la Convention de La Haye est compris comme une règle simplement permissive qui n'oblige pas le tribunal non désigné à statuer sur la validité et l'efficacité de la clause mais uniquement lui permet d'user de cette faculté, les tribunaux des États membres peuvent appliquer les dispositions obligatoires de l'article 31 (2) et (3) de manière cohérente avec la Convention de La Haye. Cette lecture trouve un appui dans le rapport explicatif de la Convention[22]. En partant de certains exemples dans le cadre de l'examen de la question de litispendance, les rapporteurs de la Convention ont mis l'accent sur le caractère exceptionnel du droit de poursuite devant un tribunal non désigné dans l'accord d'élection de for selon la Convention de La Haye. Ce caractère exceptionnel peut être atteint effectivement en appliquant l'article 31 (2) du règlement européen opérant une inversion de la règle générale de litispendance, même pour les cas soumis à la Convention de La Haye. Cette application s'avère selon les tenants de cette thèse en harmonie avec ce caractère exceptionnel[23]et donc, en définitive, en harmonie avec la Convention de La Haye[24].

Il est opportun de souligner les exemples cités dans le rapport explicatif à l'occasion desquels les rapporteurs ont précisé leur approche interprétative des dispositions de l'article 6 de la Convention de La Haye. Les rapporteurs citent l'exemple d'une société résidant en Autriche et une société résidant au Brésil ayant conclu un contrat. Le contrat comporte une clause d'élection de for désignant le tribunal de district de Rotterdam. La société autrichienne poursuit la société brésilienne en Autriche. La société brésilienne réagit en engageant une procédure à l'encontre de la société autrichienne devant le tribunal de

---

[22] M. Dogauchi, T. C. Hartley, *op. cit.*, n°300.

[23] Il convient de noter que le rapport explicatif ne pouvait avoir commenté la relation entre la refonte du Règlement Bruxelles I et la Convention de La Haye puisque la refonte a été adoptée longtemps après que le rapport eut été écrit. Néanmoins c'est l'approche interprétative des rapporteurs de la Convention à propos des dispositions de l'article 6 qui est utilisée pour asseoir cette lecture de l'interaction entre la Convention et le Règlement Bruxelles Ibis dans leurs dispositions relatives aux procédures parallèles.

[24] A. Mukarrum, P. Beaumont, « Exclusive choice of court agreements: some issues on The Hague Convention on choice of court agreements and its relationship with the Brussels I recast », art. préc., p. 405-408 et p. 409.

Rotterdam. On a supposé dans cette hypothèse que le tribunal autrichien ne fût pas tenu de se dessaisir de l'affaire en vertu de l'article 6 de la Convention parce qu'une des exceptions à cette disposition est applicable. Toutefois, les rapporteurs dans cet exemple supposent que l'obligation de respecter l'accord d'élection de for en vertu de l'article 23 du Règlement Bruxelles I (aujourd'hui l'article 25 du Règlement Bruxelles Ibis) et -donc de se dessaisir- reste applicable. En pareil cas, selon les rapporteurs, le tribunal autrichien serait tenu de se dessaisir de l'affaire en vertu de l'article 23 du Règlement Bruxelles I (aujourd'hui article 25 du Règlement Bruxelles Ibis). L'argument avancé par les rapporteurs est que l'article 26 (6) de la Convention de La Haye ne serait pas applicable parce qu'il n'y aurait pas d'incompatibilité entre la Convention et le règlement. On a également soutenu que les exceptions à l'article 6 de la Convention ne font que permettre au tribunal autrichien de connaître de l'affaire. Elles ne l'obligent pas à le faire. Par conséquent, il est indifférent que l'un des motifs mentionnés à l'article 6 (a) à (e) de la Convention de La Haye s'applique. Le tribunal saisi mais non élu (saisi en premier) serait toujours tenu de se dessaisir en vertu de l'article 23 du Règlement de Bruxelles (aujourd'hui article 25 du Règlement Bruxelles Ibis)[25].

Dans un autre exemple, les rapporteurs, raisonnant par rapport aux dispositions du Règlement Bruxelles I, citent le même cas d'une société résidant en Autriche et une société résidant au Brésil qui ont conclu un contrat. Le contrat comporte un accord exclusif d'élection de for désignant le tribunal de district de Rotterdam. Cependant contrairement à l'hypothèse précédente, le tribunal de Rotterdam est saisi en premier. Par la suite, la société autrichienne poursuit la société brésilienne devant un tribunal autrichien. Selon les rapporteurs, le tribunal autrichien serait tenu de surseoir à statuer ou de se dessaisir de la procédure en vertu de l'article 27 du Règlement Bruxelles I (mais également en vertu de l'article 29 du Règlement Bruxelles I bis). Il ne serait pas tenu d'examiner si l'une des exceptions à l'article 6 de la Convention de La Haye était applicable car, même dans ce cas, l'article 6 n'imposerait pas au tribunal autrichien de connaître de l'affaire. En conséquence, selon les rapporteurs, l'article 26 (6) (a) de la Convention de la Haye n'affecterait pas l'application du Règlement de Bruxelles par le tribunal autrichien[26].

Devant cette approche interprétative des rapporteurs de la Convention de La Haye, on a cependant avancé que l'article 6 de la Convention de La Haye pourrait être interprété autrement. L'article 6 serait une disposition qui confère un droit au demandeur à voir son litige jugé par le tribunal saisi et non élu lorsque l'une des exceptions à cette disposition s'applique, indépendamment

---

[25] M. Dogauchi, T. C. Hartley, *op. cit.*, n°300.
[26] *Ibid.*, n° 301.

du fait que le tribunal désigné ait été saisi ou non du litige. Si cette dernière conception est adoptée et qui s'écarte de l'opinion des rapporteurs dans leur rapport explicatif, il y aurait un conflit entre les deux instruments et en principe la Convention de La Haye devrait prévaloir sur le règlement si l'une des parties réside dans un État contractant qui n'est pas un État membre de l'Union européenne[27].

Néanmoins, dans l'analyse de l'interaction entre l'article 6 de la Convention de La Haye et l'article 31 (2) du Règlement Bruxelles Ibis et afin d'asseoir l'approche interprétative du rapport explicatif, certains auteurs ont invoqué une décision récente de la Cour de justice de l'Union européenne dans l'affaire *Nipponkoa*[28] qui concerne l'application d'une Convention internationale en vertu de l'article 71[29] du Règlement Bruxelles I. En réponse à une question préjudicielle qui lui a été posée dans cette affaire et qui consiste à savoir si l'article 71 du Règlement n° 44/2001 doit être interprété en ce sens qu'il s'oppose à ce qu'une Convention internationale soit interprétée d'une manière qui porte atteinte aux objectifs et aux principes qui sous-tendent ce règlement, la Cour a déclaré qu'elle a déjà jugé cette question dans sa jurisprudence antérieure[30] en affirmant qu'il est constant que l'article 71 dudit règlement prévoit, dans les matières réglées « par des Conventions spéciales,

---

[27] A. Mukarrum, P. Beaumont, « Exclusive choice of court agreements: some issues on The Hague Convention on choice of court agreements and its relationship with the Brussels I recast », art. préc., p. 405-406.

[28] CJUE, 19 décembre 2013, aff. C-452/12, Nipponkoa Insurance Co. (Europe) Ltd c/ Inter-Zuid Transport BV.

[29] L'article 71 du Règlement n° 44/2001 du Règlement Bruxelles I dispose : « 1. Le présent Règlement n'affecte pas les Conventions auxquelles les États membres sont parties et qui, dans des matières particulières, règlent la compétence judiciaire, la reconnaissance ou l'exécution des décisions.
2. En vue d'assurer son interprétation uniforme, le paragraphe 1 est appliqué de la manière suivante :
a) le présent Règlement ne fait pas obstacle à ce qu'un tribunal d'un État membre, partie à une Convention relative à une matière particulière, puisse fonder sa compétence sur une telle convention, même si le défendeur est domicilié sur le territoire d'un État membre non-partie à une telle Convention. Le tribunal saisi applique, en tout cas, l'article 26 du présent Règlement ;
b) les décisions rendues dans un État membre par un tribunal ayant fondé sa compétence sur une Convention relative à une matière particulière sont reconnues et exécutées dans les autres États membres conformément au présent règlement.
Si une Convention relative à une matière particulière et à laquelle sont parties l'État membre d'origine et l'État membre requis détermine les conditions de reconnaissance et d'exécution des décisions, il est fait application de ces conditions. Il peut, en tout cas, être fait application des dispositions du présent Règlement qui concernent la procédure relative à la reconnaissance et à l'exécution des décisions ».

[30] CJUE, 4 mai 2010, aff. C-533/08, *TNT Express Nederland BV c/ AXA Versicherung AG*, point 49.

telles que la CMR[31], l'application de ces dernières, il n'en demeure pas moins que cette application ne saurait porter atteinte aux principes qui sous-tendent la coopération judiciaire en matière civile et commerciale au sein de l'Union européenne, tels que les principes, évoqués aux considérants 6, 11, 12 et 15 à 17 du même règlement, de libre circulation des décisions en matière civile et commerciale, de prévisibilité de juridictions compétentes et, partant, de sécurité juridique pour les justiciables, de bonne administration de la justice, de réduction au maximum du risque de procédures concurrentes, ainsi que de confiance réciproque dans la justice au sein de l'Union[32]». Il découle donc de cet arrêt que les principes fondamentaux qui sous-tendent la coopération judiciaire en matière civile et commerciale au sein de l'Union européenne ne doivent pas être compromis. Parmi ces principes primordiaux figure notamment la réduction du risque de procédures concurrentes. La Cour de justice a en outre jugé que l'article 71 du Règlement n° 44/2001 doit être interprété en ce sens qu'il s'oppose à ce qu'une Convention internationale soit interprétée d'une manière qui n'assure pas, dans des conditions au moins aussi favorables que celles prévues par ce règlement, le respect des objectifs et des principes qui sous-tendent ledit règlement[33]. En appliquant cette position sur la disposition en cause, à savoir l'article 31 (2) de la Convention CMR[34], qui a trait à la litispendance dans le cadre des litiges relevant de cette dernière, la Cour a conclu que l'article 71 du Règlement Bruxelles I doit être interprété en ce sens qu'il s'oppose à une interprétation de l'article 31 (2) de la Convention CMR selon laquelle une action en constatation négative ou un jugement déclaratoire négatif dans un État membre n'a pas le même objet et la même cause qu'une action récursoire formée au titre du même dommage et opposant les mêmes parties ou leurs ayants droit dans un autre État membre[35]. Les dispositions de la Convention CMR, telles que celles ressortant de l'article 31 (2) pourraient être appliquées au sein de l'Union européenne uniquement si elles permettent que les objectifs de libre circulation des décisions en matière civile et commerciale et de confiance mutuelle dans l'administration de la justice dans l'Union européenne soient atteints sous des conditions au moins aussi favorables que celles résultant de l'application du Règlement Bruxelles

[31] Convention relative au contrat de transport international de marchandises par route signée à Genève le 19 mai 1956 telle que modifiée par le protocole signé à Genève le 5 juillet 1978 (la « CMR »).

[32] CJUE, 19 décembre 2013, aff. C-452/ 12, *Nipponkoa,* précité, point 36.

[33] *Ibid.*, point 39.

[34] L'article 31 (2) de la « CMR » prévoit que «Lorsque dans un litige visé au paragraphe 1 du présent article une action est en instance devant une juridiction compétente aux termes de ce paragraphe, ou lorsque dans un tel litige un jugement a été prononcé par une telle juridiction, il ne peut être intenté aucune nouvelle action pour la même cause entre les mêmes parties à moins que la décision de la juridiction devant laquelle la première action a été intenté ne soit pas susceptible d'être exécutée dans le pays où la nouvelle action est intentée ».

[35] CJUE, 19 décembre 2013, aff. C-452/ 12, *Nipponkoa,* précité, point 49.

I[36]. Par conséquent, l'interprétation de la Cour de justice de l'Union européenne de l'article 27 du Règlement Bruxelles I en matière de litispendance (aujourd'hui l'article 29 du Règlement Bruxelles Ibis) prévaut sur une interprétation contradictoire du mécanisme de litispendance dans la Convention CMR[37].

À partir de cette interface entre le Règlement Bruxelles I et la Convention CMR, on a fait valoir que dans le contexte de la Convention de La Haye, la confiance mutuelle et les autres principes animant le Règlement Bruxelles Ibis prévaudront aussi sur toute interprétation de l'article 6 de la Convention qui n'est pas conforme au fonctionnement du mécanisme de l'exception à la règle générale de litispendance édicté à l'article 31 (2) de la refonte[38].

En définitive, l'approche interprétative du rapport explicatif de la Convention qui repose sur la reconnaissance du caractère exceptionnel du droit de poursuite devant le tribunal non désigné peut effectivement être conciliée avec l'exception à la règle générale de litispendance énoncée à l'article 31 (2) du Règlement Bruxelles Ibis. Cette conciliation se traduit par le fonctionnement obligatoire de l'article 31 (2) et (3) du Règlement Bruxelles Ibis devant les tribunaux européens même dans les cas soumis à la Convention de La Haye[39]. Par conséquent, cela entraînera généralement le sursis à statuer du tribunal non choisi dès que le tribunal choisi est saisi. Par ailleurs, on estime que cette application de l'exception à la règle générale de litispendance de l'article 31 (2) et (3) réduira considérablement les possibilités qu'un tribunal non désigné statue sur la validité et l'applicabilité d'un accord exclusif d'élection de for lorsque le tribunal choisi a été saisi. De ce fait, la fréquence des procédures parallèles et des jugements inconciliables sera réduite, ce qui en soi constitue un objectif important du règlement[40].

425. Cette approche conciliatrice entre les dispositions de la Convention de La Haye et celles du Règlement Bruxelles Ibis quant au pouvoir du juge européen saisi en dépit de l'accord trouve un autre appui dans le rapport explicatif qui affirme, entre autres, que l'article 6 de la Convention ne crée point de motif de compétence résultant de la Convention ni n'impose au tribunal saisi d'exercer une quelconque compétence résultant de son propre droit. C'est plutôt la loi du tribunal saisi qui détermine s'il est compétent ou non, et s'il peut ou non exercer cette compétence. En d'autres termes, les

---

[36] *Ibid.*, points 47 et 48.

[37] La Cour de justice de l'Union européenne a adopté une interprétation assez large de la notion de même cause d'action de la règle de litispendance dans le régime du règlement Bruxelles I : CJCE, 8 décembre 1987, aff. C-144/ 86, *Gubisch Maschinenfabrik KG c/ Giulio Palumbo*, Rec. 1987, 4861 ; CJCE, 6 décembre 1994, aff. C-406/ 92, *Tatry c/ Maciej Rataj*, Rec. 1994, I-5439.

[38] A. Mukarrum, P. Beaumont, « Exclusive choice of court agreements: some issues on The Hague Convention on choice of court agreements and its relationship with the Brussels I recast », art. préc., p. 406-407.

[39] *Ibid.*, p.409.

[40] *Ibid.*, p.408.

exceptions prévues à l'article 6 ne créent point de compétence en faveur du tribunal saisi en dépit de l'accord.

Par ailleurs, le sursis à statuer, édicté à l'article 31 du Règlement Bruxelles Ibis, est une règle procédurale de gestion du procès. Cette dernière ne se justifie que si un point litigieux exige d'être réglé devant un autre tribunal. Par conséquent, elle ne se justifie que dans le cas de l'examen de la validité de l'accord d'élection de for. Or, comme on l'a précédemment soutenu, bien que la Convention de La Haye semble accorder des pouvoirs parallèles au juge saisi en dépit de l'accord pour se prononcer sur la validité de ce dernier, une interprétation conforme, d'une part, aux objectifs de la Convention qui cherche à assurer l'efficacité des accords et, d'autre part, à l'attente légitime des parties à travers la conclusion d'un accord d'élection de for milite en faveur d'une interprétation restrictive. Cette interprétation limite ce pouvoir à l'examen de l'hypothèse de nullité manifeste, d'inapplicabilité ou d'inexistence de l'accord d'élection de for. Cette interprétation coïncide par ailleurs avec la position adoptée dans l'interprétation des dispositions de l'article II (3) de la Convention de New York en matière d'arbitrage dans plusieurs États.

Certes, un sursis automatique ne semble pas être l'interprétation opportune dans le cadre de la mise en œuvre de l'article 31 (1) du Règlement Bruxelles Ibis. Comme on l'a démontré, une évaluation prima facie de la validité de l'accord devrait jouer. Cette évaluation consiste à contrôler la nullité manifeste, l'inapplicabilité ou l'inexistence de l'accord par le juge saisi mais non élu afin de se prononcer sur le sursis à statuer.

Cependant, si une harmonie peut être atteinte dans la mise en œuvre des dispositions de la Convention de La Haye et celles du Règlement Bruxelles Ibis quant à l'examen de la validité de l'accord en cas de procédures parallèles, il n'en demeure pas moins qu'un conflit éventuel peut surgir entre le régime européen et celui de la Convention de La Haye. En effet, à côté de la question de la validité de l'accord, les exceptions instaurées par l'article 6 embrassent l'hypothèse de déni de justice[41] et celle de violation des règles internationalement impératives[42] qui ouvrent la voie au juge saisi en dépit de l'accord pour écarter tout sursis à statuer ou déclinatoire de compétence. Il faut certes admettre que ces exceptions, comme le préconise le rapport explicatif lui-même, n'ont vocation à s'appliquer que dans les circonstances les plus exceptionnelles[43].

---

[41] Article 6 c) dans sa première branche ainsi que les hypothèses des paragraphes d) et e) du même article de la Convention de La Haye.

[42] Article 6 c) dans sa deuxième branche.

[43] M. Dogauchi, T. C. Hartley, *op. cit.*, n°148.

426. Une autre partie de la doctrine[44] envisage l'interaction entre la Convention de La Haye et le Règlement Bruxelles Ibis concernant les procédures parallèles à la lumière du jugement récent de la Cour de Justice de l'Union européenne dans l'affaire *Gothaer*[45]. Elle propose à travers cet arrêt conjugué aux dispositions de la Convention de La Haye, un régime *de lege ferenda* pour la question des procédures parallèles. Ce régime permettrait une harmonie entre le règlement et la Convention de La Haye en la matière.

§ 2 - L'approche « La Haye plus *Gothaer* »

427. Il y a lieu d'abord de rappeler le contexte du jugement *Gothaer* (**A**), notamment les questions préjudicielles posées à la Cour de justice de l'Union européenne à l'occasion de cette affaire. On abordera ensuite les conclusions d'une partie de la doctrine sur l'interaction possible entre l'exception à la règle générale de litispendance dans le règlement européen et le jugement de la Cour de justice précité (**B**). Cette interaction a abouti à une réflexion sur l'instauration d'un régime alternatif de lege ferenda qui serait dénommé « La Haye plus Gothaer » (**C**).

A. L'arrêt *Gothaer*

428. Le point de départ est qu'une juridiction saisie en dépit de la clause attributive de juridiction peut décider d'écarter la clause et d'apprécier sa propre compétence au fond, puis rendre une décision sur le fond si elle s'estime compétente. Elle peut également conclure à la validité de la clause et se déclarer incompétente. Dans les deux cas, une décision rendue dans un État membre (dont les juridictions n'étaient pas désignées dans la clause), validant la clause ou l'écartant, peut circuler au sein de l'espace judiciaire européen. La reconnaissance ou l'absence de reconnaissance d'une telle décision aura un impact sur l'efficacité des clauses attributives de juridiction. Cette question a été soumise à la Cour de justice de l'Union européenne dans l'affaire *Gothaer*. Celle-ci portait sur un litige opposant un chargeur et ses assureurs au transporteur d'une installation de brasserie pour les dommages prétendument causés par le transporteur à cette installation durant le transport à destination de l'acheteur. Le connaissement contenait une clause de juridiction désignant les tribunaux islandais, mais le chargeur et les assureurs de ce dernier (auxquels le chargeur avait cédé ses droits au prorata du risque assuré) décidèrent néanmoins d'agir en Belgique, lieu du port d'embarquement. La juridiction belge déclina sa compétence, en estimant la clause de juridiction valide. Les demandeurs agirent ensuite en Allemagne,

---

[44] M. Weller, « Choice of forum agreements under the Brussels I recast and under The Hague Convention», art. préc., pp. 124-129.
[45] CJUE, 15 novembre 2012, aff. C-456/ 11, *Gothaer*, précité.

pays dans lequel s'est posée la question de la reconnaissance de la décision belge d'incompétence fondée sur la clause de juridiction. La juridiction allemande se demandait si une telle décision relevait du chapitre III du Règlement Bruxelles I alors qu'en droit allemand, un jugement portant sur la recevabilité d'un litige ne serait probablement pas susceptible de reconnaissance.

La Cour de justice de l'Union européenne trouve dans cette affaire l'occasion de répondre à deux questions. Premièrement, une décision par laquelle une juridiction d'un État membre décline sa compétence en raison d'une clause attributive de juridiction constitue-t-elle une décision au sens de l'article 32 du Règlement Bruxelles I[46] ? Deuxièmement, la juridiction requise est-elle liée par les considérations de la juridiction d'origine quant à la validité de la clause ? La Cour répond positivement dans les deux cas.

S'agissant de la réponse à la première question, la Cour affirme que la notion de « décision » au sens du règlement reçoit une interprétation autonome, de sorte que les considérations propres au droit allemand ne peuvent restreindre la portée de l'article 32 du Règlement Bruxelles I[47]. Se fondant sur la terminologie de l'article 32, la Cour rappelle que la disposition vise « toute décision rendue par une juridiction d'un État membre, sans faire de distinction en fonction du contenu de la décision en cause, ce qui implique, en principe, que cette notion comprend également une décision par laquelle la juridiction d'un État membre décline sa compétence sur le fondement d'une clause de juridiction [48]».

Quant à la réponse à la seconde question, elle apporte un éclairage sur l'étendue de l'autorité de chose jugée d'une telle décision et sur l'efficacité de la clause attributive de juridiction. La Cour rappelle que l'autorité de chose jugée s'étend aux motifs de la décision dont la reconnaissance est postulée. Le juge requis est donc tenu par les constatations relatives à la validité de la clause attributive de juridiction contenues dans le jugement dont la reconnaissance est sollicitée.

À cet égard, la Cour a déclaré que « Admettre que la juridiction de l'État membre requis puisse considérer comme nulle la clause attributive de compétence que la juridiction de l'État membre d'origine a reconnu comme valable irait à l'encontre de cette prohibition d'une révision de la décision au fond, notamment dans des circonstances où cette dernière juridiction aurait été susceptible de juger qu'elle était compétente en l'absence de cette clause. En effet, dans cette dernière hypothèse, une telle constatation de la part de la juridiction de l'État membre requis remettrait en cause non seulement la conclusion intermédiaire de la juridiction de l'État membre d'origine quant à

---

[46] Art. 2, a) du Règlement Bruxelles Ibis.
[47] CJUE, 15 novembre 2012, aff. C-456/ 11, *Gothaer*, précité, point 25 et 26.
[48] *Ibid.*, point 23.

la validité de la clause attributive de juridiction, mais également la décision de cette juridiction écartant sa propre compétence en tant que telle[49] ».

La définition du terme « décision » au sens du règlement demeurant inchangée, même si elle est déplacée. Il est désormais établi qu'une décision portant sur la compétence de la juridiction saisie relève du chapitre III du règlement de refonte, même lorsqu'elle considère la demande comme irrecevable[50]. Par conséquent, tout autre tribunal est restreint quant à son pouvoir de vérifier sa compétence car ce dernier est lié par ce qui a été décidé par le tribunal de l'État membre d'origine de la décision[51].

La Cour de justice ajoute que l'exigence d'uniformité dans l'application du droit de l'Union requiert que l'étendue précise de cette restriction soit définie au niveau de l'Union plutôt que de dépendre des différentes règles nationales relatives à l'autorité de la chose jugée. Or, la notion d'autorité de la chose jugée dans le droit de l'Union ne s'attache pas qu'au dispositif de la décision juridictionnelle en cause mais s'étend aux motifs de celle-ci qui constituent le soutien nécessaire de son dispositif et sont, de ce fait, indissociables de ce dernier. Ainsi, une décision par laquelle la juridiction d'un État membre a décliné sa compétence sur le fondement d'une clause attributive de juridiction au motif que cette clause est valide, lie les juridictions des autres États membres tant en ce qui concerne la décision d'incompétence de cette juridiction, contenue dans le dispositif de sa décision, qu'en ce qui concerne la constatation relative à la validité de cette clause, contenue dans les motifs de cette décision, qui constitue le soutien nécessaire de ce dispositif[52].

En l'occurrence, la juridiction d'origine avait estimé la clause valide et a décliné sa compétence sur ce fondement, mais l'inverse est également possible. Si la juridiction belge, saisie en dépit de la clause, avait considéré la clause comme nulle (à tort ou à raison) et s'était prononcée favorablement sur sa propre compétence, la reconnaissance de cette décision (et donc de la nullité de la clause) aurait pu être sollicitée dans tout autre État membre[53]. Le fondement de la compétence de la juridiction d'origine ne peut être contrôlé, sauf en cas de violation des règles de compétence exclusive de l'article 24 du Règlement Bruxelles Ibis ou des règles de compétence concernant un contrat de consommation, de travail ou d'assurance[54]. La constatation de la nullité ou de la validité de la clause de juridiction peut donc bénéficier de la libre

[49] *Ibid.*, point 38.
[50] S. Francq, « Les clauses d'élection de for dans le nouveau Règlement Bruxelles I Bis », art. préc., p. 145.
[51] CJUE, 15 novembre 2012, aff. C-456/ 11, *Gothaer*, précité, point 39.
[52] *Ibid.*, point 41.
[53] S. Francq, « Les clauses d'élection de for dans le nouveau Règlement Bruxelles I Bis », art. préc., p. 145-146.
[54] Art. 45 § (1) e) et § (3).

circulation des décisions dans l'espace judiciaire européen. Les tribunaux des États membres sont liés par les jugements rendus dans d'autres États membres sur la validité des accords d'élection de for.

B. L'interaction possible entre l'exception à la règle générale de litispendance et le jugement *Gothaer*

429. À partir du jugement *Gothaer*, une partie de la doctrine a analysé l'interaction possible entre l'exception à la règle générale de litispendance et ce dernier jugement. À cet effet, on a soutenu que le sursis à statuer et l'établissement de la compétence au sens de l'article 31 (2) et (3) ne sont pas des « jugements » au sens de l'article 36 du Règlement Bruxelles Ibis. Tout d'abord, la décision du tribunal premier saisi de surseoir à statuer selon l'article 31 (2) du Règlement Bruxelles Ibis n'est pas une décision au sens de l'article 32 du Règlement Bruxelles I (aujourd'hui l'article 2 a) du Règlement Bruxelles Ibis) et de l'article 36 du même règlement. La raison en est que les décisions qui ne sont pas destinées à régir la relation juridique des parties mais seulement à organiser le déroulement ultérieur du procès ne sont pas couvertes par la notion de décision au sens des articles 32 et 36. Or, cette partie de la doctrine considère que la décision de surseoir à statuer jusqu'à ce que le tribunal désigné et second saisi rende sa décision, est une décision visant simplement à organiser le déroulement ultérieur du procès et donc n'est pas couverte par les articles précités. On en déduit que le jugement *Gothaer* n'affecte pas cette partie de l'article 31. Pour la même raison, on affirme que l'établissement de la compétence fondée sur l'accord d'élection de for par le tribunal désigné et second saisi au sens de l'article 31 (3) ne peut également être considéré comme une décision au sens de l'article 36 du Règlement Bruxelles Ibis. En outre, on soutient que toute obligation pour le tribunal premier saisi découle directement de l'article 31 (3) au sein d'un mécanisme modifié de coordination des procédures parallèles. Ceci inclut des obligations qui n'ont pas été formulées de manière claire dans l'article 31 telles que l'effet obligatoire de la conclusion du tribunal second saisi quant à la validité de l'accord d'élection de for. Par conséquent, il n'est pas nécessaire et il n'y a pas lieu de recourir aux règles générales du régime de Bruxelles sur la reconnaissance et l'autorité de chose jugée. On en conclut que conceptuellement, le mécanisme modifié de coordination dans l'article 31 (2) et (3) du Règlement Bruxelles Ibis demeure entièrement non affecté par la décision *Gothaer*[55].

Cependant, la doctrine précitée admet en même temps que les jugements prononcés par le tribunal premier saisi ou second saisi sur la compétence et avant la décision au fond, en d'autres termes, les décisions provisoires sur la

[55] En ce sens, v. M. Weller, « Choice of forum agreements under the Brussels I recast and under The Hague Convention», art. préc., p. 125-126.

compétence peuvent interférer plus fortement avec le mécanisme de coordination des procédures parallèles qu'avant la refonte. En effet, un jugement provisoire est une décision au sens de l'article 32 du Règlement Bruxelles I (article 2 a) du Règlement Bruxelles Ibis) et de l'article 36 du Règlement Bruxelles Ibis, car un jugement provisoire qui statue sur la compétence du tribunal régit clairement la relation juridique des parties. Un tel jugement conjointement avec les effets de l'autorité de la chose jugée découlant de la décision *Gothaer*, pourraient supplanter le mécanisme modifié de coordination mis en place dans l'article 31 du Règlement Bruxelles Ibis ainsi que le mécanisme général établi à l'article 29 du même règlement. Or, on soutient que ni le tribunal second saisi dans le cadre du mécanisme de l'article 29 ni le tribunal premier saisi dans le cadre du mécanisme modifié de l'article 31 (2) n'est autorisé à faire plus que surseoir à statuer encore moins à rendre un jugement provisoire sur la compétence qui lierait les tribunaux de tous les autres États membres y compris les tribunaux de l'État du tribunal élu. Néanmoins, un tel jugement devrait être reconnu dans les autres États membres même s'il viole l'article 29 (1) ou 31 (2) du Règlement Bruxelles Ibis. En effet, l'article 45 (1) (e) du Règlement Bruxelles Ibis autorise le refus de reconnaissance uniquement si le jugement viole les sections 3-6 du chapitre II, c'est-à-dire, en cas de violation des dispositions sur la compétence en matière de protection de la partie faible ou en cas de compétence exclusive d'un État membre. Tout autre cas de violation des règles de compétence est exclu[56].

430. À la lumière de cette interaction possible entre le mécanisme de coordination des procédures parallèles impliquant un accord d'élection de for et le jugement *Gothaer*, on a avancé que la décision *Gothaer* augmente les effets de jugements qui violent les règles de compétence du régime de Bruxelles[57].

Dans le cadre de la refonte et en réponse à la crainte liée aux effets que pourrait produire une décision écartant à la légère une clause de juridiction, l'introduction d'un motif de refus spécifique avait été suggérée. Les motifs de refus de reconnaissance n'ont toutefois pas été élargis pour couvrir la violation d'une clause de juridiction. Le seul moyen d'échapper à la reconnaissance d'une telle décision serait d'opposer une décision inconciliable (établissant la validité de la clause) obtenue dans l'État requis ou obtenue antérieurement dans un autre État membre[58].

La doctrine invite le législateur européen à réexaminer la question de l'opportunité d'introduire d'autres règles de compétence dans l'article 45 (1) (c) du Règlement Bruxelles Ibis, en particulier, celles qui mettent en œuvre le

---

[56] *Ibid.*, p. 127.

[57] *Ibid.*

[58] S. Francq, « Les clauses d'élection de for dans le nouveau Règlement Bruxelles I Bis », art. préc., p. 146.

mécanisme de coordination des procédures parallèles impliquant un accord d'élection de for[59].

On a également soutenu une autre interprétation selon laquelle la décision *Gothaer* ne devrait pas avoir un impact sur l'article 31 du Règlement Bruxelles Ibis afin de protéger l'effet utile de ce nouveau mécanisme établi par cette dernière disposition. Cependant, on admet qu'une telle interprétation constitue une limite considérable au domaine de la décision *Gothaer* et c'est à la Cour de justice de l'Union européenne qu'il appartient éventuellement de développer une telle limite dans le futur[60].

Néanmoins, on a considéré que le jugement *Gothaer* peut être le point de départ d'un régime alternatif *de lege ferenda* qui sera dénommé « La Haye plus *Gothaer* »[61].

C - L'instauration d'un régime alternatif

431. Le jugement *Gothaer* a été considéré comme pouvant constituer le point de départ d'un régime alternatif de lege ferenda. Ce régime alternatif repose sur un certain nombre de postulats. D'une part, on suppose qu'il n'y a pas de mécanisme de priorité pour la coordination des procédures parallèles comme c'est le cas dans la Convention de La Haye et, d'autre part, on suppose que le tribunal d'un État membre est aussi bien placé pour statuer sur la question de compétence que tout autre tribunal d'un autre État membre sur la base de «la confiance mutuelle ». En outre, on suppose que tout tribunal d'un État membre pourrait rendre un jugement provisoire sur la compétence. Sur la base de ces prémisses, on déduit les conséquences suivantes : chaque tribunal d'un État membre saisi est dans l'obligation de rendre un jugement provisoire sur sa compétence le plus tôt possible. Le premier jugement provisoire prononcé lierait tous les autres tribunaux comme le prescrit le jugement *Gothaer*. Par conséquent, il n'y aurait plus d'actions « torpille » car les tribunaux notoirement lents seront devancés par les tribunaux plus rapides dans la gestion du procès, par exemple, par le tribunal choisi. Il n'y aurait plus ainsi d'incitation à saisir un tribunal lent. Corrélativement, il n'y aurait plus besoin de mécanismes complexes pour donner la priorité à un tribunal ou à un autre. Il y aurait une seule règle simple et claire.

Certes, on admet que cette règle simple et efficace de coordination a ses propres inconvénients. D'abord, elle implique des procédures parallèles, mais cet inconvénient n'est pas jugé important car tant la Convention de La Haye que le Règlement Bruxelles Ibis tolèrent dans une certaine mesure les procédures parallèles. D'autant plus que les procédures parallèles en vertu de

---

[59] M. Weller, « Choice of forum agreements under the Brussels I recast and under The Hague Convention », art. préc., p.127.

[60] *Ibid.*, p. 127-128.

[61] *Ibid.*, p. 128.

l'approche préconisée ici sont limitées au stade de la compétence. Ensuite, on a avancé que les parties pourraient essayer de choisir les tribunaux dont elles croient pouvoir statuer sur la compétence d'une manière favorable à leur intérêt. Certes, on soutient qu'en théorie tous les États membres devraient pouvoir décider des questions de compétence de manière correcte et identique. On a aussi relevé que si le tribunal le plus rapide statue sur la question de compétence de manière erronée, les conséquences seront importantes. Néanmoins, on admet que ce résultat est dû à la logique *Gothaer* elle-même plutôt qu'au mécanisme suggéré. Enfin et c'est le point jugé comme étant le plus important, si une partie saisit délibérément le tribunal d'un État membre qui n'a aucun lien avec le litige ou les parties, l'autre partie doit faire l'effort de plaider la question de compétence afin d'être sûre que le tribunal saisi décidera de manière correcte cette question, en se prononçant, probablement dans ce cas, sur le défaut de compétence. Cependant, on admet de nouveau que cela est dû à la logique *Gothaer* et non pas à l'approche suggérée[62].

En dépit de ces inconvénients, les défenseurs de l'approche « La Haye-*Gothaer* » estiment que cette approche est préférable au mécanisme actuel de coordination. Elle est par ailleurs en harmonie avec la Convention de La Haye[63].

432. Il faut cependant admettre que cette approche est dangereuse car elle favorise la course au jugement. En outre, le jugement *Gothaer* présente le risque d'exiger des États membres la reconnaissance d'une décision émanant d'un tribunal non désigné déclarant l'accord d'élection de for non valable. L'approche « *La Haye-Gothaer* » ne permet pas de ce fait de répondre à l'attente légitime des parties à travers la conclusion d'un accord d'élection de for. Cette attente est notamment de voir le tribunal élu se prononcer sur le litige en cause y compris sur la validité de leur accord à l'occasion de ce litige. Elle est par ailleurs source d'insécurité juridique.

433. Quant à l'approche interprétative préconisée de l'article 6 de la Convention de La Haye et qui permet l'application de l'article 31 (2) et (3) du Règlement Bruxelles Ibis aux accords intra-La Haye Europe, elle est sujette à des critiques car on ne peut sous-estimer la clause échappatoire prévue à l'article 6 de la Convention de La Haye et qui permet au tribunal saisi en dépit de l'accord de ne pas donner effet à cet accord. Il s'agit des hypothèses de déni de justice et de violation des règles internationalement impératives du tribunal saisi.

434. En définitive, il faut reconnaître que l'absence dans la Convention de La Haye d'un mécanisme accordant une priorité complète au tribunal choisi pour se prononcer sur la validité de l'accord conjuguée à la possibilité pour le tribunal non choisi de se déclarer compétent sur la base de cette clause

---

[62] *Ibid.*, p. 128-129.
[63] *Ibid.*, p. 129.

échappatoire prévue à l'article 6, peuvent entraîner un effet paradoxal. Il s'agit du fait qu'en dépit de l'objectif d'harmonie recherché entre le Règlement de Bruxelles et la Convention, un même accord d'élection de for désignant les tribunaux d'un État membre pourrait être traité par le même État membre selon des normes différentes en fonction du fait que l'une des parties réside ou non dans un État contractant non-membre de l'Union européenne. En effet, en plus de l'exception de nullité de l'accord, la Convention de La Haye reconnaît des pouvoirs au juge saisi en dépit de l'accord de ne pas se dessaisir s'il résulterait de l'accord d'élection de for un déni de justice[64] ou une violation des règles internationalement impératives du for saisi[65].

435. On constate donc à partir de cette analyse de l'interaction entre la Convention de La Haye et le Règlement Bruxelles Ibis que contrairement au règlement, les cas de litispendance entre une procédure se déroulant devant le tribunal élu et une procédure se déroulant devant une juridiction non élu ne seront pas exceptionnels dans le cadre du régime de la Convention de La Haye, sauf si le tribunal non élu exerce une autolimitation rigoureuse dans l'appréciation des pouvoirs que lui confère la Convention, notamment en prenant en considération l'objectif poursuivi par la Convention qui est d'assurer l'efficacité des accords d'élection de for et donc en définitive en respectant l'attente légitime des parties.

Cette autolimitation peut avoir deux facettes, d'une part, s'agissant du pouvoir du juge saisi en dépit de l'accord de ne pas se dessaisir en cas de nullité de cet accord, il est à espérer que le juge non élu interprète de manière restrictive cette possibilité en la limitant à un examen *prima facie* de l'accord. Cet examen se réduira à l'hypothèse de nullité manifeste, d'inapplicabilité ou d'inexistence de l'accord, d'autre part, la mise en œuvre de la clause échappatoire doit demeurer exceptionnelle comme le préconise les rapporteurs de la Convention. Ceci permettra par ailleurs une certaine harmonie avec le régime des accords d'élection de for soumis au règlement européen bien que l'analogie ne puisse être totale.

436. Un autre aspect de l'interaction entre la Convention de La Haye et le régime européen a trait à l'hypothèse des conventions attributives de juridiction au profit d'États tiers invoquées devant le juge européen. En effet, l'absence d'un traitement exprès de ces conventions dans la refonte du Règlement de Bruxelles peut créer des problèmes considérables en pratique. À cet égard, on se demande si la Convention de La Haye peut être une issue de secours au juge européen.

---

[64] Article 6 première branche visant l'hypothèse d'injustice manifeste mais auquel il faut joindre les hypothèses des alinéas d) et e) conformément à l'analyse précédemment développée.

[65] Article 6 dans sa deuxième branche visant la contrariété manifeste à l'ordre public du tribunal saisi.

SECTION II : La convention de la Haye, une issue de secours pour le juge européen en cas d'accords exclusifs en faveur des tribunaux d'états tiers ?

437. L'absence d'un régime général dans le cadre européen gouvernant les rapports entre les juridictions des États membres et celles des États tiers suscite des interrogations. La question revêt une importance accrue au cas où les tribunaux des États tiers se voient attribuer une compétence exclusive notamment par le biais d'un accord exclusif d'élection de for.

Il faut à cet égard observer que malgré une intervention ponctuelle du législateur européen à l'occasion de la refonte du Règlement Bruxelles I, cette intervention demeure timide et ne résout pas toutes les questions que pose l'efficacité des accords exclusifs d'élection de for au profit des États tiers. En effet, le législateur s'est contenté de règlementer l'hypothèse de la litispendance et de la connexité impliquant des fors d'États tiers.

Outre les difficultés que soulève l'interprétation de cette règle de litispendance et de connexité, l'efficacité des accords exclusifs d'élection de for d'États tiers demeure incertaine en dehors de l'hypothèse de litispendance et de connexité en raison du silence du texte européen.

Face à ces particularités de l'état du droit européen, la Convention de La Haye pourrait avoir un impact quant à la détermination du statut des accords d'élection de for d'États tiers.

438. Il importe dans un premier temps d'analyser le contexte d'intervention de la refonte sur cette question (**§ 1**) avant d'aborder, d'une part, la solution ponctuelle adoptée pour les cas de litispendance et de connexité (**§ 2**) et, d'autre part, les solutions possibles au sort des accords d'élection de for d'États tiers dans les cas autres que la litispendance et la connexité (**§ 3**).

§ 1 - Le contexte d'intervention de la refonte sur les rapports entre les juridictions des États membres et celles des États tiers

439. Le Règlement Bruxelles I de même que son prédécesseur la Convention de Bruxelles ne prévoyaient pas de règles explicites traitant de la relation entre les États membres et les États tiers dans le cadre de l'application du règlement (ou antérieurement, de la Convention). L'article 4 du règlement refondu (auparavant l'article 2 du Règlement Bruxelles I) exige que les personnes domiciliées sur le territoire d'un État membre soient attraites devant les tribunaux de cet État membre, sous réserve des dispositions du règlement. Cette disposition semble être impérative. Certes, les tribunaux d'un État membre ne peuvent décliner la compétence découlant de l'article 4 en faveur

des tribunaux d'un autre État membre que si le règlement refondu le prévoit. Bien évidemment, c'est le cas, notamment, s'il y a une procédure préalable dans un autre État membre à laquelle l'article 29 ou 30 s'applique, ou si le défendeur s'appuie sur un accord exclusif d'élection de for entre les parties dont il est prétendu qu'il confère une compétence exclusive aux tribunaux d'un autre État membre de sorte que l'article 31 (2) ou (3) s'applique.

440. Devant l'absence dans le régime judiciaire européen de directives pour traiter les cas où des États tiers sont impliqués, la question s'est posée de savoir quelle conclusion peut être tirée de ce silence ? Est-ce que les chefs de compétence prévus sont impératifs à moins que le règlement ne prévoie autrement ? En l'absence de mécanisme pour décliner la compétence en faveur des tribunaux d'États tiers, est-ce que les tribunaux des États membres sont entièrement interdits de décliner leur compétence ? ou est-ce que la répartition des compétences dans ces cas relève du droit national ?

La question revêt une importance considérable lorsque les tribunaux des États tiers se voient conférer une compétence exclusive découlant notamment d'un accord exclusif d'élection de for.

La doctrine et la jurisprudence dans certains États ont développé dans ce cadre la théorie dite de « l'effet réflexe » du règlement. D'origine doctrinale, cette théorie est fondée sur l'idée que, dans certaines circonstances, les règles européennes de compétence judiciaire, qui sont a priori conçues pour régir les relations intra-communautaires, doivent également être prises en compte, par « effet réflexe », dans les relations avec les États tiers[66]. C'est à George-Albert Droz qu'il appartient d'avoir imaginé la théorie de « l'effet réflexe » dans son ouvrage sur la compétence judiciaire et l'effet des jugements dans le marché commun, publié en 1972. L'ancien secrétaire général de la Conférence de La Haye a mis en évidence dans cet ouvrage novateur un « problème qui n'a pas été aperçu lors des travaux préliminaires » à la Convention de Bruxelles : l'article 16 de la Convention (art. 22 du Règlement Bruxelles I et art. 24 du Règlement Bruxelles I refondu) instaure une compétence exclusive dans certains litiges qui sont étroitement liés au territoire d'un État contractant mais ne prévoit rien dans le cas où le litige est étroitement lié au territoire d'un État tiers[67]. La question qui se posait était alors de savoir si le tribunal d'un État contractant saisi sur la base d'une règle ordinaire de la Convention (par exemple, le for du défendeur) doit connaître du litige nonobstant le fait qu'il se rattache étroitement par son objet au territoire d'un État tiers. On prend l'exemple d'une action réelle concernant un immeuble situé dans un État tiers qui serait portée devant le tribunal du domicile du défendeur dans un État

---

[66] A. Nuyts, « La théorie de l'effet réflexe », *Le droit processuel et judiciaire européen*, Actes du colloque du 13 décembre 2002 sous la direction scientifique de G. de Laval et M. Storme, La charte, 2003, p. 73, spéc. p. 73.

[67] G. -A. Droz, *Compétence judiciaire et effets des jugements dans le marché commun*, Dalloz, 1972, n°164 et s.

membre. Selon G.-A. Droz, il est impensable qu'un tel tribunal soit tenu d'exercer sa compétence. En effet, « les raisons qui ont conduit à l'énumération du catalogue de l'article 16 subsistent dans le cas où les éléments de rattachement sont situés hors de la Communauté »[68]. Ainsi, les tribunaux français « ne seront pas mieux armés » pour trancher des questions ayant trait à un droit réel immobilier situé dans un État hors de la Communauté que dans un autre État contractant[69].

En vue de résoudre le problème, G.-A. Droz a suggéré de faire produire aux règles de compétence exclusive de la Convention ce qu'il a appelé un « effet réflexe », c'est-à-dire de les appliquer par analogie lorsque les éléments de rattachement retenus par l'article 16 de la Convention (art. 22 du Règlement Bruxelles I et art. 24 du Règlement Bruxelles I refondu) se situent sur le territoire d'un État non contractant[70]. Ceci devrait permettre aux juridictions des États contractants saisies sur la base d'un chef ordinaire de compétence de la Convention de se déclarer incompétentes lorsque les éléments de rattachement figurant à l'article 16 sont situés hors de la Communauté.

441. La difficulté mise en évidence par G.-A. Droz est un aspect particulier d'un problème plus général qui a trait jusqu'à la refonte du Règlement Bruxelles I, à l'absence dans la Convention de Bruxelles, comme d'ailleurs dans le Règlement Bruxelles I, de toute disposition prévoyant un déclinatoire de compétence en faveur des tribunaux des États tiers. Dans ce contexte, il a été rappelé qu'il existe deux types de déclinatoire de compétence internationale très différents. Le premier intervient dans l'hypothèse où la situation ne présente aucun des rattachements avec l'État du for qui sont susceptibles de fonder la compétence des tribunaux de cet État en vertu des règles applicables. Un déclinatoire de compétence de ce type est organisé par plusieurs dispositions du Règlement de Bruxelles dont il ressort que les tribunaux des États membres doivent se dessaisir lorsque le litige ne relève d'aucun des critères de compétence prévus par le Règlement[71]. Ce déclinatoire de compétence a une portée universelle, en ce sens qu'il intervient abstraction

---

[68] *Ibid.*, n° 167.

[69] *Ibid.*

[70] *Ibid.*, n°165 et 168.

[71] Cette obligation de décliner la compétence ressort tout d'abord, de manière implicite, de l'article 3 du Règlement Bruxelles I (art. 4 du règlement refondu), qui prévoit que les personnes domiciliées sur le territoire d'un État membre » ne peuvent être attraites devant les tribunaux d'un autre États membre qu'en vertu des règles (de compétence uniforme du Règlement) ». Elle est confirmée par l'article 26-2° du règlement Bruxelles I (art. 26-1° du Règlement refondu), qui prévoit qu'en l'absence de comparution du défendeur, le juge se déclare d'office incompétent si sa compétence n'est pas fondée au terme du Règlement ainsi que par l'article 24 du règlement de Bruxelles I (art. 26-1° du Règlement refondu) qui ne confère compétence au tribunal devant lequel le défendeur comparait volontairement que dans le cas où cette comparution n'a pas pour objet de contester la compétence.

faite du point de savoir si le ou les autres tribunaux compétents pour connaître de la cause sont situés dans un autre État membre ou dans un État tiers.

Le second type de déclinatoire de compétence vise l'hypothèse où le litige relève de l'un des critères de compétence prévus par le droit applicable, mais doit néanmoins être soumis au tribunal d'un autre État dont on estime qu'il possède des titres de compétence supérieurs. On parle à ce propos d'un déclinatoire de compétence « dérogatoire » car il a pour effet de déroger à un rattachement (par exemple, le domicile du défendeur) qui devrait normalement établir la compétence des tribunaux du for[72].

Dans l'état antérieur à la refonte du Règlement Bruxelles I, le déclinatoire de compétence dérogatoire prévu avait une portée purement régionale, en ce sens qu'il n'intervenait que pour autant que le tribunal en faveur duquel la compétence est déclinée soit situé dans un autre État membre. Le régime européen d'avant la refonte ne comportait aucune règle permettant le déclinatoire d'une compétence uniforme en faveur du tribunal d'un État tiers. Les règles principales de déclinatoire de compétence « dérogatoire » visent : 1° le cas où le litige est soumis à la compétence exclusive du tribunal d'un autre État membre en vertu du Règlement Bruxelles I (art. 24 du règlement refondu) ; 2° le cas où les parties ont conclu une clause attributive de juridiction en faveur du tribunal d'un autre État dans les conditions prévues par l'article 23 du Règlement (art. 25 du Règlement refondu) ; et 3° le cas où le tribunal d'un autre État membre a déjà été saisi d'un litige identique ou connexe conformément aux conditions prévues aux articles 27 et 28 du Règlement Bruxelles I (art. 29 et 30 du règlement refondu).

C'est ici que la théorie de « l'effet réflexe » révèle toute sa richesse puisqu'elle a vocation à apporter une réponse globale au problème du déclinatoire de compétence en faveur du tribunal d'un État tiers. En préconisant l'application par analogie des règles européennes relatives au déclinatoire de compétence dérogatoire, elle permet aux tribunaux des États membres de se dessaisir d'un litige chaque fois que le tribunal d'un État tiers possède des titres de compétence supérieurs. À cet égard, force est de constater que si certains auteurs continuent de se référer à la théorie de « l'effet réflexe » uniquement à propos de la matière des compétences exclusives, il est clair que le raisonnement à la base de cette théorie est transposable aux deux autres cas de déclinatoire de compétence[73]. C'est d'ailleurs ce qu'a reconnu explicitement G.-A Droz, dans une étude où la théorie de « l'effet réflexe » est présentée par l'auteur comme une théorie d'application générale[74]. En conséquence, le tribunal d'un État membre peut, en vertu de la théorie de « l'effet réflexe », décliner sa compétence lorsque le tribunal d'un État tiers

[72] A. Nuyts, « La théorie de l'effet réflexe », art. préc., p. 74-75.

[73] *Ibid.*, p. 75-76.

[74] G.-A. Droz, « Les droits de la demande dans les relations privées internationales », Trav. Com. fr. DIP, 1993-1995, Pedone, 1996, p. 105.

possède une compétence exclusive, lorsqu'il est désigné dans une clause attributive de juridiction, ou lorsqu'il a été saisi antérieurement d'une procédure parallèle.

442. Les solutions qui précèdent sont approuvées par la grande majorité des auteurs qui ont été séduits par le caractère à la fois pragmatique et conforme à l'esprit des règles uniformes de la théorie de « l'effet réflexe »[75].

Malheureusement, la position de la Cour de justice de l'Union européenne dans l'affaire *Owusu c. Jackson*[76] a encore semé le trouble en affirmant que les tribunaux d'un État membre ne peuvent décliner leur compétence au titre du domicile du défendeur au motif que la question litigieuse serait résolue de manière plus appropriée par les tribunaux d'un État tiers[77]. En l'espèce, un ressortissant britannique domicilié au Royaume-Uni avait été victime d'un grave accident alors qu'il se trouvait en Jamaïque. Il avait, en plongeant dans la mer, heurté un banc de sable immergé, ce qui l'avait laissé tétraplégique. À la suite de l'accident, il avait agi en responsabilité civile devant le juge anglais contre plusieurs défendeurs, l'un domicilié au Royaume-Uni, les autres en Jamaïque. Plusieurs défendeurs dont celui qui était domicilié au Royaume-Uni avaient demandé au juge anglais de décliner sa compétence au profit du juge jamaïcain du lieu du fait dommageable, qu'ils estimaient mieux placé pour connaître du litige. Le juge anglais avait alors interrogé la Cour de justice sur la possibilité pour le juge d'un État partie à la Convention de Bruxelles, saisi sur le fondement de l'article 2 en tant que juge du domicile du défendeur, de décliner sa compétence en faveur des juridictions d'un État tiers, dans les conditions prévues par son droit national. Plus précisément, la question se posait de savoir si les juridictions de l'État contractant de la Convention de Bruxelles pouvaient décliner leur compétence en vertu de l'article 2 sur le fondement de l'exception du *forum non conveniens*. Si l'arrêt était centré sur le rejet d'une exception précise, à savoir le *forum non conveniens*, la position de la Cour de justice n'est pas facile à déterminer. Elle est notamment rendue ambiguë par un motif inopportun. En effet, pour asseoir l'exclusion du *forum non conveniens*, la Cour précise au point 37 que « l'article 2 de la Convention de Bruxelles a un caractère impératif et que, ainsi qu'il ressort de ses termes mêmes, il ne peut être dérogé à la règle de principe qu'il énonce que dans des cas expressément prévus par ladite Convention ». Un tel motif semble attribuer une primauté aux juridictions du domicile du défendeur, compétentes sur le fondement de l'article 4, sur les juridictions tierces, y compris lorsque celles-ci jouissent d'une compétence exclusive, notamment en vertu d'une clause attributive de juridiction[78]. « Dans la mesure en effet où aucune

---

[75] A. Nuyts, « La théorie de l'effet réflexe », art. préc., p. 76.

[76] CJUE, 1 mars 2005, aff. C-281/ 02, *Andrew Owusu c/ N. B. Jackson*, précité.

[77] *Ibid.*, point 37.

[78] D.Sindres, « Compétence judiciaire, reconnaissance et exécution des décisions en matière civile et commerciale-compétence-règles ordinaires de compétence-dispositions générales - Article 4 du

dérogation à la règle de principe de l'article 4, fondée sur un éventuel « effet réflexe » des articles 24 ou 25, n'est expressément prévue par le règlement, le juge saisi sur le fondement de ce texte ne pourrait, dans de tels cas, décliner sa compétence. La portée exacte de ce motif demeure toutefois incertaine »[79]. Dans sa question préjudicielle, le juge anglais avait en effet expressément demandé aux juges de Luxembourg de préciser, dans l'hypothèse où ils excluraient l'exception de *forum non conveniens*, si pareille exclusion vaudrait dans toutes les circonstances ou uniquement dans certaines circonstances qu'il appartiendrait à la Cour de justice de mentionner.

Après avoir rappelé que cette question avait été posée « pour le cas où il existerait une situation de litispendance ou de connexité avec une procédure pendante devant une juridiction d'un État non contractant, une convention attributive de compétence en faveur d'une telle juridiction ou encore un rattachement à cet État du même type que ceux visés à l'article 16 de la Convention de Bruxelles (art. 24 du Règlement Bruxelles Ibis)[80], la Cour a réservé sa réponse au motif, d'ordre procédural, que celle-ci n'était pas nécessaire à la solution du litige[81].

Par ailleurs, si l'arrêt *Owusu* ne permet pas de dégager une conclusion ferme quant à sa portée, la position de la Cour de justice pourrait être déduite de son avis 1/03 du 7 février 2006 sur la compétence de la Communauté pour conclure la nouvelle Convention de Lugano. Au paragraphe 153 de cet avis, la Cour affirme en effet que « l'application d'une règle de compétence prévue par l'accord envisagé peut aboutir à la désignation d'une juridiction compétente autre que celle qui aurait été désignée en vertu des dispositions du Règlement n° 44/2001. Ainsi, lorsque la nouvelle Convention de Lugano contient des articles identiques aux articles 22 et 23 du Règlement n° 44/2001 et conduit sur cette base à la désignation comme for compétent d'un État tiers partie à cette Convention, alors que le défendeur est domicilié dans un État membre, en l'absence de la convention, ce dernier État serait le for compétent, alors qu'avec la convention, c'est l'État tiers ». Par cette affirmation, la Cour semble considérer que, dans l'hypothèse où la nouvelle Convention de Lugano ne serait pas applicable, les juridictions de l'État membre sur le territoire duquel le défendeur est domicilié seraient compétentes, quand bien même le juge d'un État tiers aurait eu une compétence exclusive à l'aune des articles

règlement (UE) n° 1215/2012 », J.-Cl. Droit international, Fasc.584-125, 5 septembre 2014, mise à jour 12 juin 2018, n°44.

[79] D.Sindres, « Compétence judiciaire, reconnaissance et exécution des décisions en matière civile et commerciale-compétence », art. préc., n°44.

[80] CJUE, 1 mars 2005, aff. C-281/ 02, *Andrew Owusu c/ N. B. Jackson*, précité, point 48.

[81] *Ibid.*, points 48 à 52.

22 et 23 du Règlement Bruxelles I (art. 24 et 25 du Règlement Bruxelles Ibis)[82].

Dans le contexte des clauses attributives de juridiction, la Cour semble considérer que lorsqu'une clause de juridiction désigne les tribunaux d'un État tiers et que le défendeur est domicilié dans un État membre, la compétence des juridictions désignées par l'article 2 (art.4 du Règlement Bruxelles Ibis) s'impose, en dépit de la clause de juridiction, sauf si une Convention internationale vient justifier la compétence des juridictions désignées. Cette position condamne donc l'idée d'une déférence à l'endroit des juridictions d'un État tiers désignées par les parties, hormis dans l'hypothèse d'un texte international disposant d'une priorité à l'égard du texte règlementaire[83].

443. La doctrine a considéré que l'affirmation de la Cour de justice dans son avis 1/03 comme celle de l'arrêt *Owusu*, contient une part de mystère. D'une part, il est possible que la Cour n'ait pas mesuré l'impact concret d'une affirmation contenue dans un *obiter dictum* tendant à établir le caractère « complet » du système de compétence de Bruxelles. D'autre part, la désignation par les parties des juridictions d'un État tiers, en présence d'un défendeur domicilié dans l'Union est spécifiquement envisagée dans l'avis de la Cour, ce qui n'était pas le cas dans l'affaire *Owusu*. Il en découlait que le sort des clauses de juridiction désignant les tribunaux d'un État tiers alors que le défendeur est domicilié dans l'Union était incertain[84].

444. Le livre vert de la Commission européenne a affirmé que des règles de compétence claires et précises étaient nécessaires non seulement pour les défendeurs mais également pour les demandeurs domiciliés dans un État membre, que les besoins de règles de compétence pour les personnes situées dans l'Union européenne dans leurs relations avec des parties d'États tiers étaient analogues et que le régime des règles de compétence du Règlement Bruxelles I devrait s'étendre aux défendeurs domiciliés dans des États tiers. À cet égard, la Commission a également suggéré que des règles contrôlant le risque de procédures parallèles dans les États membres et les États tiers devraient être adoptées. Ces éléments du livre vert ont été transmis dans la proposition de la Commission, bien que les règles régissant l'effet des procédures devant les États tiers aient été, au début, limitées à celles impliquant le même objet et la même cause ainsi qu'entre les mêmes parties[85].

---

[82] D.Sindres, « Compétence judiciaire, reconnaissance et exécution des décisions en matière civile et commerciale-compétence », art. préc., n°45.

[83] S. Francq, « Les clauses d'élection de for dans le nouveau Règlement Bruxelles I Bis », art. préc., p. 114-115.

[84] *Ibid.*, p.115.

[85] P. Rogerson, « Art. 29-30, 32-34», in A. Dickinson et E. Lein (dir), *The Brussels I Regulation Recast*, Oxford Press University, 2015, n°11.70, p. 348-349.

Le législateur de la refonte a donc été sensible à la controverse qu'a suscité la position de la Cour de justice dans l'affaire *Owusu*[86]. Cependant, ce dernier n'a apporté qu'une réponse partielle à la question du rapport entre les règles de compétence du juge européen découlant du règlement et la compétence des États tiers. En particulier, en nous limitant aux accords exclusifs d'élection de for d'États tiers, le règlement semble se prononcer sur leur régime en cas de litispendance et de connexité à travers les articles 33 et 34 du Règlement Bruxelles Ibis.

§ 2 - La solution ponctuelle des cas de litispendance et de connexité

445. La nouvelle mouture du Règlement Bruxelles Ibis est demeurée en retrait par rapport aux vœux d'internationalisation de cet instrument exprimés par la Commission européenne. Cette internationalisation aurait pu notamment s'inspirer des propositions du GEDIP[87] dont l'ambition était d'atteindre une meilleure coordination entre les juridictions des États membres et celles des États tiers[88]. En matière de clauses attributives de juridiction, une règle aurait pu être adoptée couvrant l'hypothèse dans laquelle une juridiction de l'État membre du domicile du défendeur aurait été saisie par le demandeur en violation d'une clause attribuant compétence exclusive aux juridictions d'un État tiers et répondant aux conditions formulées par l'article 25 du Règlement de Bruxelles Ibis (art. 23 du règlement Bruxelles I). Le juge du domicile du défendeur aurait ainsi pu se voir tenu de surseoir à statuer tant que le juge élu n'aurait pas été saisi ou, une fois saisi, tant qu'il n'aurait pas décliné sa compétence. Par exception, il aurait pu être autorisé à statuer nonobstant la clause s'il apparaissait que le juge élu ne statuerait pas dans un délai raisonnable ou que la décision rendue par le juge élu ne pourrait être reconnue selon le droit de l'État membre du juge saisi[89].

446. La proposition de la Commission concernant l'extension des règles de compétence du règlement aux parties d'États tiers n'a pas été adoptée dans la refonte du Règlement Bruxelles I. Néanmoins, la disposition régissant l'effet des procédures dans un État tiers a été maintenue et étendue à une catégorie plus large de procédures connexes devant le tribunal d'un État tiers[90].

---

[86] P. Rogerson, *ibid*; R. Fentiman, « Art. 33,34», in U. Magnus et P. Mankowski (dir), Brussels Ibis Regulation, Otto Schmidt, 2016, n°2, p. 760.

[87] Groupe européen de droit international privé.

[88] M. Fallon, P. Kinsch, Ch. Kohler, *Le droit international privé européen en construction, vingt ans de travaux du GEDIP*, Intersentia, 2011.

[89] Art. 23 bis de la proposition du GEDIP élaborée lors de la session de Bergen du 19 au 21 septembre 2008, disponible sur le site www.gedip-egpil.eu).

[90] P. Rogerson, *op. cit.*, n°11.70, p. 349.

447. Le règlement refondu n'offre qu'une réponse partielle à la question de « l'effet réflexe », limitée aux hypothèses de procédures parallèles. Les règles nouvelles prévues aux articles 33 et 34 du Règlement nouveau, ont trait respectivement à la litispendance et à la connexité impliquant des fors tiers. Comme les articles 29 et 30, les articles 33 et 34 distinguent entre les situations dans lesquelles les deux procédures, l'une devant un État tiers et l'autre devant le tribunal d'un État membre, impliquent les mêmes parties, le même objet et la même cause[91] et les situations dans lesquelles ces deux procédures sont connexes[92].

Cependant, pour les procédures impliquant les mêmes parties et le même objet ainsi que la même cause, l'article 33 à la différence de l'article 29 (1) n'impose pas d'obligation de surseoir à statuer ou de se dessaisir. Plutôt, la disposition de l'article 33 octroie au tribunal de l'État membre un pouvoir discrétionnaire de surseoir à statuer sous certaines conditions. Par ailleurs, l'article 33 (2) -(4) prévoit d'autres dispositions pour reprendre la procédure devant le tribunal de l'État membre, pour se dessaisir en cas de jugement prononcé par le tribunal de l'État tiers ainsi que certains aspects procéduraux concernant le sursis à statuer.

Pour les procédures connexes, l'article 34 (1) comme l'article 30 (1) donne au tribunal d'un État membre un pouvoir discrétionnaire de surseoir à statuer soumis à certaines conditions. Il y a lieu d'observer dans ce cadre que l'article 34 (2) -(4) suit d'une manière générale les dispositions de l'article 33 (2) -(4)[93].

448. Les articles 33 et 34 reflètent partiellement le fonctionnement des articles 24 et 25 du Règlement Bruxelles Ibis qui régissent les hypothèses de compétence exclusive des États membres découlant soit de l'objet du litige (art. 24) soit d'un accord exclusif d'élection de for (art. 25)[94].

449. S'agissant des accords exclusifs d'élection de for d'États tiers, le régime suscite des difficultés d'interprétation (**A**). Par ailleurs, il y a lieu de prendre en considération l'interaction possible avec la Convention de La Haye sur les accords exclusifs d'élection de for (**B**).

A. Les difficultés d'interprétation du régime de litispendance impliquant une clause attributive de juridiction exclusive au profit du for d'un État tiers

450. L'article 33 du règlement refondu permet au tribunal d'un État membre de surseoir à statuer en faveur du tribunal d'un État tiers dans certaines circonstances. La disposition précitée déclare expressément que la

[91] L'article 33 du règlement Bruxelles Ibis.
[92] L'article 34 du règlement Bruxelles Ibis.
[93] Pour cette raison notre étude se limitera au cas de litispendance.
[94] R. Fentiman, « Art. 33,34», *op. cit.*, n°5, p. 761.

compétence du tribunal de l'État membre saisi doit être fondée sur l'article 4 du règlement instaurant la règle de compétence de principe à savoir lorsque le domicile du défendeur est situé dans cet État membre mais également en vertu des règles de compétence spéciales des articles 7, 8 ou 9 du règlement. Le pouvoir de sursis à statuer est donc limité à ces hypothèses de compétence et ne peut être exercé lorsqu'un autre chef de compétence prévu par le règlement est en jeu, notamment dans les hypothèses de compétence exclusive du tribunal de l'État membre en vertu de l'objet du litige ou d'un accord exclusif d'élection de for.

Par ailleurs, le sursis à statuer est autorisé seulement si (1) l'action devant le tribunal de l'État tiers a le même objet et la même cause entre les mêmes parties, (2) on s'attend à ce que la juridiction de l'État tiers rende une décision susceptible d'être reconnue et, le cas échéant d'être exécutée, dans l'État membre parallèlement saisi, et (3) le sursis à statuer est nécessaire pour une bonne administration de la justice.

À la différence de l'article 29 qui règlemente la litispendance entre des procédures se déroulant dans deux États membres, l'article 33 est généralement permissif avec une disposition supplémentaire prévoyant que la procédure devant le tribunal de l'État membre peut se poursuivre. Le sursis peut être levé dans l'intérêt de la justice. Cependant, il faut admettre que cette possibilité présente l'inconvénient de générer l'incertitude et le manque de prévisibilité.

451. La bonne administration de la justice, notion fondamentale de la nouvelle règle de litispendance avec les tribunaux d'États tiers permet de tenir compte, entres autres éléments, de la compétence exclusive des tribunaux des États tiers dans des circonstances où la juridiction d'un État membre aurait eu une compétence exclusive. Ceci ressort explicitement du considérant 24 du règlement refondu. Il dispose que « Lorsqu'elle tient compte de la bonne administration de la justice, il convient que la juridiction de l'État membre concerné évalue l'ensemble des circonstances du cas d'espèce... Cette évaluation peut également porter sur la question de savoir si la juridiction de l'État tiers a une compétence exclusive dans le cas d'espèce dans des circonstances où la juridiction d'un État membre aurait une compétence exclusive ». La conséquence importante qui en découle est que le tribunal d'un État membre peut tenir compte du fait qu'un tribunal d'un État tiers s'il était un tribunal d'un État membre aurait eu une compétence exclusive en vertu de l'article 25 conformément à un accord exclusif d'élection de for[95]. En d'autres termes, « l'article 33 du règlement[96] invite le juge d'un État membre qui serait saisi sur le fondement de l'article 4 ou des articles 7, 8 ou 9 alors qu'une procédure est pendante devant un for tiers ayant une compétence exclusive,

[95] D.Sindres, « Compétence judiciaire, reconnaissance et exécution des décisions en matière civile et commerciale-compétence », art. préc., n°39.
[96] De même que l'article 34 en matière de connexité.

notamment en vertu d'un accord exclusif d'élection de for, à sursoit à statuer puis à se dessaisir en faveur du for de l'État tiers. Cette solution serait en effet la plus propice à une ' bonne administration de la justice' »[97].

452. Cette disposition nouvelle en matière de litispendance traduit une internationalisation partielle du nouveau règlement et offre l'une des clés de résolution du problème de « l'effet réflexe ». Cependant, la mise en œuvre de cette règle suscite des difficultés d'interprétation qui, dans le contexte des accords exclusifs d'élection de for, risquent de rejaillir sur l'efficacité de ces derniers.

453. Un premier problème que pose la lecture de l'article 33 (1) du règlement refondu découle du fait que ce dernier ne déclare pas explicitement que la procédure dans l'État tiers doit avoir commencé en premier lieu afin que le pouvoir de surseoir à statuer puisse jouer. Le texte se réfère dans la version anglaise à une procédure pendante devant le tribunal d'un État tiers « at the time when a court in a member state is seised... ». Certes, on pourrait faire valoir que le constat que la procédure devant l'État tiers doit être pendante avant le commencement de la procédure dans un État membre est implicite dans la formulation de l'article 33 (1). Cette interprétation est apparemment appuyée par la version française du texte qui se réfère à une procédure pendante « au moment où une juridiction d'un État membre est saisie d'une demande... ». Cela étant, on pourrait néanmoins, à l'instar de certains auteurs[98], soutenir qu'une telle interprétation, excluant les situations dans lesquelles le tribunal d'un État membre est le premier saisi, s'avère être une interprétation très restrictive.

Plusieurs arguments militent en faveur d'une interprétation plus étendue. Premièrement, le considérant 23 du Règlement Bruxelles Ibis encourage l'adoption d'un « mécanisme souple » pour le sursis à statuer. Il n'y a pas de bonne raison pour un tribunal d'un État membre de ne pas envisager la possibilité d'un sursis à statuer en faveur d'une procédure devant un État tiers à n'importe quel moment de sa propre procédure. Deuxièmement, une interprétation restrictive insistant sur le fait que la procédure devant les juridictions d'un État tiers doit avoir commencé avant que la procédure ne soit engagée devant le tribunal d'un État membre encouragera les manœuvres judiciaires. Ainsi, une partie se hâtera d'introduire une action devant le tribunal d'un État membre car elle sera rassurée qu'en agissant de la sorte, le tribunal de l'État membre saisi n'aura pas le pouvoir de surseoir à statuer en vertu de l'article 33 (1) du règlement refondu. Cette interprétation s'avère particulièrement problématique dans l'hypothèse où la procédure devant le tribunal d'un État membre a été engagée au mépris d'un accord exclusif d'élection de for en faveur des tribunaux d'un État tiers. L'efficacité de

[97] D.Sindres, « Compétence judiciaire, reconnaissance et exécution des décisions en matière civile et commerciale-compétence », art. préc., n°39.

[98] P. Rogerson, « Art. 29-30, 32-34», *op. cit.*, n°11.79 - 11.80, p. 351-353.

l'accord d'élection de for sera anéantie. Ce faisant, on permettra à la jurisprudence *Gasser* de ressurgir alors qu'elle a prouvé son danger pour les accords exclusifs d'élection de for dans les relations intra-communautaires et a été condamnée par le législateur européen lui-même dans sa refonte du règlement.

Troisièmement, l'efficacité des accords d'élection de for prônée à travers la ratification par l'Union européenne de la Convention de La Haye permet d'écarter l'interprétation restrictive qui condamnera cette efficacité chaque fois que le tribunal d'un État membre est premier saisi.

Enfin, l'accent mis dans le préambule du règlement refondu sur la nécessité de respecter l'autonomie des parties quant à la détermination de la juridiction compétente[99] ne peut être tributaire de considérations procédurales ayant trait à la règle de priorité chronologique.

Par conséquent, si l'article 33 (1) est interprété comme s'étendant à tous les cas dans lesquels des procédures sont pendantes devant les tribunaux d'un État tiers et ceux d'un État membre indépendamment de l'ordre de saisine, les tribunaux des États membres auront au moins un pouvoir discrétionnaire de surseoir à statuer, ce qui leur permettra notamment de donner effet aux accords exclusifs d'élection de for d'États tiers[100].

454. La doctrine a par ailleurs estimé regrettable que l'article 33 ne contienne pas de contrepartie à la règle de l'article 31 (2) -(4) du règlement refondu qui dans les rapports entre les procédures se déroulant dans deux États membres opère un renversement de la règle de priorité au profit des tribunaux saisis en vertu d'un prétendu accord exclusif d'élection de for. On a fait valoir que cet état du droit doit être revu à la lumière de l'adhésion de l'Union européenne à la Convention de La Haye sur les accords exclusifs d'élection de for[101].

455. Une deuxième difficulté que soulève l'interprétation de l'article 33 du règlement est le principe primordial en vertu duquel un sursis à statuer doit être nécessaire à une bonne administration de la justice. Ce test est destiné à introduire une certaine flexibilité. Le considérant 23 dispose à cet égard que le règlement « devrait prévoir un mécanisme souple permettant aux juridictions des États membres de tenir compte des procédures pendantes devant les juridictions d'États tiers, en prenant notamment en considération le fait qu'une décision d'un État tiers puisse ou non être reconnue et exécutée dans l'État membre concerné… et de la bonne administration de la justice ». Également, le considérant 24 déclare que dans l'évaluation de la bonne administration de la justice, le tribunal d'un État membre doit tenir compte de « l'ensemble des circonstances du cas d'espèce ». Il demeure cependant

---

99 Considérant 23 du Règlement Bruxelles Ibis.

100 P. Rogerson, « Art. 29-30, 32-34», *op. cit.*, n°11.79 - 11.84, pp. 351-353.

101 *Ibid.*, n°11.82, p. 352-353.

incertain comment ces déclarations de principe devraient être comprises[102]. Certains auteurs estiment que les considérants 23 et 24 ainsi que la formulation de l'article 33 suggèrent que le règlement est particulièrement préoccupé par trois questions : (i) attribuer la procédure au for ayant le lien factuel le plus étroit avec le litige ; (ii) éviter le retard dans la résolution du litige et (iii) éviter les jugements contradictoires. Le premier souci est sous-entendu dans le considérant 24 qui prévoit que les circonstances de l'espèce « peuvent inclure les liens entre les faits du cas d'espèce, les parties et l'État tiers concerné ». Le deuxième souci est évident, découlant de l'importance attachée dans l'article 33 à la question de savoir si la procédure étrangère ne pourra vraisemblablement pas être conclue dans un délai raisonnable. Le troisième souci est reflété dans le texte des considérants 23 et 24 ainsi que dans l'article 33 et leur préoccupation que le jugement obtenu dans l'État tiers serait susceptible de reconnaissance et d'exécution[103].

L'évitement du retard et la prévention des jugements inconciliables concernent l'efficacité procédurale. Quant à l'attribution du procès au for ayant le lien factuel le plus étroit avec le litige, il s'agit d'un facteur distinct et concerne plutôt la question de savoir si un tribunal ou l'autre est le plus approprié pour résoudre le litige. Ce dernier facteur a notamment été soulevé dans l'affaire *Owens Bank c. Bracco*[104]. L'avocat général M. Carl Otto Lenz a considéré qu'un des facteurs à évaluer dans la décision du sursis à statuer dans le cadre de l'article 22 de la Convention de Bruxelles, lequel attribue un pouvoir au juge de surseoir à statuer en cas de procédure connexe, était « la proximité des juridictions saisies par rapport aux faits »[105]. Il voulait dire par là notamment qu'il y a lieu de tenir compte du tribunal le mieux placé pour statuer sur une question donnée. En adoptant cette approche, les tribunaux anglais ont abordé leur pouvoir discrétionnaire de surseoir à statuer en vertu de l'article 28 du Règlement Bruxelles I relatives aux actions connexes (art. 22 de la Convention de Bruxelles) notamment en déterminant quelle loi régit la question litigieuse et en se fondant sur le fait qu'en principe un tribunal est le mieux placé à appliquer ses propres lois[106]. Néanmoins, le test dans l'affaire *Bracco* peut être plus large impliquant de rechercher le for le plus approprié en termes d'efficacité et rappelant à cet égard l'enquête entrepris par les tribunaux du *common law* dans des circonstances analogues. Ainsi, si par exemple les deux parties sont domiciliées dans l'État du tribunal étranger ou que les témoins s'y trouvent, ceci suggère qu'il serait moins couteux en termes

---

102 R. Fentiman, « Art. 33,34», *op. cit.*, n°11, p. 763.

103 *Ibid.*

104 CJCE, 20 janvier 1994, aff. C-129/92, Owens Bank c. Bracco, Rec. 1994, I-117.

105 Conclusions de l'avocat général M. Carl Otto Lenz dans l'affaire C-129/92, Owens Bank c. Bracco présentées le 16 septembre 1993, point 76.

106 *UBS Limited, UBS AG c. Regione Calabria*, [2012] EWHC 699 (Comm), [64].

d'argent et de temps et plus favorable à la bonne administration de la justice de résoudre le litige devant ce tribunal[107].

456. Outre les considérations d'efficacité, on a observé qu'il n'apparaît pas clairement dans quelle mesure le tribunal saisi dans des cas soumis à l'article 33 du règlement prend en compte la possibilité que le demandeur soit privé de l'accès à la justice si le sursis est ordonné. Ceci est un élément important dans la doctrine du *forum non conveniens* connue des systèmes de *common law*. Cet élément pourrait impliquer qu'un sursis devrait être refusé lorsque l'injustice réside dans le préjudice personnel causé au plaignant tel que le fait qu'en voyageant pour défendre un procès dans un État étranger, ce dernier sera exposé à un risque personnel. De même, il peut être injuste d'accorder un sursis à statuer lorsque l'effet de ce sursis serait de forcer le plaignant à plaider là où il n'a pas de recours efficace ainsi que là où il serait incapable de financer son procès. Également, le plaignant peut ne pas avoir un procès équitable devant le for étranger en raison de la partialité des juges. Il se peut aussi que le tribunal étranger applique une loi différente de celle applicable devant le tribunal où le sursis est sollicité avec pour conséquence que la demande du plaignant sera rejetée. Par ailleurs, la procédure étrangère peut faire l'objet d'un retard déraisonnable au point que ce retard dans la justice équivaudrait à un déni de justice[108].

Certains auteurs estiment que de tels exemples d'injustice potentielle pour le plaignant devraient être pris en compte lors de l'application de l'article 33 car si entre les États membres on peut présumer que le plaignant pourrait avoir droit à une justice satisfaisante lorsqu'il est amené à plaider dans un autre État membre, une telle présomption ne peut jouer quant aux procédures devant des États tiers. Cette interprétation est appuyée par le fait que l'article 33 permet de relever le sursis s'il apparaît au tribunal de l'État membre que « la procédure devant la juridiction de l'État tiers ne pourra vraisemblablement pas être conclue dans un délai raisonnable ». Or, le retard déraisonnable est un motif courant pour refuser le sursis à statuer sur la base du *forum non conveniens*, ce qui suggère la pertinence de la justice procédurale dans l'évaluation de la bonne administration de la justice dans le cadre de l'article 33 du règlement refondu[109].

On a également soutenu l'idée que nécessairement l'aptitude du tribunal d'un État membre à refuser de surseoir à statuer en raison de l'injustice qui en découlerait devrait être régie par des considérations de droit européen. À cet effet, on a proposé qu'elle pourrait être limitée, par exemple, aux cas dans lesquels l'octroi d'un sursis à statuer violerait les droits du plaignant en vertu de l'article 6 de la Convention européenne des droits de l'homme, ou ceux dans lesquels les motifs du refus reflètent ceux en raison desquels les

[107] R. Fentiman, « Art. 33,34 », *op. cit.*, n°12, p. 763-764.
[108] *Ibid.*, n°13, p. 764.
[109] *Ibid.*, n°14, p. 765.

tribunaux d'un État membre auraient refusé d'exécuter un jugement prononcé dans un autre État membre comme contraire à l'ordre public. À cet égard, on a rappelé qu'un sursis à statuer en vertu de l'article 33 sera accordé uniquement lorsque l'on s'attend à ce que la juridiction de l'État tiers rende une décision susceptible d'être reconnue et, le cas échéant, d'être exécutée dans l'État membre concerné. Or, en principe, une telle reconnaissance peut être refusée lorsque le tribunal devant lequel un sursis est sollicité considère que le jugement étranger serait inefficace pour des raisons d'ordre public. En d'autres termes, que les considérations de justice soient ou non directement pertinentes pour l'octroi du sursis à statuer, il y a toujours une autre voie selon laquelle les considérations de justice peuvent être pertinentes. En effet, s'il y a des motifs d'ordre public justifiant le refus de donner effet au jugement du tribunal étranger, aucun sursis ne peut être accordé. Le droit national régira ces motifs d'ordre public lesquels pourraient inclure des considérations relatives à l'injustice de la procédure devant le tribunal étranger[110].

457. D'autres auteurs[111] soutiennent que l'objectif d'uniformité ainsi que celui de prévisibilité et de certitude seront mieux garantis si le concept de « bonne administration de la justice » ait une définition autonome prononcée par la Cour de justice de l'Union européenne. On a notamment fait observer qu'il découle du rapport de M. Nuyts que les tribunaux des États membres avant la refonte du Règlement de Bruxelles ont adopté des positions différentes quant à la question du sursis à statuer en faveur des tribunaux d'États tiers[112]. Cela étant, rappelant les indications fournies par le considérant 24 du règlement refondu que les États membres devraient prendre en considération pour déterminer l'impératif de bonne administration de la justice, on a certes admis que ces facteurs sont familiers aux juristes du *common law,* étant donné que ces facteurs sont également pris en compte dans la doctrine du *forum non conveniens* mais l'expérience notamment anglaise a révélé le caractère sophistiqué d'une telle évaluation et de ce fait peut être critiquée pour le manque de certitude et de prévisibilité que cette doctrine génère, outre le fait que cette évaluation est coûteuse[113]. C'est pourquoi, ces auteurs[114] considèrent qu'une transposition complète de la doctrine anglaise du *forum non conveniens* dans le contexte de l'article 33 ne peut être adoptée. En effet, plusieurs États membres n'ont ni la compréhension ni la méthodologie nécessaire pour appliquer cette doctrine. Par ailleurs, on soutient que l'absence d'uniformité n'est pas aussi problématique que lorsqu'elle serait constatée dans la répartition des procès entre les juridictions des États membres. Dans ce contexte, l'objectif de la disposition traitant des

---

[110] *Ibid.*, n°16, et 17, p. 765
[111] P. Rogerson, « Art. 29-30, 32-34 », *op. cit.*, n°11.78, p. 350-351.
[112] *Ibid.*
[113] *Ibid.*
[114] *Ibid.*

procédures parallèles dans le cadre européen, à savoir, l'article 29, est l'évitement des jugements contradictoires. Ces derniers posent de graves problèmes au sein de l'Union européenne qui dépassent les considérations de justice et de certitude et ont notamment trait à la confiance mutuelle et la coopération judiciaire entre les États membres. Or, on a avancé que ces préoccupations ne sont pas primordiales quand il s'agit des procédures devant les États tiers. Il y a en effet déjà une large différence dans les règles de reconnaissance et d'exécution des jugements émanant des États tiers dans les différents États membres. On en déduit que l'objectif de l'article 33 en matière de litispendance avec les procédures devant des États tiers est plus généralement d'assurer la bonne administration de la justice entre les parties qui exige sans doute des solutions plus souples[115].

458. Face à ce débat doctrinal sur la notion de bonne administration de la justice dans la mise en œuvre du système de litispendance avec les tribunaux d'État tiers, on peut soutenir que le considérant 24 du préambule du règlement refondu a réservé une importance particulière à l'hypothèse où la compétence conférée au juge de l'État tiers saisi découle de l'accord des parties. En effet, la nécessité de prendre en considération la compétence exclusive dont pourrait être investi le tribunal de l'État tiers dans des circonstances où la juridiction d'un État membre aurait eu une compétence exclusive si elle avait été saisie, englobe certainement l'hypothèse des accords exclusifs d'élection de for d'États tiers.

Par ailleurs, l'accent mis par le législateur européen dans le considérant 23 du règlement refondu sur le respect de l'autonomie des parties en donnant effet à leur accord en matière de détermination du for compétent permet de déduire que l'existence d'un accord exclusif d'élection de for d'un État tiers sur la base duquel le procès est engagé devant ce dernier prime sur d'autres facteurs dans l'évaluation de la bonne administration de la justice en tant que condition du pouvoir de sursis à statuer conféré au juge européen. D'ailleurs, toujours dans le considérant 23 du règlement refondu, le législateur ne permet de déroger au principe du respect de l'autonomie des paries en matière juridictionnelle qu'en cas de compétence exclusive d'un for ou de compétence protectrice de la partie faible en matière d'assurance, de consommation ou de travail.

On peut en déduire que la notion de bonne administration de la justice au cas où la procédure parallèle engagée devant le for tiers l'est en vertu d'un accord exclusif d'élection de for justifie un sursis à statuer en faveur du tribunal de l'État tiers désigné. Ce sursis ne peut être écarté qu'en cas d'injustice procédurale à l'image de l'exception d'injustice manifeste dans le cadre de la Convention de La Haye sur les accords exclusifs d'élection de for. Il est utile d'observer dans ce contexte que l'article 33 du règlement refondu

---

[115] *Ibid.*

cite explicitement les considérations de justice procédurale comme motif permettant au tribunal de l'État membre de poursuivre sa procédure en dépit de la saisine du tribunal d'un État tiers. Il en est ainsi en cas de retard déraisonnable estimé dans la procédure devant le tribunal de l'État tiers ou de désistement du tribunal de cet État.

Conjuguée à la condition de l'éligibilité du jugement futur à l'exécution dans l'État membre parallèlement saisi, on en déduit que la présence d'un accord exclusif d'élection de for au profit du tribunal d'un État tiers saisi permettra au juge de l'État membre de surseoir à statuer pour une bonne administration de la justice entre les parties à moins qu'il n'en résulte du sursis à statuer une injustice procédurale.

459. En outre, les juges européens devraient tenir compte dans la mise en œuvre de la règle de litispendance de la Convention de La Haye et de l'interaction possible avec cette dernière laquelle mérite une attention particulière.

B. La prise en considération de la Convention de La Haye sur les accords exclusifs d'élection de for dans le jeu de la litispendance internationale devant le juge européen

460. L'objectif de renforcer l'efficacité des accords d'élection de for est commun au Règlement Bruxelles Ibis et à la Convention de La Haye, il importe que cet objectif soit la directive primordiale pour le juge européen dans sa mise œuvre des textes. L'harmonie des régimes applicables à ces accords participe à cette efficacité. Or, force est de constater que dans l'hypothèse particulière de litispendance internationale, des difficultés peuvent surgir devant le juge européen confronté à deux textes régissant l'efficacité de ces accords. En effet, la possibilité d'une interaction entre la Convention de La Haye et le régime de litispendance internationale de l'article 33 du règlement Bruxelles Ibis suscite une réflexion sur l'attitude que le juge européen est amené à adopter.

461. Une observation liminaire s'impose quant au rapport entre la Convention de La Haye et le Règlement Bruxelles Ibis. En effet, les rédacteurs de la Convention de La Haye ont envisagé les rapports de la Convention avec d'autres instruments internationaux. Rappelons que concernant les rapports avec une organisation régionale d'intégration économique, ce sont les dispositions de l'article 26 (6) qui règlent l'hypothèse d'incompatibilité éventuelle entre les dispositions de la Convention et les dispositions d'une organisation régionale d'intégration économique telle que l'Union européenne. La clause de déconnexion prévue donne la priorité en cas de conflit au règlement européen si aucune des parties n'est domiciliée dans un État contractant qui n'est pas un État membre de l'Union européenne. Par ailleurs, la clause ne joue qu'en cas de conflit, en ce sens que la règle reste

l'application cumulative des deux régimes tant que les dispositions sont compatibles[116].

462. Afin de mieux saisir les difficultés auxquelles peut être confronté le juge européen devant la dualité de régime en cas de litispendance internationale, il est opportun de partir d'exemples concrets.

Supposant une entreprise française et une entreprise mexicaine (les deux étant parties contractantes à la Convention de La Haye) ont à l'occasion de leur relation d'affaires conclu un contrat contenant une clause attributive de juridiction exclusive au profit des tribunaux mexicains. Une fois un litige est survenu entre elles, la partie mexicaine saisit les tribunaux français au mépris de la clause attributive de juridiction exclusive conclue en arguant du domicile du défendeur en France. Par la suite, la partie française agit conformément à la clause attributive de juridiction en intentant une action ayant le même objet et la même cause (au sens de l'article 33 du Règlement Bruxelles Ibis) devant le tribunal mexicain.

La question est de savoir à qui revient la compétence de statuer sur le litige et au fond quel degré d'efficacité peut être accordé à l'accord exclusif d'élection de for. La question suscite des difficultés, notamment pour le juge français saisi en raison de la coexistence dans son système juridique d'une dualité de régime. D'une part, le nouveau régime de litispendance internationale instauré par l'article 33 du Règlement Bruxelles Ibis et, d'autre part, le régime de la Convention de La Haye sur les accords exclusifs d'élection de for.

Dans le cas où l'une des parties est domiciliée dans un État qui n'est pas un État membre de l'Union européenne, la clause de déconnexion fait prévaloir les dispositions de la Convention de La Haye sur le règlement. Il en découle que le juge français est tenu de surseoir à statuer ou de se dessaisir sous réserve de certaines exceptions. À cet égard, on a précédemment défendu une interprétation stricte de la possibilité pour le juge non élu de statuer sur la validité de la clause en cas de procédure parallèle devant le juge prétendument élu en partant de l'objectif d'assurer l'efficacité des clauses que prône la Convention. En effet, cette possibilité devrait être limitée aux cas de nullité manifeste ou d'inexistence de la clause. Ceci permettra de donner une priorité de fait au juge élu s'il est déjà saisi du litige.

Dans l'hypothèse où aucune des parties n'est domiciliée dans un État non-membre de l'Union européenne, ce sont plutôt les dispositions du règlement qui s'appliquent. Or, on a précédemment discuté les inconvénients d'une interprétation restrictive de la règle de litispendance contenue dans l'article 33. Si le pouvoir de surseoir à statuer du juge européen était cantonné dans l'hypothèse où il est second saisi, cette interprétation condamnerait l'efficacité des accords d'élection de for. En effet, une partie à l'accord voulant déjouer

---

[116] Art. 26 (1) de la Convention de La Haye sur les accords exclusifs d'élection de for.

l'accord conclu se précipitera pour intenter une action devant le tribunal européen afin de bloquer toute possibilité de sursis à statuer. Cette interprétation est par ailleurs non conforme à l'attente légitime des parties à un accord exclusif d'élection de for.

Elle est en outre de nature à condamner l'uniformité du régime d'efficacité des accords d'élection de for en le faisant dépendre d'une règle de priorité de saisine du juge élu qui ne se justifie pas. C'est pourquoi, une interprétation extensive du pouvoir du juge européen de surseoir à statuer indépendamment de l'ordre dans lequel les deux procédures sont engagées permettra de mieux préserver l'efficacité de l'accord exclusif d'élection de for en vertu duquel le juge d'un État tiers est saisi. Il est à souhaiter dans notre exemple que le juge français s'engage dans cette interprétation en usant de son pouvoir de surseoir à statuer en présence d'un procès engagé dans l'État tiers (le Mexique) dans un objectif de bonne administration de la justice, sauf exception d'injustice procédurale ou d'inaptitude du jugement mexicain futur à être reconnu en France.

463. Certes, tant le régime de la Convention de La Haye que le régime de litispendance internationale prévu par le Règlement Bruxelles Ibis n'écartent pas de manière absolue le risque de procédures parallèles, il n'en demeure pas moins que, d'une part, les exceptions à l'obligation de surseoir à statuer ou de se dessaisir dans le cadre du régime de la Convention de La Haye sont d'interprétation stricte et, d'autre part, le pouvoir reconnu au juge européen dans le cadre de la nouvelle règle de litispendance internationale est encadré par le législateur lui-même qui a mis l'accent sur la nécessaire prise en considération de la compétence exclusive des tribunaux des États tiers saisis.

En définitive, l'efficacité des accords d'élection de for tant dans le régime de la Convention que dans celui du règlement repose sur l'attitude du juge dans l'interprétation des textes. Cette attitude doit être guidée par l'impératif de renforcer l'efficacité de ces accords à la lumière de leur importance dans la pratique commerciale internationale.

464. Un dernier constat qui révèle les lacunes du régime européen dans sa règlementation du sort des accords exclusifs d'élection de for d'États tiers a trait au fait qu'en dehors des cas de litispendance et de connexité internationale tels qu'établis par les articles 33 et 34, le règlement est silencieux. Ce silence ouvre la voie à des interprétations divergentes et à des interrogations sur l'efficacité de ces accords.

§ 3 - Les solutions possibles au sort des accords exclusifs d'élection de for d'États tiers dans les cas autres que la litispendance et la connexité

465. Les tribunaux d'un État tiers peuvent avoir une compétence exclusive en vertu d'un accord d'élection de for. Cette compétence exclusive peut être

invoquée en l'absence de toute procédure parallèle devant les juridictions d'un État membre et d'un État tiers. Dans ce cas, plusieurs questions se posent.

En premier lieu, est-ce que les articles 33 et 34 prescrivent un régime exclusif pour la répartition des litiges entre les tribunaux des États membres et ceux des États tiers ? En cas de réponse positive, la conséquence serait que les tribunaux des États membres seront en principe incapables de décliner leur compétence sur le fondement de la compétence exclusive des tribunaux d'un État tiers.

En second lieu, même si les articles 33 et 34 n'interdisent pas tout renvoi au droit national, la question se pose de savoir si le droit européen hormis les articles 33 et 34 permet un tel renvoi. Cette question engendre à son tour deux interrogations supplémentaires. D'une part, une question de champ d'application du droit européen. Les cas impliquant la compétence exclusive des tribunaux d'États tiers sont-ils soumis au droit européen ? Si la réponse est négative, le droit national de l'État membre peut s'appliquer indépendamment du règlement. Dans le cas contraire, dans quelles circonstances la compétence d'un État membre peut être déclinée au profit de la compétence exclusive des tribunaux d'un État tiers ?

Les difficultés se posent en partie à cause du silence du règlement refondu. En effet, il n'y a aucune obligation édictée dans le texte du règlement quant à la juridiction d'un État membre de surseoir à statuer dans une procédure commencée au mépris d'un accord exclusif d'élection de for d'un État tiers. Il faut certes souligner que la question telle qu'appréhendée par la doctrine dépasse les accords exclusifs d'élection de for et concerne plus généralement toutes les hypothèses où les tribunaux d'un État tiers peuvent avoir une compétence exclusive, que ce soit en vertu de la volonté des parties ou de l'objet du litige.

466. Une autre donnée rend la réponse plus compliquée. Elle découle des implications incertaines du considérant 24 du règlement. Ce dernier permet aux tribunaux des États membres dans les cas de litispendance de tenir compte du fait que la juridiction d'un État tiers aurait eu une compétence exclusive si elle était une juridiction d'un État membre. Cependant, aucune disposition séparée n'est prévue dans le texte du règlement. Il demeure ainsi peu clair si cela veut dire que le tribunal d'un État membre est incapable de décliner sa compétence en dehors du cas où une action est pendante devant un État tiers et au seul motif que ce dernier a une compétence exclusive ou si un tel pouvoir existe indépendamment du règlement, probablement dérivant du droit national de l'État membre[117].

467. La confusion entourant le sort des clauses attributives de juridiction désignant les tribunaux d'un État tiers est inadmissible. Elle contredit l'objectif de sécurité juridique prôné par le Règlement de Bruxelles. Elle

[117] R. Fentiman, « Art. 33,34», *op. cit.*, n°21-23, p. 766-767.

constitue une faille dans le régime européen visant à renforcer l'efficacité des accords d'élection de for à travers les dispositions innovantes qu'il a introduit lors de la refonte du Règlement Bruxelles I. Certes, la Convention de La Haye est une réponse possible mais elle demeure insuffisante (**A**). Aussi, il importe d'envisager des alternatives au silence (**B**).

A. La Convention de La Haye est une réponse possible mais insuffisante

468. Les travaux de la refonte relatifs aux accords d'élection de for ont en partie été guidés par la volonté d'aligner le texte du règlement sur celui de la Convention de La Haye[118]. Les autorités européennes ont peut-être considéré que la Convention de La Haye règlerait, à terme, le problème des clauses désignant les juridictions d'un État tiers[119].

Il faut certes admettre que la Convention de La Haye réduit l'ampleur du problème envisagé mais sans pouvoir entièrement le résoudre en raison de la limitation de son champ d'application. Par ailleurs, les termes de la clause de déconnexion articulant les rapports de la Convention de La Haye avec le règlement de refonte génèrent de nouvelles difficultés.

469. Dans son champ d'application, la Convention de La Haye offrira aux juridictions des États membres un mécanisme pour décliner leur compétence. C'est l'hypothèse où les parties ont conclu un accord exclusif d'élection de for d'un État tiers lorsque cet État tiers est également un État partie à la Convention. Par conséquent, les effets dans les États membres de l'Union européenne d'un accord exclusif d'élection de for d'un État non européen sont déterminés par ladite Convention pourvu qu'un tel État non européen soit partie à la Convention[120].

470. La Convention de La Haye protègera la compétence du for élu y compris face à celle des juridictions du domicile du défendeur par le truchement de la règle posée à l'article 6 de cette Convention. Ainsi, si les parties se sont accordées sur la compétence exclusive des tribunaux d'un État contractant, non-membre de l'Union européenne, tout autre tribunal que le tribunal élu est tenu de surseoir à statuer ou de décliner sa compétence sous réserve de certaines exceptions limitées.

Cependant, le champ d'application de la Convention de La Haye relatif aux clauses de juridiction est doublement limité. D'un point de vue matériel, la Convention exclut de son domaine matériel une série de contrats, en particulier, les contrats de transport de marchandises[121]. En outre, elle

---

[118] Com (2010) 748 final, p. 9, pt. 3.1.3.

[119] S. Francq, « Les clauses d'élection de for dans le nouveau Règlement Bruxelles I Bis », art. préc., p. 120-121 ; L. Usunier, « La Convention de La Haye du 30 juin 2005 sur les accords d'élection de for », art. préc., p.70.

[120] Art. 3 (a) de la Convention de La Haye sur les accords exclusifs d'élection de for de 2005.

[121] Art. 2, § 1 (f) de la Convention.

s'applique uniquement aux accords exclusifs d'élection de for au sens de ladite Convention. Or, en dépit de la présomption d'exclusivité[122], la Convention ne considère pas comme exclusifs les accords unilatéralement exclusifs ou asymétriques. Ces derniers sont par conséquent en dehors du champ de la Convention.

D'un point de vue spatial, la Convention vise les clauses de juridiction désignant les tribunaux d'un État partie à la Convention[123]. Son utilité concrète dépendra donc entièrement du nombre d'États la ratifiant[124]. Toute clause désignant les tribunaux d'un État tiers, non partie à la Convention de La Haye, devra être traitée sur un autre fondement que le texte de la Convention. Or, sur ce point, la refonte laisse intacte la question de savoir si cette catégorie de clauses doit être écartée pour revenir aux articles 4,7, 8 ou 9 du règlement refondu (art. 2, 5, 6, ou 7 du Règlement Bruxelles I), être traitée sur le fondement du droit international privé national ou s'il faut plutôt adopter une solution médiane à travers « l'effet réflexe » des dispositions du règlement.

471. S'agissant du jeu de la clause de déconnexion prévue à l'article 26 (6) de la Convention de La Haye, il y a lieu de distinguer selon l'interprétation à adopter quant au silence du règlement concernant le statut des clauses attributives de juridiction au profit d'États tiers. En effet, il y a lieu de rappeler que cette clause de déconnexion vise uniquement les cas de concurrence entre les dispositions du règlement et celles de la Convention et lorsque cette concurrence fait naître un conflit dans la mise en œuvre de ces dispositions. Or, si le silence du règlement refondu est interprété comme l'absence d'une règlementation européenne des accords exclusifs d'élection de for en cause, il ne peut y avoir de conflit entre la Convention de La Haye et le règlement. La clause de déconnexion n'a pas lieu d'intervenir[125].

En revanche, si le silence du règlement impliquait une interdiction du déclinatoire de compétence par le juge européen en raison du domicile du défendeur dans l'État du tribunal saisi, le conflit avec la Convention surgit. Ce conflit est résolu en faveur de l'application des dispositions du règlement dans le cas où aucune des parties n'est domiciliée dans un État contractant non-membre de l'Union européenne. Les conséquences seront fâcheuses quant à l'efficacité des accords d'élection de for d'État tiers car cette interprétation revient à introduire deux régimes opposés en fonction de la localisation des parties.

472. À la lumière des développements qui précèdent, une conclusion s'impose. Bien que la Convention de La Haye apporte au sein de l'espace judiciaire européen une solution quant à l'effet des clauses désignant les

---

122 Art. 3 (b) de la Convention de La Haye sur les accords exclusifs d'élection de for de 2005.

123 Art. 3 (a) de la Convention de La Haye sur les accords exclusifs d'élection de for de 2005.

124 En l'état actuel des ratifications, adhésions ou successions, il s'agit du Mexique, du Singapour, du Monténégro, de l'U.E, du Danemark et du Royaume-Uni.

125 R. Fentiman, « Art. 33,34 », *op. cit.*, n°25, p. 768.

juridictions d'États tiers à l'Union européenne, cette solution demeure incomplète. Aussi convient-il de s'interroger sur les alternatives au silence du législateur européen.

B. Les alternatives au silence du législateur européen

473. Les nouvelles dispositions du règlement refondu conjuguées aux hypothèses d'application de la Convention de La Haye sur les accords exclusifs d'élection de for apportent une réponse partielle au problème du régime des accords exclusifs d'élection de for d'un État tiers au sein de l'espace européen. De ce fait, elles n'épuisent pas la difficulté. Par conséquent, Il faut s'interroger sur la solution à retenir dans l'hypothèse où un juge d'un État membre du domicile du défendeur serait saisi sur le fondement de l'article 4 du règlement refondu mais où le juge d'un État tiers, qui n'a pas été saisi ou ne l'a été que postérieurement[126] jouirait d'une compétence exclusive découlant notamment d'un accord exclusif d'élection du for.

Cette question a suscité un débat doctrinal sur les options qui s'offrent à l'interprète pour combler cette lacune. La confrontation de ces thèses (**1**) à la pratique jurisprudentielle dans certains États permet d'asseoir l'opportunité d'une approche large de « l'effet réflexe » comme solution au silence du législateur (**2**).

1. Le débat doctrinal sur l'abdication de compétence en faveur des juridictions d'États tiers

474. Antérieurement à la refonte du Règlement Bruxelles I, un débat doctrinal s'est instauré sur la solution possible en l'absence au sein du régime européen de règles permettant de renoncer à l'exercice d'une compétence uniforme en faveur des juridictions d'un État tiers. En dépit de l'intervention du législateur de la refonte sur la question, cette intervention demeure partielle car le législateur n'a abordé que l'hypothèse de litispendance et de connexité internationales. Ce cadre juridique a suscité à son tour une interrogation quant à la signification du silence du législateur sur les situations autres que celles de litispendance et de connexité avec les juridictions des États tiers.

S'agissant de l'hypothèse de l'existence d'un accord exclusif d'élection du for d'un État tiers en l'absence de toute procédure parallèle, les interprétations du silence du législateur apportées par la doctrine et la jurisprudence sont pertinentes.

475. « Les options qui s'offrent à l'interprète pour combler cette lacune ne sont pas nombreuses. Elles sont en revanche for diverses »[127].

---

[126] Si l'on s'en tient à une interprétation littérale des articles 33 et 34 du règlement, interprétation qu'on a invité les juges à écarter.

[127] C. Chalas, « L'affaire *Ferrexpo* : baptême anglais pour l'effet réflexe des articles 22, 27 et 28 du règlement Bruxelles I », *Rev. crit.DIP* 2013. 359, spéc.p.369.

476. La première interprétation du silence du législateur est que les règles européennes de compétence sont obligatoires et par conséquent, l'abdication de compétence en faveur des tribunaux d'un État tiers est bannie (**a**). La deuxième interprétation considère qu'il y a un renvoi pur et simple aux règles du droit national (**b**). Enfin, la dernière interprétation, celle de la théorie de « l'effet réflexe », essaye de concilier entre les deux précédentes en associant les règles européennes de compétence et les règles nationales de procédure (**c**)[128].

a. L'interdiction de l'abdication de compétence en faveur des juridictions d'États tiers

477. Une première thèse veut que l'article 4 s'applique en pareil cas, sans qu'il soit possible de prendre en considération la compétence du juge de l'État tiers, quand bien même cette compétence serait exclusive découlant de l'objet du litige ou d'un accord exclusif d'élection de for[129].

« Cette thèse ne jouit pas, et cela est fort compréhensible, des faveurs de la doctrine, en ce qu'elle constitue une pure négation de l'activité juridictionnelle des États tiers »[130]. Elle a été essentiellement développée au sujet des compétences exclusives aujourd'hui prévues à l'article 24 du règlement refondu[131]. Au demeurant, force est de convenir que sur un plan strictement interprétatif, elle peut se défendre. Bien avant *Owusu* déjà, les rapports officiels dressés tant pour la Convention de Lugano[132] que pour celle de Saint-Sébastien[133], raisonnant sur la compétence exclusive octroyée en matière réelle immobilière au juge du lieu de situation de l'immeuble par l'article 16-1 de ces Conventions (art. 24-1° du Règlement Bruxelles Ibis), semblent rejeter toute possibilité pour une juridiction d'un État contractant (d'un État membre depuis le règlement) de se dessaisir au profit des juridictions d'un État tiers sur le territoire duquel serait situé l'immeuble objet de litige au motif que les dispositions de l'article 16-1° (art. 24 du Règlement Bruxelles Ibis) desquelles s'induit l'obligation de se déclarer d'office incompétent « ne s'appliquent que si l'immeuble est situé sur le territoire d'un État contractant » et que si l'immeuble est situé sur le territoire d'un État tiers « les autres dispositions de la Convention sont applicables, par exemple l'article 2 (art. 4 du Règlement Bruxelles Ibis) si le défendeur est domicilié sur le territoire d'un État contractant (…) ».

---

[128] *Ibid.*, p. 369.

[129] D.Sindres, « Compétence judiciaire, reconnaissance et exécution des décisions en matière civile et commerciale-compétence », art. préc., n°41.

[130] C. Chalas, « L'affaire *Ferrexpo* », art. préc., n°.20, p. 369.

[131] D.Sindres, « Compétence judiciaire, reconnaissance et exécution des décisions en matière civile et commerciale-compétence », art. préc., n°42.

[132] Rapp. Jenard et Moller sur la Convention de Lugano, JOCE C 189, 28 juill. 1990, p. 76.

[133] Rapp. Almeida Cruz, Desantes Real et Jenard sur la Convention de San Sébastien, JOCE C 189, 28 juill. 1990, p. 47.

Nombreux sont les commentateurs qui y ont vu une condamnation de la possibilité pour les juridictions des États membres de décliner leur compétence sur le fondement des dispositions de l'article 16 des dites conventions et qui l'ont étendu à l'article 22 du Règlement Bruxelles I (art. 24 du Règlement Bruxelles Ibis)[134].

478. Dans le cas où la compétence des juridictions de l'État membre du domicile du défendeur fondée sur l'article 4 est mise en balance avec celle résultant d'une clause donnant compétence exclusive au juge d'un État tiers, la thèse de la primauté de l'article 4 n'est en revanche guère endossée par les rapports précités sur les Conventions de Lugano et de Saint-Sébastien. Elle jouit par ailleurs en doctrine d'un soutien particulièrement discret, voire inexistant[135]. En dépit de son insuccès, elle a été adoptée par la Cour d'appel de Versailles dans un arrêt du 26 septembre 1991[136]. Les magistrats versaillais ont en effet considéré que l'article 2 de la Convention de Bruxelles donnait compétence aux juridictions françaises et que cette compétence prévalait sur celle résultant d'une clause attributive de juridiction aux tribunaux de Monaco. Cet arrêt a été fortement critiqué par son annotatrice Mme. H. Gaudemet-Tallon qui a affirmé que « la Convention de Bruxelles ne doit pas servir à faire du domicile de défendeur sur le territoire communautaire la source d'une sorte de « privilège de juridiction » auquel on ne pourrait même pas renoncer par une clause attributive de compétence au tribunal d'un État tiers »[137]. La jurisprudence de la Cour de cassation française ne semble pas cependant dans ce sens. Ainsi, la Cour de cassation a approuvé une Cour d'appel d'avoir fait droit à une exception d'incompétence soulevée par un défendeur domicilié en France en application d'une clause attribuant compétence au tribunal de commerce de Zurich[138]. Rendu sur le fondement du droit international privé commun[139], cet arrêt a pu être interprété en ce sens qu'une clause attribuant compétence à un juge d'un État tiers devrait l'emporter sur la compétence des juridictions du domicile du défendeur fondée à l'époque sur l'article 2 de la Convention de Bruxelles. On a cependant fait valoir que la prudence est de mise car le problème de l'articulation entre la clause attributive de juridiction et l'article 2 de la

---

[134] J. -p. Beraudo et M-J. Beraudo, Convention de Bruxelles, Conventions de Lugano et règlement (CE) n° 44/2001, J.-Cl. Europe Traité, fasc. 3010 (2012) n°10 ; I. Queirolo, « article 25 » in Brussels I Regulation, Sellier European Law publishers, 2012, édités par U. Magnus et P. Mankowski, spéc. n° 7, p. 530.

[135] D.Sindres, « Compétence judiciaire, reconnaissance et exécution des décisions en matière civile et commerciale-compétence », art. préc., n°43.

[136] CA Versailles, 26 sept. 1991, D. 1991, p. 284 ; *Rev. crit. DIP* 1992. 333, note H. Gaudemet-Tallon.

[137] *Ibid.* p. 337.

[138] Cass. com., 19 décembre 1978, D. 1979, inf. rap. p. 341, obs. B. Audit ; *Rev. crit. DIP* 1979.617, note A. Huet ; *JDI* 1979, p. 366, note H. Gaudemet-Tallon.

[139] La Convention de Lugano n'ayant pas encore été adoptée.

Convention de Bruxelles n'ayant été abordé directement ni par le pourvoi ni par la Cour de cassation. Cette dernière s'est fondée, pour donner effet à la clause, sur le fait que les contractants n'avaient pas renoncé à son application[140].

Par ailleurs, en dépit de l'interprétation contestable des rapports officiels, cette interprétation trouve malheureusement un appui de poids dans le malencontreux motif de l'arrêt *Owusu* selon lequel l'article 2 revêt un caractère « impératif » et « qu'ainsi qu'il ressort de ses termes mêmes, il ne peut être dérogé à la règle de principe qu'il énonce que dans des cas expressément prévus par ladite Convention »[141]. Ce motif employé pour fonder le rejet de la doctrine du *forum non conveniens* va malheureusement, selon la doctrine, beaucoup plus loin. Comme le note M. de Vareilles-Sommières, « interprété à la lettre, il laisse entendre que, dans tous les cas où la règle conventionnelle (et aujourd'hui règlementaire) ne prévoit pas une dérogation expresse à l'article 2, la compétence de l'espace judiciaire européen en tant que *forum rei* est impérative. Le juge de l'espace judiciaire européen saisi sur cette base n'ayant pas le pouvoir de décliner sa compétence »[142]. Une telle « fondamentalisation »[143] de l'article 2, qu'il y a sans doute lieu d'étendre aux autres règles de compétence ordinaire uniformes, qui se trouvent ainsi transformées en privilèges de juridiction européen, est à juste titre critiquée par la doctrine[144].

« D'habiles démonstrations ont été faites pour tenter de réduire la nocivité d'un tel motif. M. de Vareilles-Sommières[145] en particulier à travers une analyse novatrice de la notion de compétence internationale de l'espace judiciaire européen est arrivé à la conclusion que, hormis les deux cas où les tribunaux de cet espace se voient expressément reconnaître une compétence exclusive mentionnée par les articles 22 et 23 du Règlement Bruxelles I (24 et 25 du Règlement Bruxelles Ibis), la compétence de ces derniers « devrait rester une compétence ordinaire et supporter comme telle la concurrence de la

---

140 D.Sindres, « Compétence judiciaire, reconnaissance et exécution des décisions en matière civile et commerciale-compétence », art. préc., n°43.

141 CJUE, 1 mars 2005, aff. C-281/ 02, *Andrew Owusu c/ N. B. Jackson*, précité, point 37.

142 P. de Vareilles-Sommières, « la compétence internationale de l'espace judiciaire européen », in Vers de nouveaux équilibres entre ordres juridiques, Liber amicorum H. Gaudemet-Tallon, Dalloz, 2008, p. 397, spéc., p. 413.

143 H. Muir-Watt, note sous High Court of justice (Queen's Bench Division, Commercial Court), 10 mai 2005, *Konkola Copper Mines plc v. Coromin*, Rev. crit. DIP 2005. 722, spéc., p. 730.

144 V. not., A. Briggs, "The death of Harrods : *Forum non conveniens* and the European Court", L.Q.R, 2005, p. 535; T. C. Hartley, "The European Union and the systematic dismantling of the Common Law of Conflict of Laws", I.C.L.Q, 2005, Vol.54, No.4, p. 813; P. de Vareilles-Sommières, "The mandatory Nature of Article 2 of the Brussels Convention and derogation from the rule it lays down", in Forum shopping in the European judicial Area, Oxford, Hart Publ., 2007, p. 101.

145 P. de Vareilles-Sommières, « la compétence internationale de l'espace judiciaire européen », art. préc., p. 415.

compétence que les États tiers sont eux aussi susceptibles de revendiquer pour d'irréprochables raisons procédurales »[146]. En particulier, « il a été dit et redit par la doctrine combien cette solution était inopportune, voire 'désastreuse' »[147].

Certes, on a fait valoir que la portée exacte de ce motif demeure incertaine[148]. Cependant, on sait que la difficulté soulevée par la question du juge anglais dans l'affaire *Owusu* est aujourd'hui en partie résolue par le règlement refondu qui vise expressément les situations de litispendance et de connexité impliquant des États tiers. Ces dernières situations sont dorénavant l'objet des articles 33 et 34 du règlement. En revanche, sur les autres points abordés par le juge anglais, le doute reste permis. La Cour réserve sa réponse et le règlement refondu demeure lui aussi silencieux les concernant.

Or, « si la prudence s'impose quant à la portée de l'arrêt *Owusu*, il se pourrait cependant que la position de la Cour de justice transparaisse dans son avis 1/03 du 7 février 2006 sur la compétence de la Communauté pour conclure la nouvelle Convention de Lugano. Au paragraphe 153 de cet avis, la Cour note que l'application d'une règle de compétence prévue par l'accord envisagé peut aboutir à la désignation d'une juridiction compétente autre que celle qui aurait été désignée en vertu des dispositions du règlement n° 44/2001. Ainsi, lorsque la nouvelle Convention de Lugano contient des articles identiques aux articles 22 et 23 du Règlement n°44/2001 et conduit sur cette base à la désignation comme for compétent d'un État tiers partie à cette Convention alors que le défendeur est domicilié dans un État membre, en l'absence de la Convention, ce dernier État serait le for compétent, alors qu'avec la Convention, c'est l'État tiers[149] ». « Affirmer qu'en l'absence de la Convention de Lugano, dans les cas où le for d'un État tiers pourrait légitimement revendiquer une compétence exclusive à raison de la nature du litige ou d'une clause le désignant, c'est le for d'un État membre qui serait compétent, c'est, semble-t-il, refuser d'admettre que le droit national ou la théorie de l'effet réflexe jouent dans cet interstice laissé vacant par le règlement et interdire au tribunal de l'État membre de renoncer à une compétence uniforme ordinaire[150] ». Cette interprétation de l'avis 1/03 est par ailleurs appuyée par la Commission dans son rapport sur l'application du Règlement Bruxelles I en date du 21 avril 2009[151]. La Commission y affirme que « le fonctionnement du règlement vis-à-vis des pays tiers a été analysé par la Cour dans son avis n°1/03 dans lequel elle a estimé en

[146] Cité par C. Chalas, « L'affaire *Ferrexpo* », art. préc., p.370-371.
[147] *Ibid.*, p. 371.
[148] V. supra, n°442.
[149] D.Sindres, « Compétence judiciaire, reconnaissance et exécution des décisions en matière civile et commerciale-compétence », art. préc., n°45.
[150] C. Chalas, « L'affaire *Ferrexpo* », art. préc., n°22, p.371-372.
[151] (COM) 2009 174 final, point 32 §2 in fine.

particulier que les règles de compétence s'appliquent lorsque le défendeur est domicilié dans un État membre dans les affaires où les critères de rattachement relatif à la compétence exclusive au titre des articles 22 et 23 (24 et 25 du règlement Bruxelles Ibis) se trouvent dans un pays tiers (donc a priori absence de ce qui est appelé « effet réflexe »).

On a cependant soutenu que « sans doute était-il possible de voir les choses autrement et de considérer que là où la Cour de justice reconnaît que le règlement n'a pas de prise sur la Convention de Lugano (pas plus qu'il n'en aurait sur d'autres Conventions, conclues entre les États membres et les États tiers conformément à son article 71), il ne saurait en avoir davantage sur leur droit national[152] ».

479. Il faut donc bien admettre que l'éventuelle primauté de l'article 4 et plus généralement la primauté des règles uniformes de compétence, si elle venait à être consacrée par la Cour de justice, s'avèrerait très critiquable.

Une telle primauté jugée excessive en matière de compétence exclusive découlant de l'objet du litige, l'est de même en matière d'accords exclusifs d'élection de for. Elle ruinerait les prévisions légitimes des parties. En effet, celles-ci peuvent s'attendre à ce que la compétence du juge de l'État tiers qu'elles ont élu pour résoudre leurs litiges l'emporte sur celle des juridictions du domicile du défendeur. Faire prévaloir la compétence des juridictions de l'État membre du domicile du défendeur sur celle du juge d'un État tiers auquel les parties ont valablement octroyé compétence ruine toute prévisibilité. Cette solution méconnaît le principe de la force obligatoire des conventions. En outre, selon certains auteurs, elle revient à ajouter au règlement une règle matérielle de nullité, sinon d'inopposabilité, de la clause attribuant compétence à un for tiers lorsque le défendeur est domicilié dans un État membre. L'obligation d'écarter la clause d'élection de for au motif qu'elle désigne les tribunaux d'un État tiers alors que le défendeur est domicilié dans l'Union européenne, donne au critère de localisation du tribunal élu la portée d'un critère de validité et non d'un critère d'applicabilité. Le raisonnement consisterait à considérer, non plus que l'article 23 du Règlement Bruxelles I (art. 25 du Règlement Bruxelles Ibis) est inapplicable et que la clause doit être appréciée sur le fondement du droit international privé du tribunal saisi, mais que la clause est privée d'effet[153].

En conclusion, la solution consistant pour les juridictions de l'État membre du domicile du défendeur, saisies sur le fondement de l'article 4 du règlement,

---

[152] C. Chalas, « L'affaire *Ferrexpo* », art. préc., p. 372.

[153] En ce sens, v. not. S. Francq, « Les clauses d'élection de for dans le nouveau Règlement Bruxelles I Bis », art. préc., p. 115-116 ; D. Sindres, « Compétence judiciaire, reconnaissance et exécution des décisions en matière civile et commerciale-compétence », art. préc., n°46.

à ignorer notamment l'existence d'une clause attribuant compétence exclusive aux tribunaux d'un État tiers[154] se révèle en fin de compte désastreuse[155].

480. D'autres voies sont explorées par la doctrine, notamment la voie de la liberté pour le juge saisi de décliner sa compétence selon les règles de son droit national.

b. La possibilité d'une abdication de compétence en faveur des juridictions d'un État tiers par renvoi au droit national

481. Certains auteurs, tout en admettant sur le fondement de l'article 4 la compétence de principe des juridictions de l'État membre du domicile du défendeur, soutiennent qu'il demeure possible pour le juge d'un État membre de décliner sa compétence au profit de fors tiers selon son droit international privé commun[156].

La large place laissée au droit international privé commun se justifierait par le fait que les règles relatives au déclinatoire de compétence édictées par le règlement ne concernent, à l'exception des nouveaux articles 33 et 34, que les rapports entre États membres. Le silence du règlement au sujet des rapports entre les États membres et les États tiers, si l'on excepte les situations de litispendance et de connexité, donnerait ainsi toute liberté aux juges des États membres de décliner leur compétence sur le fondement de leur propre droit. La solution se veut générale et ne concerne pas seulement les hypothèses dans lesquelles les tribunaux d'États tiers jouiraient d'une compétence exclusive dans des conditions analogues à celles prévues par les articles 24 et 25 du Règlement Bruxelles Ibis. Ainsi, par exemple, si le droit international privé commun du juge de l'État membre saisi sur le fondement de l'article 4 l'autorisait à se dessaisir au profit du juge de l'État tiers où est survenu le fait dommageable, le règlement ne s'opposerait pas à un tel dessaisissement[157]. Ainsi, la circonstance que la mise en œuvre de ce droit international commun risque d'emporter une dérogation à la compétence du tribunal d'un État membre prévue par le règlement n'est pas perçue comme constituant un obstacle au dessaisissement[158]. L'autorité, plus ancienne, du rapport Schlosser peut aussi être invoquée en soutien de l'une de ces solutions, en tant qu'il précise que la Convention de Bruxelles ne règle pas le sort de la clause désignant le for d'un État tiers et qu'il convient, en cette circonstance, d'apprécier la validité de la clause en application du droit international privé

---

[154] De même que dans l'autre hypothèse de compétence exclusive en raison de l'objet du litige.

[155] P. de Vareilles-Sommières, « la compétence internationale de l'espace judiciaire européen », art. préc., p. 413.

[156] R. Fentiman, «National Law and the European Regime», *in International Civil Litigation in Europe and relations with third states*, Bruylant, 2005, p. 83-128.

[157] D. Sindres, « Compétence judiciaire, reconnaissance et exécution des décisions en matière civile et commerciale-compétence », art. préc., n°47.

[158] C. Chalas, « L'affaire *Ferrexpo* », art. préc., n°25, p. 372-373.

commun de l'État membre dont le juge a été saisi en contravention de la clause[159].

482. Cependant, la thèse prônant le renvoi pur et simple au droit national n'est pas jugée satisfaisante par certains auteurs. Elle confère à l'article 4 un caractère facultatif dont il est en revanche dépourvu dans les rapports entre États membres. Par exemple, le juge anglais du domicile du défendeur pourrait décliner sa compétence dans les conditions de son droit international privé commun en faveur du juge chinois du lieu du fait dommageable alors qu'il ne pourrait pas, sauf hypothèses de litispendance ou de connexité, au profit du juge français si le fait dommageable était intervenu en France. Il serait pourtant curieux qu'un juge d'un État membre puisse ainsi renoncer à la compétence qu'il tient du règlement dans des conditions plus larges à l'égard d'États tiers que vis-à-vis des autres États membres avec lesquels il est censé être lié par un rapport de confiance mutuelle[160].

On peut par ailleurs douter de la compatibilité de cette thèse du renvoi au droit national avec l'arrêt *Owusu*. En effet, la Cour de justice dans cet arrêt a refusé au juge anglais le recours à l'exception de *forum non conveniens* en faveur du juge Jamaïcain du lieu du fait dommageable. Or, cette condamnation du *forum non conveniens* semble emporter dans son sillage la thèse qui veut que le juge de l'État membre du domicile du défendeur soit libre de décliner sa compétence en faveur d'un for tiers sur le fondement de son droit international privé commun[161].

483. En définitive, les juridictions de l'État membre du domicile du défendeur ne peuvent, d'une part, ignorer purement et simplement les revendications de compétence d'États tiers car ce faisant elles donneraient lieu à une incohérence dans leur propre système judiciaire. En effet, la prise en considération de l'activité juridictionnelle des États tiers à travers la ratification de la Convention de La Haye ne peut s'accorder avec une négation de cette même activité juridictionnelle ou sa limitation aux hypothèses de litispendance et de connexité. Cependant, d'autre part, ces juridictions ne peuvent appréhender ces revendications par le biais d'institutions puisées dans leur droit national, tel le *forum non conveniens*.

484. Consciente de la difficulté, la doctrine confortée par la jurisprudence anglaise en la matière, a cherché une troisième voie intermédiaire entre les deux précédentes. De cette recherche sont nées différentes théories de « l'effet réflexe ». La théorie de « l'effet réflexe » semble, à première vue, constituer le compromis idéal entre, d'une part, l'interdiction de renoncer à l'exercice d'une compétence uniforme existante et, d'autre part, la permission d'en

[159] JOCE C 59, 5 mars 1979, § 176.
[160] D. Sindres, « Compétence judiciaire, reconnaissance et exécution des décisions en matière civile et commerciale-compétence », art. préc., n°48.
[161] *Ibid.*, n°49.

abdiquer l'exercice par renvoi au droit national et, ce faisant, semble être en mesure de réconcilier l'inconciliable[162].

485. Appliquée aux accords exclusifs d'élection du for d'un État tiers, la théorie de « l'effet réflexe » dans son approche large telle que consacrée dans certains cas de jurisprudence anglaise[163], apportera une réponse appropriée au problème soulevé par l'arrêt *Owusu*. Elle permettra par ailleurs à long terme une application plus large de la Convention de la Haye assurant de la sorte une uniformisation du régime d'efficacité des accords exclusifs d'élection de for.

2. L'approche large de « l'effet réflexe », une solution opportune au régime des accords exclusifs d'élection de for d'États tiers

486. La théorie de « l'effet réflexe », conçue par Georges Droz dans son ouvrage sur *Compétence judiciaire et effets des jugements dans le marché commun*, publié en 1972, prône l'application des règles européennes relatives à l'abdication de compétence entre États membres aux conflits de juridiction existant entre un État membre et un État tiers. « Exposée à l'origine uniquement à propos des compétences exclusives à raison de la matière (art. 16 de la Convention de Bruxelles ; art. 22 du Règlement Bruxelles I et art. 24 du Règlement Bruxelles Ibis), il s'est imposé par la suite qu'elle pouvait également jouer un rôle en cas de clause attributive de juridiction ou de situation de litispendance internationale pour reconnaître la priorité aux juridictions d'un État tiers »[164].

487. Au cœur de la théorie de « l'effet réflexe » se trouve l'extension des règles européennes uniformes relatives à l'abdication de compétence aux litiges dans lesquels la juridiction alternative n'est pas celle d'un État membre mais celle d'un État tiers. Dans ce cadre, il a été très clairement établi qu'il ne pourrait pas s'agir d'une extension pure et simple des règles européennes de déclinatoire de compétence aux relations internationales. À cet égard, on a fait valoir qu'à l'instar des règles européennes qui établissent la compétence, celles qui organisent un déclinatoire de compétence s'inscrivent dans une perspective particulière, celle de la création d'un espace judiciaire européen fondé sur la confiance mutuelle et l'équivalence entre les tribunaux des États membres[165].

Or, on a soutenu que « il est exclu que les règles uniformes relatives au refus d'exercer une compétence, dont certaines sont déjà audacieuses et sujettes à frictions entre États membres, s'appliquent par pure analogie dans un contexte ordinaire où sont absentes des règles communes de répartition des compétences et où s'affrontent différentes conceptions fondamentales de la

[162] C. Chalas, « L'affaire *Ferrexpo* », art. préc., n°31, p. 377.
[163] V. not. High Court of Justice (Queen's Bench Division, Commercial Court), 10 mai 2005, *Rev. crit. DIP* 2005. 722, note H. Muir Watt.
[164] C. Chalas, « L'affaire *Ferrexpo* », art. préc., n°32, p. 378.
[165] A. Nuyts, « La théorie de l'effet réflexe », art. préc., p. 80-81.

justice »[166]. C'est pourquoi dès 1972, l'inventeur de la théorie de « l'effet réflexe » lui-même, G.-A. Droz, a estimé que le dessaisissement par le tribunal d'un État contractant en faveur du tribunal d'un État tiers devait être soumis aux restrictions prévues par le droit commun du tribunal saisi[167].

Par conséquent, « la théorie de « l'effet réflexe » opère un renvoi partiel au droit national, lequel apparaît comme un tempérament nécessaire au raisonnement par analogie en raison de l'impossibilité d'une transposition directe des dispositions uniformes sur l'abdication de compétence »[168].

Cependant, si le déclinatoire de compétence en faveur des États tiers est fondé, en dehors de l'hypothèse de litispendance et de connexité[169], in fine sur le droit national des États membres, la théorie de « l'effet réflexe » permet de préserver un certain encadrement communautaire de ce dernier. Il s'agit de s'assurer que le déclinatoire en faveur des États tiers est en harmonie avec le système mis en place par les règles uniformes dans les relations intra-communautaires[170].

Concrètement, « l'effet réflexe » que l'on fait produire aux dispositions communautaires devrait, selon certains auteurs[171], emporter deux types de conséquences principales.

En premier lieu, le déclinatoire de compétence en faveur des États tiers ne devrait être possible que dans les circonstances dans lesquelles un déclinatoire de compétence est prévu dans les relations intra-communautaires. En l'état actuel du droit, cela signifie que le dessaisissement ne peut être ordonné que dans l'une des hypothèses où les règles uniformes prévoient un déclinatoire de compétence de type dérogatoire, compétence exclusive, clause attributive de compétence exclusive au profit d'un for étranger et procédure parallèle à l'étranger. Cependant, il y a lieu d'observer que s'agissant de l'hypothèse de procédures parallèles à l'étranger, c'est le législateur européen lui-même qui a fait produire aux règles de procédures parallèles européennes un effet réflexe en règlementant cette hypothèse et donc cette dernière échappe à l'emprise du droit commun des États membres.

En second lieu, la théorie de « l'effet réflexe » emporte la transposition dans les relations avec les États tiers des restrictions au déclinatoire de compétence qui jouent dans les relations intra-communautaires. Celles-ci sont de trois ordres. Elles tiennent, tout d'abord, à la préservation de la compétence exclusive dont bénéficierait le tribunal d'un État membre. Cela signifie concrètement qu'un déclinatoire de compétence ne saurait être ordonné en

166 C. Chalas, « L'affaire *Ferrexpo* », art. préc., n°32, p. 378.
167 A. Nuyts, « La théorie de l'effet réflexe », art. préc., p. 80-81.
168 C. Chalas, « L'affaire *Ferrexpo* », art. préc., n°32, p. 378.
169 Règlementées depuis la refonte du Règlement Bruxelles Ibis par le législateur européen lui-même.
170 A. Nuyts, « La théorie de l'effet réflexe », art. préc., p. 83-84.
171 *Ibid.*, p. 84-85.

faveur du tribunal d'un État tiers choisi par les parties par exemple lorsque le litige relève de la compétence exclusive du tribunal d'un État membre en vertu de l'article 24 du Règlement Bruxelles Ibis. Ensuite, le dessaisissement au profit des États tiers ne saurait porter atteinte aux règles protectrices des parties faibles prévues par les instruments communautaires (consommateurs, assurés, travailleurs). Ces règles instaurent notamment des restrictions à l'effet des clauses attributives de juridiction conclues en faveur des tribunaux des États membres qui devraient s'appliquer également lorsque le tribunal élu est celui d'un État tiers[172]. Enfin, on soutient qu'il y a lieu de respecter les conditions spécifiques imposées par les règles uniformes pour chaque type de déclinatoire de compétence. Ainsi, pour que le tribunal d'un État membre renonce à sa compétence en raison d'une clause attributive de juridiction étrangère, il faut que cette clause réponde aux conditions de forme prévues par l'article 25 du Règlement Bruxelles Ibis (art.23 du Règlement Bruxelles I).

S'agissant de cette dernière restriction qui soumet le déclinatoire de compétence aux mêmes conditions que celles auxquelles sont soumis les cas de déclinatoire dans les relations européennes, elle paraît excessive et difficile à mettre en œuvre du moment qu'elle doit être combinée aux restrictions imposées par le droit commun des États membres.

Face à cette approche étroite de « l'effet réflexe », une approche plus large a été défendue par la doctrine et a été entérinée par un courant jurisprudentiel anglais. Cette approche maintient un encadrement communautaire du déclinatoire de compétence en faveur d'un État tiers en limitant les hypothèses du déclinatoire à celles consacrées dans les rapports intra-communautaires tout en opérant un renvoi au droit national tant quant aux conditions que quant aux modalités du dessaisissement. Ainsi, appliquée à l'hypothèse du déclinatoire de compétence en présence d'une clause attributive de compétence exclusive au profit du tribunal d'un État tiers, cette dernière étant une hypothèse de déclinatoire consacrée dans les rapports intra-communautaires, il n'est pas nécessaire que la clause remplisse les conditions de validité prévues par l'article 25 du Règlement Bruxelles Ibis. Il suffit que la clause soit régulière au regard du droit international privé commun du tribunal de l'État membre saisi. La clause attributive de juridiction en tant qu'exception à la rigidité des règles communautaires de compétence est justifiée par la promotion de l'autonomie de la volonté sur le plan juridictionnel par le règlement européen. Cette hypothèse de déclinatoire devrait jouer également dans les rapports entre un État membre et un État tiers. L'article 25 autorisant ce déclinatoire aura à ce titre un « effet réflexe » en ce sens qu'il rend licite le déclinatoire de compétence en faveur du tribunal élu d'un État tiers. Ainsi, dans le cadre de cette approche, la conformité au régime européen sera limitée à la conformité aux objectifs entérinés par ce régime. Il

---

172 A. Nuyts. *Ibid* ; H. Gaudemet-Tallon, M.-E. Ancel, n°139.

ne s'agit nullement comme dans l'approche étroite d'une bilatéralisation des dispositions organisant le déclinatoire de compétence en faveur des États membres ni d'une conformité quant à la forme et la méthodologie de ces règles. Par conséquent, appliqué aux clauses attributives de juridiction, le régime européen valorise l'autonomie des parties en exigeant que les tribunaux respectent la compétence attribuée par l'accord des parties au tribunal d'un autre État membre. Il est par conséquent admissible de recourir aux règles du droit national qui auront dans les rapports entre États membres et États tiers pour effet de respecter l'autonomie des parties en donnant effet aux accords d'élection de for d'États tiers. L'effet sera que les États membres seront autorisés à user de leur droit national pour surseoir à statuer en pareille hypothèse[173].

488. Cette approche large de « l'effet réflexe » a trouvé un écho dans la pratique jurisprudentielle anglaise. Elle est bien illustrée par la décision de la chambre commerciale de la division du banc de la reine de la High Court dans l'affaire *Konkola Copper Mines plc v. Coromin*[174].

Dans cette première décision post-*Owusu*, la question se posait de savoir si les juridictions anglaises conservent le pouvoir de modérer leur propre compétence internationale en présence d'une clause attributive désignant le for d'un État tiers dès lors que le défendeur est domicilié en Angleterre. Dans sa réponse, la Cour a notamment affirmé qu'il appartient au juge saisi de déterminer par référence au droit international privé du for la validité et l'effet d'une clause attributive de juridiction désignant le for d'un État tiers dès lors que l'arrêt *Owusu* de la Cour de justice n'a pas eu pour effet de modifier l'approche adoptée à l'égard de ces clauses par les juridictions anglaises dans *The El Amria*[175] et *Donahue v. Armco*[176] et selon laquelle le juge saisi d'une action intentée en violation d'une clause attributive de juridiction exclusive et dont la compétence est contestée sur ce fondement, peut se dessaisir au profit du juge élu sans pour autant y être tenu[177].

Dans cette affaire soumise à la chambre commerciale de la division du Banc de la Reine de la High Court, il s'agissait en l'espèce d'une entreprise « Konkola Copper Mines plc, incorporée en Zambie, qui exploite une mine de cuivre à Nchanga. Coromin est une compagnie d'assurance incorporée aux Bermudes. Les réassureurs de Coromin sont les syndicats de Lloyd's ou d'autres assureurs établis dans l'Union européenne ou en Suisse. Le 8 avril 2001, une avalanche de rochers a substantiellement endommagé la mine et

---

173 R. Fentiman, « Art. 33,34 », *op. cit.*, n°51-52, p. 775.

174 High Court of justice (Queen's Bench Division, Commercial Court), 10 mai 2005, Konkola Copper Mines plc v. Coromin, précité.

175 *The El Amria*, [1981] 2 Lloyd's Rep. 119.

176 *Donahue v. Armco Inc*. [2002] I Lloyd's Rep. 425.

177 High Court of justice (Queen's Bench Division, Commercial Court), 10 mai 2005, *Konkola Copper Mines plc v. Coromin*, précité.

causé la mort de dix mineurs. Konkola réclama alors une indemnité auprès de Coromin en vertu de deux polices d'assurance, et présenta des demandes auprès d'un assureur local de droit zambien. Coromin objecta qu'aucun contrat ne le liait directement à Konkola, reconnaissant qu'en revanche il réassurait bien les assureurs locaux à concurrence de 90 % des risques. À son tour, Coromin entreprit de mettre en jeu la garantie de ses propres (sur) réassureurs. Ces derniers admirent qu'ils étaient engagés contractuellement à (sur)réassurer Coromin, mais opposèrent que le contrat de réassurance contenait une clause attributive de juridiction et de choix de la loi applicable au profit du for et du droit de la Zambie. Ils demandèrent donc à la Queen's Bench division, Commercial Court, de se dessaisir au profit du juge zambien élu[178] ».

En défense, Coromin a soutenu que l'arrêt *Owusu* entraine une modification du régime de la clause attributive de juridiction tel qu'il résultait de l'arrêt de la chambre des Lords dans *Donahue v. Armco Inc*[179]. Selon cet arrêt, le juge saisi au mépris d'une clause attributive valable désignant un for étranger a le pouvoir, sinon l'obligation, de se dessaisir. Selon Coromin, de même que la Cour saisie ne pourrait plus décliner la compétence qu'elle tire de l'article 2 du règlement en faveur d'un for tiers en vertu du *forum non conveniens*, de même elle ne peut le faire dans les mêmes circonstances afin de donner effet à une clause attributive, dès lors que sa compétence résulte de l'article 2 du règlement et que le juge élu est celui d'un État tiers[180].

489. « La Cour commerciale relève l'importance exceptionnelle que la question posée revêt pour sa propre activité, en ce qu'elle est appelée fréquemment à user de ses pouvoirs de protection des clauses attributives en matière commerciale internationale sous forme soit de *forum non conveniens* au profit d'un juge tiers, soit d'injonction *anti-suit* en cas de violation d'une clause désignant les tribunaux anglais. Elle s'attache donc à une analyse approfondie de l'arrêt *Owusu* afin d'en déterminer la portée dans l'hypothèse où il est demandé au juge anglais de se dessaisir sur le fondement d'une clause désignant un for étranger tiers par rapport à l'Union européenne »[181].

490. « La Cour constate que le litige devant elle a en commun avec l'affaire *Owusu*, d'une part, le fait de mettre en jeu les rapports entre États membres et États tiers, d'autre part, l'opposition entre le régime juridictionnel strict de la Convention/règlement à travers l'article 2 du Règlement Bruxelles I (art. 4 du Règlement Bruxelles Ibis) et le régime d'exercice discrétionnaire de la compétence internationale de la *common law*. Elle rappelle que ce dernier a

---

[178] *Ibid.*

[179] *Donahue v. Armco Inc*, précité.

[180] High Court of justice (Queen's Bench Division, Commercial Court), 10 mai 2005, *Konkola Copper Mines plc v. Coromin*, précité.

[181] H. Muir Watt, note précitée sous High Court of justice (Queen's Bench Division, Commercial Court), 10 mai 2005, *Konkola Copper Mines plc v. Coromin*, p. 723.

été rejeté par la Cour de justice dans l'affaire *Owusu* au double motif que la Convention de Bruxelles s'étend à la répartition des litiges entre États contractants et États tiers, et que la méthodologie de la *common law* était incompatible avec les objectifs de cet instrument. Cependant, la Commercial Court souligne qu'il existe une différence entre le cas où le défendeur est domicilié dans un État membre et que seul le *forum non conveniens* fonde le non-exercice de la compétence issue de l'article 2 et celui où le for étranger est désigné par une clause attributive de juridiction. Dans ce dernier cas, il existe bien une disposition, l'article 23 du règlement Bruxelles I (Art. 25 du Règlement Bruxelles Ibis), qui en traite directement, et qui exprime une politique qui consiste à faire prévaloir la clause sur l'article 2, au moins quand le for élu est celui d'un État membre. Or, rien ne semble justifier qu'il en aille autrement dans le cas du choix contractuel d'un for tiers »[182].

Par ailleurs, la Cour commerciale estime que le rapport Schlosser[183] tend à confirmer cette conclusion puisqu'il précise que la Convention de Bruxelles ne règle pas le sort de clauses désignant le for d'un État tiers. « Ce même passage du rapport Schlosser a été cité par la Cour de justice dans l'arrêt *Coreck Maritime* du 9 novembre 2000[184], qui rappelle que l'article 17 (Art. 25 du règlement Bruxelles Ibis) ne s'applique qu'à la condition que le juge élu se situe dans un État contractant et que, dans le cas contraire, l'effet de la clause relève du droit international privé du for. Il faut donc comprendre que le for saisi doit appliquer ses propres règles de droit international privé pour déterminer tant la validité que l'efficacité des clauses attributives désignant un tribunal d'un État non-membre »[185].

La logique de la Cour commerciale consiste à opposer le risque d'insécurité juridique qui découle du *forum non conveniens* et qui est rejeté par la Cour de justice, et la prévisibilité favorisée par les clauses attributives qui doivent l'emporter par conséquent sur l'article 2[186].

La Cour commerciale estime, par ailleurs, qu'il n'y a pas dans le rapport Schlosser d'indications qui permettent de déduire que le droit international privé commun du for, appliqué pour déterminer l'efficacité d'une clause désignant un for tiers, doive être conforme aux paramètres de prévisibilité posés par le règlement, ni en particulier qu'il doive être exclusif de toute discrétion judiciaire dans la mise en œuvre de la clause[187].

---

182 *Ibid.*, p. 723-724.

183 Au § 176.

184 CJCE, 9 novembre 2000, aff. C-387/98, *Coreck Maritime GmbH c. Handelsveem BV e.a*, Rec. 2000, I-9337.

185 H. Muir Watt, note précitée sous High Court of justice (Queen's Bench Division, Commercial Court), 10 mai 2005, *Konkola Copper Mines plc v. Coromin*, p. 724.

186 *Ibid.*

187 *Ibid.*

Il résulte d'une jurisprudence constitutive du droit international privé commun anglais en la matière, que le juge saisi en violation d'une clause attributive désignant un for étranger a le pouvoir, mais non l'obligation, de se dessaisir en faveur du juge élu[188]. Il dispose donc d'un pouvoir régulateur à l'égard de sa propre compétence internationale, à l'exemple du cas de l'arrêt *Owusu*, où il est saisi d'une exception de *forum non conveniens* en présence d'un for étranger concurremment compétent sur le fondement des règles de compétence directe de ce for. Cependant, en vertu de cette même jurisprudence, ce pouvoir sera en principe exercé dans le sens du respect de la clause. Le demandeur devant le for non élu aura la charge de prouver qu'il existe de « fortes raisons » pour que le juge saisi retienne sa compétence au fond en dépit de la clause[189]. « Le *Dicey et Morris* souligne que la charge exigée du demandeur est plus forte que celle de démontrer que le for anglais est *forum* conveniens car elle va à l'encontre du sens d'un engagement contractuel[190]. Elle implique donc, outre l'examen des divers facteurs toujours présents dans le cadre du *forum non conveniens* (lieu de situation des preuves, applicabilité ou non de la loi du for élu, degré de proximité entre les parties et le for élu, comportement dilatoire ou non des défendeurs se prévalant de la clause…), une appréciation de l'injustice éventuelle que subirait le demandeur s'il était contraint de plaider devant un juge étranger (privation d'une sureté, impossibilité d'exécution du jugement obtenu, jeu d'une prescription ou d'une forclusion, risque de dévoiement de la procédure pour des raisons politiques, raciales ou religieuses…) »[191].

491. La Cour commerciale anglaise semble bien tirer les conséquences appropriées des seules indications qui se dégagent selon l'arrêt *Owusu* quant aux questions de l'admissibilité du dessaisissement en faveur des États tiers et de l'applicabilité de la Convention de Bruxelles à ce type de dessaisissement. Selon la doctrine, ces indications sont notamment que l'on peut permettre le dessaisissement en faveur d'un État tiers et que ce dessaisissement peut être soumis aux règles de droit commun des États membres si cela ne porte pas atteinte aux objectifs poursuivis par la Convention[192].

En effet, le tribunal anglais a abordé la question de savoir si tous les cas de concurrence entre un for tiers et le juge anglais saisi sur le fondement du domicile du défendeur doivent être assimilés au regard de l'arrêt *Owusu* en considération du fait qu'ils mettent tous en cause le pouvoir modérateur de ce

---

188 En dernier lieu, l'arrêt de la chambre des Lords dans l'affaire *Donahue v. Armco Inc*, précité.

189 H. Muir Watt, note précitée sous High Court of justice (Queen's Bench Division, Commercial Court), 10 mai 2005, *Konkola Copper Mines plc v. Coromin*, p. 726-727.

190 § 12-114 sous Rule 32.

191 H. Muir Watt, note précitée sous High Court of justice (Queen's Bench Division, Commercial Court), 10 mai 2005, *Konkola Copper Mines plc v. Coromin*, p. 726-727.

192 L. Usunier, *La régulation de la compétence juridictionnelle en droit international privé*, *op. cit.*, n° 404, p. 346.

juge, ou si d'autres facteurs, telle, en l'occurrence, la présence de la clause attributive, permet de les distinguer ? « La décision du juge Coleman dans l'affaire *Konkola* penche clairement en faveur de l'absence d'analogie entre ces diverses hypothèses. En effet, l'arrêt *Owusu* concernait le cas où la compétence du for tiers, potentiellement plus approprié, s'offrait simplement de façon parallèle par rapport à la compétence communautaire tirée de l'article 2 du règlement, en tant qu'elle était fondée au regard des règles de compétence directe étrangère sur le domicile des codéfendeurs. Si le cas de *Konkola* s'en distingue, c'est parce que la compétence du juge tiers résultait précisément d'une clause attributive que les objectifs communautaires tendent a priori à favoriser. Comme le relève le juge Coleman, les effets de la clause attributive, au moins de celle qui désigne le juge d'un État membre, font l'objet de dispositions expresses du règlement qui tendent à en promouvoir l'efficacité, et rien ne permet de penser que la politique de faveur à l'égard de la désignation conventionnelle du juge ne s'étendait pas aux clauses désignant un for tiers. Dès lors, à la différence de l'affaire *Owusu*, où la question était de savoir si le juge anglais pouvait exercer sa compétence pour contourner dans les rapports avec les pays tiers la mise en œuvre d'un chef de compétence cardinal du règlement, le problème était plutôt de savoir si le même pouvoir modérateur pouvait être exercé en vue de faire respecter une compétence jugée souhaitable par le même instrument, du moins dans le contexte des rapports entre États membres, fût-ce dans le champ du droit international privé commun et au profit d'un for tiers [193] ».

Cette approche large de « l'effet réflexe » telle qu'abordée par le juge anglais dans le traitement des conflits de juridiction entre un État membre et un État tiers est soutenue par une partie de la doctrine des pays de tradition civiliste[194]. On a notamment critiqué la Cour de justice qui, à trop vouloir chasser le *forum non conveniens,* a conféré dans son arrêt *Owusu* une primauté apparemment inconditionnelle à l'article 2 dès que le conflit se situe à cheval entre le territoire communautaire et un État non-membre. À cet égard, on a espéré un ralentissement des renvois préjudiciels jusqu'à ce que l'état de la réflexion se cristallise à travers des décisions raisonnées comme celle du juge anglais dans l'affaire *Konkola*.

Une autre partie de la doctrine a regretté que le Règlement Bruxelles Ibis soit resté silencieux sur le sort des clauses attributives de compétence aux tribunaux d'États tiers. Certes, on admettait que le législateur européen ne pouvait imposer à un tribunal d'un État tiers d'accepter ou de refuser une prorogation de compétence faite en sa faveur. Mais on affirmait qu'il aurait été concevable, en restant dans le cadre européen, de décider que les tribunaux

---

[193] H. Muir Watt, note précitée sous High Court of justice (Queen's Bench Division, Commercial Court), 10 mai 2005, *Konkola Copper Mines plc v. Coromin*, p. 728.
[194] V. not. H. Muir Watt, *ibid*, p. 731 ; L. Usunier, *La régulation de la compétence juridictionnelle en droit international privé*, *op. cit*., n° 396-n°411.

des États membres auraient l'obligation de respecter cette clause dès lors que le juge étranger acceptait sa compétence, devait statuer dans un délai raisonnable et que sa décision pourrait éventuellement être reconnue et exécutée dans un État membre[195].

Il n'en demeure pas moins qu'en l'état actuel du silence du législateur sur le sort des clauses attributives de juridiction en faveur du for d'un État tiers en dehors des cas de litispendance et de connexité, l'approche large de « l'effet réflexe » telle qu'adoptée par le juge anglais paraît constituer une solution opportune. Elle conjugue à la fois l'objectif d'assurer le respect de l'autonomie des parties tel que prôné par le règlement européen et la nécessité de prendre en considération le niveau variable de confiance entre les États européens et les États tiers. Ce renvoi partiel qu'elle opère au droit international privé commun des États membres permettra par ailleurs d'élargir le domaine d'application de la Convention de La Haye à tous les cas où le tribunal choisi est un tribunal d'un État contractant importe peu le domicile des parties. La Convention de La Haye permettra à long terme l'harmonisation du régime d'efficacité des accords d'élection de for d'États tiers à l'Union européenne.

[195] H. Gaudemet-Tallon, M.-E. Ancel, n°139 ; en ce sens l'art. 23 bis proposé par le GEDIP (session de Bergen 2008), in Le droit international privé européen en construction, p.742.

Conclusion de la partie II

492. L'étude de l'efficacité de l'accord exclusif d'élection de for sur le plan des règles régissant les effets de cet accord nous permet d'asseoir les observations suivantes :

Premièrement, il y a lieu d'observer que la Convention semble renforcer l'efficacité de l'accord en imposant, d'une part, au juge élu de statuer, sauf en cas de nullité de l'accord et, d'autre part, au juge saisi au mépris de l'accord de se dessaisir. Cependant, l'effet dérogatoire attaché à l'accord exclusif d'élection de for est atténué par des exceptions qui peuvent se résumer en deux exceptions. La première est l'injustice manifeste qui pourrait résulter de l'accord. La deuxième, est la méconnaissance des règles internationalement impératives du for saisi en dépit de l'accord.

Ces exceptions ouvrent largement la voie à l'insécurité juridique et sont génératrices d'imprévisibilité, ce qui peut réduire l'utilité du recours à ce mode d'attribution de compétence. C'est pourquoi, il est nécessaire que les tribunaux des États contractants exercent une autolimitation quant aux pouvoirs qui leur sont reconnus en vertu de ces exceptions.

De même, une interprétation stricte de ces exceptions répondra aux finalités recherchées à travers leur édiction. Ces finalités se résument, d'une part, dans la garantie d'un droit d'accès à la justice à travers l'exception d'injustice manifeste et, d'autre part, dans la prise en considération des intérêts majeurs des États en assurant un respect raisonnable des règles internationalement impératives du juge saisi en dépit de l'accord à travers l'exception de la violation manifeste de l'ordre public du for saisi.

Cette interprétation restrictive permet de préserver l'autonomie juridictionnelle tout en assurant la justice procédurale et les intérêts majeurs des États.

Deuxièmement, l'efficacité d'un accord exclusif d'élection de for soulève au niveau de ses effets, la question des pouvoirs des tribunaux d'examiner la validité et l'effet d'un tel accord.

En effet, il n'est pas rare en cas de conclusion d'un tel accord que l'une des parties saisisse un tribunal autre que celui élu. À cet égard, l'attribution d'une priorité au tribunal élu pour se prononcer sur la validité et l'effet d'un tel accord semble être la solution idéale et correspond par ailleurs à l'attente légitime des parties. Cependant, cette dernière solution ne correspond pas à l'approche adoptée par la Convention de La Haye. En effet, cette dernière n'a accordé aucune priorité au juge élu pour se prononcer sur la validité et l'effet de l'accord. Elle a plutôt donné des pouvoirs parallèles à tout juge saisi en dépit de l'accord pour se prononcer sur la validité et l'effet de celui-ci. De ce fait, la Convention ouvre la voie aux procédures parallèles.

L'approche comparée avec le régime européen du Règlement Bruxelles Ibis exige une distinction entre les accords d'élection d'un for européen et ceux du for d'un État tiers.

En effet, pour les accords exclusifs d'élection d'un for européen, le législateur européen à la différence de la Convention de La Haye, a opté, en cas de procédures parallèles, pour une priorité au tribunal élu pour se prononcer sur la validité et l'effet de l'accord. Bien que cette solution soit motivée par le souci d'éviter des décisions contradictoires, elle garantit mieux que l'approche de la Convention, l'efficacité de l'accord.

En revanche, pour les accords exclusifs d'élection du for d'un État tiers, le régime européen est largement silencieux en dehors des hypothèses de litispendance et de connexité. En outre, la règlementation de ces dernières hypothèses soulève de nombreuses difficultés.

Ce silence du règlement européen ouvre la voie au recours à la Convention de La Haye comme issue de secours, certes, dans des dimensions limitées à l'heure actuelle.

Conclusion générale

493. Nous nous sommes attachés dans notre étude de l'efficacité de l'accord exclusif d'élection de for à travers la Convention de La Haye, à analyser les dispositions de la Convention porteuses d'une certaine efficacité de l'accord exclusif d'élection de for mais en même temps on a essayé de démontrer les difficultés de mise en œuvre de ces dispositions ainsi que les limites à cette efficacité et qui justifient qu'on puisse qualifier cette efficacité de mitigée.

494. on s'est attaché à démontrer ces aspects d'abord au niveau de la validité de l'accord ensuite au niveau de ses effets.

495. D'abord au niveau de la validité. Sur le fond, la Convention a assuré une efficacité de l'accord exclusif d'élection de for en affirmant à l'instar des conventions d'arbitrage le principe de l'autonomie matérielle de cet accord mais également la Convention de La Haye a établi une règle de conflit autonome régissant la validité au fond de l'accord exclusif d'élection de for. Bien que cette règle de conflit présente l'avantage de clarifier le régime de validité au fond et de soumettre la validité de l'accord à une même loi quel que soit le tribunal saisi, elle est porteuse de difficultés de mise en œuvre, sources de complication pour le juge au stade préliminaire de l'établissement de sa compétence mais également d'imprévisibilité pour les parties. Sur le plan des conditions de forme de l'accord, la simple exigence de l'écrit ou son équivalent électronique, bien qu'elle témoigne d'un certain libéralisme de la Convention en la matière, elle laisse planer des incertitudes et des ambiguïtés face au développement de certaines pratiques contractuelles comme les clauses par référence. Elle laisse de ce fait le juge livré à lui-même.

496. Ensuite, au niveau des effets de l'accord exclusif d'élection de for, les rédacteurs de la Convention ont édicté une règle de base pour l'efficacité de l'accord exclusif d'élection de for. Il s'agit de l'obligation pour le tribunal saisi en dépit de l'accord de se dessaisir ou de surseoir à statuer. Cependant, cette règle est largement édulcorée par des exceptions. Lors de notre analyse de ces exceptions dont le caractère exceptionnel a été à maintes reprises rappelé par les rapporteurs de la Convention et la doctrine, on a essayé d'adopter une interprétation utile des dispositions de la Convention à la lumière de son objectif. A cet effet, on a pu résumer ces exceptions dans deux

motifs majeurs du refus de dessaisissement en présence d'un accord valable. Il s'agit, d'une part, d'assurer le droit d'accès à la justice et, d'autre part, de sauvegarder les règles internationalement impératives du juge saisi en dépit de l'accord. Certes, il appartiendra aux tribunaux dans leur application de la Convention de faire preuve de prudence dans la mise en œuvre de ces exceptions afin de ne pas remettre en cause l'efficacité des accords exclusifs d'élection de for et en définitive l'utilité même de la Convention.

Le deuxième aspect dans le cadre des effets de l'accord exclusif d'élection de for où l'efficacité de celui-ci est mitigée a trait à l'examen du pouvoir de déterminer l'effet et la validité d'un tel accord notamment lors de la saisine d'un juge non élu. Sur cette question, la Convention s'écarte du modèle européen du Règlement Bruxelles Ibis en donnant au juge saisi en dépit de l'accord le pouvoir de se prononcer sur la validité de celui-ci. L'absence d'une règle règlementant la litispendance au sein de la Convention de La Haye est sujette à la critique. À cet égard, l'analyse comparative du choix européen sur la question permet de mieux comprendre les dangers que présente la solution conventionnelle. Le risque de procédures parallèles et de décisions contradictoires est inhérent à ce choix conventionnel.

En revanche, la Convention de La Haye permettra d'apporter une réponse au régime d'efficacité des accords exclusifs d'élection de for d'États tiers devant le juge européen face au silence partiel des textes européens. À long terme et au fur et à mesure que cette Convention gagnera en application à travers sa ratification possible par les États, elle pourra former le droit commun des États. Elle permettra dans le cadre européen de compléter le régime des accords exclusifs d'élection de for devant le juge européen dans sa variante donnant compétence au juge d'un État tiers.

497. Un dernier constat s'impose : malgré ce bilan d'efficacité mitigée, il faut bien admettre que si d'un point de vue académique il est évident de trouver des failles dans la règlementation de l'efficacité des accords d'élection de for, il ne faut pas oublier qu'en contemplant les treize années de négociations de la Convention, l'effort d'atteindre un consensus était important. Les compromis réalisés se sont cependant traduits parfois par des défaillances en grande partie dues à une impossibilité d'atteindre une solution parfaite acceptable par des États ne partageant pas une même tradition juridique. Le clivage entre les pays de tradition civiliste et ceux de *common law* était parfois difficile à résoudre, voire impossible. On peut cependant affirmer comme l'a fait Montesquieu jadis que « le mieux est le mortel ennemi du bien ». Par conséquent, il faut bien admettre que la Convention de La Haye répond à un besoin réel et aide à faciliter les transactions internationales. L'essor des tribunaux commerciaux internationaux pourra se traduire par une expansion prévisible de cette Convention.

Annexe

La Convention de La Haye du 30 juin 2005

HCCH
HAGUE CONFERENCE ON
PRIVATE INTERNATIONAL LAW
CONFÉRENCE DE LA HAYE
DE DROIT INTERNATIONAL PRIVÉ

37. CONVENTION SUR LES ACCORDS D'ÉLECTION DE FOR (Conclue le 30 juin 2005)

Les États parties à la présente Convention,

Désireux de promouvoir le commerce et les investissements internationaux en renforçant la coopération judiciaire,

Convaincus que cette coopération peut être renforcée par des règles uniformes sur la compétence et la reconnaissance et l'exécution des jugements étrangers en matière civile ou commerciale, Convaincus que cette coopération renforcée nécessite en particulier un régime juridique international apportant la sécurité et assurant l'efficacité des accords exclusifs d'élection de for entre les parties à des opérations commerciales et régissant la reconnaissance et l'exécution des jugements rendus dans le cadre de procédures fondées sur de tels accords,

Ont résolu de conclure la présente Convention et sont convenus des dispositions suivantes :

CHAPITRE I – CHAMP D'APPLICATION ET DEFINITIONS

Article premier
Champ d'application

1. La présente Convention s'applique, dans des situations internationales, aux accords exclusifs d'élection de for conclus en matière civile ou commerciale.

2. Aux fins du chapitre II, une situation est internationale sauf si les parties résident dans le même État contractant et si les relations entre les parties et tous les autres éléments pertinents du litige, quel que soit le lieu du tribunal élu, sont liés uniquement à cet État.

3. Aux fins du chapitre III, une situation est internationale lorsque la reconnaissance ou l'exécution d'un jugement étranger est requise.

Article 2

Exclusions du champ d'application

1. La présente Convention ne s'applique pas aux accords exclusifs d'élection de for :

a) auxquels une personne physique agissant principalement dans un but personnel, familial ou domestique (un consommateur) est partie ;

b) relatifs aux contrats de travail, y compris les conventions collectives.

2. La présente Convention ne s'applique pas aux matières suivantes :

a) l'état et la capacité des personnes physiques ;

b) les obligations alimentaires ;

c) les autres matières du droit de la famille, y compris les régimes matrimoniaux et les autres droits ou obligations résultant du mariage ou de relations similaires ;

d) les testaments et les successions ;

e) l'insolvabilité, les concordats et les matières analogues ;

f) le transport de passagers et de marchandises ;

g) la pollution marine, la limitation de responsabilité pour des demandes en matière maritime, les avaries communes, ainsi que le remorquage et le sauvetage d'urgence ;

h) les entraves à la concurrence ;

i) la responsabilité pour les dommages nucléaires ;

j) les demandes pour dommages corporels et moraux y afférents introduites par des personnes physiques ou en leur nom ;

k) les demandes qui ne naissent pas d'une relation contractuelle et qui sont fondées sur la responsabilité délictuelle pour des dommages aux biens tangibles ;

l) les droits réels immobiliers et les baux d'immeubles ;

m) la validité, la nullité ou la dissolution d'une personne morale, et la validité des décisions de ses organes ;

n) la validité des droits de propriété intellectuelle autres que les droits d'auteur et les droits voisins ;

o) la contrefaçon des droits de propriété intellectuelle autres que les droits d'auteur et les droits voisins, à l'exception des litiges portant sur une contrefaçon fondés sur une violation du contrat entre les parties relatif à de tels droits, ou qui auraient pu être fondés sur une violation de ce contrat ;

p) la validité des inscriptions sur les registres publics.

3. Nonobstant le paragraphe 2, un litige n'est pas exclu du champ d'application de la présente Convention lorsqu'une matière exclue en vertu de ce paragraphe est soulevée seulement à titre préalable et non comme un objet du litige. En particulier, le seul fait qu'une matière exclue en vertu du

paragraphe 2 est soulevée à titre de défense n'exclut pas le litige du champ d'application de la Convention, si cette matière n'est pas un objet du litige.

4. La présente Convention ne s'applique pas à l'arbitrage et aux procédures y afférentes.

5. Le seul fait qu'un État, y compris un gouvernement, une agence gouvernementale ou toute personne agissant pour le compte d'un État, est partie à un litige n'exclut pas celui-ci du champ d'application de la présente Convention.

6. La présente Convention n'affecte pas les privilèges et immunités dont jouissent les États ou les organisations internationales, pour eux-mêmes et pour leurs biens.

Article 3

Accords exclusifs d'élection de for

Aux fins de la présente Convention :

a) un « accord exclusif d'élection de for » signifie un accord conclu entre deux ou plusieurs parties, qui est conforme aux exigences prévues au paragraphe c), et qui désigne, pour connaître des litiges nés ou à naître à l'occasion d'un rapport de droit déterminé, soit les tribunaux d'un État contractant, soit un ou plusieurs tribunaux particuliers d'un État contractant, à l'exclusion de la compétence de tout autre tribunal ;

b) un accord d'élection de for qui désigne les tribunaux d'un État contractant, ou un ou plusieurs tribunaux particuliers d'un État contractant, est réputé exclusif sauf si les parties sont convenues expressément du contraire ;

c) un accord exclusif d'élection de for doit être conclu ou documenté :

i) par écrit ; ou

ii) par tout autre moyen de communication qui rende l'information accessible pour être consultée ultérieurement ;

d) un accord exclusif d'élection de for faisant partie d'un contrat est considéré comme un accord distinct des autres clauses du contrat. La validité de l'accord exclusif d'élection de for ne peut être contestée au seul motif que le contrat n'est pas valable.

Article 4

Autres définitions

1. Au sens de la présente Convention, le terme « jugement » signifie toute décision sur le fond rendue par un tribunal, quelle que soit sa dénomination, telle qu'un arrêt ou une ordonnance, de même que la fixation des frais du procès par le tribunal (y compris le greffier du tribunal), à condition qu'elle ait trait à une décision sur le fond susceptible d'être reconnue ou exécutée en vertu de la présente Convention. Les mesures provisoires et conservatoires ne sont pas des jugements.

2. Aux fins de la présente Convention, une entité ou personne autre qu'une personne physique est réputée avoir sa résidence dans l'État :

a) de son siège statutaire ;

b) selon le droit duquel elle a été constituée ; c) de son administration centrale ; ou d) de son principal établissement.

CHAPITRE II – COMPETENCE

Article 5

Compétence du tribunal élu

1. Le tribunal ou les tribunaux d'un État contractant désignés dans un accord exclusif d'élection de for sont compétents pour connaître d'un litige auquel l'accord s'applique, sauf si celui-ci est nul selon le droit de cet État.

2. Le tribunal ayant compétence en vertu du paragraphe premier ne peut refuser d'exercer sa compétence au motif qu'un tribunal d'un autre État devrait connaître du litige.

3. Les paragraphes précédents n'affectent pas les règles relatives :

a) à la compétence d'attribution ou à la compétence fondée sur le montant de la demande ;

b) à la répartition interne de compétence parmi les tribunaux d'un État contractant. Toutefois, lorsque le tribunal élu dispose d'un pouvoir discrétionnaire de renvoyer l'affaire, le choix des parties est dûment pris en considération.

Article 6

Obligations du tribunal non élu

Tout tribunal d'un État contractant autre que celui du tribunal élu sursoit à statuer ou se dessaisit lorsqu'il est saisi d'un litige auquel un accord exclusif d'élection de for s'applique, sauf si :

a) l'accord est nul en vertu du droit de l'État du tribunal élu ;

b) l'une des parties n'avait pas la capacité de conclure l'accord en vertu du droit de l'État du tribunal saisi ;

c) donner effet à l'accord aboutirait à une injustice manifeste ou serait manifestement contraire à l'ordre public de l'État du tribunal saisi ;

d) pour des motifs exceptionnels hors du contrôle des parties, l'accord ne peut raisonnablement être mis en œuvre ; ou

e) le tribunal élu a décidé de ne pas connaître du litige.

Article 7

Mesures provisoires et conservatoires

Les mesures provisoires et conservatoires ne sont pas régies par la présente Convention. Celle-ci n'exige ni n'empêche l'octroi, le rejet ou la levée des mesures provisoires et conservatoires par un tribunal d'un État contractant. Elle n'affecte pas la possibilité pour une partie de demander de telles mesures, ni la faculté du tribunal d'accorder, de rejeter ou de lever de telles mesures.

CHAPITRE III – RECONNAISSANCE ET EXECUTION

Article 8

Reconnaissance et exécution

1. Un jugement rendu par un tribunal d'un État contractant désigné dans un accord exclusif d'élection de for est reconnu et exécuté dans les autres États

contractants conformément au présent chapitre. La reconnaissance ou l'exécution peut être refusée aux seuls motifs énoncés dans la présente Convention.

2. Sans préjudice de ce qui est nécessaire à l'application des dispositions du présent chapitre, il n'est procédé à aucune révision au fond du jugement rendu par le tribunal d'origine. Le tribunal requis est lié par les constatations de fait sur lesquelles le tribunal d'origine a fondé sa compétence, sauf si le jugement a été rendu par défaut.

3. Un jugement n'est reconnu que s'il produit ses effets dans l'État d'origine et n'est exécuté que s'il est exécutoire dans l'État d'origine.

4. La reconnaissance ou l'exécution peut être différée ou refusée si le jugement fait l'objet d'un recours dans l'État d'origine ou si le délai pour exercer un recours ordinaire n'a pas expiré. Un tel refus n'empêche pas une demande ultérieure de reconnaissance ou d'exécution du jugement.

5. Cet article s'applique également à un jugement rendu par un tribunal d'un État contractant suite à un renvoi de l'affaire du tribunal élu dans cet État contractant comme prévu par l'article 5, paragraphe 3. Toutefois, lorsque le tribunal élu disposait d'un pouvoir discrétionnaire de renvoyer l'affaire devant un autre tribunal, la reconnaissance ou l'exécution du jugement peut être refusée à l'égard d'une partie qui s'était opposée au renvoi en temps opportun dans l'État d'origine.

Article 9

Refus de reconnaissance ou d'exécution

La reconnaissance ou l'exécution peut être refusée si :

a) l'accord était nul en vertu du droit de l'État du tribunal élu, à moins que celui-ci n'ait constaté que l'accord est valable ;

b) l'une des parties n'avait pas la capacité de conclure l'accord en vertu du droit de l'État requis ;

c) l'acte introductif d'instance ou un acte équivalent contenant les éléments essentiels de la demande :

i) n'a pas été notifié au défendeur en temps utile et de telle manière qu'il puisse organiser sa défense, à moins que le défendeur n'ait comparu et présenté sa défense sans contester la notification devant le tribunal d'origine, à condition que le droit de l'État d'origine permette de contester la notification ; où

ii) a été notifié au défendeur dans l'État requis de manière incompatible avec les principes fondamentaux de l'État requis relatifs à la notification de documents ;

d) le jugement résulte d'une fraude relative à la procédure ;

e) la reconnaissance ou l'exécution est manifestement incompatible avec l'ordre public de l'État requis, notamment dans les cas où la procédure aboutissant au jugement en l'espèce était incompatible avec les principes fondamentaux d'équité procédurale de cet État ;

f) le jugement est incompatible avec un jugement rendu dans l'État requis dans un litige entre les mêmes parties ; ou

g) le jugement est incompatible avec un jugement rendu antérieurement dans un autre État entre les mêmes parties dans un litige ayant le même objet et la même cause, lorsque le jugement rendu antérieurement réunit les conditions nécessaires à sa reconnaissance dans l'État requis.

Article 10
Questions préalables

1. Lorsqu'une matière exclue en vertu de l'article 2, paragraphe 2, ou en vertu de l'article 21 a été soulevée à titre préalable, la décision sur cette question n'est pas reconnue ou exécutée en vertu de la présente Convention.

2. La reconnaissance ou l'exécution d'un jugement peut être refusée si, et dans la mesure où, ce jugement est fondé sur une décision relative à une matière exclue en vertu de l'article 2, paragraphe 2. 3. Toutefois, dans le cas d'une décision sur la validité d'un droit de propriété intellectuelle autre qu'un droit d'auteur ou droit voisin, la reconnaissance ou l'exécution d'un jugement ne peut être refusée ou différée en vertu du paragraphe précédent que si :

a) cette décision est incompatible avec un jugement ou une décision d'une autorité compétente relatif à cette matière, rendu dans l'État du droit duquel découle ce droit de propriété intellectuelle ; ou b) une procédure sur la validité de ce droit de propriété intellectuelle est pendante dans cet État.

4. La reconnaissance ou l'exécution d'un jugement peut être refusée si, et dans la mesure où, ce jugement est fondé sur une décision relative à une matière exclue en vertu d'une déclaration faite par l'État requis au titre de l'article 21.

Article 11
Dommages et intérêts

1. La reconnaissance ou l'exécution d'un jugement peut être refusée si, et dans la mesure où, le jugement accorde des dommages et intérêts, y compris des dommages et intérêts exemplaires ou punitifs, qui ne compensent pas une partie pour la perte ou le préjudice réels subis.

2. Le tribunal requis prend en considération si, et dans quelle mesure, le montant accordé à titre de dommages et intérêts par le tribunal d'origine est destiné à couvrir les frais et dépens du procès.

Article 12
Transactions judiciaires

Les transactions homologuées par un tribunal d'un État contractant désigné dans un accord exclusif d'élection de for ou passées devant ce tribunal au cours d'une instance, et qui sont exécutoires au même titre qu'un jugement dans l'État d'origine, sont exécutées en vertu de la présente Convention aux mêmes conditions qu'un jugement.

Article 13
Pièces à produire

1. La partie qui requiert la reconnaissance ou qui demande l'exécution produit :

a) une copie complète et certifiée conforme du jugement ;

b) l'accord exclusif d'élection de for, une copie certifiée de celui-ci ou une autre preuve de son existence ;

c) s'il s'agit d'un jugement rendu par défaut, l'original ou une copie certifiée conforme du document attestant que l'acte introductif d'instance ou un acte équivalent a été notifié à la partie défaillante ;

d) tout document nécessaire pour établir que le jugement produit ses effets dans l'État d'origine ou, le cas échéant, qu'il est exécutoire dans cet État ;

e) dans le cas prévu à l'article 12, un certificat d'un tribunal de l'État d'origine attestant que la transaction judiciaire est exécutoire, en tout ou en partie, aux mêmes conditions qu'un jugement dans l'État d'origine.

2. Si le contenu du jugement ne permet pas au tribunal requis de vérifier que les conditions du présent chapitre sont remplies, ce tribunal peut exiger tout document nécessaire.

3. Une demande de reconnaissance ou d'exécution peut être accompagnée d'un document, délivré par un tribunal (y compris par une personne autorisée du tribunal) de l'État d'origine, sous la forme recommandée et publiée par la Conférence de La Haye de droit international privé.

4. Si les documents mentionnés dans le présent article ne sont pas rédigés dans une langue officielle de l'État requis, ils sont accompagnés d'une traduction certifiée dans une langue officielle, sauf si la loi de l'État requis en dispose autrement.

Article 14

Procédure

La procédure tendant à obtenir la reconnaissance, l'exequatur ou l'enregistrement aux fins d'exécution, et l'exécution du jugement, sont régies par le droit de l'État requis sauf si la présente Convention en dispose autrement. Le tribunal requis agit avec célérité.

Article 15

Divisibilité

La reconnaissance ou l'exécution d'une partie dissociable d'un jugement est accordée, si la reconnaissance ou l'exécution de cette partie est demandée ou si seule une partie du jugement peut être reconnue ou exécutée en vertu de la présente Convention.

CHAPITRE IV – CLAUSES GENERALES

Article 16

Dispositions transitoires

1. La présente Convention s'applique aux accords exclusifs d'élection de for conclus après son entrée en vigueur pour l'État du tribunal élu.

2. La présente Convention ne s'applique pas aux litiges engagés avant son entrée en vigueur pour l'État du tribunal saisi.

Article 17

Contrats d'assurance et de réassurance

1. Un litige en vertu d'un contrat d'assurance ou de réassurance n'est pas exclu du champ d'application de la présente Convention au motif que le contrat d'assurance ou de réassurance porte sur une matière à laquelle la Convention ne s'applique pas.

2. La reconnaissance et l'exécution d'un jugement relatif à la responsabilité en vertu d'un contrat d'assurance ou de réassurance ne peuvent pas être limitées ou refusées au motif que la responsabilité en vertu de ce contrat comprend celle d'indemniser l'assuré ou le réassuré à l'égard :

a) d'une matière à laquelle la présente Convention ne s'applique pas ; ou

b) d'une décision accordant des dommages et intérêts auxquels l'article 11 pourrait s'appliquer.

Article 18

Dispense de légalisation

Les documents transmis ou délivrés en vertu de la présente Convention sont dispensés de toute légalisation ou de toute formalité analogue, y compris une Apostille.

Article 19

Déclarations limitant la compétence

Un État peut déclarer que ses tribunaux peuvent refuser de connaître des litiges auxquels un accord exclusif d'élection de for s'applique s'il n'existe aucun lien, autre que le lieu du tribunal élu, entre cet État et les parties ou le litige.

Article 20

Déclarations limitant la reconnaissance et l'exécution

Un État peut déclarer que ses tribunaux peuvent refuser de reconnaître ou d'exécuter un jugement rendu par un tribunal d'un autre État contractant lorsque les parties avaient leur résidence dans l'État requis et que les relations entre les parties, ainsi que tous les autres éléments pertinents du litige, autres que le lieu du tribunal élu, étaient liés uniquement à l'État requis.

Article 21

Déclarations relatives à des matières particulières

1. Lorsqu'un État a un intérêt important à ne pas appliquer la présente Convention à une matière particulière, cet État peut déclarer qu'il n'appliquera pas la présente Convention à cette matière. L'État qui fait une telle déclaration

s'assure que la portée de celle-ci n'est pas plus étendue que nécessaire et que la matière particulière exclue est définie de façon claire et précise.

2. A l'égard d'une telle matière, la Convention ne s'applique pas :

a) dans l'État contractant ayant fait la déclaration ;

b) dans les autres États contractants lorsqu'un accord exclusif d'élection de for désigné les tribunaux, ou un ou plusieurs tribunaux particuliers, de l'État ayant fait la déclaration.

Article 22

Déclarations réciproques sur les accords non exclusifs d'élection de for

1. Un État contractant peut déclarer que ses tribunaux reconnaîtront et exécuteront des jugements rendus par des tribunaux d'autres États contractants désignés dans un accord d'élection de for conclu entre deux ou plusieurs parties, qui est conforme aux exigences prévues à l'article 3, paragraphe c), et qui désigne, pour connaître des litiges nés ou à naître à l'occasion d'un rapport de droit déterminé, un tribunal ou des tribunaux d'un ou plusieurs États contractants (un accord non exclusif d'élection de for).

2. Lorsque la reconnaissance ou l'exécution d'un jugement rendu dans un État contractant ayant fait une telle déclaration est requise dans un autre État contractant ayant fait une telle déclaration, le jugement est reconnu et exécuté en vertu de la présente Convention, si :

a) le tribunal d'origine était désigné dans un accord non exclusif d'élection de for ;

b) il n'existe ni un jugement d'un autre tribunal devant lequel des procédures pourraient être engagées conformément à l'accord non exclusif d'élection de for, ni une procédure pendante entre les mêmes parties devant un tel autre tribunal ayant le même objet et la même cause ; et

c) le tribunal d'origine était le premier tribunal saisi.

Article 23

Interprétation uniforme

Aux fins de l'interprétation de la présente Convention, il sera tenu compte de son caractère international et de la nécessité de promouvoir l'uniformité de son application.

Article 24

Examen du fonctionnement de la Convention

Le Secrétaire général de la Conférence de La Haye de droit international privé prend périodiquement des dispositions en vue de :

a) l'examen du fonctionnement pratique de la présente Convention, y compris de toute déclaration ; et

b) l'examen de l'opportunité d'apporter des modifications à la présente Convention.

Article 25

Systèmes juridiques non unifiés

1. Au regard d'un État contractant dans lequel deux ou plusieurs systèmes de droit ayant trait aux questions régies par la présente Convention s'appliquent dans des unités territoriales différentes :

a) toute référence à la loi ou à la procédure d'un État vise, le cas échéant, la loi ou la procédure en vigueur dans l'unité territoriale considérée ;

b) toute référence à la résidence dans un État vise, le cas échéant, la résidence dans l'unité territoriale considérée ;

c) toute référence au tribunal ou aux tribunaux d'un État vise, le cas échéant, le tribunal ou les tribunaux dans l'unité territoriale considérée ;

d) toute référence au lien avec un État vise, le cas échéant, le lien avec l'unité territoriale considérée. 2. Nonobstant le paragraphe précédent, un État contractant qui comprend deux ou plusieurs unités territoriales dans lesquelles des systèmes de droit différents s'appliquent n'est pas tenu d'appliquer la présente Convention aux situations qui impliquent uniquement ces différentes unités territoriales.

3. Un tribunal dans une unité territoriale d'un État contractant qui comprend deux ou plusieurs unités territoriales dans lesquelles des systèmes de droit différents s'appliquent n'est pas tenu de reconnaître ou d'exécuter un jugement d'un autre État contractant pour le seul motif que le jugement a été reconnu ou exécuté dans une autre unité territoriale du même État contractant selon la présente Convention.

4. Cet article ne s'applique pas à une Organisation régionale d'intégration économique.

Article 26

Rapport avec d'autres instruments internationaux

1. La présente Convention doit être interprétée de façon à ce qu'elle soit, autant que possible, compatible avec d'autres traités en vigueur pour les États contractants, conclus avant ou après cette Convention.

2. La présente Convention n'affecte pas l'application par un État contractant d'un traité, que ce traité ait été conclu avant ou après cette Convention, lorsqu'aucune des parties ne réside dans un État contractant qui n'est pas Partie au traité.

3. La présente Convention n'affecte pas l'application par un État contractant d'un traité conclu avant l'entrée en vigueur de cette Convention pour cet État contractant, si l'application de cette Convention est incompatible avec les obligations de cet État contractant vis-à-vis de tout autre État non contractant. Le présent paragraphe s'applique aussi aux traités qui révisent ou se substituent à un traité conclu avant l'entrée en vigueur de cette Convention pour cet État contractant, sauf dans la mesure où la révision ou la substitution crée de nouvelles incompatibilités avec cette Convention.

4. La présente Convention n'affecte pas l'application par un État contractant d'un traité, que ce traité ait été conclu avant ou après cette Convention, afin d'obtenir la reconnaissance ou l'exécution d'un jugement rendu par un tribunal d'un État contractant qui est également Partie à ce traité. Toutefois, ce jugement ne doit pas être reconnu ou exécuté à un degré moindre qu'en vertu de cette Convention.

5. La présente Convention n'affecte pas l'application par un État contractant d'un traité qui, à l'égard d'une matière particulière, prévoit des règles relatives à la compétence ou la reconnaissance ou l'exécution des jugements, même si ce traité a été conclu après cette Convention et que tous les États concernés sont Parties à cette Convention. Ce paragraphe s'applique uniquement si l'État contractant a fait une déclaration à l'égard de ce traité en vertu du présent paragraphe. Dans le cas d'une telle déclaration, les autres États contractants ne sont pas tenus d'appliquer cette Convention à cette matière particulière dans la mesure de l'incompatibilité, lorsqu'un accord exclusif d'élection de for désigne les tribunaux, ou un ou plusieurs tribunaux particuliers, de l'État contractant ayant fait cette déclaration.

6. La présente Convention n'affecte pas l'application des règles d'une Organisation régionale d'intégration économique partie à cette Convention, que ces règles aient été adoptées avant ou après cette Convention :

a) lorsqu'aucune des parties ne réside dans un État contractant qui n'est pas un État membre de l'Organisation régionale d'intégration économique ;

b) en ce qui a trait à la reconnaissance ou l'exécution de jugements entre les États membres de l'Organisation régionale d'intégration économique.

CHAPITRE V – CLAUSES FINALES

Article 27

Signature, ratification, acceptation, approbation ou adhésion

1. La présente Convention est ouverte à la signature de tous les États.

2. La présente Convention est sujette à la ratification, à l'acceptation ou à l'approbation des États signataires.

3. Tout État pourra adhérer à la présente Convention.

4. Les instruments de ratification, d'acceptation, d'approbation ou d'adhésion sont déposés auprès du ministère des Affaires Étrangères du Royaume des Pays-Bas, dépositaire de la Convention.

Article 28

Déclarations relatives aux systèmes juridiques non unifiés

1. Un État qui comprend deux ou plusieurs unités territoriales dans lesquelles des systèmes de droit différents s'appliquent aux matières régies par la présente Convention peut, au moment de la signature, de la ratification, de l'acceptation, de l'approbation ou de l'adhésion, déclarer que la Convention s'appliquera à toutes ses unités territoriales ou seulement à l'une ou à plusieurs d'entre elles, et pourra à tout moment modifier cette déclaration en faisant une nouvelle déclaration.

2. Toute déclaration est notifiée au dépositaire et indique expressément les unités territoriales auxquelles la Convention s'applique.

3. Si un État ne fait pas de déclaration en vertu du présent article, la Convention s'applique à l'ensemble du territoire de cet État.

4. Le présent article ne s'applique pas à une Organisation régionale d'intégration économique.

Article 29

Organisations régionales d'intégration économique.

1. Une Organisation régionale d'intégration économique constituée seulement par des États souverains et ayant compétence sur certaines ou toutes les matières régies par la présente Convention peut également signer, accepter ou approuver cette Convention ou y adhérer. En pareil cas, l'Organisation régionale d'intégration économique aura les mêmes droits et obligations qu'un État contractant, dans la mesure où cette Organisation a compétence sur des matières régies par cette Convention.

2. Au moment de la signature, de l'acceptation, de l'approbation ou de l'adhésion, l'Organisation régionale d'intégration économique notifie au dépositaire, par écrit, les matières régies par la présente Convention pour lesquelles ses États membres ont transféré leur compétence à cette Organisation. L'Organisation notifie aussitôt au dépositaire, par écrit, toute modification intervenue dans la délégation de compétence précisée dans la notification la plus récente faite en vertu du présent paragraphe.

3. Pour les fins de l'entrée en vigueur de la présente Convention, tout instrument déposé par une Organisation régionale d'intégration économique n'est pas compté, à moins que l'Organisation régionale d'intégration économique déclare, en vertu de l'article 30, que ses États membres ne seront pas Parties à cette Convention.

4. Toute référence à « État contractant » ou « État » dans la présente Convention s'applique également, le cas échéant, à une Organisation régionale d'intégration économique qui y est Partie.

Article 30

Adhésion par une Organisation régionale d'intégration économique sans ses États membres

1. Au moment de la signature, de l'acceptation, de l'approbation ou de l'adhésion, une Organisation régionale d'intégration économique peut déclarer qu'elle a compétence pour toutes les matières régies par la présente Convention et que ses États membres ne seront pas Parties à cette Convention mais y seront liés en raison du fait de la signature, de l'acceptation, de l'approbation ou de l'adhésion de l'Organisation.

2. Lorsqu'une déclaration est faite par une Organisation régionale d'intégration économique en conformité avec le paragraphe premier, toute référence à « État contractant » ou « État » dans la présente Convention s'applique également, le cas échéant, aux États membres de l'Organisation.

Article 31

Entrée en vigueur

1. La présente Convention entrera en vigueur le premier jour du mois suivant l'expiration d'une période de trois mois après le dépôt du deuxième instrument de ratification, d'acceptation, d'approbation ou d'adhésion visé par l'article 27.

2. Par la suite, la présente Convention entrera en vigueur :

a) pour chaque État ou Organisation régionale d'intégration économique ratifiant, acceptant, approuvant ou y adhérant postérieurement, le premier jour du mois suivant l'expiration d'une période de trois mois après le dépôt de son instrument de ratification, d'acceptation, d'approbation ou d'adhésion ;

b) pour les unités territoriales auxquelles la présente Convention a été étendue conformément à l'article 28, paragraphe premier, le premier jour du mois suivant l'expiration d'une période de trois mois après la notification de la déclaration visée par ledit article.

Article 32

Déclarations

1. Les déclarations visées aux articles 19, 20, 21, 22 et 26 peuvent être faites lors de la signature, de la ratification, de l'acceptation, de l'approbation ou de l'adhésion ou à tout moment ultérieur et pourront être modifiées ou retirées à tout moment.

2. Les déclarations, modifications et retraits sont notifiés au dépositaire.

3. Une déclaration faite au moment de la signature, de la ratification, de l'acceptation, de l'approbation ou de l'adhésion prendra effet au moment de l'entrée en vigueur de la Convention pour l'État concerné.4. Une déclaration faite ultérieurement, ainsi qu'une modification ou le retrait d'une déclaration, prendra effet le premier jour du mois suivant l'expiration d'une période de trois mois après la date de réception de la notification par le dépositaire.

5. Une déclaration faite en vertu des articles 19, 20, 21 et 26 ne s'applique pas aux accords exclusifs d'élection de for conclus avant qu'elle ne prenne effet.

Article 33

Dénonciation

1. La présente Convention pourra être dénoncée par une notification écrite au dépositaire. La dénonciation pourra se limiter à certaines unités territoriales d'un système juridique non unifié auxquelles s'applique la présente Convention.

2. La dénonciation prendra effet le premier jour du mois suivant l'expiration d'une période de douze mois après la date de réception de la notification par le dépositaire. Lorsqu'une période plus longue pour la prise d'effet de la dénonciation est précisée dans la notification, la dénonciation prendra effet à l'expiration de la période en question après la date de réception de la notification par le dépositaire.

Article 34
Notifications par le dépositaire

Le dépositaire notifiera aux Membres de la Conférence de La Haye de droit international privé, ainsi qu'aux autres États et aux Organisations régionales d'intégration économique qui ont signé, ratifié, accepté, approuvé ou adhéré conformément aux articles 27, 29 et 30 les renseignements suivants :

a) les signatures, ratifications, acceptations, approbations et adhésions prévues aux articles 27, 29 et 30 ;

b) la date d'entrée en vigueur de la présente Convention conformément à l'article 31 ;

c) les notifications, les déclarations, et les modifications et retraits des déclarations prévues aux articles 19, 20, 21, 22, 26, 28, 29 et 30 ;

d) les dénonciations prévues à l'article 33.

En foi de quoi, les soussignés, dûment autorisés, ont signé la présente Convention.

Fait à La Haye, le 30 juin 2005, en français et en anglais, les deux textes faisant également foi, en un seul exemplaire, qui sera déposé dans les archives du Gouvernement du Royaume des Pays-Bas et dont une copie certifiée conforme sera remise, par la voie diplomatique, à chacun des États membres de la Conférence de La Haye de droit international privé lors de sa Vingtième session, ainsi qu'à tout État ayant participé à cette Session.

Bibliographie

I. Travaux en langue française

A) Traités et manuels

Ancel (B.), Lequette (Y.), *Les Grands arrêts de la jurisprudence française de droit international privé*, 4e éd, Dalloz, Paris, 2001

Audit (B.), d'Avout (L.), *Droit international privé*, 8e éd, LGDJ, 2018.

Batiffol (H.), Lagarde (P.), *Traité de droit international privé*, Tome I, 8e éd, LGDJ, 1993.

Buffelan-Lanore (Y.), Larribau-Terneyre (V.), *Droit civil : les obligations*, 15e éd., Sirey, 2017.

Bureau (D.), Muir Watt (H.), *Droit international privé*, Tome I-II, 4e éd, PUF, 2017.

Droz (G.-A.), *Compétence judiciaire et effets des jugements dans le marché commun*, Dalloz, 1972.

Fallon (M.), Kinsch (P.), Kohler (Ch.), *Le droit international privé européen en construction, vingt ans de travaux du GEDIP*, Intersentia, 2011.

Gaudemet-Tallon (H.), Ancel (M.-E), *Compétence et exécution des jugements en Europe*, 6e éd, LGDJ, 2018.

Gothot (P.), Holleaux (D.), *La Convention de Bruxelles du 27 septembre 1968*, Jupiter, 1985.

Kotz (H.), Fauvarque-Cosson (B.), Signat (C.), Galbois-Lehalle (D.), *Droit européen des contrats*, Sirey, 2019.

Mayer (P.), Heuzé (V.), Remy (B.), *Droit international privé*, 12e éd, LGDJ, 2019.

Mercadal (B.), *Mémento pratique Droit commercial*, Francis Lefebvre, 25e éd, 2017.

Niboyet (J-P.), *Traité de droit international privé français*, T. VI, Librairie du Recueil Sirey, 1949.

Niboyet (M.-L.), de Geouffre de la Pradelle (G.), *Droit international privé*, 6e éd, LGDJ, 2017.

B) Thèses, cours et monographies

Chalas (C.), *L'exercice discrétionnaire de la compétence juridictionnelle en droit international privé*, PUAM, Aix-en-Provence, 2000.

Chapelle (A.), *Les fonctions de l'ordre public en droit international privé*, Thèse Paris II, 1979.

Coipel-Cordonnier (N.), Les conventions d'arbitrage et d'élection de for en droit international privé, LGDJ, Paris,1999.

Guez (Ph.), *L'élection de for en droit international privé*, Thèse Paris X-Nanterre, 2000.

Kaufmann-Kohler (G.), *La clause d'élection de for dans les contrats internationaux*, Helbing & Lichtenhahn, 1980

Lagarde (P.), *Recherche sur l'ordre public en droit international privé*, LGDJ, Paris, 1959.

Lagarde (P.), « Le principe de proximité dans le droit international privé contemporain », RCADI 1986, I,t. 196, p.13.

Pataut (E.), *Principe de souveraineté et conflits de juridictions (Étude de droit international privé)*, LGDJ, 1999.

Picone (P.), « La méthode de la référence à l'ordre juridique compétent en droit international privé », RCADI 1986, II, t. 197, p. 233.

Sinay-Cytermann (A.), *L'ordre public en matière de compétence judiciaire internationale*, Thèse Strasbourg, 1980.

Usunier (L.), *La régulation de la compétence juridictionnelle en droit international privé*, Economica, 2008.

C) Articles, notes et communications

Audit (B.), « Observations sur le Convention de La Haye du 30 juin 2005 relative aux accords d'élection de for », *Vers de nouveaux équilibres entre ordres juridiques : Liber Amicorum Hélène Gaudemet-Tallon,* Dalloz, 2008, p. 171.

Beraudo (J.-P.) et Beraudo (M-J.), « Convention de Bruxelles, Conventions de Lugano et règlement (CE) n°44/2001 », J.-Cl. Europe Traité, fasc. 3010 (2012) n°10.

Bucher (A.), « La Convention de La Haye sur les accords d'élection de for », *Revue suisse de droit international et européen*, 2006, n°1, p. 29.

Bureau (D.), Muir watt (H.), « L'impérativité désactivée ? (A propos de Cass. civ. 1re, 22 octobre 2008) », *Rev. crit. DIP* 2009. 1.

Chalas (C.), « L'affaire *Ferrexpo* : baptême anglais pour l'effet réflexe des articles 22, 27 et 28 du règlement Bruxelles I », *Rev. crit.DIP* 2013. 359.

Cuniberti (G.), « La clause attributive de juridiction » in N. Thieltgen (dir), Le banquier luxembourgeois et le droit international privé, 2017, p. 67.

Droz (G.-A.), « Les droits de la demande dans les relations privées internationales », Trav. Com. fr. DIP, 1993-1995, Pedone, 1996, p. 105.

de Vareilles-Sommières (P.), « Lois de police et politiques législatives », *Rev. crit. DIP* 2011. 207.

Francq (S.), « Les clauses d'élection de for dans le nouveau règlement Bruxelles I Bis », in *Le nouveau règlement Bruxelles I bis* (dir. E. Guinchard, 2014), p. 107.

Francescakis (P.), « Quelques précisions sur les lois d'application immédiate et leurs rapports avec les règles sur les conflits de lois », *Rev. crit. DIP* 1966.1.

Gaudemet-Tallon (H.), « La clause attributive de juridiction, un moyen d'échapper aux lois de police ? », in Liber Amicorum K. Siehr, Eleven International Publishing, 2010, p.707.

Hammje (P.), « L'ordre public de rattachement », Trav. Com. fr. DIP, 2006-2008, p. 153

Huet (A.), J-Cl. Droit international, Fasc. 581-21, n°6

Jobard-Bachellier (M.-N.), « une impérativité active des règles de droit dans l'ordre international », in Mélanges en l'honneur du Professeur P. Mayer, LGDJ, 2015, p.345.

Kessedjian (C.), « La Convention de La Haye du 30 juin 2005 sur l'élection de for », *JDI* 2006. 813.

Mancini (P.-S.), « De l'utilité de rendre obligatoires pour tous les États, sous la forme d'un ou de plusieurs traités internationaux, un certain nombre de règles générales du droit international privé pour assurer la décision uniforme des conflits entre les différentes législations civiles et criminelles », Clunet 1874, pp. 221-239 et suite pp.285-304.

Muir Watt (H.), « L'affaire Lloyd's : globalisation des marchés et contentieux contractuel », *Rev. crit. DIP* 2002. 509.

Nourissat (C.), « L'avenir des clauses attributives de juridiction dans le règlement Bruxelles I bis », in L. d'Avout, D. Bureau, H. Muir-Watt (dir), *Les relations privées internationales*, Mélanges en l'honneur du Professeur Bernard Audit, LGDJ, 2014, p. 567.

Nuyts (A.), « La refonte du règlement Bruxelles I », *Rev. crit. DIP* 2013.1.

Nuyts (A.), « La théorie de l'effet réflexe », *Le droit processuel et judiciaire européen*, Actes du colloque du 13 décembre 2002 sous la direction scientifique de G. de Laval et M. Storme, La charte, 2003, p. 73.

Oppetit (B.), « la clause arbitrale par référence », Rev. Arb. 1990. p. 551.

Pillet (A.), « De l'ordre public en droit international privé », Mélanges Antoine Pillet, Librairie du Recueil Sirey, 1929, p. 407 ; étude parue dans les Annales de l'enseignement supérieur de Grenoble, 1890, T. II, p. 94 et s.

Racine (J-B.), « Droit économique et lois de police », RIDE 2010/1, t, XXIV, p. 61.

Radicati di Brozolo (L G.), « Mondialisation, juridiction, arbitrage : vers des règles d'application semi-nécessaire ? », *Rev. crit. DIP 2003*.1.

Remy (B.), « De la profusion à la confusion : réflexions sur les justifications des clauses d'élection de for », Rev. Crit. DIP 2011. 51.

Rétornaz (V.), Volders (B.), « Le for de nécessité : tableau comparatif et évolutif », Rev. crit. DIP 2008.225.

Sindres (D.), « Compétence judiciaire, reconnaissance et exécution des décisions en matière civile et commerciale-compétence-règles ordinaires de compétence-dispositions générales- Article 4 du règlement (UE) n°1215/2012 », J.-Cl. Droit international, Fasc.584-125, 5 septembre 2014, mise à jour 12 juin 2018, n°44.

« Retour sur la loi applicable à la validité de la clause d'élection de for », Rev. crit. DIP 2015.787.

Usunier (L.), « La Convention de La Haye du 30 juin 2005 sur les accords d'élection de for Beaucoup de bruit pour rien ? », *Rev. crit. DIP* 2010. 37.

Van Loon (M. H.), « Quelques aspects de la mondialisation dans le domaine des conflits de juridictions », Trav. com. fr. DIP, 2004-2006, p. 227.

Von Mehren (A.T.), « La rédaction d'une convention universellement acceptable sur la compétence judiciaire internationale et les effets des jugements étrangers : Le projet de la Conférence de La Haye peut-il aboutir ? », *Rev. crit. DIP* 2001. 85.

II. Travaux en langue anglaise

Traités et manuels

Blackaby (N.), Partasides (C.), Redfern (A.) & Hunter (M.), *Redfern & Hunter on International Arbitration*, 6e éd., Oxford University Press, Oxford, 2015.

Born (G B.), Rutledge (P B.), *International Civil Litigation in United States Courts,* 5e éd., Wolters Kluwer Law & Business, 2011.

Fentiman (R.), *International Commercial* Litigation, 2e éd., Oxford University Press, Oxford, 2015.

Hartley (T. C.), *Civil jurisdiction and judgments in Europe,* Oxford University Press, Oxford, 2017.

Sefton-Green (R.), *the common core of European Private Law: mistake, fraud and duties to inform in European contract Law*, Cambridge University Press, Cambridge, 2005.

B) Thèses, cours et monographies

Brand (R A.), *Forum Non Conveniens History, Global Practice, and future Under the Hague Convention on Choice of Court Agreements*, Oxford University Press, Oxford, 2007.

Brand (R A.), Herrup (P M.), *The 2005 Hague Convention on Choice of Courts Agreements Commentary and Documents*, Cambridge University Press, Cambridge, 2008.

Dickinson (A.) ET Lein (E.) (éds.), *The Brussels I Regulation Recast*, Oxford Press University, 2015.

Dogauchi (M.), Hartley (T. C.), *Convention du 30 juin 2005 sur les accords d'élection de for, Rapport explicatif*, Actes et documents de la vingtième session, édités par le bureau permanent de la conférence, Tome III, Élection de for, Intersentia/ Anvers-Oxford-Portland, 2010, p. 784.

Hartley (T. C.), *Choice-of-Court Agreements under the European and international instruments*, Oxford University Press, Oxford, 2013.

Hess (B.), Pfeiffer (T.), Schlosser (P.), *The Brussles I regulation 44/2001 application and enforcement in the EU*, Hart publishing, 2008.

Kramer (X.), Sorabji (J.), *International Business Courts: A European and Global Perspective*, Eleven International Publishing, 2019.

Magnus (U.) ET Mankowski (P.) (éds.), Brussels I Regulation, Sellier European Law publishers, 2012.

Magnus (U.) ET Mankowski (P.) (éds.), *Brussels Ibis Regulation*, Köln, Otto Schmidt, 2016.

Sparka (F.), *Jurisdiction and arbitration clauses in maritime transport documents A Comparative Analysis,* Springer, 2010

C) Articles, notes et communications

Ahmed (M.) & Beaumont (P.), « Exclusive choice of court agreements: some issues on The Hague Convention on choice of court agreements and its relationship with the Brussels I recast especially anti-suit injunctions, concurrent proceedings and the implications of Brexit», J. Private Int. L., 2017, p. 386.

Basedow (J.), « Exclusive choice-of-court agreements as a derogation from imperative norms », Essays in honour of Michael Bogdan, Juristforlaget I Lund, 2013, p. 15.

Beaumont (P.), « Hague choice of court agreements Convention 2005: Background, Negotiations, Analysis and Current status », J. Private Int. L., 2009, vol. 5 N°1, p.125.

Brand (R A.), « Arbitration or Litigation? Choice of forum after the 2005 Hague Convention on Choice of Court agreements", Legal Studies Research Paper Series, Working Paper No. 2009-14, May 2009, Pitt Law, University of Pittsburgh, p. 1-19.

Brand (R A.), « Consent, Validity, And Choice of forum agreements in international contracts», in Liber Amicorum H. Bocken, die Keure, 2009, p. 541.

Brand (R A.), « Comparative Method and International Litigation", Journal of Dispute Resolution, 2020, N°2, p. 273.

Briggs (A.), «The death of Harrods: *Forum non conveniens* and the European Court », L.Q.R., 2005, p.535.

Bříza (P.), « choice-of-court Agreements: could The Hague choice of court agreements Convention and the reform of the Brussels I regulation be the way out of the *Gasser-Owusu* disillusion ? », J. Private Int. L., 2009, p. 537.

Chong (A.) &Yip (M.), « Singapore as a centre for international commercial litigation: party autonomy to the fore », J. Private int. L, 2019, vol.15, No.1, p. 97.

Cuniberti (G.), « Signalling the enforceability of the forum's judgments abroad », Riv. dir. internaz. Priv. e proc, 2020, n°1, p. 33-54.

de Vareilles-Sommières (P.), « The mandatory Nature of Article 2 of the Brussels Convention and derogation from the rule it lays down, in Forum shopping in the European judicial Area », Oxford, Hart Publ., 2007, p. 101.

Fentiman (R.), « Parallel proceedings and jurisdiction agreements in Europe », in P. de Vareilles-Sommières (éd.), *Forum shopping in the European judicial area*, Hart Publishing, Oxford, 2007, p.27.

Fentiman (R.), «National Law and the European Regime», *in International Civil Litigation in Europe and relations with third state*s, Bruylant, 2005, p. 83.

Forner-Delaygua (Q.), « Changes to jurisdiction based on exclusive jurisdiction agreements under the Brussels I Regulation Recast », J. Private Int. L., 2015., p. 379.

Harris (L W.), « Understanding public policy limits to the enforceability of forum selection clauses after *Douez V Facebook* », J. Private Int. L., 2019, Vol 15, N°1, p. 50.

Hartley (T. C.), « Choice -of-court agreements, *Lis pendens*, Human rights and the realities of international business: reflexions on the *Gasser* case », in Le droit_international privé : esprit et méthode», Mélanges en l'honneur de Paul Lagarde, 2005, p. 383.

Hartley (T. C.), « The European Union and the Systematic Dismantling of the Common Law of conflict of laws », ICLQ, 2005, vol.54, p. 813.

Heinze (Ch.) &Steinrötter (B.), « The revised Lis pendens rules in the Brussles Ibis regulation », in Brussels Ibis Regulation, changes and challenges of the renewed procedural scheme, V. Lazic, S. Stuij (éd.), Springer, 2017, p.1-26.

Kruger (T.), « The 20th Session of The Hague Conference: A New Choice of Court Convention and the Issue of EC Membership », ICLQ 2006. 447.

Mc Evoy (J P.), « Forum necessity in Quebec Private International Law : C.c. Q. art. 3136 », Revue Générale de droit, 2005, p.61.

Nielsen (P A.), « exclusive choice of court agreements and parallel proceedings », A commitment to private international law, Essays in honour of Hans Van Loon, Intersentia, 2013, p. 409.

Pocar (F.), « On the substantive validity of choice-of-court agreements under the EU Brussels I Regulation Recast », Essays in Honour of Michael Bogdan, Juristförlaget i Lund, 2013, p.471.

Queirolo (I.), « Choice of Court agreements in the new Brussels I-bis regulation: a critical appraisal », XV Yearbook Pr. Int. L., 2013-2014, p. 113.

Radicati di Brozolo (L G.), « Choice of Court and Arbitration agreements and the review of the Brussels I Regulation », IPRax 2010, p121.

Ragno (F.), « The Brussels I Recast Regulation and The Hague Convention: Convergences and Divergences in Relation to the Enforcement of Choice-of-Court Agreements », In Cross-border Litigation in Europe: The Brussels I Recast Regulation as a panacea? Edited by F. Ferrari, F. Ragno, Wolters Kluwer, 2015, p. 225.

Reese (M.), « The contractual forum: Situation in the United States », American Journal of comparative law, 1964, p. 187.

Sancho Villa (D.), « Jurisdiction over jurisdiction and choice of court agreements: views on The Hague Convention of 2005 and implications for the European regime », Yearbook Pr. Int. L, Vol. XII, 2010, p.399.

Schulz (A.), « The Hague Convention of 30 June 2005 on choice of court agreements», J. Private Int. L., 2006, p. 243.

Sooksripaisarnkit (P.), « The Hague Convention on choice of court agreements, should the European Union's footsteps be followed? », in S R. Garimella, S. Jolly (éd), Private International Law South Asian States'practice, Springer, 2017, p. 39.

Strnad (J.), « Determining the existence of consent for choice-of-court agreements under the Brussels Ibis regulation », The european legal forum, 5/6, 2014, p. 113.

Teitz (L. E.), "The Hague Choice of Court Convention: Validating Party autonomy and Providing an Alternative to Arbitration", Am. J. Comp. L., 2005, vol. 53, p. 543.

Thiele (C.), « The Hague Convention on Choice-of-Court Agreements: Was It Worth the Effort? », in E. Gottschalk et al. (éds.), Conflict of laws in a Globalized World, Cambridge University Press, 2007, p.70.

Weller (M.), « Choice of forum agreements under the Brussels I recast and under The Hague Convention: coherences and clashes », J. Private Int. L., 2017, Vol 13, p. 91.

Weller (M.), « Validity and interpretation of international choice of court agreements: the case for an extended use of transnational non-State contract Law », in UNIDROIT (éd.), Eppur Si muove: The age of Uniform Law, Essays in honour of Michael Joachim Bonell to celebrate his 70th birthday, Vol 1, UNIDROIT, 2016, p. 393.

III. Notes de jurisprudence, Conclusions

Audit (B.), note sous Cass. civ. 1re, 4 oct. 2005, *Keller*, *Rev. crit. DIP* 2006.413.

Bureau (D.), note sous Cass. Com, 21 fév. 2012, Soc. SDV Logistique International c. Soc. Qatar Navigation, *Rev. crit.DIP* 2012.630.

d'Avout (L.), note sous Cass. civ. 1re, 8 juillet 2010, n° 07-17.788, *Sté Bluebell Trading Company c/ R. et a*, D. 2010.2333.

d'Avout (L.), note sous Cass. civ. 1re, 22 octobre 2008, Conflit de lois et de juridictions : La clause attributive de juridiction résiste aux lois de police, *JCP* 2008. II. 10187.

Delpech (X.), note sous Cass. civ. 1re, 8 juillet 2010, n° 07-17. 788, D. 2010. 1869.

Fentiman (R.), note sous case C-116/02, Eric Gasser GmbH v. Misat Srl, Common Market Law Review, 2005, p. 241.

Fillion-Dufouleur (B.), note sous Cass. civ. 1re, 16 février 1999, JCP 1999. II. 10162.

Gaudemet-Tallon (H.), Tallon (D.), note sous Cour suprême des États-Unis, 12 juin 1972, *The Bremen c/ Zapata Off-Shore Co*, *Rev. crit. DIP* 1973.530.

Gaudemet-Tallon (H.), note sous Cass. civ. 1re, 3 décembre 1991, *Rev. crit. DIP* 1992. 340.

Guez (Ph.), note sous Cass. civ. 1re, 30 juin 1992, SA Verdol c/ Sté General industrial and engineering supplies, D. 1994. 169.

Guez (Ph.), note sous Cass. civ. 1re, 22 octobre 2008, Gaz. Pal., 21 février 2009, p. 535.

Jault-Seseke (F.), note sous Cour de justice Fédérale (Allemagne), 5 septembre 2012, *Rev. crit.DIP* 2013.890.

Jobard-Bachellier (M.-N.), Train (F.-X.), note sous Cass. civ. 1re, 22 octobre 2008, *JDI* 2009.599.

Lagarde (P.), note sous Trib. gr. inst. Nanterre, 18 septembre 1974, *Rev. crit. DIP* 1975, p. 124.

Muir-Watt (H.), note sous High Court of justice (Queen's Bench Division, Commercial Court), 10 mai 2005, *Konkola Copper Mines plc v. Coromin*, *Rev. crit. DIP* 2005. 722.

Sana-Chaillé de Néré (S.), note sous Cass. civ. 1re, 8 juillet 2010, n°07-17. 788, *Sté Bluebell Trading Company c/ R. et a*, *JDI* 2011. 107.

Usunier (L.), note sous Cass. Com, 24 nov. 2015, n°14-14.924, Sté Logic instrument c/ Sté Lauterbach, *JDI* 2016. 939.

Weber (J-F.), Conclusions sous Cass. civ. 3e., 15 déc. 1999, Cne de Cadeilhan-Trachère c/Cne de Saint-Lay Soulan, JCP 2000. II. 10236.

Table des matières

Structures éditoriales du groupe L'Harmattan

L'Harmattan Italie
Via degli Artisti, 15
10124 Torino
harmattan.italia@gmail.com

L'Harmattan Hongrie
Kossuth l. u. 14-16.
1053 Budapest
harmattan@harmattan.hu

L'Harmattan Sénégal
10 VDN en face Mermoz
BP 45034 Dakar-Fann
senharmattan@gmail.com

L'Harmattan Cameroun
TSINGA/FECAFOOT
BP 11486 Yaoundé
inkoukam@gmail.com

L'Harmattan Burkina Faso
Achille Somé – tengnule@hotmail.fr

L'Harmattan Guinée
Almamya, rue KA 028 OKB Agency
BP 3470 Conakry
harmattanguinee@yahoo.fr

L'Harmattan RDC
185, avenue Nyangwe
Commune de Lingwala – Kinshasa
matangilamusadila@yahoo.fr

L'Harmattan Congo
67, boulevard Denis-Sassou-N'Guesso
BP 2874 Brazzaville
harmattan.congo@yahoo.fr

L'Harmattan Mali
Sirakoro-Meguetana V31
Bamako
syllaka@yahoo.fr

L'Harmattan Togo
Djidjole – Lomé
Maison Amela
face EPP BATOME
ddamela@aol.com

L'Harmattan Côte d'Ivoire
Résidence Karl – Cité des Arts
Abidjan-Cocody
03 BP 1588 Abidjan
espace_harmattan.ci@hotmail.fr

L'Harmattan Algérie
22, rue Moulay-Mohamed
31000 Oran
info2@harmattan-algerie.com

L'Harmattan Maroc
5, rue Ferrane-Kouicha, Talaâ-Elkbira
Chrableyine, Fès-Médine
30000 Fès
harmattan.maroc@gmail.com

Nos librairies en France

Librairie internationale
16, rue des Écoles – 75005 Paris
librairie.internationale@harmattan.fr
01 40 46 79 11
www.librairieharmattan.com

Lib. sciences humaines & histoire
21, rue des Écoles – 75005 Paris
librairie.sh@harmattan.fr
01 46 34 13 71
www.librairieharmattansh.com

Librairie l'Espace Harmattan
21 bis, rue des Écoles – 75005 Paris
librairie.espace@harmattan.fr
01 43 29 49 42

Lib. Méditerranée & Moyen-Orient
7, rue des Carmes – 75005 Paris
librairie.mediterranee@harmattan.fr
01 43 29 71 15

Librairie Le Lucernaire
53, rue Notre-Dame-des-Champs – 75006 Paris
librairie@lucernaire.fr
01 42 22 67 13

www.ingramcontent.com/pod-product-compliance
Lightning Source LLC
LaVergne TN
LVHW021148061026
849535LV00002B/389